Protestantismus, Antijudaismus,
Antisemitismus

Protestantismus, Antijudaismus, Antisemitismus

Konvergenzen und Konfrontationen
in ihren Kontexten

Herausgegeben von

Dorothea Wendebourg, Andreas Stegmann
und Martin Ohst

Mohr Siebeck

Dorothea Wendebourg, Promotion zum Dr. theol. in München; Habilitation im Fach Kirchengeschichte in München; seit 2002 o. Professorin für Mittlere und Neuere Kirchengeschichte / Reformationsgeschichte an der Theologischen Fakultät der Humboldt-Universität Berlin.

Andreas Stegmann, Promotion zum Dr. theol. in Berlin; Habilitation im Fach Kirchengeschichte in Berlin; Privatdozent für Kirchengeschichte an der Theologischen Fakultät der Humboldt-Universität Berlin.

Martin Ohst, Promotion und Habilitation in Göttingen; anschließend Professor für Kirchengeschichte in Jena; seit 1998 Professor für Historische und Systematische Theologie an der Bergischen Universität Wuppertal.

ISBN 978-3-16-155102-4

Die Deutsche Nationalbibliothek verzeichnet diese Publikation in der Deutschen Nationalbibliographie; detaillierte bibliographische Daten sind im Internet über http://dnb.dnb.de abrufbar.

© 2017 Mohr Siebeck, Tübingen. www.mohr.de

Das Werk einschließlich aller seiner Teile ist urheberrechtlich geschützt. Jede Verwertung außerhalb der engen Grenzen des Urheberrechtsgesetzes ist ohne Zustimmung des Verlags unzulässig und strafbar. Das gilt insbesondere für Vervielfältigungen, Übersetzungen, Mikroverfilmungen und die Einspeicherung und Verarbeitung in elektronischen Systemen.

Das Buch wurde von Laupp & Göbel in Gomaringen auf alterungsbeständiges Werkdruckpapier gedruckt und von der Buchbinderei Nädele in Nehren gebunden.

Einleitung

Markiert die Reformation eine Zäsur in der Geschichte der Einstellung des Christentums zum Judentum? Haben das reformatorische Christentumsverständnis, seine Transformationsgestalten und seine Wirkungen positive Folgen für das Verhältnis zu den Juden gehabt? Haben sie zum Umschlagen des aus der Antike und dem Mittelalter ererbten Antijudaismus in eliminatorischen Antisemitismus beigetragen? Wenn die eine oder die andere Frage oder vielleicht beide mit Ja zu beantworten sind, in Wechselwirkung mit welchen anderen, gegebenenfalls spezifisch deutschen Koeffizienten war das der Fall?

Der skizzierte Fragenkomplex wird meist in einer Gestalt durchgespielt, in Gestalt des Themas *Luther und die Juden* einschließlich der Wirkungen seiner Haltungen. Der vorliegende Band stellt den Fokus weiter. Denn er versammelt die Beiträge einer – von der Deutschen Forschungsgemeinschaft geförderten – Tagung mit dem Titel *Protestantismus – Antijudaismus – Antisemitismus. Konvergenzen und Konfrontationen in ihren Kontexten*, die vom 5. bis zum 7. Oktober 2015 in Berlin stattfand und deren Programm eben eine solche Weitung des Fokus war. Sie hat das Programm umgesetzt, indem sie das traditionelle Thema in drei Durchgängen gleichsam mehrdimensional umspielte und es damit einerseits entgrenzte, andererseits neu beleuchtete, wie der vorliegende Band zeigt.

Der erste Durchgang gilt dem zeitgenössischen Kontext. Denn Luthers – in sich gegensätzliche – Voten zur sog. Judenfrage, die selber hier nicht einmal mehr behandelt werden, waren zwar in mancher Hinsicht singulär und angesichts der Prominenz des Wittenberger Reformators von besonderem Gewicht. Doch sprach hier nur eine Stimme in einem vielfältigen, weit zurückreichenden Diskussionszusammenhang. So kommen in diesem ersten Durchgang, nach einem Blick auf den spätmittelalterlichen Hintergrund, Zeitgenossen Luthers aus verschiedenen geistigen und konfessionellen Lagern zu Wort.

Der zweite Durchgang gilt unterschiedlichen Spielarten des protestantischen Verhältnisses zum Judentum in Deutschland in der Zeit von 1800 bis zur nationalsozialistischen Machtergreifung. Zusammengehalten werden die dazu gebotenen Beiträge von der Aufmerksamkeit darauf, welche Faktoren in bestimmten Haltungen zum Judentum leitend und wirksam waren. Dabei ergibt sich die Frage, ob und in welcher Weise Anknüpfungen an reformatorisch-theologische Traditionsbestände, darunter die einschlägigen Schriften Luthers, die Haltungen zum Judentum in Konkurrenz und Konvergenz mit anderen Faktoren bestimmt haben. D.h. aber, der Blick wird, von einem diesem Thema gewidmeten Beitrag abgesehen, bewußt nicht von der üblichen Frage nach der Rezeptionsgeschichte der sog. Judenschriften Luthers bestimmt, sondern es wird umgekehrt gefragt, welche Erbschaften sich in bestimmten Haltungen und Positionen zeigen.

Im dritten Durchgang werden gleichzeitige Entwicklungen jenseits des protestantischen Deutschlands betrachtet, und das in zwei Richtungen: Zum einen werden Spielarten von Antijudaismus und Antisemitismus aus dem nichtprotestantischen Ausland mit den darin wirksamen spezifischen Traditionen in den Blick genommen. Zum anderen werden außerdeutsche Inkulturationen des lutherischen Protestantismus auf ihr Verhältnis zum Judentum befragt. Diese doppelte Fragestellung soll als doppelter Kontrast zu den Befunden, die der zweite Durchgang erbringt, die Feststellung erlauben, wie weit die Entwicklungen im protestantischen Deutschland weniger protestantisch (lutherisch) als deutsch oder weniger deutsch als protestantisch waren.

Zur ursprünglichen Planung gehörten zwei Themen, die hier nur angemerkt und als schmerzliche Lücken registriert werden können, weil mit ihnen wichtige Bestandteile des Gesamttableaus fehlen: Es war, parallel zu dem Beitrag über die *Bekanntheit von Luthers Judenschriften*, ein Referat über die Bedeutung Andreas Eisenmengers für die Haltung gegenüber dem Judentum im Deutschland und Österreich des 19. Jahrhunderts vorgesehen. Das Referat fiel aus und konnte auch nicht durch einen Beitrag zu diesem Band abgegolten werden. Dasselbe gilt für einen Beitrag zum Antisemitismus in Polen, der ebenfalls vorgesehen war. Diese beiden gravierenden Lücken signalisieren nicht allein Punkte, die für das Programm des Bandes grundlegende Bedeutung gehabt hätten. Sie sind zugleich ein Hinweis auf einen Sachverhalt, der auch gegeben wäre, wenn diese Lücken nicht bestünden: darauf nämlich, daß der Band die Fragen, die hier gestellt werden, bei Weitem nicht beantwortet, daß er vielmehr Beiträge zu einer Debatte leisten will, die weitergehen und die dabei auch neue Fragestellungen ins Auge fassen muß.

Berlin – Wuppertal, im Herbst 2016
Dorothea Wendebourg
Andreas Stegmann
Martin Ohst

Inhalt

Einleitung V

I. Luthers Zeitgenossen und die Juden

Hans-Martin Kirn
Die spätmittelalterliche Kirche und das Judentum 3

Manfred Schulze
Im Konsens mit der Tradition: Judenfeindschaft bei Johannes Eck .. 25

Thomas Kaufmann
Einige Beobachtungen zum Judenbild deutscher Humanisten in den ersten beiden Jahrzehnten des 16. Jahrhunderts 55

Christoph Strohm
Martin Bucer und die Juden 79

Daniele Garrone
Calvin und die Juden 79

Ashley Null
The Jews in English Reformation Polemic 119

II. Protestantismus und Judentum vom späten 18. bis ins frühe 20. Jahrhundert

Dorothea Wendebourg
Die Bekanntheit von Luthers Judenschriften im 19. und frühen 20. Jahrhundert 147

Albrecht Beutel
Deutsche Aufklärung und Judentum. Eine Feldvermessung in exemplarischem Zugriff 181

SIMON GERBER
Judenfeindschaft nach 1800 – unter besonderer Berücksichtigung
von Rühs und Fries 205

MARTIN FRIEDRICH
Franz Delitzsch gegen August Rohling 223

ANDREAS STEGMANN
Der Berliner Antisemitismusstreit 1879/80 239

MARTIN OHST
Antisemitismus als Waffe im weltanschaulichen und politischen
Kampf: Adolf Stoecker und Reinhold Seeberg 275

NOTGER SLENCZKA
Der völkische Antisemitismus des späten 19. und des frühen
20. Jahrhunderts am Beispiel Paul de Lagardes 309

CHRISTIAN NOTTMEIER
Der späte theologische Liberalismus: Harnack, Rade, Naumann ... 333

ARNULF VON SCHELIHA
Das junge nationale Luthertum nach dem Ersten Weltkrieg und
die Juden 361

JOHANNES WALLMANN
Luthertum und Zionismus in der Zeit der Weimarer Republik 377

III. Die internationale Szene

PIERRE BIRNBAUM
Anti-Semitism and Anti-Protestantism in France between the
Enlightenment and the first World War 409

ASTRID SCHWEIGHOFER
Der österreichische Antisemitismus des 19. und frühen
20. Jahrhunderts und seine Quellen 419

TOBIAS GRILL
Gegen das Gespenst der Moderne: Antijudaismus und Antisemitismus
im Zarenreich des 19. und frühen 20. Jahrhunderts 449

MARTIN SCHWARZ LAUSTEN
Das dänische Luthertum und die Juden 487

Vidar L. Haanes
Norwegian Lutheranism and the Jews 505

Risto Saarinen
Das schwedisch-finnische Luthertum und die Juden 523

Franklin Sherman
North American Lutheranism and the Jews 537

Abbildungen 547

Personen 548

I. Luthers Zeitgenossen und die Juden

Die spätmittelalterliche Kirche und das Judentum

Hans-Martin Kirn

Wer sich dem Verhältnis von spätmittelalterlicher Kirche und Judentum widmet, erhält schnell den Eindruck, dass sich die Kirche vor allem als feste Triebkraft einer »persecuting society« profilierte.[1] Die im hohen Mittelalter ausgearbeiteten Formen des Kampfes gegen die der *societas christiana* gefährlich werdenden Minoritäten wurden in der Tat auch im Blick auf Juden und Judentum nicht nur ungehindert fortgesetzt, sondern intensiviert. Gleichwohl greift die Verfolgungs- und Opferperspektive zu kurz. Radikalisierungen und Polarisierungen vollziehen sich stets im Ringen um gegensätzliche Positionen und sind daher als Teil von Krisen und Konflikten um Tradition und Reform zu verorten. Entsprechend ist auch der historische Toleranzbegriff als relationaler Konfliktbegriff in unterschiedlichen Kontexten zu würdigen und in eine gesamtgesellschaftliche Sicht einzubeziehen, die nicht von vornherein vom Gegensatz zur modernen pluralistischen Gesellschaft und ihren erweiterten Toleranzvorstellungen bestimmt ist.[2] Um hier die nötigen Differenzierungen anbringen zu können, empfiehlt sich in Anknüpfung und Weiterführung von Gavin Langmuir die grundsätzliche Unterscheidung zwischen *Antijudaismus* als einem primär theologisch motivierten Konzept von Juden und Judentum als dem religiös »Anderen« und »Fremden«, aber auch Nahen und Verwandten, also gleichsam die ideologische Ebene religiöser Distinktion im breiteren Rahmen hierarchisierter, aber friedlicher Koexistenz, und *Antisemitismus* als einem komplexen, religiöse wie sozio-ökonomische und politische Motive integrierenden Konzept der forcierten Marginalisierung und Dehumanisierung von Juden und Judentum in der christlichen Mehrheitsgesellschaft, welches das Koexistenzmodell der Tradition, die bedingte Toleranz, zielgerichtet schwächte oder grundsätzlich in Frage stellte.[3] Beide Formen des Umgangs mit dem »Anderen« und »Fremden« können ineinander übergehen und sich gegenseitig stützen, aber auch widersprechen. Ihre Unterscheidung hat einen heuristischen Mehrwert gegenüber

---

[1] Vgl. Robert Ian Moore, The Formation of a Persecuting Society. Authority and Deviance in Western Europe, 950–1250, Malden ²2007; Hans-Werner Goetz, Die Wahrnehmung anderer Religionen und christlich-abendländisches Selbstverständnis im frühen und hohen Mittelalter (5.–12. Jahrhundert), Berlin 2013.
[2] Vgl. Rainer Forst, Toleranz im Konflikt. Geschichte, Gehalt und Gegenwart eines umstrittenen Begriffs, Frankfurt a. M. ⁴2014, insbesondere Kap. 1 und 2.
[3] Vgl. Gavin I. Langmuir, Toward a Definition of Antisemitism, Berkeley (1990) 1996.

allgemeineren Oberbegriffen wie Judenfeindschaft oder Judenhass, erlaubt sie doch eine deutlichere Profilierung des in sich ambivalenten vormodernen Toleranzkonzepts und seines apologetischen Kerns, der jeder Religion im Zeichen des Selbsterhalts und der Identitätsfestigung, aber auch der Konvivenz mit anderen Religionen als Aufgabe mitgegeben ist.

Es versteht sich von selbst, dass hier der Begriff des Antisemitismus in einem vormodernen Sinne gebraucht wird und nicht mit dem Rassenantisemitismus des 19. und 20. Jahrhunderts zusammenfällt. Den Begriff des Antisemitismus für vormoderne Zeiten ganz zu meiden, wie zuweilen noch stets gefordert, macht wenig Sinn, weder im Blick auf den Sprachgebrauch der internationalen Forschung noch im Blick auf die Sachlage.[4] Nur die möglichst klare Unterscheidung beider Ansätze kann auch die Wechselwirkungen mit Übergängen und Widersprüchen zwischen theologischen und religiös-kulturellen wie sozio-ökonomischen Motiven analysierbar machen. Die Differenzierung sollte zudem kein Hindernis, sondern eine Hilfe für die Analyse der Transformationen des Begriffsgehalts auf dem Weg in die Moderne sein.[5] In diesem Sinne zählen zu den vormodernen Antisemitismen mit religiös-kulturellem Hintergrund stereotype Imaginationen wie die Ritualmord- und Hostienfrevelvorwürfe, aber auch die vor allem ökonomisch und politisch motivierten, religiöse Vorurteilsbildungen aufgreifenden spätmittelalterlich-frühneuzeitlichen Judenvertreibungen aus Städten und Territorien.

Im Folgenden sollen einige markante Linien spätmittelalterlich-kirchlicher Sicht von Juden und Judentum ausgewählt und auf dem Hintergrund gesamtgesellschaftlicher Entwicklungen skizziert werden.

1. Gesamtgesellschaftliche Entwicklungen

Die von alters her prekäre, aber ein Überleben ermöglichende Situation des Judentums am Rande der christlichen Mehrheitsgesellschaft spitzte sich im späten Mittelalter aufgrund zweier Entwicklungen zu: (1) Einmal durch die forcierte Vertreibungspolitik der weltlichen Obrigkeiten, die breite kirchliche Unterstützung fand, und sodann (2) durch die forcierte

---

[4] Vgl. WOLFGANG BENZ (Hg.), Handbuch des Antisemitismus. Judenfeindschaft in Geschichte und Gegenwart, acht Bände, München, Berlin 2008–2015 (Bd. 1: verbesserte Aufl. 2010), insbesondere Bd. 3: Begriffe, Theorien, Ideologien. Zur allgemeinen Orientierung vgl. auch GEORG CHRISTOPH BERGER WALDENEGG, Antisemitismus: »Eine gefährliche Vokabel?« Diagnose eines Wortes, Wien 2003.

[5] Vgl. dazu den produktiven Beitrag von JOHANNES HEIL, »Gottesfeinde« – »Menschenfeinde«. Die Vorstellung von jüdischer Weltverschwörung (13. bis 16. Jahrhundert), Essen 2006.

Inquisitionspolitik von kirchlicher Seite, die das Judentum immer mehr als eine Art Häresie betrachtete. Auch wenn das Mit- und Gegeneinander von weltlicher und geistlicher Macht ein komplexes und in sich spannungsreiches Geschehen darstellt, bleiben doch spezifische Zuständigkeiten deutlich. Einschneidende Veränderungen für die privilegierte Ausnahme- und Randexistenz brachten die Judenpogrome und Verfolgungswellen, wie sie seit dem 13. Jahrhundert immer wieder über die Juden hereinbrachen, aber im Zusammenhang mit dem »Schwarzen Tod«, der Pest, in der Mitte des 14. Jahrhundert ihren Höhepunkt erreichten.[6] Weder die kaiserlichen noch die päpstlichen Vorstellungen vom Schutz der Juden erwiesen sich angesichts der verheerend wirkenden populären Gerüchte von jüdischer Brunnenvergiftung als wirksam.[7] Zahlreiche Obrigkeiten verfügten die Ausweisung der ortsansässigen Juden. Von den Überlebenden wanderten viele nach Polen aus. Die Folge von Judenverfolgung und -vertreibung war die zunehmende »Verdörflichung«, der religiös-kulturelle und wirtschaftliche Niedergang des vom Hochmittelalter her städtisch geprägten Judentums nördlich der Alpen.[8] Die wachsende Rechtsunsicherheit erschwerte die Lage zusätzlich. Dies hatte mit dem Bedeutungsverlust des Instituts der kaiserlichen Kammerknechtschaft zu tun, wie es im 13. Jahrhundert im Anschluss an päpstliche Ansprüche formalisiert worden war. An sich bot die Kammerknechtschaft den Juden als Besitz des Kaisers für besondere Steuerleistungen Privilegien wie den Schutz von Leben und Eigentum und die freie Religionsausübung. Die Territorialisierung des Judenregals führte freilich dazu, dass die Juden in erster Linie »Schutzjuden« unterschiedli-

---

[6] Vgl. ARYE MAIMON, MORDECHAI BREUER, YACOV GUGGENHEIM (Hgg.), Germania Judaica, Bd. 3: 1350–1519, drei Teilbände, Tübingen 1987–2003; FRIEDRICH BATTENBERG, Das Europäische Zeitalter der Juden. Zur Entwicklung einer Minderheit in der nichtjüdischen Umwelt Europas 1: Von den Anfängen bis 1650, Darmstadt 1990, 97–165; DERS., Das Heilige Römische Reich bis 1648 (in: ELKE-VERA KOTOWSKI u.a. (Hgg.), Handbuch zur Geschichte der Juden in Europa, Bd. 1: Länder und Regionen, Darmstadt 2001, 15–46); ALFRED HAVERKAMP, FRANZ-JOSEF ZIWES (Hgg.), Juden in der christlichen Umwelt während des späten Mittelalters, Berlin 1992; FRANTIŠEK GRAUS, Pest – Geissler – Judenmorde. Das 14. Jahrhundert als Krisenzeit, Göttingen ³1994; KLAUS BERGDOLT, Der schwarze Tod. Die große Pest und das Ende des Mittelalters, München ⁵2003, besonders Kap. 20.

[7] Vgl. FRIEDHELM BURGARD u.a. (Hgg.), Judenvertreibungen in Mittelalter und früher Neuzeit, Hannover 1999; MARKUS J. WENNINGER, Man bedarf keiner Juden mehr. Ursachen und Gründe ihrer Vertreibung aus den deutschen Reichsstädten im 15. Jahrhundert, Wien 1990; DERS., Die Entwicklung jüdischer Reichssteuern im 15. Jahrhundert und ihr Zusammenhang mit den Judenvertreibungen dieser Zeit (in: PIA HEBERER [Hg.], Die SchUM-Gemeinden Speyer, Worms und Mainz, Regensburg 2013, 297–311).

[8] Vgl. ALFRED HAVERKAMP, »Kammerknechtschaft« und »Bürgerstatus« der Juden diesseits und jenseits der Alpen während des späten Mittelalters (in: MICHAEL BRENNER [Hg.], Die Juden in Schwaben, München 2013, 11–40).

cher Obrigkeiten wurden, welche sie zum Spielball ihrer finanziellen Interessen machten. Die traditionelle Privilegienpolitik wandelte sich unter diesem Vorzeichen mehr und mehr zu einer geradezu programmatischen Vertreibungspolitik aus Städten und Territorien, man denke im deutschsprachigen Bereich nur an Straßburg 1388, Basel 1397, Köln 1424, Mainz 1438, Esslingen 1455, Württemberg 1498, Nürnberg und Ulm 1498/99 und Regensburg 1519. Stets mehr Obrigkeiten konstatierten, dass die Juden für sie finanziell nicht mehr von Interesse waren. Entsprechend gewann die mit dem Gemeinwohl argumentierende Ausweisungsrhetorik an Gewicht.[9] Wirtschaftliche und religiöse Begründungsmuster gingen dabei oft eine Verbindung ein. Man verwies neben dem »Judenwucher«, d.h. der Geldleihe auf Zins, bevorzugt auf die angebliche jüdische Blasphemie im Verfluchen Christi und der Christen in Gebetspraxis und Alltag, deren Duldung den Zorn Gottes auf die Gemeinschaft herabrief. Tatsächlich kann man von einer steigenden Verschuldung von Bauern und Handwerkern bei ihren Geldgebern, nicht nur den Juden, ausgehen.[10] Doch gerade diese zogen den Zorn der sich als gesellschaftsreformerische Sachwalter des »gemeinen Mannes« fühlenden Prediger auf sich, darunter vor allem von Franziskanern und Dominikanern.[11] Das Vertreiben der Juden wurde so aus der Perspektive politischer Rationalität und religiöser Verantwortung für das Gemeinwohl mehr und mehr als rechtlich und moralisch legitimiertes Mittel zum Schutz des *Corpus christianum* betrachtet und propagandistisch ausgewertet. Viele kirchliche Unterstützer dieser Politik stilisierten die Judenvertreibungen zu einer Art kollektivem Exorzismus im Zeichen intensivierter kirchlicher Frömmigkeit.[12] Die faktischen Machtverhältnisse im deutschen Reich sorgten dafür, dass die Vertreibungen lokal und regional begrenzt blieben. Eine reichsweite »Ausschaffung« des Judentums kam nicht in Frage, anders als etwa in Spanien 1492. Für die Vertriebenen war meist in der weniger rigiden Nachbarschaft eine Weiterexistenz möglich, auch unter erschwerten Umständen. Die auswei-

---

[9] Vgl. als Beispiel STEFAN LANG, Die Ausweisung der Juden aus Tübingen und Württemberg 1477 bis 1498 (in: SÖNKE LORENZ [Hg.], Tubingensia. Impulse zur Stadt- und Universitätsgeschichte. Festschrift für Wilfried Setzler zum 65. Geburtstag, Ostfildern 2008, 111–132).
[10] Vgl. kurz JOACHIM WHALEY, Das Heilige Römische Reich deutscher Nation und seine Territorien, Bd. 1: Von Maximilian I. bis zum Westfälischen Frieden, 1493–1648, Darmstadt 2014, 174.
[11] Vgl. grundlegend JEREMY COHEN, The Friars and the Jews. The Evolution of Medieval Anti-Judaism, Ithaca ²1983.
[12] Zu den verschiedenen Topoi mittelalterlicher Beschuldigungen gegen die Juden und den Elementen jüdischer Apologetik im breiteren Zusammenhang vgl. KURT SCHUBERT, Christentum und Judentum im Wandel der Zeiten, Wien 2003, insbesondere Kap. 5–7.

senden Orte wurden teilweise wieder per Sondererlaubnis zugänglich. Ausgrenzung und Koexistenz schlossen sich in diesem Kontext nicht grundsätzlich aus, sondern wurden neu definiert. So war es etwa im Fall der Stadt Straßburg, welche die Juden ausgewiesen und in die Dörfer und kleinen Städte der Umgebung verdrängt hatte. Auch weiterhin blieben Juden in Straßburg aktiv und unterhielten eine Vielzahl von Sozialkontakten, von denen nicht zuletzt die dortigen christlichen Hebraisten profitierten. Ähnlich kreativ gingen die Juden in Schwaben mit ihren prekären Existenzbedingungen unter den verschiedenen Herrschaften um.[13]

Als markantes Beispiel einer kirchlich propagierten städtischen Judenvertreibung im deutschen Kontext können die Ereignisse in Regensburg 1519 gelten. Die Vertreibung der Juden erfolgte nach einer längeren Phase der Agitation von kirchlicher Seite, so zuletzt von Balthasar Hubmaier (1480/1485–1528), seit 1516 Prediger am Regensburger Dom. Ziel war die völlige Tilgung der Erinnerung an die jüdische Gemeinde der Stadt, eine religiös-politische *damnatio memoriae*, demonstriert durch die Zerstörung der Synagoge und dem Bau einer Marienkapelle (»Zur schönen Maria«) am selben Ort, an welcher Hubmaier selbst noch als Wallfahrtsprediger wirkte. Judenfeindschaft und Marienfrömmigkeit gingen dabei wie in älteren Traditionen eine enge, propagandistisch ausgearbeitete und affektiv wirksame Verbindung ein.[14] Diese Entwicklung legt eine kurze Rückblende zur biblisch-theologischen Begründung des Konzepts bedingter Toleranz von Juden und Judentum nahe.

2. Die biblisch-theologische Begründung des Konzepts der bedingten Toleranz

Die herkömmliche Bibelexegese, sichtbar etwa in der *Glossa ordinaria*, den Kommentaren von Nikolaus von Lyra (um 1270/1275–1349) und dem 1391 konvertierten Paulus von Burgos (um 1352–1435) bis hin zu Jaime (Jacobus) Pérez de Valencia (um 1408–1490) markierte deutlich den

---

[13] Vgl. DEBRA KAPLAN, Beyond Expulsion. Jews, Christians, and Reformation Strasbourg Stanford 2011; STEFAN LANG, Ausgrenzung und Koexistenz. Judenpolitik und jüdisches Leben in Württemberg und im »Land zu Schwaben« (1492–1650), Ostfildern 2008.

[14] Vgl. KLAUS SCHREINER, Antijudaismus in Marienbildern des späten Mittelalters (in: ULRICH MEIER [Hg.], Rituale, Zeichen, Bilder. Formen und Funktionen symbolischer Kommunikation im Mittelalter, Köln 2011, 243–281); JOHANNES HEIL, RAINER KAMPLING (Hgg.), Maria, Tochter Sion? Mariologie, Marienfrömmigkeit und Judenfeindschaft, Paderborn 2001; SIEGFRIED WITTMER, Jüdisches Leben in Regensburg. Vom frühen Mittelalter bis 1519, Regensburg 2001; RAPHAEL STRAUS (Hg.), Urkunden und Aktenstücke zur Geschichte der Juden in Regensburg 1458–1857, München 1960.

schmalen Grat der Toleranz aus kirchlicher Sicht. Eine der klassischen Belegstellen fand sich in Ps. 59 (Ps. 58 Vg.), 7–15. Wie üblich wurde die Feindmetaphorik der Psalmen auf die Juden als Feinde der Christen bezogen. Wenn es im Psalm, einem Gebet um die Errettung von den Feinden, in den Kernaussagen der Verse 12–14 hieß: »Ne occidas eos [...], disperge eos [...] et destrue eos [...], et convertantur ad vesperam« (»Töte sie nicht [...], zerstreue sie aber [...] und zerstöre [ruiniere] sie [...], am Abend kommen sie wieder«), dann wurde dies unter Berufung auf Augustin als Aufforderung zur Toleranz gegenüber den Juden verstanden, und zwar im Blick auf deren Bekehrung »am Abend«, also am Ende der Zeiten.[15] Freilich machten die Aussagen des Psalms auch deutlich, dass diese Toleranz den Juden nur eine prekäre Existenz am äußersten Rande der Gesellschaft zugestand. Dies in den Grundlinien auf Augustin zurückgehende Konzept bot unterschiedliche, zum Teil gegenläufige Interpretationsmöglichkeiten, einmal in der Betonung des »töte sie nicht«, einmal in der Betonung des »zerstreue sie«. In theologischer Sicht beruhte die den Juden gewährte Toleranz darauf, dass sie – in Augustins Worten – als »testes iniquitatis suae et veritatis nostrae« (»Zeugen ihrer Bosheit und unserer Wahrheit«) die irdische Realität göttlicher Strafgerechtigkeit wegen der Kreuzigung Christi veranschaulichten.[16] Der exegetische und theologische Antijudaismus betonte stets das Überlebensrecht des Judentums in der Christenheit, doch die Bedingungen blieben prekär. Dies gilt insbesondere dann, wenn die göttliche Strafgerechtigkeit als politisch gestaltungsfähig angesehen wurde.[17] Insgesamt sind diese Linien der Exegese in breiterem Kontext zu studieren. Nicht alle Abgrenzungsstrategien des christlichen Antijudaismus waren auf eine forcierte Marginalisierung oder Dehumanisierung des Judentums aus. Dies zeigt auch die ikonographische

---

[15] Vgl. Biblia sacra cum glossis, Bd. 3, Lyon 1545, zur Stelle; weiter siehe WILFRIED WERBECK, Jacobus Perez de Valencia. Untersuchungen zu seinem Psalmenkommentar, Tübingen 1959, 64–73.111; EMILIA FERNÁNDEZ TEJERO, NATALIO FERNÁNDEZ MARCOS, Scriptural Interpretation in Renaissance Spain (in: MAGNE SAEBØ [Hg.], Hebrew Bible / Old Testament. The History of Its Interpretation 2: From the Renaissance to the Enlightenment, Göttingen 2008, 231–253); TARALD RASMUSSEN, Inimici ecclesiae. Das ekklesiologische Feindbild in Luthers »Dictata super Psalterium« im Horizont der theologischen Tradition, Leiden 1989, 132–141.

[16] Vgl. AUGUSTINUS, Enarrationes in Psalmos 58,1,22 (CChr.SL 39,744). Siehe insgesamt PAULA FREDRIKSEN, Augustine and the Jews. A Christian Defense of Jews and Judaism, New York 2008; LISA UNTERSEHER, The Mark of Cain and the Jews. Augustine's Theology of Jews and Judaism, Piscataway 2009.

[17] Zu anderen Psalmstellen zum Umgang mit den Juden in der Marge der Gesellschaft vgl. URSULA RAGACS, »Mit Zaum und Zügel muss man ihr Ungestüm bändigen« Ps 32,9. Ein Beitrag zur christlichen Hebraistik und antijüdischen Polemik im Mittelalter, Frankfurt a. M. 1997.

Verarbeitung des religiösen Gegensatzes im Zuge der Aktualisierung alt- und neutestamentlicher Texte.[18]

3. Kirchliche Radikalisierungs- und Polarisierungstendenzen

Charakteristisch für das späte Mittelalter war die Verschärfung des theologischen Antijudaismus wie des vormodernen Antisemitismus. Im Blick auf die theologische Auseinandersetzung spielte die Popularisierung des gelehrten Antijudaismus der Tradition eine wichtige Rolle, unterstützt von den durch den Buchdruck neu eröffneten Möglichkeiten. Vor allem das Medium der Flugblätter und Flugschriften entwickelte eine eigene Dynamik in der Verbreitung antijüdischer Stereotypen mit antisemitischem Einschlag. Dabei erschloss die Ausbreitung des Volkssprachlichen mehr und mehr auch breitere Leserschichten. Noch stets fehlt eine systematische Aufarbeitung dieser Literatur.[19]

Als Gesamttendenz lässt sich eine in vielfacher polemischer Form forcierte *Häretisierung des Judentums* feststellen. Entsprechend schalt man die Juden als »Ketzer des Alten (und Neuen) Testaments«.[20] Was auf den ersten Blick als rhetorische Finte erscheinen mag (denn Ketzer im strikten Sinn konnten Juden als Nichtchristen gar nicht sein), hatte eine klare Zielsetzung: den Schutzraum, den die Kirche traditionell dem Judentum zum Überleben bot, in Frage zu stellen und inquisitorische Machtansprüche durchzusetzen. Die Ermöglichungsgründe für diese Begriffsverschiebung lagen in der hochmittelalterlichen Universalisierung päpstlicher Macht- und Herrschaftsansprüche. Demzufolge erstreckte sich die geistliche Gewalt des Papstes auch auf die Juden. Da das Judentum als Religion des Alten Testaments galt, schien die Ausübung kirchlicher Kontrolle mittels inquisitorischer Zugriffe möglich und notwendig. Seit der auf Papst Gregor IX. zurückgehenden Talmudverbrennung in Paris 1242 waren die Juden wiederholt entsprechender Verfolgung ausgesetzt gewesen.[21] Immer

---

[18] Vgl. HEINZ SCHRECKENBERG, Die Juden in der Kunst Europas. Ein historischer Bildatlas, Göttingen 1996, insbesondere die Teile 3–7.

[19] Vgl. WOLFGANG BUNTE, Juden und Judentum in der mittelniederländischen Literatur (1100–1600), Frankfurt a. M. 1989.

[20] Vgl. diese und vergleichbare Wendungen in den Streitschriften Johannes Pfefferkorns, so in: Pfefferkorn, In disem buchlein vindet yr ein entlichen furtrag, wie die blinden Juden yr Ostern halten unnd besonderlich wie das Abentmal gessen wirt, Köln 1509, 1.17.22. Zu den einschlägigen Texten J. Pfefferkorns und J. Reuchlins zum Streit um die jüdische Literatur vgl. die leicht zugängliche und lesbare Sammlung der Digitalisate (NORBERT FLÖRKEN [Hg.], Der Streit um die Bücher der Juden. Ein Lesebuch, Köln 2014; Online-Ressource: http://kups.ub.uni-koeln.de/id/eprint/5731).

[21] Vgl. THOMAS WERNER, Den Irrtum liquidieren. Bücherverbrennungen im Mittelalter, Göttingen 2007, 58.

ging es darum, das Judentum als vom Alten Testament und damit von der entscheidenden Offenbarungs- und Autoritätsquelle abweichend zu skandalisieren. Faktisch sah man in der zur antichristlichen Strategie stilisierten rabbinischen »Ketzerei« die Grundlagen des Toleranzgebots aufgehoben. Die Kirche wurde gleichsam von einem ihrer größten Missverständnisse eingeholt, nämlich dem normativen Trugbild eines rein alttestamentlichen Judentums. Vergessen werden sollte dabei nicht, dass schon die Novelle 146 (Περὶ Ἑβραίων) des Kaisers Justinian aus dem Jahr 553 die sogenannte δευτέρωσις, d.h. die rabbinische Lehre, als menschliches Machwerk verboten hatte.[22] Eine rabbinische Konkurrenz in der Schriftauslegung sollte im Interesse einer Bekehrung der Juden zum Christentum unbedingt verhindert werden.

Das gelehrte und zunehmend auch das populäre Schrifttum breitete im späten Mittelalter die angeblich häretischen Gehalte rabbinischer Literatur zielgerichtet als falsche Lehre vor der christlichen Leserschaft aus. Explizit oder implizit wurde zum inquisitorischen Zugriff ermuntert, d.h. eine wirksame Zensur eingefordert, oder aber die Bücherverbrennung als *ultima ratio* propagiert.

Gerade die judenmissionarischen Bemühungen der Bettelmönche, allen voran die der Dominikaner und Franziskaner, waren eng mit dem vom Häresievorwurf durchsetzten strikten Antirabbinismus verbunden. Die dialogischen Elemente des Glaubensgesprächs wurden auch im literarischen Kontext nicht einfach aufgegeben, spiegeln aber im späten Mittelalter kaum noch reale Situationen wider. Immerhin blieben diskursmäßig angelegte Schriften wie die *Dialogi contra Iudaeos* des Petrus Alfonsi (1062–um 1140), die den christlichen Wahrheitsbeweis auf biblischer Basis, doch zugleich mit in sich stimmigen rationalen Argumenten führen wollten, weit verbreitet.[23] Die Vision vom ewigen Religionsfrieden bei Nikolaus von Kues (1401–1464) eröffnete zwar um die Mitte des 15. Jahrhunderts erneut denkerische Perspektiven hin auf eine friedliche, überzeugungsorientierte Aufhebung religiöser Konfliktpotentiale unter christlichem Vorzeichen, doch im Hintergrund stand das Scheitern bei der praktischen Durchsetzung des Judendekrets von 1451/52, das der Kusaner als päpstlicher Legat in deutschen Landen erlassen hatte. Dieses Judendekret war stark von bettelmönchischen Strategien der Ausgrenzung der Juden

---

[22] Vgl. GUISEPPE VELTRI, Justinians Novelle 146 *Peri Hebraiōn* (DERS. [Hg.], Gegenwart der Tradition. Studien zur jüdischen Literatur und Kulturgeschichte, Leiden 2002, 104–119).

[23] Vgl. PETRUS ALFONSI, Dialogue against the Jews, translated by Irven M. Resnick, Washington 2006; KLAUS-PETER MIETH (Hg.), Der Dialog des Petrus Alfonsi. Seine Überlieferung im Druck und in den Handschriften. Textedition, Berlin 1982.

aus der christlichen Gesellschaftsordnung geprägt, sofern sie sich als bekehrungsunwillig erwiesen. Auch die Häretisierung des Judentums wurde vom Kusaner im Vorfeld des Judendekrets offensiv betrieben.[24] Selbst im gelehrten Kontext stand somit das formal Dialogische nicht in grundsätzlichem Widerspruch zu stereotyper antijüdischer Polemik. Das eher populäre Schrifttum sollte die Gattungsgrenzen im Zeichen offensiver Degradierung des Gegenübers weiter verwischen. So bahnte sich mit Hilfe des mehr oder weniger nostalgischen Bildes vom Judentum als einer Religion des Alten Testaments auf breiter Basis ein zunehmend rigider Antirabbinismus seinen Weg.

Eine wichtige Schaltfunktion nahmen hier christliche Hebraisten wie Nikolaus von Lyra und gelehrte Konvertiten wie Paulus von Burgos ein, die stets von neuem den antibiblischen und antichristlichen Charakter des rabbinischen Judentums beschworen und darin ein Haupthindernis der Bekehrung ausmachten, zugleich aber von der Ursprachenkenntnis dieses Judentums profitieren wollten.[25] So war Nikolaus von Lyra mit seiner zuerst 1471/72 gedruckten Postilla von unschätzbarem Wert für die Vermittlung jüdischen bibelexegetischen Wissens an christliche Gelehrte, insbesondere im Blick auf die seine literalen Interessen befriedigende Auslegung des Rashi (Rabbi Salomo ben Isaak, 1040–1105).[26] Lyras strenger Antirabbinismus blieb davon gänzlich unberührt, wie seine Polemik gegen die »perfidia«, die »hinterlistige Treulosigkeit« der Juden zeigt. Diese wollten sich demnach wider besseres Wissen den rationalen Argumenten christlicher Exegese zugunsten zentraler Dogmen wie der von der Gottessohnschaft und Messianität Jesu nicht beugen.[27] Gleichwohl traf auch Nikolaus von Lyra wie andere Interessierte an der jüdischen Bibelexegese der Vorwurf des »Judaisierens«, also einer für den christlichen Glauben gefährlichen Begünstigung oder gar aktiven Unterstützung des Judentums. Dass Konvertiten hier besonders streng urteilten, zeigt auf gelehrter Seite unter anderem Paulus von Burgos, der den Lyra-Text zuweilen kritisch

---

[24] Vgl. KARL-HEINZ ZAUNMÜLLER, Nikolaus von Cues und die Juden. Zur Stellung der Juden in der christlichen Gesellschaft um die Mitte des 15. Jahrhunderts in den deutschen Landen, Diss. Universität Trier 2005 (elektronische Ressource).
[25] Vgl. GILBERT DAHAN, The Christian Polemic against the Jews in the Middle Ages, Notre Dame 1998.
[26] Vgl. DEEANA COPELAND KLEPPER, The Insight of Unbelievers. Nicholas of Lyra and Christian Reading of Jewish Text in the Later Middle Ages, Philadelphia 2007.
[27] Vgl. Biblia latina, [Basel] 1498, Anhang: Nikolaus von Lyra, Contra perfidiam Iudaeorum; HEINZ SCHRECKENBERG, Die christlichen Adversus-Judaeos-Texte und ihr literarisches und historisches Umfeld (13.–20. Jh.), Frankfurt a. M. 1994, 382–387; zum Vorwurf der Perfidie gegenüber Fremdvölkern in der Antike vgl. BERNHARD KREMER, Das Bild der Kelten bis in augusteische Zeit. Studien zur Instrumentalisierung eines antiken Feindbildes bei griechischen und römischen Autoren, Stuttgart 1994.

kommentierte, aber auch weniger gebildete Konvertiten wie Johannes Pfefferkorn (um 1469–1522) in seinen populären Streitschriften. Insgesamt lässt sich feststellen, dass die dogmatischen Themen der Auseinandersetzung mit den Juden als Glaubensgegner seit dem hohen Mittelalter weithin stabil blieben, doch sich eine zunehmende Aggressivität gegen die Juden als Glaubensfeinde breit machte.

Die breite Palette *populär-polemischer Streitschriften* setzte andere Akzente als das gelehrte Streitgespräch und die dogmatischen Traktate, verfolgte aber vergleichbare missionarische Ziele. In ihrer volkssprachlichen Form gehörten die Streitschriften zu den Begleiterscheinungen der bettelmönchischen Predigtagitation im späten Mittelalter, die zugleich die zunehmende Bedeutung religiöser Laienbildung dokumentiert. Schon im 14. Jahrhundert traten solche volkssprachlichen Separatschriften auf. Die Juden spielten dabei nicht unbedingt als real existierendes Gegenüber eine Rolle, da sie im Zuge ihrer Häretisierung auch die von »falschen Christen« einnehmen konnten und den Laien an sich die Disputation über Glaubensfragen mit Juden untersagt war. Im Wesentlichen dürfte es sich im Falle von Dialogen um Konstruktionen handeln, in denen sich der Gegensatz zum Judentum zugleich als unerledigte innerchristliche katechetische Aufgabe darstellte. Beispielhaft sei die Pharetra-Überlieferung des 14. Jahrhundert mit ihren deutschen Versionen genannt, die im späten 15. und im 16. Jahrhundert vielfach gedruckt wurden.[28] Was in diesem »Köcher des Glaubens« (frei nach Jer. 51,11 Vulg.) formal als Disputation zwischen einem Juden und einem Christen vorgeführt wurde, enthielt zahlreiche schmähende Anreden, die der Christ gegen den Juden ausstieß.[29] In enger Verbindung mit der Pharetra-Tradition überliefert wurden die thematisch einheitlicher ausgerichteten *Obiectiones in dicta Talmud, seductoris Iudaeorum* (»Entgegnungen gegen Aussagen des Talmuds, des Verführers der Juden«), wohl aus der Feder des Dominikaners Theobald de Sézanne (Theobaldus de Sexannia) aus dem 13. Jahrhundert.[30] Letztere thematisier-

---

[28] So die Pharetra catholice fidei siue ydonea disputatio inter Christianos et Judeos, Landshut 1514; vgl. CARMEN DE CARDELLE HARTMANN, Drei Schriften mit dem Titel Pharetra fidei (in: Aschkenas 11, 2001, 327–350).

[29] Zu den Anreden wie »tu tyranne«, »tu inutiliter fabularis«, »tu perfide et c[a]ece«, »tu maligne« vgl. Pharetra (s. Anm. 28), fol. A2ᵛ/3ʳ. Insgesamt vgl. SCHRECKENBERG (s. Anm. 27), 335f. Die *Obiectiones in dicta Talmud* fanden sich auch in Bibliotheken humanistischer Gelehrter wie der des Augsburger Stadtschreibers Konrad Peutinger, HANS J. KÜNAST, Johannes Reuchlin – zur Drucklegung und Rezeption seiner Werke (in: DANIELA HACKE, BERND ROECK [Hgg.], Die Welt im Augenspiegel. Johannes Reuchlin und seine Zeit, Stuttgart 2002, 187–208).

[30] Vgl. MANUELA NIESNER, »Wer mit juden well disputiren«. Deutschsprachige Adversus-Judaeos-Literatur des 14. Jahrhunderts, Tübingen 2005.

ten nachdrücklich den unstatthaften Überschuss rabbinischer Tradition über den Bibeltext hinaus und die übermäßige Autorität, welche Juden dem Talmud beimaßen. Damit nahm man die inquisitorischen Anklagepunkte des Pariser Talmudprozesses von 1240 bis 1248 auf, welche vielfältig gegen die Juden eingesetzt wurden, und zwar ohne auf christologische Wahrheitsansprüche und die Frage der Messianität Jesu einzugehen.[31] Einziges Ziel war, die Lehre des Talmud (»Thalmud est doctrina«) als vernunft- und offenbarungswidrige Häresie darzustellen und damit dem Judentum jede Art von Kongruenz mit dem Alten Testament abzusprechen. Beispielsweise wurde die gleich zu Beginn aus haggadischem Zusammenhang stammende Aussage, Gott selbst studiere im Talmud, als fabulöse Leugnung göttlicher Allwissenheit interpretiert und als Häresie gebrandmarkt.[32] Dies Beispiel profunden Unverständnisses anthropomorpher Rede von Gott findet sich noch im 19. Jahrhundert, wo derlei Aussagen von Schulreformern als erbärmlicher Unsinn über Gottes Eigenschaften abgetan wurden.[33] Der Widerlegung jüdischer Messiaserwartungen widmete sich die noch im 16. Jahrhundert auch volkssprachlich weit verbreitete Sendschreiben eines angeblich zum Christentum konvertierten marokkanischen Rabbiners namens Samuel an einen Kollegen, die *Epistola de Rabbi Samuel*, die mit einer Fülle alttestamentlicher Beweisstellen substitutionstheologisch argumentierte und das jüdische Exil als Strafe Gottes für die Kreuzigung des Messias Jesus verstehen lehren wollte.[34]

Eine wichtige Rolle bei der Popularisierung stereotyper Vorstellungen spielten weiterhin die deutschsprachigen *geistlichen und weltlichen Spiele*, insbesondere die Fastnachts- und Passionsspiele. So wurden im Frankfurter Passionsspiel von 1493 die Juden nicht nur als Verstockte, sondern auch als Gottesmörder und geldgierige Wucherer vorgestellt.[35] Dabei zeigt

---

[31] Vgl. SCHUBERT (s. Anm. 12), 69–74.

[32] »Si deus studet in thalmut ergo non habet plenitudinem scientiae, quod est heresis« (THEOBALDUS DE SEXANNIA, Thalmut. Obiectiones in dicta Talmut seductoris iudeorum, [Wien, ca. 1500], fol. a 2ᵛ).

[33] JOHANN BAPTIST GRASER, Das Judenthum und seine Reform als Vorbedingung der vollständigen Ausnahme der Nation in den Staats-Verband. Justiz- und Polizen-Beamten zur vorzüglichen Rüchsichtnahme, Bayreuth 1828, 38, 41f. Zu Graser, dem »fränkischen Pestalozzi«, vgl. ROBERT EBNER, Johann Baptist Graser (1766–1841). Sein Leben und Wirken als »Religionspädagoge«, Dettelbach 2008.

[34] Vgl. zum Beispiel: Rationes breues magni rabi Samuelis iudei nati, sed de iudaismo ad fidem catholicam conuersi, Köln 1493; Ein Epistel Rabbi Samuelis deß Juden, darinn er anzaygt und bewerlich vernicht die [...] hoffnung der Juden, die sye haben von Messia, das derselbig noch komen sol, Nürnberg 1498. Die deutsche Übersetzung von Ludwig Hätzer, Ain beweysung, das der war Messias kommen sey, Augsburg 1524, richtete sich ausdrücklich an christliche »Schwachgläubige«, die hiermit ihren Glauben stärken konnten. Vgl. MONIKA MARSMANN, Die Epistel des Rabbi Samuel an Rabbi Isaak. Untersuchung und Edition. Diss., München 1971.

die Aufnahme des Wucherthemas, wie die ältere Spieltradition aktualisiert wurde. Der Dichter Hans Folz (um 1450–1513) verspottete in seinen Fastnachtsspielen und Reimpaarsprüchen die jüdischen Riten und Feste wie auch die jüdische Messiaserwartung. Seine deutsche Pharetra-Version nahm auch Material der *Obiectiones in dicta Talmud* auf. Die Talmudverbrennung in Paris 1240 wurde nicht ohne Genugtuung in Erinnerung gerufen. Auch fehlte es im literarischen Werk von Folz nicht an Antisemitismen wie dem Ritualmordvorwurf.[36]

In diesem Zusammenhang ist auch die *christliche Ikonographie* zu erwähnen. Sie nahm im späten Mittelalter zunehmend dehumanisierende, gleichsam anti-ästhetisierende Darstellungen von Juden in ihr Bildprogramm auf.[37] Dies ging zu Lasten klassischer Vorstellungen, wie sie in der Abbildung von *Ecclesia* und *Synagoga* beispielsweise am Straßburger Münster zum Ausdruck kamen und in der Darstellung von triumphierende Kirche und von Blindheit geschlagener Synagoge eine primär religiöse Distinktion versinnbildlicht wurde. Nun mehrten sich in der christlichen Kunst wie in populär-polemischen Kontexten die Formen offener Dämonisierung des Judentums.[38] Diese Dämonisierung wurde auch dort betrieben, wo die Juden als Verbündete des Antichristen bzw. der Antichrist mit jüdischer Abstammung zu den endzeitlichen Feinden des Christentums stilisiert wurden, ein in apokalyptischen Zusammenhängen hochbrisantes Thema.[39] Spottbilder wie die sogenannte Judensau, auf denen sich Juden an Zitzen und Anus eines Schweins delektierten, wurden zu weiteren Instrumenten der Popularisierung des Antirabbinismus mittels gezielter Dehumanisierung und Dämonisierung der Juden über den religiösen Gegensatz hinaus.[40] Ein eigenes Feld stellen Predigtliteratur und katechetische Werke dar, die ebenfalls immer wieder, wenn auch nicht

---

[35] Vgl. EDITH WENZEL, »Do worden die Judden alle geschant«. Rolle und Funktion der Juden in spätmittelalterlichen Spielen, München 1992; DIES., »Wucherer und Gottesmörder«. Inszenierte Judenfeindschaft im Passionsspiel des Spätmittelalters (in: RENÉ BLOCH u.a. [Hgg.], Fremdbilder – Selbstbilder. Imaginationen des Judentums von der Antike bis zur Neuzeit, Basel 2010, 135–153; SCHRECKENBERG (s. Anm. 27), 387f.
[36] Vgl. WENZEL (s. Anm. 35), 189–265.
[37] Vgl. RAINER WOHLFEIL, Die Juden in der zeitgenössischen bildlichen Darstellung (in: ARNO HERZIG [Hg.], Reuchlin und die Juden, Sigmaringen 1993, 21–35, mit Abbildungen).
[38] Vgl. PETRA SCHÖNER, Judenbilder im deutschen Einblattdruck der Renaissance. Ein Beitrag zur Imagologie, Baden-Baden 2002.
[39] Vgl. KARIN BOVELAND u.a. (Hgg.), Der Antichrist und Die fünfzehn Zeichen vor dem Jüngsten Gericht, Faks. [1480] und Kommentar, Hamburg 1979; ANDREW COLIN GOW, The Red Jews. Antisemitism in an Apocalyptic Age, 1200–1600, Leiden 1995.
[40] Vgl. ISAIAH SHACHAR, »The Judensau«. A Medieval Anti-Jewish Motif and its History, London 1974; HERMANN RUSAM, »Judensau«-Darstellungen in der plastischen Kunst Bayerns. Ein Zeugnis christlicher Judenfeindschaft, Hannover 2007.

schwerpunktmäßig, die Imagination vom Juden als Christus- und Christenfeind weiter festigten, aber zuweilen auch die ältere Linie bedingter Toleranz im Blick auf die endzeitliche Judenbekehrung zu stärken versuchten.[41] Insgesamt wird man sagen können: Gerade in Zeiten, in denen die Juden längst an den äußeren Rand der Gesellschaft abgeschoben waren und weder religiös-kulturell noch wirtschaftlich eine starke Position einnahmen, radikalisierte sich die stereotype Stigmatisierung und Ausgrenzung der Juden als der »Fremden« und »Anderen« schlechthin.

Ein letztes markantes Beispiel gelehrter Radikalisierung in Apologie und Polemik bietet das umfassende, geradezu enzyklopädisch angelegte Werk des spanischen Franziskanerobservanten Alonso de Espina (Alfonsus de Spina, 1412–1495), das *Fortalitium fidei contra Iudaeos, Saracenos aliosque Christianae fidei inimicos* (»Bollwerk des Glaubens gegen Juden, Muslime und andere Feinde des christlichen Glaubens«), entstanden zwischen 1458 und 1462 und in ganz Europa weit verbreitet.[42] Hier äußerte sich eine propagandistisch aufs Höchste angespannte Burg- und Grabenmentalität, welche die Kirche vor allem von Feinden umgeben und bedroht sah. In diesem Szenario finden sich so gut wie alle Stereotypen des theologischen Antijudaismus wie auch des Antisemitismus der vergangenen Jahrhunderte wieder. Alles stand nun im Dienst einer aggressiv-inquisitorischen Vertreibungsideologie, deren Ziel mit der Ausweisung der Juden aus Spanien 1492 auch tatsächlich erreicht wurde.

4. Bettelmönchische Programme zur obrigkeitlichen Judenpolitik

Die Häretisierung des Judentums, verbunden mit einer klaren Degradierungsstrategie, wurde im späten Mittelalter vor allem durch die Franziskaner und die Dominikaner vorangetrieben. Im Kontext christlicher Gesellschaftsreform bildete sich jenes Programm kirchlich-obrigkeitlicher Judenpolitik heraus, dessen Kernpunkte sich beim Konvertiten Johannes

---

[41] Vgl. HANS-MARTIN KIRN, Antijudaismus und spätmittelalterliche Bußfrömmigkeit. Die Predigt des Franziskaners Bernhardin von Busti (um 1450–1513) (in: ZKG 108, 1997, 147–175); DERS., Contemptus mundi – contemptus Judaei? Nachfolgeideale und Antijudaismus in der spätmittelalterlichen Predigtliteratur (in: BERNDT HAMM, THOMAS LENTES [Hgg.], Spätmittelalterliche Frömmigkeit zwischen Ideal und Praxis, Tübingen 2001, 147–178); SCHRECKENBERG (s. Anm. 27), 568f.; MOISÉS ORFALI, La prédication chrétienne sur les Juifs dans l'Espagne du bas Moyen Âge (in: RHR 2012, 31–52).
[42] ALONSO DE ESPINA (Alfonsus de Spina), Fortalitium fidei [Straßburg, nicht nach 1471]; vgl. ALISA MEYUHAS GINIO, The Fortress of Faith – At the End of the West. Alonso de Espina and his Fortalitium Fidei (in: ORA LIMOR, GUY G. STROUMSA [Hgg.], Contra Iudaeos. Ancient and Medieval Polemics between Christians and Jews, Tübingen 1996, 215–237).

Pfefferkorn im frühen 16. Jahrhundert studieren lassen.[43] Dieses unterschiedlich akzentuierte, in vielfachen Variationen im späten Mittelalter verbreitete Programm fasste drei wesentliche Elemente herkömmlicher antijüdischer Agitation zusammen: »Wucherverbot«, verstanden als generelles Zinsnahmeverbot, missionarische Zwangspredigt und die Konfiszierung rabbinischer Literatur. In bettelmönchischer Perspektive sollte mit dem Zinsnahmeverbot den Juden zugleich eine Zwangsverpflichtung zu anderen Erwerbstätigkeiten auferlegt werden. Diese sollten, da man sich die Juden nur am untersten Rande der Ständegesellschaft in einer Art Paria-Existenz vorstellen konnte, vorzugsweise in ehrlosen Tätigkeiten wie die der Gassenkehrer oder Abdecker bestehen. Hier war jede Rücksicht auf geltendes Recht fallen gelassen. Dieses kannte wohl die Möglichkeit der Vertreibung, nicht aber die der kollektiven zwangsweisen sozialen Degradierung. Eine ähnliche, wenngleich nicht auf »unehrliche« Arbeit bezogene Zwangsintegration in die Mehrheitsgesellschaft sollte noch der späte Martin Luther mit seinem Programm der sogenannten »scharfen Barmherzigkeit« in den 1540er Jahren einfordern, ganz im Gegensatz zu seinen frühen Ansätzen bürgerlicher Gleichstellung.[44]

Als zweites Element propagierte man Zwangspredigten mit dem Ziel der Bekehrung. Die Hoffnung auf eine endzeitliche Judenbekehrung und die Suspension des Entscheids über letzte Glaubenswahrheiten allein genügte demnach nicht mehr. Immer wieder gelang es, mit Hilfe der Obrigkeiten Juden zum Anhören christlicher Predigten zu zwingen, so etwa in Regensburg, wo der Dominikaner und Hebraist Peter Schwarz (Petrus Nigri, um 1435–1483) 1474 in Anwesenheit des Bischofs mehrfach vor einbestellten Juden predigte und dabei mit dem hebräischen Urtext gegen die talmudische Literatur argumentierte, freilich ohne Erfolg. Schwarz versuchte in seinen Bekehrungspredigten, die Juden mit Hilfe bibeltheologischer Argumente auf der Basis des hebräischen Urtextes vom christlichen Glauben zu überzeugen. Die talmudische Literatur sah er von Häresien durchsetzt. 1474 bis 1476 setzte Schwarz seine judenmissionarische Arbeit in Bamberg und Nürnberg fort. Die Regensburger Predigten erschienen 1475 in lateinischer, 1477 in lateinischer Fassung.[45] Im Unter-

---

[43] Vgl. HANS-MARTIN KIRN, Das Bild vom Juden im Deutschland des frühen 16. Jahrhunderts. Dargestellt an den Schriften Johannes Pfefferkorns, Tübingen 1989; ELLEN MARTIN, Die deutschen Schriften des Johannes Pfefferkorn. Zum Problem des Judenhasses und der Intoleranz in der Zeit der Vorreformation, Göppingen 1994; AVNER SHAMIR, Christian Conceptions of Jewish Books. The Pfefferkorn Affair, Kopenhagen 2011.
[44] Vgl. MARTIN LUTHER, Von den Juden und ihren Lügen (WA 53,412–552, hier: 522,29–524,27 und 536,19–537,17). Insgesamt vgl. THOMAS KAUFMANN, Luthers »Judenschriften«. Ein Beitrag zu ihrer historischen Kontextualisierung, Tübingen 2011.

schied zur Zwangstaufe fiel die missionarische Zwangspredigt nicht unter die Kategorie des verbotenen Glaubenszwangs, da sie im kirchlichen Selbstverständnis nur den Raum für die freie Willensentscheidung sicherte und der christliche Glaube im Judentum aufgrund des Alten Testaments ohnehin als bereits vorgebildet gedacht wurde. Dabei war schon seit Thomas von Aquin deutlich, dass in der Frage des Zwangs keine klaren Vorstellungen herrschten. Immerhin durften nach gängiger Überzeugung Menschen unter bestimmten Voraussetzungen auch gegen ihren Willen zu ihrem Wohl gezwungen, das heißt, vor sich selbst in Schutz genommen werden.[46] Schließlich wurden die Obrigkeiten aufgefordert, die gesamte rabbinische Literatur zu konfiszieren und der Inquisition zu übergeben. So sollte ein vom Rabbinismus befreites, sozusagen »rein biblischen« Judentum entstehen, und damit die Chancen der Konversion von Juden zum Christentum erhöht werden. Dabei war zu Beginn des 16. Jahrhundert jedem Kundigen bekannt, dass sich eine quellenmäßige Prüfung der Häresievorwürfe christlicherseits schon wegen mangelnder Sprachkenntnisse nicht würde durchführen lassen. Johannes Reuchlin (1455–1522) wies in seinem Gutachten für Kaiser Maximilian I. von 1510, in dem er sich entschieden für den Erhalt der rabbinischen Literatur aussprach, deutlich auf diesen Schwachpunkt hin und wies schon deshalb deren Konfiszierung zurück.[47] Doch für die Wächter der kirchlichen Tradition war diese Prüfung an den Quellen faktisch gar nicht mehr nötig. Es genügte, sich auf bereits ergangene Verurteilungen zu stützen. Immerhin wirkten in dieser Sache Vertreter der christlichen Hebraistik wie Reuchlin bremsend auf die fortdauernde Häretisierung des Judentums ein, ohne selbst vom Antijudaismus der Tradition frei zu sein. So teilte auch Reuchlin die kirchliche Substitutionstheologie, der zufolge die ungewöhnlich lange Dauer des jüdischen Exils auf eine ungewöhnlich große Schuld, nämlich auf die Ablehnung der Messianität Jesu, schließen lasse.[48] Gerade dass die Juden zu

---

[45] Vgl. SCHRECKENBERG (s. Anm. 27), 544–547. PETER SCHWARZ, Contra perfidos Iudaeos de conditionibus veri Messiae, Esslingen 1475; DERS., Stern des Meschiah, Esslingen 1477 (die lateinische Fassung findet sich in handschriftlicher Form in der Bayerischen Staatsbibliothek München, Sign. Hss Clm 14085 [auch digitalisiert]). Zu Peter Schwarz (Petrus Nigri) vgl. kurz BENEDIKT KONRAD VOLLMANN, Art. Nigri, Petrus (in: NDB 19, 254f.); zum breiteren Thema vgl. noch stets PETER BROWE, Die Judenmission im Mittelalter und die Päpste, Rom (1942) 1973.

[46] Zum unterschiedlichen Umgang mit Juden und Häretikern bei Thomas von Aquin vgl. kurz FORST (s. Anm. 2), 91–94.

[47] Vgl. KIRN (s. Anm. 43), 132. Zum Text des Reuchlin-Gutachtens, in dessen »Augenspiegel« von 1511 veröffentlicht, siehe JOHANNES REUCHLIN, Sämtliche Werke Bd. 4/1 (s. Anm. 48), 13–168, und FLÖRKEN (s. Anm. 20), 195–232.

[48] Vgl. JOHANNES REUCHLIN, Tütsch missive, warumb die Juden so lang im ellend sind, 1505 (DERS., Sämtliche Werke, hg. v. Widu-Wolfgang Ehlers u.a, Bd. 4/1, Stuttgart-Bad Cannstatt 1999, 1–12, hier: 9,26–30 und 11,32f.). Vgl. FLÖRKEN (s. Anm. 20), 28–34.

ihrem Exil in der christlichen Gesellschaft gleichsam durch göttliches Recht verurteilt waren, bildete hier die Grundlage ihrer von Bekehrungshoffnungen getragenen Tolerierung. Daneben finden sich bei Reuchlin andere weit verbreitete antijüdische stereotype Vorstellungen, so der Vorwurf jüdischer Blasphemie, auch wenn er diese rechtlich für nicht greifbar erachtete. In jedem Fall lassen sich die Fronten im Kampf um die jüdische Literatur, wie sie in der Reuchlin-Pfefferkorn-Kontroverse zutage traten, nicht einfach auf den Gegensatz von mittelalterlicher bettelmönchisch-scholastischer Intoleranz und auf die Moderne vorausweisender humanistischer Toleranz reduzieren.

5. Popularisierung der Ritualmord- und Hostienfrevelvorwürfe

Im späten Mittelalter entfalteten die Antisemitismen von Ritualmord- und Hostienfrevelvorwürfen im Zuge ihrer weiteren Popularisierung eine neue Dynamik. Stets mehr wurden die Juden als aktive Christus- und Christenfeinde imaginiert, welche die hochsensiblen Kerngehalte christlicher Kreuzes- und Messfrömmigkeit gleichsam ins Herz trafen. Juden brauchten demnach das Blut eines jungen, d.h. unschuldigen Christenknaben zur Fertigung ihrer Mazzen für Pessach oder obskure medizinische Zwecke wie der Beseitigung des ihnen angedichteten dämonischen Gestanks, und ermordeten Christus im Durchstoßen einer geweihten Hostie nochmals von neuem. Hatten Konvertiten wie Pfefferkorn anfangs diese Anschuldigungen in der Regel als Legendenbildungen zurückgewiesen, so zeigten sie sich später angesichts der ihnen andemonstrierten angeblichen Faktenlage doch davon überzeugt.[49]

Die Popularisierungsstrategien im Blick auf den Ritualmordvorwurf lassen sich gut anhand des Umgangs mit dem Ritualmordprozess von Trient aus dem Jahr 1475 studieren. Die Erinnerung an diesen Fall wurde mit großem Bedacht wach gehalten, unter anderem durch die weitverbreitete »Nürnberger Weltchronik« des Humanisten Hartmann Schedel (1440–1514), die zuerst 1493 in einer lateinischen und deutschen Ausgabe gedruckt worden war.[50] Hauptinteresse war, den trotz Bedenken kirchlicher Kritiker und auch ohne offizielle Erlaubnis aus Rom etablierten Kult

---

[49] Vgl. zum Gesamtzusammenhang HANS-MARTIN KIRN, Spätmittelalterliche Imaginationen von Juden und Judentum im Zeichen der Konversion. Der Fall Johannes Pfefferkorn (um 1469–1522) (in: RENÉ BLOCH u.a. [Hgg.], Fremdbilder – Selbstbilder. Imaginationen des Judentums von der Antike bis zur Neuzeit, Basel 2010, 155–171).
[50] HARTMANN SCHEDEL, Weltchronik. Kolorierte Gesamtausgabe von 1493. Einleitung und Kommentar von Stephan Füssel, Köln 2001, fol. 254b.

um den angeblich von Juden ermordeten wunderwirkenden Simon von Trient zu fördern.[51] Die politische Bedeutung des Trienter Ritualmordprozesses von 1475 unterstreicht die Tatsache, dass sich Herzog Eberhard im Bart (1445–1496) eigens ins Deutsche übersetzte Akten des Prozesses besorgen ließ. Noch in neuester Zeit finden sich Versuche, das Entstehen des Ritualmordvorwurfs plausibel zu machen und nicht nur als Irrationalität abzutun. So äußerte Ariel Toaff in seiner umstrittenen Studie von 2007 die Vermutung, im Hintergrund des Vorwurfs stünden magische Blutvorstellungen in der aschkenasischen Praxis der Pessachfeier, die von christlicher Seite falsch interpretiert wurden.[52]

Auch der Vorwurf des Hostienfrevels wurde im späteren Mittelalter verstärkt aktuell. Bald etabliert und berühmt wurden Wallfahrtsorte wie Deggendorf in Niederbayern (die »Deggendorfer Gnad«), wo der angeblich 1337 stattgefundene Hostienfrevel über Jahrhunderte hinweg memoriert wurde, unter anderem durch Traktate und in Bildform auf Altarbildern. Der Passauer Schauprozess von 1478 wurde auf unterschiedlichen Ebenen erfolgreich vermarktet.[53] 1492 führte im mecklenburgischen Sternberg ein Hostienfrevelprozess zur Einrichtung einer Wallfahrt. Einen neuen Schub erhielt der Wahn durch den Prozess in Berlin 1510, bei dem um die vierzig Juden zum Tode verurteilt und die meisten öffentlich verbrannt wurden. Die überlebenden Juden mussten die Mark Brandenburg verlassen.[54] Offenbar ging hier der Druck zur Verfolgung und Vertreibung der Juden vor allem von Bischof und Ständevertretung aus, dem der Kurfürst Joachim I. (1484–1535) wenig entgegenzusetzen hatte.

---

[51] Vgl. WOLFGANG TREUE, Der Trienter Judenprozeß. Voraussetzungen – Abläufe – Auswirkungen (1475–1588), Hannover 1996; RONNIE PO-CHIA HSIA, Trient 1475. Geschichte eines Ritualmordprozesses, Frankfurt a. M. 1997; DIEGO QUAGLIONI, Das Inquisitionsverfahren gegen die Juden von Trient (1475–1478) (in: SUSANNA BUTTARONI, STANISŁAW MUSIAŁ [Hgg.], Ritualmord. Legenden in der europäischen Geschichte, Wien 2003, 85–130).

[52] ARIEL TOAFF, Pasque di sangue. Ebrei d'Europa e omicidi rituali, Bologna ²2008; HANNAH R. JOHNSON, Blood Libel. The Ritual Murder Accusation at the Limit of Jewish History, Ann Arbor 2012.

[53] Vgl. insgesamt MIRI RUBIN, Gentile tales. The Narrative Assault on Late Medieval Jews, Philadelphia (1999) 2004.

[54] Vgl. FRITZ BACKHAUS, Die Hostienschändungsprozesse von Sternberg (1492) und Berlin (1510) und die Ausweisung der Juden aus Mecklenburg und der Mark Brandenburg (in: JBLG 39, 1988, 7–26).

6. Ambivalenzen christlicher Hebraistik

In den Kontext der Judenmission gehören die frühen Impulse zur Etablierung christlicher Hebraistik und Orientalistik, wie sie das Konzil von Vienne 1311/12 formuliert hatte. Demnach sollten an vier europäischen Universitäten Lehrstühle für Hebräisch, Chaldäisch (Aramäisch) und Arabisch eingerichtet werden.[55] Von diesen Plänen wurde nur wenig umgesetzt, doch das Konzil bot noch im 16. Jahrhundert eine wichtige kirchlich-legitimatorische Grundlage für die christliche Hebraistik. Sprachhumanisten wie Johannes Reuchlin beschworen die Beschlüsse des Konzils von Vienne neben anderen Traditionen wie der des Nikolaus von Lyra als bleibende Verpflichtung und damit als wichtiges Argument für den Erhalt der jüdischen Traditionsliteratur. Freilich war auch Reuchlin an dieser Literatur nicht um ihrer selbst willen interessiert. Wer sie akzeptierte, musste einen Mehrwert ihres Studiums für die Festigung der eigenen Wahrheitsansprüche benennen können. Dieser Mehrwert lag für ihn wie andere darin, dass die rabbinische Literatur der Kirche weitere Argumente zur Aufhebung des Judentums aus seinen eigenen Quellen zu erschließen versprach. Auch die Perspektive gelehrter Überzeugung ohne inquisitorische Auslöschung vermeintlich ketzerischer Literatur atmete den Geist des kirchlichen Triumphalismus. So rechtfertigte Reuchlin das Studium der jüdischen Traditionsliteratur in seinem Gutachten von 1510 unter anderem mit dem Hinweis auf Alonso de Espina, der sich bei seinem Kampf gegen das Judentum ähnlich wie Nikolaus von Lyra auf den Talmud stützte, als ob er die Juden »mit irem aigen messer erstechen« wollte.[56] Ähnliches motivierte bereits den katalanischen Dominikaner und bedeutenden Hebraisten Ramón Martí (Raimundus Martini, 1220–1284) mit seinem *Pugio fidei* (»Glaubensdolch«) aus dem 13. Jahrhundert.[57] Martí hatte als erster umfänglich aus der rabbinischen Literatur zitiert, um den christlichen Wahrheitsbeweis zu führen und insbesondere die Messianität Jesu nachzuweisen, sich aber gleichwohl für eine Zensur des Talmuds ausgesprochen. Den im Judentum liegenden Wahrheitsbeweis für das Christentum erschloss nach Reuchlin vor allem die christliche Kabbalawissenschaft, de-

---

[55] Vgl. MALKOM CHARLES BARBER, Art. Vienne, Konzil von (in: TRE 35, 76–79). Bei den vier Universitäten handelte es sich um die in Paris, Oxford, Bologna und Salamanca.

[56] FLÖRKEN (s. Anm. 21), 210. Vgl. den modernisierten Text in: JOHANNES REUCHLIN, Gutachten über das jüdische Schrifttum, Konstanz 1965, 62.

[57] Vgl. RAIMUNDUS MARTINI, Pugio fidei adversus Mauros et Judaeos, Faks.-T. der Ausg. Leipzig 1687, Farnborough, Hants 1967; INA WILLI-PLEIN, THOMAS WILLI, Glaubensdolch und Messiasbeweis. Die Begegnung von Judentum Christentum und Islam im 13. Jahrhundert in Spanien, Neukirchen-Vluyn 1980.

ren Hermeneutik ihm als Triebkraft kirchlicher wie gesamtgesellschaftlicher Erneuerung erschien.[58] Die christliche Kabbala blieb freilich eine elitäre Spezialwissenschaft, heftig angegriffen unter anderem von scholastischer Seite, die hier den christlichen Offenbarungsbegriff angetastet sah. Immerhin bot sie eine neue Weise christlicher Selbstvergewisserung, welche die religiös-kulturelle Eigenständigkeit von Juden und Judentum in begrenztem Maße anzuerkennen bereit war, ohne die stereotypen Wahrnehmungsmuster von Juden und Judentum grundlegend zu verändern. Gleichwohl zeigt die Reuchlin-Pfefferkorn-Kontroverse, wie wichtig die Fürsprache eines vom traditionellen Koexistenzkonzept überzeugten christlichen Juristen, Hebraisten und Kabbalisten im Falle inquisitorischer Bedrohung für die Juden war.[59] Wenigstens erwähnt seien hier die besonderen Leistungen christlicher Hebraistik, von Renaissancepäpsten gefördert und zuweilen gebremst, auf dem Gebiet der frühen Drucke der hebräischen Bibel und der Erarbeitung von Bibelpolyglotten, die ohne Zusammenarbeit mit Juden und jüdischen Konvertiten als Hebräisch- und Aramäischlehrer der Christen nicht möglich gewesen wären.[60] Hier ergaben sich, insbesondere in Italien, vielfältige Kommunikationsmöglichkeiten zwischen Juden und Christen, die zu verstärkter gegenseitiger Hochschätzung führten. Was auf der Ebene individueller Kontakte als Bereicherung erfahren wurde, bedeutete freilich noch keine Revision generalisierender Feindbilder, und dies gilt für beide Seiten.

7. Päpstliche Judenpolitik

In der päpstlichen Judenpolitik des späten Mittelalters, auf die hier nur kurz eingegangen werden kann, lassen sich insgesamt keine klaren Linien erkennen. Einerseits blieb man der Tradition der *Sicut Iudaeis*-Bullen seit dem 12. Jahrhundert zum Schutz der Juden und ihrer Religionsausübung treu, deren Bestimmungen auch Eingang in das kanonische Recht fanden.

---

[58] Vgl. WILHELM SCHMIDT-BIGGEMANN, Geschichte der christlichen Kabbala, Bd. 1: 15. und 16. Jahrhundert, Stuttgart-Bad Cannstatt 2012, Kap. 3; zum breiteren Kontext vgl. ERIKA RUMMEL, Humanists, Jews, and Judaism (in: DEAN PHILLIP BELL, STEPHEN G. BURNETT [Hgg.], Jews, Judaism, and the Reformation in Sixteenth-Century Germany, Leiden 2006, 3–31).
[59] Vgl. HANS-RÜDIGER SCHWAB, Koexistenz durch Aufklärung und Rechtssicherheit: Johannes Reuchlin und die Juden (in: NORBERT BRIESKORN, MARKUS RIEDENAUER [Hgg.], Suche nach Frieden: Politische Ethik in der frühen Neuzeit 2, Stuttgart 2002, 47–70).
[60] Vgl. kurz ADRIAN SCHENKER, From the First Printed Hebrew, Greek and Latin Bibles to the First Polyglot Bible, the Complutensian Polyglot, 1477–1517 (in: SAEBØ [s. Anm. 15], 276–291).

Andererseits bestimmte das kanonische Recht seit Gregor IX. den Status der Juden als den einer degradierenden »immerwährenden Knechtschaft«, deren Grenzen keineswegs klar gezogen waren. Auch unterstützten Päpste immer wieder in Gang gekommene inquisitorische Verfahren gegen die Juden und deckten trotz mancher Bedenken deren Ausgang in Ritualmordprozessen, wie im Fall des Simon von Trient. Außerdem gaben die Bestimmungen des Vierten Laterankonzils von 1215 eine insgesamt restriktive, auf soziale Segregation von Juden und Christen zielende Praxis vor, auch wenn diese Bestimmungen, wie die wiederholten Erinnerungen an sie zeigen, selten konsequent umgesetzt wurden.[61] Daran änderten auch neue Konzilserlasse wie die des Basler Reformkonzils 1534 nichts, welche die Regelungen wiederholten und erweiterten oder gar, wie die Einführung regelmäßiger Zwangspredigten für die Juden zeigt, verschärften.[62] Dennoch ist festzuhalten, dass sich Päpste wiederholt gegen Judenpogrome wie auch gegen die antijüdischen agitatorischen Aktivitäten von Predigern und Bettelmönchen wandten und Ritualmord- und Hostienfrevelvorwürfe kritisierten oder zumindest zur Vorsicht mahnten.[63] Insbesondere in der zweiten Hälfte des 16. Jahrhundert sollten sich im Zeichen des Tridentinums die Häretisierungstendenzen erneut verstärken und die noch unter Leo X. verfolgte Linie verlassen werden. So kam es unter Paul IV. 1553 zu Talmudverbrennungen in Rom, Mailand und anderen italienischen Städte durch die Inquisition.[64] Die Bulle *Cum nimis absurdum* von 1555 erschwerte die Lebensverhältnisse der Juden im Kirchenstaat durch restriktive Einzelmaßnahmen erheblich, unter anderem durch die Einrichtung des Ghettos. In Ancona wurden kurz nach dem Erlass der Bulle aus Portugal geflohene Marranen verbrannt. Für die Juden lebten die dunklen Seiten ihrer mittelalterlicher Rand- und Ausnahmeexistenz erneut auf.

---

[61] Zu den wegweisenden Bestimmungen des 13. Jahrhunderts vgl. KENNETH R. STOW, The Church and the Jews (in: DAVID ABULAFIA, R. MCKITTERICK [Hgg.], The New Cambridge Medieval History, Bd. 5: c. 1198-c. 1300, Cambridge 1999, 204–219); siehe auch die gesammelten Aufsätze in DERS., Popes, Church, and Jews in the Middle Ages. Confrontation and Response, Aldershot 2007.

[62] Vgl. zusammenfassend SCHRECKENBERG (s. Anm. 27), 494–497.

[63] Insgesamt vgl. SHLOMO SIMONSOHN (Hg.), The Apostolic See and the Jews. History, Toronto 1991, und die dazugehörigen Quellenbände (insbesondere *Studies and Texts* 94, 95 und 99).

[64] Vgl. KENNETH R. STOW, The Burning of the Talmud in 1553, in Light of Sixteenth-Century Catholic Attitudes toward the Talmud (in: JEREMY COHEN [Hg.], Essential Papers on Judaism and Christianity in Conflict. From Late Antiquity to the Reformation, New York 1991, 401–428).

8. Fragile Toleranz

Rückblickend lässt sich festhalten: Die spätmittelalterliche Radikalisierung im Verhältnis der Kirche zum Judentum war von zwei miteinander verschränkten Faktoren geprägt: Einmal der obrigkeitlichen Vertreibungspolitik, die vor allem von Mendikanten als vorbildliche Frömmigkeitspraxis im Zeichen der intensivierten Verchristlichung der Gesellschaft und des Gemeinwohls propagiert wurde, und einmal der kirchlichen Inquisitionspolitik, die im Zeichen universaler Herrschaftsansprüche das rabbinische Judentum zunehmend breitenwirksam häretisierte und über die Forderungen der (Selbst-) Zensur hinaus auch die Vernichtung der jüdischen Traditionsliteratur in Angriff nahm. Beide Elemente waren im Raum der Kirche nicht unumstritten, doch sie offenbarten die Fragilität des Konzepts der bedingten Toleranz (*tolerantia simplicis permissionis*) im römischen wie im kanonischen Recht. Dies Toleranzkonzept wurde theoretisch niemals aufgegeben, wohl aber sehr unterschiedlich ausgelegt und in der Praxis bis in sein Gegenteil verkehrt. Verteidiger des klassischen Konzepts einer friedlichen Koexistenz wie Johannes Reuchlin, die der forcierten Häretisierung des Judentums widersprachen, ohne den Antijudaismus der Tradition hinter sich zu lassen, fanden sich schnell in der Defensive. Im Streit um die Toleranz gegenüber Juden und Judentum offenbarte sich weiterhin die Schwäche der heilsgeschichtlichen Erwartung einer endzeitlichen Judenbekehrung. An sich war diese Erwartung von zentraler Bedeutung für die theologische Begründung bedingter Toleranz. Ohne diese Erwartung wäre ein Leben und Überleben des Judentums im christlichen Europa unmöglich gewesen. Doch die von den Bettelorden verfochtene propagandistische Strategie, die Gesellschaft in endgeschichtlicher Perspektive radikal zu verchristlichen und auf ihre Weise den päpstlichen universalen Herrschaftsansprüchen Ausdruck zu verleihen, verstärkte die antijudaistischen wie antisemitischen Stereotypisierungen in breiteren Bevölkerungskreisen. Das Dilemma war unauflöslich: Einerseits sollten die Juden als »Bewahrer des Alten Testaments« und unfreiwillige Zeugen christlicher Wahrheit bis zu ihrer endzeitlichen Bekehrung erhalten bleiben, andererseits als »Ketzer des Alten Testaments« inquisitorisch verfolgt oder ganz aus der christlichen Gesellschaft ausgeschlossen werden. Auch die Reformation änderte an diesem Dilemma trotz grundlegender theologischer Neuorientierung nichts. Die Hoffnungen, die das Judentum mit der aufkommenden Reformation als Ende der Bedrängnis verband, sollten vergeblich bleiben.

Im Konsens mit der Tradition: Judenfeindschaft bei Johannes Eck

Manfred Schulze

1. Die bedrohte Christenheit

Die Geschichte der Juden im lateinischen Europa des späten Mittelalters ist oftmals eine Geschichte der Verdächtigungen und Folterungen, der Hinrichtungen, Vertreibungen und Beraubungen. Die Christenheit reagiert aggressiv auf ihre jüdische Minderheit, und das Verlangen wächst, sich der Juden zu entledigen. Die Synagoge gilt nicht nur als blind, wie sie in kultivierten Darstellungen an Kirchenportalen der sehenden Ecclesia gegenübergestellt wird,[1] sondern sie wird auch als hasserfüllt, gefährlich und blutgierig verschrien.

Dieses späte Mittelalter endet nicht an der Grenze zum 16. Jahrhundert, sondern setzt sich fort mit gleichen oder ähnlichen Hassvorstellungen bis weit in die frühe Neuzeit hinein. Die Juden können als Bedrohung für die Christenheit empfunden werden, die politische Katastrophen herauf führen, wenn in den Wirren der Endzeit die Horden der so genannten ›Roten Juden‹ aus ihrem Gefängnis im Osten ausbrechen, das Heilige Land erobern und im Bunde mit dem Antichrist über die Christen herfallen wollen.[2] Man findet beides: Die Furcht vor einer unsäglichen Bedrohung durch Juden und die aufgeklärte Wertung, dass solche Vorstellungen von den ›Roten Juden‹ zu jenen Märlein gehören, mit denen sich Juden über ihre Unterdrückung hinweg trösten oder hinweg lügen.

Victor von Carben († 1515) konvertierte 1482 zum christlichen Glauben, ließ sich zum Priester weihen, gehörte seit 1486 zur Kölner Theologischen Fakultät und plädierte als Gutachter im Judenbücherstreit für die Vernichtung des Talmud. 1508 veröffentlichte er ein Werk über Lebensweise und Gebräuche der Juden.[3] Hier kommentiert er auch die Zukunftshoffnung auf die Roten Juden, das seien die zehn verlorenen Stämme Israels:

---

[1] Z.B. am Bamberger Dom, am Straßburger Münster oder an der Liebfrauenkirche Trier. Vgl. die Abbildungen im Ausstellungskatalog von Herbert Jochum (Hg.), Ecclesia und Synagoge. Das Judentum in der christlichen Kunst. Ausstellungskatalog Alte Synagoge Essen, Regionalgeschichtliches Museum Saarbrücken, 1993.
[2] Vgl. Andrew C. Gow, The Red Jews: Antisemitism in an Apocalyptic Age, 1200–1600, Leiden 1995, 229–234.
[3] Victor von Carben, Juden Büchlein. Hyerinne würt gelesen, wie Herr Victor von Carben, welcher eyn Rabbi der Juden gewest ist, zu Christlichem Glauben kommen, Köln (Quentel) ²1550 (Folienzählung, VD16 V 974).

»Fragstu einen Juden, er sey jung oder alt: Uff wen verlaßt ir euch Juden, das ir so hart und trutzig sein, dieweil ir doch secht, das ewer küniglich gewalt mit allerlei seligkeit vergangen ist, auch in der welt keyn ärmer und verlaßner volck dann ir seidt? Antworten sye und sprechen: Wir hand in andern landen noch künig und obersten. So fragstu dann: Wo und in was landen habt ir die? Antwort der Jud: Wir haben noch einen Künig uff jenseidt Babylonien in dem gebirg Kaspion, welcher noch von dem geschlecht Juda ist. Dieselben Juden seindt die rodten Juden und starcken, welcher so vil mehr dann alle Christen in der gantzen Christenheyt seindt.«

Auf die Frage, dass bislang von solchen Juden nichts bekannt sei, kommt der Hinweis auf den Talmud, der die Wahrheit über die Roten Juden festhalte. Es sei Alexander der Große gewesen, der die Juden vertrieben und zwischen dem ›wütenden Meer‹ und dem hohen Gebirge bis auf den heutigen Tag eingeschlossen hat – so der Talmud. Victor von Carben gehört zu den Aufgeklärten, die sich über diesen Unsinn nur empören können:

»O du unsäliger Jude, schembestu dich deinr offenbaren lügen nit. Es ist alles narrenwerck, was du sagst, und wider alle redlichkeyt«.[4]

Die Erwartung einer gewalttätigen Bedrohung durch die Juden gehört 1530 immer noch zum Bestand der Unheilsängste. Antonius Margaritha († 1542), ein zum Christentum konvertierter Hebräischlehrer aus Regensburg, veröffentlichte 1530 in Augsburg eine weithin verbreitete Darstellung des jüdischen Glaubens. Auch er berichtet die Fabel von der unheimlichen Macht im Irgendwo des Ostens: Die Juden »trösten sich gar vast der zehen geschlecht, die der künig Assirios vertribe und fürt sy hinder Assyrienn [...], unnd also hoffen sy gar vast, dise rotten Juden sollen kommen und sye erlösen.« In ihren Büchern schreiben sie »von einem bach Sabbathion genant, welcher bach eine ganze woch wütte und tobe das kein mensch uber in faren kann«. Wenn Gott die Juden erlösen will, lässt er den Bach still stehen, und dann können die Massen losbrechen. Auch dieser Berichterstatter kann nur den Kopf schütteln: »Ach lieber got wie setzt im [sich] das volck selbs vögel in büssen [Busen]«.[5]

Philipp Melanchthon hielt es für notwendig, in der Confessio Augustana Gewaltvorstellungen abzuweisen, die sich mit der Hoffnung auf die Endzeit verbinden. Das sind

---

[4] Text bei Gow (s. Anm. 2), 247–249; VON CARBEN, (s. Anm. 3), D III^v-D IV^r.
[5] ANTHONIUS MARGARITHA, Der gantz Jüdisch glaub, mit sampt ainer gründtlichen und warhafften anzaygunge Aller Satzungen, Augsburg (Heinrich Steiner) 1530 (mehrere Auflagen); benutzt ist die Erstauflage, Augsburg, März 1530 (Folienzählung, VD16 M 972), b I^{r/v}. Siehe auch THOMAS KAUFMANN, Luthers »Judenschriften«. Ein Beitrag zu ihrer historischen Kontextualisierung, Tübingen ²2013, 57–68.

»judisch Lehren, die sich auch itzund eräugen, dass vor der Auferstehung der Toten eitel Heilige, Fromme ein weltlich Reich haben und alle Gottlosen vertilgen werden«.[6]

Der jüdische Abenteurer David Reubeni († 1538) wirbt über Jahre hinweg mit einem Empfehlungsschreiben des Papstes bei verschiedenen europäischen Fürsten und will 1532 anlässlich des Regensburger Reichstages sogar den Kaiser für die Unterstützung eines Judenheers gewinnen, das angeblich im Anmarsch auf das Heilige Land sei. Reubeni wird aber festgenommen, nach Mantua ausgeliefert und dort ins Gefängnis geworfen.[7]

Als neue Möglichkeit der Verständigung von Judentum und Christentum jenseits von Angst und Misstrauen erscheint im endenden 15. und beginnenden 16. Jahrhundert die Begegnung mit der jüdischen Weisheit der Kabbala, die Johannes Reuchlin der deutschen Gelehrsamkeit ermöglicht hat. Dieser Versuch löst ebenfalls Ängste aus und führt zum literarisch-inquisitorischen Widerspruch: 1519 veröffentlicht der Inquisitor Jakob Hoogstraaten († 1527) seine *Destructio Cabale* gegen Reuchlin und gegen das Unternehmen der Kabbala.[8] Diese ist nicht einfach eine Konvergenzmethode zur Verständigung, die man anwenden oder mit wissenschaftlichen Argumenten auch ablehnen kann, sondern die Kabbala erscheint als der gefährliche, gegen die Christenheit gerichtete Ausfluss jüdischer Perfidie. Sie wirkt als Gift gegen die Wahrhaftigkeit des rechten Christenglaubens, das Juden der gebildeten Welt einträufeln wollen. Johannes Reuchlin lässt sich als Herold der Kabbala benutzen: »Capnion preco Cabalistice perfidie«,[9] so wird er durchweg von Hoogstraaten bezeichnet. Der Inquisitor sichtet diesen Betrug als Zeichen der Zeit der zersetzenden Angriffe auf die Heilige Römische Kirche und fordert den Papst auf, energisch gegen die »fidei christianae turbatores« vorzugehen. Reuchlin mit seiner kabbalistischen Perfidie ist kein Einzelfall – »wach

---

[6] CA XVII. Diesem Artikel entspricht Melanchthons briefliche Weitergabe der Nachricht an Joachim Camerarius (Nürnberg), dass ein jüdisches Heer zur Rückeroberung des Heiligen Landes bereitstehe (Augsburg, 19. Mai 1530: Melanchthons Briefwechsel, Texte, Bd.4/1, 252 [Nr. 933]; siehe KAUFMANN [s. Anm. 5], 21, Anm. 44).

[7] Vgl. KAUFMANN (s. Anm. 5), 60–63; SELMA STERN, Josel von Rosheim, Befehlshaber der Judenschaft im Heiligen Römischen Reich Deutscher Nation, Stuttgart 1959, 108 ff. Von der ›Mission‹ Reubenis berichtet eine Flugschrift mit dem Titel *Von ainer grosse meng unnd gewalt der Juden die lange zeyt mit unwonhafftigen Wüsten beschlossen und verborgen gewesen, yetzunder auß gebrochen und an tag kommen seyn, Dreyssig tag rayß von Jherusalem sich nyder geschlagen. Was sy fürgenomen haben, findt man nach laut dises Sentbriefs zum tayl glaubliche unterricht,* Augsburg (Heinrich Steiner) 1523 (VD16 V 2687).

[8] JAKOB HOOGSTRAATEN, Destructio Cabale seu Cabalisticae perfidiae ab Ioanne Reuchlin Capnione iampridem in lucem edite [...] per Reverendum patrem Iacobum Hochstraten, Köln (Quentel) 1519 (Folienzählung, VD16 H 4812).

[9] HOOGSTRAATEN (s. Anm. 8) passim, ab dem Liber secundus.

auf, heiligster Vater Leo«! Es wagt sich nämlich öffentlich ein Sympathisant hervor, der als Disputationsthese verteidigen will, es seien eiskalt berechnete Dekrete der Römischen Bischöfe, mit denen diese für ihre Kirche den Primat über die Christenheit usurpieren – den Aussagen der göttlichen Schrift entgegen und dem Dekret des allerheiligsten Nicänischen Konzils zuwider.[10] Man erkennt in dieser These des Ungenannten leicht jene 13. These, die Luther in Erwartung der Leipziger Disputation veröffentlicht hatte.[11]

2. Die Wirklichkeit der Bedrohung

Was Jakob Hoogstraaten befürchtet hatte, ist für die Verteidiger der Römischen Kirche auf ungeahnte Weise Wirklichkeit geworden, und derjenige, der frühzeitig die Gefahrenlage durch Ketzerei und Kirchenfeindschaft erkannt hat, war Johannes Eck († 1543). Unermüdlich suchte er, der Professor an der bayerischen Landesuniversität Ingolstadt, zu erklären und zu beweisen, was die rechte Lehre der Kirche sei und welche Folgen die Lügen und Verdrehungen der Glaubensfeinde nach sich ziehen. So wurde Eck der unermüdlichste und bekannteste Gegner Luthers und all dessen, was in seinen Augen die Wittenberger Ketzerei an Unheil heraufführte. Aus gegebenem Anlass veröffentlichte er 1541 auf Deutsch eine ausführliche Abhandlung zur rechten Einschätzung der Judengefahr und ihrer Verbindung mit der Ketzergefahr.[12] Der gegebene Anlass waren zwei Fälle von Kindsmorden, die man, wie immer schon, den Juden anlastete, zumeist mit den bekannten Folgen von Hinrichtung, Beraubung und Vertreibung.[13]

Im Jahre 1529 wurde in Pösing im Königreich Ungarn[14] seit dem Himmelfahrtstage der neunjährige Hänßel (Hans Meylinger) vermisst und

---

[10] »Nonne et Capnionis manifestus fautor toti mundo exposuit conlusionem a se defendendam, in qua affirmat frigidissima (ut ipse ait) pontificum decreta (in quibus primatum ipsi tribuunt Romane ecclesie) esse contra textus divinae scripturae et decretum sacratissimi Niceni concilii?« (HOOGSTRAATEN [s. Anm. 8], A II^rf.).

[11] Vgl. UDO HOFMANN, Via compendiosa in salutem. Studien zu Jakob von Hochstratens letzten kontroverstheolgischen Schriften (1525–1526), Diss. theol. Tübingen, 1982, Bd. 1, 4. Die These Luthers: WA 2,161,35–38.

[12] Zu Ecks Judenschrift siehe die gründlichen Untersuchungen von BRIGITTE HÄGLER, Die Christen und die »Judenfrage«, am Beispiel der Schriften Osianders und Ecks zum Ritualmordvorwurf, Erlangen 1992, und vor allem ANJA LOBENSTEIN-REICHMANN, Sprachliche Ausgrenzung im Mittelalter und in der Frühen Neuzeit, Berlin, Boston 2013, 211–259.

[13] Eine Übersicht über die Blutbeschuldigungen gegen die Juden in deutschen Territorien bietet RONNIE PO-CHIA HSIA, The Myth of Ritual Murder. Jews and Magic in Reformation Germany, New Haven 1988. Zum Fall in Sappenfeld: a.a.O. 124–131.

[14] Pezinok, etwa 16 km nordöstlich von Preßburg (heute: Slowakei) gelegen.

nach einigen Tagen ermordet aufgefunden. Die Spuren an der Leiche ließen auf einen Ritualmord durch Juden schließen. Die zuständige gräfliche Gerichtsherrschaft ließ alle Juden in ihrem Bereich verhaften und nach erfolterten Geständnissen über dreißig Männer und Frauen hinrichten.[15] Der Fall in Pösing wurde durch eine Flugschrift allgemein verbreitet und die Sorgfalt der Untersuchung sowie die Rechtmäßigkeit des Urteils ausdrücklich herausgestellt. Der Leser erfährt zunächst die Ereignisse vom Zeitpunkt des Verschwindens des Kindes, gefolgt von den Bekenntnissen der Angeklagten, die zunächst nichts gestehen, dann unter der Folter aber ›einhellig‹ bekennen, den Mord an dem Kind begangen zu haben, um dessen Blut zu gewinnen. Berichtet wird, so heißt es im einleitenden Titel der Flugschrift, wie die Juden das Kind

»jämerlich gemartert, geschlagen, gestochen, geschnitten und ermordt haben. Darum dann biß in die dreissigk Juden, Mann und Weibs personen, umb yhr mißhandlung auff Freitag nach Pfingsten, den xxi. tag may des MD. und xxix jars verprennt worden seind«.[16]

1540 ereignete sich ein weiterer Fall von Kindsmord: Seit Sonntag Judika wurde in dem kleinen Ort Sappenfeld[17] der etwa vierjährige Michael Biesenharter vermisst und fast drei Wochen später ermordet aufgefunden. Seine Verletzungen schienen auf einen Ritualmord durch Juden hinzudeuten, so dass Moritz von Hutten, Bischof von Eichstätt, alle Juden seines Bistums gefangen setzte. Im Laufe der Untersuchung hatten zwei ebenfalls verdächtige Juden den bischöflichen Räten ein gedrucktes, allerdings anonym erschienenes Gutachten vorgelegt, das den Ritualmordvorwurf grundsätzlich abwies und die Juden damit auch in Sappenfeld entlastete. Diese Verteidigungsschrift ist nach den Pösinger Hinrichtungen etwa ab 1530 erschienen und wurde durch den Hofmeister des Bischofs dem führenden Diözesantheologen Johannes Eck, Professor in Ingolstadt, zur Begutachtung zugestellt. Diese anonyme Verteidigungsschrift wurde erst 1540 durch den Mordfall in Sappenfeld vornehmlich durch Johannes Eck allgemein bekannt, denn der hat eine ausführliche *Verlegung* (Widerlegung) verfasst und die Gelegenheit genutzt, in umfassender Weise Auskunft zu geben, was es mit den Juden in Wahrheit auf sich habe: Als lebensgefährliche Plage sind sie zu fürchten und strikt in ihre Grenzen zu weisen als Knechte der Christen.[18]

---

[15] Siehe KLAUS KEYSER, Gutachten zur Blutbeschuldigung, Einleitung (in: ANDREAS OSIANDER, Gesamtausgabe, Bd. 7: Schriften und Briefe 1539 bis März 1543, Gütersloh 1988, 216 ff.).

[16] Ein erschrocknlich geschicht und Mordt, szo von den Juden zu Pösing (ein Marckt in Hungarn gelegen) an einem Neunjärigen Knäblein begangen, Titelblatt (Digitalisat Bayerische Staatsbibliothek). Vgl. HÄGLER (s. Anm. 12), 12–21; LOBENSTEIN-REICHMANN (s. Anm. 12), 211 f.

[17] Landkreis Eichstätt, Diözese Eichstätt.

Eck ist überzeugt, den Verfasser des Pösinger Gutachtens identifizieren zu können. Der ›Judenvater‹, wie Eck ihn durchweg nennt, ist gewiss ein Lutherischer und höchstwahrscheinlich der Nürnberger Prediger an St. Lorenz, Andreas Osiander.[19] Die historische Forschung gibt dieser Annahme einhellig Recht. Für den ketzerischen Schreiberling hat Eck nur Hohn und Spott übrig. Er ist gänzlich ungebildet und auf seine Verteidigung der Juden ist nichts zu geben.[20] Sehr viel gravierender ist Ecks Anschuldigung, dass sich die Judenverteidigung in die Schmähungen der Christenheit einreihe, die in diesen Zeiten die Ketzerprediger im Namen des ›neuen Evangeliums‹ verbreiten:

»Was jhn nun fürkumpt und traumt, das geben sie jn die welt für Evanglisch lumpen, wie dann jetz ain seicht gelerter kindsprediger, mit ainem klawen des guldins kalb in die seyten geworfen,[21] understat die blutdurstigen Juden zu vertädingen, das nit war sey, auch nit glaublich, das sie der Christen kinder ermörden oder ir blut brauchen«.

Solch ein Unterfangen der Verteidigung geschieht »zu hon und spot der oberkait und gantzer Christenhait«.[22] Es ist wahrlich an der Zeit, so mahnt Eck in der Zueignung seiner *Verlegung* an den Bischof von Trient, dass die Obrigkeiten erkennen, was diese Ketzerei anrichtet an Lügen und Gotteslästerungen, an Schmähungen, Aufruhr und Leichtfertigkeiten.[23]

Es steht also nicht nur die Klärung eines umstrittenen Sachverhalts an, sondern Eck geht gegen die Zersetzung der Christenheit vor, wie er sie mit der eingerissenen Häresie überall am Werke sieht, unterstützt durch Bestechungsgelder, das ›goldene Kalb‹ der Juden, das in seiner *Verlegung* durchweg präsent ist. Richtig sieht Eck, dass Osiander weit mehr will als nur die Verteidigung im Einzelfall. Er sucht mit einer erschreckenden Alternative das Gewissen der Christenheit aufzurütteln: »Aintweder die juden erwürgen der Christenkinder aufs aller grewlichst. Oder aber die Christen erwürgen die juden unschuldigklich auff das aller schändtlichst«.[24] Diese unerträglichen Mordtaten durch Christen geschehen tat-

---

[18] JOHANNES ECK, Ains Judenbüechlins verlegung, darin ain Christ, gantzer Christenhait zu schmach, will, es geschehe den Juden unrecht in bezichtigung der Christen kinder mordt, Ingolstadt (Alexander Weissenhorn) 1541 (Folienzählung, VD16 E 383, einzige Auflage).

[19] »es sei Hosander oder ain ander Luterischer verfierer« (ECK [s. Anm. 18], D IV^r).

[20] »Gantz unbehut ist der judenvater in sein worten. Macht, das ehr ungelert ist in Theologia, der hailigen geschrifft nie kain (lection) hat hören lesent« (ECK [s. Anm. 18], R IV^r). So oder ähnlich, durchweg in der *Verlegung*.

[21] Das heißt: Osiander ist bestochen.

[22] ECK (s. Anm. 18), A IV^r.

[23] A.a.O. A III^r.

[24] A.a.O. B I^v. Eck zitiert richtig: »Ob es war und glaublich sey, dass die Juden der christen kinder heymlich erwürgen und ir blut brauchen.« Vgl. OSIANDER (s. Anm. 15), 224,34–225,4.

sächlich, davon ist Osiander überzeugt, während Eck den akribisch durchgeführten Aufweis öffentlich macht, »was büeberey und morderey die Juden stiften und was unwiderbringklichen schaden sie der Christenhait zu füegen.«[25]

Osiander beschränkt sich auf die Blutbeschuldigung, Eck aber geht in seiner Widerlegung den vorgebrachten Argumenten in der Weise nach, dass er die Juden in allen wichtigen Lebensbereichen als gemeingefährliche Subjekte denunziert: Juden sind Mörder (Kap. 2/3, B III^{r}ff.) und Christusmörder (Kap. 4, C III^{r}ff.), sie hassen alle Völker, sonderlich die christlichen (Kap. 5, D I^{r}ff.), Juden gieren nach Blut (Kap. 6, DIII^v), sie sind ›Landmörder‹ (Kap. 7, E IV^{r}ff.) und Kindsmörder (Kap. 8, G I^{r}ff.). Juden sind Staatsfeinde, denn sie beten täglich wider die Christen (Kap. 9, G III^v), und wollen den Untergang des Römischen Reichs, gemeint ist das ›Sacrum Imperium‹ (Kap. 10, H IV^{v}ff.). Religiös verlieren sie sich im Aberglauben (Kap. 15f., N III^{v}ff.), sind als heutige Juden nicht von Gott erwählt (Kap. 18, R I^{v}ff.), schänden die fromme Verehrung in Bildern Christi, Mariens und der Heiligen (Kap. 20, S III^{r}ff.), sie quälen den Leib Christi im Sakrament (Kap. 21, T II^{r}ff.). Juden sind Sozialschädlinge, weil sie durch Wucher und Bestechung erhebliche wirtschaftliche Schäden anrichten (Kap. 24, fol. Y II^{v}ff.).

Wer diese wie der ›Judenvater‹ verteidigt, gefährdet das Gemeinwohl der Christen und setzt deren Leben und das ihrer Kinder aufs Spiel. Der angerichtete Schaden beschränkt sich nicht auf Ausnahmen in Einzelfällen, sondern ist das Ergebnis dessen, was sie als Gottesverehrung ausgeben. Juden, so will Eck überzeugen, halten es für einen Gottesdienst, »wo sie uns Goim, Idumeer und Nazareer mögen ummbringen und ertödten«,[26] und berufen sich zur Rechtfertigung ihrer »manschlächtigen thaten« auf die Schrift. Seht zu,

»ihr frommen Christen, under was nachpaurn [Nachbarn] ihr sitzend. Wa sie euch kindten ummbringen, erwürgen, ermörden, so thetten sie das, wa sie nit förchten die straff; kindten sie all Christen in ainem leffel ertrencken, sie thetten das, unangesehen des Göttlichs und natürlich gsetz und bott [Gebot]«.[27]

Osiander argumentiert mit bindenden Normen und eingeprägten Verhaltensweisen, mit dem Naturgesetz und den Gottesgeboten im Alten Testament, die den Mord und Blutgenuss so ausdrücklich verbieten, dass die Juden vor Blut und seinem Genuss zurückschaudern: Es ist

---

[25] Eck (s. Anm. 18), A IV^v.
[26] A.a.O. E I^v.
[27] A.a.O. E II^r.

»nicht allein menschlich blut zu vergiessen verboten, sonder sie haben auch ire besondere gesetz und ceremonien, wie sie mit dem unschedlichen blut sollen handeln, nemlich das sie kein blut uberal (überhaupt) dörfen essen [...], daher das blut den Juden gleich ein erschröcklich ding ist, darab sie sich entsetzen«.[28]

Und ferner ist allen Menschen von Natur ins Herz gepflanzt,

»das blutvergiessen unrecht und verboten ist; dann man findet kein volck auff erden so blind, bey dem todschlagen gelobet oder gelitten werde«.[29]

Eck schließt die Beweiskraft solcher Argumente aus, denn was niedergeschrieben oder eingegeben ist, verhindert in keiner Weise die Untaten. Der ›Judenvater‹ sei nicht willens oder in der Lage, logisch sachgemäß zu argumentieren. Das ist der stets von Eck wiederholte Einwand gegen die Judenverteidigung und die genauso unermüdlich vorgetragene Beteuerung der Wissenschaftlichkeit seiner *Verlegung* Osianders: Da meint

»der juden vertädinger, so es ihn [den Juden] verbotten sey, sie haltens darumb und tödten kain Christen oder Christenkind. Ey, du unsäligs lastermaul, woltest die juden in die volkommenhayt setzen, das sie die gebott Gottes nit ubertretten, die so manigfaltig inn der gschrifft gestrafft werden, für und für, das sie die gebott und das gsatz nitt hielten«.[30]

3. Mord an Christenkindern

Was die Juden nicht wagen, den Christen insgesamt anzutun, das wagen sie im Einzelnen, speziell an unschuldigen Christenkindern, deren Blut sie absaugen und sie anschließend töten. Der für Eck durchschlagende Beweis ist der Mord an dem kleinen Simon in der Bischofsstadt Trient des Jahres 1475. Diese Kindstötung ist als jüdischer Ritualmord enthüllt und dessen gründliche Ermittlungen sind so sorgfältig zu den Akten genommen worden,[31] dass alles »wäschen und unnütz geschwetz des judenvatter« umgestoßen wird.[32] Eck berichtet den Mordvorgang, die Vernehmung und Bestrafung der Beschuldigten in aller Ausführlichkeit[33]: Der Christenknabe Simon wurde am Gründonnerstag in das Haus eines Juden namens Samuel

---

[28] OSIANDER (s. Anm. 15), 226, 25–32.
[29] A.a.O. 227, 8–10.
[30] ECK (s. Anm. 18), C I^r.
[31] Eine reich dokumentierte, umfangreiche Darstellung des Trienter Prozesses hat WOLFGANG TREUE vorgelegt: Der Trienter Judenprozeß. Voraussetzungen – Abläufe – Auswirkungen (1475–1588), Hannover 1996. Dort findet sich auch eine Übersicht über die Quellenlage (25–29), die Eck recht gibt: Die Aktenlage ist ungewöhnlich gut, auch wenn der Historiker sich immer noch ein Mehr wünscht. Eine kürzere, aber ebenfalls dokumentierte Darstellung durch RONNIE PO-CHIA Hsia, Trent 1475. Stories of a ritual Murder Trial, New Haven 1992.
[32] ECK (s. Anm. 18), K III^v.
[33] Vgl. a.a.O. Kap. 12, K III^{v}ff.

gelockt, wo auch andere Juden sich versammelt haben. Das Kind wurde nackt auf einen Tisch gestellt, daneben stand ein Becken für das Blut; Zangen und lange Nadeln lagen bereit. Damit er nicht schreit, wird Simon am Hals mit einem Strick gewürgt. Der anwesende Rabbiner hat mit der Blutprozedur begonnen, gefolgt von den anderen dort Versammelten. Schließlich ist das Kind gestorben, wurde wieder bekleidet und dann versteckt. Am Karsamstag haben die Juden ihr Passah gefeiert, das Kindsblut zum Trinken teils mit Wein vermischt, teils in Mazen verbacken zum Essen.

Die Juden haben das Kind selber gefunden, den Fund auch gemeldet und wurden dennoch als Täter verdächtigt. Der Bischof befahl eine gründliche Untersuchung; Simon wurde in seiner Taufkirche aufgebahrt – und dort begannen die Wunder: Die Juden wurden vor die Leiche geführt und die begann zu »schwaissen«. Ein Schweizer, von den Juden des Mordes beschuldigt, wurde in Ketten gelegt und auf Befehl des Bischofs zur Messe geführt. Während der Elevation flehte der Beklagte zu Gott um Befreiung angesichts seiner Unschuld. Von Stund an sind alle Ketten von ihm gefallen. Ein drittes Wunder geschieht an einem Blinden: Er wurde sehend an der Bahre Simons des Kindes.

Es kam, wie es kommen musste: Die verdächtigten Juden haben zunächst geleugnet, doch schließlich in peinlicher Einzelbefragung einhellig und unter Eid den Mord gestanden und ebenfalls zugegeben, »das vil jar sey der brauch bey ihn gehalten worden, das sie Christenblut zu Ostern jn kuchen und wein niessen und bitten, das allen die plagen über die Christen kommen, die über Künig Pharao in Egypten kommen seind. Und sie das blut zu pulver zerreiben und weit ins land hin und her schicken«.[34] Alle Juden, denen man die Schuld abgepresst hatte, wurden auf qualvolle Weise hingerichtet, wenn sie ›verstockt‹ blieben; diejenigen aber, die sich taufen ließen, wurden zur Enthauptung begnadigt.

Die Untersuchung des Falls wird auf Betreiben der Juden nach dem vollstreckten Urteil wiederaufgenommen und schließlich nach Rom gezogen, wo die Objektivität der Trienter Ermittlungen in Zweifel gezogen wurde, selbst die »wunderzaichen, die Gott würckt bei seinem marterer S. Simon«, wurden bestritten. Eck sichtet ein dreijähriges Ringen zwischen Gerechtigkeit und Bestechlichkeit.[35] Doch ungeachtet aller Bestechung hat der Papst mit Zustimmung des Kardinalskollegiums festgestellt, »das der Bischoff zu Trient und die seinen wol, recht und Christlich gehandelt«.[36] Der Beweis für die Schuld der Juden ist nach Ecks Ansicht erbracht.

---

[34] A.a.O. L III^r.
[35] Es »tantzt das gulde kalb wol drey jar« (a.a.O. L IV^{v}f.).
[36] A.a.O. M I^r.

Auch die von Osiander ausgesprochene Einsicht in die Fragwürdigkeit von Ermittlungen unter der Folter[37] hat nicht zum Umdenken geführt. Eck weiß, dass die ›peinliche Frage‹ dazu führt, dass jemand mehr bekennt, als er getan hat. Doch gilt ihm trotz des Bedenkens der Faktenbeweis, wenn er sich als schlüssig herausstellt: Die toten Kinder liegen gemartert vor Augen, das Kind »schwaißt«, wenn die Verdächtigen vorgeführt werden, in Einzelverhören haben die Verdächtigen einhellige Bekenntnisse abgelegt, auf die Frage nach den Tatumständen hat man Antworten erhalten, die mit den Untersuchungsergebnissen übereinstimmen. Da die Folter nur eines von mehreren Untersuchungsmitteln ist, gilt das Gesamtbild der Fakten und Aussagen.[38]

Der Mord in Trient ist keine Ausnahme, sondern reiht sich in eine lange Kette von »greülichen kinder mörden«[39] in Frankreich, England, Kastilien, Italien, der Eidgenossenschaft, Ungarn und dem Sacrum Imperium, wo Eck von 12 Kindsmorden durch Juden zu berichten weiß. Wendet der Judenvater ein, dass nicht sein kann, was nicht sein darf, so berichten die Historien von Fakten, wie Eck versichert. Er selber zählt sich zu den Augenzeugen, der im Jahre 1503 in Denzlingen, nahe seinem Studienort Freiburg (seit 1502), vom Fall eines ermordeten Christenkindes erfahren hat und etwa vier Wochen nach der Tat das tote Kind mit eigenen Augen gesehen und die Stiche im Kindskörper berührt hat. Der später hingerichtete christliche Vater hat dieses Kind für zwei Gulden an Juden verkauft und ausgesagt: Die »judenn haben sein kind zu todt gestupft«.[40] Auch jenen kriminellen Christen hat Eck gesehen, der sich dazu hergegeben hat, Kindsblut zu Juden ins Elsass zu bringen. Dieser ist hingerichtet worden und auf seine Aussage gestorben:

»Er hab des kindlins vonn Buche blut den juden jhns Elsas tragen«.

Das sind klare Beweise, keine Vermutungen:

»Da, judenvatter, das ist gewiß, da was evidentia facti; das kindle was vorauigen, die stich und windlin [kleine Wundmale] mocht man sehen und greifen«.[41]

---

[37] Im Regensburger Ritualmordprozess (1476–1480), einer Folge des Trienter Prozesses, hat ein beschuldigter Jude unter der Folter gestanden, an der Mordtat beteiligt gewesen zu sein. Tatsächlich war er zur Tatzeit in Landshut, und zwar in Gegenwart jener kaiserlichen Kommissare, die in Regensburg die Untersuchungen leiteten. Vgl. OSIANDER (s. Anm. 15), 234,29–35.
[38] Vgl. ECK (s. Anm. 18), Q IV^r.
[39] A.a.O. M I^v.
[40] A.a.O. B IV^r.
[41] A.a.O. B IV^v.

4. Nicht nur Christenkinder, sondern Christus

In die Reihe der Ritualmorde fügen sich die Fälle von Schändungen des Christusleibes im Sakrament. Auch darüber gibt es vielerlei Aufzeichnungen einschließlich der Wunderberichte vom Blut des gequälten Herrenleibes, das aus der Hostie quillt, und von jenem holden Kind, das über der Hostie schwebt, und von den vergeblichen Versuchen der Schänder, die Hostie zu vernichten. Selbst solche nachdrücklichen Wunderzeichen haben die Judenschaft nicht davon abgehalten, sich immer wieder in den Besitz von geweihten Hostien zu bringen und diese zu stechen, zu schlagen, zu ertränken oder zu verbrennen.[42] Juden hassen Christus und wollen ihn quälen, damals wie heute, so erläutert Eck an einem konkreten Fall: Ein Jude hat »auß grimmigen, wietigen gemüet« ein gestohlenes Sakrament in einen Topf mit kochendem Wasser und Öl geworfen und dazu gesprochen:

»bist du der Christen Gott? Bist du, den mein älter [Vorfahren] mit halßstraichen geschlagen haben? Ich will dich sieden. Haben sie dich an das creutz genagelt, ich will dich braten. Sie haben dich lebendig getödt, ich will dich auf ain newß tödten.«

Es folgt das Wunder der Erscheinung eines ›schönen Kindes‹ auf dem siedenden Wasser. Das Kind des Juden sieht diese Erscheinung und verbreitet umgehend das Geschehnis auf der Gasse. Der Vater wird daraufhin auf frischer Tat ertappt, festgesetzt, bleibt aber verstockt und beruft sich auf den Talmud, der herbeigeschafft wird. Es geschieht das nächste Wunder: Das bereitete Richtfeuer läuft auf den Täter zu und verbrennt ihn mitsamt dem Talmud.[43]

Das ist nicht Aufklärung auf dem Boden von Wirklichkeit und Vernunft, sondern im Jahre 1541 die Logik des Aberglaubens, die Imaginationen zu Realitäten verdichtet und daraus schlüssige Belege konstruieren will für die Behauptung des ungestillten, maßlosen Judenhasses auf Christus und die Christen.

Wer sind die Juden, dass sie hingebungsvoll hassen, dass sie sogar das Sakrament noch morden wollen und nach dem Blut von Christenkindern jagen? Osiander beruft sich auf Gesetzes- und Verhaltensnormen, um zu zeigen, dass die Juden nicht die sein können, als die sie gefürchtet werden. Eck sucht die Gegenbeweise aus der Geschichte, dass »die juden seyt welt her solliches gebot [das Verbot zu töten] so grausam übertreten, auch jn gemain«, also nicht nur im Einzelfall.[44] Die Berufung auf die Gebote ist

---

[42] Siehe Kap. 21: »Wie die Juden das hohwürdig Sakrament gelestert, und was jhn darob begegnet« (a.a.O. T II^{r}ff.).
[43] A.a.O. T II^{v}f.
[44] A.a.O. C III^r.

einfältig, wie Eck anhand vielfältiger Mord- und Tötungsberichte aus dem Alten Testament erschließt.[45] Das Neue Testament macht zudem deutlich, wie heftig und grimmig die Juden das unschuldige Blut Christi vergossen haben. »Haben sie Christo dem Haupt nit übersehen, wie viel weniger der Christen kindlin«.[46]

Wer die Juden sind, weiß Eck zu definieren: Sie sind »allweg waglerisch, auffrüerisch, manschlächtig und mörderisch«.[47] Geschichtliche Fakten und Erfahrungen beweisen »den gifftigen mordischen neid, den sie [die Juden] tragen gegen all andern völckern und zu dem stechmessigsten gegen gantzer Christenhait«.[48] Es gibt keine Hoffnung auf Besserung, im Gegenteil:

> »je lenger je erger und blutgieriger; das also die juden auff den heutigen tag uns hessiger, auffsetziger, unserm gut, blut, leben nachstelliger dann je gewesen seind, dann von jhr mutter brüst her saugent sie den neid gegen der Christenhait, werden darauff zogen, geraitzt, gehetzt und verbittert«.[49]

Das alles als emotionale Hassausbrüche zu lesen, widerspricht Ecks Selbsteinschätzung und seinem Anliegen: Er sammelt Berichte aus den biblischen Testamenten, aus vielerlei Chroniken und gelehrten Überlieferungen etwa der Kirchenväter, setzt die gewonnenen ›Fakten‹ zusammen zu einem geschlossenen Bild und sucht nach rationalen Erklärungen für das Wesen des Judenvolkes. Es ist eine interne, in sich geschlossene Logik, die Eck verbreitet, etwa jene längst bekannte Theorie, die den jüdischen Bedarf nach Christenblut erklären soll: Manche männliche Juden leiden als Strafe Gottes an Blutfluss. Um diesen zu stillen, bedürfen sie des unschuldigen Blutes, das sie sich Jahr für Jahr beschaffen müssen. »Es ist gewißlich erfunden [gefunden] worden, dass die juden jedes jars in allen provincien das loß werffen, welche stat oder fleck gebe sollichs christenlicher kinder blut«. Der Blutfluss erklärt sich aus dem Blutruf in Jerusalem gegen Christus, und aufgrund dieses Fluchrufs, so beruft sich Eck auf Augustin, entströmt den Juden das Blut, das nur gestillt werden kann durch Buße und Reue oder durch die Zuführung unschuldigen Christenbluts.[50] Diese Erklärung gilt nicht nur als plausibel, sondern findet auch ihre Bestätigung durch die Aussagen von Juden, die 1510 in Brandenburg wegen Kindsmord und Hostienschändung hingerichtet wurden. Unter der Folter wie

---

[45] Vgl. a.a.O. C I^r-C II^v; siehe auch Kap. 3: »Die juden underlassen nit der kinder mordt von des gebots wegen ›Du solt nit tödten‹. Dann sie je und je manschlächtig gewäsen« (a.a.O. B IV^v ff.).
[46] A.a.O. C III^r.
[47] A.a.O. C IV^v.
[48] A.a.O. D I^r.
[49] A.a.O. D I^v.
[50] A.a.O. I IV^r f.

›freiwillig‹ nach der Folter haben die Täter bekannt, dass Juden Geld zusammenlegen, um Kinder zu kaufen,

»dann sie der unschuldigen christlichen kinder blut nottdurftig seien [bedürfen] zu jhren kranckhaiten, dem [Blut]fluß und vil andern«.[51]

Schon im Alten Testament finden sich Berichte über merkwürdige Krankheiten, etwa »an dem haimlichen ort des hindern [Hintern]«[52] als Strafe Gottes an den Philistern wegen des Raubes der Bundeslade. Umso glaubwürdiger ist die Aussage, dass die Juden dermaßen von Gott geplagt sind, weil sie ihren unschuldigen Messias verkauft, gekreuzigt und getötet haben und sein unschuldiges Blut über sich haben kommen lassen.[53] Osiander forderte den Beweis für den Blutfluss: Man

»weyse mir doch einen unverdächtigen Juden, der den blutfluss habe. Wie könden sie es verbergen? Sein nicht offt Juden jar und tag gefangen gelegen, wo hat man blut in iren klaydern unde gelager funden?«[54]

Ecks ›rationale‹ Erklärung lautet: Nicht alle Juden leiden unter Blutfluss, sondern nur die Nachkommen derer, die damals nach dem Blut des Gerechten geschrien haben.[55] Das bedeutet: Auf die Erbschuld der in Jerusalem beteiligten Eltern folgt als Strafe die Erbkrankheit der Kinder und Kindeskinder.

5. Vom Antijudaismus zum Antisemitismus

Die Unterscheidung von Antijudaimus und Antisemitismus scheint hinsichtlich der Auswirkungen auf die Opfer überflüssig zu sein. Aus methodischen Gründen bleibt die Unterscheidung aber sinnvoll. Es geht bei Eck nicht einfach um Emotionen und Aversionen, um Hörensagen und Vermutungen. Eck fixiert vielmehr kriminelle Volksmerkmale, denen der Jude als Jude nicht entkommen kann. Juden sind ein Volk, das »je und je manschlächtig gewäsen«.[56] Die fortwirkenden Volksmerkmale gelten ihm als erwiesen durch die Fakten der Geschichte. Mit seiner wissenschaftlichen Methodik und Kriminalisierung hat er den Schritt vom Antjudaismus des Sentiments zum Antisemitismus der völkischen Fixierung vollzogen. Eck legt alles Gewicht darauf, dass der ›Judenvater‹ mit seiner Verteidigung nichts als logisch unhaltbare Annahmen vorträgt, die vorgefassten

---

[51] A.a.O. K I^r.
[52] 1.Sam. 5,6: »in secretiori parte natium«.
[53] Vgl. Eck (s. Anm 18), K I^{v}f.
[54] Osiander (s. Anm. 15), 230,15–18.
[55] Vgl. Eck (s. Anm 18), K II^v.
[56] Aus der Überschrift des dritten Kapitels (a.a.O. B IV^v).

Meinungen entspringen. Man sollte sich die Peinlichkeit ersparen, zu beweisen, dass Eck es ist, der eingewurzelten, sogar mörderischen Vorurteilen verfallen ist. Die Evidenz dieser Feststellung widerspricht aber deutlich seiner Selbstwahrnehmung und seinem Anliegen. Die *Verlegung* ist weit mehr als eine theoretische Auseinandersetzung um Glauben und Lehre, weit mehr auch als ein Ausbruch von Empörung und Zorn. Es geht vielmehr um den objektiviert geführten, damit auch juristisch verwertbaren Beweis, dass die Juden ihren Erbanlagen und ihrer Schuldverhaftung nach ein Gefahrenmoment für alle Gesellschaften darstellen, vornehmlich für die christlichen:

»die juden seind mutwillig, hertneckig, unlustig, tückisch, unzüchtig, untrew, falsch, mainaidig, diebisch, schalckhaftig, verbittert, neidisch, ain unvolck, rachselig, blut gierig, verreterisch, manschlechtig, mörderisch, gotslesterlich volk«.[57]

Solche Haßsequenzen, die nicht neu sind in der christlichen Literatur, werden von Eck als Ergebnisse wissenschaftlich-logischer Analysen vorgetragen.

6. Wie ist mit den Juden zu verfahren?

Angesichts der aktuellen Gefährdungen ist konsequent nach Recht und Gesetz zu verfahren. Die allgemeine Vertreibung der Juden wird von Eck nicht vorgeschlagen, vielfache Vertreibungen aber sorgfältig aufgezählt und damit deutlich gemacht, dass die Juden überall im Europa der Römischen Kirche so verhasst waren, dass sich das Mittel der Vertreibung als legitime Maßnahme nahegelegt hat. Es waren nicht Pfaffen und Mönche, die nach des ›Judenvaters‹ Behauptung den Hass gesät haben, sondern die Betroffenen selber sind die Schuldigen.[58] Die Vertreibung ist nicht umstritten, wohl aber die Maßnahme, den Talmud zu vernichten, der von Eck als Buch der Ketzerei begriffen wird, die sich auch gegen das Alte Testament richtet.[59] Damit fällt der Talmud unter das Kirchenrecht und Kaiserrecht. Das Kapitel zum Talmud ist nicht so sehr eine Widerlegung des Judenvaters, sondern eine Auseinandersetzung mit dem ehemaligen Ingolstädter Kollegen Johannes Reuchlin (von 1521 bis 1522), den Eck als den »ehrlich Doctor«[60] in seiner Würde und Gelehrsamkeit nicht antastet, seine Argumente im Streit um die Judenbücher aber ausgleicht mit denen seiner Gegner: Der Kampf ist »allain ain wortkampff gewesen«,[61] denn es

---

[57] A.a.O. J III^r.
[58] Vgl. Kap. 16: »Das recht wer den Thalmud verbrennen« (a.a.O. O III^v ff.).
[59] A.a.O. P III^r.
[60] A.a.O. H III^v.
[61] A.a.O. H II^v.

haben beide Seiten recht, wie Eck am Beispiel des jüdischen Gebets *Velam sumadim* ausführlich anhand verschiedener Übersetzungen erläutert:[62] Reuchlin erklärte die Begriffe entsprechend ihrer hebräischen Sprachlichkeit und erkennt deshalb kein Feindgebet wider die Christen.[63] Seine Gegner aber legen die Worte gemäß ›dem Brauch und der Meinung‹ der Juden aus, und dann richtet sich das Gebet seiner Intention nach gegen die Christenheit. Der Talmud und andere Schandbücher gehören also auf den Scheiterhaufen.[64] Der Einwand, man bedürfe der Judenbücher um des Hebräischen willen, wird von Eck abgewiesen. Hebräisch soll man in der Tat lernen, dazu aber reicht das hebräische Alte Testament.[65]

Die Kirche hat Geduld mit den Juden aufgebracht, die

»uns auff das höchst feind seind, die kinder ermorden, die alten erwürgen; sie verderben die gmain in stetten und auf dem land, lestern Christum, sein muter und all hailigen etc.«.[66]

Trotz aller Unheilsgefahr gibt es gute Gründe für die Geduld: Die Kirche ist aus den Juden erwachsen, Christus ist selber aus ihnen geboren, wir haben das Alte Testament von den Juden, wo sich die Zeugnisse finden, die auf Christus und das Evangelium weisen, so dass wir den Juden und Heiden die christlichen Glaubensartikel beweisen können. An den Juden wird wegen der Kreuzigung Christi die Strafe Gottes sichtbar, deren Strenge den Christenglauben bestätigt, dass Jesus wahrhaftig Gottes Sohn ist. Und schließlich müssen die Prophezeiungen der endzeitlichen Judenbekehrung erfüllt werden. Schon Augustin hat die Unbeugsamkeit der Synagoge mit ihrer religiösen Funktion erklärt: Juden sind die wandelnden Zeugnisse für die Wahrhaftigkeit des christlichen Glaubens. Deshalb ist die Synagoge auch weiterhin zu dulden unter der Voraussetzung, dass die Juden sich an die Gesetze halten, Christus nicht lästern und den Christen keinen Schaden zufügen.[67]

Eck stellt ein Dreizehn-Punkte-Programm auf, dass sich an das kaiserliche und an das kanonische Recht bindet, was den Juden zu gebieten und zu verbieten sei:[68] Schmähungen Christi und des Glaubens sind verboten,

---

[62] Vgl. Kap. 9: »Die juden halten uns für ihr feind, unnd darumb betten sie täglich wider die Christen« (a.a.O. G III^{v}ff.). Die angeführten verschiedenen Übersetzungen des Gebets: a.a.O. H I^v–H III^v.

[63] Vgl. JOHANNES REUCHLIN, Gutachten über das jüdische Schrifttum (Augenspiegel), hg. v. Antonie Leinz-von Dessauer, Konstanz 1965, 42–47.

[64] »So nun das Thalmud ketzerisch ist, verfüerisch und ergerlich, warumb verbrent man ihn nit? So doch der herr gebotten, wann uns augen und händ ergeren, sollen wir die auß reisen und abschneiden und von unß werffen« (ECK [s. Anm. 18], P III^{v}f.).

[65] Vgl. a.a.O. Q I^{r}f.

[66] A.a.O. X I^r.

[67] Vgl. a.a.O. X II^v–X III^r.

[68] Vgl. Kap. 23: »Was den Juden botten sei unnd verbotten« (a.a.O. X III^{v}ff.).

in der Karwoche dürfen Juden ihre Häuser nicht verlassen, sie müssen eine Kennzeichnung tragen, zu Ämtern sind sie nicht zugelassen, den akademischen Titel eines Doktors dürfen sie nicht erwerben, von Juden gekaufte Ämter dürfen nur von Christen verwaltet werden, Christen sind als häusliches Dienstpersonal nicht zu beschäftigen. Keine Christin darf sich als Säugmutter bei Juden verdingen, deren Kinder dürfen von Christinnen nicht aufgezogen werden, Juden sind zehntpflichtig für alle ihre Güter. Wenn ein Jude Recht begehrt gegen einen Juden, muss das vor einem christlichen Gericht geschehen, denn ein eigenes Rechtswesen ist den Juden zu verwehren. Abgesehen vom Fall der Ketzerei dürfen Juden nicht als Zeugen gegen Christen auftreten. Strikt ist es ihnen verboten, Nicht-Juden zu beschneiden. Ehen zwischen Juden und Christen sind verboten, uneheliche Kinder werden christlich erzogen.

Es sind keine Neuerungen, die Eck vorträgt, sondern die eingeforderte Umsetzung dessen, was längst rechtens ist. Dieses Recht gründet sich auf die Notwendigkeit der Schadensverhütung, wie am Beispiel der Kennzeichnungspflicht abzulesen ist. Die Kennzeichnung ist als Warnmal zu verstehen, als Mittel, um die Bosheit der Juden kontrollieren und damit eingrenzen zu können: Denn, sie schleichen umher von einem Land zum andern, treiben Kindsmord und Sakramentsschändung und andere Büberei. In Kriegsläuften betreiben sie Raub und Mord, Brandstiftung, Verrat und gesellen sich unter christlichem Namen unter die Kriegsknechte.[69] Deshalb die Kennzeichnungspflicht, damit man weiß, mit wem man es zu tun hat.

Alle Tätigkeiten von Juden zu Lasten von Christen sind verboten, und dazu gehört der Wucher, der strikt einzudämmen ist, wie Eck mit Heftigkeit in einem eigenen Kapitel begründet.[70] Der Wucher macht den Juden in den Städten des lang währenden späten Mittelalters gerade für untere und mittlere Bevölkerungsschichten zur Feindfigur. Eck schließt sich der allgemeinen Stimmung an: Juden sollen arbeiten »in dem schwaiß ihrs angsichts«[71] und als Knechte der Christen verächtliche Arbeit tun. In einer Stadt sollen sie Gassen säubern, Fäkalien ausräumen, Ungeziefer auf den Straßen einsammeln, Unkraut jäten, Gräben ausheben und räumen. Sie sollen mit der Hand arbeiten, hacken und graben, wildes Gebüsch aushacken, Mist streuen oder in die Berge tragen, Sümpfe ausheben, Schlachthäuser säubern etc. Niemand darf mit ihnen verkehren, aus der Medizin

---

[69] A.a.O. X IV^r.
[70] Vgl. Kap. 24: »Was verderben sey gut, leib, und seel des Jüdischen bsuchs an der herrschaft und underthan« (a.a.O. Y II^{v}ff.).
[71] A.a.O. Z I^v.

sind sie auszuschalten, Lebensmittel und Kleidung dürfen sie nicht verkaufen.⁷²

Johannes Reuchlin hatte in seinem Augenspiegel sich so ausgedrückt, dass man für die Juden den Rechtsstatus der Gleichberechtigung erschließen konnte: Christen wie Juden sind »on mittel gelider des hailigen reichs und des kaißertums burger«.⁷³ Das bedeutet, dass Christen und Juden »ains ainigen römischen reichs mitburger synd und in ainem burgerrecht und burkfriden sitzen«.⁷⁴ Diese Position ist die Ausnahme in der Deutung des Judenrechts. Reuchlins Zeitgenosse, der ebenfalls humanistisch gebildete Jurist Ulrich Zasius († 1535), dessen Vorlesungen Eck in Freiburg besucht hatte, bejahte die Möglichkeit der Zwangstaufe jüdischer Kinder mit dem Hinweis auf die ›servitus judaeorum‹. Die Zwangstaufe vorzunehmen, hat sich nicht durchgesetzt, die Knechtschaft aber war allgemein als Rechtsstatus anerkannt und auch die Judenvertreibung war ein angemessenes Rechtsmittel, wie man von Zasius erfahren kann:

»Die Juden sind den Christen in höchstem Maße missgünstig, verfluchen sie täglich und öffentlich mit Flüchen und Verwünschungen, beuten sie durch ihren Wucher aus, verweigern ihnen ihre Dienste, verspotten unseren geläuterten Glauben und besudeln ihn ständig. Gegen unseren Erlöser wenden sie sich öffentlich mit den schändlichsten Blasphemien. Was aber am entsetzlichsten ist: Die Juden dürsten nach Christenblut, nach welchem diese blutdürstigen Blutsauger Tag und Nacht lechzen. Warum soll es den Fürsten nicht gestattet sein, so ausgesprochene Feinde, so grimmige Bestien auszustoßen. Warum sie nicht aus den Gebieten der Christen auszutreiben? Man muss jenen ekelhaften Auswurf in kimmerische Finsternis⁷⁵ versinken lassen.«⁷⁶

Wenn auch die Möglichkeit der Zwangstaufe oder die allgemeine Vertreibung der Juden von Eck nicht vorgeschlagen wird, so verlangt er doch, den Rechtsstatus der Judenknechtschaft umzusetzen. Gefordert sind die Obrigkeiten. Diese sehen vor Augen,

»das jre Juden nit arbaiten, nit wercken, nit kaufmanschatz treiben, kayn handtwerk, bauen nichts, und also mit müessig gan[g] leben sie in Reichtthumb, ihm fraß, ihm praß. Der arm Christ neben dem Juden arbait hertiglich, tag und nacht, hat kaum das trucken brot«.

Das ist grundsätzlich zu ändern, damit nicht die Christen Knechte sind und die Juden Herren.⁷⁷ Wenn sie werden, was sie sein sollen, dann wer-

---

⁷² Vgl. a.a.O. Z IIʳ.
⁷³ REUCHLIN (s. Anm. 63), 35.
⁷⁴ A.a.O. 45.
⁷⁵ Die Dunkelheit der barbarischen Kimmerer (Homer).
⁷⁶ Text aus GUIDO KISCH, Zasius und Reuchlin, eine rechtsgeschichtlich-vergleichende Studie zum Toleranzproblem im 16. Jahrhundert, Konstanz 1961, 11 f.
⁷⁷ ECK (s. Anm. 18), Y IVʳf.

den die Juden sich daran erinnern, dass sie im Gefängnis sitzen und bedenken, was der Grund ihrer Gefangenschaft ist, »daß ihr ältern Messiam Gottes getödt haben«.[78] Ecks Bindung des Judenprogramms an Recht und Gesetz verhindert wohl den Pogrom, schließt aber die Vertreibung nicht aus und dient nicht der Judenbefreiung, sondern der Judenverknechtung.

7. Kirchliche Verehrung und Kriminalisierung

Der Ritualmord an Simon von Trient gilt selbst der gebildeten Welt als Faktum, wie seit 1493 auch die Leser der Weltchronik des gelehrten Mediziners Hartmann Schedel († 1514) erfahren, der dem Geschehnis eine ganze Seite samt bildlicher Darstellung (durch Michael Wohlgemut, † 1519) der Blutentnahme widmet: »Symon das sellig kindlein zu Trient ist amm 21. Tag des Mertzen nach der Geburt Cristi MCCCC LXXV jar in der heiligen marterwochen in der statt Trient von den iuden getödt und ein martrer Christi worden«. Es folgt die Beschreibung des Mordfalles, die Nennung der Hauptschuldigen, gefolgt von einer großformatigen bildlichen Darstellung der Blutabsaugung. Zum Schluss wird allgemein auf des Seligen Simon Wunder verwiesen, auf den Zulauf in der Stadt und die erbaute Märtyrerkirche. Trient ist keine Ausnahme, denn am Ende wird kurz ein weiterer Fall von Ritualmord notiert, dieses Mal in Friaul.[79] Zweifel an den Vorgängen sind nicht erwähnt.

Auch für Eck ist der Trienter Mord ein Faktum von Ritualmord durch Juden und der Beweis für die Gefahr, die von diesem Volk ausgeht. Exemplarisch ist der Beweis, weil unter der Aufsicht des Bischofs Johann IV. Hinderbach der Kindsmord sorgsam untersucht und die Zeugenaussagen dokumentiert sind. Auch die Nachuntersuchungen haben keinerlei Rechtsverstöße zu Tage gefördert. Gerade der von Juden angestrengte Gegenprozess zum Trienter Fall erhärtet das Faktum des Ritualmordes:

»diese histori [scil. der Mord] ist also treffentlich probiert worden. Und die juden ain unsäglich groß gelt außgeben; wa ainicher fäl da wer gwesen, es wär die drey jar an tag kummen«.[80]

---

[78] A.a.O. Z II^r.

[79] HARTMANN SCHEDEL, Weltchronik. Nürnberg (Anton Koberger) 1493. Kolorierte Gesamtausgabe von 1493, hg. v. Stephan Füssel, Köln 2001, fol. 254^v.

[80] ECK (s. Anm. 18), M I^v. Bischof Hinderbach hat den Fall ›Simon‹ nicht nur rechtlich, sondern auch propagandistisch vorangetrieben. Er besorgte eine Öffentlichkeit für den Prozess: Das erste Buch, das in einer Trienter Offizin gedruckt wurde, war der Bericht über den Fall ›Simon‹. Vgl. WILLEHAD PAUL ECKERT, Beatus Simoninus – Aus den Akten des Trienter Judenprozesses (in: DERS., ERNST LUDWIG EHRLICH, [Hgg.] Judenhass – Schuld der Christen?! Versuch eines Gesprächs, Essen 1964, 329–358). Siehe

Die Trienter Richter haben, wenn man Eck folgt, außerdem bewiesen, dass dieser Mord nicht die Ausnahme war, sondern zu den kriminellen Gepflogenheiten der Juden gehört.[81] Bewusst hat Eck seine Widerlegung dem amtierenden Trienter Bischof Christoph von Madruzz († 1567) gewidmet und die Zuverlässigkeit der Ermittlungen in Trient wie in Rom ausdrücklich betont.[82]

Die Entscheidung des damals befassten Papstes zum Fall war zwiespältig. Mit Datum vom 1. Juni 1478 erklärte Papst Sixtus IV.: Der Prozess ist »rite et recte« geführt, der Kult des Seligen Simon aber ist untersagt.[83] Die Anerkennung der Prozessführung erscheint als Zugeständnis an den Druck der allgemeinen Judenfeindschaft und das Kultverbot als Zugeständnis an die Tradition der päpstlichen wie kaiserlichen Abweisungen von Blutbeschuldigungen. Vielfach hatten Kaiser und Päpste die Beschuldigungen untersucht und die damit begründeten Judenverurteilungen als ungerechtfertigt und dem christlichen Glauben zuwider gerügt.[84] Bei Eck kommen die päpstlichen Bullen gegen die Blutbeschuldigung nicht vor. Es wird an verschiedenen Stellen Papst Innozenz im Kanonischen Recht zitiert, einmal mit dem Gebot, die Juden in der Christenheit zu dulden,[85] dann aber in der Fortsetzung des Rechtskapitels mit seiner Kritik an den Juden und dem Verbot jeglichen Schmähens: Die Juden »vergessen der gutthat und widergelten uns schmach für gnad und verachtung für freüntschafft«.[86] Und:

»Wir verbieten auff das aller strengest [Papst Innozenz] das sie [die Juden] nit freventlich herfür faren zu schmähen den Schöpfer, dan wir nit sollen des schand, als wißten wirs nit, hinlassen gan, der unser schand vertilckt hat. Das gebieten wir

---

auch: DERS., Aus den Akten des Trienter Judenprozesses (in: PAUL WILPERT [Hg.], Judentum im Mittelalter. Beiträge zum christlich-jüdischen Gespräch, Berlin 1966, 283–336).

[81] Vgl. ECKERT, Beatus Simoninus (s. Anm. 80), 329.

[82] ECK (s. Anm. 18), A III^v.

[83] ECKERT, Trienter Judenprozesses (s. Anm. 80), 300f.

[84] Alle einschlägigen Verlautbarungen der Päpste finden sich in: SHLOMO SIMONSOHN, The Apostolic See and the Jews. Documents, Bd. 1: 492–1404, Toronto 1988.

[85] ECK, zu Kap. 22: »Warumb die kirch gedult die Juden, die doch hassen die Christen ob all nation auf erden«. Es handelt sich bei dem Zitat um: X V 6,13 (vgl. Decretales Gregorii IX, Lib. V, Tit. VI, De Iudaeis, cap. XIII, Etsi Iudaeos: »Etsi Iudaeos, quos propria culpa submisit perpetuae servituti, [...] pietas Christiana receptet, et sustineat cohabitationem illorum«, in: EMIL LUDWIG RICHTER, EMIL FRIEDBERG [Hgg.], Corpus Iuris Canonici [= CIC], 2: Decretalium Collectiones. Decretales Gregorii, p. IX, Leipzig 1881, Sp. 775; ECK [s. Anm. 18], X II^{v}f.).

[86] ECK, zu Kap. 9: »Die juden halten uns für ihr feind, unnd darumb betten sie täglich wider die Christen«. Decretales ebd.: »ingrati tamen nobis esse non debent [scil. Iudaei], ut reddant Christianis pro gratia contumeliam et de familiaritate contemptum« (ECK [s. Anm. 18], H I^r).

das sollich vermessen fräveler durch die weltlichen Fürsten mit zugethaner verschuldtner straff gezwungen werden, das sie kain weeg understanden, den, der für uns ist creutzigt, aincherlai gestalt lästern«.[87]

Der Zitierte ist Papst Innozenz III. († 1216). Innozenz IV. († 1254) mit seinen mehrfachen Anweisungen, die Kriminalisierung der Juden zu unterlassen,[88] wird von Eck nicht herangezogen. Er ersetzt Osianders Hinweis auf die Päpste durch den Spott, dass er – Ketzer und Aufrührer – sich zugunsten der Juden auf Päpste und Kaiser beruft, in diesem Falle auf den Erlass Kaiser Friedrichs III. gegen die Blutbeschuldigung,[89] wo man doch weiß, wie solche obrigkeitlichen Erlasse zustande kommen – mit Hilfe des ›Goldenen Kalbes‹: Die Juden erreichen viel,

»wann sie das guldin kalb lauffen lassen an Kaiser, Künig und Fürstenhöfen. Mit gelt richt man vil auß bey den amptleuten, zu weil auch bey etlichen räthen [...]. Es ist gwiß das von wegen der behendigkait der Rhät, Cantzler und Secretari Künig, Fürsten und herren angenommen haben ihre mandat und ernstlich brief zu under schreiben ›per regem per se etc‹«.[90]

Das zuletzt von Papst Paul III. († 1549) erlassene Breve mit Datum vom 12. Mai 1540 ist möglicherweise noch nicht bis Ingolstadt durchgedrungen. Der Papst untersagte den Bewohnern und obrigkeitlichen Autoritäten in Ungarn, Böhmen und Polen, Juden wegen Ritualmordes anzuklagen: Solche Anwürfe sind das Ergebnis von Verblendung durch Hass, Neid und Habsucht. Paul III. erinnert daran, dass auch Juden das Ebenbild Gottes tragen – »et ipsi imaginem Dei habent«.[91]

Die päpstlichen und kaiserlichen Einschränkungen und Verbote haben die Verehrung des Simon von Trient und anderer angeblicher Ritual-

---

[87] ECK, zu Kap. 16: »Das recht wer den Thalmud verbrennen«. Decretales, cap. 15, In nonnullis: »Illud autem districtissime inhibemus, ne in contumeliam creatoris prosilire aliquatenus praesumant. Et quoniam illius dissimulare non debemus opprobrium, qui probra nostra delevit, praecipimus praesumptores huiusmodi per principes saeculares condignae animadversionis adiectione compesci, ne cruxifixum pro nobis aliquatenus blasphemare praesumant« (X V 6,15; CIC [s. Anm. 85], Sp. 776f.; ECK [s. Anm. 18], P IV^{r}f.).

[88] Siehe SIMONSOHN (s. Anm. 84), etwa Nr. 178 (Schutz der Juden vor Verfolgungen und Zwangstaufen ihrer Kinder), Nr. 181f. (die Juden werden zu Unrecht der Kreuzigung eines christlichen Mädchens angeklagt) und Nr. 183.185 (Mandat an die Bischöfe Deutschlands und Frankreichs gegen die Blutbeschuldigungen).

[89] Kaiser Friedrich III. verbietet im Jahre 1470 dem Markgrafen von Baden die weitere Verfolgung der Juden im Breisgau, konkret in Endigen (Kaiserstuhl), wo 1470 die Juden des mehrfachen Mordes und Kindsmordes verdächtigt, verhaftet, gefoltert und hingerichtet wurden. Dieser Schutzbrief gilt der gesamten Judenschaft im Reich und richtet sich an alle Obrigkeiten und Amtsträger. Osiander hat dieses Edikt in seinem Gutachten abgedruckt. Vgl. OSIANDER (s. Anm. 15), 237–239.

[90] ECK (s. Anm. 18), S II^{r}f.

[91] SHLOMO SIMONSOHN, The Apostolic See and the Jews. Documents, Bd. 5: 1539–1545, Toronto 1990, Nr. 1973.

mordopfer nicht verhindern können. Die *Verlegung* zeigt zudem, dass sich auch für Eck die Ritualmordklagen und speziell der Fall in Trient nicht erledigt haben. Er sollte recht behalten, dass er auch für die Zukunft innerhalb der Tradition stehen wird, denn im Jahre 1582 billigt Papst Gregor XIII. († 1585) den Kult des Simon, 1584 erfolgt der Eintrag ins römische Martyrologium[92] und 1588 gestattet Papst Sixtus V. († 1590) mit der Bulle *Regni Coelorum* die Feier seines Festes am 24. März.[93] Diese Bulle ist das erste päpstliche Dokument, das die Blutbeschuldigung ausdrücklich als gerechtfertigt anerkennt.[94] 1782 ernennt die römische Ritenkongregation den Seligen Simon zum zweiten Diozesanpatron von Trient.[95] Mit Datum vom 28. Oktober 1965 hebt das Zweite Vatikanische Konzil den Kult des Seligen Simon auf.[96]

Die kirchliche Verehrung des unschuldigen Blutes erstreckt sich auch auf die Wunder angesichts der Hostienschändungen, die man den Juden nachsagt. Noch in Erinnerung ist der Skandal um die Brandenburger Hostienschändung im Jahre 1510, die anschließende Hinrichtung der Angeklagten und die Vertreibung der Juden aus dem Kurfürstentum Brandenburg, wie Eck ausführlich informiert, ohne dass er Zweifel anmeldet.[97] Überzeugende Zweifel an dem Hostienfrevel hatte 1539 Philipp Melanchthon auf dem Frankfurter Fürstentag bei seinem eigenen Kurfürsten Johann Friedrich und dem Brandenburger Kurfürsten Joachim II. geweckt: Die Hinrichtung und Vertreibung der Juden aus Brandenburg beruhe auf einem Betrug.[98] Die beiden Kurfürsten haben daraufhin den Ju-

---

[92] Text des Eintrags: »Tridenti passio S. Simeonis puelli, in odium Christi a Judaeis saevissime trucidati, qui multis postea miraculis coruscavit« Acta Sanctorum, 3. März. Text bei TREUE (s. Anm. 31), 488 Anm. 2.
[93] Der heilige Simon aus Trient ist ein Märtyrer, »qui [...] a Judaeis perfidis detestabilem suorum Maiorum impietatem in Christi Salvatoris nostri membris imitari volentibus, noctis silentio in eorum Synagogam in Dominicae Passionis contemptum abductus, et crucifixi in more sublatus carnibus eius forcipe dilaceratus, et creberrimis acubus perfossis, sanguinem suum atque animam immaculatam emisit, et multis postea claruit miraculis« (Text bei TREUE [s. Anm. 31], 489, Anm. 5).
[94] Vgl. TREUE (s. Anm. 31), 490.
[95] Vgl. KURT HRUBY, Verhängnisvolle Legenden und ihre Bekämpfung (in: ECKERT, EHRLICH, Judenhass [s. Anm. 80], 281–308, 301). Die Blutbeschuldigung wird bis in die Gegenwart des endenden 19. Jahrhunderts geführt, vgl. den Band *Die Blutbeschuldigungen gegen die Juden. Stimmen christlicher Theologen, Orientalisten und Historiker. Die Bullen der Päpste. Simon von Trient (Documente zur Aufklärung 2)*, Wien 1900).
[96] Vgl. ECKERT Trienter Judenprozesses (s. Anm. 80), Korrekturnachtrag, 336.
[97] ECK (s. Anm. 18), V II^r-V III^r. Eine zeitgenössische Flugschrift zum Brandenburger Hostienfrevel bei HEIKO A. OBERMAN, Wurzeln des Antisemitismus. Christenangst und Judenplage im Zeitalter von Humanismus und Reformation, Berlin 1981, 197–200.
[98] Bekannt ist dieser Vorgang auf Grund des Berichtes zum Fürstentag zu Frankfurt, den Josel von Rosheim in seinem Trostbüchlein niedergeschrieben hat: »durch den hochgelehrten Dr. Philippum Melancton ist dem hochgebornen fürsten und herren, maggraf

den wieder die Durchreise durch ihre Länder und in Brandenburg auch den Handel erlaubt.

Ob Eck von diesen Vorgängen Kenntnis hatte, ist nicht bekannt. Ob er sich von dem Ketzer Melanchthon hätte überzeugen lassen, ist allerdings unwahrscheinlich, denn eindeutig ist, dass Eck in seiner Zeit den gänzlichen Verfall der Sakramentsverehrung sichtet. Zu den bekannten jüdischen Schändern gesellen sich jetzt die »Zwinglischen«, die dem Sakrament »sein ehr und würd genommen«, und schlimmer noch die »Luterischen«, die vorgeben, Leib und Blut Christi im Sakrament zu empfangen, und ist doch nur Brot und Wein, mit dem ungeweihte Priester das Volk betrügen.[99] Eck ist wie seine Zeitgenossen davon überzeugt, dass allein in der wahren Kirche der Leib des Herrn ausgeteilt wird. Die wahre Kirche aber ist römisch und dort wird der Leib Christi in seiner Kraft sichtbar, wie eben die von Juden begangenen Vergehen an gewandelten Hostien beweisen: Selbst der gequälte Sakramentsleib wirkt in Wahrhaftigkeit und Kraft, wie an den Wundern sichtbar wird, die angesichts der Schändungen aufgeschienen sind. Unter mehreren Beispielen berichtet Eck vom Sakrament zu Deggendorf, dessen Wunderkraft von den Frommen öffentlich verehrt wird:

»Also haben die Juden auch das Sacrament mißhandelt und in ainem ofen verbrennen wöllen und auff ainen anboß geschlagen zu Teckendorf in Baiern. Darumb dann die theter all verbrent seind worden, im jahr als man zalt 1337. Wie das wunderbarlich Sacrament noch da in aller würde behalten würdt.«[100]

Schon im Jahre 1360 wurde in Deggendorf dem gnadenreichen Sakrament eine Wallfahrtskirche geweiht.[101] Man weiß, dass die Erinnerung an die berichtete Schändung im Laufe der Zeit an Ausschmückungen und Wundern zunahm. Die Legende des Nicht-Geschehenen wurde möglicherweise schon zu Beginn des 15. Jahrhunderts und aktualisiert im Jahre 1711 ins Bild gesetzt und zu jedem Bild durch zwölf Textbeigaben erläutert. So heißt es etwa zum elften Bild:

»Die Juden werden von den Christen, aus rechtmäßigen, Gott gefälligen Eifer ermordet und ausgereutet. Gott gebe das von diesem Höllengeschmaiß unser Vaterland jederzeit befreyet bleibe.«[102]

Joachim von Brandenburg, churfürst glaublich furgebracht worden, wie von tyrannen die armen juden bei seines vatern seligen leben zu unrecht verbrannt worden« (LUDWIG FEILCHENFELD, Rabbi Josel von Rosheim. Ein Beitrag zur Geschichte der Juden in Deutschland im Reformationszeitalter, Straßburg 1898, 181). Vgl. auch HEINZ SCHEIBLE, Melanchthon. Eine Biographie, München 1997, 123f.

[99] ECK (s. Anm. 18), V IV^r.
[100] A.a.O. T III^r.
[101] Vgl. GUNTHER KROTZER, Der Judenmord in Deggendorf und die Deggendorfer »Gnad« (in: ECKERT, EHRLICH [Hgg.], Judenhass [s. Anm. 80], 309–327, hier: 312).
[102] KROTZER, a.a.O. 311.

Verehrt wurde das Sakrament immer in Verbindung mit dem Hinweis auf die Schändung durch Juden. Die zwölf Deggendorfer Bilder wurden auf Anweisung des Regensburger Ordinariats 1961 entfernt und 1992 wurde die Wallfahrt zur ›Gnad‹ von Deggendorf auf Weisung des Bischofs eingestellt.

Das Mittelalter der Judenkriminalisierung blieb bis in die kirchliche Moderne auch kultisch lebendig und anerkannt.

8. Die neue päpstliche Judenpolitik im 16. Jahrhundert

Die römischen Bischöfe haben sich über Jahrhunderte hinweg gegen die Blutbeschuldigung der Juden gestemmt, jener Mischung aus Hass, Angst und Berechnung, die sich zum Mord und zur Vertreibung der Juden aufschaukelte, der auch die Päpste keinen Einhalt gebieten konnten.[103] Die römische Anerkenntnis des Trienter Kultes widerspricht jedoch der so lange durchgehaltenen Politik des Judenschutzes. Papst Paul IV. († 1559) erließ mit Datum vom 14. Juli 1555 die Bulle *Cum nimis absurdum*,[104] die im Verhältnis zu den Juden einen Wendepunkt der Politik einleitete im Kirchenstaat und in allen dem Papst gehörigen Gebieten. Pius V. machte die erlassenen Anordnungen für alle Staaten verbindlich.[105]

Papst Paul IV. schrieb 1555 in seiner Bulle die Sklavenschaft der Juden fest. Obwohl eigene Schuld sie ihrer Freiheit beraubt hat, versuchen sie, die Verhältnisse umzukehren und Herrschaftsrechte über Christen zu erschachern. Sie sollen von neuem erkennen, dass sie als Sklaven leben, die Christen aber durch Jesus freigemacht sind.[106] Insgesamt verordnet der Papst 15 Maßnahmen, um die Knechtschaft wiederherzustellen. Dazu gehört die Separierung der Juden in Ghettos, das Verbot, neue Synagogen zu bauen und das Gebot, überzählige Synagogen zu zerstören. Die Kennzeichnungspflicht für alle Juden, männlich wie weiblich, wird eingeführt,

---

[103] Übersichten über die Haltung mittelalterlicher Päpste zu Juden und Judentum bieten: SHLOMO SIMONSOHN, The Apostolic See and the Jews, Bd. 7: History, Toronto 1991; KENNETH STOW, Popes, Church, and Jews in the Middle Ages, Aldershot 2007.
[104] In: FRANCISCO GAUDE (Bearb.), Bullarum, diplomatum et privilegiorum sanctorum romanorum pontificum / taurinensis editio locupletior facta collectione novissima plurium brevium, epistolarum, decretorum actorumque S. Sedis a S. Leone Magno usque ad praesens; cura et studio collegii adlecti romae virorum S. theologiae et Ss. canonum peritorum, Bd. 6: Ab Hadriano VI (an. MDXXII) ad Paulum IV (an. MDLIX). Auspicante Francisco Gaude, Turin 1860, 498–500.
[105] Vgl. KENNETH R. STOW, Catholic Thought and Papal Jewry Policy 1555–1593, New York 1977, 3.
[106] »recognoscant [scil. Iudaei] se servos, christianos vero liberos per Iesum Christum Deum et Dominum nostrum effectos fuisse« (STOW [s. Anm. 105], 292).

Ammen oder anderweitiges Dienstpersonal dürfen nicht beschäftigt werden, Handel mit lebenswichtigen Waren ist untersagt und ebenso ärztliche Tätigkeiten, selbst wenn sie von Patienten erbeten werden. Mit den erlassenen Vorschriften sind alle anderslautenden Konstitutionen, Ordnungen und Privilegien für Juden aufgehoben.[107] Die Anweisungen des Papstes wurden umgesetzt, zumindest die Separierung der Juden von der übrigen Bevölkerung, so dass in Rom das Ghetto eingerichtet und insgesamt im Kirchenstaat eine Wanderungs- und Konzentrationsbewegung der jüdischen Bevölkerung in Gang gesetzt wurde.[108]

Die Bulle *Cum nimis absurdum* wird im Jahre 1558 ergänzt durch ein kommentierendes Handbuch für Richter, die mit Judenfragen befasst sind. Dieser teilweise wortreich und nachdrücklich argumentierende Kommentar ist dem Papst gewidmet und wohl in seinem Auftrag verfasst von einem Juristen aus Udine, dem doctor utriusque iuris Marquard de Susannis. Dieser hat eine umfangreiche Darstellung der Judengesetzgebung vorgelegt, die es zuvor nicht gegeben hat.[109] Für die Rechtsstellung der Juden gilt, dass sie trotz ihrer außerordentlichen Herkunft die Würde Israels verloren haben. Religiös sind die Juden Feinde der Christen, selbst wenn sie keine bürgerlichen Feinde sind. Sie werden von der Kirche und Christenheit aus Liebe geduldet, so dass ihnen Eigentum, Religionsausübung und Aufenthalt in christlichen Ländern gewährt wird, es sei denn, sie richten Schaden an – und damit ist zu rechnen. Die Aufenthaltserlaubnis in Ländern der Christen schließt nicht das Zugeständnis ein, dass sie sich mischen, deshalb wird von den Juden eine sichtbare Kennzeichnung an ihrer Kleidung verlangt.[110]

Umstritten ist das Recht der Obrigkeiten, die Juden zu vertreiben. De Susannis favorisiert die Ansicht, dass Juden ohne Grund nicht vertrieben werden dürfen, weil das der christlichen Liebespflicht widerspricht. Wenn aber Gefahren von ihnen ausgehen, sollen sie mit allem Recht ausgewiesen werden.[111] Juden verfügen also nicht über ein originäres Recht, in christ-

---

[107] Vgl. a.a.O. 292f.
[108] Vgl. Thomas Brechenmacher, Der Vatikan und die Juden. Geschichte einer unheiligen Beziehung vom 16. Jahrhundert bis zur Gegenwart, München 2005, 20–29.
[109] Marquardus de Susannis, Tractatus de Iudaeis et aliis infidelibus: Circa concernentia originem contractuum, bella, foedera, ultimas voluntates, iudicia et delicta Iudaeorum et aliorum infidelium et eorum conversione ad fidem. Venedig 1558 (Folienzählung). Der Band umfasst 148 Folien Text und ist sorgfältig gearbeitet mit klarer Gliederung: drei Hauptteile, Kapitel und Unterkapitel, mit ausführlichen Inhaltsverzeichnissen am Anfang und Registern am Ende. Benutzt wurde die Ausgabe der UB Tübingen, Signatur: Hm XII 4.4. Zu Buch und Autor siehe Stow (s. Anm. 105), 63ff.
[110] Vgl. Stow (s. Anm. 105), 81f.
[111] »Principes Christiani non possint absque legitima causa pacificos iudaeos, vel alios paganos et infideles de terris suis expellere, quia eos exules facere esset contra praecepta

lichen Ländern zu leben, sondern sind nur toleriert aus Frömmigkeit. Diese Frömmigkeit zielt aber nicht auf Duldung in Gleichberechtigung, sondern auf Duldung in Knechtschaft. Dass Juden in vielen Ländern Europas ungeheure Verbrechen an Christen verüben, wird nicht als bösartige Nachrede verstanden, sondern gilt als verlässlich berichtet, so dass de Susannis aus seiner Sicht berechtigte Gründe anzuführen weiß, dieses Volk zu vertreiben. Denn Juden suchen ständig, den Christen Böses anzutun, vergreifen sich sogar an Leib und Leben, sei es durch die Auslösung der Pest oder durch den Raub von Christenkindern, um sie zu »kreuzigen«, wie unter anderem in Trient, wo der Märtyrer Simon erstochen wurde. Die Wunder dort leuchten aller Welt zum Wachstum des Glaubens, damit die Ehre Gottes offenkundig und die Bösartigkeit solcher Verbrechen noch verdammlicher werde.[112]

Zu den Schäden, die Juden anrichten, gehört der Wucher, der sowohl gegen das natürliche Recht als auch gegen das göttliche Recht verstößt. De Susannis erläutert, dass die Erlaubnis, Fremdlingen Wucherzinsen auferlegen zu dürfen (Dtn. 23,21), beschränkt ist auf die Lebenssituation im gelobten Land und sich nicht auf Christen bezieht, da diese den Juden die Nächsten sind, nicht die Fremden.[113] Er wendet erhebliche Mühe auf, die Möglichkeit zu begründen, das Wucherverbot auch auszusetzen. Sein juristischer Eiertanz zeigt einmal die verbreitete massive Ablehnung des Wuchers und zum anderen die Verflechtung jüdischer Finanzen mit der Wirtschaft Italiens. Das Recht, den Wucher zu erlauben, steht allein dem Papst zu aufgrund seiner *plenitudo potestatis*, unter besonderen Umständen im öffentlichen Interesse, mit Zustimmung der Fürsten und des Volkes.[114] Wenn der Papst solche Begrenzung des göttlichen Rechts verfügt,

---

charitatis, propter quod necessitatis tempore tenemur eis subvenire et etiam eleemosynam facere iudaeis [...]. Si vero pericula, scandala, machinationes et enormia contra fidem et Christianos praeparant [scil Iudaei, pagani vel infideles], nullatenus tollerandos, sed iure optimo expellendos« (DE SUSANNIS [s. Anm. 109], I,7,4, fol. 26ʳ/ᵛ).

[112] »Et habetur de Simone puero tridentino martire ab eisdem [scil. Iudaeis] suffocato, de quo constat ubique terrarum et Tridenti claret miraculis ad fidei nostrae incrementum, ut gloria Dei manifestatur et pravitas tanti sceleris execrabilior fiat«. Das Unterkapitel, das die Judenverbrechen als legitime Gründe für die Vertreibung anführt, ist folgendermaßen überschrieben: »Delicta et scelera horrenda per Iudaeos contra Christianos« (a.a.O. STOW I,7,2, fol. 25ʳ–26ʳ).

[113] Mose hat die Wuchererlaubnis nicht generell erteilt: »non quibuscumque gentibus et in quibuscumque locis et semper ad usuram dare permisit [scil Moses], sed in terra promissionis tantum et illis tantum gentibus, quae intra fines terrae promissionis continebantur. Sublata proinde occasione non possent hebraei a quovis usuram exigere, maxime autem a Christianis, cum eundem deum colunt, quem et ipsi [Iudaei] colunt [...]. Et proximi dicuntur, qui misericordiam faciunt in aliquem, ut Christiani in eos [Iudaeos]« (a.a.O. I,9,5–6, fol. 35ʳf.).

[114] »summus Pontifex propter bonum publicum ex causa [...] possit permittere Iudae-

handelt er nicht als Mensch, sondern wie Gott.[115] Die Reformation ist dem Autor gänzlich fern.

In einem umfangreichen geschichtstheologischen Traktat, der dem juristischen Kommentar eingefügt ist,[116] macht de Susannis seine Zukunftsvorstellungen deutlich:[117] Vor Christus waren die Heiden gefangen in der Verehrung übelster Dämonen,[118] in seinem neuen Zeitalter aber hat Christus diese vertrieben und unzählige Heiden zum Glauben gebracht.[119]

Was Christus und seine Nachfolger ins Werk gesetzt haben, ist noch nicht vollendet. Wie die umfassenden Bekehrungen in der neuen Welt ausweisen, verbreitet sich in der Jetztzeit der Glaube an Christus in der ganzen Welt. Das ist das Zeichen für den Anbruch der letzten Zeiten.[120] Auch wenn es noch Reste der Götzenverehrung in irgendwelchen Weltwinkeln gibt, so spielen diese für die Erfüllung der Geschichte keine Rolle mehr. Wie in den Tagen der alten Kirche ist jetzt wieder die Zeit der umfassenden Mission angebrochen. Das Selbstbewusstsein der Gegenreformation bricht sich ungehemmt Bahn mit dem Ziel der Weltbekehrung zum Christus jener Römischen Kirche, die niemals zerstört wird, die stets beständig bleibt, alle Anfeindungen verachtet, die siegt, wenn sie angegriffen wird, die über die Einsicht der Wahrheit verfügt, wenn sie bestritten wird, die nicht irren kann, in der das göttliche Licht ungebrochen leuchtet.[121] Wer diese Kirche verfolgt, verfolgt Christus. Alle Verfolger seien deshalb gewarnt, dass ihr Aufruhr letztendlich scheitern wird. Die Ketzer der Gegenwart, die Protestanten, die Gottes Priester zu ehren sich weigern,[122] dürfen sich angesprochen wissen.

---

is, ut publice exerceant usuras in terris principum christianorum, interveniente consensu domini temporalis et populi sui« (DE SUSANNIS [s. Anm. 109], I,11,14, fol. 41ʳ; STOW [s. Anm. 105], 88).

[115] »Illius [scil. Papae] enim potestas est omnium suprema [...]. Cum ea quae operatur, facit ut deus, non ut homo, cum sit in terris Dei vicarius, nec habet superiorem, nec potest dici illi, ›cur ista facis‹ [...]. Et dicitur ›Deus vivens‹« (DE SUSANNIS [s. Anm. 109], I,11,14, fol. 41ʳ; STOW [s. Anm. 105], 88).

[116] DE SUSANNIS (s. Anm. 109), III,1,1–81, fol. 85ᵛ–130ʳ.

[117] Zusammenfassend vgl. STOW (s. Anm. 105), 127–147.

[118] Vgl. DE SUSANNIS (s. Anm. 109), III,1,12.

[119] Vgl. a.a.O. III,1,24.

[120] Vgl. STOW (s. Anm. 105), 127–130.

[121] Vgl. DE SUSANNIS (s. Anm. 109), III,1,51, fol. 115ʳ/ᵛ.

[122] »caveant ergo eiusdem Sanctae Romanae ecclesiae persecutores, cum eius persecutio Christo ascribitur qui ecclesiae caput est et fundamentum [...], et cogitent, quantum periculum eorum sit, qui ecclesiam maerore afficiunt, quanta corona eorum, qui ecclesiam venerantur et agnoscant vocem Domini dicentis, qui vos spernit me spernit; unde sacerdotes merito sunt honorandi, cum a deo fuerint instituti« (DE SUSANNIS [s. Anm. 109], III,1,31, fol. 103ᵛ; vgl. STOW [s. Anm. 105], 134f.).

Die Bekehrung der Heiden in der neuen Welt bereitet kein Problem, es verbleiben nur die Muslime und Juden. Den Muslimen muss das Evangelium gepredigt werden, das ist ausreichend, denn anders als die Heiden der Vergangenheit und Gegenwart sind Muslime keine Götzenverehrer, sie beten vielmehr Gott an, glauben Jesu Wundermacht und die Jungfrauengeburt.[123] Um den Sultan zu überzeugen, muss man ihm die Möglichkeit anbieten, unter der Fahne Christi den grausamen Perserkönig niederzuwerfen.[124] De Susannis findet den biblischen Beleg für diese Vision im Danielbuch, dessen Kapitel zehn und elf prophetisch verborgen von der endzeitlichen Bekehrung der Muslime und deren Kampf gegen den Antichrist sprechen.

Das echte Problem sind die Juden. Sie sind wertlos, böse, eine ehebrecherische Generation, Kinder der Missetat,[125] einst das geliebte und überreich beschenkte Volk, dem allererst und vornehmlich der Messias gesendet wurde, den sie aber verworfen und gekreuzigt haben. De Susannis überschüttet die Juden mit Anschuldigungen und Vorwürfen. Sie sind schlimmer als Sodomiter, denn diesen war nur das Naturrecht bekannt, dem Volk Gottes aber stand mit dem Gottesrecht, mit Predigern und Wundern alles zu seinem Lebensheil zur Verfügung. Die Folgen der Verwerfung dieser Gottesgaben werden deutlich an der einschneidenden Schärfe der verhängten Strafen: Zerstört sind der Tempel und die Städte, niedergemetzelt sind deren Bewohner, dem Rest bleibt die Gefangenschaft ohne Priester, Propheten und Opfer. Bis heute ziehen Juden als Vagabunden umher, sind verstockt und dem Irrsinn des Talmuds hingegeben. Ihre Strafe ist der Beweis, dass Christus der Messias ist. Das gehört zu den Standardargumenten für die Wahrhaftigkeit des christlichen Glaubens. Die Zukunft der Juden über ihre Knechtschaft hinaus ist die Endzeit, diese aber ist nicht die Zeit der jüdischen Herrschaft über die Völkerwelt, sondern der Unterwerfung unter Christus.[126] Man muss also den Juden deutlich machen, wo sie stehen: Gott hat sie mit vielerlei Unterdrückungen

---

[123] »Et facilius quam antiqui et alii gentiles convertunt ad Christum Maumetistae per Evangelii praedicationem, cum ipsi non sunt Idolatrae sed adorant Deum [...]. Credunt etiam ipsi Maumetistae Iesum Inpretam magnum et ultimum hebraeorum prophetam, et flatu vel spiritu Dei conceptum, et de virgine sine virile semen natum« (DE SUSANNIS [s. Anm. 109], III,1,33–34, fol. 104^v; STOW [s. Anm. 105], 134f.

[124] Vgl. DE SUSANNIS (s. Anm. 109), III, 1,39, fol. 108^r; STOW (s. Anm. 105), 136.

[125] Vgl. DE SUSANNIS (s. Anm. 109), III,1,41, fol. 111^v.

[126] Die jüdischen Erwartungen der Rückführung ins gelobte Land und der Herrschaft über die Welt entspringen einer abseitigen Schriftauslegung. Vielmehr gilt: »salus et liberatio, quae per messiam expectabatur, esse debebat spiritualis et non temporalis, et qua mediante nos liberaret a peccato originali et aliis et a Diabolica servitute, in qua propter peccatum parentum primorum genus humanum incurrerat« (DE SUSANNIS [s. Anm. 109], III,1,61–62, fol. 120^v–121^r).

gestraft und seine Augen von ihnen abgewendet – und das hat Folgen auch für den Wandel im täglichen Leben: Er hat sie äußerlich stigmatisiert, hat ihre Frauen hässlich gemacht und ihnen allen Schmuck genommen hat. Anstatt süßen Geruch zu verströmen, stinken sie.[127] Das Gericht Gottes über Juda und seine Frauen, für dessen Ausmalung de Susannis den Propheten Jesaia (Jes. 3) ausschreibt, ist Wirklichkeit geworden.

Es legt sich angesichts dieser eifernden, auch endzeitlich aufgeladenen Judenfeindschaft nahe, wenn die Päpste Gregor XIII. und Sixtus V. in den Jahren seit 1582 gegen die eigene Tradition das Zeichen setzen, die Strafe über die Juden und die Wunder für die Christen im Kult der Märtyrerverehrung sichtbar zu machen und in Trient die Verehrung des Seligen Simon offiziell einzuführen.

Zusammenfassung

Von allen Völkern werden sie gehasst, ihre Lage ist hoffnungslos. Klarheit ist gefordert und dazu gehört der Aufweis des Zusammenhangs ihrer Verwerfung des Messias und ihrer Bestrafung durch Gott. De Susannis argumentiert gänzlich unabhängig von Johannes Eck und belegt dadurch die zeit- und länderübergreifende Durchschlagskraft der judenfeindlichen Tradition des Mittelalters, vornehmlich des späten Mittelalters. Der juristisch wie theologisch argumentierende Rechtsgelehrte hält sich nicht frei von polemischen Anwürfen, denn es bricht trotz aller vorgetragenen juristischen Sachlichkeit des offiziösen Kommentarwerks auch bei ihm die eingewurzelte Judensicht durch: Juden stinken, Juden morden, sie sind ein verworfenes Volk. Solange sie Juden bleiben, so lange werden sie gestraft, so lange werden sie gehasst. Strafe ist das von Gott verhängte Mittel, das dem Erschrecken und der Einsicht dieses Volkes dienen soll. Es wird Zeit angesichts der nahenden Endzeit, dass die Juden ihre auferlegte Strafe wieder erfahren.[128]

De Susannis verfasst das Rechtshandbuch zur Judenfrage und schaut theologisch in die Zukunft der Endzeit. Johannes Eck schrieb das Hand-

---

[127] »avertit Dominus oculos ab eis [scil. Iudaeis], et ab eorum Virginibus nephastis et uxoribus abstulit Dominus ornamenta calciamentorum, et limulos, et torques, et monilia [...] et est eis [scil. feminis Iudaeorum] pro suavi odore faetor [prout in veritate faetent], tamquam baptismo carentes, nam, et plures infideles permittunt se baptizari, ne faetent; et est eis pro zona fumiculus, et pro crispanti crine calcitium et pro fascia pectorali cilicium, de quibus Esaias praedixit, et per urbes incedentes digito ostenduntur et ab omnibus derisionis habentur« (DE SUSANNIS [s. Anm. 109], III,65, fol. 123ᵛ; vgl. Jes. 3,16–24; vgl. STOW [s. Anm. 105], 144).

[128] Vgl. STOW (s. Anm. 105), 144.

buch zur Judenkriminalität und breitet mit logischen, theologischen und geschichtlichen Beweisen die Tradition der Angst und Abwehr aus. Die Fülle der Einzelheiten enthüllt ererbte Volksmerkmale: Juden sind »manschlächtig«, blutkrank, blutgierig und geldgierig, sie hassen Christus und die Christen. Die Menge des Zusammengetragenen ersetzt die kritische Nachfrage nach der Korrektheit der Überlieferungen und steht für die Sicherheit der Beweise. So, wie die Stimmigkeit der Untersuchungsergebnisse die Zuverlässigkeit der Folteraussagen rechtfertigt, so wird man bei Eck davon ausgehen müssen, dass der Konsens der Tradition deren Wahrhaftigkeit garantiert. Das ist eine Voraussetzung, die insgesamt für die Kontroverstheologie Ecks zu veranschlagen ist. Das gilt bereits 1519 für die Leipziger Disputation, für die Verteidigung des päpstlichen Primats im Jahre 1521[129] oder seit 1525 für die Darstellung der rechten Lehre gegen die Feinde der Kirche.[130] Eck will die Wahrheit erheben aus den übereinstimmenden Zeugnissen der rechtgläubigen Tradition:

»ex byblicis scripturis, iuxta explanationem sanctorum, intelligentiam communem et sensum ecclesiae catholicae, ac doctorum ab ea approbatorum.«[131]

Dieses Konsensverfahren wendet er auch zur Bearbeitung der Judenfrage an. Argumente der Verteidigung, wie Osiander sie vorbringt, weisen neben ihrer logischen Unzulässigkeit das Merkmal häretischer Vereinzelung auf. Gegen dessen Berufung auf die Norm der Schrift stehen die interne Logik der Faktenkonstruktion und der Konsens der katholischen Tradition. Einen direkten theologischen Sachzusammenhang von Judentum und lutherischer Ketzerei erstellt Eck zwar nicht, wohl aber sichtet er den Zeitzusammenhang der Häresie, der Bosheit in Lügen und Schmähungen der Kirche und ihrer ungebrochenen Heiligkeit. Deren Tradition ist nicht nur ein Produkt der Vergangenheit, sondern wird auch als Wegweisung für die Zukunft und Endzeit in Anspruch genommen, wie völlig unabhängig von Eck der Jurist de Susannis bezeugt.

---

[129] Vgl. ERWIN ISERLOH, Johannes Eck (1486–1543), Scholastiker, Humanist, Kontroverstheologe, Münster 1981, 46–48.
[130] Vgl. PIERRE FRAENKEL (Hg.), Enchriridion locorum communium adversus Lutherum et alios hostes ecclesiae (1525–1543), Münster 1979, 20*ff.
[131] Aus Ecks Widmungsbrief an Herzog Anton von Lothringen zum Bd. 1 seiner lateinischen Homilien, 1530 (JOHANNES METZLER, Tres orationes funebres in exequiis Ioannis Eckii, Münster 1930, Nr. 77 I [1]; zitiert nach FRAENKEL [s. Anm. 130], 21*, Anm. 59).

Einige Beobachtungen zum Judenbild deutscher Humanisten in den ersten beiden Jahrzehnten des 16. Jahrhunderts

THOMAS KAUFMANN

Das Ziel der folgenden Ausführungen kann nicht darin bestehen, die außerordentlich komplexe Frage zu beantworten, wie sich ›die‹ Humanisten in den ersten beiden Jahrzehnten des 16. Jahrhunderts zu Juden und Judentum stellten. Aufgrund des Judenbücherstreites bzw. der *causa Reuchlini*[1] wiesen diese beiden Jahrzehnte bekanntlich eine diskursive Dichte in der Erörterung der ›Judenfrage‹ auf, die im weiteren 16. Jahrhundert nur noch von der publizistischen Reaktion auf Luthers *Dass Jesus Christus ein geborener Jude sei* erreicht worden ist.[2] Insofern kann es im Folgenden nur um einige, freilich charakteristische Aspekte gehen.

---

[1] Vgl. nur: WILHELM MAURER, Reuchlin und das Judentum (in: HERMANN KLING, STEFAN RHEIN [Hgg.], Johannes Reuchlin [1455–1522], Nachdruck der 1955 von Manfred Krebs herausgegebenen Festgabe, neu hg. u. erw., Sigmaringen 1994, 267–276); HEIKO A. OBERMAN, Wurzeln des Antisemitismus. Christenangst und Judenplage im Zeitalter von Humanismus und Reformation, Berlin ²1981, 30–47; ARNO HERZIG, JULIUS SCHOEPS (Hgg.), Reuchlin und die Juden, Sigmaringen 1993 (darin besonders der Beitrag von HEIKO A. OBERMAN, Johannes Reuchlin: Von Judenknechten zu Judenrechten, a.a.O. 39–64); WINFRIED TRUSEN, Johannes Reuchlin und die Fakultäten. Voraussetzungen und Hintergründe des Prozesses gegen den Augenspiegel (in: GUNDOLF KEIL u.a. [Hgg.], Der Humanismus und die oberen Fakultäten, Weinheim 1987, 115–157); DANIELA HACKE, BERND ROECK (Hgg.), Die Welt im Augenspiegel. Johannes Reuchlin und seine Zeit, Stuttgart 2002; HANS PETERSE, Jacobus Hoogstraeten gegen Johannes Reuchlin, Mainz 1995, 29 ff.; ERIKA RUMMEL, The Case against Johannes Reuchlin: Religious and Social Controversy in Sixteenth-Century Germany, Toronto u.a. 2002; SÖNKE LORENZ, DIETER MERTENS (Hgg.), Johannes Reuchlin und der »Judenbücherstreit«, Ostfildern 2013 (darin besonders der Beitrag von DAVID H. PRICE: Johannes Reuchlin und der Judenbücherstreit, a.a.O. 55–82); JAN-DIRK MÜLLER, Anfänge eines Medienereignisses. Der Reuchlinstreit und der Wandel von Öffentlichkeit im Frühdruckzeitalter (in: WILHELM KÜHLMANN [Hg.], Reuchlins Freunde und Gegner, Ostfildern 2010, 9–28); MATTHIAS DALL'ASTA, Paradigmen asymmetrischer Kommunikation: Disputationsliteratur im Judenbücherstreit (in: a.a.O. 29–43); zum religionskulturellen Hintergrund Reuchlins: DERS., Frömmigkeit und Kirchenkritik: der Laientheologe Johannes Reuchlin (in: BERNDT HAMM, THOMAS KAUFMANN [Hgg.], Die frommen und die gottlosen Humanisten, Wiesbaden 2016, 223–246). Eine umfassende Neuinterpretation der *Causa Reuchlini* und ihrer geistes- und universitätshistorischen Implikationen bietet JAN-HENDRYK DE BOER, Unerwartete Absichten – Genealogie des Reuchlinkonflikts, Tübingen 2016.

[2] S. dazu THOMAS KAUFMANN, Luthers »Judenschriften«. Ein Beitrag zu ihrer historischen Kontextualisierung, Tübingen ²2013, 42 ff.

1. Johannes Reuchlin

Dass die *Causa Lutheri* und die *Causa Reuchlini* seit 1518 von einigen Zeitgenossen als zusammenhängend, ja engstens miteinander verquickt wahrgenommen oder dargestellt wurden³, entsprach zum einen der stilisierten Identität der ›Feinde‹ – den obskuranten, papsttreuen Theologen scholastischer Prägung, vorzüglich aus dem Dominikanerorden⁴ –, zum

---

³ Niemand hat den Zusammenhang zwischen der *Causa Lutheri* und der *Causa Reuchlini* früher und wohl auch wirkungsvoller hergestellt als Luther selbst. Zuerst tat er dies – noch nicht für eine größere Öffentlichkeit – im März 1518 in seinen *Asterici* gegen Eck (»Per omnia mihi [sc. Luther] Eckius facit, sicut Iohanni Reuchlin fecit ille suus Satan« [WA 1,302,33f.]). Sodann – wohl besonders effektiv – in seinen *Resolutiones* [...] *de indulgentiarum virtute*, indem er sich in eine Reihe zu Unrecht von der Papstkirche inkriminierter Gelehrter stellte (»Nam quid aliud [sc. als der Häresie bezichtigen] foecerint [sc. die ›Papisten‹] Ioannes Picus Mirandulanus, Laurentius Valla, Petrus Ravennas, Ioannes Vesalia et novissime diebus istis Ioannes Reuchlin atque Iacobus Stapulensis, ut inviti cogerentur et bene sentiendo male sentire« [WA 1,574,21–23]). Sodann stellte Luther die Verbindung zwischen seinem und Reuchlins Schicksal in der *Responsio* auf den Dialog des Prierias her (WA 1,682,27). Schließlich nahm er dieses Motiv auch noch in der Vorrede zu den *Acta Augustana* (WA 2,6,13) und am Jahresende 1519 erneut am Schluss seiner *Additio* gegen Emser auf (WA 2,679,9–17). Die beiden zuerst genannten Schriften zeitigten – nicht zuletzt wegen ihrer Aufnahme in die erste Sammelausgabe bei Froben vom Oktober 1518 (s. dazu Hans Volz' Ausführungen in: WA 60,431–450; Thomas Kaufmann, Capito als heimlicher Propagandist der frühen Wittenberger Theologie, in: ZKG 103, 1992, 81–86; WABr 1, Nr. 146, 331–335 [Brief Frobens an Luther vom 14.2.1519]) – auch im internationalen Horizont besondere Wirkungen. In seiner Replik auf die Verurteilung durch die Universitäten Köln und Löwen knüpfte Luther erneut an diese Strategie an (WA 6,183,3 ff.; 184,24 f.). Zum Kontext: Martin Brecht, Martin Luther, Bd. 1: Sein Weg zur Reformation 1483–1521, Stuttgart ³1989, 294f.321 ff.; Leif Grane, Martinus noster. Luther in the German Reform Movement 1518–1521, Mainz 1994, bes. 203f.; Willibald Pirckheimer äußerte im November 1518 gegenüber Reuchlin die Vermutung, dass die ›causa Lutheri‹ auch für Reuchlin negative Folgen haben werde (Johannes Reuchlin, Briefwechsel, Bd. 4: 1518–1522, bearb. v. Matthias Dall'Asta, Gerald Dörner, Stuttgart-Bad Cannstatt 2013, Nr. 351, 175–182, hier: 176,6–177,8; vgl. 179 Anm. 8). In einem unbeantwortet gebliebenen Brief Luthers an Reuchlin vom 14. Dezember 1518 stilisierte sich der Wittenberger als Nachfolger Reuchlins in der Opferrolle der dämonischen römischen Verfolger, deren Zähne nun zum Ausgleich nach ihm schnappten, nachdem sie an Reuchlin gescheitert seien (Reuchlin, Briefwechsel, Bd. 4, a.a.O. Nr. 352, 183–189, hier: 184,8–11). Im *Hoogstratus ovans* (s.u. Anm. 78; VD16 H 4406; Ex. BSB München Res 4 / Opp. 90,II,11d [Widmungseintrag: »Dno Bilibaldo Pirkamero F.I.Z.P.A«], B 1ʳ/ᵛ = Böcking, Suppl. 1, siehe unten Anm. 39, 470,23 ff.) begegnet die Verschränkung Luther-Reuchlin im Votum des Inquisitors Hoogstraeten, des Gegners beider, und ist bereits zu einer Art Topos verfestigt. Vgl. außerdem: Allen, siehe unten Anm. 76, Bd. 4, 372,18f.; Bd. 3, 589,69f.; Reuchlin, Briefwechsel Bd. 4, wie oben, 357,17 f.; s. auch: Götz-Rüdiger Tewes, Zwei Fälle – ein Kläger. Das Netzwerk der Feinde Reuchlins und Luthers (in: Gerald Dörner [Hg.], Reuchlin und Italien, Stuttgart 1999, 181–197).

⁴ Vgl. dazu nur: Klaus-Bernward Springer, Die deutschen Dominikaner in Widerstand und Anpassung während der Reformationszeit, Berlin 1999; Ders., Die Dominikaner (OP) (in: Friedhelm Jürgensmeier, Regina Elisabeth Schwerdtfeger

anderen der finalen rechtlichen Zuständigkeit der römischen Kurie, zum dritten aber der beide Prozesse begleitenden publizistischen Dynamik.[5]

In Bezug auf Luthers Appell zugunsten eines freundlichen, Konversionen zum evangelischen Christentum begünstigenden lebensweltlichen Miteinanders von Christen und Juden[6] ist die Nähe zu Reuchlins Position unübersehbar. Denn auch der schwäbische Jurist setzte – allerdings aufgrund einer Luther fremden römisch-rechtlichen und kanonistischen Argumentationsweise – das selbstverständliche Gegebensein christlicher und jüdischer Existenz innerhalb desselben Gemeinwesens voraus[7]; auch Reuchlin lag daran, Juden durch »sanfftmütiglich[e]«[8] Umgangsweisen zu ›rechten‹ Christen[9] zu machen und bloß äußerlich-sakramentale Bekehrungen zurückzudrängen; auch er sah die Juden in »der gefencknüs des düfels«[10]. Waren freilich für Reuchlin entscheidende Mittel der Bekehrung jüdische, insbesondere kabbalistische Bücher, so setzte Luther allein auf die messianischen Weissagungsbeweise des Alten Testaments. In seiner *Tütsch Missive warum die Juden so lang im Elend sind* (1505)[11] ließ der

---

[Hgg.], Orden und Klöster im Zeitalter von Reformation und katholischer Reform 1500–1700, Münster 2006, 9–47).

[5] Vgl. dazu THOMAS KAUFMANN, Der Anfang der Reformation. Studien zur Kontextualität der Theologie, Publizistik und Inszenierung Luthers und der reformatorischen Bewegung, Tübingen 2012, 270 ff.362 ff.

[6] Vgl. WA 11,315,14 ff.336,22 ff.; vgl. THOMAS KAUFMANN, Luthers Juden, Stuttgart ²2015, 63 ff.; PETER VON DER OSTEN-SACKEN, Martin Luther und die Juden. Neu untersucht anhand von Anton Margarithas »Der gantz Jüdisch glaub« (1530/1), Stuttgart 2002, 90 ff.

[7] Neben der Argumentation mit dem Rechtsstatus der Juden als *cives Romani* (*Augenspiegel*, in: JOHANNES REUCHLIN, Sämtliche Werke, hg. v. Widu-Wolfgang Ehlers, Hans-Gert Roloff, Peter Schäfer, Bd. IV,1, Stuttgart-Bad Cannstatt 1999, 28,2 f.72,14–75,10; *Ain clare verstentnus*, a.a.O. 179,4 ff.) spielt bei Reuchlin das ausgeprägt traditionspolitische, kirchenrechtlich untermauerte Argument, dass die Kirche in ihrer bisherigen Geschichte jüdischen Buchbesitz geduldet habe, eine wichtige Rolle (vgl. *Augenspiegel*, a.a.O. 49,6 ff.51,33 ff.62,5 ff.42,11 ff. [Paulus von Burgos argumentiert mit dem Talmud gegen das Judentum]; *Ain clare verstentnus*, a.a.O. 176,19 ff.192,18 ff.). Im Verhältnis zu den Kölnern argumentierte Reuchlin gleichfalls ›traditionalistisch‹: Er warf ihnen vor, darin ›Neuerer‹ zu sein, dass sie die Zuständigkeit der Inquisition auch für die Juden behaupteten, um auf diese Weise an jüdische Besitztümer zu gelangen (vgl. *Defensio*, a.a.O. 207,1 ff.253,10 ff.). Aber die Juden unterlägen nicht dem Ketzerrecht, seien also auch als abgefallene Christen zu behandeln.

[8] REUCHLIN, Werke IV,1 (s. Anm. 7), *Augenspiegel*, a.a.O. 63,22.

[9] REUCHLIN, Werke IV,1 (s. Anm. 7), 58,20–59,2 zit. unten Haupttext bei Anm. 26; vgl. 165,12, wo Reuchlin an Pfefferkorns Verhalten beanstandet, dass dieses keine »zaichen aines rechten cristen« aufweise. Zum Ziel, Juden zu »rechte[n] Christen« zu machen, vgl. WA 11,315,15.9.32.

[10] *Tütsch Missive*, in: DERS., Werke IV,1 (s. Anm. 7) 11,30.

[11] Druck Pforzheim, [Thomas Anshelm]; VD16 R 1246; Ed. in: REUCHLIN, Werke, Bd. IV,1 (s. Anm. 7), 4–12. Es handelt sich bei diesem Druck um den ersten der Anshelmschen Offizin, in dem hebräische Typen verwendet wurden; er hatte sich diese nach

schwäbische Jurist zudem Töne anklingen, die er selber später nicht mehr anstimmte, wie sie aber dann auch Luther, vor allem in seiner Schrift *Wider die Sabbather* (1538)[12], verlauten ließ. Reuchlin legte dar, dass das Elend, in dem sich die Juden seit ca. 1400 Jahren befänden, von der Strafe für den Tod des Gottessohnes herrühre. Zudem schmähten sie Christus und Maria unablässig und blieben so durch alltäglichen Frevel in ihrer Sünde gefangen; nur, wenn sie sich bekehrten, könnten sie davon befreit werden. Im Unterschied zu Luther belegte Reuchlin diese geschichtstheologische Konzeption vornehmlich aus jüdischen Autoren, die er im hebräischen Wortlaut zitierte. Reuchlins *Tütsch Missive* sollte – ähnlich wie Luthers *Dass Jesus Christus ein geborener Jude sei* – dazu dienen, dass Dritte das auf Bekehrung abzielende Gespräch mit Juden führten.[13] Die positionellen Gemeinsamkeiten zwischen Luther und Reuchlin sind also, abzüglich der auf Austreibung und Entrechtlichung der Juden fokussierten Handlungslogik der bösen Schriften des Wittenberger Reformators von 1543[14], im Ganzen stärker als es eine auf eindeutige ›Schwarz-Weiß‹-

---

italienischen Vorlagen fertigen lassen, vgl. HILDEGARD ALBERTS, Reuchlins Drucker Thomas Anshelm unter besonderer Berücksichtigung seiner Pforzheimer Presse (in: KLING, RHEIN, Reuchlin [s. Anm. 1], 205–265), hier: 211 f., 245 Nr. 25; DALL'ASTA, DÖRNER, Bibliothek (s. Anm. 15), 102 f.

[12] Vgl. WA 50, 309–337; vgl. KAUFMANN, Luthers »Judenschriften« (s. Anm. 2), 81 ff.; OSTEN-SACKEN, Luther (s. Anm. 6), 121 ff.

[13] Der im Druck namentlich nicht genannte Adressat, ein »Juncker« (REUCHLIN, Werke IV,1 [s. Anm. 7], 5,1.3; 12,1), scheint nicht identifizierbar zu sein; dies erinnert an Luthers (WA 50,312,1; WA 53,417,14; 552,29) und Bucers (MARTIN BUCER, Deutsche Schriften, Bd. 7: Schriften der Jahre 1538–1539, hg. v. Robert Stupperich, Gütersloh, Paris 1964, 362,2) anonyme Adressaten von ›Judenschriften‹. Reuchlin setzt voraus, dass er auf Bitte des Ungenannten schreibt: »Jn guter gedechtnüs hab ich behalten ewer ernstlich bit an mich gelegt, üch etwas kurtz zu verzeichnen, dar inn ir euch zu müssigen zyten mitt ewern Juden möchten ersprachen« (REUCHLIN: Werke IV,1 [s. Anm. 7], 5,4–6). Und am Schluss: »Das hab ich eüch für das erst wöllen endecken mit inen zureden, mit dem erbieten, welcher von Messiah unnd unnserm rechten glauben gern wöllt underwisen werden, des wölt ich mich willigklich annemmen« (a.a.O. 12,2–4). Sollte hier eine stilbildend gewordene literarische Strategie vorliegen?

[14] Vgl. außer den oben Anm. 2 und 6 genannten Arbeiten jetzt die kommentierte Neuausgabe von *Von den Juden und ihren Lügen* durch Matthias Morgenstern, Wiesbaden 2016. Zu den wirkungsgeschichtlichen Fragen vgl. THOMAS KAUFMANN, Antisemitische Lutherflorilegien (in: ZThK 112, 2015, 192–228) sowie den Beitrag von Dorothea Wendebourg in diesem Band. Zur neuesten kirchlichen Diskussion instruktiv: Martin Luther und die Juden. Luthers Judenschriften und ihre Rezeption – Ein Projekt zum Reformationsjubiläum, zwei Hefte, epd-Dokumentation Nr. 10+11, Frankfurt a. M. 2016; zur Einordnung der Judenfeindschaft in die Theologie Luthers zuletzt: DOROTHEA WENDEBOURG, Ein Lehrer, der Unterscheidung verlangt. Martin Luthers Haltung zu den Juden im Zusammenhang seiner Theologie (in: ThLZ 140, 2015, 1034–1059); ein interessantes historisches Detail von Luthers Judenängsten hat rekonstruiert: ANSELM SCHUBERT, Der »jüdische« Mordanschlag auf Martin Luther von 1525 (in: LuJ 82, 2015, 44–65).

Profile abonnierte Sicht auf den ›edel-toleranten‹ Humanisten hier, den fanatischen Reformationszeloten dort wahrzunehmen Willens ist.

Das Interesse daran, Juden zu ›rechten Christen‹ zu machen, ging auch bei Reuchlin mit Skepsis, ja tiefem Misstrauen gegenüber ›getauften Juden‹ einher. Die humanistische Polemik nutzte das als kulturelle Prädisposition der lateineuropäischen Christenheit[15] wirksame Hassstereotyp gegen den ›Judaeus baptizatus‹, um missliebige Personen zu desavouieren. Daran hatte Reuchlin seinen Anteil. Im *Augenspiegel*, auch in späteren Texten, sprach er Pfefferkorn durchgängig als ›getauften Juden‹ an; er insinuierte damit, dass bestimmte negative Eigenschaften, die man gemeinhin Juden zuschrieb, Pfefferkorns Verhalten auch weiterhin bestimmten.[16] Wenn er seine Kontroverse als einen »hinderrücklingen / unwarhafftigen ußgegossen handel ains getaufften iuden (got wöllt cristenlich bestetigt) so sich

---

[15] Möglicherweise ist es dem zeitgenössischen kulturellen Horizont geschuldet, dass Reuchlin gegenüber der Etikettierung als »Iudaeorum fautor« (*Defensio*, Werke Bd. IV,1 [s. Anm. 7], 334,5f. u.ö.) scharfe Abwehrreaktionen an den Tag legte und gegen Pfefferkorns Anschuldigung, er habe von Juden Geld bekommen (JOHANNES PFEFFERKORN, *Handt-Spiegel* [...] *wider und gegen die Jüden/ und Judischen Thalmudischen schrifften*, [Mainz, Johann Schöffer 1511]; VD16 P 2294, c 2ᵛ), darlegt, dass niemals wirtschaftliche Verbindungen zwischen ihm und Juden bestanden hätten; stattdessen hätten sich seine persönlichen Kontakte zu Juden auf den hebräischen Spracherwerb beschränkten (»so hon ich auch kain sollich gemainschafft mit den iudenn nie gehapt / dann allein die sprach zu lernen / wie der hailig Hieronymus von im selber schreibt [MPL 22, 745] [...] / des gleichen ander cristenlich lerer«, Werke, Bd. IV,1 [s. Anm. 7], 166,24–27; vgl. 175,3ff.). Reuchlin leugnete also, mit Juden – etwa in der Frage der ›Judenbücher‹ – gesprochen zu haben (a.a.O. 175,1ff.). Zu seinem Hebräischlehrer Calman, den er mit einem autobiographischen Eintrag in einen Sammelkodex würdigte, vgl. MATTHIAS DALL'ASTA, GERALD DÖRNER (Bearb.), Johannes Reuchlins Bibliothek gestern & heute, Heidelberg u.a. 2007, 79f. Am Hofe des Kaisers Friedrich III. habe er mit Juden über die Schmähschriften *Nizzahon* und *Toledot Jeschua* gesprochen und sich mit ihnen darauf verständigt, dass sie vernichtet werden sollten. Zehn Jahre später aber habe er gemerkt, dass er getäuscht worden war, da die Schriften nicht vernichtet worden waren (a.a.O. 29.369; s. auch *Tütsch Missive*, a.a.O. 11,13). Zum Buch *Nizzachon* vgl. nur DAVID BERGER, The Jewish-Christian Debate in the High Middle Ages: A Critical Edition of the Nizzahon Vetus with an Introduction, Translation and Commentary, Philadelphia 1979. Der Hebraist Sebastian Münster erhielt eine Kopie des Buches *Nizzahon* von Reuchlin, vgl. STEPHEN G. BURNETT, Reassessing the Basel-Wittenberg Conflict: Dimensions of the Reformation-Era Discussion of Hebrew Scholarship (in: ALLISON COUDERT, JEFFREY SHOULSON [Hgg.], Hebraica Veritas? Christian Hebraists, Jews and the Study of Judaism in Early Modern Europe, Philadelphia 2004, 181–201, hier: 184). Zu den *Toledot Jeschua* vgl. die Ausgabe von MICHAEL MEERSON, PETER SCHÄFER (Hgg.), Toledot Yeshu, 2 Bände, Tübingen 2014 (Einführung, Übersetzung, kritische Edition).

[16] Zu Pfefferkorns Bild in der Öffentlichkeit, dem eine exemplarische Bedeutung für die Wahrnehmung ›der Juden‹ zukommt, grundlegend: HANS-MARTIN KIRN, Das Bild vom Juden im Deutschland des frühen 16. Jahrhunderts, Tübingen 1989; DERS., Das Bild vom Juden im Deutschland des frühen 16. Jahrhundert (in: LORENZ, MERTENS [Hg.], Reuchlin [s. Anm. 1], 83–105, bes. 91 ff.).

Pfefferkorn«[17] nenne, bezeichnete, spielte er auf der Klaviatur konventioneller Judenfeindschaft, unabhängig von der Frage, ob die skandalösen Umstände, die Pfefferkorn in den Besitz des Reuchlinschen Gutachtens zu den Judenbüchern gebracht und zur Abfassung seines *Handspiegels* veranlasst hatten, zu Recht als unehrenhaft bezeichnet werden könnten oder nicht.[18] Indem Reuchlin unterstellte, dass Pfefferkorn »die undertanen imm reich« zu »uffrur und ufflaufff gegen irer aigen oberkait«[19] anstachle, bediente er sich gleichfalls eines antijüdischen Ressentiments. Ähnliches galt, wenn er von der »geittigen art« Pfefferkorns sprach, die »ab seinen elttern den iuden biß uff ihn [ge]kommen«[20] sei. Die Feststellung, dass Pfefferkorns »schmachbüchlin unnd lesterschrift« die »zaichen aines rechten cristen«[21] vermissen ließen, machte unverhohlene Zweifel an der Glaubwürdigkeit seiner Konversion zum Christentum geltend. In der Auseinandersetzung mit der Pfefferkornschen These, »der iud sei genatürt wie der tewfel«[22], ließ sich Reuchlin – entgegen besserer Einsicht[23] – dazu hinreißen, das Verhalten seines Antipoden aus einer diabolischen jüdischen Teufelsnatur heraus zu erklären.

Das von Reuchlin propagierte Bekehrungskonzept stellte eine Art Gegenmodell zu einem ungebildeten Konvertiten wie Pfefferkorn dar. Denn Juden, die in ihrer Literatur gebildet seien, so Reuchlin, könnten auch mittels der in dieser enthaltenen Argumente für das Christentum gewonnen werden.[24] Dass unter den in Deutschland ›getauften Juden‹ niemand im Stande sei, den Talmud zu lesen[25], bestärkte Reuchlin darin, Leute vom Schlage Pfefferkorns für suspekt und unehrenhaft und ihre Konversionsmotive für unlauter und zutiefst fragwürdig zu halten:

---

[17] Reuchlin, Werke Bd. IV,1 (s. Anm. 7), 18,5f.
[18] A.a.O. 22, 15ff.
[19] A.a.O. 24, 29f. Im *Augenspiegel* relativierte Reuchlin die von den Juden ausgehende Gefahr des Aufruhrs aufgrund ihrer geringen Zahl (a.a.O. 187,29ff.), was aber den Zusammenhang von ›Judentum‹ und ›Verschwörung‹ grundsätzlich voraussetzt.
[20] Reuchlin, Werke Bd. IV,1 (s. Anm. 7), 152,10f.
[21] A.a.O. 165,12.
[22] Pfefferkorn, *Handt Spiegel* (s. Anm. 15), f [1]ʳ; zit. von Reuchlin, Werke Bd. IV,1 (s. Anm. 7), 167,19f.
[23] »Das verantwurt ich alßo / wir lernen anders inn der waren philosophi / solt aber das war sein [sc. dass die Juden teuflischer Natur sind] / so müßt mich nit verwundern das Pfefferkorn so vil unwarhait gedaar sagen / die wyl er von tüwfelscher natur ampfangen und geboren were / und tüwfelsche milch gesogen hatt« (Reuchlin, Werke Bd. IV,1 [s. Anm. 7], 167,20–23).
[24] Reuchlin, Werke Bd. IV,1 (s. Anm. 7), 57,18ff.
[25] »So ist by mynen lebtagen dhain iud in teutschen landen nie getaufft worden der den Thalmud hab kinden weder verston noch gar leßen / Uß genommen der hochmaister zu Ulm der gleich darnach bald wider ain iud in der Türckei worden ist als sie sagen« (a.a.O. 32,21–25).

»Jch sag uß rechtem grundt / des halb ich nit red von denen die aus neid / haß / forcht der straff / armut / rach / eergeitigkait / liebe der Welt / schlechter ainfeltigkait / und andern der gleichen ursachen zu uns kommen / und allein mit wortten und mit dem namen wöllen cristen werden. Deren ich vil gekent hab / da nichtz guts us worden ist / die selben glauben eben ains alls das ander / und wan es inen uff dieser seitten nit nach irem willen gat / so lauffen sie in die türckei und werden wider iuden / von den selben schalachs büben will ich hie nit geredt haben / sunder von den dapffern redlichen iuden und iüdinen / die ir irrtumb und irrsal erkennen / und verstanden war inn sie irren / und umb gottes und der warheit willen zu unserm cristenlichen glauben zu bringen sind.«[26]

Der Bildungsanspruch des Humanisten, so scheint es, hatte im Falle Reuchlins die intellektuellen und sittlichen Ansprüche, die an jüdische Konversionen zum Christentum zu stellen waren, gesteigert. Deshalb spielte in seiner Polemik gegen den »Iudaeus aqua tinctus«[27] und die ihn unterstützenden Kölner Theologen dessen Unbildung eine zentrale Rolle: der »verruchte und fluchwürdige halbe Jude«[28] verachte die Gesetze, ignoriere die Pflichten gegenüber der menschlichen Gesellschaft und die Nächstenliebe, die das Evangelium lehre; er sei unbelesen und verfüge über keinerlei Kenntnisse der lateinischen Sprache.[29] Als unerträglich empfand es Reuchlin, dass der das Metzgerhandwerk ausübende Laie und Neophyt Pfefferkorn gegen das geltende Kirchenrecht in einer Frankfurter Kirche gepredigt hatte.[30] Das negative Bild, das Reuchlin von ›getauften Juden‹ besaß, veranlasste ihn auch zu grundsätzlicher Skepsis gegenüber dem Aussagewert von Konvertitenberichten.[31]

2. Verteidiger Reuchlins

Von Reuchlin soll nun der Blick zu seinen glühendsten Verteidigern gewendet werden. Die *Dunkelmännerbriefe*[32] zeigen ein im Ganzen bemerkenswert geringes Interesse an den ›Judenbüchern‹ oder der für Reuchlin

---

[26] REUCHLIN, Werke Bd. IV,1 (s. Anm. 7), 58,28–59,2.
[27] DERS., *Defensio*, Werke Bd. IV,1 (s. Anm. 7), 214,9.
[28] »prophanus et execrabilis semiiudaeus« (REUCHLIN, Werke Bd. IV,1 [s. Anm. 7], 224,9 [Kasus von mir geändert, ThK]; der Terminus ›semiiudaeus‹ begegnet auch a.a.O. 306,4).
[29] REUCHLIN, Werke Bd. IV,1 (s. Anm. 7), 214,9ff.
[30] A.a.O. 222,15ff. (lat.) bzw. 223,20ff.
[31] Vgl. a.a.O. 404–407.
[32] Vgl. ERICH MEUTHEN, Die Epistolae obscurorum virorum (in: WALTER BRANDMÜLLER u.a. [Hgg.], Ecclesia militans, Festschrift Remigius Bäumer, Bd. 2, Paderborn 1988, 53–80); FIDEL RÄDLE, Die *Epistolae obscurorum virorum* (in: HARTMUT BOOCKMANN [Hg.], Kirche und Gesellschaft im Heiligen Römischen Reich des 15. und 16. Jahrhunderts, Göttingen 1994, 99–111); FRANZ JOSEF WORSTBROCK, Art. Dunkelmännerbriefe (in: LThK³ 3,402). Siehe auch einzelne Beiträge in den in Anm. 1 genannten Sammelbänden.

in der Nachfolge Giovanni Pico della Mirandolas zentral wichtigen Kabbala.[33] Sie instrumentalisierten die *Causa Reuchlini* vielmehr, um einen exemplarischen Kampf gegen das ›Ancien régime‹ zu führen – die von der Kölner Fakultät und dem Inquisitor Hoogstraeten repräsentierte scholastische Universitätskultur. Beide Teilausgaben der in Briefform abgefassten, 1515 und 1517 erschienenen *Epistolae*[34], hinter denen mutmaßlich und vor allem die Humanisten Crotus Rubeanus[35], Hermann von dem Busche[36] und Ulrich von Hutten[37] standen, sind mit judenfeindlichen Äußerungen durchzogen.

Gleich im zweiten Brief der ersten Sammlung, den ein Magister namens Johannes Pellifex (›Pelzer‹) aus Leipzig an seinen verehrten Lehrer Ortwinus Gratius in Köln[38] schickte, spielten Juden eine wichtige Rolle.[39]

---

[33] JOSEPH DAN (Hg.), The Christian Kabbalah. Jewish Mystical Books and their Christian Interpreters, Cambridge (MA) 1997; KARL E. GRÖZINGER, Reuchlin und die Kabbala (in: HERZIG u.a. [Hgg.], Reuchlin und die Juden [s. Anm. 1], 175–187); BERND ROECK, Die Rezeption Pico della Mirandolas in Deutschland (in: HACKE, DERS. [Hgg.], Welt im Augenspiegel [s. Anm. 1], 133–146); zum Kontext instruktiv: ANSELM SCHUBERT, Die Wittenberger Reformation und die christliche Kabbala (1516–1524) (in: MATTHIAS DALL'ASTA [Hg.], Anwälte der Freiheit! Humanisten und Reformatoren im Dialog, Heidelberg 2015, 167–180); ULRICH BUBENHEIMER, Zur vorreformatorischen Rezeption des italienischen Humanismus in Erfurt und Wittenberg bei Luther und Andreas Karlstadt (in: a.a.O. 105–114, bes. 110ff. zu Karlstadts Pico-Thesen); zur vorreformatorischen christlichen Kabbala vgl. WILHELM SCHMIDT-BIGGEMANN, Geschichte der christlichen Kabbala, Bd. 1, Stuttgart-Bad Cannstatt 2012; s. auch BERND ROLING, Aristotelische Naturphilosophie und christliche Kabbalah im Werk des Paulus Ritius, Tübingen 2007. Reuchlins *De arte cabbalistica* liegt jetzt in einer vorzüglichen zweisprachigen Ausgabe vor, in: JOHANNES REUCHLIN, Sämtliche Werke II,1: De arte cabbalistica, hg. v. Widu-Wolfgang Ehlers u. Fritz Felgentreu, Stuttgart-Bad Cannstatt 2010.

[34] *Epistolae obscurorum virorum ad venerabilem virum Magistrum Ortvinum Gratium [...] in Venetia impressum in impressoria Aldi Minutij* [Hagenau, Heinrich Gran 1515], VD16 E 1720; Nachdrucke in [Nürnberg, F. Peypus] (VD16 E 1721) und unter Hinweis auf Erweiterungen gegenüber der »prima impressura« in [Mainz, Peter Schöffer d.J.] (*Epistolae Obscurorum virorum ad Magistrum Ortvinum Gratium* [Mainz, P. Schöffer d.J. 1517], VD16 E 1723).

[35] Vgl. nur: GERLINDE HUBER-REBENICH, Art. Crotus Rubeanus (in: Deutscher Humanismus 1480–1520. Verfasserlexikon, hg. v. Franz Joseph Worstbrock, Bd. 1, 505–510 [Lit.]).

[36] Vgl. WILHELM KÜHLMANN, Art. Buschius (von dem Busche), Hermann (in: Verfasserlexikon [s. Anm. 35], 313–336 [Lit.]).

[37] HERBERT JAUMANN, Art. Hutten, Ulrich von (in: Verfasserlexikon [s. Anm. 35], 1186–1237). Zu Hutten und der frühreformatorischen Bewegung vgl. THOMAS KAUFMANN, Sickingen, Hutten, der Ebernburg-Kreis und die reformatorische Bewegung (in: BPfKG 82, 2015, 235–296 = Ebernburg-Hefte 49, 2015, 35–96 [Lit.]).

[38] Grundlegend: GERLINDE HUBER-REBENICH, Art. Gratius, Ortwinus (in: Verfasserlexikon [s. Anm. 35], 929–956). Zum Judenbücherstreit aus universitätsgeschichtlicher Perspektive vgl. ERICH MEUTHEN, Kölner Universitätsgeschichte, Bd. 1: Die alte Universität, Köln, Wien 1988, 218ff.; im Spiegel der konkurrierenden Bursen betrachtet die Kontroverse um Reuchlin: GÖTZ-RÜDIGER TEWES, Die Bursen der Kölner Artisten-Fakultät bis zur Mitte des 16. Jahrhunderts, Köln u.a 1993, 748ff.

Pellifex berichtete davon, dass er auf der Frankfurter Messe[40] versehentlich in schwarze Talare mit großen Kapuzen und Zipfeln gekleidete Personen, die er für »zwei von unseren Magistern« gehalten habe, ehrerbietig, unter Lüpfen des Baretts, gegrüßt habe. Ein ihn begleitender Baccalaureus habe aber darauf hingewiesen, dass es Juden seien; an den gelben Ringen[41], die an ihrer Kleidung angebracht waren, hätte er dies erkennen können. Pellifex wandte sich nun an Ortwinus Gratius, um zu erfragen, ob er mit dieser Ehrenbezeugung gegenüber Juden eine Tod- oder eine lässliche Sünde begangen habe und ob die Absolution durch priesterliche Vollmacht erfolgen könne oder zu den bischöflichen oder päpstlichen Reservatfällen gehöre.[42] In seiner Klage darüber, dass es in Frankfurt zugelassen sei, »daß ein Jude, der doch nur so etwas wie ein Hund[43] und ein Feind Christi ist, wie ein Doktor der heiligen Gottesgelahrtheit einhergehen darf«, erreichte die Torheit des ›Dunkelmannes‹ Pellifex ihren Höhepunkt. Die Satire stellte nicht die Diskriminierung der Juden in der zeitgenössischen Gesellschaft an den Pranger, sondern die Dummheit einer vermeintlichen kulturellen Elite, die auf die Distinktionssymbolik standesgemäßer Kleidung größten Wert legt[44], bei der Einhaltung der entsprechenden Ver-

---

[39] Die noch immer maßgebliche Edition ist: EDUARDUS BÖCKING (Hg.), Ulrichi Hutteni Equitis Operum Supplementum. Epistolae Obscurorum virorum, Bd. 1, Leipzig 1864, hier: 5–7; als Übersetzung habe ich herangezogen: KARL RIHA (Hg.), Dunkelmännerbriefe. Epistolae obscurorum virorum an Magister Ortuin Gratius aus Deventer, Frankfurt a. M. 1991, hier: 13–15 (die Texte oben im Haupttext beziehen sich auf diese Ausgabe).

[40] Grundlegend dazu: RAINER KOCH (Hg.), Brücke zwischen den Völkern – zur Geschichte der Frankfurter Messe, 3 Bde., bes. Bd. 2: PATRICIA STAHL (Hg.), Beiträge zur Geschichte der Frankfurter Messe, Frankfurt a. M. 1991.

[41] Die Kennzeichnungspflicht jüdischer Personen folgte der einschlägigen Bestimmung des can. 68 des IV. Laterankonzils von 1215 (vgl. JOSEPHO ALBERIGO u.a. [Hgg.], Conciliorum Oecumenicorum Decreta, Bologna ³1973, 266,5 ff.).

[42] Päpstliche Reservationen wurden seit dem 14. Jahrhundert sprunghaft vermehrt (vgl. nur: H.E. FEINE, Kirchliche Rechtsgeschichte, Bd. 1, Weimar ³1955, 297.386 f.); zu den besonderen Attraktionsmomenten einiger Plenarablässe gehörte, dass sie die Absolution von päpstlichen Reservatfällen einschlossen, vgl. etwa die *Instructio summaria* Albrechts von Brandenburg für das Erzbistum Magdeburg und das Bistum Halberstadt von 1517 (in: PETER FABISCH, ERWIN ISERLOH [Hgg.], Dokumente zur Causa Lutheri, 1. Teil, Münster 1988, 267).

[43] Zu der topischen Verbindung von Juden und Hunden vgl. meine Hinweise in: Luthers »Judenschriften« (s. Anm. 2), 158 f., und das Bildbeispiel einer Judenhinrichtung zwischen zwei bissigen Hunden in: HEINZ SCHRECKENBERG, Die Juden in der Kunst Europas, Göttingen 1996, 372, Nr. 3.

[44] Vgl. zu Fragen des Bekleidungskodex und der Rangfolge: I, Nr. 26, BÖCKING, Suppl. 1 (s. Anm. 39), 39 f.; RIHA, Dunkelmännerbriefe (s. Anm. 39), 68 f.; zu allen Fragen gelehrter ständischer Selbstinszenierung: MARIAN FÜSSEL, Talar und Doktorhut. Die akademische Kleiderordnung als Medium sozialer Distinktion (in: BARBARA KRUG-RICHTER, RUTH E. MOHRMANN [Hgg.], Frühneuzeitliche Universitätskulturen: Kulturhistorische Perspektiven auf die Hochschulen in Europa, Köln u.a. 2009, 245–271).

haltensregeln aber kläglich versagt. ›Lustig‹ ist die Satire nur, weil sie voraussetzt, dass einen Juden ehrerbietig zu grüßen absurd sei.

In einem anderen Brief teilte ein Scholar namens Eitelnarrabianus von Pesseneck[45] Ortwinus Gratius mit, dass er unlängst in Worms mit zwei Juden disputiert[46] und ihnen bewiesen habe, dass »ihr Gesetz durch Christus ungiltig gemacht worden und ihre Erwartung von dem Messias eine reine Posse und Hirngespinst sei«; für diese Erkenntnis berief sich Eitelnarrabianus auf Pfefferkorn. Da aber lachten die Juden; Pfefferkorn sei ein »erbärmlicher Windbeutel«, der kein Hebräisch könne und nur Christ geworden sei, um seine Nichtsnutzigkeit zu kaschieren. In Böhmen habe er eine Frau geschlagen und um zweihundert Gulden betrogen.[47] Eitelnarrabianus, dem es an Sachkompetenz gebrach, konnte nur mit einem Zornesausbruch reagieren:

»Lüget in *euern* Hals hinein, ihr grundschlechten Juden; wenn ihr nicht [Juden-] Schutz genösset, so wollte ich euch bei den Haaren packen und in den Kot werfen«.

Diese Szene setzte nicht eigentlich die Juden ins Recht, sondern stellte vor Augen, wohin ein Gespräch mit Juden führen musste, wenn man auf den ungebildeten Pfefferkorn setzte und Reuchlins Expertise missachtete.

Auch andere im Zusammenhang mit Juden stehende Aspekte und Motive in den Dunkelmännerbriefen – etwa der, ob den zum Christentum konvertierten Juden die Vorhäute wieder wüchsen[48] – gaben die Kölner Theologen der Lächerlichkeit preis. Dass Juden Christus schmähen[49], immer nur ans Geld dächten[50], stänken[51], die Aneignung hebräischer Sprachkenntnisse durch Christen als Beweis für die Wahrheit ihres Glaubens

---

[45] Böcking, Suppl. 1 (s. Anm. 39), I, Nr. 36, 55f.; Riha, Dunkelmännerbriefe (s. Anm. 39), 93–95 (die Zitate oben im Haupttext beziehen sich auf dieses Stück).

[46] Den umfassendsten Überblick über die disputatorische und sonstige Adversus-Judaeos-Literatur des späten Mittelalters vermittelt noch immer: Heinz Schreckenberg, Die christlichen Adversus-Judaeos-Texte und ihr literarisches und historisches Umfeld (11.–13. Jahrhundert), Frankfurt a. M. ²1991; Ders., Die christlichen Adversus-Judaeos-Texte und ihr literarisches und historisches Umfeld (13.–20. Jahrhundert), Frankfurt a. M. 1994; vgl. ansonsten: Wolfgang Benz (Hg.), Handbuch des Antisemitismus, Bd. 6: Publikationen, Berlin, Boston 2013.

[47] Zu ähnlichen biographischen Gerüchten über Pfefferkorn, die in der zeitgenössischen Literatur umliefen, vgl. Kirn, Bild (s. Anm. 16), 10–12.

[48] Böcking, Suppl. 1 (s. Anm. 39), 37,56f.; Riha (s. Anm. 39), 96f.

[49] Böcking, Suppl. 1 (s. Anm. 39), 71,3f.; Riha (s. Anm. 39), 120.

[50] Böcking, Suppl. 1 (s. Anm. 39), 74,16f.; Riha (s. Anm. 39), 126.

[51] Einem Kölner Gesprächspartner wird in den Mund gelegt, dass Pfefferkorn noch ein guter Christ sei, und fügte als Begründung an: »Quia [...] vidit eum ante unum annum et adhuc fetebat sicut alius Iudeus. Et tamen dicunt communiter, quod quando Iudei baptizantur, non amplius fetent« (Böcking, Suppl. 1 [s. Anm. 39], 225,31–33; vgl. Riha [s. Anm. 39], 201).

deuteten⁵², auch im Falle der Taufe ebensowenig von ihrem Glauben abließen wie Tiere von ihrer Natur⁵³ und alle Welt auch von getauften Juden eine üble Meinung (»malam suspicionem«)⁵⁴ habe, waren allenthalben geläufige Ressentiments der spätmittelalterlich-frühneuzeitlichen Judenfeindschaft, die die *Epistolae obscurorum virorum* – freilich im Modus satirischer Travestie – reproduzierten.

In der abgründigen Polemik, mit der sie den ›einstigen Juden und jetzt besten Christen‹⁵⁵ bzw. den »christianus et dimidium Iudeus«⁵⁶ Pfefferkorn überzogen⁵⁷, schwang allenthalben das Misstrauen gegen den ›getauften Juden‹ bzw. gegen dieses »hominum genus«⁵⁸, also die Juden als Ethnie, mit. Die Kölner Theologen um Hoogstraeten⁵⁹, Gratius und Arnold von Tongern⁶⁰ hatten Pfefferkorn zu einem vollwertigen Mitglied der

---

⁵² Böcking, Suppl. 1 (s. Anm. 39), 241,19ff.; Riha (s. Anm. 39), 224.

⁵³ »Videtis quod ista animalia [Katze und Maus] non dimittunt naturam suam? Sic etiam Iudeus nunquam dimittit fidem suam« (Böcking, Suppl. 1 [s. Anm. 39], 260,34f.; Riha [s. Anm. 39], 254). Vgl. Böcking, a.a.O. 281,36ff.; Riha (s. Anm. 39), 287f. (Bestreitung, dass Pfefferkorn jemals ein richtiger Christ geworden sei, da er nur mit Wasser, nicht mit Wasser und Geist wiedergeboren sei). Ähnlich, die unveränderliche ›Wesensnatur‹ der Juden betreffend: Böcking, a.a.O. 299,31 ff.; Riha (s. Anm. 39), 315. Die Bemerkung über die auch durch die Taufe nicht veränderte ›Wesensnatur‹ des Juden stammt aus dem Zusammenhang der Geschichte über einen aus dem Judentum konvertierten Kölner Kleriker, der auf dem Sterbebett anhand des Verhaltens von Tieren verdeutlicht hatte, dass er doch im Herzen ein Jude geblieben sei. Zum Gedenken an diesen Vorgang haben Kölner Bürger vor der Mauer des Gottesackers Wachsfiguren, wohl der Tiere, anbringen lassen. Diese Geschichte aus den *Epistolae obscurorum virorum* bildet offenbar den Hintergrund für Luthers Erzählung von einem Kölner Dechanten aus dem Judentum, der Katze und Maus auf seinem Grabstein abbilden ließ, um anzuzeigen, dass ein Jude doch immer Jude bleibe (vgl. WATr 5, Nr. 5354; WATr 6, Nr. 7038; WA 47, 466,20ff.; vgl. Kaufmann, Luthers Juden [s. Anm. 6], 65).

⁵⁴ Böcking, Suppl. 1 (s. Anm. 39), 226,1.

⁵⁵ »qui fuit olim Iudeus, et nunc est optimus Christianus« (Böcking, Suppl. 1 [s. Anm. 39], 58,27f.; Riha (s. Anm. 39), 99).

⁵⁶ Böcking, Suppl. 1 (s. Anm. 39), 298,30; Riha (s. Anm. 39), 313.

⁵⁷ Pfefferkorn sei nur Christ geworden, weil er wegen eines Verbrechens (Böcking, Suppl. 1 [s. Anm. 39], 55,12ff.190,14f.; Riha [s. Anm. 39], 94.146) von Juden verfolgt worden sei und seiner gerechten Strafe zu entgehen versuchte (Böcking, Suppl. 1, 36,11f. [Rekurs auf die Frage einer vermeintlichen Hinrichtung in Halle, s. dazu unten Anm. 66]; Riha [s. Anm. 39], 62f.). Er sei nicht der Verfasser der unter seinem Namen ausgegangenen Schriften (Böcking, Suppl. 1 [s. Anm. 39], 68,35ff.212,6ff.217,29ff. 221,21ff.; Riha [s. Anm. 39], 116f.179.188f.194); er sei weder Jude noch Mamelucke geworden (Böcking, Suppl. 1 [s. Anm. 39], 76,38ff.282,6ff.; Riha [s. Anm. 39], 130. 288).

⁵⁸ Böcking, Suppl. 1 (s. Anm. 39), 299,31f.; Riha (s. Anm. 39), 315; vgl. zu einer ähnlichen Wendung der Juden als ›genus hominum‹ bei Luther: WATr 5, Nr. 1632, 452,22.

⁵⁹ Vgl. über ihn im Allgemeinen: Hans Peterse, Art. Hoogstraeten, Jacobus (in: Verfasserlexikon [s. Anm. 35], 1144–1153).

⁶⁰ Vgl. Robert Haass, Art. Arnold von Tongern (in: NDB 1, 1953, 381); vgl. Verfasserlexikon (s. Anm. 35), 949f.

christlichen Gesellschaft aufzuwerten versucht; genau dies aber verargten ihnen die Humanisten. Reuchlins Argumentation zugunsten von Judenrechten wurde von seinen glühendsten Anhängern, soweit ich sehe, nirgends positiv aufgenommen.

Auch in den anonym von Hutten verfassten oder unter seinem Namen erschienenen Schriften spielten abfällige Äußerungen über Pfefferkorns jüdische Abstammung eine prominente Rolle. Der ›Zögling des beschnittenen Volkes‹, so Hutten in einem lateinischen Gedicht, solle, auch wenn er getauft sei, durch Feuer büßen.[61] Das Böse an ihm sei ›gänzlich jüdisch‹[62]; seiner jüdischen Abstammung wegen müsse man ihm misstrauen, da die Taufe nur den Leib, nicht aber die böse Seele erreicht habe.[63] Im *Triumphus Capnionis*, der die Folterung Pfefferkorns in Szene setzt[64], spart sein mutmaßlicher Verfasser Hutten nicht mit vernichtender Polemik.[65] In einer anonym erschienenen, Hutten zugeschriebenen deutschen Flugschrift mit dem Titel *Die geschicht und bekanntnuß des getaufften Juden genannt Johannes Pfefferkorn*[66] aus dem Jahre 1515 wird von einer Hinrichtung des getauften Juden in Halle berichtet. Den unmittelbaren Anlass seiner Festnahme bildete die Nachricht, dass er einen Giftanschlag auf den Mainzer Erzbischof Albrecht und den Kürfursten Joachim von Brandenburg und deren Hofgesinde geplant habe.[67] Der Kern der Schrift besteht aus einem Geständnis, in dem der Delinquent, der schließlich als »frommer christ«[68]

---

[61] *In Sceleratissimam Ionni Perpericorni vitam* (Ed. in: EDUARD BÖCKING [Hg.], Ulrichi Hutteni Equitis Germani Opera 3, Leipzig 1863, 345).

[62] BÖCKING, Opera 3 (s. Anm. 61), 345,19.

[63] Ebd. 345,20f.346,1ff.

[64] [Ulrich von Hutten], *Triumphus Doc. Reuchlini* [Hagenau, Thomas Anshelm 1518]; VD16 H 6414; die wichtigste Literatur habe ich zusammengestellt in: KAUFMANN, Anfang (s. Anm. 5), 295ff., Anm. 92 (Abb. auf Seite 324) und Kontext; vgl. auch den von KÜHLMANN herausgegebenen Band: Reuchlins Freunde und Gegner (s. Anm. 1).

[65] Pfefferkorn wird im *Triumphus Capnionis* kurz als »Iudaeus« tituliert (BÖCKING, Opera 3 [s. Anm. 61], 421, Randglosse) bzw. als Apostat (a.a.O. 421,163); moralisch und religiös sei das Monstrum (a.a.O. 437,1ff.) zutiefst zweifelhaft (a.a.O. 421,168ff.). Die geläufige (s.o. Anm. 43) Bezeichnung als ›Hund‹ wendet er auf ihn an (a.a.O. 437,701) und schildert, wie er beim Triumphzug gepeinigt werden soll (a.a.O. 437,705ff.).

[66] [ULRICH VON HUTTEN], *Die geschicht und bekanntnuß des getaufften Juden Johannes pfefferkorn genant zu Halle vor sant Moritz burgk uff dem Juden kirchoff gebraten* [Leipzig, Martin Landsberg 1514]; VD16 H 6304; HANS-JOACHIM KÖHLER, Bibliographie der Flugschriften des 16. Jahrhunderts, Teil 1, Bd. 2, Tübingen 1992, Nr. 1703; weitere Drucke: Nr. 1704f.; JOSEF BENZING, Ulrich von Hutten und seine Drucker, Wiesbaden 1956, verzeichnet diese Schrift nicht, sieht sie also wohl nicht als Huttens an. Erwähnt wird die Schrift bzw. der in ihr berichtete Sachverhalt in den *Epistolae obscurorum virorum*, BÖCKING, Suppl. 1 (s. Anm. 39), 36,11ff.; vgl. EDUARD BÖCKING, Ulrich Hutteni Equitis Opera 1, Leipzig 1861, 33f.; RIHA, Dunkelmännerbriefe (s. Anm. 39), 63.130.

[67] BÖCKING, Opera 3 (s. Anm. 61), 349,18–21 (s. App. Druck c).

[68] A.a.O. 351,9.

stirbt, eine Fülle an Gräueltaten offenbart. Sie bilden einen Katalog konventioneller antijüdischer Verdächtigungen. Demnach habe Pfefferkorn ohne Priesterweihe priesterliche Amtshandlungen vollzogen, Hostienpartikel gestohlen und gemartert, so dass Blut herausfloss[69], diese an andere Juden weiterverkauft, sich als Messias ausgegeben und Wunder getrieben, Kinder geraubt und sich an Ritualmorden beteiligt, als falscher Arzt Menschen vergiftet, mit über Land ziehenden Kumpanen Wunderheilungen aufgeführt, Zauberei getrieben, Christus und seine Mutter geschmäht, auch Kirchengut gestohlen oder zerstört.[70]

3. Angriffe auf Hieronymus Aleander

In der Spätphase des Judenbücherstreits und während der frühen literarischen Auseinandersetzungen um Luther geriet ein anderer – freilich vermeintlicher – Konvertit ins Fadenkreuz der humanistischen Streiter gegen den scholastischen Obskurantismus: der päpstliche Nuntius Hieronymus Aleander.[71] Seit dem Herbst 1520, als Aleander in den Niederlanden und im Reich die Bannandrohungsbulle *Exsurge Domine* verbreitete und Bücherverbrennungen durchzuführen versuchte[72], wurde er zum Opfer einer erbarmungslosen Publizistik, die sich der persönlichen Invektive als selbstverständlichen rhetorischen Kampfmittels bediente. In der Vorrede zu den *Acta Academiae Lovaniensis contra Lutherum*[73], einer anonym er-

---

[69] Zum Ritualmord vgl. nur: RONNY PO-CHIA HSIA, The Myth of Ritual Murder. Jews and Magic in Reformation Germany, New Haven, London 1988; SUSANNA BUTTARONI, STANISŁAW MUSIAŁ (Hgg.), Ritualmord. Legenden in der europäischen Geschichte, Wien u.a. 2003.
[70] Die genannten Themen sind angesprochen in: BÖCKING, Opera 3 (s. Anm. 61), 349–351.
[71] Vgl. GERHARD MÜLLER, Art. Aleandro, Girolamo (in: TRE 2, 1978, 227–231); ANDRÉ GODIN, Erasme, Aléandre: une étrange familiarité (in: THR 239, 1990, 249–274); weitere Hinweise in: REUCHLIN, Briefwechsel (s. Anm. 97), Bd. 3, Nr. 293, Anm. 9; zu Aleanders Rolle in der *Causa Lutheri* und seiner Berichterstattung nach Rom zuletzt: VOLKER REINHARDT, Luther der Ketzer. Rom und die Reformation, München 2016, passim.
[72] Vgl. die einzelnen chronologischen Hinweise seit der Verbrennung von Büchern in Löwen am 8. Oktober 1520: PAUL KALKOFF, Ulrich von Hutten und die Reformation, Leipzig 1920, 260ff.; s. auch BRECHT, Luther, Bd. 1 (s. Anm. 3), 396ff.; GRANE, Martinus noster (s. Anm. 3), 250ff.
[73] *Acta Academiae Lovaniensis contra Lutherum* [Basel, A. Cratander 1520]; KÖHLER, Bibliographie (s. Anm. 66), Bd. 1, 1991, Nr. 17, 8f.; VD16 A 137; ungerechtfertigte Zuschreibung der Vorrede an Luther in: BÖCKING, Opera 3 (s. Anm. 61), 468 (Anm.). Brecht, nach anderen, vermutet, freilich ohne weitere Angabe von Gründen, Erasmus als Verfasser der *Acta* (BRECHT, Luther, Bd. 1 [s. Anm. 3], 396). Eher skeptisch gegenüber der Zuschreibung an Erasmus unter Betonung der inhaltlichen Nähe zu seiner Position: GRANE, Martinus noster (s. Anm. 3), 257–259.

schienenen Schrift, die sich gegen die Löwener Bücherverbrennung wandte, wurde Aleander, ein ›seines Erachtens sehr bedeutender Mann‹, seiner glänzenden Kenntnisse der drei alten Sprachen, besonders aber des Hebräischen wegen, offen attackiert. Hebräisch sei Aleanders »vernacula«, denn als »Iudaeus natus«[74] entstamme er jenem Volk, das sich der Abrahamssohnschaft rühme. Über Aleanders religiöse Gesinnung freilich hüllte sich der Anonymus in beredtes Schweigen; ob er getauft sei, wisse er nicht; sicher sei nur, dass er kein Pharisäer sein könne, denn diese glaubten ja an die Auferstehung der Toten. Seine Lebensführung lasse den römischen Prälaten als zynischen Nihilisten erscheinen, der dem gegenwärtig wieder aufblühenden Ruhm Christi abhold sei.[75] Die Basler Herkunft des entsprechenden Druckes, aber auch einzelne Formulierungen und der in der Korrespondenz des Humanistenfürsten belegte Hinweis, Aleander ›sei ein Mensch, der der drei Sprachen kundig sei; aber alle sagten, er sei ein Jude‹[76], auch Erasmus' skeptisch-distanzierte Haltung gegenüber der hebräischen Sprache[77], legen es nahe, ihm oder seinem Umfeld bei der Lan-

---

[74] *Acta Academiae Lovaniensis* (s. Anm. 73), A 1ᵛ.

[75] »Nam Iudaeus natus est [sc. Aleander] [...]. An vero baptisatus est, nescitur. Certum est enim non eße pharisaeum: quia non credit resurrectionem mortuorum. Quoniam vivit perinde atque cum corpore sit totus periturus, adeo nullum a se pravum affectum abstinens. Usque ad insaniam iracundus est, quavis occasione furens. Impotentis arrogantiae, avaritiae inexplebilis, nefandae libidinis, & immodicae. Summum gloriae mancipium, quanquam mollior, quam qui possit elaborato stilo gloriam parare: & peior, quam qui vel conetur in argumento honesto. At ne nesciamus, cessit felicissime simulata defectio ad Christianos. Nactus enim sic est ansam illustrandi Mosi sui, & obscurandi Christi gloriam, quae hoc seculo coepit reflorescere, flaccescente superstitione, & pestiferis hominum traditiunculis. Itaque instructus literis Pontificiis nuper venit periturus (quantum potest) optima quaeque. Vale. Id vos candidos lectores scire volui« (*Acta Academiae Lovaniensis*, A 1ᵛ). Auch Capito beteiligte sich an der Verbreitung des Gerüchts, Aleander sei jüdischer Abkunft und nur ein scheinbarer Christ (»Iudaeus, qui praetextu religionis sit Mosis gloriam illustraturus, quasi parum christianis sit, qui ex Iudaeis est christianus hac tempestate« [WABr 2,223,29–31]).

[76] P. S. ALLEN, Erasmus Roterodamus, Opus epistolarum. Denuo recognitum et auctum, 12 Bände, Oxford 1906–1958 (im Folgenden zit. als ALLEN), hier: Bd. 4, 399,84f. (datiert auf [Dezember 1520]); vgl. GUIDO KISCH, Erasmus' Stellung zu Juden und Judentum, Tübingen 1969, 36f.; OBERMAN, Wurzeln (s. Anm. 1), 48–51.

[77] In einem Brief an Capito (26.2.1517 [?]; vgl. ERIKA RUMMEL, The Correspondence of Wolfgang Capito, Bd. 1: 1507–1523, Toronto u.a. 2005, 8f.), den Hebraisten, äußerte Erasmus den Verdacht, dass die Wiederbelebung der hebräischen Sprachstudien die der Lehre Christi besonders feindliche ›Pest‹ des Judentums stärken, wie die Wiedergeburt der literae auch den Paganismus beleben könnte: »Unus adhuc scrupulus habet animum meum, ne sub obtextu priscae litteraturae renascentis caput erigere conetur paganismus, ut sunt et inter Christianos qui titulo pene duntaxat Christum agnoscunt, caeterum intus gentilitatem spirant; aut ne renascentibus Hebraeorum literis Iudaismus meditetur per occasionem reviviscere: qua peste nihil adversius nihilque infensius inveniri potest doctrinae Christi« (ALLEN 2 [s. Anm. 76], 491,133–139). Im März 1518 bedauerte Erasmus gegenüber Capito, dass dieser so viel Zeit und Kraft auf das Hebräische verwende, und

cierung des Gerüchts, dass der italienische Prälat ein ›geborener Jude‹ gewesen sei, eine prominente Rolle zuzuschreiben.

Auch im *Hoogstratus ovans* vom November 1520[78] wurde das Gerücht von der jüdischen Herkunft Aleanders begierig kolportiert. Das auf den 4. November 1520 datierte Postscriptum unterhalb des Dialogs, das als akademischer Plakataushang stilisiert und von einem Mann namens Velamus Alanus verfasst sein soll, könnte mit den Turbulenzen im Umkreis der Kölner Bücherverbrennung[79] in Verbindung stehen. Allerdings bietet es im Wesentlichen denselben Text gegen Aleander, den wir aus den *Acta Academiae Lovaniensis* bereits kennen.[80] Die Invektive gegen Aleander ist also aus den in Basel erschienenen *Acta* in den *Hoogstratus ovans* gewandert.

äußerte sehr abschätzige Urteile über die jüdische Literatur; überdies bedauerte er, dass die Kirche auf das Alte Testament zu viel Wert lege (ALLEN 3 [s. Anm. 76], 253,19–25). Vgl. auch KISCH, Erasmus' Stellung (s. Anm. 76), 23–27.

[78] Ed. in: BÖCKING, Suppl. Bd. 1 (s. Anm. 39), 463 ff. Die Datierung des immer wieder Hutten zugeschriebenen *Hoogstratus ovans* ergibt sich aus der Erwähnung der Schrift in der Korrespondenz Luthers (Capito an Luther, 4.12.1520, WABr 2,222,20 ff.) und Capitos bzw. Bucers (JEAN ROTT [Hg.], Correspondance de Martin Bucer, Bd. 1, Leiden 1979, 11.11.1520, Bucer an Capito, Nr. 18, 121,29 f. [Bucer hatte zu diesem Zeitpunkt den *Hoogstratus ovans* bei Maternus Hatten in Speyer gelesen]). In Bezug auf die Lokalisierung der Druckorte liegen Zuschreibungen an die Offizinen [Thomas Anshelms] in [Hagenau, 1520] (KÖHLER, Bibliographie, Bd. 2 [s. Anm. 66], Nr. 1591 f.; VD16 H 4004 / I 131; VD16 H 4006; VD16 gibt freilich an: [Wittenberg]) und [Lazarus Schürers] in [Schlettstadt, 1520] vor (KÖHLER, a.a.O. Nr. 1593, 56; VD16 H 4005). Die Zuschreibung an eine Wittenberger Offizin ist m.E. aufzugeben. Die Offizin Anshelms in Hagenau ist durch den Druck des *Triumphus Reuchlini* (vgl. BENZING, Hutten, wie Anm. 66, Nr. 87 f., 58) und *De schismate extinguendo* [1520] (vgl. BENZING, a.a.O. Nr. 221, 123) enger mit Huttens literarischem Betrieb verbunden. Der typographische Befund spricht jedenfalls nicht dagegen, auch für den *Hoogstratus ovans* weiterhin eine Verfasserschaft Huttens zu erwägen.

[79] Vgl. KALKOFF, Hutten (s. Anm. 72), 260. Sollte allerdings von dem sekundären Charakter des Velamus-Aushangs gegenüber der Vorrede der *Acta Academiae Lovaniensis* auszugehen sein (s. die folgende Anm.), entfiele wohl auch die Möglichkeit, ihm einen Quellenwert für die Rekonstruktion der Vorgänge in Köln zuzuschreiben. Erasmus weilte zu dem Zeitpunkt, als Aleander die Universität Köln um ihre Unterstützung bei der Bücherverbrennung bat (10.11.1520) in der Reichsstadt. »Er verwandte sich bei Aleander gegen die Bücherverbrennung. Sicher hat er die zögernden Professoren in ihrer Zurückhaltung bestärkt« (MEUTHEN, Kölner Universitätsgeschichte [wie Anm. 38], 264). Das Datum der Kölner Begegnung Erasmus' und Aleanders ist der 9. November gewesen (vgl. REUCHLIN, Briefwechsel, Bd. 4 [s. Anm. 3], 359, Anm. 6).

[80] Der Text in *Hoogstratus ovans* (in: BÖCKING, Suppl. 1 [s. Anm. 39], 488) weist einige Abweichungen gegenüber der Vorrede in den *Acta Academiae Lovaniensis* (s. den Passus Anm. 75) auf: nach »mollior« Einfügung: »est«. Statt »At ne nesciamus«: »At illi, ne nescias«, statt »sic« »hic«, statt »illustrandi Mosi« »adoptatam illustrandi Mosi«, statt »Vale«: »Valete«, statt »candidos«: »candidi«. Ich halte diese Varianten durchweg für die *lectio potior*, d.h. eine textkritisch sekundäre Verbesserung der Basler Version, was deren Posterität erweist.

Fortan geisterte diese Nachricht von dem jüdischen Herkommen Aleanders auch durch die zeitgenössischen Korrespondenzen und Drucke und wurde selbst in den Reichstagsakten dokumentiert.[81] Besonders Hutten erwies sich als unermüdlicher Propagandist dieses Gerüchts; alles Üble und Widerwärtige, dessen sich der päpstliche Nuntius bei seinem Handeln in Deutschland seines Erachtens schuldig machte, fand in der jüdischen Herkunft eine suffiziente Erklärung.[82] Der Umgang mit Aleander und Pfefferkorn, aber auch die etwa von altgläubiger Seite gegen einige Anhänger der reformatorischen Bewegung lancierten Gerüchte, sie seien Konvertiten aus dem Judentum[83], belegten auf breiter Front, dass der Hinweis darauf, jemand sei jüdischer Abstammung, vielfach ausreichte, um ihn moralisch ›hinzurichten‹.

Nicht zuletzt aufgrund der intellektuellen Ansprüche im Verständnis des Christentums, die von den Humanisten erhoben wurden, scheint die sakramentale, durch die Taufe begründete Markierung der Differenz zwi-

---

[81] Vgl. etwa: HELGA SCHEIBLE (Hg.), Willibald Pirckheimers Briefwechsel, Bd. 4, München 1997, Nr. 743, 436,73–75, wo Pirckheimer einem Geistlichen in Rom gegen Ende November 1520 mitteilt: »Fuit impedimento sub initium Aleandro genus iudaicum; sed et illud cum ebrietate Eckii compensatum fuit.« Vgl. auch: BERNDT HAMM, WOLFGANG HUBER (Hgg.), Lazarus Spengler, Schriften 1, Gütersloh 1995, 175,15–18; *Das ist doch hoch Turm Babel* (KÖHLER, Bibliographie [s. Anm. 66], Bd. 3, 1996, Nr. 3960); OTTO CLEMEN, Eine Wormser Flugschrift vom 14. Mai 1521, in: DERS., Kleine Schriften zur Reformationsgeschichte, Bd. 1: 1897–1944, hg. von Ernst Koch, 303–310, bes. 308 f.; vgl. auch *Passio Doctoris Martini Lutheri*, hg. v. Johannes Schilling, Gütersloh 1989, 25,13; ALFRED HARTMANN (Hg.), Die Amerbachkorrespondenz, Bd. 2: Die Briefe aus den Jahren 1514–1524, Basel 1943, Nr. 761, 274,20–23; ALLEN 4 (s. Anm. 76), 399,84 f.; DRTA J.R. Bd. 2, Nr. 67, 506,34–507,9.

[82] Vgl. etwa Huttens *In Hieronymum Aleandrum Invectiva* (März 1521; Ed. EDUARD BÖCKING, Ulrichi Hutteni Equitis Opera 2, Leipzig 1859, 12 ff.; zu den Drucken vgl. BENZING, Hutten [s. Anm. 66], 98–101), in der er die Niedertracht Aleanders auf dessen »Iudaicam originem« (BÖCKING, Opera 2,14,35) zurückführt und die üblichen Feindseligkeiten gegen Juden referiert (a.a.O. 15,3ff.). Auch vor dem Vorwurf der Gottlosigkeit macht der schriftstellernde Ritter nicht Halt: »iam enim multum non quaero in animum quomodo inducere potueris, ut oppugnes veritatem, evangelium et ipsum pertinaciter Christum ut oppugnes: neque enim puto viveres tu, nisi peierare scires et deum esse non crederes« (a.a.O. 15,18–21). Vgl. über diese Invektive auch Aleanders Bericht nach Rom in: PAUL KALKOFF, Die Depeschen des Nuntius Aleander vom Wormser Reichstage 1521, Halle ²1897, 146 ff. Möglicherweise steht der Hinweis auf »nati Hebraei«, die Hebräisch lehrten, der im *Conciabulum Theologistarum* (ed. EDUARD BÖCKING, Ulrichi Hutteni Equitis Opera 4, Leipzig 1860, 582,27; vgl. zu dieser Schrift knapp: PETERSE, Hoogstraeten [s. Anm. 1], 140 f.; VD16 H 6420 [gegenüber dem VD16-Grundwerk umdatierter Druck]) begegnet, gleichfalls in einem Zusammenhang mit Aleander.

[83] Vgl. die Beispiele in: KAUFMANN, Luthers »Judenschriften« (s. Anm. 2), 161–164; zu dem mit dem Gerücht jüdischer Herkunft regelrecht verfolgten Hebraisten Johannes Böschenstein vgl. zuletzt SCHUBERT, Wittenberger Reformation (s. Anm. 33), 172 ff.; zu einem negativen Urteil Karlstadts über Böschenstein vgl. WILHELM WALTHER, Luther und die Juden und die Antisemiten, Leipzig 1921, 9 f.

schen einem Christen und einem Juden an Plausibilität eingebüßt zu haben. Dass dies die Aufnahme vormoderner antisemitischer Gesinnungen und Haltungen[84], die an einer unverrückbaren, negativ konnotierten ›Wesensnatur‹ der Juden orientiert waren, begünstigt hat, kann mit Grund vermutet werden.

4. Erasmus von Rotterdam

Erasmus, dessen Stellung zu den Juden eher am Rande der einschlägigen Forschung steht und auch kein integraler Aspekt des geläufigen Bildes des großen Philologen, Humanisten und Irenikers ist[85], hat sich in unterschiedlichen Kontexten, freilich zumeist eher en passant, über sie geäußert. Die meisten seiner z.T. von tiefer Abscheu geprägten, nicht von persönlichen Kontakten beeinflussten Bemerkungen über das Judentum und die Juden finden sich in seiner Korrespondenz. Zu seinen Lebzeiten erreichten sie kaum eine weitere öffentliche Aufmerksamkeit.[86] Einschlägige Schriften, die sich mit der Haltung zur Judenheit beschäftigten, legte er nicht vor; in seinen weit verbreiteten Kommentaren zum Neuen Testament aber kam er selbstverständlich immer wieder auf das Judentum zu sprechen; diese zuletzt genannten Druckschriften dürften unter wirkungsgeschichtlichen Gesichtspunkten besondere Beachtung verdienen.

Erasmus' Bild des Judentums im Ganzen war dadurch gekennzeichnet, dass er in ihm eine auf Gesetzlichkeit und peinlich genaue rituelle Vollzüge fixierte, zutiefst lieblose Religion sah.[87] Für die christliche Kirche solle, so forderte er, das Alte Testament keine weitere Bedeutung haben[88]; alles

---

[84] Die allenthalben akute Frage einer sachgerechten Terminologie zur Bezeichnung von judenfeindlichen Mentalitäten, die Urteile über ihr ›Wesen‹ oder ihre ›Natur‹ einschließen, kann in diesem Rahmen nicht angemessen diskutiert werden. Die Gründe, die mich dazu veranlassen, von ›vormodernem‹ oder ›protorassistischem‹ Antisemitismus etwa in Bezug auf Luther zu sprechen, habe ich in meinem Buch Luthers Juden, wie Anm. 6, dargelegt. Neue Impulse für diese alte Debatte dürften sich wohl durch DAVID NIREMBERGS Buch: Anti-Judaismus. Eine andere Geschichte des westlichen Denkens, München 2015, ergeben.
[85] Umso wichtiger war die Aufnahme eines seine Person betreffenden Artikels in das von Wolfgang Benz herausgegebene *Handbuch des Antisemitismus* (Bd. 2/1: Personen, Berlin 2009, 213f., verfasst von Arno Herzig). Vgl. auch: ERIKA RUMMEL, Humanists, Jews and Judaism (in: DEAN PHILLIP BELL, STEPHEN G. BURNETT [Hgg.], Jews, Judaism and the Reformation in Sixteenth-Century Germany, Leiden 2006, 3–31, bes. 23–25).
[86] Auf ihnen basiert im Wesentlichen die bisher umfassendste Studie zur Sache, die KISCH vorgelegt hat: Erasmus' Stellung (s. Anm. 76).
[87] In seiner *Epistola contra Pseudevangelicos* polemisierte Erasmus 1530 gegen judaisierende Zeremonien als Rückfall in geistloses Judentum (ERASMUS, Opera omnia IX/1, Amsterdam, Oxford 1982, 293,271ff.).
[88] Vgl. ALLEN 3 (s. Anm. 76), 253, dort 19–25 (13.3.1518, Erasmus an Capito): »Op-

hänge am Verständnis des Neuen Testaments – Erasmus Lebensberuf. Die aufstrebende christliche Hebraistik beobachtete der Editor der Kirchenväter und des Neuen Testaments eher mit Argwohn; sie stand für ihn in der Gefahr, jüdischer Hybris Vorschub zu leisten bzw. das Judentum zu stärken.[89] Aufruhr und Empörung, etwa im Zusammenhang des Bauernkrieges und der Täuferbewegung, aber auch im übrigen Europa, waren nach Erasmus auf geheimnisvolle Weise durch Juden gesteuert.[90] Dass er Frankreich dafür pries, weil es »allein von Häretikern und böhmischen Schismatikern, von Juden und halbjüdischen Marranen (»semiiudeis Maranis«) frei sei und nicht an die Türkei grenze«[91], lässt den Rückschluss zu, dass er ›judenfreie‹ christliche Gemeinwesen für erstrebenswert hielt. Dass es überhaupt noch Juden gab, beklagte er.[92] Hierin ist eine gewisse Übereinstimmung mit der Position des Freiburger Juristen Ulrich Zasius zu sehen, die die Behandlung der Juden nach Maßgabe des römischen Sklavenrechtes und auch eine von den Obrigkeiten verfügte Austreibung für angemessen hielt.[93] Für die von Reuchlin verteidigte jüdische Literatur, insbesondere den Talmud und die Kabbala, brachte Erasmus kaum mehr Verständnis auf als jene ›Dunkelmänner‹, die die jüngeren Reuchlinanhänger zu Gegnern ›der Humanisten‹ stilisiert hatten. In einem Brief an den Kölner Inquisitor Hoogstraeten äußerte Erasmus sein Unverständnis gegenüber Reuchlins Ansinnen, die Juden vor Unrecht schützen zu wollen.

---

tarim te propensiorem ad Graeca quam ista Hebraica, licet ea non reprehendam. Video gentem eam frigidissimis fabulis plenam nihil fere nisi fumos quosdam obiicere; Talmud, Cabalam, Tetragrammaton, Portas Lucis, inania nomina. Scoto malim infectum Christum quam istis neniis. Italia multos habet Iudaeos, Hispania vix habet Christianos. Vereor ne hac occasione pestis iam olim oppressa caput erigat.«

[89] ALLEN 2 (s. Anm. 76), 491,137ff. (26.2.1516/7), zit. oben Anm. 77.

[90] ALLEN 8 (s. Anm. 76), 113ff., hier: 15–217 (25.3.1529); a.a.O. 194, hier: 59–63 (9.6.1529); ALLEN 9 (s. Anm. 76), 243, hier: 24–28 (1.4.1531); vgl. ebd. 250, hier: 17f. (6.4.1531).

[91] Zit. nach der Wiedergabe bei KISCH, Erasmus' Stellung (s. Anm. 76), 6; ALLEN 2 (s. Anm. 76), 501,11–14: »Sola Gallia nec haereticis est infecta nec Bohemis schismaticis nec Iudeis nec semiiudeis Maranis, nec Turcarum confinio afflata; quemadmodum aliae quas et citra nomenclaturam suo quisque animo agnoscit.« (10.3.1517, Erasmus an Richard Bartholinus).

[92] ALLEN 6 (s. Anm. 76), 390, hier: 243–246 (27.8.1526): »Primus Ecclesiae congressus fuit cum Iudaeis; quarum utinam non extarent et hodie reliquiae! Hic strenuum propugnatorem Evangelicae libertatis praestitit Apostolus Paulus. Magiae principem Petrus deiecit.«

[93] Vgl. KISCH, Erasmus' Stellung (s. Anm. 76), 30f. Grundlegend: DERS., Zasius und Reuchlin. Eine rechtsgeschichtlich-vergleichende Studie zum Toleranzproblem im 16. Jahrhundert, Stuttgart 1961; PO-CHIA HSIA, Myth (s. Anm. 69), 112–119. In seinen mit einer Vorrede Wimpfelings erschienenen Orationes de parvulis Iudeorum Baptizandis, Straßburg, Joh. Grüninger 1508; VD16 Z 178, Av^{r}f. legt Zasius gleich eingangs dar, dass die Berechtigung zur Zwangstaufe jüdischer Kinder aus dem Sklavenstatus der Juden abzuleiten sei.

Hoogstraetens Bemühen darum, die Juden verhasst zu machen, sei gleichwohl sinnlos. Denn:

»Gibt es jemand unter uns, der diese Gattung Menschen nicht schon genug verwünscht? Wenn es christlich ist, Juden zu hassen, sind wir dann nicht alle Christen im Übermaß?«[94]

Allerdings hielt er sich im Streit um Reuchlin auf dessen und aller anderen Humanisten Seite, vermied allerdings eine öffentliche Stellungnahme zu seinen Gunsten und nahm Anstoß daran, dass die *Epistolae obscurorum virorum* seinen eigenen Namen nannten und ihn in die Auseinandersetzung hineinzuziehen versuchten.[95]

Die in Erasmus' Korrespondenz begegnenden Urteile über Pfefferkorn lassen an Deutlichkeit und Schärfe nichts zu wünschen übrig; dieser sei ein ›schamloser Nichtswisser‹; ihn mit dem Namen eines ›Halbjuden‹ (*semiiudaeus*) zu bezeichnen, sei unangemessen, da er sich als ›Überjude‹ (*sesquiiudaeus*) erwiesen habe. Durch sein ›jüdisches Gift‹ und die ›jüdische Weise‹ seines Vorgehens führten die hinter ihm stehenden Juden und der durch sie wirkende Teufel einen Angriff auf die Sache des Christentums.[96] Dieser ›christliche Halbjude‹ habe dem Christentum stärker geschadet als die ganze Judenbrut sonst.[97] Pfefferkorn, dieses ›Pestkorn‹ (*pestilentissimum illud granum*), hätte Jude bleiben oder zusätzlich zu seiner Vorhaut an Zunge und Händen beschnitten werden müssen.[98]

---

[94] Zit. nach der Wiedergabe bei KISCH, Erasmus' Stellung (s. Anm. 76), 7. 19. 11.8. 1519, Erasmus an Hoogstraeten, ALLEN 4 (s. Anm. 76), 46, dort 140–143: »An quisquam est nostrum qui non satis execretur hoc hominum genus? Si Christianum est odisse Iudaeos, hic abunde Christiani sumus omnes.« Übrigens hat sich Hoogstraeten in seiner *Apologia* (VD16 H 4807) mehrfach positiv auf Erasmus berufen, vgl. CC6ʳ.GG 4ᵛf.LL 3ᵛ. Die nicht zuletzt durch ein Bild wie den *Hercules Germanicus* Holbeins (dazu KAUFMANN, Anfang [s. Anm. 5], 301 ff.) evozierte Vorstellung, Hoogstraeten gehöre ins antihumanistische Lager, ignoriert die durchaus differenzierte Position des Erasmus.

[95] Vgl. RIHA, Dunkelmännerbriefe (s. Anm. 39), 107.127.190.233f.258.310f.

[96] ALLEN 3 (s. Anm. 76), 117f., hier: 34–56 (2.11.1517; Erasmus an Pirckheimer; vgl. auch HELGA SCHEIBLE [Bearb.], Willibald Pirckheimers Briefwechsel 3, München 1989, Nr. 481, 203,34–54). Der Teufel könne sich kein geeigneteres Instrument als diesen Juden Pfefferkorn wünschen: »Quod aliud instrumentum optaret sibi diabolus, Christianae religionis aeternus hostis, quam istiusmodi angelum Satanae transfiguratum in angelum lucis, et falsissimo defendendae religionis praetextu id ubique turbantem quod nostrae religionis et caput est et optimum, nempe publicam orbis Christiani concordiam?« ALLEN 3 (s. Anm. 76), 117, hier: 38–41.

[97] ALLEN 3 (s. Anm. 76), 143, hier: 1–14 (15.11.1517, Erasmus an Reuchlin); vgl. JOHANNES REUCHLIN, Briefwechsel, Bd. 3, hg. v. Matthias Dall'Asta und Gerald Dörner, Stuttgart-Bad Cannstatt 2007, Nr. 319, 470–477, hier: 471,2–11.

[98] ALLEN 3 (s. Anm. 76), 125,14–126,42 (3.11.1517, Erasmus an James Banisius). Wie in dem Brief an Pirckheimer (s. Anm. 96) bringt Erasmus Pfefferkorns Wirken mit dem Teufel in Verbindung. Die Gesamtbilanz zu Pfefferkorn lautet: »ex nocente Iudeo nocentior Christianus« (a.a.O. 126, 31).

Für Erasmus' Sicht Reuchlins ist die Stilisierung aufschlussreich, die er ihm in der in einer Neuausgabe seiner *Colloquia familiaria*[99] von 1522 erschienenen *Apotheosis Capnionis* zuteil werden ließ. Reuchlin, dessen Aufnahme in die himmlische Herrlichkeit aufgrund eines Traumgesichtes geschildert wird, erfährt eine Verklärung als »trilinguis eruditionis phoenix«[100]. Die Gemeinschaft mit den Seligen, in die Hieronymus ihn einführt, gründe sich auf seine Lebensführung und seine Verdienste um die Sprachen. Reuchlins Bedeutung für die hebraistischen Studien erwähnte Erasmus allerdings nicht; allenfalls in dem hebräischen ›Schalom‹, mit dem Reuchlin den Traumreisenden grüßt, könnte ein freilich sehr verhaltener Hinweis darauf gesehen werden. Ansonsten sind es die drei Sprachen als solche, derentwegen Erasmus ihn verherrlichte. Sein mit Zungen aus drei verschiedenen Farben besetztes Kleid, mit dem Reuchlin ins Paradies einzieht, nahm dieses Motiv auf.[101] Die sich vom Kanonisationsverfahren der Papstkirche emanzipierende humanistische Sanktifikation[102] ehrte einen Wohltäter des Menschengeschlechts, der, wie der Herr selbst, von Pharisäern attackiert worden war; durch ihn habe der Heilige Geist die Himmelsgabe der Sprache erneuert.[103] Erasmus' *Apotheosis Capnionis* nahm

---

[99] Zu Chronologie und Gehalt der verschiedenen Ausgaben etc. vgl. die kritische Edition in den Opera omnia I/3, Amsterdam 1972, 3–18.

[100] ERASMUS VON ROTTERDAM, Ausgewählte Schriften, hg. v. Werner Welzig, Bd. 6: Colloquia Familiaria – Vertraute Gespräche, Darmstadt 1967, 126.

[101] Der Gesprächspartner Brassicanus teilt mit: »Das [Kleid], welches er [sc. Hieronymus] Reuchlin gab, war ebenso schön. Es war allenthalben mit Zungen in dreifach verschiedenen Farben besetzt. Die einen ließen Rubin erkennen, etliche Smaragd und andere Saphir. Alles funkelte, und die Anordnung trug zur schönen Wirkung nicht wenig bei. Pompilius: Ich vermute, daß das die drei Sprachen bezeichnet hat, in denen sie [Hieronymus und Reuchlin] beschlagen waren. Brassicanus: Zweifellos, denn es waren auch auf dem Saum, wie er feststellte, die Inschriften dreier Sprachen in Buchstaben, die durch dreifache Farbe unterschieden waren, zu sehen« (ERASMUS, Schriften, Bd. 6 [s. Anm. 100], 135).

[102] Die Hinweise auf den ins Auge gefassten Kult sind folgende: Eine Goldstatue Reuchlins steht in der Privatkapelle; ihre Aufstellung neben Hieronymus erfolgt in der eigenen Bibliothek an einem Heiligentag (ERASMUS, Schriften, Bd. 6 [s. Anm. 100], 136–139). Auf die Frage des Pompilius: »Doch macht es dir keine Bedenken, daß ihn [sc. Reuchlin] der Papst noch nicht öffentlich in die Schar der Heiligen aufgenommen hat?« antwortet Brassicanus: »Wer hat den heiligen Hieronymus kanonisiert [...]? Wer Paulus? Wer die jungfräuliche Mutter?« (a.a.O. 139). Parallel zur reformatorischen Umgestaltung der Heiligenverehrung (vgl. THOMAS KAUFMANN, Reformation der Heiligenverehrung? Zur Frage des Umgangs mit den Heiligen bei Luther und in der frühen Reformation, in: KLAUS HERBERS, LARISSA DÜCHTING [Hgg.], Sakralität und Devianz. Konstruktionen – Normen – Praxis, Stuttgart 2015, 209–230) ist bei Erasmus auch ein konstruktives humanistisches Gegenkonzept zur Sanktifikation der Gelehrten aufweisbar. Ausschließlich die destruktiven Momente der humanistischen Kritik am Heiligenkult notiert ARNOLD ANGENENDT, Heilige und Reliquien. Die Geschichte ihres Kultes vom frühen Christentum bis zur Gegenwart, München ²1997, 233–235.

[103] Im Gebetsmodus formuliert Brassicanus: »Amator humani generis Deus, qui do-

also den humanistischen Gelehrten Reuchlin als uneingeschränkt verehrungswürdige Gestalt in Anspruch, obschon der Niederländer selbst im ›wirklichen Leben‹ ein eher sprödes Verhältnis zu ihm pflegte[104] und er dessen Kampf für den Erhalt jüdischer Rechte im Grunde missbilligte. In der sich zusehends polarisierenden Situation um 1520 galt es offenbar, die Reihen der ›Gleichgesinnten‹ zu schließen und die allenthalben drohenden Angriffe auf die *bonae literae* abzuwehren.

Noch einige knappe Bemerkungen zu Erasmus' Stellung gegenüber dem Judentum im Spiegel einiger seiner *Annotationes* zu den Büchern des Neuen Testaments seien angeschlossen. In der Vorrede zu seinem Johanneskommentar gab der Humanistenfürst seine Sicht auf das Judentum folgendermaßen wieder: Es sei eine Religion, die als leer und verkehrt zu beurteilen sei, da sie sich nur auf die äußerlichen zeremoniellen Vollzüge des Gesetzes beziehe und eine sittliche Erneuerung verhindere.[105] In seiner Auslegung von Röm. 9–11 erkannte Erasmus dem Umstand, dass Jesus ein geborener Jude gewesen sei (Röm. 9,5), keinerlei besondere Bedeutung zu. Vielmehr gehe es um die gottmenschliche Einheit[106]; die Juden hätten ihn geschmäht; durch seine jüdische Abkunft sei Jesu Menschsein freilich nicht eingeschränkt.[107] Das *zu* Israel gesprochene Prophetenwort (Jes. 65, 2), das Paulus in Röm. 10, 21 zitiert (»Den ganzen Tag habe ich meine Hände ausgestreckt nach dem Volk«), sei eigentlich *gegen* Israel gerichtet.[108] Paulus' eigenes Bekenntnis in Röm 11, Israelit zu sein, auch die Feststellung des Apostels, dass Gott sein Volk nicht verstoßen habe, übergeht Erasmus in seiner Kommentierung. Das, was den Juden verheißen war, ist auf die Heiden übergegangen.[109] Dass einige Juden gerettet werden sollen, interessierte Erasmus nicht weiter; dies gilt auch für die Begren-

---

num linguarum, quo quondam Apostolos tuos ad Evangelii praedicationem per Spiritum tuum sanctum coelitus instruxeras, per electum famulum tuum Ioannem Reuchlinum mundo renovasti« (ERASMUS, Schriften, Bd. 6 [s. Anm. 100], 140).

[104] Hierzu zähle ich etwa die Bemerkung des Erasmus gegenüber Pirckheimer, er, also Erasmus, müsse sich von Reuchlins Angelegenheit möglichst fern halten (ALLEN 3 [s. Anm. 76], 359, hier: 24–36 [August 1518]; Pirckheimer-Briefwechsel [s. Anm. 96], 377, hier: 28ff.) und seine von der Angst, in den Sog der ›Luther-Sache‹ zu geraten, geprägte Bemerkung, zu Reuchlin bestehe nichts als eine »konventionelle Freundschaft, wie sie fast zwischen allen Freunden der Wissenschaft besteht« (nach KISCH, Erasmus' Stellung [s. Anm. 76], 21; vgl. ALLEN 3 [s. Anm. 76], 589, hier: 68–80; ähnlich ALLEN 4 [s. Anm. 76], 121, hier: 13–16).

[105] ALLEN 5 (s. Anm. 76), 168f., hier: 223–231 (15.1.1523); vgl. ERASMUS, Opera omnia, Bd. VI/6, Amsterdam u.a. 2003, 32,34ff.; vgl. ERASMUS, Schriften, Bd. 6 (s. Anm. 100), 64f.

[106] ERASMUS, Opera omnia, Bd. VI/7, Amsterdam u.a. 2012, 226,431ff.

[107] A.a.O. 228,497.231,545ff.

[108] A.a.O. 260,55ff.

[109] A.a.O. 270,224 (zu Röm. 11,11).

zung der Verstockung Israels »bis die Fülle der Heiden zum Heil gelangt ist« (Röm. 11, 25).[110] Bei der Kommentierung antijudaistischer Stellen des Neuen Testaments wie Mt. 27,25 oder Joh. 8,44[111] ließ Erasmus kein besonderes Interesse daran erkennen, die Negativität der Juden noch besonders herauszustellen. In seinem publizistischen Œuvre ist Erasmus Judenfeindschaft kaum prominent hervorgetreten.

Abschließende Bemerkungen

Im Spiegel der Frage nach der Stellung der Humanisten zu den Juden ergibt sich ein differenzierter Befund. Mit seinem Kampf für die Rechte von Juden steht Reuchlin, der große Hebraist, als Solitär in seiner Zeit. Auch seine Anhänger folgten seiner juristischen Argumentation nicht; ihr Kampf gegen die ›Dunkelmänner‹ zeigte an Judenrechten keinerlei Interesse. Die Humanisten waren zumeist von tiefer Abscheu gegenüber Konvertiten aus dem Judentum erfüllt; die einzige mir bekannte Ausnahme bildete die weithin einhellige Wertschätzung Paolo Riccis.[112] Hutten und andere nahmen Reuchlins Degout gegen Pfefferkorn im Besonderen, die Konvertiten im Allgemeinen zum Anlass, um den ›halben Juden‹ mit schärfster Polemik zu überziehen.

Jemandem zu unterstellen, er sei ein jüdischer Konvertit, hatte die Qualität eines Rufmordes; gegen Aleander wurde in diesem Sinne, auch im Zeichen proreformatorischer Agitation, auf breiter Front agitiert. Die theologische Lehre, dass allein die *Taufe* die *differentia specifica* zwischen einem Christen und einem Juden markiere, trat auffällig in den Hintergrund. Im Grunde waren es primär die ›obskuranten‹ Vertreter der Sakramentskirche, die sich auch weiterhin dieser Wahrheit entsprechend verhielten.

---

[110] A.a.O. 278,322ff., wo Erasmus den Skopus von Röm. 11,26, die endzeitliche Erlösung Israels, außen vor lässt; vorher aber malte er die den Zorn Gottes betreffenden Aussagen aus. Im Zusammenhang mit Röm. 11,31 erinnert Erasmus an die bösen Juden, die ›Kreuzige‹ geschrien haben (a.a.O. 280,409ff.).

[111] In der Kommentierung von Mt. 27,25 (ERASMUS, Opera omnia, Bd. VI/5, Amsterdam u.a. 2000, 338f.) oder Joh. 8,44 (ERASMUS, Opera omnia, Bd. VI/6, 112; Opera omnia, Bd. VI/2, Amsterdam 2002, 106f.) nimmt Erasmus keine gegen Juden gerichtete Zuspitzung vor.

[112] Vgl. etwa ALLEN 2 (s. Anm. 76), 501f., hier: 36–46; vgl. REUCHLIN, Briefwechsel, Bd. 4 (s. Anm. 3), hier: 94,56–95,59; Huttens Wertschätzung Riccis etwa spiegelt sich in seiner Schilderung einer Augsburger Begegnung, in: ULRICH VON HUTTEN, Die Schule des Tyrannen. Lateinische Schriften, hg. von Martin Treu, Leipzig 1991, 219.242f. Zu Ricci grundlegend: BERND ROLING, Prinzip, Intellekt und Allegorese im Werk des christlichen Kabbalisten Paolo Ricci (gest. 1541) (in: GUISEPPE VELTRI, ANNETTE WINKELMANN [Hgg.], An der Schwelle zur Moderne – Juden in der Renaissance, Leiden 2003, 155–187); DERS., Naturphilosophie (s. Anm. 33).

Erasmus' Judenfeindschaft entsprach der manches anderen Humanisten. Allerdings erweist sich das Corpus seiner zu Lebzeiten nicht veröffentlichten Briefe in dieser Hinsicht als besonders ergiebig, während er als Publizist mit besonders judenfeindlichen Texten kaum öffentlich hervorgetreten ist. Der gravierendste Unterschied zwischen der Reuchlinschen Haltung gegenüber dem Judentum und der der anderen Humanisten, die in diesem Beitrag in den Blick genommen wurden, betrifft ihr Verhältnis zum Alten Testament. Während der schwäbische Hebraist dem Alten Testament einen christlichen Sinn abgewinnen zu können meinte, war für Erasmus allein das Neue Testament die Quelle seiner Philosophie Christi. In Luthers Ringen um das Alte Testament als christliches Buch lebten Impulse Johannes Reuchlins innerhalb der reformatorischen Theologie fort.

Martin Bucer und die Juden[1]

CHRISTOPH STROHM

Das Thema *Martin Bucer und die Juden* ist aus mehreren Gründen von besonderem Interesse.[2] Erstens handelt es sich, wie bereits Heinrich Bornkamm zu Recht betont hat, bei dem Straßburger Reformator um den »dritten Reformator« Deutschlands nach Luther und Melanchthon.[3] Es ist hier nicht der Ort, die unterschiedlichen Aspekte der Bedeutung Bucers für die europäische Reformationsgeschichte darzulegen, aber ein Aspekt ist zu nennen. Denn hier liegt der *zweite* Grund für die Relevanz des Themas *Bucer und die Juden*: Bucers konstitutive Bedeutung für die Theologie Calvins und des späteren Calvinismus.[4] Neben Luther ist Bucer der

---

[1] Verwendete Abkürzungen für Werke Bucers: BCor – Correspondance, hg. v. Jean Rott u.a., Leiden 1979 ff.; BDS – Martin Bucers Deutsche Schriften, hg. v. Robert Stupperich u.a., 19 Bände in 24 Teilbänden, Gütersloh 1960–2016; BOL – Martini Buceri Opera latina, hg. v. François Wendel u.a., Paris 1954 ff.

[2] Vgl. HASTINGS EELLS, Bucer's Plan for the Jews (in: ChH 6, 1937, 127–135); WILHELM MAURER, Martin Butzer und die Judenfrage in Hessen (in: DERS., Kirche und Geschichte. Gesammelte Aufsätze, Bd. 2, Göttingen 1970, 347–365); WILLEM NIJENHUIS, Bucer and the Jews (in: DERS. [Hg.], Ecclesia reformata. Studies on the Reformation, Leiden 1972, 38–72); JOHN W. KLEINER, The Attitudes of the Straßbourg Reformers toward Jews and Judaism, Diss. Phil. Philadelphia 1978 (Ann Arbor: University Microfilms, 1978); STEVEN ROWAN, Luther, Bucer and Eck on the Jews (in: SCJ 16, 1985, 79–90); MARTIN GRESCHAT, Martin Bucer. Ein Reformator und seine Zeit, München 1990, 166–168; R. GÉRALD HOBBS, Martin Bucer et les Juifs (in: CHRISTIAN KRIEGER, MARC LIENHARD [Hgg.], Martin Bucer and Sixteenth Century Europe, Bd. 2, Leiden, New York 1993, 681–689); ACHIM DETMERS, Reformation und Judentum. Israel-Lehren und Einstellungen zum Judentum von Luther bis zum frühen Calvin, Stuttgart u.a. 2001, 185–215.289–291.307–309.318–320; THOMAS POBIRUCHIN, Martin Bucer und die Juden. Magisterarbeit an der Philosophischen Fakultät der Universität Heidelberg, Typoskript o.J. [2005].

[3] HEINRICH BORNKAMM, Martin Bucer, der dritte deutsche Reformator (in: DERS., Das Jahrhundert der Reformation, Frankfurt a. M. 1983, 114–145).

[4] Zu Bucers Einfluss auf Calvin vgl. JACQUES COURVOISIER, Les catéchismes de Genève et de Strasbourg. Etude sur le développement de la pensée de Calvin (in: Bulletin de la société d'histoire du protestantisme français 84, 1935, 105–121); DERS., Bucer et Calvin (in: CH. BARTHOLOMÉ [Hg.], Calvin à Strasbourg 1538–1541, Straßburg 1938, 37–66); WILLEM VAN 'T SPIJKER, The influence of Bucer on Calvin as becomes from the *Institutes* (in: B. J. VAN DER WALT [Hg.], John Calvin's Institutes. His Opus Magnum. Proceedings of the Second South African Congress of Calvin Research July, 31-August, 3, 1984, Potchefstroom 1986, 106–132); WILLEM VAN 'T SPIJKER, Bucer und Calvin (KRIEGER, LIENHARD [s. Anm. 2], 461–470); MARIJN DE KROON, Bucer und Calvin. Das Obrigkeitsverständnis beider Reformatoren nach ihrer Auslegung von Röm. 13 (in: WILHELM H. NEUSER [Hg.], Calvinus servus Christi. Die Referate des Congrès International des Recherches Calviniennes [...] vom 25. bis 28. August 1986 in Debrecen, Budapest 1988, 209–224); MARIJN DE KROON, Martin Bucer und Johannes Calvin, Göttingen 1991; MATTIEU ARNOLD, Straßburg (in: HERMAN J. SELDERHUIS [Hg.], Calvin Hand-

hauptsächliche Inspirator der Theologie Calvins geworden. So hat schon Reinhold Seeberg mit einer pointierten Formulierung Calvins Theologie als systematisch ausgeführten »Butzerianismus« beschrieben.[5] Der Einfluss Bucers auf Calvin, wie er sich insbesondere an der während dessen Aufenthalt in Straßburg erschienenen zweiten Ausgabe der *Institutio Christianae Religionis* 1539 nachweisen lässt, betrifft auch unmittelbar Bucers Verhältnis zum Judentum. Denn Calvin übernimmt hier Bucers Bestimmung des Verhältnisses von Altem und Neuem Bund.[6] Der *dritte* Grund, sich mit Bucers Verhältnis zum Judentum zu befassen, ist die Chance, hier grundsätzliche Überlegungen zum Verhältnis theologischer Grundentscheidungen und konkreten Verhaltens gegenüber dem zeitgenössischen Judentum anzustellen. Seit den siebziger Jahren des vergangenen Jahrhunderts wurden immer wieder Zusammenhänge zwischen Luthers rechtfertigungstheologischen Grundentscheidungen und seinem Antijudaismus bzw. seiner Judenfeindschaft hergestellt. Das Judentum könne hier als Urgestalt einer Werkgerechtigkeitsreligion nicht positiv gewertet werden, mit allen Konsequenzen. Anders verhalte es sich bei den reformierten Reformatoren wie Calvin, wo die Einheit des Alten und Neuen Bundes stärker betont werde und das Problem der Werkgerechtigkeit nicht so im Zentrum stehe. Darum sei Calvin auch in keiner vergleichbaren Weise anfällig für Antijudaismus und Judenfeindschaft gewesen.[7] Das Problem eines solchen Vergleiches ist, dass Calvin anders als Luther

---

buch, Tübingen 2008, 37–43); MATTIEU ARNOLD, Calvin und Straßburg (in: a.a.O. 74–78); CHRISTOPH STROHM, Johannes Calvin. Leben und Werk des Reformators, München 2009, 46–59; STEPHEN E. BUCKWALTER, Les influences possibles de Martin Bucer sur l'Institutio de 1539 (in: MATTHIEU ARNOLD [Hg.], Jean Calvin: les années strasbourgeoises [1538–1541], Straßburg 2010, 123–134). Salo W. Baron vertritt die These, dass Bucers antijüdische Haltung einen wesentlichen Einfluss auf Calvin ausgeübt habe (SALO W. BARON, John Calvin and the Jews [1965], in: JEREMY COHEN [Hg.], Essential papers on Judaism and Christianity in conflict: from late antiquity to the Reformation, New York 1991, 380–400, 382).

[5] »Der theologische Typus, den wir kennen gelernt haben – man kann ihn kurz als Butzerianismus bezeichnen –, ist an sich das ebenbürtige Seitenstück zu dem melanchthonischen Luthertum. [...] Aber Melanchthon war es gegeben, Formen zu schaffen, die zweihundert Jahre über herrschten, während der Butzerianismus nur die Vorstufe für den Calvinismus geworden ist. Die Butzerische Vermittlungstheologie wie die übrigen theologischen Ansätze in der Schweiz und dem südwestlichen Deutschland sind fast überall aufgegangen in der calvinischen Theologie. Dies hat nicht den Sinn einer Verdrängung, sondern es stellt den allmählichen Übergang einer niederen in eine höhere Form dar« (REINHOLD SEEBERG, Lehrbuch der Dogmengeschichte, Bd. IV/2, Darmstadt ⁴1954, 556).

[6] Siehe dazu unten Anm. 57.

[7] Vgl. z.B. BERTOLD KLAPPERT, Erwählung und Rechtfertigung (in: HEINZ KREMERS u.a. [Hgg.], Die Juden und Martin Luther – Martin Luther und die Juden. Geschichte, Wirkungsgeschichte, Herausforderung, Neukirchen-Vluyn ²1987, 368–410).

praktisch keinen Anlass hatte, sich zum konkreten Umgang mit Juden zu äußern. Denn Frankreich war bekanntlich »judenfrei« und in Genf gab es ebenfalls keine jüdischen Bürger.

Der Blick auf Bucer bietet dagegen die Chance, einen Theologen zu untersuchen, der die Einheit von Altem und Neuem Bund in ähnlicher Weise betont[8] und sich zugleich in einem Gutachten für den hessischen Landgrafen 1538 eingehend zum Umgang mit dem zeitgenössischen Judentum geäußert hat.[9] Es kann somit gefragt werden, ob Bucers theologische Grundentscheidungen sozusagen besseren Schutz vor den Gefahren des Antijudaismus und der Judenfeindschaft bieten als die Luthers.

In der jüngeren Forschung ist die Auffassung vertreten worden, dass zwischen dem Ratschlag von 1538 und Bucers Exegese von Röm. 9–11[10] ein gravierender Unterschied bestehe, das heißt, die exegetisch-theologischen Einsichten hier nicht wirklich zum Zuge kämen.[11] Achim Detmers hat in seiner 2001 veröffentlichten Dissertation die »Israel-Lehren und Einstellungen zum Judentum von Luther bis zum frühen Calvin« (so der Untertitel) auf breiter Quellengrundlage eingehend untersucht. Dabei widmet er sich auch der Frage des Verhältnisses von theologischer Reflexion und Einstellungen zum Judentum.[12] Zu Recht lehnt er einlige Ableitungen ab, betont aber gleichwohl Zusammenhänge. Im Blick auf Bucer lautet Detmers' zusammenfassendes Urteil: »Insgesamt zeigt sich also, daß Bucer in seiner Auslegung zu Röm 9–11 zwar relativ gemäßigte Ansichten äußerte. Diese erwiesen sich jedoch als keineswegs maßgebend für die Verhältnisbestimmung zum Judentum. In Bucers Judenratschlag wird vielmehr deutlich, dass die exegetischen Einsichten in der praktischen Situation von antijüdischen Traditionen überlagert wurden. Vor allem aber ordnete Bucer die Römerbriefexegese den historischen Interessen unter,

---

[8] Siehe dazu unten Abschnitt 4 mit Anm. 54 (Literatur!).
[9] Siehe unten Abschn. 1. Über Begegnungen Bucers mit Juden ist fast nichts bekannt. Im Elsass lebten nach Schätzungen Georg Weills Anfang des 16. Jahrhunderts etwa 500 bis 650 Juden. In Straßburg wurden sie nicht geduldet, jedoch gestattete man den Juden aus der Umgebung gegen Zahlung einer Abgabe, dort geschäftlich tätig zu werden (vgl. DETMERS [s. Anm. 2], 214, Anm. 104, und 307, Anm. 109). Im Februar 1539 hatte Bucer auf einem Fürstentag in Frankfurt a. M. ein Gespräch mit dem Vertreter der Juden im Reich, Josel von Rosheim (vgl. JOSEL VON ROSHEIM, Trostschrift ahn seine Brüder wider Buceri Buchlin [1540], in: The Historical Writings of Joseph of Rosheim. Leader of Jewry in Early Modern Germany, hg. v. Chava Fraenkel-Goldschmidt, Leiden, Boston 2006, 357–363, hier: 358).
[10] Vgl. MARTIN BUCER, Metaphrases et enarrationes perpetuae epistolarum D. Pauli Apostoli [...], Tomus primus. Continens metaphrasim et enarrationem in Epistolam ad Romanos, Straßburg 1536.
[11] Vgl. ERNST-WILHELM KOHLS, Die Judenfrage in Hessen während der Reformationszeit (in: JHKGV 21, 1970, 87–100, hier: 94); NIJENHUIS (s. Anm. 2), 61–65.70f.
[12] Vgl. DETMERS (s. Anm. 2), 21–32, bes. 26–28.

indem er auf das Konzept der *Respublica Christiana* zurückgriff und so die Ausgrenzung der jüdischen Minderheit aus dem christlichen Gemeinwesen legitimierte.«[13]

Im Folgenden soll gezeigt werden, dass die Unterscheidung von relativ gemäßigten exegetisch-theologischen Grundentscheidungen in der Israel-Lehre und antijüdischen Impulsen unangemessen ist. Denn Bucers Betonung der Einheit von Altem und Neuem Bund ist mit einer klaren Substitutionslehre und vor allem einem ungebrochenen Zugriff auf das alttestamentliche Gesetz (bes. Dtn.) verbunden. Dies wiederum ist eine wesentliche Grundlage des Konzepts der Respublica Christiana im Allgemeinen und der Behandlung der Juden im Besonderen.

1. Der »Judenratschlag« von 1538

Bucer weilte im Jahr 1538 auf Einladung Landgraf Philipps in Hessen, um den Konflikt mit den Täufern in seinem Territorium zu entschärfen.[14] Aus diesem Grund wurde er um Rat gefragt, als die Frage zu klären war, wie nach dem Auslaufen des am 28. Mai 1532 ausgestellten Schutzbriefs für die Juden zu verfahren sei. Zusammen mit weiteren hessischen Geistlichen kommentierte er den in der landgräflichen Kanzlei entworfenen *Fürschlag, wie die Juden zuodülden sein sollen*.[15] Eingehend wird die Pflicht der Obrigkeit zur Fürsorge für die wahre Religion erläutert, was auch heißt, dass sie »widderwerttige vnd falsche Religionn zum Hohesten straffen vnd mit

---

[13] A.a.O. 215. Bucer habe, so Detmers, angesichts der Kritik Landgraf Philipps an seinem Judenratschlag (unter Verweis auf Röm. 11 und Jer. 31,31) seine bisherige Auslegung von Röm. 11 relativiert und erst jetzt auf die traditionell antijudaistischen Passagen des Neuen Testaments verwiesen (vgl. a.a.O. 210). Detmers hat im Jahr 2005 seine These der zumindest theoretisch judenfreundlichen Betonung der Bundeseinheit bei Bucer (bzw. im oberdeutsch-schweizerischen Protestantismus) im Vergleich zur gegenläufigen Wittenberger Gegenüberstellung von Gesetz und Evangelium am Beispiel Melanchthons erläutert (DERS., Martin Bucer und Philipp Melanchthon und ihr Verhältnis zum Judentum, in: DERS., J. MARIUS LANGE VAN RAVENSWAAY [Hgg.], Bundeseinheit und Gottesvolk. Reformierter Protestantismus und Judentum im Europa des 16. und 17. Jahrhunderts, Wuppertal 2005, 9–37).

[14] Zum biographischen Kontext und der Situation der Juden in Hessen vgl. GRESCHAT (s. Anm. 2), 161–171; ERNST-WILHELM KOHLS, Einleitung (in: BDS 7,321–341); DERS. (s. Anm. 11); EELLS (s. Anm. 2); MAURER (s. Anm. 2).

[15] MARTIN BUCER, Ob Christlicher Oberkait gepuren muge, das sie die Judden vnder den Christen zuwonen gedulden, vnd wo sie zuodulden, welcher gestalt vnd mais [Maß], 1538, in: BDS 7,342–361. Eine an einzelnen (nebensächlichen) Stellen abweichende Fassung des Textes ist abgedr. in: BDS 16, 319–332. Zur wahrscheinlichen Mitarbeit von Vertretern der hessischen Juden an den sieben Artikeln des Vorschlags der Kanzlei, wie mit den Juden zu verfahren sei, vgl. MAURER (s. Anm. 2), 36; KOHLS, Einleitung (s. Anm. 14), 324.

nichten gedulden soll«.[16] Biblisches Recht und Naturrecht werden ebenso herangezogen wie die Regelungen der christlichen Kaiser und der altkirchlichen Konzile.[17]

Einerseits bezeichnet Bucer die Juden als Fremde und servi, die wegen ihres Unglaubens zu bestrafen sind. Andererseits sei zuzugestehen, »das eß der Herr villeicht mit disem seinem alten volkh hat also miltern wollenn, weill jre wurzell heilig jst vnd vns, die von dem wildenn Ölbaum jn den natürlichen olbaum gepropfet sein, tregt«.[18] Gleichwohl ist Bucers Ratschlag ganz von dem Anliegen der Missionierung und der Aufgabe der Bestrafung der Juden wegen »jres vnglaubens vnnd verachtung Christi« bestimmt.[19] Diese Mischung aus Missionierungsabsicht und stellvertretendem Strafhandeln der Obrigkeit führt zu einer weitgehenden Ablehnung des vergleichsweise toleranten Vorschlags aus der landgräflichen Kanzlei.[20] Handelsrecht in Städten ohne Zünfte, maßvolle Zinsnahmen unter obrigkeitlicher Aufsicht, Vertreter der Judenschaft, die in juristischen Angelegenheiten mit den Amtleuten zusammenarbeiten, all das wird zurückgewiesen.[21] Stattdessen meint Bucer, es sei Gottes Wille, dass die Juden »bey den volkern, bey denen sie wonen, die vndersten vnd der schwanz sein vnd am aller herttesten gehalten werden sollenn«.[22] Das heißt konkret, dass die Obrigkeit sie »zu den nachgultigsten [niedrigsten], müheseligsten vnd vngewenlichsten Arbeithen, alß da sein der Berkknappen arbeit, sonst graben vnd wallmachen [Schanzarbeit], stein- vnd holtzwhawen, kolbrennen, schornstein vnd kloagkh fegenn, wasenmeister [Tierkadaverbeseitiger] sein vnd der gleichenn«, verpflichten sollte.[23]

In einem Schreiben vom 23. Dezember 1538 wies der Landgraf diese Vorschläge zurück und verteidigte den Entwurf mit dem Verweis auf Röm. 9–11 sowie Jer. 31,31.[24] Bucer wiederum erläuterte seine Kritik in einem Schreiben an den Landgrafen sowie einem weiteren Brief an einen »guten Freund«.[25] Hier verschärft er seine Argumentation noch einmal. Wo eine

---

[16] BDS 7,345,17f.
[17] Vgl. bes. BDS 7,344–350.
[18] BDS 7,349,15–17.
[19] Vgl. BDS 7,354,14.
[20] Zu den Judenordnungen Philipps von Hessen vgl. J. FRIEDRICH BATTENBERG, Judenordnungen der frühen Neuzeit in Hessen (in: CHRISTIANE HEINEMANN [Bearb.], Neunhundert Jahre Geschichte der Juden in Hessen. Beiträge zum politischen, wirtschaftlichen und kulturellen Leben, Wiesbaden 1983, 83–102).
[21] Lediglich dem Verbot des Disputierens der Juden mit Christen und der Verpflichtung der Juden, Predigten zu besuchen, stimmt Bucer zu.
[22] BDS 7,356,14f.; siehe dazu unten 92.
[23] BDS 7,356,9–12.
[24] Vgl. PHILIPP VON HESSEN an die Räte, 23.12.1538, BDS 7,380–382.
[25] Vgl. Bucer an Landgraf Philipp, 27.12.1538, BDS 7,388–390; BUCER an einen »guten Freund«, 10.5.1539, BDS 7,362–376.

wirklich gottesfürchtige Regierung existiere, müssten die Hausgenossen des Glaubens stets bevorzugt und die Verächter des Glaubens benachteiligt werden. Unglaube solle durchweg so behandelt werden, dass er Abscheu errege.[26] Um eine Bekehrung zu erleichtern und um die Ausbreitung des »Unglaubens« zu erschweren, sei die Obrigkeit verpflichtet, die Juden zu benachteiligen.

Bei Bucer fehlt der maßlose Ton und manche Forderung, die in den späten Schriften Luthers zu lesen ist – wie zum Beispiel das Niederbrennen der Synagogen –, aber insgesamt handelt es sich doch nur um eine sehr begrenzte Duldung. Der wichtigste Unterschied liegt wohl darin, dass – anders als in Kursachsen seit 1536 geltend und im Duktus Luthers liegend – keine Ausweisung der Juden gefordert wird. Ansonsten aber findet sich bei Bucer ebenso wenig eine Würdigung des zeitgenössischen Judentums wie bei dem Wittenberger Reformator.[27] Auf welche Begründungsfiguren greift Bucer in dem Gutachten zurück und wie verhalten sich diese zur Theologie Bucers insgesamt?

2. Spiritualistische Tendenz und Antijudaismus

Eine erste theologische Grundentscheidung, die Bucers Bewertung des Judentums bestimmt, ist Erbe der humanistischen Prägung Bucers. Sie wird bereits in Bucers Wahrnehmung der Heidelberger Disputation Luthers am 26. April 1518 deutlich. Sein begeisterter Bericht darüber an den verehrten, ihm aus den frühen Kontakten mit dem Schlettstadter Humanistenkreis gut bekannten Humanisten Beatus Rhenanus (1485–1547) zeigt, dass er Luthers Thesen ganz in einem humanistischen Kontext wahrgenommen hat.[28] Das geht so weit, dass er formuliert, Luther vertrete die gleichen

---

[26] Vgl. BDS 7,388,25–389,3.

[27] Man kann vermuten, dass Luthers 1538 gedruckte Schrift *Wider die Sabbather* Bucer in seiner harten Haltung gegenüber dem Judentum bestärkt hat (vgl. DETMERS [s. Anm. 2], 214 u. 91 Anm. 153).

[28] Bucer an Beatus Rhenanus, 1.5.1518, BCor 1,59–71; vgl. die zahlreichen Werke Erasmus' in dem von Bucer niedergeschriebenen Verzeichnis seiner Bücher vom 30.4.1518, in: BDS 1,281–284; dazu MARTIN GRESCHAT, Martin Bucers Bücherverzeichnis (in: AKuG 57, 1975, 162–185); DERS., Der Ansatz der Theologie Martin Bucers (in: ThLZ 103, 1978, 81–96); zu Bucers Beziehungen zu Humanisten vgl. RICHARD RAUBENHEIMER, Martin Bucer und seine humanistischen Speyerer Freunde (in: BPfKG 32, 1965, 1–52); zum Verhältnis Bucers und Erasmus' vgl. NICOLE PEREMANS, Erasme et Bucer d'après leur correspondance, Paris 1970; FRIEDHELM KRÜGER, Bucer und Erasmus. Eine Untersuchung zum Einfluss des Erasmus auf die Theologie Martin Bucers (bis zum Evangelien-Kommentar von 1530), Wiesbaden 1970; DERS., Bucer und Erasmus (in: KRIEGER, LIENHARD [s. Anm. 2], 583–594). Trotz der Differenzen in der Sache der Reformation hielt Bucer an seiner Hochschätzung des Erasmus fest (vgl. KARL KOCH, Studium Pietatis. Martin Bucer als Ethiker, Neukirchen 1962, 27).

Auffassungen wie Erasmus, nur trete er entschiedener und konsequenter für die praktische Verwirklichung der geforderten Reformen ein.²⁹ Gerade die humanistischen Intentionen zuwiderlaufenden Pointen wie die zugespitzte Problematisierung guter Werke als Gefährdung der Orientierung an der Glaubensgerechtigkeit gehen in Bucers Zusammenfassung verloren. Die Gegenüberstellung von Gesetz und Evangelium wird relativiert durch den Verweis darauf, dass sich Luthers kritische Bewertung des Gesetzes als Heilsweg allein auf ein heteronom verstandenes Gesetz, nicht jedoch auf ein verinnerlichtes Gesetzesverständnis, die lex spiritus, beziehe.³⁰ Nicht die Unterscheidung von Gesetz und Evangelium bestimmt Bucers Theologie und Schriftauslegung, sondern das antithetische Schema externa versus spiritualia.³¹

Im Vergleich zu Luther fehlt in Bucers Theologie die enge Verbindung von Wort und Geist. Die Aktionseinheit von Wort und Geist, die für Luthers Theologie charakteristisch ist, ist gelockert. Es »ist nicht das ausserlich Wort gleich als ein karch [Karren], damit der geyst Gottes ins hertz gefüret werde,«³² und entsprechend hat Gott »seynen geyst und glauben an keyn Sacrament gehencket«.³³ Die Geschichte von den Weisen aus dem Morgenlande ist Bucer Paradebeispiel dafür, dass man auch ohne das Wort und das Predigtamt zum Glauben kommen könne.³⁴ Zwar hat er in der Auseinandersetzung mit dem spiritualistischen Schwärmertum hervorgehoben, dass das innere geistliche Wort mit dem äußerlichen Wort der Schrift übereinstimmen muss,³⁵ Gottes Handeln ist für ihn aber wesentlich Geisthandeln.³⁶

---

²⁹ Vgl. BCor 1,61,54–56.
³⁰ Vgl. BCor 1,62,76–95; vgl. auch BUCER, Metaphrases (s. Anm. 10), 28A.331A–339A; zu Bucers Auffassung, dass Paulus' kritische Äußerungen über das Gesetz sich allein gegen das Zeremonialgesetz oder ein falsches Verständnis des Gesetzes richteten, vgl. DETMERS (s. Anm. 2), 195–197 (mit Belegen). Noch in den vierziger Jahren hat Bucer seine Hochschätzung des Erasmus mit dem Hinweis erläutert, dass dieser im Gegensatz zu den Auswüchsen des kirchlichen Zeremonienwesens das schlichte Vertrauen auf Christus gelehrt habe (vgl. GRESCHAT [s. Anm. 2], 38).
³¹ Vgl. z.B. MARTIN BUCER, Grund und Ursach, 1524, BDS 1,256,11–21; DERS., Epistola D. Pauli ad Ephesios […]. In eandem commentarius, o.O. o.J. [1527], 59ʳ/ᵛ. 64ᵛ–65ʳ; vgl. auch JOHANNES MÜLLER, Martin Bucers Hermeneutik, Gütersloh 1965, 169–183; ANDREAS GÄUMANN, Reich Christi und Obrigkeit. Eine Studie zum reformatorischen Denken und Handeln Martin Bucers, Bern u.a. 2001, 211–217 (jeweils mit zahlreichen Belegstellen).
³² MARTIN BUCER, Getrewe Warnung gegen Jacob Kautz, 1527, BDS 2,239,7f.; vgl. auch BDS 2,238,26–29: »Das wort, welchs wir eüsserlich mit dem mundt reden, mit fleyssigen oren hören, mit henden schreiben odder trucken etc. ist nit das recht lebenhafft oder ewig bleibent wort gottes, sonder nur ein zeügnüß oder anzeygung des indren, damit dem ausseren auch genug geschehe.«
³³ BDS 2,241,16f.
³⁴ Vgl. MÜLLER (s. Anm. 31), 45.
³⁵ »Iuxta autem hoc quoque docendum, nulli omnino internae doctrinae vel reuela-

Die geisttheologische Ausrichtung gehört zum humanistischen Erbe in Bucers Werk.[37] Sie hat grundlegende Folgen für Bucers Sicht des Judentums. Durch sein gesamtes Œuvre zieht sich das Urteil, dass die jüdische Religion durch einen Mangel an Verinnerlichung und Geistorientierung gekennzeichnet sei. Wie Erasmus sieht Bucer im Judentum eine veräußerlicht-materialistische Frömmigkeit, die wahrer innerer geistig-geistlicher Religion entgegensteht.[38] Das Judentum wird zur Chiffre, die für veräußerlichtes Zeremonienwesen steht, ähnlich wie das auch bei Huldrych Zwingli der Fall ist.[39] Der Gottesdienst der Juden sei kein geistlicher Gottesdienst, sondern Zeremoniendienst. Auch die Verheißungen wie die Landverheißung seien auf Materielles bzw. Äußerliches ausgerichtet.[40]

Eng verbunden mit der Kritik am mangelnden geistlichen Gottesdienst ist der Vorwurf der Überreglementierung durch Gesetze. Diese führe zu einem veräußerlichten, heteronomen Gesetzesgehorsam und stehe im Gegensatz zu einem aus innerem Antrieb und Gesinnung kommenden Be-

---

tioni fidem habendam, nisi ea conueniat cum scripturis et habeat ita Analogiam cum fide. Adijciendum et hoc, Deum tanti Ecclesiam facere et ministerium verbi in ea, vt ordinarie nemini adultorum internam spiritus doctrinam largiatur absque externa per ministros« (Martin Bucer, In Synodo zun Rewern Anno 1533 contra Bernh. Wacker diaconum ad seniorem Petrum, BDS 5,424,35–39). Vgl. auch Martin Bucer, bericht Vber dem eusserlichen vnd innerlichen wort, 1533, BDS 5,427–429.

[36] »Also findt es sich, das der letst spruch in sachen des glaubens ist des heyligen geistes in eins yeden gläubigen hertzen« (Martin Bucer, Handel mit Cunrat Treger, 1524, BDS 2,93,19–21). Vgl. auch BDS 2,161,7–10.

[37] Schon August Lang hat Bucers Theologie als »Theologie des Geistes« bezeichnet (vgl. Ders., Der Evangelienkommentar Martin Butzers und die Grundzüge seiner Theologie, Leipzig 1900, 120). Zur geisttheologischen Ausrichtung und spiritualistischen Tendenzen bei Bucer vgl. W. Peter Stephens, The Holy Spirit in the Theology of Martin Bucer, Cambridge 1970; Christoph Strohm, Martin Bucer. Vermittler zwischen den Konfessionen (in: Martin H. Jung, Peter Walter [Hgg.], Theologen des 16. Jahrhunderts. Humanismus – Reformation – Katholische Erneuerung. Eine Einführung, Darmstadt 2002, 116–134.121f.).

[38] Vgl. z.B. Martin Bucer, Brief an einen »guten Freund«, 1538, BDS 7,363,6–364,3.

[39] Vgl. Detmers (s. Anm. 2), 152f. (mit zahlreichen Belegstellen).

[40] Vgl. Martin Bucer, Summary, 1523, BDS 1,83,6–17; Ders., Verantwortung, 1523, BDS 1,163,4–23.171,25–172,3; Ders., Grund und Ursach, 1524, BDS 1,215,20–30.218,19–220,31.235,4–236,14.253,5–15; Ders., Handel mit Cunrat Treger, 1524, BDS 2,121,18–122,4; Ders., Messgutachten, 1525, BDS 2,447,6–26; Ders., Apologie, 1531, BDS 3,301,11–303,9.305,25–29.308,16–19.312,10–24; Ders., Ratschlag A, 1530, BDS 3,323,31–36.326,8–11; Ders., Das einigerlei Bild, 1530, BDS 4,168,18–23; Ders., Gutachten über die Confessio Augustana, 1532, BDS 4,426,10–30; Ders., Handlung gegen Hoffman, 1533, BDS 5,96,15–33; Ders., Bericht auß der heyligen geschrift, 1534, BDS 5,183,24–30; Ders., Dialogi, 1535, BDS 6/2,140,28–141,32; Ders., Brief an einen »guten Freund«, 10.5.1539, BDS 7,363,6–364,12; Ders., Einfaltigs Bedencken, 1543, BDS 11/1,205,19–25; Ders., Gutachten zur Gestalt der Kirche, [1539?], BDS 12,224,5–9; Ders., Ein kurzer Bericht, 1539, BDS 12,246,14–20; Ders., Replik auf Marpecks Bekenntnis, 1532, BDS 14,105,26–32.159,21–29.

folgen der lex spiritus. Das kennzeichne das Judentum in gleicher Weise wie die päpstliche Kirche. Während Luther beide als Vertreter einer Religion des Gesetzesgehorsams und der Werkgerechtigkeit in eine Reihe stellt, ist für Bucer das Gemeinsame von Judentum und päpstlicher Kirche der Mangel an Verinnerlichung und geistlichem Gottesdienst.[41] So prägt die aus der humanistischen Prägung herrührende pneumatologische Ausrichtung der Theologie Bucers seine kritische Sicht des Judentum nachhaltig.[42]

3. Prädestination und bleibende Erwählung Israels

Eine weitere Eigenart der Theologie Bucers, die einen erheblichen Einfluss auf seine Sicht des Judentums hat, ist seine Betonung der Prädestinations- bzw. Erwählungslehre.[43] Denn hier geht es immer auch um die Frage der bleibenden Erwählung Israels. Man wird in dem starken Interesse Bucers an der Prädestination ebenfalls eine Auswirkung seiner humanistischen Prägung sehen müssen, die sich zugleich mit dem thomistischen Erbe des ehemaligen Dominikanermönchs verbindet.[44]

---

[41] Vgl. z.B. BUCER, Brief an einen »guten Freund« (s. Anm. 38).

[42] Detmers hat zu Recht darauf hingewiesen, dass Bucer seit Mitte der 1520er Jahre in der Auseinandersetzung mit dem Täufertum die Einheit des Bundes und nicht mehr so stark wie zuvor den Unterschied von Altem und Neuem Bund betont habe. Dass sich dann auch die Einschätzung der römischen Riten und die Qualifikation »der ihnen zugrundeliegenden Anschauungen als typisch ›jüdisch‹, d.h. als durch Christus längst überwunden und abgetan«, geändert habe (DETMERS [s. Anm. 2], 198), trifft nicht zu (siehe die Belege in Anm. 40).

[43] Zu Bucers Prädestinationslehre vgl. WILLEM VAN 'T SPIJKER, Prädestination bei Bucer und Calvin (in: WILHELM H. NEUSER [Hg.], Calvinus Theologus, Neukirchen-Vluyn 1976, 85–111); DE KROON, Martin Bucer (s. Anm. 4), 19–57 (darin, 36–57, Abdruck der *quaestio de praedestinatione* aus Bucers Römerbriefkommentar von 1536); CHRISTIAN KRIEGER, Réflexions sur la place de la doctrine de la prédestination au sein de la théologie de Martin Bucer (in: DERS., LIENHARD [s. Anm. 2], 83–99). Von einem Einfluss Zwinglis und dessen philosophisch geprägten Gottesgedanken geht aus: THEODOR MAHLMANN, Art. Prädestination V. Reformation bis Neuzeit, in: TRE 27,118–156, hier: 121 f. Van 't Spijker sieht ebenfalls einen Einfluss Zwinglis, hebt aber zugleich den großen Unterschied hervor. Bucer spricht nicht wie Zwingli in der Gotteslehre, sondern in der Heilslehre über die Erwählung (vgl. VAN 'T SPIJKER [s. Anm. 43], 101). Zum Einfluss Bucers auf Petrus Martyr Vermigli Prädestinationslehre vgl. FRANK A. JAMES III, Peter Martyr Vermigli and Predestination. The Augustinian Inheritance of an Italian Reformer, Oxford u.a. 1998, 223–244.

[44] Zu Thomas von Aquins Einflüssen auf Bucers Prädestinationslehre vgl. DE KROON, Martin Bucer (s. Anm. 4), 30–32; VAN 'T SPIJKER (s. Anm. 43), 95. W. Peter Stephens urteilte pointiert, dass die Prädestination »shapes the whole of Bucer's theology« (STEPHENS [s. Anm. 37], 23). Eine detaillierte Analyse der Aussagen Bucers über Prädestination und Erwählung in den frühen Evangelien- und Psalmkommentaren findet sich bei: JOHANNES WILLEM VAN DEN BOSCH, De ontwikkeling van Bucer's Praedestinatiegedanchten voor het optreden van Calvijn, Diss. Vrije Univ. Amsterdam 1922.

Es ist kein Zufall, dass Bucer – anders als Luther – unter den paulinischen Briefen neben dem Römerbrief den Epheserbrief und nicht den Galaterbrief besonders geschätzt hat. In der Widmungsrede des 1527 gedruckten Kommentars zum Epheserbrief würdigt er diesen als Zusammenfassung der gesamten Lehre des Evangeliums.[45] Prädestination und Erwählung kämen darin eine herausragende Bedeutung zu.[46] Im Römerbriefkommentar von 1536 hat Bucer das Thema in einer eigenen ausführlichen Quaestio abgehandelt.

Die grundlegende Bedeutung der Prädestination für die Theologie Bucers führt dazu, dass er die bleibende Erwählung Israels betont.[47] Hier droht ein Widerspruch zu den neutestamentlichen Texten, in denen von der Verwerfung Israels die Rede ist.[48] Im Zusammenhang der Kommentierung von Röm. 9–11 wird das Problem thematisiert. Ausgehend von Paulus' Rede von den Kindern Gottes, die *nach dem Fleisch* Kinder sind, und den Kindern der Verheißung (Röm. 9,6–13) sucht Bucer eine Lösung in der Unterscheidung von Israel nach dem Geist und Israel nach dem Fleisch.[49] Unter ersterem versteht er diejenigen, die von Beginn der biblischen Heilsgeschichte an auf die Verheißungen Gottes vertraut hätten. »Israel nach dem Fleisch« sind diejenigen, die zwar physisch von Abraham abstammen, aber ohne Glauben an Christus sind, das heißt konkret das zeitgenössische Judentum.[50] Von den Juden sind faktisch nur einige erwählt, die heilige Wurzel des Ölbaums (»radix electionis«). Die nicht Christus-gläubigen Juden sind für Bucer »die verbrochenen zweige und die verblendeten, denen Got ein stachlichen geist gegben habe, augen, das sie nit sehen, oren, das sie nit hören etc.«[51] Die Verwerfung der übrigen habe zum Ziel, dass sich die Heiden bekehren. Endlich würden auch die Juden wieder eingesetzt.[52] Die Spannungen, die Bucers Erwählungslehre

---

[45] Vgl. BUCER, Epistola D. Pauli ad Ephesios (s. Anm. 31), A5ʳ (Marg.: »Epistola ad Ephes. totius scripturae compendium«).

[46] »Cum vero Paulus in praedicanda Dei praedestinatione, electione, amplißimaque in nos bonitate et efficacia sanguinis Christi, hoc est, in annunciando syncero Euangelio, docendaque certae salutis, ita excelluerit, ut non parvo intervallo, alios sacros scriptores post se reliquerit, praesertim in lucem, et copiam spectes, optandum est, ut illius Epistolae quam familiarißimae Christianis omnibus reddantur« (a.a.O. A4ᵛ).

[47] Vgl. BUCER, Bericht auß der heyligen geschrift, 1534, BDS 5,183,6–13.184,6–36.

[48] Bucer führt es auf den geheimen Ratschluss Gottes zurück, dass ein großer Teil Israels verworfen sei (vgl. BUCER, Metaphrases (s. Anm. 10), 426B,6–11 [ad Rom 11]; weitere Belege bei DETMERS [s. Anm. 2], 201, Anm. 60).

[49] Vgl. BUCER, Bericht auß der heyligen geschrift, 1534, BDS 5,181,14–39.231,17–25; DERS., Einfaltigs Bedencken, 1543, BDS 11/1,199,4–20; DERS., Metaphrases (s. Anm. 10), 441A-B (ad Rom 11,11–24).

[50] Vgl. z.B. Bucer an den Landgrafen Philipp, 27.12.1538, BDS 7,388,6–21; DERS., Brief an einen »guten Freund«, 10.5.1539, BDS 7,364,28–31.368,5–25.369,4–28.

[51] BUCER, Brief an einen »guten Freund«, 10.5.1539, BDS 7,369,7–9.

kennzeichnen, lassen sich nicht auflösen. Das bedeutet auch Widersprüche zwischen Aussagen über Israel als Volk und der Rede von »eher wenigen« (pauciores) oder »den meisten« (plerique), die erwählt würden.[53] Zusammenfassend lässt sich sagen: Die Unterscheidung von Israel nach dem Fleisch und Israel nach dem Geist verhindert, dass Bucers Interesse an der Unumstößlichkeit der Prädestination und der bleibenden Erwählung Israels eine Aufwertung des zeitgenössischen Judentums bewirkt.

4. Betonung der Einheit von Altem und Neuem Bund

Ein weiteres Kennzeichen der Theologie Bucers ist die Betonung der Einheit von Altem und Neuem Bund.[54] Altes und Neues Testament sind der Substanz nach identisch. Das Neue Testament unterscheidet sich nicht dadurch vom Alten, dass ersteres durch Christus Bestand hat und letzteres mit den Vätern geschlossen ist. Vielmehr ist der Bund Christi der wahre und ewige Bund Gottes, der für alle Erwählten von Anbeginn der Welt derselbe ist.[55] Die Einheit des Bundes wird christologisch begründet; das Heilswerk Christi ist bereits Inhalt des Alten Bundes. Kontinuität gibt es darum sowohl im Blick auf die doctrina pietatis als Inhalt des Bundes als auch im Blick auf die göttlichen Einrichtungen zur Ordnung des menschlichen Zusammenlebens.[56]

---

[52] Vgl. DERS., Metaphrases (s. Anm. 10), 7A (ad Rom 11); weitere Belege bei DETMERS (s. Anm. 2), 202, Anm. 63.

[53] W. Nijenhuis sieht im Römerbriefkommentar »an unresolved tension between an individualistic and therefore exclusivist view of the election, which could do little justice to the idea of a permanent place for Israel as a nation in God's plan of salvation, and a more universalistic one which took into consideration the idea that the whole of Israel might be saved. We also discovered some conflict between the restoration of the chosen few by Christ with the rejection of the great majority and the ultimate restoration of precisely a large majority« (NIJENHUIS [s. Anm. 2], 60). Vgl. auch DETMERS (s. Anm. 2), 203.

[54] Zu Bucers Betonung der Einheit von altem und neuem Bund vgl. R. GERALD HOBBS, How Firm a Foundation. Martin Bucer's Historical Exegesis of the Psalms (in: ChH 53, 1984, 477–491); DERS., Martin Bucer on the Psalm 22. A Study in the Application of Rabbinic Exegesis by a Christian Hebraist (in: OLIVIER FATIO, PIERRE FRAENKEL [Hgg.], Histoire de l'exégèse au XVIe siècle, Genf 1978, 144–163); MÜLLER (s. Anm. 31), 200–206.

[55] »Collatio novi et veteris Testamenti [...] non est proprie novi Testamenti, quod per Christum constat, et vertis quod pepigit Deus cum patribus. Nam omnino in substantia utrunque idem est. Sunt enim et ipsi per Christum servati. Sed potius est inter ceremonias foederis cum Ebraeorum populo percussi, umbras, scilicet, veri testamenti, et foederis Christi, quod verum et aeternum Dei foedus est, idem cum omnibus electis, ab initio mundi [...]« (MARTIN BUCER, In sacra quatuor Evangelia, enarrationes perpetuae, secundum recognitae [...], Basel 1536, 121,23–28 [zu Mt. 5,19]). Weitere Belegstellen bei DETMERS (s. Anm. 2), 187, Anm. 13.

[56] Vgl. dazu genauer mit Belegen DETMERS (s. Anm. 2), 186–193.

Die Unterschiede zwischen Altem und Neuem Bund sind lediglich gradueller Art:

»Und ist aller underschaid zwischen disen zwayen Testamenten und gnadenbunden in dreyen stucken: Das erst, das Got die erkandtnuß seines Christi bey den alten dunckler, nun heller mitthaylet. Das ander, das [zu]vor solche erkandtnuß allain bey dem samen Abrahe nach dem flaisch offenlich gepredigt warde, nun aber allen Creaturen. Das dritt, das die alten, als die am gaist kindischer waren, von Got mehr eüsserer anfürung zur Religion empfangen haben, Wir, als denen der Herr seinen gaist reicher mitgethailt, weniger.«[57]

Bucer betont die Einheit des Bundes angesichts der Abwertung des Alten Testaments durch die Täufer und Spiritualisten.[58] Darüber hinaus ist ihm die Kontinuität von Altem und Neuem Bund das entscheidende Argument in der Auseinandersetzung um die Kindertaufe. Wie die Beschneidung als Sakrament des Alten Bundes an Säuglingen vollzogen wurde, erfolgt die Taufe als Sakrament des Neuen Bundes ebenfalls im Kindesalter. Überzeugung wie Frontstellung teilt Bucer mit Zwingli, der in Zürich in gleicher Weise gegen die dort wirkenden Täufer argumentiert hatte.[59] Konsequenterweise war Zwinglis Nachfolger in Zürich, Heinrich Bullinger, der erste, der der Einheit von Altem und Neuem Bund eine eigene Schrift gewidmet hat, die 1534 gedruckte *De testamento seu foedere Dei unico et aeterno [...] brevis expositio*.[60]

Wie bei Zwingli[61] führt die Betonung der Einheit des Bundes und die Ablehnung zweier Bundesschlüsse bei Bucer nicht zu einer theologischen

---

[57] BUCER, Dialogi, 1535, BDS 6/2,130,5–11; vgl. auch DERS., Bericht auß der heyligen geschrift, 1534, BDS 5,182,16–26; zu den teilweise wörtlichen Übereinstimmungen in Calvins zweiter, in Straßburg entstandener *Institutio Christianae Religionis* von 1539 vgl. bes. JOHANNES CALVIN, Institutio Christianae Religionis, Buch II, Kap. 10, § 2 (in: PETER BARTH, WILHELM NIESEL [Hgg.], Joannis Calvini opera selecta, Bd. 3, München 1928, 404,5–7); Institutio II,10,2 (Opera selecta 3,404,20–22); Institutio II,11,1 (Opera selecta 3,423,12 f.; vgl. auch Institutio II,11: »De differentia unius Testamenti ab altero«, Opera selecta 3,423–436).

[58] Vgl. bes. BUCER, Bericht auß der heyligen geschrift, 1534, BDS 5,119–258.

[59] Zu Zwingli vgl. DETMERS (s. Anm. 2), 144–184. Den Zusammenhang der Etablierung des Bundesgedankens mit der Notwendigkeit einer Auseinandersetzung mit den Täufern bei Zwingli, Bullinger und Calvin hat zuerst Gottlob Schrenk eingehender beschrieben (vgl. GOTTLOB SCHRENK, Gottesreich und Bund im älteren Protestantismus vornehmlich bei Johannes Coccejus. Zugleich ein Beitrag zur Geschichte des Pietismus und der heilsgeschichtlichen Theologie, Gütersloh 1923, 36–49). Eine neuere Gesamtdarstellung zur reformierten Bundestheologie bei: ANDREW A. WOOLSEY, Unity and continuity in covenantal thought. A study in the Reformed tradition to the Westminster Assembly, Grand Rapids 2012.

[60] HEINRICH BULLINGER, De testamento seu foedere Dei unico et aeterno [...] brevis expositio, Zürich 1534. Vgl. dazu JOACHIM STAEDTKE, Die Juden im historischen und theologischen Urteil des Schweizer Reformators Heinrich Bullinger (in: DERS., Reformation und Zeugnis der Kirche. Gesammelte Studien, Zürich 1978, 29–49).

[61] »Nunc qum gentilium ecclesiam dicimus, iam ea ipsa est, quę olim Iudaeorum erat,

Würdigung des Judentums. Vielmehr wird das jüdische Volk, das nicht an Christus glaubt, vollständig durch die heidenchristliche Kirche beerbt bzw. enterbt. Auch wenn Bucer gegenüber der Abwertung des Alten Testaments im Täufertum und in spiritualistischen Kreisen die bleibende Geltung hervorhebt, macht Bucer an der Verdammung des Judentums, das sich nicht zum Glauben an Christus bekennt, des »Judentums nach dem Fleisch«, keine Abstriche.[62] Unter Bezugnahme auf die einschlägigen Bibelstellen wird das vielfach betont. Die Betonung der Einheit von Altem und Neuem Bund bedeutet keineswegs einen Verzicht auf die traditionelle Substitutionslehre. Bucer bestimmt die Substitution Israels durch die Kirche vielmehr zeitlich genau in der Verherrlichung Christi und der folgenden Ausgießung des Heiligen Geistes zu Pfingsten.[63]

Die Betonung der Einheit von Altem und Neuem Bund hat zur Folge, dass Bucer dem alttestamentlichen Gesetz tendenziell bleibende Geltung zuerkennt. Das bedeutet insbesondere auch die Anwendung der alttestamentlichen Religionsgesetzgebung. Sie wird nun gerade gegen das Judentum als von der rechten Frömmigkeit und Gottesverehrung abweichend gerichtet. So setzt Bucer in seinem Judenratschlag bei der Pflicht der Obrigkeit zur Fürsorge für die wahre (christliche) Religion ein:

»[A]uß dem gesetz Gottes vnd der natur« – d.h. aus dem Alten Testament und dem Naturrecht – »erkennett man, das man widderwerttige vnd falsche Religionn zum Hohesten straffen vnd mit nichten gedulden soll.«[64]

Bucer beruft sich ausdrücklich auf das Deuteronomium:

»Derhalben hat Got selbs in seiner pollicey alle die, so die ware Religion verletzen, mit so grossem ernst geboten, vom volck auszerotthen, Deut 13 [6]; 17 [12] vnd auch mit gleichem ernst verpotten, einige verwandtschaft ader gemeinschafft mit den vnglewbigen zuhalten, ader sie vnter Jßrahel wonen zulassen, Deut. 7 [1–5].«[65]

---

et gentilium sive impiorum populus Iudęi. Nos enim in illorum locum, posteaquam excisi sunt, inserti sumus, non in alium aliquem isti proximum. Duo vero testamenta dicuntur, non quod duo diversa testamenta sint; nam sic oporteret non tantum duos diversos esse populos, sed duorum diversorum populorum duos quoque deos« (HULDRYCH ZWINGLI, In catabaptistarum strophas elenchus, 1527, Huldreich Zwinglis sämtliche Werke 6/1 = CR 93/1, Zürich 1961, 163,28–164,4).

[62] »Diese Juden sind auch nit der ware Israel, nicht vom verheisnen samen Isaacs, sonder von der Hagar Ismaheliten. Derhalben sie auch die Christen, den waren Israel hassen, und verfolgen, wie der liebe Paulus schreibt zun Galatern am 4. [21ff., besonders 22]. Und derhalben, weil die Juden dieser zeiten des widerwertigen samens sind, der den gebenedeiten samen verfolget und nicht Gottes kinder, sonder feind und eben des geists und thuns, des die verstockten Päpstler Türcken und ander onglaubige sind, die ire glaublose werck und geprenge für Christum setzen, so solle uns nicht underen, das sie uns hassen und verfolgen wie die bösen Päpstler« (BUCER, Brief an einen »guten Freund«, 10.5.1539, BDS 7,364,28–365,3). Vgl. auch BDS 7,368f.

[63] Vgl. DETMERS (s. Anm. 2), 201.

[64] BUCER, Judenratschlag, 1538, BDS 7,345,16–18.

[65] BUCER, a.a.O. 344,16–20.

Die Betonung der Einheit des Bundes und die damit verbundene Aufnahme der alttestamentlichen Regelungen gegen Irrlehrer führen dazu, dass Bucer in seinem Judenratschlag die Fluchandrohung in Dtn. 28 gegen das zeitgenössische Judentum wenden kann:

»Zum andern hatt der her den juden dis recht gesetzt, Deut 28 [43–44]: *Der frimbtling, der bey dir ist, wirdt vber dich stigen vnnd jmer obenn schweben,du aber wirdts herunter steigenn vnnd jmmer vnnterleigen. Er wirdt dir leien, du wirst jme nicht leyen, er wirtt das haupt sein, vnnd du wirst der schwanntz sein* etc. Dis gottlich recht solenn vnnser obern ann den juden volnstrecken vnd nicht vnnderstehen, barmhertziger zu sein dann die barmherzigkeit selbst, gott der her.«[66]

Die Juden sollen als »feinde Christi« von der christlichen Obrigkeit nicht besser behandelt werden als »alle abtrinnige Christen«.[67] Der Fluch »Du wirst der Schwanz sein« wird zum wichtigsten Begründungsmuster und zur Leitlinie der Behandlung der Juden im Judenratschlag von 1538.[68]

Achim Detmers hat darauf hingewiesen, dass Bucers Rückgriff auf Dtn. 28,43 f. möglicherweise von Antonius Margarithas einschlägiger Schrift[69] inspiriert gewesen ist.[70] Unabhängig davon liegt die Heranziehung der deuteronomistischen Gesetzgebung als Maßstab obrigkeitlichen Handelns in Religionsangelegenheiten jedoch ganz auf der Linie von Bucers praktisch-ethisch und politisch ausgerichteter Theologie.

5. Reich Christi und christliche Gesellschaftsordnung

Bucer hat selbst auf die Bedeutung des Alten Testaments als Orientierungsmaßstab für die Gestaltung von Kirche und Staat hingewiesen.[71] Gerade weil sich hier die von Gott gegebenen, grundlegenden Vorschriften

---

[66] BUCER, a.a.O. 353,24–354,4.
[67] BUCER, Brief an einen »guten Freund«, BDS 7,370,13–16.
[68] Vgl. BUCER, Judenratschlag, 1538, BDS 7,353,24–354,2; a.a.O. 354,12f.355,5f.356,2f. 356,14f.356,19f. Vgl. auch DERS., Brief an einen »guten Freund«, 1538, BDS 7,369,29–31. 370,13–15; BUCER an den Landgrafen Philipp, 27.12.1538, BDS 7,389,3–5.389,10. Landgraf Philipp von Hessen hingegen formulierte Vorbehalte dagegen, das Fluchwort an den Juden zu exekutieren (vgl. Philipps Brief an die Räte vom 23.12.1538, BDS 7,381,18–37).
[69] Vgl. ANTONIUS MARGARITHA, Der gantz Jüdisch glaub mit sampt einer gründtlichen vnd warhafften anzaygunge Aller Satzungen, Augsburg 1530.
[70] Vgl. DETMERS (s. Anm. 2), 211.
[71] Zu Bucers Verständnis der Aufgaben der weltlichen Obrigkeit vgl. KOCH (s. Anm. 28), 152–186; MARIJN DE KROON, Studien zu Martin Bucers Obrigkeitsverständnis. Evangelisches Ethos und politisches Engagement, Gütersloh 1984; GOTTFRIED HAMMANN, Martin Bucer. Zwischen Volkskirche und Bekenntnisgemeinschaft, Wiesbaden 1989, 251–273; GÄUMANN (s. Anm. 31); DERS., Bucer und das Widerstandsrecht (in: CHRISTOPH STROHM [Hg.], Martin Bucer und das Recht. Beiträge zum internationalen Symposium in der Johannes a Lasco Bibliothek Emden vom 1. bis 3. März 2001, Genf 2002, 231–244).

dazu finden, ist es das vornehme Ziel aller Häretiker, den Geltungsanspruch des Alten Testaments zu unterminieren.[72] Insofern ist der skizzierte Rückgriff auf die alttestamentlichen Regelungen zur Behandlung der Juden durch die weltlichen Obrigkeiten folgerichtig. Wie im Deuteronomium gehört die Sorge für die rechte Gottesverehrung zu den primären Aufgaben der weltlichen Obrigkeit, ja, sie ist deren erste Pflicht, denn ohne »einige« Religion ist für Bucer ein funktionierendes Gemeinwesen nicht vorstellbar.[73] »Praecipua cura magistratus, vera religio«, heißt es in einer Marginalie des Römerbriefkommentars.[74] Andreas Gäumann hat wie folgt geurteilt: »Der Stadtreformator Bucer differenziert nicht zwischen Bürger- und Christengemeinde, sondern sieht das Gemeinwesen als eine vom König Christus geleitete Einheit. Weltliches und geistliches Regiment sind von Christus eingesetzt und sollen für die Ausbreitung des regnum Christi zusammenarbeiten, ja dessen Herrschaft bezeugen. Insofern soll das Gemeinwesen seine Ausrichtung im regnum Christi finden.«[75] Der Staat ist als eine Art Besserungs- und Erziehungsanstalt verstanden, in dem die weltliche Obrigkeit durch Strafen vom Tun des Bösen abhält und durch erzieherische Maßnahmen das Gute fördert.[76] Der Kirche kommt hier eine herausragende Aufgabe zu, da nur die Religion, nicht aber äußere Strafen Gesinnung und Haltung zum Guten bessern können.[77]

Bucer weiß, dass sich der rechte Glaube nicht mit Gewaltmitteln erzwingen lässt.[78] Gleichwohl ist die weltliche Obrigkeit »schuldig jnn der ersten tafel, alle mißbreuch vnd abgötterey, so wider die vier ersten gebot zu entheyligung Gottes namen vffgebracht werden, abzustellen vnd außzureuthen vnd dagegen sich befleissen, damitt ihren vnderthonen Gottes wortt dermaßen klar vnd hell vurgetragen vnd geprediget werde durch geschickte vnd verstendige leuth, das sie Gott recht erkennen vnnd fürchten lernen, seinen namen heyligen vnd sein ministerium Euangelij nit ver-

---

[72] Vgl. BUCER, Metaphrases (s. Anm. 10), 190B–191A (ad Rom 3,20–26).
[73] Vgl. BUCER, Judenratschlag, 1538, BDS 7,344,3–10 (teilweise zitiert unten S. 94f.).
[74] BUCER, Metaphrases (s. Anm. 10), 489B (Marg.).
[75] GÄUMANN (s. Anm. 71), 231 f.; vgl. auch BERND MOELLER, Reichsstadt und Reformation, Tübingen 2011, 88–104; KOCH, Studium Pietatis (s. Anm. 28), 154–158; EIKE WOLGAST, Hochstift und Reformation. Studien zur Geschichte der Reichskirche zwischen 1517 und 1648, Stuttgart 1995, 45–54.
[76] Vgl. GÄUMANN (s. Anm. 31), 359–406; vgl. auch MATHIAS SCHMOECKEL, Recht durch Erziehung – Gesetz zur Bildung. Usus legis Reformatorum (in: STROHM [Hg.], Martin Bucer und das Recht [s. Anm. 71], 245–270).
[77] Vgl. GÄUMANN (s. Anm. 31), 361–365.
[78] »Wir sagen auch noch, das man zum glauben niemand zu zwingen understohnn solle, auch nit vermag, also das alleynn mit dem zwang iemand konde glaubig machet werden« (BDS 5,476,17–19). Vgl. auch BDS 5,451; BUCER, Von der waren Seelsorge, 1538, BDS 7,146–151.

achten, sonder groß vnd werth haltten.«[79] Selbstverständlich kann eine solche Aufgabenbeschreibung nur von einer wahrhaft christlichen Obrigkeit erfüllt werden.[80] Einmal mehr werden dann die gottesfürchtigen Könige Israels Josia, Hiskia, David und Josaphat angeführt.[81]

Bucer hat der Unterscheidung von geistlichem und weltlichem Regiment keine eigene Schrift gewidmet, wie Luther das 1523 mit seiner Obrigkeitsschrift tat.[82] Entsprechende Aussagen finden sich nur selten, insbesondere in den letzten Straßburger Jahren, als sich Enttäuschung über das mangelnde Engagement der weltlichen Obrigkeit für die Sache des Evangeliums und des Reiches Christi breit machte.[83]

Es ist insofern konsequent, wenn er seinen Judenratschlag von 1538 mit dem Verweis auf die Notwendigkeit der Sorge der weltlichen Obrigkeit für die einige, wahre Religion beginnt: »Zuo recht geordneter pollicey ist vonnothen, das die Obern die grosten sorge vnd vleis ankeren, damit jm volck die einige, ware Religion bestand vnd jmer zuoneme.«[84] Das bedeutet: »Der halben hat Got selbs in seiner pollicey alle die, so die ware

---

[79] BUCER, Von der Kirchen mengel und fähl, 1546, BDS 17,5–11.

[80] »Dieweyl dan das ampt der oberkeyt nieman recht füren kann, dann ein Christ, dann sunst nieman recht weiß, was böß vnd gute werck sind« (Replik Bucers auf Marpecks Bekenntnis, 1532, BDS 14,223,30–32).

[81] Vgl. BUCER, Von der Kirchen mengel und fähl, 1546, BDS 17,162,11–13. An anderer Stelle werden noch die christlichen Kaiser Konstantin der Große, Valentinian, Theodosius und Karl der Große hinzugefügt. Vgl. DERS., De regno Christi, 1550, BOL 15,98–102; DERS., Dialogi, 1535, BDS 6/2,49f.; DERS., Das ym selbs, 1523, BDS 1,57,22–24. Bucer geht von dem Zusammenhang von Sorge für die rechte Gottesverehrung und Wohlergehen des Gemeinwesens aus, das das deuteronomistische Geschichtswerk der Könige-Bücher bestimmt. Wenn die Könige ihrer diesbezüglichen Pflicht nachkommen, geht es Israel gut, wenn nicht, hat das unmittelbar negative Folgen für das gesamte Gemeinwesen.

[82] MARTIN LUTHER, Von weltlicher Obrigkeit, wieweit man ihr Gehorsam schuldig sei, 1523, WA 11,381–469. Im Jahr 1525 erschien in Straßburg eine lateinische Übersetzung dieser Schrift: MARTIN LUTHER, De sublimiore mundi potestate. Ins Latein. übers. v. Johannes Lonicer, o.O. [Straßburg: Johann Herwagen d. Ä.] 1525 [VD 16 L 7321].

[83] »Es hatt auch die welttlich Oberkeit in dißen stucken, diewyl sie gottes wort sind, nichts zusetzenn noch zugebiethen. Es were dann sach, das die kirchen diener und pfläger in jhrem ampt hinleßig erfunden wurden oder aber ein falsche, schedliche leer einfureten in die kirchen und sie solchs uberwißen weren. So hatt die Oberkeyth nit allein gewalt, sonder ist auch schuldig, ihre prediger und kirchen pfleger uff jhr ampt zuweisen und ihm fall, das nichts erschießen [= fruchten] wolte, gar abzusetzen unnd jhre kirchen mitt andern beßer zuversähen. Darumb ist dißer underschid hie wol zumercken, das man lerne, beide Regiment recht von einander scheiden. Namlich das die weltlich Oberkeyth uff der pfaltz jhren oberzöleten befelch trewlich verrichte, die kirchen nicht hindere in dem, so ihr zugehörig, sonder sie und ihre diener schutze und schirme; Die kirche sich der welttlichen gescheffti vnnd des ußerlichen gewalts gantz und gar entschlahe und sich allein ihres gewalts, so da geistlich ist, die gewissen zuregieren, bruche« (BUCER, Von der Kirchen mengel und fähl, 1546, BDS 17,163,20–32).

[84] BUCER, Judenratschlag, 1538, BDS 7,344,3–5.

Religion verletzen, mit so grossem ernst gebotten, vom volck auszerotthen, Deut 13 [6]; 17 [12] vnd auch mit gleichem ernst verpotten, einige verwandtschaft ader gemeinschafft mit den vnglewbigen zuohalten, ader sie vnter Jßrahel wonen zelassen, Deut. 7 [1–5].«[85] »alle frombkeitt vnd seligkeit leibs vnd seelen [hängt] an der waren Religion«.[86]

Bucer beruft sich für diese grundlegenden Überlegungen nicht nur auf das göttliche Recht, das Naturrecht, das römische Recht und die Konzile,[87] sondern ausdrücklich auch auf »Plato, Xenophon, Aristoteles vnd andre weisen«.[88]

Das ist – wie auch die starke Betonung der Erziehungsaufgabe des Staates – ein Indiz für das Weiterwirken erasmianisch-humanistischen Einflusses gerade in diesem Zusammenhang.[89] Darüber hinaus sind die Betonung der Verantwortung der weltlichen Obrigkeit, das Volk zur wahren Religion zu führen,[90] und die daraus resultierenden harten Maßnahmen gegen Abweichler[91] wie die Juden konsequente Umsetzung des Anspruchs, über die reformatio doctrinae hinaus die reformatio vitae voranzutreiben.[92] Auch hier ist ein Fortwirken humanistischen Einflusses zu konstatieren.

---

[85] BUCER, a.a.O. 344,16–20.
[86] BUCER, a.a.O. 344,6f.
[87] Vgl. dazu WILLEM NIJENHUIS, A remarkable historical argumentation in Bucer's »Judenratschlag« (in: DERS. [s. Anm. 2], 23–37).
[88] Vgl. BUCER, Judenratschlag, 1538, BDS 7,344,10f.
[89] Vgl. WILHELM MAURER, Das Verhältnis des Staates zur Kirche nach humanistischer Anschauung, vornehmlich bei Erasmus, Gießen 1930, 12–25.
[90] Für die frühe Zeit vgl. MARTIN BUCER, Grund und Ursach, 1524, BDS 1,271,20–272,4; ferner DERS., Summarischer Begriff, 1533, BDS 5,492; DERS., Dialogi, 1535, BDS 6/2,113–165; DERS., Metaphrases (s. Anm. 10), 484A-B.
[91] Vgl. dazu auch BUCER, Von der waren Seelsorge, 1538, BDS 7,146–150; DERS., Dialogi, 1535, BDS 6/2,150–154; weitere Belege bei: GÄUMANN (s. Anm. 31), 513–517. Zur Begründung der harten Maßnahmen, welche die Obrigkeit gegen die Juden auszuführen hat, beruft sich Bucer auch auf den neutestamentlichen Grundsatz (1.Petr 2,14), dass die Obrigkeit »zur rache der übelthäter und zu lobe der wolthäter [gesetzt sei], wie S. Peter saget, das Gottes ordnung seie« (BUCER, Brief an einen »guten Freund«, 1538, BDS 7,371,35–37). Das bedeutet, dass die Obrigkeit vor allen anderen Vergehen diejenigen, die sich gegen Gott und die rechte Gottesverehrung richten, zu bestrafen hat. »Es ist ein besonders anfechtung bei filen, das sie verletzung der religion, die Got und alle gotseligen Fürsten und gesetzgeber zum ernstlichsten und vor allen anderen lastern und sünden zu straffen geordnet und selb gestraffet haben als geringer schetzen und onstrefflicher halten, dann andere laster« (BDS 7,371,38–372,4).
[92] Umfassenden Ausdruck findet dieses Bestreben in der kurz vor seinem Tod im englischen Exil für den jungen englischen König Edward VI. verfassten Schrift *De regno Christi* (BOL 15); dazu WILHELM PAUCK, Das Reich Gottes auf Erden. Utopie und Wirklichkeit. Eine Untersuchung zu Bucers *De regno Christi* und zur englischen Staatskirche des 16. Jahrhunderts, Berlin 1928; GÄUMANN (s. Anm. 31), 135–141. Hier wird die Verantwortung der weltlichen Obrigkeit, dem Reich Christi in allen möglichen Dimensionen der Gesellschaftsgestaltung zur Ausbreitung zu verhelfen, umfassend erläutert. Auch die Aufwertung der Kirchenzucht als einer nota ecclesiae neben rechter Predigt

Résumé

Der Überblick über die relevanten Grundentscheidungen der Theologie verdeutlicht, dass die Empfehlungen des Judenratschlags von 1538 durchaus im Kontext der Theologie Bucers zu verstehen sind. Auch wenn man einzelne Entwicklungen zwischen 1520 und 1551 feststellen kann,[93] entsprechen die Empfehlungen den grundlegenden theologischen Einsichten Bucers. Insbesondere die Auffassung von der Sorge für die rechte Gottesverehrung als primärer Aufgabe der weltlichen Obrigkeit zieht sich durch sein gesamtes Werk, auch wenn sich die Auseinandersetzung mit dem Täufertum in den dreißiger Jahren hier verstärkend auswirkt. Man kann auch nicht sagen, dass sich die exegetischen Einsichten nicht gegen antijudaistische Stimmungen durchsetzen konnten. Denn das Interesse an der unumstößlichen Prädestination und der bleibenden Erwählung Israels gewährleistet ebenso wenig wie die Betonung der Einheit des Bundes eine positive Wertung des zeitgenössischen Judentums. Schließlich ist der Bucers Theologie und Schriftauslegung durchgängig beherrschende Gegensatz von externa und spiritualia eine dauernde Quelle der Abwertung des Judentums als einer auf das Äußerlich-Zeremonielle ausgerichteten Religion.

---

und Sakramentsverwaltung, die Bucer als Erster unter den Reformatoren vollzogen hat, ist hier zu nennen (vgl. BUCER, Einfaltigs Bedencken, 1543, BDS 11/1, 259,32–260,3; vgl. auch DERS., Von warer Seelsorge, 1538, BDS 7,112–241). Zu Bucers Verständnis der Kirchenzucht vgl. HAMMANN (s. Anm. 71), 191–206.

[93] Detmers hat darauf hingewiesen, dass sich die für einen erfahrenen Hebraisten, wie Bucer es war, erstaunliche Forderung, den Juden den Talmud zu nehmen, erst im Jahr 1538 findet (vgl. BUCER, Judenratschlag, 1538, BDS 7,351,22–25; DETMERS, Bucers Brief an den Landgrafen Philipp, 27.12.1538, BDS 7,390,5–7). In der Vorrede zum Psalmenkommentar von 1529 habe Bucer noch eine deutlich differenziertere Bewertung des jüdischen Schrifttums wahrgenommen (vgl. DETMERS [s. Anm. 2], 212).

Calvin und die Juden[1]

Daniele Garrone

Über *Calvin und die Juden*[2] – das gilt auch für andere im Vordergrund der Reformation des 16. Jahrhunderts stehende Figuren – ist wesentlich weniger geforscht und geschrieben worden als über *Luther und die Juden*.[3] Diese Asymmetrie hat vor allem zeitbedingte Gründe: Während Luther der Frage verschiedene thematische Schriften gewidmet hat, ist von Calvin dazu nur eine einzige, posthum von Theodor von Beza veröffentlichte, bekannt.[4] Zudem hat der Gebrauch, der in der Nazizeit von den Judenschriften Luthers gemacht worden ist, zweifellos die öffentliche Diskus-

---

[1] Überarbeitete Fassung des dem mündlichen Vortrag zugrundeliegenden Textes. Ute Lindner sei herzlich gedankt für die Übersetzung meines italienischen Textes. – Die Abkürzung »CO« bezieht sich auf die *Calvini Opera* innerhalb des *Corpus Reformatorum*. Die Abkürzung »Inst.« bezieht sich auf Calvins *Institutio* in ihrer Fassung von 1559.

[2] Ich verweise insbesondere auf: Achim Detmers, Reformation und Judentum. Israel-Lehren und Einstellungen zum Judentum von Luther bis zum frühen Calvin, Stuttgart u.a. 2001; Ders., »Oft habe ich mit vielen Juden gesprochen«. Calvins Verhältnis zum Judentum, (in: Rolf Decot, Matthieu Arnold [Hgg.], Christen und Juden im Reformationszeitalter, Mainz 2006, 23–41; = Ders., Calvin, the Jews, and Judaism, in: Dean Phillip Bell, Stephen G. Burnett [Hgg.], Jews, Judaism, and the Reformation in Sixteenth Century Germany, Leiden, Boston 2006, 197–217); Horst Krüger, Erben des Evangeliums: Calvin und die Juden, Kampen 1985; J. Marius J. Lange van Ravenswaay, Calvin und die Juden – eine offene Frage? (in: Heiko A. Oberman u.a. [Hgg.], Reformiertes Erbe, Festschrift G. W. Locher, Bd. 2, Zürich 1993, 183–194); Ders., Die Juden in Calvins Predigten (in: Achim Detmers, J. M. J. Lange van Ravenswaay [Hgg.], Bundeseinheit und Gottesvolk. Reformierter Protestantismus und Judentum im Europa des 16. und 17. Jahrhunderts, Wuppertal 2005, 59–69); Ders., Calvin and the Jews (in: Herman J. Selderhuis [Hgg.], The Calvin Handbook, Grand Rapids, Cambridge 2009, 143–146); G. Sujin Pak, John Calvin and the Jews: His Exegetical Approach (http://www.reformedinstitute.org/documents/GSPak.pdf); G. Sujin Pak, Judaizing Calvin: Sixteenth-Century Debates over the messianic Psalms, Oxford 2010; Mary Potter Engel, Calvin and the Jews, a textual puzzle (in: The Princeton Seminary Bulletin, Supplementary Issue 1, 1990, 106–123 [http://pdf.ptsem.edu/digital/journal.aspx?id=PSB1990Sup1&div=dmd011]); Jack Hughes Robinson, John Calvin and the Jews (American University Studies VIII. Theology and Religion 123, New York etc. 1992).

[3] Hunderte von Aufsätzen und Dutzende von Monographien, von Reinhold Lewin (Luthers Stellung zu den Juden. Ein Beitrag zur Geschichte der Juden in Deutschland während des Reformationszeitalters, Berlin 1911) bis Thomas Kaufmann (Luthers »Judenschriften«, Tübingen 2011; Luthers Juden, Stuttgart 2014), liegen vor.

[4] Johannes Calvin, Ad quaestiones et obiecta iudaei cuiusdam responsio Io. Calvini (CO 9,658–674). Deutsche Übersetzung: Calvin-Studienausgabe, hg. v. Eberhard Busch, Bd. 4: Reformatorische Klärungen, Neukirchen-Vluyn 2002, 357–405. Französische Übersetzung mit Einleitung und Kommentar: Réponse aux questions et objections d'un certain Juif. Traduction du latin, présentation et annotations suivies d'un commentaire herméneutique par Marc Faessler, Genf 2010.

sion beeinflusst, aber auch die Forschung befördert. Zuletzt hat die besondere Rolle der evangelischen Kirchen bei der Reflexion über den christlichen Antijudaismus und den Antisemitismus – vor allem, aber nicht nur, aus Anlass des fünfhundertsten Jahrestags der Geburt des Reformators 1983 – eine Auseinandersetzung mit den Äußerungen Luthers über die Juden und das Judentum nach sich gezogen.[5]

Es ist zu wünschen, dass das bevorstehende Jubiläum der Reformation den Anlass gibt, auch die Forschung zu den anderen Figuren der Reformation zu vertiefen. Alle Vertreter der Reformation – wie eigentlich jeder mittelalterliche oder zeitgleiche Theologe und christliche Kirchenmann – haben sich zum alttestamentlichen Israel, zur Beziehung zwischen den beiden Testamenten, zum zeitgenössischen Judentum und zu Israel *post Christum natum* geäußert. Luther war nicht der einzige, der sich gegen die

---

[5] Aus den Namens- und Sachregistern der umfangreichsten Sammlungen von christlichen Äußerungen zum Judentum gehen folgende Größenverhältnisse hervor. Bei ROLF RENDTORFF, HANS HERRMANN HENRIX (Hgg.), Die Kirchen und das Judentum 1945–1985, Paderborn, München 1988: Calvin 2 Belege; Butzer 0; Zwingli 0; Luther und die Juden 10 Belege. Eines der zur Frage stehenden Dokumente ist gänzlich Luther gewidmet: Vollversammlung des Lutherischen Weltbundes, Erklärung *Luther, das Luthertum und die Juden* vom 1. August 1984. Das Dokument des Rates der Evangelischen Kirche in Deutschland *Martin Luthers Gegenwart 1983* vom 1. Januar 1983 hat einen Abschnitt über »Luther und die Juden«. Bei HANS HERRMANN HENRIX, WOLFGANG KRAUS (Hgg.), Die Kirchen und das Judentum. Dokumente von 1986–2000, Paderborn, München 2001: Calvin 1 Beleg; Butzer 0; Luther und die Juden 27 Belege; Zwingli 0. Der einzige Calvin erwähnende Text ist die *Botschaft anlässlich des 50. Jahrestages des Endes des II. Weltkrieges und des 50. Jahrestages der Befreiung des Kozentrationslagers Auschwitz vom Mai 1995* der Synode der evangelisch-reformierten Kirche in Polen (a.a.O. 505). Nachdem man die Beteiligung der christlichen Kirchen an der Erscheinung des Antisemitismus angeführt hat, fährt diese Botschaft fort: Die Kirchen »waren in ihrer Theologie antijudaistisch und belasteten jeden Juden mit der Schuld am Tod Christi. Zu den Ausnahmen gehörte (sic!) das Denken und die Einstellung von Joh. Calvin, dem großen Reformator der Kirche im 16. Jahrhundert. Er schrieb u.a. so: ›Wer erlaubt es sich, die Juden von Christus abzusondern? Wurde doch mit ihnen ein Bündnis geschlossen, dessen einziges Fundament Christus ist. Wer erlaubt es sich, sie aus dem unverdienten Heil der Erlösung auszuschalten? Den Juden wurde die praktische Erprobung der Rechtfertigung durch den Glauben geben.‹« – Seit 1975 enthält die im Lutherjahrbuch veröffentliche Lutherbibliographie im Kapitel *Die Beziehungen zwischen Luther und den gleichzeitigen Strömungen, Gruppen, Persönlichkeiten und Ereignissen*, eine Abteilung *Juden*. Gleiches ist nicht der Fall bei der vom Calvin Theological Journal veröffentlichten Calvin Bibliography. – In dem im Jahre 2009 unter dem Titel *Calvin heute* erschienenen Band (MICHAEL WEINRICH, ULRICH MÖLLER [Hgg.], Calvin heute. Impulse der reformierten Theologie für die Zukunft der Kirche, Neukirchen-Vluyn 2009 [engl. Übersetzung 2011]) wird unter den behandelten Themen die Beziehung zu den Juden nicht berücksichtigt. Das gleiche gilt für DAVID WILLIS, MICHAEL WELKER (Hgg.), Toward the Future of Reformed Theology. Tasks, Topics, Traditions, Grand Rapids, Cambridge 1999. Im *Calvin Handbook* wird Verhältnis Calvins zu den Juden nur im Artikel von LANGE VAN RAVENSWAAY (s. Anm. 2) thematisiert. Auch DAVID C. STEINMETZ, Calvin in Context, Oxford ²2010, enthält einen Abschnitt über »Calvin and the Jews« (217–234).

Duldung der Juden ausgesprochen hat. Butzer und, wie Achim Detmers[6] gezeigt hat, auch Bullinger haben nicht weniger drastische Maßnahmen gefordert.

Auch aufgrund der wenig entwickelten Forschungslage sind die Einschätzungen von Calvins Verhältnis zum Judentum recht gegensätzlich. Man kann ihn sowohl als einen kämpferischen Vertreter des Antijudaismus sehen als auch keine wesentlichen Unterschiede zu Luther und zu anderen Reformatoren finden, ihn für den Inspirator einer Israel bejahenden Theologie halten[7] oder auch die Widersprüchlichkeit seiner Sicht Israels[8] betonen.

Um meinem kurzen Überblick eine Richtung zu geben, gehe ich von dem Calvin gewidmeten Abschnitt der 2006 von der Gemeinschaft Evangelischer Kirchen in Europa (GEKE) veröffentlichten Studie »Kirche und Israel« aus. Da die GEKE die umfassendste protestantische Vereinigung in Europa ist, kann man annehmen, dass ihre Darstellung der Beziehung zwischen Protestanten und Juden vom 16. Jahrhundert bis heute die Sicht, welche die evangelischen Kirchen von ihrer Beziehung zu den Juden haben, und daher das historische Bewusstsein, mit dem sie das Reformationsjubiläum in Angriff nehmen werden, zum Ausdruck bringt.

»Auch Johannes Calvin sprach von den Juden als von Aufschneidern, Lügnern und Verfälschern der Schrift und nannte sie habgierig. Da er überwiegend in Regionen wirkte, in denen schon seit mehreren Jahrzehnten nur noch wenige Juden lebten, sah er das Verhältnis zum Judentum nicht als eine vordringliche Frage an. Dennoch disputierte er nach eigenem Zeugnis öfter mit Juden, und für die Auslegung des Alten Testaments nahm er auch zahlreiche jüdische Kommentare zur Kenntnis. Da er die Annahme zurückwies, alle alttestamentlichen Aussagen seien allein auf Christus hin zu deuten, wurde er als ›Calvinus Judaizans‹ bezeichnet. In einer um 1555 verfassten Schrift setzte er sich intensiv mit jüdischen Disputationsargumenten des Mittelalters auseinander.

Calvin beschreibt den dem Volk Israel gewährten ›Alten Bund‹ oft als nahezu identisch mit dem in Christus allen Menschen gewährten ›Neuen Bund‹; Unterschiede zwischen beiden seien eher gradueller, nicht grundsätzlicher Art: Der neue Bund hebt den alten Bund nicht auf, sondern beide sind derselbe eine Gnadenbund in zwei unterschiedlichen Austeilungen (Institutio II,10.2). Da auch ›der Menschen Treulosigkeit‹ den Gottesbund ›nicht ins Wanken‹ bringen könne, nähmen ›die

---

[6] DETMERS, Reformation und Judentum (s. Anm. 2), 179–184 u. 328–332.

[7] Einige Beispiele in LANGE VAN RAVENSWAAY, Calvin und die Juden (s. Anm. 2), 183f. HANS-JOACHIM KRAUS, »Israel« in der Theologie Calvins. Anstöße zu neuer Begegnung mit dem Alten Testament und dem Judentum (in: Kiche und Israel 4, 1989, 3–13), meint sogar: »Calvin ist in der Neuzeit der erste Repräsentant einer Israel-Theologie der Kirche, wie sie heute von denjenigen erstrebt und verfochten wird, die den Dialog mit den Juden aufgenommen und demgemäß auch die Entwicklung des kirchlichen Dogmas kritisch zu befragen begonnen haben.« (13).

[8] So POTTER ENGEL (s. Anm. 2), 106–123.

Juden als die Erstgeborenen der Familie Gottes den ersten Platz‹ ein, doch könnten sie aus der Perspektive des Christusbekenntnisses nur als ›Abtrünnige‹ wahrgenommen werden. So spricht auch Calvin davon, daß die Kirche ›an die Stelle der Juden gerückt‹ und das Judentum also eigentlich eine Größe der Vergangenheit sei. Vor allem in seinen späten Predigten ist Calvins Haltung gegenüber dem Judentum von Ablehnung und Polemik bestimmt: Weil die Juden das Heil in Jesus Christus zurückgewiesen haben, seien sie mit Blindheit und Verderben geschlagen. Gleichzeitig sprach er aber auch davon, es gebe im jüdischen Volk einen Rest Erwählter, um derentwillen man die Juden nicht verachten oder gar mißhandeln dürfe.«[9]

Ich kann hier weder alle in Frage kommenden Aspekte des Verhältnisses von Calvin zu den Juden behandeln, noch eine synthetische Gesamtdarstellung geben und beschränke mich auf einige spezielle Fragen.

1. Calvin und das Problem der Duldung von Juden

Es existieren kaum Anknüpfungspunkte für einen Versuch, die Position Calvins zu diesem Thema zu umreißen. Die Juden, die in Genf in einem abgesonderten Viertel lebten, wurden 1490 vertrieben, und für mehr als zwei Jahrhunderte ist in der Stadt kein Vorhandensein von Juden verzeichnet. In seinem monumentalen Werk über Calvin berichtet Emile Doumergue, dass der Stadtrat am 4. Oktober 1547 über die Wiedereinführung einer Steuer für Juden auf der Reise von Venedig nach Flandern beriet und dass er den Leiter der Hallen beauftragte, die Frage in Angriff zu nehmen.[10] Es wird uns jedoch nicht berichtet, ob hier Calvin eine Rolle spielte.

---

[9] HELMUT SCHWIER, Kirche und Israel. Ein Beitrag der reformatorischen Kirchen Europas zum Verhältnis von Christen und Juden, hg. i. A. des Exekutivauschusses für die Leuenberger Kirchengemeinschaft, Frankfurt a. M. ²2001, 39f. Der Text ist auch online zugänglich unter http://www.leuenberg.net/sites/default/files/publications/lt6.pdf, 39–40. Die Studie behandelt Luther (38f.) und Calvin (39f.) in annähernd demselben Umfang. Osiander und Bullinger werden ihrer Kritik an Luthers Polemik wegen kurz zitiert (39). Für seltene Äußerungen einer »konsequent judenfreundlichen Haltung« (40) werden Capito, Borrhaus und der christliche Humanist Castellio zitiert. Namen wie z.B. Justus Jonas, Martin Butzer und Philipp Melanchthon treten nicht in Erscheinung.

[10] »le 4 octobre 1547, nous voyons que le Conseil, à propos des Juifs traversant la ville pour aller des Flandres à Venise, propose d'étudier l'ancien tarif de péage et charge le maître des halles de s'occuper de l'affaire« (EMILE DOUMERGUE, Jean Calvin. Les hommes et les choses de son temps, Bd. 3: La ville, la maison et la rue de Calvin, Lausanne 1905, 252). Siehe auch JACQUES COURVOISIER, Calvin et les Juifs (in: Jud. 2, 1946, 203–208 = Calvin und die Juden. Zu einem Streitgespräch, in: WOLF-DIETER MARSCH, KARL THIEME [Hgg.], Christen und Juden. Ihr Gegenüber vom Apostelkonzil bis heute, Mainz, Göttingen 1961, 141–146).

Es ist wahrscheinlich, dass Calvin während seines Aufenthaltes in Straßburg zwischen 1538 und 1541 von der in Hessen entstandenen Kontroverse über die Duldung von Juden und der von Martin Butzer vertretenen äußerst ablehnenden Haltung[11] wusste, aber aus Mangel an direkten Äußerungen wissen wir nicht, wie Calvin darüber gedacht hat.

1561 wurde Calvin vom Konstanzer Reformator Ambrosius Blarer[12] hinsichtlich der Duldung der Juden befragt und wir erfahren aus seinem Epistolarium, dass er auf die Frage geantwortet hat, aber wir wissen nicht, wie diese Antwort gelautet hat.[13] Nach Johannes Wallmann hängt das Schweigen Calvins zu diesem Thema mit der Tatsache zusammen, dass sich das Problem der Duldung der Juden in Genf nicht konkret gestellt hatte: »Wenn man immer nur von Äußerungen Luthers über die Juden hört, nie von solchen Zwinglis oder Calvins, so liegt das zunächst daran, daß sich allein im Umkreis Luthers das Problem des Zusammenlebens von Christen und Juden stellte. Was der alte Luther den Fürsten geraten hat, die Synagogen zu zerstören und die Juden zu vertreiben, hatten die Obrigkeiten der Orte, an denen Zwingli und Calvin wirkten, längst praktiziert, ohne daß wir irgendwelche Anzeichen dafür haben, daß Zwingli oder Calvin daran etwas auszusetzen gehabt hätten.«[14] Wenn im Fall von

---

[11] MARTIN BUCER, Ratschlag, ob Christlicher Oberkait gebüren müge, das sye die Juden undter den Christen zu wonen gedulden, und wa sye zu gedulden, wölcher gstalt und maß, 1538.

[12] »Si omnino tibi vel nunc vel alias per otium licebit, scribe ad me vel paucissimis tuam sententiam, obsecro, quid de Iudaeis vel ferendis in christiana republica sentias. Favetur hic iam inde a multis annis iudaica familia cuius plerique cives pertaesi eiectam cuperent: sed variant interim magistratus iudicia, quorum aliqua muneribus corrupta non ab re existimantur. Non ignoras, scio, quid Lutherus anno 1543 acerbissime in Iudaeos scripsit, ubi nulla ratione inter Chistianos tolerandos esse, nisi in extremum forte servitutem redactos, multis argumentis contendit, praecipue quod, praeterquam quod Christianorum omnium apud quos vivunt facultates irretiunt, in Christum nostrum quotidie sint in suis precationibus blasphemi nosque Edomitarum loco habeant, qui nostris sudoribus ipsos in pingui suo otio indulgenter ac molliter alere cogamur, quum contra durissime tractari deberent, quo se non benedictum semen et Christianorum dominos, sed divinae exequutioni obnoxios et omnium mortalium infelicissimos esse intelligerent. [In margine addidit: Iam non succurrit omnia ista germanice a Luthero esse scripta, nec memini me a quoquam latinitate donata ea videre, ut forte nunquam ipseque legeris.] Atque ita etiam ante hoc Lutheri scriptum inter evangelici foederis ordines convenerat, ut artibus alicubi rursum irrepsisse, [Locus corruptus] dissimulantibus principibus et magistratibus, qui eis haud aliter atque bibulis spongiis utantur, quas plenas iam subditorum bonis ipsi rursum exprimant, idque minori subditorum odio quam si tantam pecuniae vim ab ipisis extorquere conarentur. Tu igitur, mi carissime frater, cuius iudicio plus caeterorum tribuo, fac intelligam quid hic tibi magistratui faciendum videatur ut ne in alterutram partem peccet etc.« (CO 18,421f. [Nr. 3371], April 1561).

[13] »Pro tua ad me scripta de Iudaeis ferendis aut non ferendis sententia gratiam tibi maximam habeo« (Blarer an Calvin, CO 18,537f. [Nr. 3430], 6. Juli 1561). Siehe auch: DETMERS, Reformation und Judentum (s. Anm. 2), 186.

Hessen und des *Ratschlags* von Butzer die Äußerung des Reformators im Zusammenhang einer umstrittenen politisch-rechtlichen Frage geschieht, scheinen die Ratschläge Luthers von 1543 mehr eine Weiterführung seiner polemischen Betrachtungen gegenüber der jüdischen Exegese als die Antwort auf eine konkrete gesellschaftliche Situation zu sein. Das von Achim Detmers entdeckte und veröffentlichte Gutachten von Heinrich Bullinger (1572)[15] scheint eine weitere Bestätigung dafür zu sein, dass man unabhängig von der Gegenwart von Juden im eigenen Territorium (was auch für Zürich der Fall war) gegen die Duldung argumentieren konnte. Die Frage wurde Bullinger von Georg von Stetten (Augsburg) folgendermaßen gestellt: »Utrum Iudaeos intra ditionem suam, salva conscientia, recipere aliquis magistratus possit, non coactus a superiore, sed voluntarie?« Was ihn selbst betrifft, scheint von Stetten, sich vor allem auf Röm 11,25–32 berufend, zu einer zustimmenden Antwort zu neigen. Die Antwort Bullingers, der zuvor den Tenor von *Von den Juden und ihren Lügen* kritisiert hatte, lässt keinen Zweifel aufkommen: Die Juden sollen nicht geduldet werden, und das wichtigste Argument dafür ist, dass der Magistrat keine Blasphemie dulden kann.[16] Über die Juden bemerkt Bullinger: »non vivunt in orbe universo hodie hostes infensiores nostrae religionis, quam Iudaei« (11). Er behauptet: »Ubicunque Iudaei habitant plurima obiiciunt simplicioribus scandala« (10). Nicht verschieden von der Luthers ist seine Aversion gegen den als »doctrina ex putidis mendaciis constructa« definierten Talmud (6).

2. Calvin, die hebräische Sprache und die jüdische Gelehrsamkeit

Auch in diesem Bereich fallen die Einschätzungen sehr unterschiedlich aus: Calvin wurde manchmal beschuldigt, wie zum Beispiel von einem Vertreter der frühen lutherischen Orthodoxie, Aegidius Hunnius (1550–1603),[17] zu »judaisieren«. Die Beschuldigung zu judaisieren an sich ist je-

---

[14] JOHANNES WALLMANN, Luthers Stellung zu Judentum und Islam (Luther 57, 1986, 49–60, hier: 52).

[15] DETMERS, Reformation und Judentum (s. Anm. 2), 327–332 (lateinischer Text und deutsche Übersetzung).

[16] Vgl. Confessio Helvetica Posterior, Art. 30.

[17] AEGIDIUS HUNNIUS, Calvinus iudaizans hoc est iudaicae glossae et corruptelae, quibus Johannes Calvinus illustrissima scripturae sacrae loca & testimonia, de gloriosa trinitate, deitate Christi & Spiritus Sancti [...] corrumpere non exhorruit. Addita est corruptelarum confutatio per Aegidium Hunnium (= Calvinus Judaizans. Das ist: Jüdische Glossen und Verkehrungen / mit welchen Johannes Calvinus die allertrefflichste Sprüch und Zeugnuß der heyligen Schrifft von der heyligen Dreyfaltigkeit / von der Gottheit Christi [...] zu verfälschen sich nicht gescheuwet hat, Frankfurt a. M. 1595, VD1

doch kein Indiz für die Nähe zur jüdischen Auslegungstradition des Autors, der auf diese Weise stigmatisiert werden sollte. Im 16. Jahrhundert war diese Art der Beschuldigung ein Klischee, das leicht überall und in jeder Hinsicht benutzt wurde, um Positionen abzustempeln, die man verurteilen wollte.[18]

H 5999). – Hierzu: STEINMETZ (s. Anm. 5), 217: »By ›judaizing‹ tendencies Hunnius seemed to mean an inclination to abandon some Patristic exegesis where Calvin felt it was an overreading of the text.« Als *case study* wählt Steinmetz die (damals als messianisch betrachtete) Stelle Gen. 49, die in der Tat auch in den antijüdischen Äußerungen Luthers eine zentrale Rolle spielt.

[18] Einige Beispiele können genügen. Im Jahr 1539 kritisiert Calvin die lutherische Liturgie, indem er sagt: »videri enim mihi formam quam tenent, non procul esse a iudaismo« (Calvin an Farel: CO 10/2,340 [Nr. 169]). Derselbe Calvin nannte Servet »diesen hervorragenden Rabbiner« und warf ihm vor, zum Thema Wahrheit wie »die Juden und die Mohammedaner« zu argumentieren. Die Zitate stammen aus JEROME FRIEDMAN, Sebastian Münster, the Jewish Mission, and Protestant Antisemitism (ARG 70, 1979, 238–259, hier: 254). Luther selbst wurde nach der Veröffentlichung seines Kommentars zum Magnifikat angeklagt, zu judaisieren. Aegidius Hunnius veröffentlichte 1593 ein Calvinus Judaizans (s. Anm. 17). Vor allem wirft er ihm vor, sich für Gen. 3,15 an den *sensus historicus seu literalis* gehalten zu haben, während Luther hier das Protoevangelium gesehen hatte. Der Vorwurf zu judaisieren wird von Urbanus Rhegius (1489–1541) den Täufern, den Anhängern von Karlstadt, den Chiliasten und anderen gemacht (Dialogus von der schönen Predigt, die Christus Luc. 24 von Jerusalem bis Emmaus den zweien Jüngern am Ostertage aus Mose und allen Propheten getan hat, Wittenberg 1551, VD 16 R1769). Konrad Pellikan (1478–1556) verwendet »judaisieren«, um sich der von Capito in seinem Hoseakommentar vertretenen Idee einer Rückkehr der Juden nach Palästina zu widersetzen, sowie gegen Martin Cellarius (Borrhaus) für seine Schrift *De Operibus* (1527): »Cellarius was an advocate oft the view that many oft he prophetic promises for a restorated Israel had never been fulfilled; as word of God, their accomplishment must therefore form part of he divinely willed end of history« (R. GERALD HOBBS, Pluriformity of Early Reformation Scriptural Interpretation, in: MAGNE SAEBO [Hg.], Hebrew Bible / Old Testament. The History of its Interpretation II. From the Renaissance to the Enlightenment, Göttingen 2008, 474). Diese Ideen sind von Capito in seinen Hoseakommentar von 1529 aufgenommen worden (a.a.O. 475). – Dies ist eine äußerst interessante Spur, weil die Idee einer dauernden Gültigkeit der Verheißungen an Israel, die Jesus weder erfüllt noch aufgehoben habe, allem Philohebraismus reformiert-evangelikaler Prägung zugrunde liegt, bis hin zum Dispensationalismus und sogar zum christlichen Zionismus. – Johann Agricola (1499–1566), Humanist und er selbst Hebraist, flickt Osiander am Zeug (1552), indem er ihm nachsagt, zu judaisieren: »Eine Katze hört nicht auf ein Mäusefänger zu sein. Er war ein Jude, er ist ein Jude, wird ein Jude bleiben.« Er schrieb die Angelegenheit einem satanischen Einfluss zu (zitiert nach FRIEDMAN a.a.O. 255). – In der Apologie der Confessio Augustana werden in Art. 15 (»Von den menschlichen Traditionen«) die gegnerischen Positionen folgendermaßen stigmatisiert: »Nunc aperte iudaizant adversarii, aperte obruunt evangelium doctrinis daemoniorum« (dt. »Die Gegner judaisieren ganz offen und ganz offen überlagern sie das Evangelium mit satanischen Lehren«). Derselbe polemische Gebrauch des Begriffes »judaisieren« kann auch auf katholischer Seite festgestellt werden. Das semantische Feld des »Judaisierens« findet sich vielfach in der lutherischen Polemik, und zwar in einem weiteren Sinn verstanden und nicht mehr an diese oder jene exegetisch-theologische Option gebunden. Als Beispiel kann gelten: JOHANNES MODEST, Beweis aus [Heiliger] Schrift, daß die Sacramentirer, Zwinglianer und Calvinisten nicht Christen sind sondern getauffte Juden und Mahometisten, Jena 1591.

Auch was die Beziehung Calvins zur jüdischen Exegese betrifft, sind die Meinungen recht verschieden. So hat man ihm eine große Öffnung dem Judaismus gegenüber zuschreiben können: »Never before [Calvin] in all of church history has Christian theology come so close to Judaism and met so openly with it on the basis of the Hebrew Bible as in the work of Calvin.«[19] Man hat jedoch auch betont, wie häufig, vor allem in seinen Predigten und in der posthumen Schrift *Antwort auf die Einwände eines Juden* polemische und verletzende Äußerungen anzutreffen sind.

Einige Beispiele sollen zeigen, wie Calvin die jüdischen Interpretationen, die er in seinen Werken zitierte, sowohl streng kritisieren als auch loben konnte. In der Übersetzung von Ps. 22,17 entscheidet er sich für die Version der Septuaginta: »Sie durchgraben meine Hände und Füße«, indem er das hebräische »wie der Löwe meine Hände und Füsse« fortlässt. Er erkennt zwar an, dass diese Lesart in der handschriftlichen jüdischen Tradition gut belegt ist, aber er hält sie für eine von den Juden eingeführte betrügerische Veränderung:

»Quum vero in hanc lectionem hodie conveniant omnes libri hebraici: a tanto consensu recedere mihi religio esset, nisi ita cogeret sententiae ratio, et probabilis esset coniectura, locum a Iudaeis fraude esse corruptum.«[20]

Die Absicht der Änderung, die er als an dem hebräischen Text vorgenommen hielt, war für Calvin die, Christus zu verunglimpfen:

»Quod enim garriunt Iudaei, de industria inversum fuisse literalem sensum, colore prorsus caret. Quid enim opus erat in re non necessaria tam audacter ludere? In eos vero cadit non levis falsitatis suspicio, quibus unicum studium est Iesum crucifixum spoliare suis insignibus, ne Christus et redemptor appareat. Si recipimus quod volunt, perplexus et valde obscurus erit sensus.«[21]

Calvin kennt die Interpretation, die im Psalmenkommentar von David Kimchi belegt ist: Demnach würde man hier auf die Kreisbewegung anspielen, die der Löwe mit seinem Schwanz macht, bevor er die Beute anspringt. Aber für Calvin klammern sich die Juden an Phantasievorstellungen:

»[A]d deliras fabulas suo more confugiunt, leonem, ubi quispiam occurrit, circulum facere cauda antequam ad praedam ruat: unde satis apparet, ratione eos destitui.«[22]

---

[19] HANS JOACHIM KRAUS, The Contemporary Relevance of Calvin's Theology (in: WILLIS, WELKER [s. Anm. 5], 332). Hier zitiert von PAUL E. CAPETZ, The Old Testament and the Question of Judaism in Reformed Theology: Calvin, Schleiermacher, and Barth (in: Journal of Reformed Theology 8, 2014, 121–168, hier: 133).
[20] CO 31,228.
[21] Ebd.
[22] CO 31,229.

Seine Absicht ist jedoch nicht, die Juden zu überzeugen, sondern nur ihre Bösartigkeit den Christen gegenüber ins Licht zu stellen:

»Neque tamen subigendis Iudaeis laboro, quorum indomita est ad rixandam pertinacia: tantum breviter ostendere volui quam improbe ob diversam huius loci lectionem Christiano exagitent.«[23]

Gegensätzlich sind auch die Meinungen über Calvins Kenntnis des Hebräischen. So wird behauptet, dass er »[n]ur mit Mühe [...] das Hebräische lesen« konnte und »das Griechische kaum« kannte.[24] Es finden sich aber auch Einschätzungen wie die, dass er »des Hebräischen mächtig« gewesen sei, »ohne ein bedeutender Hebraist zu sein«.[25] Es ist oft angenommen worden, dass Calvin das Studium des Hebräischen bereits in Paris begonnen hatte (mit Vatable und Guidaceri), aber das ist schwer nachweisbar. Es ist sehr wahrscheinlich, dass er dieses Studium 1535/36 in Basel aufgenommen hatte, auch wenn er nicht an der Universität immatrikuliert war. Er hätte dann das Studium in Straßburg mit Butzer und Capito zwischen 1538 und 1539 fortgesetzt. In der Folge hätte er seine Studien als Autodidakt weitergeführt, wobei sich sein Umgang mit der hebräischen Sprache bei der Arbeit mit Texten des Alten Testaments intensivierte. Calvin hätte also eine »echte Kenntnis« des biblischen Hebräisch erreicht, ohne es jedoch ganz zu beherrschen. Sein Zugang zur rabbinischen Literatur wäre aus zweiter Hand gewesen, vermittelt vor allem durch die Werke von Sebastian Münster und zum Teil von Butzer.[26]

Die juristische und humanistische Bildung Calvins führte dazu, dass er die mittelalterliche christliche Exegese weniger im Blick hatte und das Alte

---

[23] Ebd.

[24] »à grand peine il pouvoit lire l'hebreu [...] ne sçavoit presque point de grec«, so nach RICHARD SIMON, Histoire critique du vieux Testament, Paris [Amsterdam] 1680, 385, zitiert nach MAX ENGAMMARE, Johannes Calvinus trium linguarum peritus? La question de l'hébreu (in: Bibliothèque d'Humanisme et Renaissance LVIII, 1996, 35).

[25] »competent in Hebrew without being a distinguished Hebraist« (BASIL HALL, Biblical Scholarship: Editions and Commentaries, in: The Cambridge History of the Bible III. The West from the Reformation to Today, Cambridge 1963, 38–93, hier: 89).

[26] ENGAMMARE (s. Anm. 24), 49. Hinsichtlich Calvins Kontakten mit Juden wird gelegentlich auf Immanuel Tremellius (1510–1580) verwiesen, obwohl Tremellius zum Zeitpunkt dieser Kontakte bereits »Calvinist« geworden war (ihm ist eine hebräische Übersetzung des Katechismus von Calvin zu verdanken). Zu dieser Frage: KENNETH AUSTIN, Immanuel Tremellius (1510–1580), the Jews and Christian Hebraica (in: DETMERS, LANGE VAN RAVENSWAAY [s. Anm. 5], 71–88); DERS., From Judaism to Calvinism: the life and writings of Immanuel Tremellius (ca. 1510–1580), Ashgate 2007. Was die Bibelübersetzung von Tremellius betrifft, erlaube ich mir, auf einen Aufsatz von mir zu verweisen: Die lateinische Übersetzung des Alten Testaments von Tremellius / Junius: Können wir von ihr etwas für unsere heutigen Bibelübersetzungen lernen? (in: MARKUS MÜLKE, LOTHAR VOGEL [Hgg.], Bibelübersetzung und [Kirchen]Politik, Göttingen 2015, 69–84).

Testament in größerer Freiheit gegenüber der exegetischen Tradition auslegte, als das zum Beispiel bei anderen Exegeten wie Luther der Fall war.[27] Er legt großen Wert auf *brevitas* und *perspicuitas* und vertritt die Meinung, dass der Interpret eines biblischen Textes die Absicht des Autors (*mens scriptoris*) erfassen und ausdrücken solle:

»Memini, quum ante triennium de optimo enarrandae scripturae genere inter nos familiariter commentaremur, eam quae plurimum tibi placebat rationem mihi quoque prae aliis probatam tunc fuisse. Sentiebat enim uterque nostrum praecipuam interpretis virtutem in perspicua brevitate esse positam. Et sane, quum hoc sit prope unicum illius [des Auslegers] officium mentem scriptoris quem explicandum sumpsit patefacere, quantum ab ea lecturos abducit, tantundem a scopo suo aberrat, vel certe a sui finibus quodammodo evagatur.«[28]

Die Beispiele, die ich hierfür anführen möchte, sind Calvins Deutung von Gen. 3,15 und von Hag. 2,7. Für Gen. 3,15 weisen sowohl Luther als auch Calvin die durch die Version der Vulgata verbreitete mariologische Interpretation zurück. Während für Luther der »Same« der Frau, von dem der Text spricht, eine Prophezeiung von Christus ist,[29] bezieht Calvin den »Samen« in kollektivem Sinn auf alle Nachkommen Evas, also auf die gesamte Menschheit, der der Sieg über den Satan (die Schlange) versprochen ist. Auf Christus wird als auf den Anführer hingewiesen, durch den die Einheit des Volkes erreicht werden wird.[30] Wenn im Kommentar zu Hag. 2,8(7) Luther der verbreiteten christologischen Interpretation des von der Vulgata mit »desideratus cunctis gentibus« übertragenen Aus-

---

[27] PETER OPITZ, The Exegetical and Hermeneutical Work of John Oecolampadius, Huldrych Zwingli and John Calvin (in: MAGNE SÆBØ [Hg.], Hebrew Bible / Old Testament. The History of its Interpretation II. From the Renaissance to the Enlightenment, Göttingen 2008, 405–451).

[28] Calvin an Grynaeus (CO 10/2,402f. [Nr. 191]).

[29] »Mirabilis igitur Synecdoche est: Mulieris Semen, inquit. Id sonat in genere de omnibus individuis, et tamen de uno tantum individuo, de Mariae Semine loquitur, quae mater est sine copulatione cum masculo. [...] Ita haec ›Semen ipsius‹ maxime individualiter, ut sic dicam, loquitur de Semine, quod ex sola Maria de tribu Iuda, cum Ioseph desponsata, natum est« (WA 42,146).

[30] »In verbis quidem Mosis nulla est ambiguitas: de sensu vero mihi non convenit cum aliis. Nam semen pro Christo sine controversia accipiunt: ac si dictum foret, exoriturum ex mulieris semine aliquem qui serpentis caput vulneraret. Eorum sententiam libenter meo suffragio approbarem, nisi quod verbum seminis nimis violenter ab illis torqueri video. Quis enim concedet nomen collectivum de uno tantum homine accipi? Deinde sicut dissidii perpetuitas notatur: ita per continuam aetatum seriem promittitur victoria soboli humanae. Generaliter ergo semen interpretor de posteris. Sed quum experientia doceat, multum abesse quin supra diabolum victores emergant omnes filii Adae, ad caput unum venire necesse est, ut reperiamus ad quos pertineat victoria. Sic Paulus a semine Abrahae ad Christum nos deducit: quia multi fuerunt filii degeneres, et bona pars adulterina propter infidelitatem: unde sequitur, unitatem corporis a capite fluere. Quare sensus erit (meo iudicio) humanum genus, quod opprimere conatus erat Satan, fore tandem superius« (Commentarius in Genesin, CO 23,71).

drucks ḥemdat kol-haggoyim folgt und mit »aller Heiden Trost« übersetzt, entscheidet sich Calvin, wenn auch auf die christologische Lesung hinweisend und deren Plausibilität zugebend (»optime quadrabit haec loquutio«), für eine mehr mit dem Original in Einklang stehende, eine einen »einfacheren Sinn« ergebende Interpretation, und zwar, dass die Heiden kommen und ihr Hab und Gut Gott zum Opfer bringen werden:

»*Desiderium omnium gentium.* Potest hoc duobus modis exponi, vel quod gentes accedent, et simul afferent quidquid pretiosum est, ut consecrent ad cultum Dei. Nam Hebraei desiderium vocant quidquid habetur in pretio: ita hoc nomine comprehendunt omnes divitias, honores, et delitias, et quidquid tale est. Ideo quidam sic contexunt, Concutiam omnes gentes, et veniet desiderium: ut sit mutatio numeri. Alii subaudiunt particulam ב, vel מ hoc est, venient cum desiderio, vel, venient in desiderio, id est, non venient gentes vacuae, sed colligent omnes suos thesauros, ut sacra sit Deo oblatio. Sed possumus etiam intelligere de Christo quod dicit, *desiderium omnium gentium, et implebo domum hanc gloria.* Scimus enim Christum fuisse exspectationem totius mundi: sicuti etiam apud Iesaiam dicitur. Et optime quadrabit haec loquutio, ubi desiderium gentium advenerit, hoc est, ubi patefiet Christus, ad quem respicere debent omnium vota, tunc illustrem fore secundi templi gloriam: sed quia statim subiungitur, *Meum argentum, et meum aurum,* ideo simplicior erit sensus ille quem iam retuli, nempe venturas gentes et quidem instructas omnibus divitiis, ut se, et sua omnia offerant Deo in sacrificium.«[31]

3. Eine vermeintliche frühe Offenheit Calvins den Juden gegenüber

Die Übersetzung der Bibel ins Französische, die der Olivetanus genannte Pierre Robert 1535 im Auftrag der Waldenser des Piemont nach deren Annäherung an die Reformation veröffentlichte, enthält vier Vorworte. Das zum Neuen Testament (»A tous amateurs de Iesus Christ et de son evangile«)[32] stammt sicher von Calvin. Das erste und das zweite sind von

---

[31] CO 44,105f. Im reformierten Bereich scheint die Interpretation Fuß zu fassen, nach der »desideratum gentium« die sind (Plural, Numeruswechsel), die Gott »begehrt«, das heisst aus den Völkern erwählt. So Tremellius / Junius: »Et commoturus sum omnes gentes, ut veniant desiderati omnium gentium & impleturus domum hanc gloriam, ait Jehova exercituum.« In der annotatio wird erklärt, dass *ḥemdah* (desiderium) wie »quoscunque ex gentibus elegero« verstanden werden muss. Die Genfer Bibel bewegt sich auf der gleichen Linie: »Remouuerait toutes les nations afin que les désirés d'entre toutes les nations vienent«. Ähnlich Diodati (1641): »Scrollerò anchora tutte le genti, e la scelta di tutte le nazioni verrà«, der auch bemerkt, dass das hebräische Wort dem italienischen »disio« (Wunsch) entspreche, woraus sich ergebe: »quelli che d'infra esse mi sono cari e preziosi: che sono i miei veri eletti« (die unter ihnen, welche mir lieb und wert sind, die meine eigentlichen Auserwählten sind).

[32] Der Text ist wiedergegeben in CO 9, 792–822 und in: EBERHARD BUSCH (Hg.), Calvin-Studienausgabe, Bd. 1/1: Reformatorische Anfänge 1533–1541, Neukirchen-Vluyn 1994, 34–57 (Calvins Vorrede zur Olivetanbibel von 1535 a.a.O. 27–32). Eine

Olivetanus. Das dritte, das mit den Worten: »V. F. C. a notre allie et confedere le peuple de l'alliance de Sinai« (»V. F. C. an unsere Verbündeten und Bundesgenossen, das Volk des Sinaibundes«)[33] beginnt, zeigt in der Tonart sowie im Inhalt eine deutlich zum Ausdruck gebrachte[34] Öffnung den in diesem Vorwort angesprochenen Juden gegenüber, wie sie für das 16. Jahrhundert durchaus ungewöhnlich ist. Der Leser wird in einem Geist der Solidarität und der Sympathie angesprochen und das Vorwort bringt eine Anthropologie zum Ausdruck, die nach Locher (188) »ebenso jüdisch wie humanistisch-christlich« verstanden werden kann. Auch in der Entschlüsselung der Buchstaben *V. F. C.* als »votre frère Calvin« (euer Bruder Calvin) hat mancher ein Zeichen für eine gewisse, bereits zu Beginn seiner theologischen Tätigkeit vorhandene Offenheit Calvins den Juden gegenüber gesehen. Dieses Vorwort kann nach heutigem Kenntnistand jedoch nicht für Calvins Haltung zu den Juden herangezogen werden und man kann daraus nichts über einen hypothetischen Philohebraismus Calvins ableiten. Achim Detmers hat gezeigt, und für mich mit handfesten Argumenten, dass der Text Wolfgang Fabricius Capito zugeschrieben werden muss. Bereits der Vergleich zwischen diesem Text und dem Vorwort zum Neuen Testament – letzteres zweifellos von Calvin, sogar seine »erste gedruckte theologische Schrift und ein Spiegel seiner bisherigen theologischen Entwicklung«, die vielleicht sogar »eine Theologie Calvins in nuce« darstellt[35] – zeigt große Unterschiede von Calvin zu den zeitgleichen Schriften und nicht nur stilistische.[36] Einige Beispiele können genügen. Während das dem »Volk des Sinaibundes« gewidmete Vorwort von der jüdischen Doktrin des Konfliktes zwischen den zwei im Menschen vor-

---

Version in modernem Französisch findet sich in IRENA BACKUS, CLAIRE CHIMELLI (Hgg.), »Las vraie piété«. Divers traités de Jean Calvin et Confession de foi de Guillaume Farel, Genf 1986, 25–38.

[33] Vgl. insbesonders BERTRAM EUGEN SCHWARZBACH, Three French Bible Translations (in: SÆBØ [s. Anm. 27], 558–562); MAX ENGAMMARE, Olivétan et les Commentaires Rabbiniques. Historiographie et recherche d'une utilisation de la littérature rabbinique par un hébraïsant chrétien du premier tiers du XVIème siècle (in: ILANA ZINGUER [Hg.], L'hébreu au temps de la Renaissance, Leiden u.a. 1992, 27–64).

[34] Welche Wirklichkeitsnähe kann diese Bezugnahme auf ein jüdisches Publikum gehabt haben, in Anbetracht der Tatsache, dass die Juden seit 1391 aus Frankreich vertrieben waren? Muss man an die Juden des Piemont denken, wie Achim Detmers fragt? Erhofft der Autor sich, Leser unter diesen zu finden? – Vgl. GOTTFRIED W. LOCHER, Calvin spricht zu den Juden (in: ThZ 23, 1967, 180–196, hier: 188). Eine genauere Untersuchung dieses Vorworts fehlt immer noch.

[35] SAXER (s. Anm. 32), 27.31. J. PANNIER, zitiert von BACKUS, CHIMELLI (s. Anm. 32), 18, sieht in diesem Vorwort ein Konzept der *Institutio*. Die französiche Ausgabe 1541 nimmt in der Tat einige Abschnitte wörtlich auf.

[36] Wie hingegen LANGE VAN RAVENSWAAY meinte (Calvin und die Juden [s. Anm. 2], 183).

handenen Anlagen ausgeht, hat das Vorwort von Calvin ein wesentlich anderes Profil, ist es eine klassische am Römerbrief von Paulus inspirierte Formulierung der Lehre von der Erbsünde: Nach dem Sündenfall »verlor [der Mensch] die ganze Würde und Auszeichnug der ursprünglichen Schöpfung«,[37] und »so begann ihn Gott zu hassen und ihn, wie er es wohl verdiente, als sein Werk zu verwerfen, da doch sein Bild und seine Ähnlichkeit in ihm ausgewischt und die Gnadengaben seiner Güte aus ihm entfernt waren.«[38] Der Herr der Barmherzigkeit wollte aber trotzdem »den lieben, der der Liebe nicht würdig ist«, d.h. die Nachkommenschaft Adams, »ein Geschlecht, das seinesgleichen war: lasterhaft, verkehrt, verdorben, leer und entblößt von allem Guten, reich im Überfluß und Bösen.«[39] Die Kundgebung der »unendlichen Güte und Milde Gottes gegenüber den Menschen« begann mit der Erwählung der Kinder Israels. Die Juden haben sich aber nicht besser als die Heiden benommen. »So viele Botschaften und Mitteilungen, von Gott durch seine Diener gesandt, sie auch empfangen und aufgenommen hatten, sie haben ihm dennoch sofort die Treue gebrochen, leichthin sich von ihm abgewandt, sein Gesetz, dass sie haßten und nur unwillig einhielten, verletzt und verachtet, sich von seinem Hause entfernt, sind bis zum Überdruss anderen Göttern nachgelaufen und trieben so nach der Weise der Heiden entgegen seinem Willen Götzendienst.«[40] »Um nun die Menschen, Juden wie Heiden, Gott nahezubringen, war es nötig, einen neuen Bund zu schaffen, fest, sicher und unverletzlich.«[41] Vom dem neuen, durch Christus als Bundesmittler für ewig gestifteten Bund berichtet das Buch, das »Neues Testament genannt wird im Blick auf das Alte, welches, soweit es auf dieses hier hinführen

---

[37] »[I]l perdit toute la dignité et excellence de sa premier creation« (CO 9,791; deutsche Übersetzung aus der Calvin-Studienausgabe [s. Anm. 32], 35).

[38] »Adonc Dieu commencea aussi à l'avoir en haine: et (ainsi bien il meritoit) le desadvouer pour son œuvre. Veu que son image et semblance en estoit effacee, et les graces de sa bonté en estoient hors« (CO 9,793; deutsche Übersetzung aus Calvin-Studienausgabe [s. Anm. 32], 35).

[39] »[V]oulant encore par sa bonté infinie aymer ce qui n'est digne d'aymer«; »generation semblable à luy, c'est-à-dire vitieuse, perverse, corrompue, vuyde et desprouveue de tout bien, riche et abondante en mal« (CO 9,793; deutsche Übersetzung aus Calvin-Studienausgabe [s. Anm. 32], 37).

[40] »[C]ombien qu'ilz ayent receu et accepté les messages et mandemens que le seigneur leur envoyoit par ses serviteurs: toutesfois incontinent lui ont faulsé la foy, legierement se sont destournez de luy, ont violé et mesprisé sa loy, laquelle ilz ont eu en hayne, et ont cheminé en icelle à regret, ilz se sont estrangez de sa maison, et ont couru dissolument apres les autres dieux, idolatrant à la maniere gentile contre sa volunté« (CO 9,797; deutsche Übersetzung aus Calvin-Studienausgabe [s. Anm. 32], 39).

[41] »Parquoy pour approcher les hommes de Dieu tant Iuifz que gentilz, il estoit mestier que une nouvelle alliance feust faicte, certaine, asseurée, et inviolable« (CO 9,797; deutsche Übersetzung aus Calvin-Studienausgabe [s. Anm. 32], 41).

und sich beziehen sollte, in sich schwach und unvollendet war und deswegen abgeschafft und aufgehoben ist.«[42]

Als Beispiel der kritischen Freiheit Calvins gegenüber der traditionellen christlichen Exegese wird häufig auf seine Auslegung von Ps. 59,12 (»Bringe sie nicht um, daß es mein Volk nicht vergesse; zerstreue sie aber mit deiner Macht, Herr, unser Schild, und stoß‹ sie hinunter!«) verwiesen. Aus diesem Psalmwort hatte Augustinus die Funktion Juden als »Zeugenvolk« abgeleitet, die aufgrund ihres Verworfenseins auf die Wahrheit des Christentums hinweisen.[43] Für Calvin liegt die Lehre (Doktrin), die David in diesem Text aufstellt, darin, dass Gott willentlich die Bestrafung der Gottlosen verzögern kann, um sein Gericht nicht in Vergessenheit geraten zu lassen. Nach Meinung Calvins mahnt David das Volk Israel – und mittel-

---

[42] »Et se nomme le dict livre Nouveau Testament au regard du Vieil: lequel entant qu'il se devoit reduyre et rapporter à cestuy cy, estoit en soymesme infirme et imparfaict, et pourtant a esté aboly et abrogué« (CO 9,803; deutsche Übersetzung aus Calvin-Studienausgabe [s. Anm. 32], 43–45). – Zur Unterstützung der Hypothese von Detmers kann ich folgende Beobachtung anfügen. Die Hinweise auf jüdische Autoren in dem Vorwort, das dem »Volk des Bundes« gewidmet ist, finden Entsprechungen Capitos Hoseakommentar, während in der Apologie des Übersetzers von Olivetanus die Hinweise sehr allgemeiner Art sind. Ibn Esra wird erwähnt, aber als Grammatiker, nicht als Ausleger des Alten Testaments. Das Vorwort »Unseren Freunden ...« erwähnt hingegen Eliezer ben Hyrcanus, den Sefer Miswot Gadol von Moshe von Coucy (12. Jahrhundert) und den Kommentar zur Torah von Bachai. Es bleibt zu erklären, was die Veranlassung war, einen Text von Capito zusammen mit Vorworten ganz anderer Haltung zu veröffentlichen. Ich frage mich, ob das nicht in die gleiche Richtung gehen könnte wie die Abhängigkeit der Übersetzung der Psalmen durch Olivetan, die als Quellen die lateinische Version von Butzer und die von Simon Du Bois und Etienne Dolet neu herausgegebenen Texte von Butzer spüren lässt.

[43] »Disperge eos in virtute tua. Jam factum est: per omnes gentes dispersi sunt Judæi, testes iniquitatis suæ et veritatis nostræ. Ipsi habent codices, de quibus prophetatus est Christus, et nos tenemus Christum. Et si quando forte aliquis paganus dubitaverit, cum ei dixerimus prophetias de Christo, quarum evidentiam obstupescit, et admirans putaverit a nobis esse conscriptas; de codicibus Iudæorum probamus quia hoc tanto ante prædictum est. Videte quemadmodum de inimicis nostris alios confundimus inimicos« (MPL 36,705). – Die traditionelle Sichtweise wird zum Beispiel von Luther beibehalten. In den *Dictata super Psalterium* wird der Psalm dargestellt als »Oratio Christi prophetica describens futuram vindictam Iudæorum in sensum reprobum et blasphemiam tradendorum et ubique dispergendorum« (als ein »prophetisches Gebet Christi, das die künftige Rache (Gottes) über die Juden beschreibt, die in Lästerung und verworfenen Sinn dahingegeben und allenthalben zerstreut werden sollten« (WA 3,326,5f.; Übersetzung aus: D. Martin Luthers Psalmen-Auslegung, hg. v. Erwin Mülhaupt, Bd. 2, Göttingen 1962, 253). Vgl. auch WA 38,39,16–22 (Summarien über die Psalmen und Ursachen des Dolmetschens, 1551–1553) wo das noch verschärft wird: In der Zerstreuung haben die Juden »jren Lohn, daß sie des abends jnn der stad, wie die hungerigen hunde umblauffen und doch nichts finden, das ist am ende der welt sint der Apostelzeit her werden sie unter den Heiden gejecht aus einem lande jnns ander, suchen begirig und hungerig, wo sie widder ein Königreich odder Herrschafft künden anrichten, Aber es will nicht werden, Sie mussen hungerige hunde bleiben und umb her lauffen, bis sie sich ungeessen legen und on Königreich begraben und zur Hellen verstossen werden.«

bar auch die Kirche – das Gerichtshandeln Gottes in der Geschichte nicht zu übersehen:

»Quanquam, ut dixi, contra longioris morae taedium hac doctrina se armat et munit, Deum consulto ultimam ultionem differre: ne si impios uno momento deleat, statim memoria exstinguatur. Atque ita populi israelitici ingratitudinem oblique perstringit, quod tam male in illustribus Dei iudiciis proficeret. Hic vero morbus hodie quoque nimis regnat in mundo, ut Dei iudicia quae notiora sunt quam ut clausis oculis praeteriri queant, impia oblivione in tenebras mergantur: ut necesse sit quotidie in theatrum nos deduci, ubi Dei manum adspicere cogamur. Atque hoc nobis in mentem veniat, ubi Deus non statim comtra impios fulminat, nec tollit eos de medio, sed sensim atterendo consumit.«[44]

4. Von Calvin zu einem Philohebraismus bei seinen Erben?

Ein meiner Meinung nach noch zu wenig untersuchtes Thema ist das Vorhandensein von philohebräischen Einstellungen im Protestantismus reformiert-calvinistischer Prägung, vor allem in Großbritannien, Schottland, Holland und den Vereinigten Staaten.[45] In welchem Maß sind diese Öffnungen bis zu Calvin selbst zurückzuführen?

Heiko A. Oberman schreibt der Tatsache, dass die Kirchen calvinistischer Prägung Verfolgungen, Verbannungen und einer Existenz in der Diaspora ausgesetzt waren, eine entscheidende Bedeutung zu: »Die ersten Ansätze zur Anerkennung des nachbiblischen Judentums begegnen nicht im Umfeld der lutherischen Reformation, sondern in einer ganz anderen Welt: der des internationalen Protestantismus, den jene andere Reformation der Flüchtlinge geprägt hatte. Die Mitglieder dieser Bewegung begannen die althergebrachte Aussage Augustins zu hinterfragen, der zufolge die bloße Tatsache, dass die ›Christusmörder‹ ein unstetes Leben ohne eigenes Land führten, zeige, dass sie unter Gottes Zorn stünden. Geprägt durch Flucht und Verfolgung, begannen die reformierten Flüchtlinge die Bibel mit neuer Einsicht zu lesen. Das Alte Testament, das seine Funktion als autoritativer Teil der Heiligen Schrift zurückgewann, wurde als Wegweiser der Gläubigen neu entdeckt, die ohne jegliche Papiere – außer einem Passierschein zum Himmel – von Land zu Land zogen. Zu Beginn des 17. Jahrhunderts erhielten die Juden erstmals in Nord- und Südholland die Bürgerrechte.«[46] Von der »notorischen Solidarität« des Calvinismus

---

[44] CO 31,570.
[45] Vor diesem Hintergrund hebt sich die wertvolle Studie von MIYRIAM YARDENI, Huguenots et Juifs, Paris 2008, ab.
[46] HEIKO A. OBERMAN, Zwei Reformationen. Luther und Calvin. Alte und Neue Welt, Berlin 2003, 129f.

mit Israel sagt Gottfried W. Locher: »Diese Solidarität kann schwerlich aus einzelnen Texten Calvins selbst abgeleitet werden. Sie basiert vielmehr auf dem Gesamtaufbau seines Glaubensverständnisses und insbesonders auf der steigenden Bedeutung, die im Laufe der theologischen Entwicklung der Begriff des Bundes gewann. Man kann nicht, wie das Luthertum, unaufhörlich den Gegensatz von Gesetz und Evangelium und damit auch die Diskrepanz von Altem und Neuem Testament betonen, ohne dass im Lauf der Jahrhunderte die Gemeinden lernen, sich von Israel zu distanzieren. Umgekehrt muss die Betonung der Einheit des Bundes und seiner Geschichte in den Kirchen Zwinglis und Bullingers, Calvins und Theodor von Bezas dazu führen, in Israel eine Stufe unserer eigenen Heilsgeschichte, gewissermaßen unsere Ahnen im Glauben, zu erkennen und dem Juden entsprechend mit Ehrfurcht zu begegnen.«[47]

Ich persönlich frage mich, ob man nicht besonderes Gewicht – mehr noch als auf die Theologie der Einheit des Bundes – auf die Rolle als autoritatives und aktuelles Wort für die Kirche, die Calvin dem Alten Testament zugeschrieben hat, legen sollte. Das Alte Testament führt seine Leser in die Schule Gottes ein und die Gemeinschaft dieser Leser, die Kirche, ist dazu aufgerufen, sich mit der ›Kirche von Israel‹ zu identifizieren, das heißt der Kirche des Volkes, das im Alten Testament von der Gnade lebt, aber auch vom Urteil und den Ermahnungen Gottes. Das, was Israel gesagt wird, gilt für die Christen nicht nur als Redefigur, sondern als konkrete *vox Dei*, die tröstet aber auch urteilt, die verspricht aber auch fordert. Das Alte Testament wird so eine Art Wegführung und der Weg selbst wird dem des biblischen Israel als völlig gleichartig dargestellt. Besonders in den Predigten Calvins, die sicher auch – häufiger und intensiver als anderswo in seinem Werk – antihebräische Gemeinplätze und beleidigende Behauptungen enthalten, kommt diese Identifikation seiner zeitgenössischen Hörerschaft mit Israel zum Ausdruck. Die Hörerschaft wird also von der Heiligen Schrift direkt angesprochen und dies auf die gleiche Art und mit den gleichen Implikationen wie es für die Kirche von Israel der Fall war.

5. Polemische Entgegnungen auf die jüdischen Einwände zum Christentum

Wie bereits gesagt, veröffentlicht Theodor von Beza posthum *Ad quaestiones et obiecta Iudaei cuiusdam* (»Antwort auf die Fragen und die Ein-

---

[47] LOCHER (s. Anm. 34), 187.

wendungen eines gewissen Juden«).⁴⁸ Die Schrift legt 23 von jüdischer Seite gestellte Fragen vor, auf die Calvin antwortet. Handelt es sich um Fragen und Einwendungen, die tatsächlich von jemanden an ihn gerichtet waren? Oder um die literarische Antwort auf einen Text?⁴⁹ Die Lösung der Frage ist von Achim Detmers gefunden worden.⁵⁰ Calvin reagiert tatsächlich auf einen Text, verfasst 1385 von einem spanischen Juden, Shemtob ben Isaak ibn Shaprut, mit dem Titel *Eben bochan* (wörtl. »erprobter Stein«, d.h. Stein der Grundmauer nach Jes. 28,16), der unter anderem 53 kritische Einwände enthielt, die wörtliche Entsprechungen in den Fragen von Calvins Juden haben. Wie Calvin in Kontakt zu dieser Schrift gekommen ist, lässt sich mit einiger Wahrscheinlichkeit feststellen: 1553 hatte Jean du Tillet in Italien eine hebräische Übersetzung des Matthäusevangeliums gefunden, die er Jean Mercier nach Paris schickte mit der Bitte, es mit einer genauen lateinischen Übersetzung zu versehen. Er war sich dessen nicht bewusst, aber es handelte sich um eine Abschrift des *Eben bochan*. Mercier gab das Buch mit folgendem Titel heraus: *Evangelium Hebraicum Matthaei, recens e Iudaeorum penetralibus erutum, cum interpretatione Latina, ad vulgatam quod fieri potuit, accomodata* (Paris, Martin Le Jeune 1555).

Das Eigenartige an dieser italienischen Handschrift ist, dass die jüdischen Fragen nicht wie im Original in Verbindung mit den Perikopen des Evangeliums aufgeführt werden, dass aber 23 von ihnen am Ende des Evangeliums aufgeführt werden. Diese stimmen mit den von Calvin zitierten Fragen überein. In seinen Antworten richtet sich Calvin nicht an den jüdischen Gesprächspartner, sondern spricht von diesem in dritter Person,

---

⁴⁸ Wir wissen nicht, wann sie verfasst worden ist. Sie wurde unter seinen Papieren von Theodor von Beza gefunden, der sie 1575 veröffentlichte, womit er eine Sammlung von Briefen und Heften des Genfer Reformators erweiterte, die bereits 1566 posthum erschienen war (CO 9,657–674).

⁴⁹ Zur Geschichte der Diskussion über diesem Punkt: DETMERS, Reformation und Judentum (s. Anm. 2), 293–297; FAESSLER (s. Anm. 4), 9–30. Man hat unter anderem gedacht: an eine akademische Abhandlung, ohne irgendeine Verbindung mit bestimmten Personen und Situationen, mit Fragen, die jeder hätte stellen können (COURVOISIER [s. Anm. 10]); an einem nach einer stürmischen Begegnung mit Josel von Rosheim in Straßburg im Jahr 1539 (SALO WITTMAYER BARON, John Calvin and the Jews, in: JEREMY COHEN [Hg.], Essential Papers on Judaism and Christianity in Conflict. From Late Antiquity to the Reformation, New York, London 1991, 380–400) verfassten Traktat, wobei von dieser Begegnung keinerlei Bestätigung vorhanden ist; sowie an eine Reaktion auf den *Sefer Nizzazhon jashan*, einen anonymen jüdischen Text aus dem 8. Jahrhundert, den Calvin durch das *Evangelium, Secundum Matthaeum in Lingua Hebraica cum versione latina* von Sebastian Münster von 1537 gekannt haben könnte (STEPHEN G. BURNETT, Calvin's Jewish Interlocutor: Christian Hebraism and Anti-Jewish Polemics during the Reformation, in: Bibliothèque d'Humanisme et Renaissance LV, 1993, 113–123).

⁵⁰ DETMERS, Reformation und Judentum (s. Anm. 2), 293–297.

was vermuten lässt, – auch in Verbindung mit dem wiederholten Gebrauch des Satzes *quaere vicissim* (»du fragst vielleicht ...«) – dass die Schrift an ein christliches Publikum gerichtet war. Das zentrale Thema der jüdischen Fragestellungen ist die Messianität Christi und sein Erlösungswerk. Die Opposition Calvins besteht aus Gegenfragen und in aus dem Alten Testament entnommenen Argumentationen, sowie in einem dem Judentum gegenüber reichlich polemischen Ton.[51]

6. Der eine Bund, die eine Kirche Gottes

Calvins Israellehre ist zweifellos an die Institutio und an seinen Kommentar zu den Kapiteln 9–11 des Briefes an die Römer gebunden.[52] Grundlegend ist seine Sicht der Einheit des Bundes mit der Menschheit, mit den Erzvätern (Israel, die Kirche in ihrer Kindheit) und schließlich in Christus:

»Patrum omnium foedus adeo substantia et re ipsa nihil a nostro differt, ut unum prorsus atque idem sit. Administratio tamen variat.«[53]

Calvin kann also behaupten, dass das biblische Israel die erste Form der Kirche Gottes war:

»Eadem inter illos ecclesia, sed cuius aetas adhuc puerilis erat«.[54]

Wenn er dann, ausgehend von der Macht des erwählenden Gottes, in christologischer Perspektive argumentiert, kann Calvin die Juden sowohl als die Erstgeborenen von Gottes Familie sehen als auch, wegen der Weigerung, das Heil in Jesus Christus anzunehmen, als Abtrünnige. Dieses Spannungsverhältnis führt dazu, dass sich in seinem Werk Äußerungen sowohl zur Tatsache, dass die Kirche Israel ersetzt hat, als auch zur Aussicht der eschatologischen Rettung eines Rests von Israel finden.[55] Lange

---

[51] Vgl. FAESSLER (s. Anm. 4), 18ff., der immerhin der Tatsache, dass Calvin nie das geläufige Schimpfwort »Beschnittener« (verpus) in den Mund nimmt, eine gewisse Bedeutung beimisst.

[52] JOHANNES CALVIN, Der Brief and die Römer. Ein Kommentar (in: EBERHARD BUSCH [Hg.], Calvin-Studienausgabe, Bd. 5/2, Neukirchen-Vluyn ²2010, 461–615). Im vorliegenden Zusammenhang ist keine vertiefte Analyse möglich. Vgl. jedoch: ENGEL (s. Anm. 2) 106–123; LANGE VAN RAVENSWAAY, Calvin und die Juden (s. Anm. 2), 183–194.

[53] Inst. II,10,2.

[54] Inst. II,11,2.

[55] Vgl. etwa Inst. IV,16,14: »Neque vero quantacumque contumacia cum evangelio bellum gerere persistant, ideo tamen nobis sunt despiciendi; si reputamus, in promissionis gratiam, Dei benedictionem inter eos etiamnum residere, ut certe nunquam inde prorsus abscessuram apostolus testatur: quoniam sine poenitentia sunt dona et vocatio Dei« (»Mit wieviel Halsstarrigkeit sie nun aber auch dabei beharren mögen, mit dem Evangelium Krieg zu führen, so dürfen wir sie deshalb trotzdem nicht verachten, wenn

van Ravenswaay fasst trefflich zusammen: »Dennoch ist Calvin weit davon entfernt, im Wesen des Gnadenhandelns Gottes in bezug auf Juden und Heiden einen Unterschied zu machen. Freilich setzt auch er sich wie Paulus mit der Frage auseinander, wie Gott mit den Juden nach Christi Kommen verfahren werde. Eindeutig verneint er eine Verwerfung von ›ganz Israel‹ und konstatiert: ›dass der himmlische Segen nicht ganz und gar von ihrem Volksstamm gewichen ist‹ [Inst. IV,16,14]. Das Vorrecht und die Würde aber, die den Erstgeborenen in der ›Hausgemeinschaft Gottes (familia Dei)‹ eignet, galt nur solange, bis sie die angebotene Ehre verwarfen, ›und es mit ihrer Undankbarkeit bewirkten, dass sie nun auf die Heiden überging‹ [Inst. IV,16,14]. Ja auch der Titel ›Ecclesia‹ könne nach Paulus den Juden nicht mehr zuerkannt werden, da sie Christus nicht angenommen und sich damit als ›Feinde der Wahrheit (hostes veritatis) erwiesen hätten‹ [Inst. IV,2,3]«.[56]

Das Besondere Calvins scheint mir jedoch darin zu liegen, dass er die Kirche von heute mit der Kirche vom Israel des Alten Testaments identifiziert und deshalb unmittelbar alle Worte des Alten Testaments auch auf die heutige Kirche bezieht, und zwar nicht nur die Verheissungen, sondern auch die Ermahnungen und Urteile Gottes. Im Folgenden bringe ich einige Belege für diesen aktualisierenden Zugang Calvins zu alttestamentlichen Aussagen. So heißt es in einer Predigt über 1.Kor. 10,1–5:

»Contemplez ce qui est advenu au peuple de Israel: car ceste Eglise-là est un miroir pour nous. [...] Aussi les histoires qui sont escrites, ne sont pas seulement afin que nous sçachions ce qui est advenu du temps iadis, mais que nous contemplions comme en une peinture, que Dieu ne souffrira point les pechez impunis, d'autant qu'une fois il a monstre comme il les hait. Voyla donc les paillardises, voylà l'idolatrie, voyla les meschantes cupiditez, voyla les murmures et rebellions qui ont esté chastiees au peuple d'Israel. Dieu n'a point changé de nature, ni de propos: et ainsi estimons que quand nous ensuyvrons ceux-là, il faudra que nous soyons enveloppez en leur malediction.«[57]

In einer Predigt über Dtn. 6 macht Calvin deutlich:

»Car Dieu regarde la foiblesse de son peuple, et comme il seroit tantost diverti de la vraye et pure religion, sinon qu'il eust esté retenu par ceste bride. Garde-toy donc. Car tu pourras estre tenté, d'autant que les scandales seront là de tous costez pour t'assieger. Or si cela a esté dit anciennement aux Iuifs: il s'adresse auiourd'huy à nous: car nous ne sommes point moins fragiles qu'eux: ne nous faisons point ac-

---

wir doch bedenken, dass um der Verheißung willen Gottes Segen immer noch unter ihnen bleibt, wie denn jedenfalls der Apostel bezeugt, dass dieser Segen nicht ganz von ihnen weichen wird: ›denn Gottes Gaben und Berufung können ihn nicht gereuen‹ [Röm. 11,29]«).

[56] LANGE VAN RAVENSWAAY, Calvin und die Juden (s. Anm. 2), 186.
[57] CO 49,581f.

croire qu'il y a une vertu, et constance telle en nous, que nous puissions tenir bon quand nous aurons cogneu la vérité de Dieu. Car si le diable nous vient abruver de fausse doctrine, et nous attirer en superstitions: nous serons bien tost transportez. Puis qu'ainsi est donc que nous sommes tant infirmes: s'il y a des corruptions, que nous apprenions d'estre munis, afin de repousser les tentations qui nous assaillent Et nous voyons comme nous en sommes. Car nostre Seigneur nous tient ici comme sous sa main: et cependant si nous regardons çà et là, nous verrons le povre monde estre corrompu en toutes abominations«.[58]

Und in einer Predigt über Dtn. 9 heißt es:

»Et ainsi regardons que ce qui nous est recité des Iuifs, nous appartient: d'autant que nous avons en nous les vices semblables, ou plus grands qu'ils n'estoyent point en eux: et sachons que Dieu nous veut ici instruire.«[59]

Wenn Calvin über das Alte Testament predigt und es dabei auf die christliche Gemeinde seiner Zuhörer anwendet, kann er jedoch auch auf bestimmte antijüdische Klischees zurückkommen, so wie der Hang der Juden zum Wucher oder ihr Wunsch, die Heiden zu beherrschen. Das geschieht zum Beispiel in einer Predigt zu Dtn. 15,7–10. In V. 8 wollte Gott die Juden zu einer besonderen Solidarität zwischen Brüdern im Glauben auffordern (»qu'il y eust encores plus d'amitié, d'autant qu'outre le parentage il y avoit l'union de foy«) und ihnen nicht gestatten, das Gut der Heiden zu verzehren und unmenschlich diesen gegenüber vorzugehen (»de manger la substance des Payens, ne de procéder inhumainement envers eux«).[60] Bei V. 6 hingegen haben die Juden, so Calvin, mit »du wirst über viele Völker herrschen« die Erlaubnis gesehen, über die Heiden zu herrschen:

»Les Juifs [...] prennent toutes les promesses de l'Escriture à leur avantage, comme si Dieu leur mettoit la bride sur le col, et qu'il ne luy challust des Payens non plus que de bestes brutes. Exemple: quand il est dit: Vous dominerez sur plusieurs gens: là dessus ils concluent, ô! il nous est donc licite d'exercer toute tyrannie, et de gourmander les Payens: car ils sont incirconcis, et pollus, et n'appartiennent de rien à Dieu: que nous en tirions donc tout ce qui sera possible, sans les espargner. Et mesmes ce mot de Prester, ils l'ont bien estendu plus loin: car ils n'ont fait nulle difficulté de charger les estrangers d'usure tant qu'ils en pouvoyent souffrir, sans regarder à nulle équité. Voila comme les Iuifs tousiours ont restraint la droicture des promesses de Dieu: et cependant il leur a semblé qu'envers leurs prochains, c'est à dire, envers ceux de leur parentage, il falloit bien faire un peu plus: mais tant y a qu'encores en cest endroit ils ont esté nommez comme loups ravissans, ainsi qu'il leur est reproché par le Prophete Ieremie, et qu'il sera declairé en son lieu. Or revenons maintenant à ce qui est ici dit, pour l'appliquer à nostre instruction. Si les

---

[58] CO 26,466.
[59] CO 26,713.
[60] Was die Juden in den Predigten Calvins angeht, siehe insbesondere LANGE VAN RAVENSWAAY, Die Juden in Calvins Predigten (s. Anm. 2).

Iuifs ont eu ceste feintise de couvrir leur avarice, d'autant qu'il leur sembloit qu'ils pouvoyent bien piller les Payens, et incredules: regardons auiourd'huy de ne point faire le semblable.«[61]

Schlußbemerkung

Zum Abschluss dieses kurzen Beitrags, der einem Alttestamentler und nicht einem Calvinspezialisten anvertraut worden ist, möchte ich einige Denkanstöße geben. Es ist *erstens* zu wünschen, dass das 500. Jubiläum zu einer Entwicklung der Forschung zum Thema »Reformation und Juden« führt, die – mit derselben Vertiefung, die bisher nur Luther zuteilwurde – auch andere Figuren und Schlüsselmomente der Reformation des 16. Jahrhundets einschließt, *in primis* Calvin. Dies sollte – *zweitens* – geschehen unter Vermeidung apologetischer Einstellungen oder der Bewertung von Personen und Ereignissen des 16. Jahrhunderts ausgehend von Einsichten, zu denen wir erst in späterer Zeit gekommen sind, sicher dank Impulsen des 16. Jahrhunderst, aber auch aufgrund von Brüchen. Vor allem denke ich an die Anwendung der historisch-kritischen Methode bei der Interpretation der Schriften und an die Konsolidierung des Prinzips der Neutralität des Staates im Bereich von Religion und Glauben. *Drittens* scheinen mir besonders interessant – und, wenn ich recht sehe, bis jetzt wenig untersucht – einerseits die Geschichte der Auswirkungen und der Interpretationen *sub specie Israelis* der Theologie des einen Bundes zu sein und, andererseits, die Sicht des Alten Testaments als ein Lehrbuch der Christenheit, beides Dinge, die im reformierten Bereich ein großes Gewicht hatten.

---

[61] CO 27,328.

The Jews in English Reformation Polemic

Ashley Null

»Aboute that tyme [c. 1258–60] at Teukesbury a Jewe fylle in to a gonge [i.e., a privy] on a saturday and wold suffre noo man to drawe hym up for the reuerence of his hooly daye. But Rychard of Clare erle of gloucetre wold suffre noo man to drawe hym up in the morrow on the sonday / For reuerence of his hooly day / And soo the Jewe deyd.«[1]

In terms of the history of the Jewish people in England, the Reformation falls in the long middle period, between their expulsion by Edward I in 1290 and their readmission by Oliver Cromwell in 1656.[2] In between, only explicitly converted Jews were allowed to live in England, although we do know of a few examples of those who were permitted to practice their Jewish faith covertly because of services they provided the state, whether as Portuguese merchants,[3] Venetian musicians such as the Bassanos,[4] the German mining engineer Joachim Gaunse,[5] or physicians such as Roderigo Lopez.[6] Ultimately, converted Jews in England were just as »useful« for the state as the covert ones, since their presence confirmed the truth of Christianity, and for that reason, even after the expulsion, the state continued to maintain an institution for baptized Jews.[7] Hence, we should not be surprised that even in their absence, the memory of openly practicing Jews was still made to serve the needs of Christian England, as the oft-repeated story of the Jew of Tewkesbury attests.[8] During the intermediate

---

[1] RANULF HIGDEN, Prolicionycion, trans. John of Trevisa, Westminster: William Caxton, 1482, book 7, chap. 36, fol. 377ᵛ.

[2] See JOSEPH JACOBS, The Typical Character of Anglo-Jewish History (in: Transactions of the Jewish Historical Society of England 3, 1896–8, 126–143); DAVID S. KATZ, The Jews in the History of England, 1450–1850, Oxford 1994.

[3] LUCIEN WOLF, Jews in Tudor England (in: CECIL ROTH [ed.], Essays in Jewish History, London 1934, 73–90); IBID., Jews in Elizabethan England, Transactions of the Jewish Historical Society 11, 1928, 1–91; E. R. SAMUEL, Portuguese Jews in Jacobean London (in: Transactions of the Jewish Historical Society 18, 1958, 171–230).

[4] See DAVID LASOCKI with ROGER PRIOR, The Bassanos: Venetian Musicians and Instrument Makers in England, 1531–1665, Aldershot 1995.

[5] ISRAEL ABRAHAMS, Joachim Gaunse: A Mining Incident in the Reign of Queen Elizabeth (in: Transactions of the Jewish Historical Society of England 4, 1899–1901, 83–99).

[6] On Lopez, see KATZ, Jews (s. note 2), 49–106.

[7] Originally established in 1232 by Henry III to encourage Jewish conversion, the *Domus Conversorum* (»House of the Converts«) continued to house a small number of Christian Jews who had made their way to England into the Seventeen Century. See MICHAEL ADLER, History of the »Domus Conversorum«, from 1290 to 1891 (in: Transactions of the Jewish Historical Society of England 4, 1899–1901, 16–75).

[8] For the circulation of the tale, see ANTHONY BALE, The Jew in the Medieval Book: English Antisemitisms, 1350–1500, Cambridge 2006, 23–53.

period, the Jew as a Jew still provided England with helpful *exempla*. In the case of the Tewkesbury tale, that lesson was what not to be like, that the spiritual filth of Jewish blindness would led to the physical filth of the *foetor judaicus* (»Jewish stench«), that such irrational error would kill both body and soul. As with so many other aspects of medieval culture, the English Reformers picked up this negative evaluation of Judaism and its adherents from their predecessors and then repackaged it for their own polemical purposes. Yet, such a clear rejection of Jewish models for intra-Christian learning and practice was not how the Sixteenth Century in England began or would end.

1. The Henrician Period

The positive usefulness of Jewish learning in Hebrew first became apparent in Tudor England via that champion of Jewish studies, Johannes Reuchlin.[9] One hundred and fifty years earlier, Richard Rolle, the medieval English mystic had pioneered the cult of the Holy Name of Jesus in England. Throughout the fifteenth century, through the writings of Rolle and Walter Hilton, interest in the veneration grew in popularity, culminating in Lady Margaret Beaufort, the mother of King Henry VII, being name by the pope as the patron of the feast of the Holy Name in 1494.[10] The same year, Reuchlin published his *De verbo mirifico*, giving a seemingly scholarly pedigree for this affective devotion.

According to Reuchlin's Hebrew studies, since God himself is spirit, and *ruach* means both spirit and breathe, the appropriate name for him in Hebrew is four vowels, an equally ineffable, unpronounceable word, suitable for the divine essence and protective of it, since spoken Hebrew had the power to participate in the reality of what it named. Yet, this situation wonderfully changed with the incarnation of the Divine Word. Reuchlin convinced the Christians of his era that Jesus' very name was the insertion

---

[9] The classic biography remains: LUDWIG GEIGER, Johann Reuchlin, sein Leben und seine Werke, Leipzig 1871. For a good brief description, see WILHELM SCHMIDT-BIGGEMANN, Geschichte der christlichen Kabbala, Stuttgart 2012, vol. 1, 131–5.

[10] CATHERINE A. CARSLEY, Devotion to the Holy Name: Late Medieval Piety in England, (in: Princeton University Library Chronicle 53, 1992, 157–172); ELIZABETH ANNE NEW, The Cult of the Holy Name of Jesus in Late Medieval England, with special reference to the Fraternity in St. Paul's Cathedral, London, c. 1450–1558, unpublished PhD Dissertation, University of London, 1999; DENIS RENEVEY, Name above Names: The Devotion to the Name of Jesus from Richard Rolle to Walter Hilton's Scale of Perfection I (in: MARION GLASSCOE [ed.], The Medieval Mystical Tradition: England, Ireland and Wales, Woodbridge 1999, 103–122); R. W. PFAFF, New Liturgical Feasts in Later Medieval England, Oxford 1970, 77.82–83.

of a Hebrew consonant ›shin‹ into the Tetragrammaton, making the ineffable name of God pronounceable. Therefore, the Name IHSUH was the wonder-working word which announced the union between God and humanity. Since Jesus said to see him was to see the Father, the whole substance of God was made know in one brief word and, of course, to pronounce it was to participate in its inherent power.¹¹ With this *verbum mirificum* Jesus had promised in John 14:12–14 that his disciples could do mighty things.¹² Yet, Reuchlin concludes this section by listing all the saving attributes of the *verbum mirificum* for Christians, concluding with the greatest divine gift of all, his indwelling presence to those who ruminate on the Holy Name of Jesus.¹³ At last, popular English piety had an impeccable ancient academic pedigree with an unimpeachable biblical provenance.

John Fisher, Chancellor of Cambridge University and confessor to Lady Margaret, took notice.¹⁴ As the earliest identifiable follower of the Kabbalah in England,¹⁵ he had only the highest esteem for Reuchlin. In 1515 he wrote to Erasmus that »[Reuchlin's] scholarship delights me so hugely that in my reckoning no man alive comes nearer to Pico«. He asked Erasmus to send him any books by this leading Kabbalist that he might not yet have. Fisher even found a young English man named Robert Wakefield to tutor him in the language. Eventually, a flourishing correspondence between Fisher and Reuchlin ensued, leading one prominent English scholar in Germany to urge Reuchlin to dedicate his *De arte cabbalistica* (1517) to Fisher. Those hopes proved unfounded, that honour going to Leo X instead. However, Reuchlin did send Fisher a personal presentation copy. On the all-important topic of the Name of Jesus, Fisher paid Reuchlin the ultimate compliment in his unpublished 1525 commen-

---

¹¹ THOMAS F. TORRANCE, The Hermeneutics of John Reuchlin 1455–1522 (in: JAMES E. BRADLEY, RICHARD A. MULLER [eds.], Church, Word, and Spirit: Historical and Theological Essays in Honor of Geoffrey W. Bromiley, Grand Rapids 1987, 107–21, at p. 114).

¹² For this discussion in Book Three of *De verbo mirifico*, see CHARLES ZIKA, Reuchlin und die okkulte Tradition der Renaissance, Sigmaringen 1998, 55–62; TORRANCE, Hermeneutics of Reuchlin (s. note 11), 113–15.

¹³ »[H]aec salus nostra ... haec prima ianua ad deum ... Haec est lauacrum quo mundamur ... Haec est adoptio nostra ... Haec est retributio nostra ... Haec est expletio voluntatis nostrae ... Haec est consolatio nostra ... Haec est vita nostra ... Haec est ultio et uindicta contra impios ... Haec est piis laeticia perfecta ... Haec est adiuratio et exorcismus ... Haec est audacia, haec fiducia nostra ... Haec est praesentia dei« (JOHANNES REUCHLIN, De verbo mirifico, Tübingen: Thomas Anshelm, 1514, sigs [K6]ᵛ–[K7]ʳ).

¹⁴ For Fisher, see RICHARD REX, The Theology of John Fisher, Cambridge 1991. For the general introduction of Hebrew to England, see G. LLOYD JONES, The discovery of Hebrew in Tudor England: a third language, Manchester 1983.

¹⁵ REX, Fisher (s. note 14), 59–61; JONES, Hebrew in Tudor England (s. note 14), 95–8.

tary on the Psalms for Henry VIII. On Psalm 8:2, Fisher simply repeated without any attribution, as if it were an uncontestable fact, that the name ›Jesus‹ was derived from the Tetragrammaton with a ›shin‹ in the middle, rendering it finally pronounceable.[16]

Fisher became Wakefield's patron, »your Robert«, in the words of Erasmus.[17] Eventually, Henry VIII agreed to support Wakefield's appointment as the first lecturer in Hebrew at Cambridge in 1523. His inaugural lecture the following year brought Reuchlin's vision of the all-surpassing superiority of Hebrew culture to the English academy.[18] Biblical Hebrew was the original language of Eden, not corrupted by the divine intervention at Babel recorded in Genesis 11:1–9.[19] As such, »Hebrew corresponds to things as they really are ... etymologically Hebrew words correspond exactly to the nature of the objects«.[20] Consequently, Hebrew words have »very great powers of persuasion«.[21]

»Let those impious men have their own way who revile the language of the Holy Spirit and regard as rustic, uncouth, boorish and unrefined the Hebrew words of Christ, words which in fact are full of spirit and life, which are alive, animated, fiery, barbed, and full of spiritual wisdom. They not only move and persuade, but constrain, disturb and coerce, and by penetrating to the depths of the soul, transform the whole person with remarkable power.«[22]

Hebrew words in the liturgy should not be translated, but retained and pronounced correctly, lest they lose their supernatural power.[23] Finally, because Hebrew is the most ancient and sacred of all languages, the insights of the Greeks in philosophy, theology, medicine, music, math and astronomy were gained from Hebrew literature.[24] As the University wrote to Henry VIII the same year to thankful him for establishing the Wakefield's lectureship, Hebrew

---

[16] »Nomen itaque Ihsuh preter literas nominis tetragramaton interpositam habet Y quae nostrum S sonat« and »nomen ipsius tetrag[ramaton antequam consans] adiungeretur, erat inproferribile, adiuncta vero consonanti iam facile profertur ab omnibus«, National Archives SP2/R, fol. 166ʳ, transcription by REX, Fisher (s. note 14), 222, n. 81.

[17] ROBERT WAKEFIELD, On the Three Languages, ed. G. Lloyd Jones, Binghamton 1989, 3.

[18] WAKEFIELD, On the Three Languages (s. note 17), 42–223.

[19] Ibid. 1.107.109.

[20] Ibid. 94.

[21] I.e., »persuadendi vim habet maximam« (ibid. 75.79); »maximam vim persuadendi obtinent« (ibid. 83).

[22] Ibid. 82; cf. 162.

[23] Ibid. 132.150.

[24] Ibid. 150–70.

»is the language which leads to a knowledge of divine secrets; no other is more holy or better suited to understanding very obscure matters and the thoughts of the prophets ... without it, divinely inspired literature cannot be thoroughly investigated or correctly interpreted.«[25]

Reflecting his own deep dependence on rabbinic sources, both commentaries and grammars, for his acquisition and understanding of Hebrew,[26] Wakefield was wary but ultimately positive about the usefulness of Jewish learning for Christian scholars. He noted that Hebrew spoken by the Jews was corrupted from the time of the Babylonian exile onwards.[27] He also acknowledged that Jews were reluctant to train Christians in their literature, since such knowledge was necessary to overcome ›Jewish treachery‹ in debate.[28] Yet because Christian Hebraists like himself had done the hard work to master Jewish sacred learning, they now offered their co-religionists a more positive, effective means of dealing with the Jews.

»As Gregory says ... ›It is quite unnecessary to attack them and coerce them by harsh measures, wars or persecution, as if they were Turks or some other fierce opponents of our true faith.‹ Indeed, Pope Alexander, in his reply to the Spanish bishops, claimed that the Jews constitute a special case. He said, ›Those who persecute us and expel us from our own homes may with justification be repulsed. But this Jewish sect is always and everywhere ready to serve, and for this reason must be more readily tolerated. So, if it is impossible to convert them to the faith except through their own language and books, it will be necessary to make the appropriate effort.‹«[29]

Thus, Wakefield reserved his utter scorn not for the Jews, but for Luther who claimed the support of the ›hebraica veritas‹ (›real Hebrew‹) for his heterodox doctrine. According to Wakefield, Luther's fundamental translation error was rejecting the multiple meanings for Hebrew words supplied by the Targum which were »universally confirmed and recorded by the [Jewish] nation's greatest minds«.[30] While Protestant Hebraists were divided themselves as to how far a Christian commentator could rely on rabbinic sources,[31] at the beginning of the 1520s the leading English He-

---

[25] Ibid. 1.
[26] Ibid. 11–14.
[27] Ibid. 101.
[28] Ibid. 81.174.
[29] Ibid. 178.
[30] Ibid. 188–94.
[31] JEROME FRIEDMAN's Most Ancient Testimony: Sixteenth-Century Christian-Hebraica in the Age of Renaissance Nostalgia, Athens 1983, posits Basel and Wittenberg as having fundamentally opposing approaches on the topic, Luther and his colleagues rejecting rabbinic sources, Oecolampadius, Bucer and Münster being in favour of their use. STEPHEN G. BURNETT gives a more nuanced rendering of the history in his *Reassessing the Basel-Wittenberg Conflict: Dimensions of the Reformation-Era Discussion of Hebrew Scholarship* (in: ALLISON P. COUDERT, JEFFREY S. SHOULSON [eds.], Hebraica

braist embraced the Jewish biblical tradition as essential for establishing the literal meaning of the Hebrew Bible. By the end of the decade, such confidence in Jewish sacred learning would become a matter of national importance.

2. Henry's Divorce

As a new seventeen-year-old king, Henry had been persuaded to maintain England's political alliance with Spain by marrying Catherine of Aragon, the Spanish princess who was the widow of his older brother, Arthur, dead now seven years. Since Leviticus 18:16 and 20:21 specifically forbid such a marriage as a moral abomination, Pope Julius II used papal authority to grant a dispensation permitting the marriage to proceed in 1509. Although their marriage gave every appearance of being a happy union for almost two decades, Catherine was never able to give Henry a son and clear heir to the throne. As it became obvious that Catherine was no longer of child-bearing age, the words of Leviticus 20:21 began to haunt the king. For the verse declared a curse of childlessness on a marriage such as his. Of course, Deut. 25:5 also commands a man to marry his brother's widow if he had died without a son (as was the case with Arthur) so as to raise up an heir to the dead brother through the new marriage. In an effort to resolve this conundrum, Henry turned to Hebrew scholars. Eventually, breaking with his patron Fisher, Wakefield, suggested that the Hebrew text could mean ›without sons‹, Henry's exact situation.[32]

The key question in dispute between the ›divorce‹ team and their opponents was how to reconcile Leviticus 18:16 and 20:21 to Deuteronomy 25:5–7, as demanded by the hermeneutical principles of the day. Did the passages in Leviticus simply prohibit the marriage of a divorced wife whose husband was still alive and, hence, no contradiction with Deuteronomy's Levirate marriage injunction to marry a brother's widow? Or did the verses in Leviticus establish a universal standard to which divine authority had ordered an exception in the special circumstances a brother leaving no heir. According to Cranmer and his fellow royal scholars, the incest code of Leviticus 18 was divine law based on natural law and, thus, still binding on Christians. The levirate exception was merely part of the

---

Veritas? Christian Hebraists and the Study of Judaism in Early Modern Europe, Philadelphia 2004, 181–201).

[32] VIRGINIA MURPHY, The Literature and Propaganda of Henry VIII's First Divorce (in: DIARMAID MACCULLOCH [ed.], The Reign of Henry VIII: Politics, Policy and Piety, Basingstoke 1995), 139; KATZ, Jews in the History of England (s. note 2), 21–2.

civic and ceremonial law for ancient Israel and, therefore, abrogated by the coming of the New Covenant. Obviously, if the regulations of Leviticus 18 were indeed part of natural law, no pope had the power to dispense from their adherence.

When it became clear that the king's case rested on establishing the temporary nature of Deut. 25 versus the enduring obligation of Leviticus 18, Henry dispatched agents to Italy in late November 1529 to get written confirmation from rabbinical authorities that even contemporary Jews no longer practiced Levirate marriage. The strategy looked promising initially, since Ashkenazi Jews of Eastern Europe were indeed bound by a medieval ruling that effectively banned the practice. However, the Sephardi rabbinic tradition in Iberia and North Africa urged its continuation, and they, too, had communities in Italy. When a Sephardi Levirate marriage was conveniently compelled to be celebrated at Rome in Autumn 1530, the royal hopes for help from contemporary Jewish interpretation ran irretrievably aground.[33]

In effect, Cranmer and his fellow royal scholars were arguing that God, by his absolute power, had commanded in Deuteronomy 25:5 a dispensation from the natural law of his ordained power, an exemption which had in fact long since expired.[34] Other scholars, however, argued that was impossible for God ever to dispense from natural law. Such a thing would violate both the nature of God and the inherent order of his creation. According to Fisher, ›God would not have commanded such a marriage were it indeed forbidden under natural law (and thus absolutely and intrinsically immoral)‹.[35]

Luther was equally unconvinced. On the crucial point of natural law, he agreed with Fisher and the theologians of Louvain. According to the German reformer, both Lev. 18:16 and Deut. 25:5 were only part of the positive law of the ancient Israelite nation. For Luther, however, ›the legislator Moses is dead and invalid for us‹.[36] As he wrote in *How Christians Should Regard Moses*, believers should read Moses »not because he applies to us, that we must obey him, but because he agrees with the natural law«, and where he does not, like the laws associated with marrying a brother's wife, Christians did not need to follow him.[37] Only natural law was bind-

---

[33] For the thorough account by KATZ, see: The Jewish Advocates of Henry VIII's Divorce, in: ibid. 15–48.

[34] ANDREW A. CHIBI, »Turpitudinem uxoris fratris tui non revelavit«: John Stokesley and the Divorce Question (in: Sixteenth Century Journal 25, 1994, 387–97, here: 393–6).

[35] REX, Fisher (s. note 14), 167.

[36] JAROSLAV PELIKAN, HELMUT T. LEHMANN (eds.), Luther's Works, 50, Philadelphia 1955–86, [Henceforth, LW], 39.

[37] LW 35 (s. note 35), 172–3.

ing on all people for all time.³⁸ Therefore, in keeping with his understanding of Christian freedom, Luther wrote that

»the law of Moses, which beforehand was not valid and which after Christ ceased to be valid as positive law, does not bind the King, and does not demand the divorce. But that law of God and that statement of divine law according to which matrimony is established as something which ought to be maintained forever, until death, binds the King.«³⁹

Further on in his opinion Luther makes clear the exact passages of Scripture of which he is speaking: »that law of God« refers to Genesis 2:24 (»the two shall be one flesh«); the divine command that marriage endures unto death is a citation of Jesus› command in Matt. 19:6 that »A man shall not abandon his wife« which had nullified the Mosaic law of divorce.⁴⁰ Just as Luther had criticized the papacy in the *Babylonian Captivity* for dispensing from marriage vows, he now demanded that Henry also recognize that these biblical injunctions had superior authority over »the man-made law« of »You shall not marry your deceased brother's wife«.⁴¹

In the end Henry chose the radical solution of taking steps to form a national church, thereby freeing Thomas Cranmer as archbishop of Canterbury to annul the marriage to Katherine. However, as long as Anne Boleyn was his queen, Henry was not prepared to let the matter rest. In late 1535 he sent a delegation headed by Foxe to the Schmalkaldic League.⁴² When the English ambassadors arrived on 1 January 1536, the German theologians readily agreed to their request for a disputation on the divorce. Luther, Bugenhagen, Justus Jonas, Caspar Cruciger and after a few weeks Melanchthon all took part. The turning point in the nearly two and one-half months of debate came when Luther and Melanchthon wrote to Andreas Osiander to get his opinion on the matter. Osiander had written a book on incestuous marriage back in 1532 and was a Christian expert on the application of Jewish law to contemporary Christian life.⁴³ In his letter of early February 1536, the Nuremberg reformer made three crucial points. Firstly, all of the Levitical incest code had to be natural law, since Lev. 18:24–28 insisted that the pagans living among the Israelites had to obey these commandments as well, because the land had previously

---

³⁸ LW 54 (s. note 35), 293.
³⁹ LW 50 (s. note 35), 34.
⁴⁰ Ibid. 36.38.
⁴¹ LW 36 (s. note 35), 80; LW 50 (s. note 35), 36.
⁴² RORY MCENTEGART, Henry VIII, the League of Schmalkalden and the English Reformation, Woodbridge 2002, 40–44.
⁴³ Osiander had discussed the reception of *De incestis nuptiis* in Germany in his letter to Cranmer of 24 January 1533; NICHOLAS POCOCK, Records of the Reformation: The Divorce 1527–1533, Oxford 1870, II.483–6.

become defile through such practices. Secondly, the Rabbinic tradition believed Leviticus 18:16 applied to both living and dead brothers; consequently, Deuteronomy 25:5 granted permission. It did not give a command. After all, Deuteronomy 25:9 made plain that a man had a choice of whether or not to enter into such a marriage. Thirdly, the levirate marriage had a specific reason, to make clear Christ's descent from the House of David, a purpose which now had been fulfilled.[44] Osiander's arguments won the day. In March 1536 the German theologians gave Foxe a judgment that conceded the main points of Henry's argument:

»for it is clear and no one can deny, that the Levitical law enshrined in Leviticus xviii.20, prohibits the taking of a brother's wife, etc.; and also that it is a divine, natural and moral law, and comprehends both a dead and living brother's wife, and that against this law no contradictory law may be made or cited.«[45]

The judgment went on to admit that this had been the interpretation of the early church councils and the writings of the Fathers; consequently, the German Protestant churches would not permit such marriages.

Although this would seem a complete victory for Henry, the Germans still reserved judgment about whether violating the Levitical commandment justified the breaking up of such a marriage after it had already begun. Eventually, the Germans would conclude that the indissolubility of marriage was the superior law. However, before this was ever communicated to Henry, the deaths of both Catherine of Aragon and Anne Boleyn that year rendered the issue moot.

Yet, the goodwill towards Jewish learning continued in progressive royal circles even after Anne's execution in May. That spring, freshly returned from four years of study in Padua, Richard Morison joined the household of Thomas Cromwell, the architect of Henry's separation from Rome.[46] Cromwell quickly set Morison to work writing propaganda for the regime. Intriguingly, in a response to the Pilgrimage of Grace, Morison wrote a tract against rebellion which contained a very positive depiction of Jewish learning:

»I haue ofte meruailed, to see the diligencye, that the Jewes vse in bringynge vp their youthe, and bene moche asshamed to see howe neglygente christen men are in soo godly a thynge. There is neyther man, woman, nor child of any lauful age, but he for the mooste parte knowethe the lawes of Moyses: and with us he is almost a good curate, that knoweth .vi. or .vii. of the .x. commandementes.«[47]

---

[44] WILLIAM WALKER ROCKWELL, Die Doppelehe des Landgrafen Philipp von Hessen, Marburg 1904, 220–2.
[45] MCENTEGART, Henry VIII (s. note 42), 43, translating CR 2,528.
[46] Cromwell served as Master of the Rolls from October 1534 to July 1536 and, thus, as Keeper of the *Domus Conversorum*, lived there (ADLER, History of the ›Domus Conversorum‹ [s. note 7], 40–1). Intriguingly, Morison may have then resided briefly in the *Domus* before Cromwell vacated the building after he resigned.

He then offered his own eyewitness testimony of the impressive effectiveness of their training on Jewish conduct:

»[A]monges the Jewes, there is not one, but he can by some honeste occupation, gette his lyuyng. There be fewe idell, none at al, but such as be riche ynough, and may lyue without labour. There is not one begger amonges them. All the cities of Italy, many places in Cecilia, many bourges in Germany, haue a great nombre of Jewes in them. I haue ben longe amonges them, that are in Italy, I neuer harde of a Jewe, that was a thefe, neuer that was a murderer. No I neuer hard of a fraye betwene them. I am ashamed to saye as I nedes muste say, They maye well thynke their religion better than ours, if religion be tried by mens lyues.«[48]

Of course, the whole point of such high praise was to shame the rebels into obedience by comparing them unfavorably to the followers of a false faith. Yet, in keeping with Tudor humanism's positive approach to Jewish learning, Morison did so by acknowledging the visible, if limited, virtue of the Jews. With the coming of a full-throated commitment to Protestantism in the next reign, such shaming comparisons would be commonplace in the state's official sermons, yet with a significant difference. Rather than being a good role models for their English counterparts to emulate, the Jews would simply be just not as decidedly awful.

3. Thomas Cranmer and the Formularies of the Church of England

With the accession of the nine-year-old king Edward VI in 1547, Thomas Cranmer, the first Protestant archbishop of Canterbury was finally free to be begin a thorough doctrinal reformation of the Church of England. His opening manifesto in that effort was the *Book of Homilies*, which appeared on 31 July 1547.[49] These twelve sermons were required to be read in the midst of the Latin Mass, in order, in a repeated cycle, in every English parish. The Protestant theology contained in this official formulary was heavily dependent on Melanchthon's Lutheranism. Melanchthon taught that there were two kinds of sermons, those that taught doctrine and those that encouraged people to do good works. Of course, proclaiming justification by faith was the cornerstone of all doctrinal preaching, since the two chief biblical *loci* were ›Law‹ and ›Gospel‹. However, all sermons needed to aim at moving the affections, for »conversion and the spiritual life« was attained by »introducing better affections into souls«.[50]

---

[47] RICHARD MORISON, A Remedy for Sedition, London: Thomas Berthelet, 1536, sig. [D 4]ᵛ.
[48] Ibid.
[49] See ASHLEY NULL, Official Tudor Homilies (in: PETER MCCULLOUGH, HUGH ADLINGTON, EMMA RHATIGAN, Oxford Handbook of the Early Modern Sermon, Oxford 2011, 348–65).

When Cranmer organized his new set of homilies, he divided them equally between *loci* describing essential doctrines and those addressing important ethical issues. The first six described the fundamentals of the way of salvation: »Reading of Scripture«, the »Misery of Mankind« caused by sin, justification describe in three separate homilies entitled »Salvatio«, »Faith« and »Good Works«, and a final sermon on »Love«. The second six addressed important aspects of Christian living: »Against Swearing and Perjury«, »Declining from God«, »Fear of Death«, »Exhortation to Obedience«, »Against Whoredom« and »Against Strife«. Yet, herein lies the genius of Cranmer's ordering of the sermons to be read *seriatim*. According to Melanchthon, to preach the law meant to point out »sin and its penalty« which included corruption and death[51] which was precisely the theme of the »Misery of Mankind«. Although written by an English traditionalist, through Cranmer's placement of it in the book this sermon became a Protestant proclamation of the Law immediately preceding his own three sermons expounding the Gospel. According to Melanchthon, preaching the Gospel meant presenting the benefits of Christ and clarifying that they were received by faith.[52] Such was the message of Cranmer's next three homilies on »Salvation«, »Faith« and »Good Works«. The *Homily of Salvation* stressed that justifying righteousness was an alien righteousness:

»Because all men be sinners and offenders against God ... every man of necessity is constrained to seek for another righteousness, or justification, to be received at Gods own hands.«

Moreover, the righteousness given to the believer through faith was not true inherent righteousness but merely reckoned as such by God. Therefore, the only possible means of salvation was the imputation of an alien righteousness by faith:

»Christ is now the righteousness of all them that truly do believe in him ... forasmuch as that which their infirmity lacketh, Christ's justice hath supplied.«[53]

Yet Cranmer was equally careful to define the nature of the faith that brought about this imputed righteousness. Firstly, saving faith came »by God's working in us« through the hearing of the Word. Secondly, this »act

---

[50] Uwe Schnell, Die homiletische Theorie Philipp Melanchthons, Berlin 1968, 88–99; Debora K. Shuger, Sacred Rhetoric: The Christian Grand Style in the English Renaissance, Princeton 1988, 65–8; Paul Drews, Ferdinand Cohrs, Supplementa Melanchthoniana, Leipzig 1929, vol. V.2,33.35–7.51–2.
[51] Ibid. 35–6.
[52] Ibid. 36–37.
[53] John Edmund Cox (ed), Miscellaneous Writings and Letters of Thomas Cranmer, Cambridge 1846, 128.130.

to believe in Christ« was not the basis for justification, but only what sent the sinner to Christ for pardon. Indeed, faith was »far too weak and insufficient, and unperfect« to merit remission of sins in its own right, »for that were to count ourselves to be justified by some act or virtue that is within ourselves«. Finally, justifying faith was more than just intellectual assent to dogmatic statements. Since demons also believed the principal truths of Christianity, »right and true Christian faith« was not only agreement with Scripture but also »a sure trust and confidence in God's merciful promises, to be saved from everlasting damnation«. This assurance, in turn, led to the outward fruitfulness of a lively, or living faith, that is, a faith which showed itself by good works. Indeed, from assurance of salvation followed »a loving heart to obey his commandments.«[54]

Of course, all these themes are also found in Melanchthon. In fact, Cranmer even cribbed directly from the text of *Loci communes theologici* when he wrote about justification by faith in the »Homily of Salvation«.[55] Moreover, Article 19 of the Forty-Two Articles of Religion (1553) that Cranmer devised as the final theological legacy of the Edwardian Church, like Melanchthon, divided Old Testament Law into three categories: moral, judicial and ceremonial, with only the moral law being valid for Christians.[56]

Not surprisingly, then, Cranmer also followed Melanchthon's approach to the Jews. Having stressed faith as the means of right-standing with God, Cranmer distinguished between a faithful elect within ancient Israel and the vast majority of the Jewish people.[57] This distinction can be seen most readily in the next two homilies on »Faith« and »Good Works«. An exercise in *concessio*, each dwelled on the theme opposite its title. The *Homily of Faith* emphasized the necessity of good works in the life of the justified. When believers found evidence of their fruitfulness in godly living, they would certify their consciences that they did indeed have saving faith. The *Homily of Good Works*, however, insisted on the necessity of faith for justification, for no work was good unless it flowed from the love generated by saving faith.[58]

---

[54] Ibid. 129.131–3.
[55] See ASHLEY NULL, Thomas Cranmer's Doctrine of Repentance: Renewing the Power to Love, Oxford 2000, 215–20.
[56] For Article 19 of the Forty-Two Articles, see CHARLES HARDWICK, A History of the Articles of Religion, Cambridge 1859, 298.300. For Melanchthon's views on the Law, see ACHIM DETMERS, Reformation und Judentum: Israel-Lehren und Einstellungen zum Judentum von Luther bis zum frühen Calvin, Stuttgart 2001, 124–7.
[57] For Melanchthon's similar distinction, ibid. 130–2.
[58] Cox, Cranmer's Miscellaneous Writings (s. note 53), 135–49.

Yet, in the process of making his soteriological points, Cranmer also elucidated his understanding of the two Israels. On the one hand, in the *Homily on Faith*, he draws on Hebrews 11 to describe the continuity between the faithful heroes of the Old Testament and subsequent Christian believers:

»All these fathers, martyrs, and other holy men, whom St Paul spake of, had their faith surely fixed in God, when all the world was against them. They did not only know God to be Lord, maker, and governor of all men in the world: but also they had a special confidence and trust that he was and would be their God, their comforter, aider, helper, maintainer, and defender. This is the christian faith, which these holy men had, and we also ought to have. And although they were not named christian men, yet was it a christian faith that they had; for they looked for all benefits of God the Father through the merits of his Son Jesu Christ, as we now do. This difference is between them and us; for they looked when Christ should come, and we be in the time when he is come. Therefore saith St Augustine: ›The time is altered, but not the faith.‹ For we have both one faith in one Christ. The same Holy Ghost also that we have had they, saith St Paul ... But now, by the coming of our Saviour Christ, we have received more abundantly the Spirit of God in our hearts, whereby we may conceive a greater faith, and a surer trust, than many of them had. But in effect they and we be all one: we have the same faith that they had in God, and they the same that we have.«[59]

On the other hand, the *Homily of Good Works* presents the ancient Israelites, as a nation, as the personification of »the corrupt inclination of man« always »to follow his own phantasies«:

»For notwithstanding all the benefits of God, shewed unto the people of Israel, yet when Moses went up into the mountain, to speak with Almighty God, he had tarried there but a few days, when the people began to invent new gods.«[60]

He then goes through a lengthy rendition of idolatry in Israelite history:

»And after that they followed the Moabites, and worshipped Beelphegor ... Read the book of Judges, the books of Kings, and the Prophets; and there you shall find, how inconstant the people were, how full of inventions, and more ready to run after their own phantasies than God's most holy commandments. There shall you read of Baal, Moloch, Chamos, Mechom, Baalpeor, Astaroth, Bel the dragon, Priapus, the brasen serpent, the twelve signs, and many other; unto whose images the people with great devotion invented pilgrimages, preciously decking and censing them, kneeling down and offering to them, thinking that an high merit before God, and to be esteemed above the precepts and commandments of God.«[61]

Cranmer continues with this history of unfaithfulness, describing the confrontation between Elijah and the prophets of Baal, praising the work of

---

[59] Ibid. 138. For Melanchthon's similar argument, see DETMERS, Reformation und Judentum (s. note 56), 120–3.
[60] Cox, Cranmer's Miscellaneous Writings (s. note 53), 144.
[61] Ibid. 144–5.

those »three noble kings, as Josaphat, Ezechias, and Josias, God's elect ministers«, which fought such idolatry, until he finally reaches the Jewish nadir with the Pharisees, Sadducees, and Scribes. These sects devised their own devotions

»with holy and godly traditions and ordinances, (as it seemed by the outward appearance of goodly glistering of the works,) but in very deed all tending to idolatry, superstition, and hypocrisy, their hearts within being full of malice, pride, covetousness, and all iniquity.«[62]

In short, they esteemed their laws above God's laws so that they broke God's laws to honor their own:

»For although they seemed to the world to be most perfect men, both in living and teaching; yet was their life but hypocrisy, and their doctrine but sour leaven, mixt with superstition, idolatry, and preposterous judgment; setting up the traditions and ordinances of man in the stead of God's commandments.«[63]

Because Cranmer considered the Jewish nation the personification of the human inclination to faithlessness, like Melanchthon, he employed their negative example in his polemic against the beliefs and practices of the Roman Catholic church. Repackaging the medieval *foetor judaicus* to serve the purposes of English Protestantism, he denigrated papist practices by arguing that such ›Judaizing‹ was even worse.

»Never had the Jews in their most blindness so many pilgrimages unto images, nor used so much kneeling, kissing, and censing of them, as hath been used in our time. Sects and feigned religions were neither the forty part so many among the Jews, nor more superstitiously and ungodly abused than of late days they have been amongst us.«[64]

Cranmer then went through an extensive list of the false works of Roman Catholicism, concluding with:

»the more truly is verified of [papists] the saying of Christ: ›Woe be to you, scribes Pharisees, hypocrites! For you devour widows‹ houses, under the colour of long prayers; therefore your damnation shall be greater. Woe be to you, scribes and Pharisees, hypocrites! For you go about by sea and by land to make mo novices and new brethren; and when they be admitted to your sect, you make them the children of hell worse than yourselves be.«[65]

Consequently, Cranmer could use the example of the idolatry-fighting Israelite kings to praise Henry VIII as their successor, simultaneously stressing the Church of England's reputation of ancient Israel and its continuity with true Israel.

---

[62] Ibid. 145.
[63] Ibid. 146.
[64] Ibid. 147. For Melanchthon, see DETMERS, Reformation und Judentum (s. note 56), 130–1.
[65] Ibid. 147–8.

»Honour be to God, who did put light in the heart of his faithful and true minister of most famous memory, king Henry the eighth, and gave him the knowledge of his word, and an earnest affection to seek his glory, and to put away all such superstitious and pharisaical sects by antichrist invented, and set up against the true word of God, and his glory of his most blessed name, as he gave the like spirit unto the most noble and famous princes, Josaphat, Josias, and Ezechias.«[66]

Yet, Cranmer proved versatile in the use of the ancient Jewish people as the epitome of faithless humanity. When the advent of the first English Prayer book in 1549 provoked a large-scale uprising in the Southwest, resulting in the execution of 4,000 people,[67] he compiled a »Sermon against Rebellion« with the assistance of Peter Martyr.[68] Now the negative Jewish example was employed once again, but this time equally against both Protestant hypocrites and recalcitrant traditionalists.

First Cranmer described the punishments God had inflicted on the Jews and their total spiritual blindness as to why.

»Whoso listeth to read the histories of the heathen people and greatest idolaters, he shall not find among them all any region, people, or nation that was so scourged by God, so oft brought into servitude, so oft carried into captivity, with so divers, strange, and many calamities oppressed, as were the children of Israel. And yet they bragged and gloried that none other nation but they only had the law of God, their rites and ceremonies of God, God's promises and his testaments. And so it was indeed: nevertheless St Paul, writing to the Romans, doth most sore rebuke and reprove them, saying: ›Thou art called a Jew, and dost trust in the law, and makest thy boast of God, and knowest his will, and allowest the things that be best, and are informed by the law, and thinkest that thou art a guide to the blind, a light to them that are in darkness, a teacher of them that be ignorant, a doctor to them that be unlearned, which hast the true form and knowledge of the truth by the law. But yet thou which teachest another teachest not thyself; thou preachest that a man should not steal, yet thou stealest; thou sayest that a man should not commit adultery, but thou breakest wedlock. Thou abhorrest images, and yet thou dost commit idolatry by honouring of them. Thou that makest thy boast of the law, through breaking of the law dishonourest God: for the name of God is ill spoken of among the heathen by your means.‹«[69]

Then Cranmer applied this *exemplum* to the current social unrest. Just as God had punished the Jews for having received his Word and not living by it, so were the English people experiencing his wrath for their neglect of the Gospel. Some had incurred divine displeasure because they gave only lip-service to the new teachings.

---

[66] Ibid. 148.
[67] PETER MARSHALL, Reformation England: 1480–1642, London 2003, 76.
[68] Cranmer commissioned a Latin sermon on rebellion from Martyr as a briefing paper to aid him in composing his own English text (Corpus Christi College, Cambridge, MS 340, 73–95, 115–31). Cranmer's sermon can bey found in Cox: Miscellaneous Writings (s. note 53), 109–202.
[69] Ibid. 198.

»Thus the apostle St Paul charging the Jews, chargeth us also, which with our mouths say that we have received the word of God, and yet our conversation is contrary and ungodly. Why then do we marvel, if we suffer these punishments for our dissimulation and hypocrisy? ... Brethren, God will not be mocked: for this cause did God so severely and grievously punish the Jews above all other nations. And sith our cause is the like and the same, the selfsame ire and displeasure of God is now provoked and kindled against us.«[70]

Others, however, had refused even outward conformity. Their overt rejection of God's gracious provision of so much biblical knowledge was not unlike the last days of the kingdom of Judea.

»If we will consider the histories of the books of Kings, we shall no time find mo prophets among the people of Israel, nor the light of the word of God more spread abroad every where, than it was a little before the captivity and destruction of the same by the Babylonians. A man would think that even at that same time God had set up a school of holy scriptures and doctrine: then were the heavenly prophets in all places and to all men declared. But because so great knowledge of God and of his doctrine no good fruits did follow, but daily their living and conversation went backward and became worse, the said miserable destruction and captivity did ensue.«[71]

Yet, the Jews failed to learn their lesson when God restored them to their own land after the exile. They rejected Christ and his Gospel when he appeared and eventually lost their homeland forever as a result.

»And yet a worse captivity and misery fell upon the same people, when most perfect knowledge of God was offered unto them by the coming of Christ, what time the Lord Jesus Christ himself did preach there, his apostles did preach there, yea, many other disciples, evangelists, and doctors did preach there; whose preachings and doctrines when they would not receive, nor fruitfully and condignly accomplish and execute, then sprang up so many dissensions, tumults, and commotions, that at the last they were brought unto utter subversion and destruction in the time of Vespasian and Titus.«[72]

Hence, both groups needed to repent, those who only pretended to follow the Gospel and those who rose up in revolt against it.

»These things before rehearsed have I for this intent and purpose spoken, that we should acknowledge and repute all these seditions and troubles, which we now suffer, to be the very plague of God for the rejecting or ungodly abusing of his most holy word, and to provoke and entice every man to true and fruitful repentance and to receive the gospel, (which now by God's mercy and the good zeal of the king's majesty and his council is every where set abroad,) not feignedly and faintly as many have done, nor stubbornly and contemptuously to reject it and forsake it, as many other do now-a-days, not knowing what it is, but thankfully to take and embrace it at God's hands, and with all humbleness and reverence to follow and use the same to God's glory and our benefit.«[73]

---

[70] Ibid.
[71] Ibid. 199.
[72] Ibid.

Unsurprisingly, Cranmer's negative view of ancient Israel carried over to an equally negative view of Jewish faith and practice in his day. According to the *Homily on Faith*, Judaism was a dead religion, like any other pagan religion:

»And St Augustine, declaring this verse of the psalm, ›The turtle hath found a nest where she may keep her young birds,‹ saith, that Jews, heretics, and pagans do good works: they clothe the naked, feed the poor, and do other good works of mercy; but because they be not done in the true faith, therefore the birds be lost.«[74]

Naturally, the only hope for the Jewish people was to come to faith in Christ through the Gospel.[75] Consequently, Cranmer had the Church of England pray for their conversion, along with »Turks, Infidels, and Heretics«, every Good Friday:

»take from them all ignorance, hardness of heart, and contempt of thy word: and so fetch them home, blessed Lord, to thy flock, that they may be saved among the remnant of the true Israelites, and be made one fold under one shepherd, Jesus Christ our Lord.«[76]

Thus, Jews, both ancient and contemporary, through Cranmer's commitment to Melanchthonian-inspired Protestant soteriology, become the official Edwardian epitome of those who showed contempt for the Gospel and suffered the consequences. As such, associating them with the errors perpetuated by Cranmer's opponents – both Roman Catholics and carnal Gospellers – became an integral part of his Reformation polemic. Although Cranmer's attitude towards the Jewish people was fundamentally rooted in a committed evangelical's theological anti-Judaism, his writings still classified them *en masse* as a people and nation given over by God to human sinfulness.[77] Consequently, his polemical language came uncomfortably close to a race-based anti-Semitism.

Yet, Cranmer did believe that genuine Jewish conversion was a real possibility. He was happy to promote the exile convert Immanuel Tremellius to be successor to Robert Wakefield and the replacement for his brother Thomas Wakefield as Regius Professor of Hebrew at Cambridge.[78] While there Tremellius published a Hebrew translation of Calvin's cate-

---

[73] Ibid.
[74] Ibid. 142.
[75] For Melanchthon's similar view, see DETMERS, Reformation und Judentum (s. note 56), 132–3.
[76] JOSEPH KETLEY, Two Liturgies [...] of Edward VI, Cambridge 1844, 52.
[77] For the important distinction between *theological* anti-Judaism and *racial* anti-Semitism, see SHARON ACHINSTEIN, John Foxe and the Jews (in: Renaissance Quarterly 54, 2001, 87).
[78] KENNETH AUSTIN, From Judaism to Calvinism: The Life and Writings of Immanuel Tremellius (c. 1510–1580), Aldershot 2007, 61–9.

chism in a one of the best sixteenth-century missionary effort towards his former co-religionists.[79] Years later, in contrast to prior personal experience of exclusion from Switzerland as a foreign Jewish convert,[80] Tremellius remembered fondly the warm hospitality he had experienced from Cranmer during his initial six months in England.

»When I arrived, I was first welcomed into the house of the archbishop: indeed it was a community of reception to all learned and pious people since that host, patron and father always wished to entertain all such people, for as long as he lived, or was able.«[81]

Tremellius' repeated use of ›all‹ would seem to suggest someone familiar with prejudice who gratefully recognized its clear absence at Lambeth. In the end what mattered to Cranmer was evangelical learning, not race or nationality.

4. The Elizabethan Homilies

The Edwardian religious revolution lasted but six and one-half years. Upon the boy king's death in 1553, his half-Spanish and fully devoted Roman Catholic half-sister Mary returned the kingdom to papal obedience and burned Cranmer at the stake. Yet, this reversal was itself reversed again five years later with childless Mary's death in 1558. Elizabeth, the daughter of Anne Boleyn, a queen of dubious standing in the eyes of Rome, returned the kingdom to the Protestant faith and the slightly modified formularies of her brother.

As part of the Elizabethan Settlement, Cranmer's regularly repeated homilies wove a starkly negative attitude towards the Jews, their ceremonies and their association with Roman Catholicism deep into the fabric of the Church of England. When a second collection of required sermons was issued in 1563 to supplement the Edwardian book, the new homilies merely reinforced this mentality.[82] »Of the Right Use of the Church« at first commended the Jews for their diligence in worshipping at the temple, but only so as to shame the English people, since they were »far worse than the Jews« about coming to church, and the Jews were clearly »a most wicked and ungodly people« whose »very name« the English did »abhor« when they heard it.[83] The homily's second section then undermined even this very qualified praise of Jewish practice:

---

[79] Ibid. 75–9.
[80] Ibid. 54–5.
[81] Ibid. 62–3.
[82] For the *Second Book of Homilies*, see NULL, Official Tudor Homilies (s. note 49), 359–64.

»You will say [the Jews] honoured [their temple] superstitiously and a great deal too much, crying out, *The temple of the Lord, The temple of the Lord*, being notwithstanding most wicked in life ... Truth it is, that they were superstitiously given to the honouring of their temple. But I would we were not as far too short from the due reverence of the Lord's house, as they overshot themselves therein.«[84]

Recalling Jesus' cleansing of the temple, »For Repairing and Keeping Clean and Comely Adorning of Churches« went still further in denigrating both Jewish worship and character.[85]

»[Jesus] told them that they had made his Father's house *a den of thieves*, partly through their superstition, hypocrisy, false worship, false doctrine, and insatiable covetousness, and partly through contempt, abusing that place with walking and talking, with worldly matters, without all fear of God and due reverence to that place.«[86]

The homily then linked Jewish merchandizing in the temple to the »blasphemous« practices of Roman Catholicism, namely, »buying and selling the most precious Body and Blood of Christ in the mass ... beside other horrible abuses«, which the Reformation had since swept clean away.

»Of the Place and Time of Prayer« repeated the same double message. First, the homily charged the ancient Jewish people once again with superstition and moral turpitude.

»The Jews in their time provoked justly the vengeance of God, for that partly they abused his holy temple with the detestable idolatry of the heathen, and superstitious vanities of their own inventions, contrary to God's commandment; partly they resorted unto it as hypocrites, spotted, imbrued, and foully defiled with all kind of wickedness and sinful life; partly many of them passed little upon the holy temple, and forced not whether they came thither or no.«[87]

Next, at great length »Of the Place and Time of Prayer« tarred Roman Catholic practices with the same brush.

---

[83] JOHN GRIFFITHS, The Two Books of Homilies Appointed to be Read in Churches, Oxford 1859, 158. Cf. the similar use of a positive Jewish moral example to shame the supposedly less virtuous English people in »Against Disobedience and Wilful Rebellion« which was added to the collection in 1571: »[T]he obedience of the whole Jewish nation (being otherwise a stubborn people) unto the commandment of the same foreign heathen prince [Caesar Augustus] doth prove, that such Christians as do not most readily obey their natural gracious sovereign are far worse than the stubborn Jews, whom yet we account as the worst of all people«, GRIFFITHS, Two Books of Homilies, 567–8.
[84] Ibid. 161.
[85] Matt. 21:12–13 and Lk. 19:45–6. Cf. John 2:13–17.
[86] GRIFFITHS, Two Books of Homilies (s. note 82), 277. For the view that contemporary Jewish worship also lacked proper decorum, see EVA JOHANNA HOLMBERG, Jews in the Early Modern English Imagination: A Scattered Nation, Aldershot 2011, 69–81.
[87] GRIFFITHS, Two Books of Homilies (s. note 82), 348. For a further example of Jewish ceremonies being considered superstitious, see »Of Almsdeeds and Mercifulness Toward the Poor and Needy«, ibid. 389.

»And have not the Christians of late days, and even in our days also, in like manner provoked the displeasure and indignation of Almighty God, partly, because they have profaned and defiled their churches with heathenish and Jewish abuses, with images and idols, with numbers of altars too too superstitiously and intolerably abused, with gross abusing and filthy corrupting of the Lord's holy Supper, the blessed Sacrament of his Body and Blood, with an infinite number of toys and trifles of their own devices, to make a good outward shew, and to deface the homely, simple and sincere religion of Christ Jesus? Partly, they resort to the church like hypocrites, full of all iniquity and sinful life, having a vain and a dangerous fancy and persuasion, that if they come to the church, besprinkle them with holy water, hear a mass, and be blessed with the chalice, though they understand not one word of the whole service, nor feel one motion of repentance in their hearts, all is well, all is sure. Fie upon such mocking and blaspheming of God's holy ordinance.«[88]

Clearly, the *Second Book of Homilies*, like the first, linked Jewish and Roman Catholic practices together as equally empty, fundamentally misguided, outward gestures that failed to touch the hearts of the people, leaving sin to grow unchecked in their lives.

Thus, the Church of England's message to Elizabethans was unmistakable. Without a living, personal, Protestant evangelical faith at work within, human beings had no hope of salvation in the age to come, nor any growth toward holiness now.[89] Consequently, Jews were useful only to the degree to which they helped elucidate that message. If they would not do so by conversion, as in the case of Immanuel Tremellius, then at least they could be used to help the English people to come to a true understanding of both Roman Catholicism and themselves. John Foxe promoted this establishment agenda when he added the Jew of Tewkesbury tale to the 1570 edition of his highly influential *Acts and Monuments*.[90] For in his rendering, the story was inserted under the year 1257 as evidence of »the blind superstition of that tyme, not onely among the Jewes, but also among the christians«.[91] This Elizabethan cultural consensus linking and repudiating both Jewish ceremonies and Roman Catholic practices could

---

[88] »Of the Place and Time of Prayer«, ibid. 348–9.

[89] Cf. »It profited not the Jews, which were God's elect people, to hear much of God, seeing that he was not received in their hearts by faith, nor thanked for his benefits bestowed upon them. Their unthankfulness was the cause of their destruction« (»For the Days of Rogation Week«, ibid. 471).

[90] For the history of state support in the dissemination of the 1570 edition of the *Acts and Monuments* and the ›quasi-Biblical authority‹ it gained in Elizabethan culture as a result, see ELIZABETH EVENDEN and THOMAS S. FREEMAN, Print, Profit and Propaganda: The Elizabethan Privy Council and the 1570 Edition of Foxe's ›Book of Martyrs‹ (in: English Historical Review 119, 2004, 1288–1307, especially 1302–4).

[91] JOHN FOXE, The First Volume of the Ecclesiasticall history contaynyng the Actes and Monumentes of thynges passed, London 1570, 410. See ACHINSTEIN, John Foxe and the Jews (s. note 76), 86–120.

still be found in the observations of English travel writers abroad well into the mid-Seventeenth Century.[92]

5. Richard Hooker

If the greatest challenge to the Church of England at the beginning of Elizabeth's reign had been Roman Catholicism, by the last decades of her life, the new chief threat to her religious settlement was the Puritan pursuit of a Church of England whose liturgy and polity reflected the gospel simplicity of the New Testament.[93] With the *foetor judaicus* trope now so firmly established in Elizabethan religious discourse, both sides were happy to taint the other with Judaizing tendencies. On the Puritan side, they turned Cranmer's polemical use of ancient Jewish practices in his homilies against his own liturgy. Walter Travers, in his anonymous treatise *Ecclesiasticae Disciplinae Explicatio* (1574)[94] demanded that Roman ceremonies taken into the Church of England had to be renounced because the papists had merely mined them from the Jews, although Christ himself had already abolished such practices with this coming. Concerning the wearing of a surplice and tippet, Travers wrote

»[Clerical garments] are therfore the inuencions off men: and off what men / but euen off suche which haue soughte to paint and adorne with these colors the shame off ther whorishe idolatrie and superstition. For as iff they had bene ashamed off the simplicitie of the gospel ... They thought good to follow what soeuer had any shewe or ostentacion in any Religion / and thought it to be vsed to the setting forthe off the gospell. Thus they take out off the lawe allmost all ther massing apparell by a folishe and ridiculous imitation: that hauing an alter and a priest they might not want apparell for the stage.«[95]

On the establishment side, Richard Bancroft, Treasurer of St. Paul's, preached a sermon at Paul's Cross accusing the Puritans of consciously founding their four-fold Presbyterian ministry on Jewish practices:

---

[92] HOLMBERG, Jews in the Early Modern English Imagination (s. note 85), 53–104. The one notable exception was the positive account of Jewish worship provided by Lawrence Aldersey published in 1589; ibid. 75–6.

[93] See W. B. PATTERSON, Elizabethen Theological Polemics (in: TORRANCE KIRBY [ed.], A Companion to Richard Hooker, Leiden 2008, 89–119).

[94] WALTER TRAVERS, Ecclesiasticae Disciplinae et Anglicanae Ecclesia ab illa Aberrationis, plena a verbo Dei, et dilucida Explicatio, [Heidelberg] 1574 (was translated by THOMAS CARTWRIGHT as *A Full and plaine declaration of ecclesiasticall discipline owt off the word off God and off the declininge off the churche of England from the same*, [Heidelberg] 1574).

[95] TRAVERS, Declaration of Ecclesiastical Discipline (s. note 93), 128.

»[Christ] ment thereby to establish in the church for ever the same plat and forme of ecclesiastical government, to be erected in every parish, which *Moses* by *Iethroes* counsel appointed in mount Sinaie: and which afterward the Iewes did imitate in their particular synagogs. They had (saie these men) in their synagogs their priests, we must have in every parish our pastors: they their Levites, we our doctors: they their rulers of their synagogs, we our elders: they their leviticall treasurers, we our deacons.«[96]

Despite their significant disagreements as to its implications, both the Puritans and the state church's leadership utilized the English opprobrium towards the Jews in their attacks on one another.

A few short years later, Richard Hooker also took up the cause of defending the Church of England against Puritan attacks in the first four volumes of his magisterial *Of the Laws of Ecclesiastical Polity* (1593). However, when answering Travers' charge of Judaizing ceremonies in the Church of England, he broke with the clear cultural norm and actually gave a qualified defence of Jewish practices.[97] Although he acknowledged that the »*Jewes* were the deadlyest and spitefullest enemies of Christianitie that were in the world ... and by that meane least to be used as fit Churchpaternes for imitation«,[98] he noted that the apostles themselves at the Jerusalem Council imposed some Jewish customs on the Gentiles for a season. While the apostles affirmed that Gentiles were free from the burden of the law as regards salvation, yet they still required them to refrain from eating blood and things strangled as something convenient for that season in the life of the church so that the two groups would »cleave the better«.[99] They also encouraged Jewish Christians to continue for a time to sacrifice in the temple and to practice circumcision.[100] Hooker's unstated point was clear. If some Jewish practices were retained in the earliest church because they were useful at that time, although not necessary, later generations of the church could do likewise.

The following year the great scandal involving Roderigo Lopez erupted. This Portuguese born, secretly Jewish physician to Queen Elizabeth

---

[96] RICHARD BANCROFT, A Sermon Preached at Paules Crosse the 9. of Februarie, Being the First Sunday in the Parleament, Anno. 1588, London 1588, 8–9.

[97] THEODORE K. RABB, The Stirrings of the 1590s and the Return of the Jews to England (in: Transactions of the Jewish Historical Society 26, 1974–8, 26–33). For Hooker's skill in using Hebrew source material, see A. S. MCGRADE, Classical, Patristic, and Medieval Sources (in: TORRANCE KIRBY [ed.], A Companion to Richard Hooker, Leiden 2008, 66).

[98] RICHARD HOOKER, Of the Laws of Ecclesiastical Polity, IV.11.3 (in: W. SPEED HILL [ed.], The Folger Library Edition of the Works of Richard Hooker, Cambridge 1977, 1:309).

[99] HOOKER, Laws IV.11.8 (1:314).

[100] HOOKER, Laws IV.11.4+10 (1:310–11+315).

was convicted of trying to poison her as part of a Spanish plot and publically executed for treason to universal revulsion at his perceived ingratitude. Many speculate that Shylock in the *Merchant of Venice* was Shakespeare's response to the Lopez case.[101] Despite the popular anti-Semitism engendered, three years later, when Hooker published Book 5 of his *Ecclesiastical Laws* (1597) he continued his positive description of some Jewish customs. In fact, he turned any Jewish stigma on its head by arguing that some Church of England practices taken over from the Roman church ought to be continued precisely because they reflected sound Jewish custom.

Cranmer's liturgy had retained a modified version of the monastic offices in Morning and Evening Prayer, including the use of readings from a lectionary without comment. Because of their commitment to preaching, the Puritans condemned this »*bare* readinge« of Scripture as »a thinge *uneffectuall* to doe *that good*«.[102] Hooker countered by insisting that the reading of Scripture alone was itself a valid form of preaching.[103] To bolster such a claim, he turned to Acts 15:21 with its favourable description of Jewish practice.

»*Moses* from the tyme of ancient generations and ages longe since past had amongst the cities of the verie Gentiles them that preached him, *in that* he was read everie sabboth daie. For so of necessitie it must be meant, in as much as we know that the Jewes have alwaies had theire weekelie readinges of the *law of Moses*; but that they alwaies had in like maner theire weekelie *sermons upon some parte of the law of Moses*, we no where finde.«[104]

Since the Puritans argued that prayer needed to be spontaneous, rather than recited from a book, Hooker pointed out that God himself had given his priests the »verie speech« with which they were to bless the people and Jesus had instructed his disciples with the words of the Lord's Prayer. He then drew on the positive example of Jewish liturgical practice, both biblical and rabbinical, to argue the absurdity of the Puritan position.

»[I]f prayers be actions which ought to wast away them selves in the makinge; if beinge made to remaine that they may be resumed and used again as prayers, they be but instrumentes of superstition; surelie we cannot excuse Moses, who gave such occasion of scandall to the world, by not beinge content to praise the name of

---

[101] See, for example, KATZ's careful discussion, Jews in the History of England, 102.
[102] HOOKER, Laws V.21.1 (2:83).
[103] »Moses and the Prophets, Christ and his Apostles were in theire times all preachers of Gods truth; some by worde, some by writinge, some by both ... The Church as a wittnesse preacheth his meere revealed truth by *reading* publiquely the sacred scripture. So that a seconde kind of preaching is the readinge of holie writ«, HOOKER, Laws V.19.1 (2:67).
[104] Ibid. V.19.1 (2:67–8).

almightie God accordinge to the usuall naked simplicitie of Gods Spirit for the admerable victorie given them against Pharao, unlesse so dangerous a precedent were left ... for the framinge of prayers which might be repeated often although they never had againe the same occasions which brought them forth at the first. For that verie hymne of Moses grew afterwardes to be a parte of the ordinarie Jewish liturgie; nor onlie that, but sundrie other sithence invented. Theire bookes of common prayer conteined partlie hymnes taken out of the holie scripture, partly benedictions, thanksgivinges, supplications penned by such as have bene from tyme to tyme the governors of that synagogue ... As the Jewes had theire songs of Moses and David and the rest, so the Church of Christ from the verie beginninge hath both used the same and besides them other also of like nature, the songe of the Virgin Mary, the songe of Zacharie, the songe of Simeon.«[105]

The Puritans were as opposed to fixed days for national fasting as they were to set prayers. Public fasts were to be held only as extraordinary circumstances arose, not merely as a matter of a routine schedule invented by people. When the Elizabethan state re-established fasting from meat during Lent and on Fridays, the government was at pains to defend ›fish days‹ as merely a matter of commerce, namely, helping to maintain markets for the fishing industry and preventing the undue diminishing of cattle stocks.[106] Hooker, however, would have none of this secular justification for a sacred activity.

»Wee are therefore the rather to make it manifest in all mens eyes, that sett times of fasting appointed in spirituall considerations to be kept by all sortes of men ... have theire ground in the law of nature, are allowable in Gods sight, were in all ages heretofore, and may till the worldes ende be observed not without singular use and benefit.«[107]

Once again, he turned to Jewish custom, both that directly commanded by God and those established by their leaders, as a positive precedent for the Church of England's current practice.

»Touching fastes not appointed for anie such extraordinaire causes, but either yeerelie or monethlie or weeklie observed and kept, first upon the 9th daie of that moneth the 10th whereof was the feast of expiation, they were commanded of God that everie soule yeare by yeare should afflict it selfe. Theire yeerelie fastes everie fourth moneth in regard of the citie of Jerusalem entered by the enimie, everie fift in memorie of the overthrow of theire temple, everie seaveth for the treacherous destruction and death of Godolias ... everie tenth in rememberance of the time when siege began first to be laid against them, all these not commaunded of God him selfe but ordained by a publique constitution of theire own the prophet Zacharie expreslie toucheth.«[108]

---

[105] HOOKER, Laws V.26.2–3 (2:117–18).
[106] For fasting in Elizabethan England, see ALEC RYRIE, The Fall and Rise of Fasting in the British Reformations (in: NATALIE MEARS, ALEC RYRIE [eds.], Worship and the Parish Church in Early Modern Britain, Farnham 2013, 89–108).
[107] HOOKER, Laws V.72.1 (2:384).

Of course, if God could promise through Zechariah to bless annual fast days established by Jewish community leaders in ancient times, it could not be inherently sinful for the Church of England to fix its own contemporary national days for fasting.

Finally, perceptive as always, Hooker addressed the root cause of the religious anti-Judaism in Elizabethan England that no doubt often in practice simply functioned as racial anti-Semitism. He countered Cranmer's bifurcation of ancient Israel into the few elect heroes of faith and the mass of faithless people by praising the nation as whole. In his opening chapter of Book 5, Hooker sought to establish that »True Religion is the roote of all true virtues and the stay of all well ordered common-wealthes« – absolutely fundamental principles for a state church.[109] »For proofe« that piety alone maintained fortitude in the face of life's difficulties, he turned to the ancient Jewish nation as his prime example.

»[L]et but the Actes of the ancient Jewes be indifferently waied; from whose magnanimitie, in cases of most extreme hazard, those straunge and unwoonted resolutions [of confidence in divine assistance] have grown, which for all circumstances no people under the roofe of heaven did ever hetherto match. And that which did allwayes animate them was theire meere Religion.«[110]

Now the hardships of the ancient Jews which Cranmer had described as a divine curse on their faithlessness have become in Hooker's retelling the divine means of imparting a national blessing of resolute faithful dependence unique in all human history. With such high praise for the Jewish people as a whole, we have now turned the corner back towards the heady days of early sixteenth-century philosemitism and Robert Wakefield's Cambridge oration in praise of Jewish culture, albeit from a clear adherent to solafidanism. In little more than a half century, manifestly Protestant England under Cromwell will permit the return of the Jewish people to England.[111]

---

[108] HOOKER, Laws V.72.5 (2: 387–8). Cf. Zech. 8:14–15.19 (NRSV), »For thus says the Lord of hosts: Just as I purposed to bring disaster upon you, when your ancestors provoked me to wrath, and I did not relent, says the Lord of hosts, so again I have purposed in these days to do good to Jerusalem and to the house of Judah; do not be afraid. [...] Thus says the Lord of hosts: The fast of the fourth month, and the fast of the fifth, and the fast of the seventh, and the fast of the tenth, shall be seasons of joy and gladness, and cheerful festivals for the house of Judah: therefore love truth and peace.« Cf. *Of Good Works: And First of Fasting*: GRIFFITHS, Two Books of Homilies (s. note 82), 280–1.

[109] HOOKER, Laws V.1 (2:16–22).

[110] Ibid. V.1.2 (2:18).

[111] See DAVID KATZ, Philo-Semitism and the Readmission of the Jews to England, Oxford 1982; ELAINE GLASER, Judaism without Jews: Philosemitism and Christian Polemic in Early Modern England, Basingstoke 2007.

II. Protestantismus und Judentum vom späten
   18. bis ins frühe 20. Jahrhundert

Die Bekanntheit von Luthers Judenschriften im 19. und frühen 20. Jahrhundert

DOROTHEA WENDEBOURG

Am 4. Dezember 1938 erschien in der *Preußischen Zeitung* zu Königsberg ein Artikel mit der Überschrift: »Pfarrer wollen es nicht glauben.« Der Untertitel lautete: »Aber Luther hat wirklich so gegen die Juden geschrieben«.[1] Worum ging es? Dieselbe Zeitung hatte zwei Wochen vorher – am 19. November –, im Zusammenhang der in- und ausländischen Debatten über die ›Judenfrage‹ nach der ›Reichskristallnacht‹, einen Artikel *Martin Luthers Rezept* veröffentlicht, in dem sie Luthers »drastische« judenfeindliche Ratschläge aus der Schrift *Von den Juden und ihren Lügen* abdruckte. Zum Erstaunen der Redaktion hatte danach das Königsberger Konsistorium bei der Zeitung angerufen. Pfarrer der Kirchenprovinz hätten sich gemeldet und gefragt, ob die Lutherzitate »wirklich stimmten«. Das Konsistorium forderte die Redaktion auf, »Nachweise für ihre Echtheit« zu bringen. Das geschah in eben jenem Artikel vom 4. Dezember. Genüßlich verwies die Zeitung auf die einschlägigen Stellen in der Weimarer Lutherausgabe[2] und fügte hinzu, die Königsberger Staatsbibliothek habe sogar ein Exemplar der Ausgabe von 1543. Und dann zeigte die Zeitung sich erstaunt, ja empört über die Unwissenheit, die in dem ganzen Vorgang zum Vorschein gekommen sei. Man hätte jeden anderen Zweifler verstanden. »Wenn es aber berufene Männer gibt, die es genau wissen müßten, dann sollten das eigentlich die evangelischen Pfarrer sein. Wenn *sie* schon nicht Luther im Originaltext lesen, von wem soll man es sonst verlangen? Und wie können sie den Anspruch erheben, das Wort Gottes in seinem Sinne zu lehren, wenn sie nicht das geistige Werk des Begründers der protestantischen Kirche von der ersten bis zur letzten Zeile genau kennen?« Nun hätten die Geistlichen die Quellenhinweise, und nun sollten sie sich endlich an die Lektüre machen. Damals im 16. Jahrhundert habe der Kirchenmann Luther die Obrigkeit anspornen müssen. Jetzt dagegen verhalte es sich offensichtlich umgekehrt, seien »Obrigkeit und Volk der

---

[1] Preußische Zeitung, 8. Jahrgang, Nr. 335, 1. Beiblatt. Der hier dargestellte Vorgang ist belegt in den Akten des Evangelischen Zentralarchivs Berlin (EZA 7/3688, 198; aus EZA 7/3688 stammen auch alle folgenden, in denselben Zusammenhang gehörenden Zitate). Erstmals wurde auf den Zeitungsartikel und seinen Hintergrund hingewiesen von CHRISTOPHER PROBST, Demonizing the Jews. Luther and the Protestant Church in Germany. Bloomington (Indiana) 2012, 125. Doch Probst verfolgt die Spuren in den Akten nicht weiter, die nach Berlin und von dort aus in die ganze DEK führen.

[2] Allerdings ohne Bandangabe, nur mit dem Hinweis auf das Erscheinungsjahr 1919.

Geistlichkeit im Kampf gegen das Judentum weit voraus. Wie sich die Zeiten geändert haben!«

Wie die – im Berliner Evangelischen Zentralarchiv liegenden – Akten zeigen, war es dem Königsberger Konsistorium äußerst peinlich, die Kirche derart vorgeführt zu sehen.³ In einem Rundschreiben an alle Pfarrer der Kirchenprovinz wurde am 15. Dezember beteuert, es habe sich bei dem Anruf in der Redaktion der *Preußischen Zeitung* nicht um eine offizielle Anfrage der Behörde, sondern um die eigenmächtige Aktion eines unwissenden kleinen Beamten des Hauses aufgrund der vereinzelten Nachfrage eines gerade anwesenden Pfarrers gehandelt.⁴ Die Zeitung wurde gebeten, eine entsprechende Richtigstellung zu drucken, was natürlich nicht geschah. Da auch schon die kirchliche Oberbehörde, der Evangelische Oberkirchenrat (EOK) in Berlin, benachrichtigt worden war,⁵ der alsbald einen Bericht des Königsberger Konsistoriums anforderte,⁶ ging im neuen Jahr ein Rechtfertigungsbrief nach Berlin, dem das Rundschreiben an die Pfarrer beigelegt war (7.2.1939).⁷ Aus diesem Schreiben sei zu ersehen, »daß sich das Evangelische Konsistorium keineswegs blamiert [...] hat.« Angefügt wird eine kritische Bemerkung zur Behandlung der Materie in der *Preußischen Zeitung*; hier werde übergangen, daß es grundlegende Differenzen zwischen der »Lutherschen Polemik« gegen die Juden und dem »nationalsozialistischen Standpunkt« gebe, insofern erstere vorwiegend religiös begründet sei.⁸

---

³ Und das umso mehr, als es von einem Kollegen unter Druck gesetzt wurde, dem Superintendenten Georg Feix aus Marienwerder (Westpreußen), einem bereits mit einem antijüdischen »Schulungsbrief« (EZA 7/3688, 199; zitiert bei PROBST [s. Anm. 1], 126) aktiv gewordenen Deutschen Christen (wenn KURT MEIER, Der evangelische Kirchenkampf, Göttingen 1984, Bd. 2, 195, und Bd. 3, 266, Feix unter die »Gemäßigten« rechnet, trifft das Adjektiv auf den kirchenpolitischen Kurs der ostpreußischen DC zu, denen Feix angehörte, nicht aber auf dessen eigene kirchenpolitische und theologische Linie). Feix forderte umgehende Aufklärung erstens darüber, ob es stimme, daß preußische Pfarrer jene Frage gestellt hätten, und zweitens, wie diese Information an die Zeitung gelangt sei, ob tatsächlich ein entsprechendes Telefonat des Konsistoriums mit der Redaktion geführt und damit der ostpreußische Pfarrerstand »in ohnehin angespannter Lage« bloßgestellt worden sei. Hier bedürfe es sofortiger Klarstellung, notfalls werde er, Feix, selbst dafür sorgen (Brief an das Königsberger Konsistorium am 6.12.1938, EZA 7/3688, 198). Zugleich informierte der Marienwerdersche Superintendent in einem denunziatorischen Schreiben den Evangelischen Oberkirchenrat in Berlin (6.12.1938, a.a.O. 197).
⁴ EZA 7/3688, 219.
⁵ S. Anm. 3.
⁶ 29.1.1939 (EZA 7/3688, 201).
⁷ A.a.O. 221.
⁸ »Ein sachdienlicher Aufsatz über Luthers Schriften gegen die Juden hätte sich [...] nicht auf die Feststellung der Richtigkeit der Lutherzitate beschränken dürfen, sondern hätte auch auf die vom nationalsozialistischen Standpunkt abweichende, überwiegend

Der Reichkirchenminister, der offenbar über die Kirchenkanzlei von der Angelegenheit erfahren hatte, sah Handlungsbedarf. Seiner »Anregung« folgend schrieb die Kirchenkanzlei der DEK an alle Kirchenleitungen (22.4.1939), sie möchten ihre Pfarrer dazu bringen, sich mit der Stellung Luthers zu den Juden zu beschäftigen.[9] Eine Literaturliste lag bei. Sie enthielt als Quelleneditionen die Ausgabe der Schrift *Von den Juden und ihren Lügen* von »Walter Lieden«, gemeint ist Walther Linden[10] – ein auch in späteren Abschriften niemals korrigierter Fehler, der etwas über das Interesse und die Sorgfalt sagt, mit der das von oben »angeregte« Projekt verfolgt wurde –, oder alternativ den einschlägigen Sonderband der Münchner Lutherausgabe.[11] Als Sekundärliteratur nannte sie neben den Beiträgen zum Thema von Reinhold Lewin[12] und Erich Vogelsang[13] u.a. Theodor Pauls' dreibändiges Werk *Luther und die Juden*,[14] das der Minister als »zeitgemässe und sorgfältige Schrift« besonders empfehle. Was gegenüber den anderen Landeskirchen nur eine Bitte war, wurde für die Provinzialkirchen der Kirche der Altpreußischen Union zum Befehl. Zwei Wochen später (4.5.1939) wurde ihnen dasselbe Begehren samt Literaturliste als Erlaß zugestellt, den sie zu befolgen hätten; binnen sechs Wochen sei Bericht zu erstatten, und das mit Angabe des herangezogenen Schulungsmaterials, wobei Luthers *Von den Juden und ihren Lügen* besonders zu berücksichtigen sei.[15] Ein Formular wurde angelegt, um mit Datum einzutragen, wann die einzelnen Provinzialkirchen über ihre Maßnahmen berichtet haben würden.[16] Die Reaktionen waren nicht befriedigend, so

---

religiöse Begründung der Lutherschen Polemik hinweisen müssen, was zweifellos zu einer weiteren Debatte geführt hätte« (ibd.). Der Verfasser dieses Schreibens kannte offensichtlich Luthers Schrift, brachte sie aber bewußt nicht in die politische Debatte ein. Ob seine Zurückhaltung nur daran lag, daß er sie hier wegen ihrer primär theologischen Ausrichtung für ungeeignet hielt, oder ob er der Schrift auch inhaltlich kritisch gegenüberstand, läßt sich nicht sagen.

[9] A.a.O. 243.
[10] Siehe unten S. 167f.
[11] Siehe unten S. 166f.
[12] REINHOLD LEWIN, Luthers Stellung zu den Juden. Ein Beitrag zur Geschichte der Juden in Deutschland während des Reformationszeitalters, Berlin 1911.
[13] ERICH VOGELSANG, Luthers Kampf gegen die Juden, Tübingen 1933.
[14] Siehe unten Anm. 111.
[15] EZA 7/3688, 244b. Auch die sudetendeutsche Kirche (*Deutsche Evangelische Kirche in Böhmen, Mähren und Schlesien*) erhielt am 24. April denselben Brief. Daraufhin fragte ihre Leitung bei dem Schriftführer des Evangelischen Bundes in Dux nach, ob die Bibliothek des Bundes, die den Gemeindepfarrern als Quelle aktueller Literatur diente, die auf der Berliner Literaturliste genannten Bücher habe (Národní Archiv Praha, DEKiBMS, k.č. 85 »Deutsche Evangelische Kirchenkanzlei«, Schreiben vom 22.4. und »Kirchenleitung Gablonz«, Schreiben vom 24.4.1939). Für diesen Hinweis danke ich meinem Doktoranden Johannes Nett.
[16] A.a.O. 245. Hier finden sich die Einträge über die Reaktionen der Provinzialkirchen, darunter die folgenden dilatorischen.

daß im Sommer (18.7.1939) nochmals gemahnt wurde.[17] Die meisten Provinzialkonsistorien schrieben nach Berlin, sie hätten den Erlaß mit Literaturliste, diese teils gekürzt, an ihre Superintendenten zur Umsetzung auf Pfarrkonventen weitergeschickt. Mit Nachdruck auf solche Umsetzung gedrungen wurde aber nicht. So wurde nach Berlin gemeldet, man brauche bedeutend mehr Zeit, denn die Superintendenten reagierten nicht,[18] die Pfarrer seien gerade in Urlaub,[19] oder es gebe dringlichere Themen, die zuerst bearbeitet werden müßten.[20] Am Ende meldete nur ein Konsistorium Vollzug, das der kleinen, aus einer einzigen Superintendentur bestehenden Kirche von Stolberg.[21] Kurz, die Initiative zur Pfarrerfortbildung in Sachen »Luther und die Juden« verlief im Sande. So gab die Kirchenkanzlei schließlich auf; im September 1939, ein Dreivierteljahr nach dem peinlichen Vorfall in Ostpreußen und drei Wochen nach Kriegsbeginn, stellte sie in einer internen Notiz fest, die Angelegenheit könne »vorläufig ruhen.«[22] Von diesem Kurswechsel der Oberbehörde nicht in Kenntnis gesetzt, ließ das eine oder andere Provinzialkonsistorium aber offenbar nicht locker. Wie Unterlagen im Archiv des Berliner Domes zeigen, mahnte jedenfalls das Konsistorium der Mark Brandenburg seine Superintendenten noch im Frühjahr 1940, sie sollten die Pfarrer ihres Bezirks »zu einer Beschäftigung mit der Stellung Luthers zu den Juden« anregen.[23]

---

[17] A.a.O. 247.
[18] So am 9.8. das schlesische Konsistorium (a.a.O. 255).
[19] So am 13.7. das Konsistorium der Mark Brandenburg (a.a.O. 251).
[20] So das Konsistorium der Rheinprovinz in einem – auch nach Berlin gemeldeten – Schreiben an seine Superintendenten, das ihnen den Erlaß mitteilt, aber hinzufügt, zuerst einmal müßten die Pfarrer sich mit einer neuen Ausgabe der Lutherschen Bibelübersetzung für den Gemeindegebrauch befassen, und so lange sei die Beschäftigung mit dem Thema »Luther und die Juden« zurückzustellen (a.a.O. 260, Schreiben vom 15.5. an die Superintendenten, weitergeleitet an die Berliner Kirchenkanzlei, a.a.O. 259). Ebenfalls distanziert und besonders schleppend reagierte man in der Kirchenprovinz Westfalen. Man ließ sich bis zum 1. September mit der Antwort an die Berliner Behörde Zeit und teilte dann auch nur mit, man habe deren Schreiben allen Superintendenten mitgeteilt und sie ersucht, es »den Herren Geistlichen in geeigneter Weise bekannt zu geben.« Von einer Anweisung zum Vollzug ist ebenso wenig die Rede wie von einer gesetzten Frist (a.a.O. 258).
[21] Das Thema sei auf einer Pfarrkonferenz – mehr als eine gab es in der Stolberger Kirche nicht – besprochen worden (4.10.1938, a.a.O. 264).
[22] Notiz vom 23.9. (a.a.O. 248).
[23] »Wir erinnern an die Beantwortung unserer Verfügung vom 2. Juni 1939 – K. I Nr. 2748 –, betreffend Anregung der Pfarrer Ihres Aufsichtsbereichs zu einer Beschäftigung mit der Stellung Luthers zu den Juden« (Schreiben des Konsistoriums der Mark Brandenburg am 22. April 1940, Archiv des Berliner Doms 1/3142, 2f.). Eine entsprechende Erinnerung war bereits am 10.2.1940, offenbar vergeblich, ergangen (ibd.). Für den Hinweis auf dieses Aktenstück danke ich meinem Doktoranden Patrick Holschuh.

Der skizzierte Vorgang erstaunt, und er weckt methodische Fragen. Zunächst das Erstaunliche. Offensichtlich hatten sechs Jahre Drittes Reich, nationalsozialistische und deutschchristliche Propaganda nicht genügt, die Gesamtheit der deutschen Pfarrerschaft, geschweige denn die ganze evangelische Kirche mit Luthers judenfeindlichen Spätschriften vertraut zu machen.

Man könnte einwenden, daß Ostpreußen vielleicht einfach zu weit weg von den Zentren der Politik und der Propaganda gelegen habe. Andererseits war gerade in diesem exponierten Gebiet die Treue zum Regime stark und die Dichte deutschchristlicher Pfarrer hoch. Doch auch unter ihnen – die in Ostpreußen freilich ganz überwiegend nicht dem radikalen »nationalkirchlichen« Kurs folgten[24] – war offenbar die Kenntnis jener Lutherschriften alles andere als allgemein und intensiv. Und wie die Reaktion von Kirchenminister und Kirchenkanzlei zeigt, ging man an der Kirchenspitze davon aus, daß es in den übrigen preußischen Kirchenprovinzen, ja in den meisten Landeskirchen nicht viel besser stand. Der bis in die Kriegszeit hinein immer neu, von Kirchengegnern und Leuten innerhalb der Kirche, erhobene und auch in der *Preußischen Zeitung* wiederholte Vorwurf, die evangelische Kirche halte Luthers antijüdische Schriften unter Verschluß, ist zwar in dieser Form als Propaganda einzuschätzen; doch in der mangelnden Informiertheit vieler Pfarrer und Gemeindeglieder hatte er einen Anhalt an der Realität.[25] Einer Realität, die so unfaßbar erschien, daß immer wieder nach Erklärungen gesucht wurde. Mit Vorliebe fand man sie in üblen Machenschaften, welche das Weltbild bestätigten, das es mit dem Rekurs auf Luther zu stützen galt – letztlich müßten die Juden hinter der Verschleierung strecken.[26]

---

[24] MEIER (s. Anm. 3), Bd. 2, 190–195; Bd. 3, 264–270.
[25] Eine Quelle vom anderen Ende des Reiches aus dem Jahr 1935 deutet in dieselbe Richtung: Nach einem Rundbrief der Württembergischen Bekenntnisgemeinschaft vom 16.10.1935 reagierten Gemeindeglieder auf die wiederholten Bezugnahmen des *Stürmer*s auf Luthers *Von den Juden und ihren Lügen* mit der Frage: »Warum muß uns der ›Stürmer‹ mit dieser Einstellung Luthers vertraut machen; warum hat das nicht die Kirche getan?« Worauf die Pfarrer klarstellen sollten, daß »die Kirche nie den Versuch gemacht [habe], die Einstellung Luthers zu vertuschen«, was man daran sehen könne, daß es die Buchwaldsche »Volksausgabe« von 1931 (s.u. Anm. 111) gebe, die es jedermann erlaube, »sich darüber zu unterrichten«. Außerdem sollten sie deutlich machen, daß der *Stürmer* Luther verzeichne, wenn er ihn als Kronzeugen für die Ablehnung der Judentaufe heranziehe, die Luther vielmehr immer bejaht habe. Im übrigen sei letztlich ohnehin das Neue Testament mit seinem Befehl maßgeblich, das Evangelium auch den Juden zu verkündigen (GERHARD SCHÄFER [Hg.], Die evangelische Landeskirche Württembergs und der Nationalsozialismus, Bd. 4, Stuttgart 1977, 398f.).
[26] So der Pfarrer und Mitarbeiter am Eisenacher *Institut zur Erforschung (und Beseitigung) des jüdischen Einflusses auf das deutsche kirchliche Leben* Fritz Schmidt-Clausing in dem Artikel *Juden fälschen Luther!* des *Völkischen Beobachters* vom 18.

Diese Erklärung ist so absurd, daß wir uns mit ihr nicht aufzuhalten brauchen. Damit ist aber noch nicht die Anklage selbst erledigt; ein Vorfall wie die Königsberger Szene und ihre Folgen macht deutlich, daß es sich lohnt, ihr nachzugehen. Das gilt umso mehr, als es, wie später zu zeigen sein wird, noch andere Indizien gibt, die in dieselbe Richtung weisen. So verlogen das Regime und seine Parteigänger waren, die jenen Vorwurf erhoben – auch ein Lügner lügt nicht immer. Und so offensichtlich die Anklage Teil antijüdischer und antikirchlicher Propaganda war – auch Propaganda kann wahre Elemente enthalten. Gehen wir dem Vorwurf also nach. Um das zu tun, will ich ihn in seine beiden Teilvorwürfe auseinandernehmen, den Vorwurf, daß die Kirche Luthers antijüdische Schriften unterschlagen habe, und den Vorwurf, diese Schriften seien in der Breite des Protestantismus unbekannt geblieben.

1. Amtliche Steuerung der Kenntnis von Luthers Judenschriften

Kommen wir also zu dem Vorwurf zurück, die evangelische Kirche habe seit langem Luthers Judenschriften von 1543, insbesondere *Von den Juden und ihren Lügen*, den Gemeinden unterschlagen, und diesen sei folglich die judenfeindliche Haltung des Reformators unbekannt geblieben. Zunächst einmal zum ersten Teil dieses Vorwurfs, dem an die angeblich der Unterschlagung schuldige Kirche. Man fragt sich, wer damit gemeint sein soll. Die landesherrlichen, nach 1918 dann die geistlichen obersten Bischöfe mit ihren Behörden und, seit es sie gab, die Synoden? Die rudimentären überwölbenden Institutionen wie Deutscher Evangelischer Kirchenausschuß oder Deutscher Evangelischer Kirchenbund? Wer auch immer – von keiner dieser Instanzen ist die geringste Bemühung belegt, die Verbreitung und Kenntnis von Luthers judenfeindlichen Schriften zu unterbinden. Ebenso wenig sind Bemühungen belegt, für deren Verbreitung und Kenntnis zu sorgen. Die einzige kirchenamtliche Unternehmung dieser Art, die mir bekannt ist, ist jene Initiative der Berliner Kirchenkanzlei,

---

März 1941: »Oftmals ist nach 1933 die Frage gestellt worden, warum das deutsche Volk bis dahin nichts von Luthers Stellung zu den Juden erfahren habe. Selbst der evangelische Theologiestudent ist kaum während seines Studiums auf die großen Judenschriften Luthers hingewiesen worden.« Doch mittlerweile sei, nämlich durch Werner Petersmanns und Theodor Pauls' Schrift *Entjudung selbst der Lutherforschung* das Rätsel gelöst worden: Der unfaßbare Sachverhalt gehe auf den Rabbiner Reinhold Lewin und seine Schrift *Luthers Stellung zu den Juden* (s.o. Anm. 12) zurück, von dem die evangelische Kirche ihr Bild von Luthers Haltung gegenüber den Juden habe bestimmen lassen und dem sogar die Weimarer Lutherausgabe gefolgt sei (EZA 7/3688, 335). Feix spricht in seinem genannten »Schulungsbrief« (s. Anm. 3) ohne Schuldzuweisung von »langem Vergessen« in der evangelischen Kirche.

die ich zu Beginn genannt habe, die Aufforderung an die nichtpreußischen Landeskirchen und die Verfügung an die Kirchen der APU, Pfarrerschulungen in Sachen Lutherscher Judenfeindschaft durchzuführen. Aber das ist schon die Zeit des »Dritten Reiches«, in der die Versäumnisse der Kirche in der Vergangenheit ausgeglichen werden sollten.

Nun gehört es im Protestantismus ohnehin nicht zu den Beschäftigungen kirchenleitender Instanzen, für die Verbreitung und Kenntnis theologischer Werke zu sorgen – sofern es sich dabei nicht um symbolische Bücher handelt, wozu Luthers Judenschriften nun einmal nicht zählen. Das ist vielmehr Sache einer anderen Institution, der Theologischen Fakultäten. Durch ihr Lehrprogramm bestimmen sie die akademische Lektüre der zukünftigen Pfarrer. Wie stand es hier in dem uns interessierenden Zeitraum mit Luthers Judenschriften? Die knappe Antwort lautet: Die Durchsicht aller mir erreichbaren Vorlesungsverzeichnisse zwischen 1880 und 1945[27] hat keine einzige Lehrveranstaltung an einer deutschen evangelisch-theologischen Fakultät ergeben, welche jenen Schriften gewidmet gewesen wäre. Dieses Fazit enthält zugegebenermaßen Unschärfen. Die Vorlesungsverzeichnisse sagen nichts darüber aus, ob, in welchem Maß und in welcher Weise die an den meisten Fakultäten regelmäßig abgehaltenen reformationsgeschichtlichen Zyklusvorlesungen auf Luthers Judenschriften eingegangen sind. Außerdem wurden kirchengeschichtliche Seminare für lange Zeit vielfach noch ohne Angabe des Themas angekündigt, so daß sich oft nicht sagen läßt, wovon sie dann handelten. Gleichwohl – es gab doch, und zwar zunehmend, Seminarankündigungen mit Nennung des Gegenstandes, darunter waren Seminare – und Übungen – zu unterschiedlichen Lutherschriften, doch zu den Judenschriften findet sich nichts; d.h., zu den Gegenständen, mit denen ein angehender Theologe zwischen 1880 und 1945 in seinem Studium auf jeden Fall in intensivere Berührung kam, gehörten sie nicht.[28]

---

[27] Durchgesehen habe ich die Vorlesungsverzeichnisse der evangelisch-theologischen Fakultäten sowie die Ankündigungen der Lehrveranstaltungen für Hörer aller Fakultäten, sofern sie von Theologen angeboten wurden, von folgenden Universitäten – wobei gelegentlich einzelne Bände fehlten: Berlin, Breslau, Königsberg, Erlangen, Göttingen, Halle, Heidelberg, Jena, Leipzig, Marburg, Münster, Rostock und Tübingen.

[28] Eine eigene Untersuchung wert wäre die Frage, ob das in den Predigerseminaren, die ja unter kirchlicher und zum Teil deutsch-christlicher Regie standen, anders war. In der Berliner Eliteinstitution Domkandidatenstift wurden im Sommersemester 1938 nach der Obrigkeitsschrift »die Judenschriften« Luthers – welche, wird nicht gesagt – gelesen. Im »Arbeitsbericht« darüber heißt es, daß im Zusammenhang dieser Lektüre »Kandidaten Referate über Luthers Stellung zu den Juden nach den Tischreden sowie über die gegenwärtige Beurteilung der Stellungnahme Luthers« zu halten hatten (EZA 7/11239; für diesen Hinweis danke ich erneut Patrick Holschuh).

Zu diesem Befund gibt es eine Gegenprobe, die die Universität Halle liefert. Hier fanden seit dem Wintersemester 1936/37 wiederholt Vorlesungen über »Luther und die Juden«[29] statt. Doch sie wurden nicht an der Theologischen Fakultät oder von einem Theologen gehalten, sondern als Veranstaltungen für Hörer aller Fakultäten von einem Lehrbeauftragten, den die Historiker eigens für dieses und verwandte Themen wie »Voltaire und die Juden«, »Friedrich der Große und die Juden« oder »Antisemitismus im Altertum« engagiert hatten.[30] Von den Hallenser Theologen, deren eigenes Lehrprogramm ganz an den klassischen Gegenständen ausgerichtet war, erwartete man offensichtlich nicht, daß sie den Reformator mit der rechten Schwerpunktsetzung und Deutung darstellten. Noch einen Schritt weiter ging man an der Universität Tübingen. Die Umgestaltung der deutschen Universitäten durch das braune Regime, die 1940 auch zu strukturellen Veränderungen – etwa zur Einführung des freilich schnell wieder aufgegeben Trimesterrhythmus – führte, nutzte man in Tübingen dazu, die Theologie von ihrem traditionellen ersten Platz in der Reihe der Fakultäten zu verdrängen; sie fand sich hinfort an letzter Stelle, hinter den »Fachwissenschaften«, zu denen man sie offensichtlich nicht zählte. Diesen voran ging eine neugegründete Abteilung, die Abteilung für »Germanisch-deutsche Weltanschauung«. Hier bot man Vorlesungen über »Germanisch-deutsche Glaubensgeschichte«[31], »Rasse, Weltanschauung und Glaube« oder »Vom Rassenleib zur Rassenseele«[32] an. Wenn dabei einzelne Gestalten der deutschen Geschichte gewürdigt wurden, dann waren es Nikolaus Cusanus, Goethe oder Hölderlin;[33] einen Luther konnten auch seine judenfeindlichen Schriften nicht für die neue Weltanschauung retten.

---

[29] Auch Abwandlungen wie »Luther und Lagarde über die Juden«.

[30] Nämlich den stellenlosen völkischen Historiker und Parteigenossen Arthur Hoffmann-Kutschke (1882–nach 1947), der nach dem Ersten Weltkrieg mit antijüdischen Schriften hervorgetreten war (Deutschland den Deutschen, 1920; Dolchstoß durch das Judentum, 1922, mehrfach wiederaufgelegt). Er war nach mehrmaligem vergeblichem Anlauf 1936 auf Druck der NSDAP zum Lehrbeauftragten für die »Geschichte des Judentums im Altertum« ernannt worden.

[31] So im WS 1939/40 (Eberhard-Karls-Universität Tübingen. Namens- und Vorlesungsverzeichnis 3. Trimester 1940, 45). Der Dozent war der Religionswissenschaftler Jakob Wilhelm Hauer (1881–1962), Direktor des Arischen Seminars. Hauer, der Gründer der »Deutschen Glaubensbewegung«, stand als treibende Kraft hinter der Degradierung der Theologischen Fakultäten.

[32] Eberhard-Karls-Universität Tübingen. Namens- und Vorlesungsverzeichnis Trimester 1941, 46, ersteres wieder angeboten von Hauer, letzteres von dem Ordinarius für Psychologie und Erziehungswissenschaften Gerhard Pfahler.

[33] Eberhard-Karls-Universität Tübingen. Namens- und Vorlesungsverzeichnis Sommersemester 1942, 33.

2. Luthers Judenschriften in Lutherbiographien

Aus dem ersten Durchgang ergibt sich, daß von einer kirchenamtlich-akademischen Steuerung der Verbreitung und Kenntnis von Luthers Judenschriften keine Rede sein konnte. Das bedeutete, daß diese Schriften jedenfalls nicht zu dem theologischen Allgemeinwissen gehörten, welches bei einem studierten evangelischen Theologen vorauszusetzen war. In dieser Hinsicht hatte die Königsberger Zeitung, so sehr sie der Befund erstaunte und empörte, recht. Freilich war damals wie heute das Studium nicht der einzige Weg, auf dem ein Pfarrer seine theologische Bildung speiste, und auch Gemeindeglieder bezogen ihre religiösen Überzeugungen und theologischen Kenntnisse nicht ausschließlich durch Vermittlung ihrer Pastoren. Einer der Wege, auf denen die einen wie die anderen sich selbsttätig bedienen konnten, war die eigene Lektüre.

Von den möglichen Gegenständen solcher Lektüre sollen zwei Gruppen betrachtet werden: erstens die Lutherbiographien von der Zeit des Kaiserreiches bis zum Beginn des Dritten Reichs, die daraufhin angesehen werden sollen, ob sie von Luthers Judenschriften handeln, und zweitens die zugänglichen Veröffentlichungen der Judenschriften selber oder von Teilen daraus.

Zunächst zur ersten Gruppe. Das erste Werk, das hier zu nennen ist, stammt gar nicht aus dem abgesteckten Zeitraum, sondern aus dem 16. Jahrhundert, wurde aber im 19. und bis in die Zeit nach dem Ersten Weltkrieg von verschiedenen Editoren mehrfach neu herausgegeben und immer wieder auf den Markt gebracht. Es handelt sich um »die erste Lebensbeschreibung unseres großen Reformators D. Martin Luther«, die 1566 veröffentlichten Luther-»Historien« in Predigtform des Joachimsthaler Pfarrers Johann Mathesius.[34] Nach einer ganzen Reihe von Ausgaben in der ersten Hälfte des Jahrhunderts[35] begann man um dessen Mitte,

---

[34] JOHANN MATHESIUS, Historien, von des Ehrwirdigen in gott seligen thewren Manns Gottes, Doctoris Martini Luthers, Anfang, Lehr, leben unnd sterben, aller ordentlich der Jarzal nach, wie sich alle Sachen zu jeder zeyt haben zugetragen, Durch den Alten Herrn M. Mathesium gestelt, und alles für seinem seligen Ende verfertigt Psalm 112. Des Gerechten wirdt nimmermehr vergessen, Nürnberg 1566. Das obige Zitat findet sich im Vorwort des Herausgebers Buchwald in der Reclamausgabe (s. Anm. 37), 3.

[35] Einen Boom brachte das Jubiläumsjahr 1817, u.a.: Johann Mathesius, Das Leben Dr. Martin Luthers. Zur Jubelfeyer der Reformation 1817. Nürnberg 1817; Johann Mathesius, Das Leben Dr. Martin Luthers. Augsburg 1817; Predigten des alten Herrn Magister Mathesius über die Historien von dem ehrwürdigen, in Gott seligen, theuren Manns Gottes, Doktor Martin Luthers Anfang, Lehre, Leben und Sterben. Mit einer Vorrede herausgegeben von Ludwig Achim von Arnim. Berlin 1817; Johann Mathesius, Das Leben Dr. Martin Luthers. o.O. 1817 (Verlag Beck, so im Vorwort der in Anm. 36 genannten Beckschen Ausgabe von 1854). Die beiden letzten Ausgaben sind im Geist

die *Historien* auch in massentauglichen Formaten zu drucken,[36] bis hin zum Reclam-Verlag, wo Mathesius' Predigten erstmals 1887 in der bekannten kleinen Reihe erschien und dann in einer über den Weltkrieg hinausreichenden Fülle von Nachdrucken als Teil der Reclam-Universalbibliothek immer wieder aufgelegt wurde.[37] Mathesius' Biographie aber handelt in der 14., Luthers Werken der letzten Lebensjahre und seinem Tod gewidmeten Predigt[38] von dessen Judenschriften. Die Darstellung spiegelt die allgemeine Perspektive der Generationen nach Luther.[39] So skizziert Mathesius die Haltung des Reformators ganz von den Schriften des Jahres 1543 her; nach einem die spezifischen Differenzen übergehen-

---

von 1817 gekürzt und überarbeitet, d.h. es wurden mit besonderem Nachdruck die Verdienste Luthers um Gewissensfreiheit, Bildung und dergleichen hervorgehoben. 1806 hatte es bereits eine – vollständige – Ausgabe gegeben (s. LOESCHE [s. Anm. 37], XVIII).

[36] Den Anfang machte der – damals noch Nördlinger – Beckverlag, der 1854 eine »wohlfeile Ausgabe« auf den Markt brachte: Johann Mathesii Historien zu Dr. Martin Luthers Leben in zeitgemäßer Bearbeitung, Nördlingen 1854. Als »wohlfeile Ausgabe« wurde das Büchlein in der Werbung angepriesen. In ihm wurden die Kürzungen der alten Beckausgabe (s. vorige Anm.) rückgängig gemacht. Die stattdessen vorgenommene »zeitgemäße Bearbeitung« besteht darin, daß, neben einigen technischen und sprachlichen Modernisierungen, der Predigtcharakter der »Historien« getilgt ist, eine neue Gliederung vorgenommen ist und Fußnoten mit zusätzlichen Informationen und Zitaten eingefügt sind, darunter die Bemerkung zu Luthers Judenschriften von 1543, hier sei Luther »zu weit gegangen«, und 1523 habe er sich ganz anders geäußert, worauf das in Mathesius' Text nicht enthaltene Zitat von Luthers Forderung nach Zusammenleben mit den Juden folgt samt seiner Bemerkung, wenn sich die Juden nicht zu Christus bekehrten, müsse man das nicht zu schwer nehmen, die Getauften seien ja auch nicht alle gute Christen (a.a.O. 223). Ein Jahr später folgte der Evangelische Bücherverein: D. Martin Luthers Leben. In siebzehn Predigten dargestellt von M. Johann Matthesius [!], Berlin 1855.

[37] D. Martin Luthers Leben in siebzehn Predigten von M. Johann Mathesius Pfarrer zu St. Joachimsthal, hg. v. Georg Buchwald, Leipzig 1887. Die von mir zugrundegelegte Ausgabe erschien ohne Jahreszahl, muß aber, da Buchwald hier als »Pfarrer an der Michaeliskirche zu Leipzig« firmiert und er diese Position in den Jahren 1896–1914 innehatte, aus dieser Zeit stammen. 1904 brachte Buchwald die *Historien* auch noch in einer aufwendigeren, mit Jugendstileinband ausgestatteten und mit eigenen Erläuterungen versehenen Ausgabe heraus, die ebenfalls mehrfach nachgedruckt wurde: Mathesius' Predigten über Luthers Leben, Stuttgart 1904. Eine wissenschaftlichen Ansprüchen genügende Edition erschien 1906 in der Mathesius-Werkausgabe der *Bibliothek Deutscher Schriftsteller aus Böhmen* als Bd. 9: JOHANN MATHESIUS, Ausgewählte Werke. Bd. III. Nach dem Urdruck. Kritische Ausgabe mit Kommentar von Georg Loesche, Prag 1906. Auch 1920 gab es noch Nachdrucke (Reclam und Schaffsteins grüne Bändchen).

[38] Das Kapitel ist überschrieben: »Die vierzehnte Predigt von des Herrn Doctors Historien vom 43. an bis aufs 46. Jahr. Darinnen vornehmlich von seiner seligen Arbeit und letzten Büchern, so er vor seinem Ende geschrieben, auch von seinem seligen Abschied, so er von dieser Welt genommen, und wie er mit christlichen Ceremonien zur Erden bestattet worden«.

[39] JOHANNES WALLMANN, The Reception of Luther's Writings on the Jews from the Reformation to the End of the 19th Century (Lutheran Quarterly 1, 1987, 72–97, hier: 77–79.80f.).

den[40] Rückblick auf *Daß Jesus Christus ein geborener Jude sei* werden die drei Traktate von 1543 in ihrem theologischen Gehalt zusammengefaßt und mit ausführlichen Erzählungen über schlechte Erfahrungen mit Juden aus Luthers Tischreden des Jahres 1540 verbunden; der Katalog der von Luther geforderten antijüdischen Maßnahmen aus *Von den Juden und ihren Lügen* wird allerdings nicht aufgenommen.[41] Aus der im Anschluß an seine letzte Predigt vorgetragenen *Vermahnung* wird hingegen die Aufforderung an die Obrigkeit angeführt, Juden »als öffentliche Feinde und Lästerer unseres Herrn und gemeine Landschäden und Flüche« nicht in ihren Gebieten zu dulden.[42] Zusammenfassend gesagt, erfuhr der Leser der vielfach wiederaufgelegten Mathesiusschen *Historien* von der Existenz der sog. Judenschriften Luthers und erhielt einen deutlichen Einblick in die Judenfeindlichkeit des Reformators mit der dem Entstehungsjahrhundert entsprechenden besonderen Berücksichtigung ihrer theologischen Begründung; was die judenpolitischen Vorschläge des Reformators betrifft, kamen ihm weder die von 1523 noch die von 1543 vor Augen.

Auch die Leser der Lutherbiographien, die im Kaiserreich entstanden, erfuhren durchweg von Luthers Judenschriften. Das gilt für die Biographien mit wissenschaftlichem Anspruch, die Werke von Julius Köstlin (1875)[43], Theodor Kolde (1884)[44], Arnold Berger (1895)[45] und Adolf Hausrath (1905)[46], ebenso wie für fast[47] alle populären Darstellungen, nämlich die von Martin Rade (1883)[48], Gustav Plitt (1883)[49] und Georg Buchwald

---

[40] Wie in der Zusammenfassung der Schriften von 1543 interessiert sich Mathesius auch hier nur für die christologische Argumentation, d.h. für den schon 1523 erbrachten und von den Juden bestrittenen Nachweis, daß Christus der im Alten Testament verheißene Messias sei; die Aufforderung zu ungehindertem Zusammenleben von Christen und Juden wird ebensowenig erwähnt wie die späteren entgegengesetzten Forderungen aus *Von den Juden und ihren Lügen*.

[41] MATHESIUS, hg. v. Buchwald (s. Anm. 37), 336–341.

[42] A.a.O. 342.

[43] JULIUS KÖSTLIN, Luthers Leben, zwei Bände, Elberfeld 1875, die Neubearbeitung für die 5. Auflage (Berlin 1903) nach Köstlins Tod zu Ende geführt von Gustav Kawerau. Hinsichtlich der hier interessierenden Abschnitte gibt es nur oberflächliche Unterschiede zwischen Köstlins Fassungen und der Kawerauschen Überarbeitung.

[44] THEODOR KOLDE, Martin Luther. Eine Biographie, zwei Bände, Gotha 1884–1889.

[45] ARNOLD ERICH BERGER, Martin Luther in kulturgeschichtlicher Darstellung, drei Teile. Teil I, Berlin 1895, Teil II/1, Berlin 1898, Teil II/2, Berlin 1919, Teil III, Wittenberg 1921.

[46] ADOLF HAUSRATH, Luthers Leben, zwei Bände, Berlin 1904.

[47] Es gilt nicht für die populäre Darstellung von JULIUS KÖSTLIN, Luthers Leben, Leipzig 1889.

[48] [MARTIN RADE,] Doktor Martin Luthers Leben, Thaten und Meinungen [...] dem Volke erzählt, drei Bände, Neusalza 1884. Ursprünglich war diese Darstellung über dreieinhalb Jahre hinweg in Heftform unter dem Pseudonym *Paul Martin* erschienen (vgl. ChW 47, 1933, 975), erst ab 1887 wird Rades Name genannt.

[49] GUSTAV LEOPOLD PLITT, Dr. Martin Luthers Leben und Wirken, Leipzig 1883.

(1902)⁵⁰. Die einen handeln jene Schriften ausführlicher, die anderen handeln sie kürzer ab. Freilich ist festzustellen, daß dem Thema bei keinem von ihnen besonderes Gewicht zugemessen wird; in der Fülle des Materials konnte es für den Leser leicht untergehen. Das war vielleicht nicht ungewollt. Denn zwar gebot die wissenschaftliche Redlichkeit ein vollständiges Bild. Doch es trifft wohl zu, was Erich Vogelsang, der das bedauerte und im Geist einer neuen Zeit zu ändern suchte, über die Forschergenerationen vor ihm schrieb: Der judenfeindliche Luther »[b]edeutete für die Lutherforschung der Vorkriegszeit gelinge gesagt eine Peinlichkeit.«⁵¹

Köstlins wissenschaftliche Biographie, nach mehreren überarbeiteten Fassungen von Gustav Kawerau fortgeführt (1903), unterscheidet sich von Mathesius' Predigten, indem sie Luthers Judenschriften nicht in einem thematischen Block bündelt, sondern sie ohne besonderen Akzent unter die chronologisch angeordneten Werke Luthers zu den jeweiligen Jahren einreiht.⁵² Ihr Inhalt wird in wenigen Zeilen zusammengefaßt, wie bei Mathesius liegt der Schwerpunkt auf den theologischen Argumenten.⁵³ Die praktischen Forderungen von 1523 kommen gar nicht, der 1543 in *Von den Juden und ihren Lügen* vorgebrachte Maßnahmenkatalog nur in ganz

---

⁵⁰ GEORG BUCHWALD, Doktor Martin Luther. Ein Lebensbild für das deutsche Haus, Leipzig u. Berlin 1902. – Nur nebenbei hingewiesen sei auf drei Darstellungen aus römisch-katholischer Feder, die von Denifle, Evers und Grisar. Für ersteren sind Luthers späte Judenschriften ein Beispiel für dessen sprachliche Entgleisungen, auf sie selbst geht er nicht ein (HEINRICH DENIFLE, Luther und Luthertum in der ersten Entwicklung. Quellenmäßig dargestellt, zweite, durchgearbeitete Auflage ergänzt und hg. v. A. M. Weiss, Bd. 1 (Schlußabteilung), Mainz 1906, 823; vgl. JOHANNES BROSSEDER, Luthers Stellung zu den Juden im Spiegel seiner Interpreten, München 1972, 88). Der sich auf dem Titelblatt als »früher lutherischer Pastor« vorstellende, zum Katholizismus konvertierte Evers, der in seiner sechsbändigen Biographie mit dem Reformator seiner früheren Kirche abrechnet, nennt im Zusammenhang mit Luthers antijüdischen Bemühungen auf seiner letzten Reise die Titel der drei judenfeindlichen Schriften von 1543 (fälschlich auf 1542 datiert), referiert ganz knapp *Von den Juden und ihren Lügen* und stellt dann fest, daß er sich »mit diesen Machwerken [...] nicht weiter befassen« könne; *Daß Jesus Christus eine geborener Jude sei* wird nicht erwähnt (GEORG GOTTHILF EVERS, Martin Luther. Lebens- und Charakterbild von ihm selbst gezeichnet in seinen eigenen Schriften und Correspondenzen, sechs Bände, Mainz 1883–1891). Grisar hingegen, der Sprache und Ton der späten Schriften kritisiert, in der Sache allerdings wohl »zu denjenigen gehört, die Luthers theologische Auseinandersetzung mit dem Judentum [...] teilen« (BROSSEDER, a.a.O. 155), kommt in seiner dreibändigen Monographie (HARTMANN GRISAR, Luther, drei Bände, Freiburg i. Br. 1911–1913) sowohl auf die frühe als auch auf die späteren Judenschriften Luthers und ihre gegensätzlichen judenpolitischen Forderungen zu sprechen (BROSSEDER, a.a.O. 154).

⁵¹ VOGELSANG (s. Anm. 13), 5. Die Ausnahme ist Buchwald, den Vogelsang aber wohl nicht als wissenschaftlichen Lutherforscher hätte gelten lassen.

⁵² KÖSTLIN (s. Anm. 43), Bd. 1, 683f. (zu *Daß Jesus Christus ein geborener Jude sei*, 1523), Bd. 2, 430 (zu *Wider die Sabbather*, 1538), Bd. 2, 578–580 (zu den Schriften von 1543).

⁵³ Deshalb wird die Schrift *Von den letzten Worten Davids*, die auch Mathesius aus theologischen Gründen hervorhebt, besonders gewürdigt (a.a.O. 579f.).

knapper Zusammenfassung zur Sprache. Demgegenüber stellen alle weiteren Biographien die Schriften *Daß Jesus Christus ein geborener Jude sei* und *Von den Juden und ihren Lügen* einander in ihren gegensätzlichen judenpolitischen Forderungen gegenüber. Sie folgen damit der differenzierenden Perspektive, die seit dem Pietismus vorherrschend geworden war, und fast[54] alle verbinden damit auch die Bewertung, die der Pietismus zugleich verfochten hatte, nehmen also ausdrücklich zugunsten der früheren Schrift Stellung und kritisieren die Schriften von 1543.[55] So Kolde, der den Traktat *Daß Jesus Christus ein geborener Jude sei* lobt und daraus die Forderung nach Gemeinschaft mit den Juden einschließlich der Aussage Luthers, wenn sich nicht viele Juden bekehrten, sei das hinzunehmen, zitiert, sich hingegen kritisch zu dem Maßnahmenkatalog aus *Von den Juden und ihren Lügen* äußert, den er kurz zusammenfaßt: Diese Sätze »[erinnerten] an die schlimmsten Zeiten des römischen Fanatismus«, hier habe sich Luther offensichtlich »nicht über seine Zeit zu erheben vermocht[ ]«; die späteren Schriften seien überhaupt allenfalls »kulturgeschichtlich wichtig«.[56] Hausrath, dessen Lutherbiographie ein eigenes kleines Unterkapitel *Gegen die Juden* enthält,[57] behandelt kurz die Schrift *Daß Jesus Christus ein geborener Jude sei*[58] und etwas länger *Von den Juden und ihren Lügen* sowie *Vom Schem Hamphoras*,[59] wobei er auf die theologischen Argumente nicht eingeht, aber die gegensätzlichen Handlungsaufforderungen zitiert. Auch Plitt stellt in seiner populären Biographie die beiden Schriften mit ihren gegensätzlichen judenpolitischen Forderungen einander gegenüber.[60] Rade widmet sich dem Thema nur sehr knapp; auf gut einer Seite erwähnt er, daß Luther 1523 eine judenfreundliche und später judenfeindliche Schriften verfaßt habe; die unterschiedlichen judenpolitischen Aufforderungen von 1523 und 1543 kommen nicht zur Sprache.[61] Anders das *Lebensbild für das deutsche Haus* von Buchwald, der auch der Herausgeber der Mathesiuspredigten im Reclam-Verlag war. In seinem weitgehend aus Lutherzitaten bestehenden Buch wurde den Lesern eine Wiedergabe des Traktats *Von den Juden und ihren Lügen* geboten, die bei aller Knappheit in Ton und Tendenz den später zu behandelnden judenfeindlichen Florilegien kaum nachstand – nicht umsonst hatte Buchwald zwanzig Jahre früher selbst ein solches herausgebracht.[62] Nach kurzer Wiedergabe der christlichen Selbstkritik aus der

---

[54] Die Ausnahmen sind die beiden populären Biographien von Plitt und Buchwald (siehe unten). Nur andeutungsweise kritisch ist auch Berger.
[55] WALLMANN (s. Anm. 39), 83 f. Dort auch Beispiele für dieses Urteil in den früheren Jahrzehnten des 19. Jahrhunderts (a.a.O. 87–89). Für die evangelischen Lutherdeutungen des 19. Jahrhunderts gilt, so sehr sie sich im einzelnen unterschieden, was BROSSEDER (s. Anm. 50, 104) im Blick auf das breite Tableau von ihm untersuchter Autoren feststellt, daß nämlich »der Luther der frühen zwanziger Jahre [...] ausnahmslos rezipiert« wurde, nirgendwo aber »der Luther der vierziger Jahre keiner Kritik verfällt.«
[56] KOLDE (s. Anm. 44), Bd. 2, 82 f.531–534.
[57] HAUSRATH (s. Anm. 46), Bd. 2, 442–449 (es ist Teil des Kapitels XLIII *Der alte Luther*).
[58] A.a.O. 443.
[59] A.a.O. 445–447 erstere, 448–449 letztere.
[60] PLITT (s. Anm. 49), 526–529. Er läßt allerdings nichts von der im Pietismus mit dieser Differenzierung einhergehenden Ablehnung der Haltung Luthers von 1543 zugunsten der von 1523 erkennen.
[61] RADE (s. Anm. 48), Bd. 3, 671 f.
[62] Siehe unten S. 170 f.

Schrift von 1523 ohne Erwähnung der Aufforderung zu freundlichem Zusammenleben[63] folgen aus jenem Traktat zwar nur zwei Zitate,[64] doch beide sind lang und von großer Schärfe: Das eine wirft den Juden rückhaltlosen Wucher und Übervorteilung der Christen vor – die theologischen Argumente läßt Buchwald im Wesentlichen beiseite –, das andere ist der gesamte Katalog der von der Obrigkeit geforderten destruktiven Maßnahmen.

Boten die Lutherbiographien, die bis zum Ende der Kaiserzeit neu verfaßt wurden, ihren Lesern also durchweg, wenn auch wenig betont und zum Teil nur ganz knapp, Informationen über Luthers Judenschriften, so sah es in den nächsten Jahren anders aus. Kurz vor und nach dem Ende des Kaiserreichs erschienen drei Biographien, die ausschließlich den »jungen Luther« behandelten oder den Schwerpunkt der Darstellung ganz in die frühen Jahre legten und die die Judenschriften des Reformators nicht einmal erwähnten. Die erste ist Otto Scheels mitten im Krieg 1916 und 1917 erschienenes Werk *Martin Luther. Vom Katholizismus zur Reformation*[65], das mit Luthers Übergang nach Wittenberg und seiner reformatorischen Entdeckung schließt; die zweite Heinrich Böhmers *Der junge Luther* von 1925[66], dessen »Jugend« mit dem Transport auf die Wartburg endet. Und das dritte Buch ist die erstmals 1925 erschienene und bis weit in die Nachkriegszeit neu aufgelegte, allerdings auch tiefgreifend umgearbeitete Lutherbiographie Gerhard Ritters *Luther. Gestalt und Symbol*[67] – die stärkste Umarbeitung, die zur dritten Auflage von 1943, betrifft nicht zuletzt den hier interessierenden Punkt: Ritter nimmt, wenn auch knapp, das Thema »Luther und die Juden« auf und äußert sich, mitten im Krieg, in kritischem Ton dazu.[68] Doch das lag beim ursprünglichen Erscheinen des Buches weit in der Zukunft einer anderen Zeit. Alle drei Monographien

---

[63] BUCHWALD (s. Anm. 50), 489f.
[64] A.a.O. 491–493.
[65] OTTO SCHEEL, Martin Luther. Vom Katholizismus zur Reformation, zwei Bände, Tübingen 1916–1917.
[66] HEINRICH BÖHMER, Der junge Luther, Leipzig 1925.
[67] GERHARD RITTER, Luther. Gestalt und Symbol, München 1925. 1928 in einer zweiten Auflage erschienen, die bereits überarbeitet war, allerdings hinsichtlich der die Forschungsdebatten jener Zeit bewegenden religiös-theologischen Entwicklung des »jungen Luther« und nicht an dem Punkt, der hier interessiert.
[68] Von dieser Auflage an hatte das Buch den abgewandelten, einer kritischeren Haltung dem Reformator gegenüber eher Rechnung tragenden Titel *Luther. Gestalt und Tat*. Die Passage über Luthers Haltung zu den Juden, die im Gegenüber seiner Forderungen von 1523 und 1543 einen »merkwürdigen Wandel in der Judenfrage« feststellt und vermerkt, daß die Antisemiten sich der Schrift *Von den Juden und ihren Lügen* bedienten, dabei freilich an die Stelle ihrer sittlich-religiösen »rasse-politische Gesichtspunkte« eintrügen, »von denen er [Luther] noch nichts weiß« findet sich dort 226f. Die 1933 und 1935 unter dem Titel *Luther, der Deutsche* herausgekommene Volksausgabe von Ritters Lutherbiographie hält sich ganz im Rahmen der ersten beiden Auflagen von *Luther. Gestalt und Symbol*.

spiegeln die programmatische Hinwendung zum jungen Luther, welche durch die Neuentdeckung von Quellen zur religiös-theologischen Entwicklung des Mönchs zum Reformator um die Jahrhundertwende ausgelöst worden war[69] und sich besonders wirkungsvoll in der sog. Lutherrenaissance niederschlug. Da lagen Luthers Judenschriften, schon die von 1523, aber erst recht die von 1543, außerhalb des Gesichtsfeldes. Anders die letzte hier zu nennende Biographie, erschienen schon im Dritten Reich und verfaßt von einem ins völkische Lager gehörenden erfolgreichen Schriftsteller: *Luther* von Rudolf Thiel.[70] Thiel behandelt in einem Kapitel »Volk Israel«[71] zunächst die Schrift *Daß Jesus Christus ein geborener Jude sei* und nennt auch deren Forderung nach Gemeinschaft mit den Juden, legt aber den Akzent auf die »furchtbaren Explosionen Lutherischen [!] Zorns«, die in den Schriften des Jahres 1543 gegeben seien.[72] Thiel referiert den Maßnahmenkatalog aus *Von den Juden und ihren Lügen* und zitiert den Ratschlag zur Vertreibung.

3. Die Verbreitung von Luthers Judenschriften

Ergibt sich aus dem Durchgang durch die Lutherbiographien ein doppelter Befund – einerseits wurden Leser der verbreiteten älteren Darstellungen, knapper oder ausführlicher, darüber informiert, daß der alte Luther für die Vertreibung oder Unterdrückung der Juden plädiert und daß der jüngere andere Forderungen erhoben hatte, und andererseits blieben Zeitgenossen, die die wissenschaftlich avanciertesten Werke der 1910er und 1920er Jahre mit ihrer Orientierung am »jungen Luther« lasen, hier ganz ohne Berührung mit jenem Thema –, so schließt sich nun die Frage an: Wie stand es mit der Verbreitung von Luthers Judenschriften selbst, was war davon auf dem Markt? Ich kann mich bei der Antwort auf diese Frage

---

[69] Das gilt auch für Scheels Biographie. Zwar schreibt Scheel im Vorwort des zweiten Bandes, daß er nun vorhabe, noch zwei weitere, einen zu Luthers »Entwicklung von der Reformation zum Protestantismus« und einen zu seinem »Lebensende« zu schreiben. Aber er sagt zugleich, daß er ursprünglich nur die beiden vorliegenden Bände zu schreiben beabsichtigt habe, »die Luther bis zu dem Augenblick folgen wollten, da er, im Besitz der neuen religiösen Erkenntnis, sie in Kirche und Welt durchzusetzen sich anschickte« (SCHEEL [s. Anm. 65], Bd. 2, V). Insofern ist es folgerichtig, daß kein weiterer Band zustandekam.
[70] RUDOLF THIEL, Luther, zwei Bände, Berlin 1933–1935 (vgl. BROSSEDER [s. Anm. 50], 200f.).
[71] Thiel (s. Anm. 70), Bd. 2, 322–330.
[72] Sie seien »das Leidenschaftlichste und Haßerfüllteste, was jemals von einem Deutschen gegen das Judentum geschleudert worden ist« (a.a.O. 328) – wobei Leidenschaftlichkeit für Thiel ein heldischer Wert ist.

kurz fassen, weil die wesentlichen Fakten auf dem Tisch liegen. Wie Johannes Wallmann vor 30 Jahren namhaft gemacht hat, wurde Luthers Antijudaismus in zwei »literarischen Formen [...] an spätere Zeiten weitergegeben«[73], nämlich in Form des Nachdrucks seiner einschlägigen Schriften und in Form der Zusammenstellung einschlägiger Zitate. Zur ersten Form hat Wallmann selbst die entscheidenden Daten herausgearbeitet,[74] zur zweiten in einem kürzlich erschienenen Aufsatz Thomas Kaufmann.[75]

Zusammenfassend gesagt ergibt sich hinsichtlich der Schriften: Während das konfessionelle Zeitalter am älteren Luther orientiert war und im Blick auf das Judentum seine Schriften von 1543, insbesondere *Von den Juden und ihren Lügen*, hochhielt, diesen Traktat auch nicht allein in Gesamtausgaben nachdruckte, sondern in kleinen, eher erschwinglichen Einzelausgaben für breitere Verfügbarkeit sorgte,[76] wendete sich mit dem Pietismus das Blatt. Nun galt die Schrift *Daß Jesus Christus ein geborener Jude sei* von 1523 als maßgebliches Wort des Reformators für die Einschätzung der Juden und den Umgang mit ihnen.[77] Grund für diese Wende

---

[73] WALLMANN (s. Anm. 39), 77. Beide Formen waren bereits zu Beginn in der Lutherischen Orthodoxie grundgelegt.

[74] Vor allem in dem Anm. 39 genannten Artikel. Siehe ferner die unten in Anm. 87 und 89 angeführten Artikel.

[75] THOMAS KAUFMANN, Antisemitische Lutherflorilegien. Hinweise und Materialien zu einer fatalen Rezeptionsgeschichte (in: ZThK 112, 2015, 192–228).

[76] Nämlich 1577, 1595, 1613 und 1617 (WALLMANN [s. Anm. 39], 77f.). Wallmann weist allerdings auch darauf hin, daß gleichzeitig lutherische Theologische Fakultäten sich mit Berufung auf *Daß Jesus Christus ein geborener Jude sei* für die Zulassung von Juden in lutherischen Territorien aussprachen und die Schrift von 1523 zur hermeneutischen Leitlinie für alle Äußerungen Luthers über die Juden erklärten (a.a.O. 81f.). In den dadurch ausgelösten innerlutherischen Diskussionen trug freilich der Luther von 1543 den Sieg davon (a.a.O. 82).

[77] A.a.O. 83f. Die Bedeutung des Pietismus an diesem Punkt hat Hermann Steinlein in seinem neuerdings oft herangezogenen Überblick über die Verbreitung von Luthers Judenschriften übersehen, mit dem er die evangelische Kirche gegen den Vorwurf verteidigen wollte, jene Schriften seien »in Vergessenheit geraten, ja absichtlich unterschlagen worden« (HERMANN STEINLEIN, Frau Dr. Ludendorffs Phantasien über Luther und die Reformation, Leipzig 1932, 22; dieselbe Frontstellung mit denselben Argumenten und Belegen kürzer schon früher in: HERMANN STEINLEIN, Luthers Stellung zum Judentum, Nürnberg 1929, 11–15). Deshalb weist er jene rezeptionsgeschichtliche Wende der Aufklärung zu (STEINLEIN, Frau Dr. Ludendorff, 27). Im Übrigen aber bestätigt Steinlein den Wallmannschen Befund, daß die Vertreter der Lutherischen Orthodoxie sich oft, ja, wie Wallmann zeigt, noch viel häufiger und ausführlicher, als von Steinlein angeführt, auf die antijüdischen Schriften Luthers von 1543 beriefen – die »Einzeldrucke«, die Steinlein ins Feld führt (a.a.O. 22), enden mit dem Jahr 1617 (s.o.), die »unzähligen evangelischen Schriftsteller«, von denen er spricht (a.a.O. 22 ; STEINLEIN, Luthers Stellung, 13), sind eben Vertreter der Lutherischen Orthodoxie (das einschlägige Werk Johann Müllers stammt entgegen Steinleins Datierung auf 1707 [Frau Dr. Ludendorff, 25] von 1644, 1707 erschien ein Nachdruck), von denen allein Mathesius mit seinen *Historien* Bedeutung für spätere Zeiten und für Steinleins Gegenwart hat; für die

war zum einen, daß nun generell der frühreformatorische, in gewisser Weise vorinstitutionelle und gesamtkirchlich orientierte Luther auf den Leuchter gestellt und seiner weiteren Entwicklung nur noch wenig Interesse entgegengebracht wurde – eine Umorientierung mit Langzeitwirkung bis in die Gegenwart hinein. Grund war zum anderen, daß der Pietismus in der Gewißheit einer schließlich zu erwartenden allgemeinen Bekehrung der Juden zu Jesus Christus lebte, die Luther selten geteilt hatte, der seine späten Schriften aber schlechterdings entgegengesetzt waren. Mit der Umorientierung hin zu *Daß Jesus Christus ein geborener Jude sei* ging nicht nur implizite und explizite Kritik an *Von den Juden und ihren Lügen* einher,[78] sondern es wurden auch keine separaten Nachdrucke mehr veranstaltet, die diese Schrift einer weiteren Öffentlichkeit zugänglich gemacht hätten. Zwischen 1617, als der letzte solcher Drucke erschien,[79] und dem 20. Jahrhundert fand sich *Von den Juden und ihren Lügen* nur noch in den vielbändigen, für Fachleute bestimmten Gesamtausgaben.[80]

Ähnlich ist das Bild bei dem publizistischen Genus, das im 19. und frühen 20. Jahrhundert große Konjunktur hatte: der Auswahlausgabe, die breiteren Kreisen einen Querschnitt von Werken eines Autors zu lesen erlaubte. Der Reihe solcher Auswahlausgaben von Werken Luthers, die für das gebildete protestantische Bürgertum oder für Pfarrer und Theo-

---

nachorthodoxen Phasen und Zeiten hat Steinlein hingegen, obwohl er das mühsam kaschiert, weil es seinem Verteidigungszweck zuwiderläuft, kaum etwas aufzuweisen (gegen Kaufmanns Auswertung von Steinlein, daß die von diesem aus nachorthodoxen Zeiten angeführten Titel »gute Gründe« für die Annahme seien, daß »die evangelische Kirche die Erinnerung an Luthers Judenfeindschaft im Ganzen bewahrt habe [Kaufmann (wie Anm. 75), 198]). So muß Steinlein in einem Literaturüberblick fünf Jahre später dann auch zugeben, »in den letzten hundert Jahren [habe] man [Luthers] Stellung zu den Juden wenig Aufmerksamkeit geschenkt« (Bücherschau »Luther und die Juden«, in: Luther 19, 1937, 212–123, hier: 121).

[78] WALLMANN (s. Anm. 39), 82f. Damit verbunden waren nun auch entsprechend anders geartete, Luthers Forderungen von 1523 folgende und den »Ratschlägen« von 1543 widersprechende judenpolitische Maximen (UDO ARNOLDI, Pro Iudaeis. Die Gutachten der hallischen Theologen im 18. Jahrhundert zu Fragen der Judentoleranz, Berlin 1993). Zu dem ganzen Komplex s. JOHANNES WALLMANN, Der Pietismus und das Judentum (in: Markus Witte u. Tanja Pilger [Hgg.], Mazel Tov. Internationale Beiträge zum Verhältnis von Christentum und Judentum. Leipzig 2012, 277–294).

[79] WALLMANN (s. Anm. 39), 78; Steinlein (Frau Dr. Ludendorff [s. Anm. 77], 22) datiert falsch mit 1616.

[80] Vgl. LÉON POLIAKOV, Geschichte des Antisemitismus, Bd. 2. Worms 1978, Anm. 142 zu S. 126: »Man findet diese Schriften im XIX. und XX. Jahrhundert nur in den Ausgaben der Gesammelten Werke«; das habe sich erst in der Hitlerzeit geändert, weshalb man auch erst in dieser Zeit in weiteren Kreisen von ihnen Kenntnis genommen habe (Poliakov schreibt sogar, man habe sie »bis zur Machtergreifung Hitlers praktisch unter Verschluß gehalten« [a.a.O. 126], was, wie gezeigt nicht den Tatsachen entspricht). Poliakov hätte neben das 19. und das – von ihm offensichtlich gemeinte frühe – 20. Jahrhundert auch das 18. und fast das ganze 17. setzen können.

logiestudenten oder für beide Gruppen gedacht waren, umfaßte in Deutschland vom Vorabend des Jubiläumsjahres 1817 bis 1933 dreizehn[81] Editionen.[82]

Es handelt sich um die sog. Gothaer Ausgabe in drei Bänden: *Dr. Martin Luthers deutsche Schriften, theils vollständig, theils in Auszügen. Ein Denkmal des deutschen Volkes im Jahr 1817 zur würdigen Feier des dritten Jubelfestes der protestantischen Kirchen*, hg. v. Friedrich Wilhelm Lomler, Gotha 1816/17; die unter dem Titel *Die Weisheit Martin Luthers* von Friedrich Immanuel Niethammer herausgegebene Ausgabe in drei Teilen, Nürnberg 1816–1817; die sog. Perthes-Ausgabe in zehn Bänden: *Dr. Martin Luthers Werke. In einer das Bedürfnis der Zeit berücksichtigenden Auswahl*, 10 Teile, Hamburg 1826, 2. Aufl. 1827; die einbändige Ausgabe *Martin Luther's Werke*, hg. v. Gustav Pfizer. Frankfurt/M. 1840, 2. Aufl. 1856;[83] die von Otto von Gerlach erstellte 24bändige, in neun Bücher zusammengebundene Ausgabe: *Luthers Werke. Vollständige Auswahl seiner Hauptschriften. Mit historischen Einleitungen, Anmerkungen und Registern*, Berlin 1841–1848;[84] die sog. Braunschweiger Ausgabe in acht Bänden: *Martin Luthers Werke für das christliche Haus*, hg. v. Georg Buchwald, Gustav Kawerau, Julius Köstlin, Martin Rade u.a., Braunschweig 1889–1905, dazu zwei Ergänzungsbände; die einbändige Ausgabe *Martin Luthers Werke für das deutsche Volk*, hg. v. Julius Böhmer, Stuttgart und Leipzig 1907; die einbändige Ausgabe *Martin Luther's ausgewählte Schriften*, hg. v. Otto Reichert, Berlin 1916; die dreibändige Edition in Meyers Klassiker-Ausgaben: *Luthers Werke*, hg. v. Arnold Berger, Leipzig u. Wien 1917; die sog. Bonner Ausgabe in acht Bänden: *Luthers Werke in Auswahl*, hg. v. Otto Clemen, Berlin 1912–1933; die einbändige Ausgabe *Martin Luthers Deutsche Schriften*, ein-

---

[81] Wenn man die beiden Bände *Martin Luther. Eine Auswahl aus seinen Schriften in alter Sprachform* (hg. v. Richard Neubauer. Halle 1890f., mehrere weitere Auflagen) hinzunähme, käme man auf vierzehn. Doch werden hier die Schriften Luthers zum Teil nur in Auszügen oder sogar nur in Zusammenfassungen geboten. Von Luthers sog. Judenschriften kommt keine vor.

[82] Dabei zähle ich bloß die Querschnittausgaben, nicht jene, die Lutherschriften nur zu einem bestimmten Thema oder nur eines Genus präsentieren. – Nur nebenbei sei darauf hingewiesen, daß 1859–1876 eine weitere, dreißigbändige Auswahlausgabe in deutscher Sprache, aber außerhalb Deutschlands in den USA erschien: *Luthers Volksbibliothek. Zu Nutz und Frommen des Lutherschen Christenvolkes ausgewählte vollständige Schriften Dr. Martin Luthers, unverändert mit den nöthigen erläuternden Bemerkungen abgedruckt*; auch sie enthielt Luthers Judenschriften nicht. Siehe zu dieser Ausgabe: EIKE WOLGAST, Geschichte der Luther-Ausgaben vom 16. bis zum 19. Jahrhundert, Kap. II-IX (WA 60,460–606, hier: 602).

[83] Diesen Fund verdanke ich meinem studentischen Mitarbeiter Marcus König.

[84] Die Bücher erschienen allerdings nicht nach der Abfolge der Bände, den Anfang machte 1841 Bd. 5–7, Bd. 1f. erschien erst 1848, nebenher gab es noch Einzeldrucke dieses und jenes Bandes. *Daß Jesus Christus ein geborener Jude sei* wurde nicht abgedruckt, obwohl eine ganze Reihe von Schriften des Jahres 1523 aufgenommen wurden. *Von den Juden und ihren Lügen* aufzunehmen erübrigte sich schon deshalb, weil nach Ansicht des Herausgebers von Gerlach die reformatorische Tätigkeit und Schriftstellerei Luthers mit dem Jahre 1530 ans Ende kam, weshalb auch nur Lutherschriften bis zu diesem Jahr abgedruckt wurden (so ausdrücklich in dem Überblick des Herausgebers über die Jahre 1530–1546 in Bd. 10, S. 170), von ein paar nachgeschobenen Kleinigkeiten in Bd. 23f. abgesehen.

geleitet von Ricarda Huch, hg. v. Ludwig Goldscheider, Wien 1927; die sog. Münchner Ausgabe in acht Bänden: *Martin Luther. Ausgewählte Werke*, hg. v. Hans Heinrich Borcherdt, München 1914–1925[85] und die sog. Calwer-Ausgabe in sechs Bänden: *Martin Luther. Ausgewählte Werke*, Stuttgart 1930–1940.

Von diesen dreizehn Ausgaben nahmen zwei,[86] und zwar beide Male einbändige Ausgaben, eine von Luthers sog. Judenschriften auf,[87] die eine *Von*

---

[85] Spätere Auflagen und 7 Ergänzungsbände in gemeinsamer Herausgeberschaft mit Georg Merz, s.u.

[86] In Lomlers Ausgabe sind allerdings noch Einzelzitate aus *Von den Juden und ihren Lügen* beigegeben, vgl. u. Anm. 99.

[87] Daß hinter dieser in fast allen, darunter sämtlichen mehrbändigen Auswahlausgaben festzustellenden Nichtaufnahme von Luthers Judenschriften in die »Kanones« dessen, was die Herausgeber für lesenswert hielten, kein bloßes Versehen steckte, sondern Programm, zeigt ein Vorgang, der offenbar wird, wenn man einer von Johannes Wallmann angedeuteten, allerdings etwas anders als von ihm angenommen verlaufenden Spur folgt (JOHANNES WALLMANN, Die Evangelische Kirche verleugnet ihre Geschichte. Zum Umgang mit Martin Luthers Judenschriften, Teil 1, in: Deutsches Pfarrerblatt 114, 2014, 332–336, hier: 333; Quellenfundort mündlich von demselben): Der rasseantisemitische Schriftsteller Houston Stewart Chamberlain war um die Einleitung zu einer neuen Auswahledition Lutherscher Werke gebeten worden, lehnte aber ab, da ihm deren Programm nicht zusagte. Diese Einleitung hätte ihn trotz Verachtung für die lutherische Kirche durchaus gereizt, weil »[d]ie Aussicht, über den Mann schreiben zu dürfen, den ich immer für den gewaltigsten Mann der Weltgeschichte gehalten habe, [...] für mich etwas Begeisterndes [hatte]«; doch sei ihm die Auswahl, vor die er seine Einleitung setzen solle, zu irenisch. Er sei »nicht der Mann, an einer Lutherausgabe mitzuarbeiten, die sich zum Ziel setzt, ›den konfessionellen Frieden nicht zu stören‹« – diese Leitlinie war ihm offenbar von dem Editor mitgeteilt worden. Solcher Friede sei insbesondere an zwei Fronten ganz und gar nicht angebracht: gegenüber dem Papsttum und gegenüber dem Judentum. D.h., in Chamberlains Augen mußte eine Luther angemessene Ausgabe antipäpstliche und antijüdische Werke des Reformators enthalten. Der Herausgeber, mit dem Chamberlain hier korrespondierte, war Hans Heinrich Borcherdt, d.h., es geht um die Münchner Ausgabe, die in ihrer ersten Auflage 1914 bis 1925 erschien, bevor sie dann in Zusammenarbeit mit Georg Merz erneut und immer wieder aufgelegt wurde (Briefe vom 30. Mai und 13. Juni 1912, in: HOUSTON STEWART CHAMBERLAIN, Briefe 1882–1924, München 1928, Bd. 1, 207–212). Was sich aus Chamberlains Briefen ergibt, ist aufschlußreich und wirft ein neues Licht auf den Hintergrund der immer als Ausgabe aus dem Kreis der Dialektischen Theologe und der Bekennenden Kirche begegnenden Münchner Ausgabe. Offensichtlich wollte der ursprüngliche Herausgeber, ein Germanist, der, wie aus den Briefen Chamberlains hervorgeht, keine theologisch orientierte Edition plante, sein neues Projekt öffentlichkeitswirksam befördern, indem er den renommierten, auch in höchsten Kreisen, ja vom Kaiser selbst geschätzten Verfasser des Werkes *Die Grundlagen des neunzehnten Jahrhunderts* (1899), der zugleich als – unkirchlicher – Lutherverehrer bekannt war, für eine Einleitung gewann; daß Borcherdt später nebenamtlich am Erzieherseminar der Adolf-Hitler-Schulen auf der Ordensburg Sonthofen unterrichtete, ist auf diesem Hintergrund wohl kein Zufall (s. Internationales Germanistenlexikon 1800–1950, Bd. 1, Berlin, New York 2003, 237). Der Plan scheiterte. Chamberlain ließ sich nicht gewinnen, und die Münchner Ausgabe brachte zwar durchaus Schriften mit antipäpstlicher Tendenz, doch das ihr vom Umworbenen attestierte Manko, den antijüdischen Luther auszusparen, behob sie nicht. Das geschah erst unter den neuen Bedingungen der 1930er Jahre als Ergänzung zu der neuen Münchner Ausgabe, die von den zwanziger Jahren an erschien und durch die

den Juden und ihren Lügen,[88] die andere *Daß Jesus Christus ein geborener Jude sei*.[89] Angesichts dieses mageren Befundes und der immer wieder vorgebrachten Anklage, daß Luthers antijüdische Schriften den Lesern vorenthalten würden, sahen sich die Herausgeber der zwischen 1914 und 1925 erstmals erschienenen, mehrfach erweiterten und nachgedruckten Münchner Auswahlausgabe 1936 veranlaßt, einen Ergänzungsband nachzuliefern, in dem das Defizit behoben wurde.[90] Doch zielte der wie die

---

Mitherausgeberschaft und Federführung des Theologen Georg Merz in einem neuen Kontext mit neuer Ausrichtung stand (s. nächste Seite).

[88] Die Pfizersche von 1840. Dieser Abdruck von Luthers Schrift von 1543 gehört in denselben Kontext wie die zwei Jahre ältere Schrift *Dr. Martin Luther von den Jüden und ihren Lügen* von Ludwig Fischer (s. Anm. 98), nämlich in den im Vormärz ausgefochtenen Kampf gegen das liberale, Glauben, Kultur, Gemeinwesen »zersetzende« Judentum, in besonderer Weise verkörpert von Heinrich Heine, den Fischer in seiner Schrift attackiert und mit dem der schwäbische Autor und Dichter Pfizer in heftiger Fehde stand. In Pfizers Lutherbiographie (Martin Luther's Leben, Stuttgart 1836, Berlin ²1851) findet sich hingegen kein Wort über Luthers Judenschriften, ja über Luthers Haltung zu den Juden überhaupt; auch in der zweiten Auflage, die nach der Fehde mit Heine und der Aufnahme von *Von den Juden und ihren Lügen* in die Auswahlausgabe herauskam, wurde nichts dergleichen nachgetragen. Offenbar waren Luthers judenfeindliche Ausführungen für Pfizer ein in einem konkreten Kampf nützliches Instrument, aber kein integraler Bestandteil seines Lutherbildes.

[89] Dies in der 1927 erschienenen Goldscheiderschen Ausgabe, die mit dem Namen der prominenten Schriftstellerin Ricarda Huch, aufwendiger Gestaltung und handlicher Größe ein breites gebildetes Publikum ansprechen wollte. Luthers Schrift von 1523 in dieser Ausgabe wurde zur Grundlage eines im Berliner Kirchlichen Zentralarchiv (EZA 7/3688) aufbewahrten 13seitigen Appells, in dem sich der 86jährige pensionierte Kasseler Stadtrat und lebenslange Protestant Johannes Berlit, der sich durch die neuen Rassegesetze plötzlich zum Juden gemacht und zum Verlust seiner Rechte gebracht sah, im Oktober 1933 an die »geistlichen Führer der evangelischen Kirche«, u.a. den Berliner Oberkirchenrat, wandte, diese müßten sich gegen die Entrechtung von Juden wie der von Juden abstammenden Christen durch die Deutschen Christen wenden. »Hören wir, was D. Martin Luther in seiner Schrift *Daß Jesus Christus ein geborener Jude sei* sagt und geschrieben hat.« Es folgen auf mehr als zwei Seiten Zitate aus jener Schrift, entnommen der – offenbar in seinem Besitz befindlichen – »Ausgabe Ricarda Huchs«; gemeint kann nur die von Huch eingeleitete Goldscheidersche sein. »So weit sei Luthers Erklärung gedacht. Sind nun, meine Herren Geistlichen der reformierten und der lutherischen Kirche, die hier vorgetragenen Lutherworte heute nicht ebenso wahr wie vor 400 Jahren, so dass kein Einspruch gegen die Entrechtung unschuldiger jüdischer Mitmenschen aus ihnen laut wird?« Als er keine Antwort erhielt, schickte er Reichsbischof Müller eine Postkarte, auf die er den Titel *Daß Jesus Christus ein geborener Jude sei* geschrieben hatte. Immer noch ohne Antwort, schrieb er nochmals und beteuerte, er »bekenne sich zu den in [seinem] Schriftstück wiedergegebenen Grundsätzen des großen Reformators« (JOHANNES WALLMANN, Die evangelische Kirche verleugnet ihre Geschichte. Ein Nachtrag, in: Deutsches Pfarrerblatt 114, 2014, 466–469, hier: 468).

[90] MARTIN LUTHER, Schriften wider Juden und Türken, München 1936 (Ausgewählte Werke, hg. v. Hans Heinrich Borcherdt u. Georg Merz, Ergänzungsreihe, Bd. 3). Diese Ausgabe nennt sich selbst »veränderte 2. Auflage«. Es gibt aber keine frühere Auflage des Bandes in seiner vorliegenden Form, die Angabe bezieht sich vielmehr darauf, daß ein Teil der hier gebotenen Türkenschriften bereits früher in der Münchner Ausgabe

ganze Reihe nun unter editorischer Hauptverantwortung des zur Bekennenden Kirche gehörigen Georg Merz stehende Münchner Band auf Versachlichung und Kontextualisierung, indem er alle Lutherschen Judenschriften, auch die von 1523, aufnahm und mehrere Türkenschriften danebenstellte.[91]

Im selben Jahr 1936 wie der Münchner Ergänzungsband kam aber auch – zum ersten Mal seit 1617 – die Schrift *Von den Juden und ihren Lügen* als eigenständige Veröffentlichung heraus, nämlich in einer Ausgabe des Literaturwissenschaftlers Walther Linden.[92] In ihrer Ausrichtung unterscheidet sie sich grundlegend von dem Ergänzungsband der Münchner Ausgabe: Die Ausgabe Lindens, der der mit den Kirchen konkurrierenden und sie bekämpfenden Deutschen Glaubensbewegung angehörte,[93] wollte missionarisches Instrument des neuen Geistes sein. Wenn hier endlich die

---

abgedruckt worden war; für die »Judenschriften« war es die erste Ausgabe (s. Nachwort des Herausgebers, a.a.O. 611).

[91] Alle Judenschriften – im Gefolge der Walchschen Ausgabe (Bd. XX, 2230f.) – unter der Rubrik »Schriften wider die Juden« zusammenfassend, ebnete der Band freilich das Spezifikum der ersten mit ihrem Plädoyer für ein faires Zusammenleben mit den Juden ein. Schwer zu entscheiden ist, ob das Satz des Herausgebers und Kommentators Walter Holsten, der Schrift *Von den Juden und ihren Lügen* »verdank[e] Luther seinen Ruhm als führender Antisemit« (537), eher eine Lagebeschreibung oder ein Zustimmung ausdrückendes Kompliment ist. Zu Holsten vgl. Brosseder (s. Anm. 50), 124–128.

[92] Luthers Kampfschriften gegen das Judentum, hg. v. Walther Linden, Berlin 1936. Außer der gesamten, sprachlich modernisierten Schrift *Von den Juden und ihren Lügen* enthält der Band Ausschnitte aus *Wider die Sabbather*, *Vom Schem Hamphoras*, der *Vermahnung wider die Juden* von 1546 und den Tischreden – daher der Plural im Titel. Voraus geht eine historische Einleitung, in der Linden Luthers »Kampf mit dem Judentum« in den Zusammenhang eines 2500 Jahre alten »Weltkampfes« des Abendlandes gegen das Judentum stellt und die Entwicklung von Luthers eigener Haltung zu den Juden bis zu der schließlich gebotenen »Hauptschrift« skizziert. – Bemerkenswert ist ein Artikel mit dem Titel »Luthers Schriften über die Juden« in der *Jüdischen Rundschau* vom 12. Mai 1936, in der auf Lindens Ausgabe hingewiesen und zugleich die scharfe Kritik der Zeitschrift der Hitlerjugend *Wille und Macht* an Luthers Schrift sowie an Lindens Einleitung referiert wird. Wenn Luther, wie die neuedierte Schrift *Von den Juden und ihren Lügen* zeige, der Meinung gewesen sei, daß angesichts des Wortes Gottes der »Unterschied des Fleisches« nichts bedeute, dann fehle ihm das Verständnis für das Entscheidende, die »blutmäßige rassische Seite.« Linden könne ihn nur für den antijüdischen Kampf in Anspruch nehmen, indem er eine »abendländisch-christliche« Front konstruiere. Das aber seien keine nationalsozialistischen Begriffe. Dieser Vorgang ist nicht nur interessant, weil er zeigt, wie überzeugte Nationalsozialisten die Differenzen zwischen ihrer rassistischen Ideologie und Luthers Judenfeindschaft sehr wohl sahen, sondern auch, weil das Vergnügen, mit dem die *Jüdische Rundschau* über diesen Vorgang berichtet, davon zeugt, daß man sich hier das in weiten Kreisen vorherrschende positive Lutherbild nicht verderben lassen wollte – und das noch 1936. Für den Hinweis auf diesen Artikel danke ich Johannes Wallmann.

[93] Zu Lindens ideologischer Ausrichtung: BROSSEDER (s. Anm. 50), 176–179. Zu Linden als Literaturwissenschaftler: GERHARD KAISER, Grenzverwirrungen. Literaturwissenschaft im Nationalsozialismus, Berlin 2008, 141–148.

Schrift *Von den Juden und ihren Lügen*, die »Luthersche Hauptschrift«, wie Linden mit deutlicher Antithese zu den sonst so genannten »Reformatorischen Hauptschriften« des Wittenbergers von 1520 formulierte, wieder verfügbar gemacht wurde, sollte den Deutschen eine Waffe für den 1933 endlich aufgenommenen »abendländisch-jüdischen Weltkampf« gegeben werden. Die neue Ausgabe sei dringend notwendig. Denn »bis in unsre Zeit hinein« habe Luthers große Schrift »keinen irgendwie beträchtlichen Erfolg« gehabt.[94] Obgleich ein »Volksbuch von gewaltigster Sprachkraft«, sei sie »noch kein Volksbuch geworden«,[95] vielmehr »bei fast allen Deutschen höchstens dem Namen nach bekannt und nur von wenigen gelesen«.[96] Dabei »gehört [sie] der allgemeinen Kenntnis aller völkisch Denkenden«, »in den Religionsunterricht unserer Schulen, in die Seminare der Hochschulen, in die Schulungsabende aller Art« – auf die Kirchen zählt Linden im antijüdischen Weltkampf mit Hilfe Luthers offensichtlich nicht. Um in diesem Kampf ihre Rolle zu spielen, müsse die Schrift freilich ungekürzt wiedergegeben werden, was Linden in seiner Ausgabe denn auch tut. Denn »sie [ist] aus der geschlossenen Ganzheit religiöser, völkischer, sozialer Anschauung hervorgegangen [...]. Wir können uns heute nicht mehr mit jenen Bruchstücken und Anführungen begnügen, die bisher in Broschüren unter das Volk geworfen wurden.«[97]

Mit den Broschüren, die in seinen Augen ungenügend waren, meinte Linden Auszüge aus Luthers Schrift *Von den Juden und ihren Lügen*, die seit einigen Jahren als »Volksausgaben« auf dem Markt waren und die den Anforderungen des Literaturwissenschaftlers wie des Propagandisten nicht standhielten. Vermutlich hatte er mit »Bruchstücken und Anführungen« antijüdischer Aussagen Luthers aber auch einzelne Zitate oder Zitatcluster vor Augen, die in den verschiedensten Zusammenhängen literarisch unselbständig als Autoritätszeugnisse erschienen. Da auch die Volksausgaben nur auf den propagandistischen Zweck hin zurechtgestutzte Ausschnitte boten, war der Übergang ohnehin fließend. Kurz, mit Lindens kritischen Worten ist die andere Form der Verbreitung des lutherschen Antijudaismus angesprochen, von der oben die Rede war. Thomas Kaufmann hat sie unter dem Begriff »Florilegium« versammelt und die wich-

---

[94] »Der Widerhall der Schrift [...] war eine Enttäuschung.« Während *Daß Jesus Christus ein geborener Jude sei* noch im selben Jahr neunmal aufgelegt worden sei, habe die »Hauptschrift« nur zwei Auflagen erlebt und erfahre »selbst in protestantischen Kreisen« harsche Kritik (LINDEN [wie Anm. 92], 45). »Völlig versagt« hätten die deutschen Regierungen, indem sie fast durchweg Luthers antijüdische Forderungen in den Wind schlugen (a.a.O. 46).
[95] A.a.O. 46.
[96] A.a.O. 7.
[97] A.a.O. 7f.

tigsten Stationen ihrer Entwicklung skizziert.[98] Auch hier genügt folglich eine, gelegentlich zu ergänzende, Rekapitulation.[99]

Entscheidend ist, daß nach einer Handvoll Sammlungen Lutherscher Zitate aus der ersten Hälfte des 19. Jahrhunderts, die Sätze und Abschnitte aus Luthers Judenschriften und vor allem aus *Von den Juden und ihren Lügen* enthielten,[100] Anfang der 1880er Jahre ein neues literarisches Genus

---

[98] S. Anm. 74.

[99] Die Folgerungen Kaufmanns vermag ich, wie sich erweisen wird, hier und da nicht zu teilen.

[100] Es ist eine auf die Länge der Zeit bezogen kleine Zahl von Sammlungen, und ihr Ausstrahlungsradius ist gering, so daß es schwerfällt, an ihnen die »Evidenz« einer in der evangelischen Kirche »im Ganzen bewahrt[en]« Erinnerung an Luthers Judenfeindschaft (KAUFMANN [s. Anm. 75], 198) abzulesen. Drei von ihnen stammen aus dem Reformations-Jubiläumsjahr 1817: die oben genannte Ausgabe von Lomler, die dem Abdruck ganzer Lutherschriften »die merkwürdigsten Stellen aus den übrigen deutschen Schriften« derselben Jahre beigab (a.a.O. 199–201), eine im selben Jahr anonym herausgebrachte Schrift mit dem Titel *Luthers und Herders Stimmen über die Juden* (a.a.O. 202f., Anm. 25) sowie Karl Gottlieb Bretschneiders *Luther an unsre Zeit* überschriebene Sammlung von Lutherauszügen (a.a.O. 201f., Anm. 24). Aus der Folgezeit ist zu nennen: Ernst Zimmermanns *Lutherkonkordanz* von 1832 (a.a.O. 202–204). Autoren bzw. Herausgeber waren in allen vier Fällen – vielleicht mit Ausnahme des Anonymus – Theologen. Das Interesse, das die – überwiegend mehr Sätze aus *Von den Juden und ihren Lügen* als aus *Daß Jesus Christus ein geborener Jude sei* umfassende und aus ersterer auch den berüchtigten Maßnahmenkatalog mehr oder weniger vollständig vorbringende – Zitatenauswahl leitete, war teils historischer Art (Lomler), teils wurden die Zeugnisse der ablehnenden Haltung des Reformators gegenüber den Juden den Lesern zur Orientierung präsentiert (Anonymus), teils kritisiert (Bretschneider). – Eine Sonderstellung nimmt die Schrift von Ludwig Fischer ein (*Dr. Martin Luther von den Juden und ihren Lügen. Ein crystallisirter Auszug aus dessen Schriften über der Juden Verblendung, Jammer, Bekehrung und Zukunft. Ein Beitrag zur Charakteristik dieses Volks*, Leipzig 1838). Diese Schrift, die wegen ihres Titels und mangels Lektüre mitunter als Ausgabe oder Kurzausgabe des gleichnamigen Traktats ausgegeben wird, ist vielmehr ein langes monographisches Pamphlet, in das ausgiebig Zitate aus den verschiedensten Schriften Luthers eingestreut sind, welche sich mit dem Judentum oder mit nach Meinung des Verfassers für die Beurteilung des Judentums wichtigen Gesichtspunkten befassen; die Schrift *Von den Juden und ihren Lügen* ist längst nicht die einzige. In einer einleitenden kurzen Paraphrase der »Judenschriften« (4–7) wird aus *Von den Juden und ihren Lügen* der Vertreibungsratschlag referiert (6), der Katalog der »Maßnahmen« hingegen wird weder hier angeführt noch später unter die eingestreuten Zitate aufgenommen. Ja, Fischer schreibt ausdrücklich, man »[dürfe] in unsern Tagen der Duldung und Emancipation den Eifer Luthers nicht zu den [!] unsrigen machen« (3f.; siehe auch 105 und 38, Anm. 2). Das Judentum, gegen das Fischer kämpft, ist das aufgeklärte Judentum seiner Zeit, während er vom »orthodoxen« mit Achtung spricht. Im vom eigenen Glauben abgefallenen liberalen Judentum sieht er den gelehrigen Schüler und Platzhalter des von ihm verabscheuten rationalistischen Christentums (z.B. 67) und, insbesondere in Gestalt »minorenner« Literaten und Journalisten wie Heinrich Heine, einen Zersetzer des Gemeinwesens; beiden, den Liberalen in christlicher und jüdischer Variante, die angesichts völliger Verdünnung des religiösen Gehalts auch eine Bekehrung der Juden zum Glauben an Christus für gegenstandslos hielten, will er vor Augen führen, daß die Berufung auf Luther, den sie – nicht zuletzt Heine (VIII.40) – gern im Munde führten, fehl am Platze sei, denn ein Liberaler sei der am Wort Gottes orientierte Luther gerade

aufkam, das nach mageren Anfängen in der Zeit der Weimarer Republik und vollends während des »Dritten Reiches« eine große Zukunft haben sollte: die nur aus judenfeindlichen Passagen Luthers bestehende, sie z.T. auch kommentierende antisemitische Flugschrift. Zweck dieses vom kaiserzeitlichen Antisemitismus hervorgebrachten Genus ist die antijüdische Aktion, weshalb durchweg die von Luther 1543 geforderten Maßnahmen herausgestrichen werden.

Noch nicht ganz typisch, aber bereits in diese Richtung weisend machte den Anfang[101] – anonym – der angehende Lutherforscher Georg Buchwald im Zusammenhang der Antisemitenpetition von 1881, der evangelischen Theologiestudenten mit einer Salve antijüdischer Zitate des Reformators ein gutes Gewissen zur Unterschrift bereiten wollte; die Umsetzung der – durchaus genannten – antijüdischen Forderungen des Reformators war ausdrücklich nicht das Ziel. Ausgehend von dem Axiom, daß nur Christen wirkliche Deutsche sein könnten, stellt Buchwald, der Zielgruppe gemäß, Luthers theologische, genauer christologische Argumente in den Mittelpunkt, die zeigen sollten, wie weit die Juden vom Christentum und damit vom Deutschtum entfernt seien.[102] Mit seinem theologi-

---

nicht gewesen. Was die Schrift Fischers in ihrem Duktus ganz und gar von Luthers *Von den Juden und ihren Lügen* unterscheidet, ist die schon im Titel anklingende Ausrichtung auf die schließlich zu erwartende Bekehrung der vorderhand noch – nicht zuletzt wegen der schlechten Behandlung durch die Christen – »lügenden« Juden, eine Erwartung, die mit Luthers entsprechenden Aussagen aus den frühen 1520er Jahren belegt wird, neben denen es allerdings auch resignierende gebe (125). D.h., für Fischer geht die jüdischen Geschichte auf ein gutes Ende zu: »du [Israel] wirst nicht in deinem Unglauben bleiben, Gott wird dich wieder aufrichten, das ganze Israel soll noch selig werden« (123). Wenn zu dieser Perspektive der Abschluß seiner Schrift, Luthers Eislebener *Vermahnung* von 1546 mit ihrer Aufforderung, sich bekehrende Juden als Brüder zu behandeln und hartnäckig bleibende zu vertreiben (130f.), nicht recht paßt, dann zeigt sich hier noch einmal, worum es Fischer geht: darum, den antirationalistischen Reformator zu präsentieren. Ein klares Bild von Luthers Ausführungen zum Judentum oder auch speziell der Schrift *Von den Juden und ihren Lügen* ergibt das ganz an Fischers eigenem Beweisziel ausgerichtete Sammelsurium von Zitaten nicht (gegen KAUFMANN [s. Anm. 75], 208); aber daß Luther nichts mit dem jüdisch-christlichen aufgeklärt-liberalen Lager gemein hat (XIf.), wird dem Leser unübersehbar vor Augen geführt.

[101] Noch vor dem von Kaufmann, der andernorts auch Buchwalds anonymes Schriftchen nennt (THOMAS KAUFMANN, Luthers Juden, Stuttgart 2014, 157f.), als erster angeführten Islebiensis (DERS. [s. Anm. 75], 209; s.u. Anm. 103). Insofern müßte man die »Linie der antisemitischen Luther-Florilegien, die sich bis in die Zeit des ›Dritten Reiches‹ als fortlaufende Traditionsspur nachweisen läßt«, nicht mit dem »Eislebener« beginnen lassen, wie Kaufmann es tut (a.a.O. 209), sondern mit Buchwald. Im Sinne eindeutig rassistischer Argumentation und direkter literarischer Abhängigkeit hingegen verläuft die Spur tatsächlich vom »Eislebener« zu Fritsch, gehört Buchwald nicht in diese Linie (s. Anm. 105).

[102] [GEORG BUCHWALD], Luther und die Juden. Den deutschen Studenten gewidmet von einem Kommilitonen, Leipzig 1881.

schen Schwerpunkt ist Buchwalds Pamphlet ein Sonderfall.[103] Ansonsten konzentrieren sich die Zitatzusammenstellungen meist auf rassistisch-politisch verwendbare Passagen und bemühen sich um weitestmögliche Elimination der exegetisch-theologischen Ausführungen, die die Hauptmasse der Luther'schen Schriften ausmachen. Das gilt für das andere einschlägige Lutherflorilegium derselben Jahre aus der Feder eines ebenfalls anonym schreibenden »Eisleleners« (Islebiensis), der nun die Vertreibungsforderung aus *Von den Juden und ihren Lügen* als Programm aufnahm.[104] Und das gilt auch für den wichtigsten Tradenten judenfeindlicher Lutherzitate in der Kaiserzeit, den *Antisemiten-Katechismus* des völkischen Propagandisten Theodor Fritsch,[105] der, 1887 erstmals erschienen, unter mehrfacher Überarbeitung[106] und ab 1907 unter dem Titel *Handbuch der Judenfrage* bis 1944 49, in der Zeit des Dritten Reiches in riesige Höhen hinaufschnellende Auflagen erleben sollte.[107] Allerdings sind die Lutherzitate im *Antisemiten-Katechismus* – dem der Centralverein deutscher Staatsbürger jüdischen Glaubens ein ebenfalls mehrfach aufgelegtes, freilich weit weniger gut verkauftes Magazin *Anti-Anti* mit judenfreundlichen Sätzen Luthers aus den *Tischreden* und aus *Daß Jesus Christus ein geborener Jude* sei entgegenstellte[108] – in eine große Masse anderen Ma-

---

[103] Auch seine unten (Anm. 111) zu nennende »Volksausgabe« der Schrift *Von den Juden und ihren Lügen* gibt im Unterschied zu allen anderen Ausgaben dieser Art den theologischen Argumenten viel Raum, ebensoviel aber und immer wieder durch Sperrung hervorgehoben dem Vorwurf des Wuchers und der Ausbeutung durch Juden.

[104] ISLEBIENSIS, Dr. Martin Luther und das Judenthum, Berlin o.J. [1882].

[105] THOMAS FREY [Pseudonym für Fritsch], Antisemiten-Katechismus. Eine Zusammenstellung des wichtigsten Materials zum Verständnis der Judenfrage, Leipzig 1887.

[106] S. KAUFMANN (s. Anm. 75), 217–221. Kaufmann kann wahrscheinlich machen, daß Fritsch für seine Lutherpassagen auf den Islebiensis zurückgriff (a.a.O. 217 f.).

[107] MASSIMO FERRARI ZUMBINI, Die Wurzeln des Bösen. Gründerjahre des Antisemitismus. Von der Bismarckzeit zu Hitler, Frankfurt a. M. 2003, 340.

[108] Anti-Anti-Blätter zur Abwehr: Tatsachen zur Judenfrage, hg. v. Centralverein deutscher Staatsbürger jüdischen Glaubens, Berlin 1920. Die letzte mir bekannte Auflage von *Anti-Anti* ist die 7., erweiterte, von 1932 (Verweise hiernach). Dabei wird eingeräumt, daß Luther »als Kind seiner Zeit« zeitweilig auch die damaligen »Vorurteile« gegen die Juden geteilt habe. Doch sei er »kein Antisemit« gewesen (diese beiden Worte im Original fett). *Anti-Anti* verfährt so, daß es zu den verschiedenen, alphabetisch geordneten Stichworten Gegenargumente gegen die Behauptungen der Antisemiten zusammenträgt, um Juden und ihren Verteidigern Material für die Auseinandersetzung mit jenen zu bieten. Dazu werden, wo möglich, allgemein anerkannte Autoritäten mit projüdischen Aussagen angeführt. Die judenfreundlichen Zitate Luthers finden sich bei dem unter dem Buchstaben L angeführten Stichwort »Luther und die Juden« (37). Aufschlußreich sind auch die Ausführungen zum Stichwort »Wucher«. Hier wird Luther mit der Bemerkung zitiert, daß der jüdische Wucher nichts sei im Vergleich zum Wucher der Christen (77). Den *Anti-Anti-Blättern* vorausgegangen war mit dieser Inanspruchnahme Luthers gegen den Antisemitismus der im Auftrag des Vereins zur Abwehr des Antisemitismus vom dessen Geschäftsführer Curt Bürger herausgegebene *Antisemiten-*

terials eingebettet.[109] Die Zahl der zu selbständigen Flugschriften gewachsenen Lutherflorilegien in der Kaiserzeit beschränkte sich auf zwei.[110] Von der späten Weimarer Zeit an gab es jedoch eine beträchtliche Zunahme dieses Typus. Er trat seit 1931 besonders in der Form von »Volksausgaben« auf; dabei handelte es sich um kleine Hefte, in denen insbesondere die Schrift *Von den Juden und ihren Lügen*, stark gekürzt, eingeleitet und gelegentlich auch kommentiert, leicht lesbar und billig unter die Leute gebracht werden sollte,[111] einmal auch *Daß Jesus Christus ein geborener*

Spiegel. Die Antisemiten im Licht des Christentums, des Rechtes und der Wissenschaft, erstmals erschienen Berlin 1890 und dann mehrfach wieder aufgelegt und überarbeitet. Vgl. dazu BROSSEDER (s. Anm. 50), 101.

[109] In der Rubrik »Urtheile über die Juden« werden nach Urteilen griechischer und römischer Provenienz, solchen von Rabbinern (fallen später, so in der 23. Auflage, weg), arabischen und persischen Schriftstellern und Urteilen aus dem 12. bis 17. Jahrhundert Zitate aus Luthers *Tischreden* und aus *Von den Juden und ihren Lügen* angeführt (in späteren Auflagen, so der 25., ist Luther nicht mehr als eigener Posten aufgeführt, sondern eingereiht in die Autoritäten aus dem 12. bis 15. [!] Jahrhundert und damit im Gewicht gemindert, was dem Wegfall der Referenz im Literaturverzeichnis entspricht [s.u.]) – dabei nicht der berüchtigte Maßnahmenkatalog, aber prominent der Wuchervorwurf –, zuletzt und bei weitem am ausführlichsten allerdings Aussprüche jüngerer Autoritäten wie Herder, Fichte, Friedrich II. von Preußen, Napoleon u.a. Im »Verzeichnis antijüdischer Literatur« begegnet *Von den Juden und ihren Lügen* zunächst, wird aber in späteren Auflagen gestrichen (so etwa in der stark erweiterten 25. von 1893). Durchgängig begegnet hingegen Eisenmenger.

[110] Eben Buchwald und der Islebiensis.

[111] 1931 erschien die Volksausgabe des sächsischen Superintendenten Georg Buchwald: D. Martin Luther. Im Auszuge mitgeteilt von D. Georg Buchwald. Volksausgabe, Dresden 1931 (Luthers Flugschriften für unsere Zeit, Heft 3, 29 Seiten). Im selben Jahr erschien eine zweite Auflage, danach zumindest 1943 eine weitere. In derselben Reihe hatte Buchwald eine Volksausgabe von *Daß Jesus Christus ein geborener Jude sei* und *Wider die Sabbather* herausgebracht (Luthers Flugschriften für unsere Zeit, Heft 2) und sollte er auch noch *Vom Schem Hamphoras* herausbringen (Heft 4), so daß schließlich, wenn auch mit starken Kürzungen und Verzerrungen, die in den Auswahlausgaben fehlenden Judenschriften in diesen Heften auf dem Markt waren (zum Charakter dieser Ausgaben vgl. Kaufmann [s. Anm. 75], 222–224 mit Anm. 112). Daneben bot der mittlerweile greise, aber immer noch unermüdliche Buchwald hier auch noch Schriften des Reformators zu anderen Themen. Ebenfalls 1931 erschien die Volksausgabe des völkischen Propagandisten aus dem Dunstkreis des Tannenbergbundes Hans Ludolf Parisius (Von den Juden und ihren Lügen von M. Luther 1542. Als Volksausgabe herausgegeben von Hans Ludolph Parisius. Nebst Anhang: Aus Luthers Schrift: Vom Schem Hamphoras. Und vom Geschlecht Christi, München s.a. [1931], 47 Seiten mit Einleitung, die 1937 in neunter Auflage herauskam (BROSSEDER [s. Anm. 50], 173f.). 1933 erschien die des zum »Bund für Deutsche Kirche« gehörigen Kandidaten der Theologie Joachim Noack: Luther und die Juden. Dargestellt nach Luthers Schrift »Von den Juden und ihren Lügen« von 1543, Berlin 1933 (10 Seiten; vgl. BROSSEDER, 202f.). Ebenfalls 1933 veröffentlichte der nationalsozialistische Pfarrer Wilhelm Meyer: Luthers Schrift »Von den Juden und ihren Lügen«, Anhang zu: G. A. WILHELM MEYER, Die Schicksalsfrage der Menschheit Judentum – Altes Testament, hg. von der Arbeitsgemeinschaft nationalsozialistischer evangelischer Geistlicher, Leipzig 1933 (vgl. Kaufmann [s. Anm. 75], 164). 1940 brachte der völkische Schriftsteller Rudolf von Elmayer-Vestenbrugg unter

Jude sei.[112] Der Kürzung fielen insbesondere die breiten theologisch-exegetischen Passagen zum Opfer; daß sich Luthers Kampf mit den Juden als Kampf um das Alte Testament vollzog,[113] diese dem Zeitgeist diametral entgegengesetzte und die rassistisch-politische Nutzbarkeit Luthers an der Wurzel infrage stellende[114] Tatsache kam den Lesern der »Volksausgaben« nicht vor die Augen. Zwischen 1931 und 1940 erschienen mindestens fünf solcher »Volksausgaben«, die z.T. mehrfach nachgedruckt wurden und nun neben den beiden vollständigen Drucken der Münchner Ausgabe und Lindens im Angebot waren. Die Vorteile beider Formen, die Vollständigkeit einerseits und die Präsentation in kleineren, leserfreundlichen Einheiten andererseits, verband die Zeitschrift *Positives Christentum* der radikalen Deutschen Christen: Sie druckte vom 27. März 1938 an *Von den Juden und ihren Lügen* nummernweise in Fortsetzung ab, um »diese bislang unbekannt gebliebene Schrift« endlich wenigstens ihrer Zielgruppe nahezubringen.[115]

---

dem Pseudonym Elmar Vinibert von Rudolf heraus: Dr. Martin Luther wider die Jüden. Vierhundert Jahre deutschen Ringens gegen jüdische Fremdherrschaft, München 1940 (112 Seiten, eine große Zahl, die dadurch zustandekommt, daß die Auszüge aus Luthers im Titel genannter Schrift von Zitaten Hitlers, Rosenbergs, der *Protokolle der Weisen von Zion* u.a. durchschossen sind; angehängt ebenso gestaltete 18 Seiten mit Passagen aus *Vom Schem Hamphoras*; zu Elmayer-Vestenbrugg: BROSSEDER, 169f.). – Daneben gab es auch weithin Florilegien im Sinne der Zusammenstellung judenfeindlicher Zitate Luthers aus verschiedenen Zusammenhängen, die ausführlichsten bieten ALFRED FALB, Luther und die Juden, München 1921 (BROSSEDER, 156–163), und THEODOR PAULS, Luther und die Juden, Bonn 1939 (zu Pauls: PETER VON DER OSTEN-SACKEN, Der nationalsozialistische Lutherforscher Theodor Pauls. Vervollständigung eines fragmentarischen Bildes, in: DERS., Das mißbrauchte Evangelium. Studien zur Theologie und Praxis der Thüringer Deutschen Christen, Berlin 2002, 136–166); das berüchtigtste stammt von dem deutsch-christlichen Thüringer Landesbischof MARTIN SASSE, Martin Luther über die Juden: Hinweg mit ihnen!, Freiburg i. Br. 1938.

[112] So von Buchwald, s. vorige Anm. Ein kleines Florilegium der Schrift von 1523, das bewußt den vielen Veröffentlichungen der »wilden Äußerungen« Luthers aus *Von den Juden und ihren Lügen* entgegengesetzt wurde, bot FRIEDRICH HEILER, Worte Luthers zur Judenfrage (in: Eine heilige Kirche / Die Hochkirche 16, 1934, Heft 4/6 zum Thema »Kirche und Israel«, 177f.).

[113] Vgl. KAUFMANN (s. Anm. 75), 127; DOROTHEA WENDEBOURG, Ein Lehrer, der Unterscheidung verlangt. Martin Luthers Haltung zu den Juden im Zusammenhang seiner Theologie (ThLZ 140, 2015, 1034–1059, hier: 1043–1049).

[114] Vgl. die immer wieder gegen Luther vorgebrachte Anklage, er habe durch sein Festhalten am Alten Testament und dessen Übersetzung ins Deutsche dieses Buch zum »Volksbuch« gemacht und so die »Verjudung« des deutschen Volkes zu verantworten. So etwa ALFRED ROSENBERG, Der Mythus des 20. Jahrhunderts, München 1930, 129.218. Einen anderen Beleg bei WENDEBOURG (wie vorige Anm.), 1043, Anm. 67.

[115] BROSSEDER (s. Anm. 50), 139, Anm. 15.

4. Was sollen wir dazu sagen?

Nach dem Dargestellten scheint nur ein Schluß möglich: Wenngleich das Theologiestudium Luthers Judenschriften nicht zum Standardwissen evangelischer Pfarrer machte, hielten Markt und Propaganda doch so viele einschlägige Zeugnisse bereit, daß jeder Lesekundige davon erreicht worden sein muß. Schon für das 19. Jahrhundert scheint es unabweisbar, davon auszugehen, daß »die evangelische Kirche die Erinnerung an Luthers Judenfeindschaft im Ganzen bewahrt« habe,[116] und für das 20. mit seiner enormen Steigerung einschlägiger Druckerzeugnisse – zu denen über die aufgezählten hinaus noch viele andere, ob populäre Artikel, wissenschaftliche Aufsätze oder Monographien, zu rechnen wären – scheint es erst recht zwingend, daß evangelische Pfarrerschaft und Kirchenvolk damit vertraut gewesen seien.

In der Tat sind wir, wenn wir nach der Kenntnis von Luthers Judenschriften fragten, methodisch stets so vorgegangen, daß wir untersucht haben, was davon zu welcher Zeit, gegebenenfalls auch noch, in welcher Quantität, gedruckt vorlag. Daraus haben wir dann gefolgert, was zu einer Zeit allgemein bekannt gewesen sein, womit »man« vertraut gewesen sein »muß«. Und zweifellos ist die Verfügbarkeit auf dem Buch- und Zeitschriftenmarkt ja auch eine Bedingung dafür, daß man von einer Schrift weiß, daß sie selbst bekannt ist. Doch die Königsberger und Berliner[117] Vorgänge, die ich zu Beginn angeführt habe, setzen ein Fragezeichen hinter die Gewißheit dieser Schlußfolgerung. Damit stellen sie uns vor ein methodisches Problem. Offensichtlich sind Verfügbarkeit, Verbreitung, Lektüre und Zurkenntnisnahme von Schriften nicht nur nicht identisch, sondern auch nicht notwendigerweise miteinander verbunden. Das ist eine banale Feststellung, die sich aus unserer alltäglichen Erfahrung speist. Doch sie trifft, was wir leicht übersehen, auch auf die Vergangenheit zu, jedenfalls seit der Explosion des Marktes von Druckerzeugnissen im 18. Jahrhundert, mit der die »Konsumenten« zwangläufig in unterschiedliche Leserschaften auseinandertraten. D.h., jene Feststellung gilt auch für Luthers sog. Judenschriften. Die notwendige Bedingung der Verfügbarkeit auf dem Markt war offensichtlich noch keine hinreichende Bedingung für die Vertrautheit mit ihnen oder ihren wichtigsten Aussagen.[118] Es mußten

---
[116] So Kaufmann, zitiert Anm. 77 und 100.
[117] S. dazu auch die Notiz aus Württemberg, die in Anm. 25 referiert wird.
[118] Vgl. die Feststellung des Literaturwissenschaftlers Michael Fischer, daß mit der Zahl der Publikationen, Auflagenzahl und -höhe »wenig über die Rezeptionspraxis, geschweige denn über die tatsächlich erreichte Steuerung des Denkens und Verhaltens« ausgesagt ist (Michael Fischer: Religion, Nation, Krieg. Der Lutherchoral Ein feste

zusätzliche Faktoren hinzukommen. Zwei möchte ich benennen, ohne den Anspruch zu erheben, daß damit schon alles erklärt sei: die Faktoren Milieu und Image. Es war in hohem Maße milieuabhängig, was man las, und es hing stark vom vorgefaßten Image ab, was man wahrnahm.[119]

Die Faktoren Milieu und Image sind für die Kluft zwischen der Verfügbarkeit von Zeugnissen von Luthers Judenfeindschaft und der Vertrautheit mit ihnen schon im 19. Jahrhundert in Anschlag zu bringen, auch wenn die Kluft hier weniger groß ist, weil die Verfügbarkeit solcher Zeugnisse trotz allem noch deutlich geringer war. Aufschlußreich ist in dieser Hinsicht ein Blick auf die überwiegend positive Einstellung deutscher Juden zu Luther im 19. Jahrhundert. Unter ihnen haben ein Lutherenthusiast wie Saul Ascher und andere, die zu Beginn des Jahrhunderts den Reformator bejubelten,[120] dessen Aussagen von 1543 vermutlich nicht gekannt – die kleine Zahl damals vorliegender einschlägiger Florilegien dürfte nicht in ihr Milieu vorgedrungen sein. Noch als in den 1880er Jahren im Zusammenhang mit einem ungeklärten Synagogenbrand im pommerschen Neustettin Luthers Maßnahmenkatalog in einer Zeitung erschien, hielten jüdische Kreise das für eine antisemitische Fälschung.[121] Die meisten jüdischen Stimmen der zweiten Jahrhunderthälfte, die sich zu Luther äußern, verraten hingegen Kenntnis von dessen antijüdischen Aussagen.

Burg ist unser Gott zwischen Befreiungskriegen und Erstem Weltkrieg, Münster 2014, 20, Anm. 73). Das gilt jedenfalls für die Zeit der massenhaften Verfügbarkeit von Büchern seit dem 18. Jahrhundert, die mit einem durch geringere Preise ermöglichten Bücherkauf in breiteren Schichten und einem veränderten Leseverhalten einherging.

[119] Nur kurz sei auf eine Selbstverständlichkeit hingewiesen, nämlich auf die Rolle, die die Profession für Lektüre und Wahrnehmung des Gelesenen spielte. Das gilt im hier zu verhandelnden Fall insbesondere für die Gesamtausgaben der lutherschen Werke. Wenn immer wieder darauf hingewiesen wurde (so etwa von STEINLEIN [s. Anm. 77]) – und wird (s.u. Anm. 131) –, daß die Gesamtausgaben ja Luthers Judenschriften enthielten und diese daher sehr wohl zugänglich gewesen seien, dann sagt das über die Verbreitung der Judenschriften und ihre Kenntnis gar nichts, weil Gesamtausgaben als gesamte bloß von wenigen Spezialisten durchgelesen wurden und werden – wozu im Fall von Lutherschriften selbst die meisten Kirchenhistoriker nicht gehörten und gehören, geschweige denn andere akademische Theologen, Pfarrer oder gar der gebildete Bürger. Wenn ein Nichtspezialist überhaupt an eine Gesamtausgabe herantrat und -tritt, dann nur aufgrund eines zuvor, also aus anderem Zusammenhang als der Gesamtausgabe selbst erhaltenen Hinweises, daß in dem und dem Band des riesigen Corpus diese oder jene Schrift abgedruckt sei und zu lesen lohne. Und selbst so geschah – und geschieht – das selten genug. Eben dieses Defizit sollte die Herausgabe von allgemeiner zugänglichen Auswahlausgaben beheben. Ja, auch gegenüber den größeren Auswahlausgaben war die Schwelle z.T. noch zu hoch, so daß kürzere und sprachlich leichter zugängliche Ausgaben herausgebracht wurden (so z.B. die ausdrückliche Begründung für die Zusammenstellung der oben S. 164 genannten einbändigen Ausgabe von Julius Böhmer, VII).

[120] DOROTHEA WENDEBOURG, Jüdisches Luthergedenken im 19. Jahrhundert (in: WITTE / PILGER, Mazel Tov [s. Anm. 78], 195–213, hier: 195–203).

[121] KAUFMANN (s. Anm. 75), 215, Anm. 76.

Doch – mit Ausnahme von Heinrich Graetz – stufen sie sie gegenüber den Verdiensten des Reformators um Bildung, Aufklärung, Toleranz und Freiheit als ganz und gar nachrangig ein. Diese Verdienste bestimmten das Lutherbild, das Image des Reformators, alles andere schien demgegenüber ohne Bedeutung.[122] So werden in der um 1910 erschienenen Reformationsgeschichte des jüdischen Historikers Martin Philippson Luthers judenfeindliche Schriften, die dem Verfasser kaum unbekannt gewesen sein werden, mit keinem Wort erwähnt.[123]

Was für jüdische Zeitgenossen galt, wird für viele christliche Bürger erst recht gegolten haben. Die Handvoll Florilegien der ersten Hälfte des 19. Jahrhunderts hatten ihre Leser – aber weite Kreise zogen sie offenbar nicht. Wo akademische Theologen, selten genug, auf die Schriften von 1543 eingingen, äußerten sie sich kritisch.[124] Das taten auch judenmissionarische Kreise, von ihnen wurde stattdessen die Schrift von 1523 angezogen, ebenso wie von Christen jüdischer Herkunft. Die beiden Lutherflorilegien, die in den 1880er Jahren für den aufblühenden Antisemitismus in Anspruch genommen wurden, und die Zitatsammlung im *Antisemiten-Katechismus* kursierten in einschlägigen Zirkeln, ein Echo mit stärkerer Reichweite ist kurzfristig angesichts des erwähnten Neustettiner Synagogenbrand zu verzeichnen.[125] Das Milieu, in dem man solche Schriften jedenfalls kaufte, war überschaubar, wie man an den Auflagenhöhen des *Antisemiten-Katechismus* ablesen kann: Bis zum Ende des Weltkrieges lagen sie jeweils bei einigen Tausend. In den zwanziger Jahren hingegen schnellten sie in die Hunderttausende hoch.

Man sollte erwarten, daß mit der sprunghaft anschwellenden Verbreitung Luther anführender antisemitischer Literatur nach dem Ersten Weltkrieg, wie sie am deutlichsten eben an den Auflagenhöhen des *Antisemiten-Katechismus* abzulesen ist, die judenfeindlichen Ausführungen des Reformators immer weitere Kreise gezogen hätten. Es läßt sich in der Tat kaum vorstellen, daß das nicht der Fall gewesen sein sollte. Und doch wissen wir nicht, wie weit diese Kreise wirklich waren. Auf den zahlreichen, alle Gruppen des Protestantismus beteiligenden Reformationsjubiläen von 1920 bis 1930, die sich mit Lutherjubel überschlugen, berief sich kein Mensch auf den antijüdischen Reformator[126] – und selbst bei dem Lutherjubiläum des Jahres 1933 kamen seine einschlägigen Schriften nur ganz vereinzelt zur Sprache.[127]

---

[122] WENDEBOURG (s. Anm. 119), 204–206.208–210.
[123] A.a.O. 206, Anm. 43.
[124] WALLMANN (s. Anm. 39), 84f.87f.
[125] KAUFMANN (s. Anm. 75), 214f., Anm. 76.
[126] Siehe im Blick auf das große Jubiläum des Reichstags zu Worms 1921: DOROTHEA WENDEBOURG, Das Reformationsjubiläum von 1921 (in: ZThK 110, 2013, 316–361).

Zur Vorsicht sollte auch das Beispiel Dietrich Bonhoeffers mahnen. 1925 schrieb der Theologiestudent Bonhoeffer bei Karl Holl eine Seminararbeit mit dem Thema *Luthers Stimmungen gegenüber seinem Werk in seinen letzten Lebensjahren. Nach seinem Briefwechsel von 1540–1546.*[128] In dieser Seminararbeit findet sich der Satz: Der alte Luther »[fällt] in entsetzliche Haßausbrüche gegen Papst, den Türken etc.«[129] Der Satz ist aus heutiger Sicht unfaßbar. Denn in der Phalanx der hier genannten Kampfesadressaten fehlt einer, der nach Ausweis der ausgewerteten Quellen unter keinen Umständen fehlen dürfte: die Juden. Enthalten doch die späten Lutherbriefe, die Bonhoeffer interpretierte und die ihm in der vollständigen Enderschen Ausgabe vorlagen,[130] deutliche judenfeindliche Passagen.[131] Offensichtlich hatten sie für den jungen, durch die Schule Holls gegangenen[132] Berliner Theologen kein Gewicht;[133] anders als über die Po-

---

[127] Der einzige mir bekannte Jubiläumsbeitrag, bei dem das der Fall ist, ist HANS LIETZMANN, Luther als deutscher Christ (in: Velhagen und Klasings Monatshefte 48, 1933/34, Heft 3, Nov. 1933, 309–312). Auch bei den Jubiläumsfeiern spielten Luthers judenfeindliche Äußerungen keine Rolle. Ja, die sog. Judenfrage war dort kein Thema, sieht man von der berühmt-berüchtigten Sportpalastkundgebung der Berliner Deutschen Christen ab, die sich auch zur Jubiläumsfeier erklärte. Dem Ärger über die mangelnde Berücksichtigung der judenfeindlichen Schriften Luthers unter den Jubiläumsbeiträgen verleiht der Artikel des *Stürmer* zum 450. Geburtstag Luthers (C. [oder G.] MALITIUS, Luther und die Juden, in: Stürmer, 11. Jg., Nov. 1933, Nr.46) Ausdruck. Dort heißt es, unter den vielen aus Anlaß des Jubiläums erschienenen neuen Büchern und Schriften über das Werk des Reformators sei »auch jetzt eine Seite seines Kampfes wieder ganz unberücksichtigt gelassen«, nämlich sein Kampf gegen die Juden; wie es scheine, werde dieser wie in der Vergangenheit »auch jetzt verschwiegen«, weshalb nun hier darauf hingewiesen werden müsse. Auffällig ist im Vergleich mit dem Stürmer, daß Luthers judenfeindliche Schriften in den Artikeln des *Völkischen Beobachters*, sei es zum Reformationstag, sei es zum Lutherjubiläum 1933, mit keinem Wort erwähnt, sondern alle möglichen anderen Punkte hervorgehoben werden. Das Übergehen der judenfeindlichen Schriften des Reformators entspricht der Linie des Chefredakteurs Alfred Rosenberg, welcher Luther die »Verjudung« des deutschen Volkes durch seine Übersetzung des Alten Testaments vorwarf, der gegenüber seine späte Absage an die Juden nicht mehr ins Gewicht falle (vgl. oben Anm. 113). Zu den Jubiläumsartikeln in Stürmer und Völkischem Beobachter: BROSSEDER (s. Anm.50), 184 f.193–195.
[128] DIETRICH BONHOEFFER, Werke, Bd. 9: Jugend und Studium 1918–1927, München 1986, 271–305.
[129] A.a.O. 301.
[130] Dr. Martin Luthers Briefwechsel, hg. v. E. L. Enders u.a., 18 Bände, Frankfurt a. M. u. Leipzig 1883–1923; von Bonhoeffer ausgewertet wurden die Bände 12 bis 18.
[131] Z.B. WABr 11, Nr. 4195.4201.
[132] Holl, dessen Lutherforschung nicht enzyklopädisch-biographischer Natur war, sondern von bestimmten thematischen Gesichtspunkten geleitet wurde, verrät nirgends ein Interesse an und eine Beschäftigung mit Luthers Haltung gegenüber den Juden. Er wird davon gewußt haben, aber er sah darin kein Thema von Relevanz – an keiner Stelle seines Œuvres ist davon die Rede. So wird er auch in der Lehre darauf keinen Akzent gelegt haben. Es gibt keinen Hinweis auf eine von ihm dazu gehaltene Lehrveranstaltung noch auf ein dazu vergebenes Thema für eine studentische Arbeit. Wenn neuerdings

lemik gegen Türken und »Papisten« las er über die antijüdischen Passagen hinweg. Das aber heißt, es ist nicht nur so, daß die Verfügbarkeit von Büchern und Artikeln auf dem Markt, ja sogar deren Kauf noch nicht garantiert, daß sie auch gelesen werden.[134] Sondern auch Bücher und Artikel, die gelesen werden, werden selektiv zur Kenntnis genommen, für wichtig gehalten, gar angeeignet – oder nicht.

Was die Selektion der Wahrnehmung aber leitet, ist das Image, das vorgefaßte Bild. Das sehen wir hier nicht nur schwarz auf weiß bei Bonhoeffer, wir werden es, da es sich um ein allgemeines Phänomen handelt, auch sonst voraussetzen können. Daß die älteren Lutherbiographien auch den judenfeindlichen Luther vorstellten, im Einzelfall sogar drastisch – hat jeder so weit gelesen, und wenn, hat es ihm Eindruck gemacht? Bonhoeffer, der seit seiner Jugend Lutherbiographien sammelte, hat es offensichtlich nicht beeindruckt. Und die Mitmenschen des 19. und frühen 20. Jahrhunderts? Sie standen in einer vom Pietismus begründeten, durch die Lutherrenaissance noch verstärkten rezeptionsgeschichtlichen Tradition, die vor allem die frühe Reformation und den jüngeren Luther relevant fand, so daß die Biographen des frühen 20. Jahrhunderts ihre Darstellung 1513, 1521 oder 1525 enden ließen und die übrigen Jahrzehnte seines Wirkens allenfalls kursorisch ins Auge fassten. So unterschiedlich die Lutherbilder der Zeit im einzelnen waren, in der Orientierung am »jungen Lu-

---

behauptet wird, daß jemand, der bei Holl studiert habe, »selbstverständlich« die Weimarer Ausgabe benutzt habe (dazu s. Bethge in der folgenden Anm.) und, da in dieser Ausgabe nicht nur Luthers frühe Judenschrift, sondern auch *Von den Juden und ihren Lügen* enthalten sei, letztere nicht »ignoriert« haben könne, ist das ein Kurzschluß: Wer eine – vielbändige – Gesamtausgabe benutzt, liest deshalb keineswegs alles, was darinnen steht; im Gegenteil, das tun die allerwenigsten (zu ANDREAS PANGRITZ, Merkwürdige Lutherapologetik [in: Deutsches Pfarrerblatt 114, 2014, 651]). Im übrigen würde »nicht ignorieren« noch lange nicht heißen, einer Sache Gewicht zumessen.

[133] Bonhoeffer ist »wohl der heute ziemlich plötzlich so geläufig gewordene antijüdische Luther einfach kaum begegnet« (EBERHARD BETHGE, Dietrich Bonhoeffer und die Juden, in: HEINZ KREMERS [Hg.], Die Juden und Martin Luther – Martin Luther und die Juden: Geschichte, Wirkungsgeschichte, Herausforderung, Neukirchen 1985, 211–248, hier: 225). Bethge trifft diese Feststellung aufgrund der Tatsache, daß Bonhoeffer seine Lutherlektüre mittels der in seinem Besitz befindlichen und von ihm »mit vielen Strichen ziemlich gut traktierte[n]« Clemenschen Ausgabe betrieb, die Luthers Judenschriften nicht enthält. Doch dasselbe Urteil kann man im Blick auf Bonhoeffers Studium fällen. Für alle, die das Gegenteil behaupten, weil nicht sein kann, was nicht sein darf, ist es an der Zeit, zur Kenntnis zu nehmen, daß Perspektiven, die für uns selbstverständlich sind, es nicht deshalb auch für andere Zeiten gewesen sein müssen.

[134] Vgl. die kürzlich von EMNID durchgeführte Umfrage, welches Buch bei den Deutschen am stärksten verbreitet sei. Das Ergebnis lautete, das sei die Bibel, 70% der Deutschen besäßen eine (Chrismon 2016, Heft 4, 10). Es wird wohl niemand wagen, aus dieser Zahl einen Schluß auf die Bibellektüre – und gar die Bibelkenntnis der Deutschen zu ziehen.

ther« und den mit ihm verbundenen Botschaften kamen sie überein – und damit lagen für viele die judenfeindlichen Schriften des Reformators im Wahrnehmungsschatten. Etliche kannten sie tatsächlich nicht, andere kannten sie jedenfalls ausschnittsweise, sahen darin aber einen nachrangigen, vielleicht auch peinlichen Befund[135] – woraus freilich wenige die Folgerung zogen, gegen jene Einspruch zu erheben, die sich tatsächlich innerhalb und außerhalb der Kirche auf den späten, judenfeindlichen Luther beriefen.[136] Eines aber gelang völkischen Ideologen, Parteiorganen und interessierten deutschchristlichen Kreisen trotz allem nicht: ein durchschlagendes neues Lutherimage zu prägen, das alles, was der Reformator geschrieben und getan hatte, in dieser Botschaft bündelte – das Image »Luther, der Antisemit«.[137] Mir scheint, es ist die Frustration über diesen Mißerfolg, die hinter der obsessiv wiederholten Anklage steht, daß die Kirche den wahren Luther unterschlagen habe. Und diese Frustration war begründet.

---

[135] Vgl. oben S. 158 das Zitat von Vogelsang. Darauf deutet die oben angeführte Bemerkung von Kolde (s. zu Anm. 56), Luthers antijüdische Äußerungen seien nur noch von kulturhistorischem Interesse. Auch die desinteressierte, teilweise an Obstruktion grenzende Zögerlichkeit, mit der in den Kirchen der Aufruf zur Weiterbildung in Sachen »Luther und die Juden« aufgenommen wurde, deutet in diese Richtung.

[136] Eines der wenigen Beispiele: EDUARD LAMPARTER mit seiner den Luther von 1523 gegen die antisemitische Beanspruchung des späten aufbietenden Schrift *Evangelische Kirche und Judentum. Ein Beitrag zum christlichen Verständnis von Judentum und Antisemitismus* (Stuttgart 1928).

[137] Es bestanden ja auch Zweifel an der Plausibilität dieses Images bei den Ideologen des Rassenantisemitismus selbst, wie sich etwa bei Hauer mit seiner Abteilung für *Germanisch-deutsche Weltanschauung* (s.o. S. 154), bei Rosenberg oder an der Kritik zeigt, die die Zeitschrift der Hitlerjugend *Wille zur Macht* an der Edition Lindens übt (s. Anm. 92). Auch das Zurücktreten der Bedeutung Luthers im *Antisemiten-Katechismus* scheint in diese Richtung zu deuten, und das schon sehr viel früher (s. o. Anm. 109).

Deutsche Aufklärung und Judentum
Eine Feldvermessung in exemplarischem Zugriff

ALBRECHT BEUTEL

Hinter der harmlosen Konjunktion, die in der Überschrift zwei historische Größen verbindet, lauern abgründige Ambivalenzen. So stellte in der zweiten Hälfte des 18. Jahrhunderts das Judentum zugleich ein Bezugsobjekt und einen integralen Bestandteil der deutschen Aufklärung dar. Die jüdische Aufklärung formierte sich ihrerseits als ein bipolares Projekt, indem ihre Stoßrichtung einerseits *ad intra*, also auf eine zeitgemäße Reform der eigenen Religion, andererseits aber stets auch *ad extra*, also auf die jüdische Teilhabe an der Bildungs- und Bürgerkultur der *respublica literaria* zielte. Erst recht spannungsvoll, nicht selten gar widersprüchlich präsentierte sich die Haltung der deutschen Aufklärer gegenüber dem Judentum, wobei diese letztgenannte Ambivalenz gewiss auch als ein Widerhall der politischen, rechtlichen und sozialen Verhältnisse der Juden in den deutschen Ländern und zumal in der Residenzstadt der preußischen Monarchie zu verstehen ist.

Es dürfte sachdienlich sein, die intrikate Problemlage in einem vierfachen Zugriff begänglich zu machen. Zunächst gilt es, die Konturen jener vielschichtigen Ambivalenzen summarisch andeutend zu umreißen (1.). Danach soll an einem exemplarischen Einzelfall das schwankende Gebahren, das die meisten deutschen Aufklärer gegenüber dem Judentum ihrer Zeit an den Tag legten, konkretisiert werden (2.). Demgegenüber verdient derjenige Reformimpuls, der auf Jahrzehnte hinaus die Debatte vorantrieb, bevorzugte Aufmerksamkeit (3.). Schließlich mag auch die den Aufklärungsdiskurs nostrifizierende jüdische Aneignung beispielhaft kenntlich gemacht werden (4.).

1. Ambivalenz

Zur Mitte des 18. Jahrhunderts dürften in den Territorien des Reiches etwa 65.000 Juden ansässig gewesen sein.[1] Sie lebten zumeist in größeren Städten bei allerdings recht asymmetrischer Verteilung. In Prag und Frankfurt

---

[1] Vgl. MORDECHAI BREUER, Frühe Neuzeit und Beginn der Moderne (in: DERS., MICHAEL GRAETZ [Hgg.], Deutsch-jüdische Geschichte in der Neuzeit, Bd. 1: Tradition und Aufklärung 1600–1780, München 1996, 83–247, hier: 141–150); STEFI JERSCH-WENZEL, Bevölkerungsentwicklung und Berufsstruktur (in: MICHAEL BRENNER, DIES., MICHAEL A. MEYER [Hgg.], Deutsch-jüdische Geschichte in der Neuzeit, Bd. 2: Emanzipation und Akkulturation 1770–1871, München 1996, 57–95).

am Main betrug ihr Anteil an der Gesamtbevölkerung etwa 10%, in Hamburg mitsamt Altona ungefähr 6%, in Berlin annähernd 2%. Zumal in Preußen sah sich die Judenschaft einer Serie immer neuer drückender Verfügungen ausgesetzt.[2] Nachdem Friedrich Wilhelm I. zunächst eine bescheidene Liberalisierung eingeräumt hatte, verschärfte das 1730 erlassene »General-Privilegium und Reglement«[3] mit strenger Handelsbeschränkung, der Sperrung zahlreicher Berufsfelder und dem Verbot von Immobilienbesitz die Verhältnisse wieder nachhaltig. Merkwürdig erscheint insbesondere die bei Friedrich dem Großen, diesem aufgeklärten Monarchen par excellence, auszumachende Ambivalenz. In seinem politischen Testament von 1752 standen das Lob der zwischen Katholiken, Lutheranern, Reformierten und Juden bestehenden friedlichen Koexistenz[4] und die böse Bemerkung, die Juden seien »von allen diesen Sekten die gefährlichsten; denn sie [...] sind für den Staat nicht zu brauchen. Wir [...] müssen verhindern, daß sie sich vermehren«[5], unmittelbar nebeneinander. Das von ihm 1750 ausgestellte »Revidirte General-Privilegium und Reglement«[6] verfügte die straffe Hierarchisierung der preußischen Juden in sechs Klassen. Obenan standen die Generalprivilegierten, denen Haus- und Grundbesitz, dauerhaftes Wohnrecht, freie Handelsrechte und die unbeschränkte Erbfähigkeit dieser Vorzüge zuerkannt waren. Das Ende der Skala, die über Schutzjuden, Gemeindeangestellte und bloß tolerierte Juden nach unten führte, markierten jüdische Dienstboten, deren befristetes Aufenthaltsrecht an ihr jeweiliges Arbeitsverhältnis gebunden war.[7] Durch willkürliche Zuteilung von Privilegien und Sonderrechten förderte Friedrich

---

[2] Vgl. STEFI JERSCH-WENZEL, Rechtslage und Emanzipation (in: Deutsch-jüdische Geschichte, Bd. 2 [s. Anm. 1], 15–56); TOBIAS SCHENK, Wegbereiter der Emanzipation? Studien zur Judenpolitik des »Aufgeklärten Absolutismus« in Preußen (1763–1812), Berlin 2010.

[3] General-Privilegium und Reglement, wie es wegen der Juden in Sr. Königl. Majestät Landen zu halten (in: ISMAR FREUND, Die Emanzipation der Juden in Preußen unter besonderer Berücksichtigung des Gesetzes vom 11. März 1812. Ein Beitrag zur Rechtsgeschichte der Juden in Preußen 2: Urkunden, Berlin 1912, 15–22).

[4] Vgl. FRIEDRICH DER GROSSE, Das politische Testament von 1752 (in: GUSTAV BERTHOLD VOLZ [Hg.], Die Werke Friedrichs des Großen 7: Antimachiavell und Testamente, Berlin 1912, 115–193, hier: 148).

[5] FRIEDRICH DER GROSSE, Das Politische Testament von 1752, RUB 9723, Stuttgart 2007, 44. – Pikanterweise hat die große Werkausgabe in der Wiedergabe des Politischen Testaments von 1752 (s. Anm. 4) allein diese Passage ausgelassen. Ob dies geschah, um das Bild des Preußenkönigs zu schönen oder um den im frühen 20. Jahrhundert grassierenden Antisemitismus nicht weiter anzuheizen, ist kaum zu entscheiden.

[6] Revidirtes General-Prilegium und Privilegium, vor die Judenschaft im Königreiche [...] vom 17ten April 1750 (in: FREUND, Die Emanzipation der Juden in Preußen [s. Anm. 3], 22–60).

[7] Eine präzise Darstellung der sechs Klassen bietet BREUER, Frühe Neuzeit (s. Anm. 1), 144f.

eine dünne Schicht jüdischer Unternehmer und Mittelständler, zugleich erhöhte er für minderbemittelte Juden die Kontributionen und verschärfte die den Juden insgesamt auferlegte solidarische Haftung.[8]

Erstaunlicherweise wurde die Umsetzung dieser Verordnungen aber keinesfalls streng kontrolliert, so dass nach 1750 eine faktische Druckminderung einsetzte, der jüdische Mittelstand in freilich bescheidenem Rahmen florierte und in Berlin statt der gesetzlich zugelassenen 120 Familien tatsächlich 333 jüdische Haushaltungen nachweisbar waren. Niemals hat Friedrich II., wie es Maria Theresia 1744 für Prag, kurz darauf für ganz Böhmen und Mähren anwies, eine flächendeckende Vertreibung von Juden verfügt, andererseits aber auch niemals, wie es Joseph II. seit Oktober 1781 konsequent unternahm,[9] Toleranzpatente für die jüdischen Einwohner seiner Städte und Lande erlassen.

Der restaurative, teils direkt antiaufklärerische Politikwechsel Friedrich Wilhelms II. kam den Juden wider alles Erwarten zugute: Der neue Regent annullierte die solidarische Haftung, ließ die jüdische Salonkultur einer Dorothea Veit – der Tochter Moses Mendelssohns –, einer Henriette Herz oder Rahel Levin gedeihen, wollte das preußische Militär endlich auch den Juden zugänglich machen und ahndete Verstöße gegen das Verbot offensiver Judenmission durch den Zugriff des Kammergerichts.[10]

Als die deutsche Aufklärung längst in Blüte stand und in reflexiver Selbstwahrnehmung sich selbst als einen epochalen Transformationsprozess zu verstehen begann, entstand seit der Mitte des 18. Jahrhunderts die jüdische Parallelbewegung der Haskala.[11] Ihre Ursprünge lagen in der

---

[8] Vgl. a.a.O. 141–159; SCHENK, Wegbereiter der Emanzipation? (s. Anm. 2), 78–102.

[9] Vgl. MICHAEL GRAETZ, Jüdische Aufklärung (in: Deutsch-jüdische Geschichte 1 [s. Anm. 1], 249–350, hier: 321–324).

[10] Vgl. UTA WIGGERMANN, Woellner und das Religionsedikt. Kirchenpolitik und kirchliche Wirklichkeit im Preußen des späten 18. Jahrhunderts, Tübingen 2010, 139–142; SCHENK, Wegbereiter der Emanzipation? (s. Anm. 2), 497–513.

[11] Vgl. etwa JACOB ALLERHAND, Das Judentum in der Aufklärung, Stuttgart-Bad Cannstatt 1980; KLAUS L. BERGHAHN (Hg.), The German-Jewish Dialogue Reconsidered. A Symposion in Honor of G. I. Mosse, New York u.a. 1996; DOMINIQUE BOUREL, Aufklärung im Ghetto. Jüdisches Denken des 18. Jahrhunderts (in: Aufklärung 21, 2009, 227–236); SHMUEL FEINER, Haskala – Jüdische Aufklärung. Geschichte einer kulturellen Revolution, Hildesheim u.a. 2007; GRAETZ, Jüdische Aufklärung (s. Anm. 9); ARNO HERZIG u.a. (Hgg.), Judentum und Aufklärung. Jüdisches Selbstverständnis in der bürgerlichen Öffentlichkeit, Göttingen 2002; HOCHSCHULE FÜR JÜDISCHE STUDIEN HEIDELBERG (Hg.), Haskala im 18. Jahrhundert, Trumah 16, 2007; JAKOB KATZ, KARL HEINRICH RENGSTORF (Hgg.), Begegnungen von Deutschen und Juden in der Geistesgeschichte des 18. Jahrhunderts, Tübingen 1994; MOSHE PELLI, The Age of Haskalah. Studies in Hebrew Literature of the Enlightenment in Germany, Leiden 1979; KARL HEINRICH RENGSTORF, Judentum im Zeitalter der Aufklärung. Geschichtliche Voraussetzungen und einige zentrale Probleme (in: Judentum im Zeitalter der Aufklärung, hg. vom Vorstand der Lessing-Akademie, Bremen u.a. 1977, 11–37); JULIUS H. SCHOEPS,

preußischen Residenzstadt Berlin, von dort griff sie alsbald, mit Schwerpunkten in England, Österreich, Polen und Russland, auf weite Teile des Kontinents aus. Die zumal in den Metropolen florierende bürgerlich-kulturelle Vielfalt und Modernität erwies sich dafür als überaus günstig. Hier fand und nutzte die intellektuelle Avantgarde des Judentums das Forum vorurteilsfreier Geselligkeit, verkehrte in den Kaffeehäusern, Konzertsälen und Theatern, frequentierte das säkulare Bildungsinventar und setzte sich dergestalt, ohne die eigene religiöse Wurzelprägung zu leugnen, einem umfassenden, höchst folgenreichen Akkulturationsprozess aus.

Eine signifikante Besonderheit der Berliner Haskala lag in der ihr eigenen intentionalen Ambivalenz. Denn stets war sie den beiden gegenläufigen, doch komplementären Zielen verpflichtet, einerseits die gleichberechtigte Teilhabe an deutscher Aufklärung zu erlangen, andererseits eine identitätswahrende Aufklärung des Judentums sicherzustellen. In der erstgenannten Hinsicht suchten sich die als Maskilim titulierten Schüler und Verfechter der Haskala dadurch aus der jahrhundertlangen Diskriminierung zu lösen, dass sie eine intellektuelle, soziale und kulturelle Ebenbürtigkeit erstrebten, etwa durch die autodidaktische Rezeption der allgemeinen bürgerlichen Wissensstoffe, den Wechsel vom jiddischen Idiom in die Nationalsprache oder die Gründung eigener Publikationsforen und Sodalitäten.[12] Demgegenüber suchten die nach innen gerichteten Absichten der Haskala die Errungenschaften der deutschen und europäischen Aufklärung in den jüdischen Binnendiskurs einzuspeisen, die eigene religiöse Tradition dadurch als aufklärungs- und neuzeitaffin zu erweisen und somit die Vereinbarkeit von jüdischer Identität und kultureller Modernität zu gewährleisten. In dieser Janusgestalt einer zugleich elitären und populären Ausrichtung sowie in ihrem angesichts erheblicher traditionaler Beharrungskräfte niemals zu überwindenden Minoritätenstatus erzeigten sich jüdische und deutsche Aufklärung durchaus als strukturanalog.

Die katalysatorische Bedeutung, die Moses Mendelssohn als dem Inaugurator der Berliner Haskala zukam, lässt sich kaum überschätzen.[13] Als er

---

Aufklärung, Judentum und Emanzipation (in: a.a.O. 75–102); CHRISTOPH SCHULTE (Hg.), Haskala. Die jüdische Aufklärung in Deutschland 1769–1812 (in: Das achtzehnte Jahrhundert 23, 1999, 143–246); DERS., Zur Debatte um die Anfänge der jüdischen Aufklärung (in: ZRGG 54, 2002, 122–137); DERS., Die jüdische Aufklärung. Philosophie, Religion, Geschichte, München 2002; DERS., Moses Mendelssohn und die Haskala (in: HELMUT HOLZHEY, VILEM MUDROCH [Hgg.], Die Philosophie des 18. Jahrhunderts, Bd. 5: Heiliges Römisches Reich Deutscher Nation. Schweiz. Nord- und Osteuropa, Grundriss der Geschichte der Philosophie, begründet von Friedrich Ueberweg, Basel 2014, 370–402).

[12] Vgl. KLAUS L. BERGHAHN, Grenzen der Toleranz. Juden und Christen im Zeitalter der Aufklärung, Köln u.a. ²2001, 232–262.

anno 1747 im Alter von 14 Jahren durch das Rosenthaler Tor, den einzigen für Juden geöffneten Zugang, in die Stadt kam, war sein Aufenthaltsrecht an die Tätigkeit als Informator im Hause des Oberrabbiners David Fränkel, dem er aus Dessau gefolgt war, gebunden. 1763 gewährte ihm Friedrich der Große den Status eines außerordentlichen Schutzjuden, erst 1787, ein Jahr nach seinem Tod, erhielt die hinterbliebene Familie das Generalprivileg. Mendelssohn war der prototypische Vertreter der Haskala: Einerseits pflegte er zeitlebens vitalen Umgang mit der jüdischen Gemeinde, andererseits suchte und fand er honorige Aufnahme in den Gelehrtenkreisen der Stadt. Der Einladung in den »Montagsclub« mochte er zwar aufgrund von rituellen Skrupeln nicht folgen, doch die Sitzungen der weit exklusiveren »Berliner Mittwochsgesellschaft« frequentierte er als Ehrenmitglied mit engagiertem Vergnügen, soweit ihm dies der Gesundheitszustand erlaubte. Rasch avancierte das Haus Mendelssohn zu einem Zentrum aufklärerischer Diskursgeselligkeit. Mit Gotthold Ephraim Lessing verband ihn enge, aufrichtige Freundschaft, desgleichen mit dem einflussreichen Großverleger und Schriftsteller Friedrich Nicolai.[14] Dessen *Allgemeine Deutsche Bibliothek* machte das Publikum vorbehaltlos mit den Produkten jüdischer Autoren bekannt, Mendelssohn seinerseits konnte bedeutende Werke, darunter sein *Phädon oder über die Unsterblichkeit der Seele* (1767), in der Offizin des Freundes Nicolai, dieses tätigen Philosemiten,[15] verlegen.

Nach Mendelssohns Tod rückte David Friedländer[16] in die Führungsrolle der Berliner Haskala ein. Auf ihn ging auch die erste jüdische Frei-

---

[13] Vgl. MICHAEL ALBRECHT u.a. (Hgg.), Moses Mendelssohn und die Kreise seiner Wirksamkeit, Tübingen 1994; MICHAEL ALBRECHT, EVA J. ENGEL (Hgg.), Moses Mendelssohn im Spannungsfeld der Aufklärung, Stuttgart-Bad Cannstatt 2000; ALEXANDER ALTMANN, Moses Mendelssohn. A Biographical Study, Alabama 1973; DOMINIQUE BOUREL, Moses Mendelssohn et la Naissance du judaisme moderne, Paris 2004; DERS., Moses Mendelssohn und die jüdische Aufklärung (in: ANDREA M. KLUXEN u.a. [Hgg.], Judentum und Aufklärung in Franken, Würzburg 2011, 17–26); SHMUEL FEINER, Moses Mendelssohn. Ein jüdischer Denker in der Zeit der Aufklärung, Göttingen 2009; HEINZ KNOBLOCH, Herr Moses in Berlin. Ein Menschenfreund in Preußen. Das Leben des Moses Mendelssohn, Berlin ⁶1993; ANNE POLLOK, »Facetten des Menschen«. Zur Anthropologie Moses Mendelssohns, Hamburg 2010; JULIUS H. SCHOEPS, Moses Mendelssohn, Königstein 1979; STEPHEN TREE, Moses Mendelssohn, Reinbek bei Hamburg 2007; David J. SORKIN, Moses Mendelssohn and the Religious Enlightenment, Berkeley 1996, dt. Wien 1999.

[14] Vgl. JULIUS H. SCHOEPS, Das Dreigestirn der Berliner Aufklärung. Eine Skizze der Freundschaftsbeziehungen zwischen Moses Mendelssohn, Gotthold E. Lessing und Friedrich Nicolai (in: STEFANIE STOCKHORST [Hg.], Friedrich Nicolai im Kontext der kritischen Kultur der Aufklärung, Göttingen 2013, 275–295).

[15] Vgl. UTE SCHNEIDER, Friedrich Nicolais Perspektive(n) auf die Berliner Juden und die jüdische Aufklärung (in: STOCKHORST [Hg.], Friedrich Nicolai [s. Anm. 14], 297–314).

[16] Vgl. UTA LOHMANN, David Friedländer. Reformpolitik im Zeichen von Aufklä-

schule zurück, die 1778 in Berlin gegründet und drei Jahre später eröffnet wurde.[17]

Das kulturelle Adaptionsinteresse der Haskala stieß bei den deutschen Aufklärern insgesamt auf höchst verhaltene Resonanz.[18] Unter den namhaften Vertretern waren es einzig Lessing und Nicolai, die offene Zustimmung artikulierten. Mit seinem frühen Lustspiel *Die Juden*, 1749 verfasst und fünf Jahre später gedruckt, hatte Lessing weithin Befremden erregt.[19] Selbst der aufklärerisch gesinnte Göttinger Orientalist und Theologe Johann David Michaelis hielt die von Lessing gezeichnete Gestalt des guten Juden für »allzu unwahrscheinlich«.[20] Noch ein Vierteljahrhundert später meinte Michaelis in dem »Nationalcharakter« der Juden ein unüberwindliches Integrationshindernis zu erkennen: »So lange die Juden Mosis Gesetze halten, so lange sie z. E. nicht mit uns zusammen speisen, und bey Mahlzeiten oder der Niedrige im Bierkrug vertrauliche Freundschaft machen können, werden sie [...] nie mit uns so zusammenschmelzen, wie Catholike und Lutheraner, Deutscher, Wende und Franzose, die in einem Staat leben«.[21] Immanuel Kant sah in Lessings *Nathan der Weise* (1779) nur den zweiten Teil des Lustspiels *Die Juden* und hielt mit seiner Distanznahme ebenfalls nicht hinter dem Berg.[22]

---

rung und Emanzipation. Kontexte des preußischen Judenedikts vom 11. März 1812, Hannover 2013; JULIUS H. SCHOEPS, David Friedländer. Freund und Schüler Moses Mendelssohns, Hildesheim 2012.

[17] Vgl. INGRID LOHMANN, UTA LOHMANN, Chevrat Chinuch Nearim. Die jüdische Freischule (1778–1825) im Umfeld preußischer Bildungspolitik und jüdischer Kultusreform. Eine Quellensammlung, Münster 2001; BRITTA L. BEHM, Moses Mendelssohn und die Transformation der jüdischen Erziehung in Berlin. Eine bildungsgeschichtliche Analyse zur jüdischen Aufklärung, Münster 2002; INGRID LOHMANN, UTA LOHMANN, Die jüdische Freischule in Berlin im Spiegel ihrer Programmschriften (1803–1826). Preußische Regierung, bürgerliche Öffentlichkeit und jüdische Gemeinde als Adressaten – vor und hinter den Kulissen (in: HERZIG u.a. [Hgg.], Judentum und Aufklärung [s. Anm. 11], 66–90). Etliche weitere jüdische Freischulen, die einem modernen, allgemeinen, dem Philanthropismus Johann Bernhard Basedows und Joachim Heinrich Campes zugeneigten Bildungskonzept verpflichtet waren, traten alsbald hinzu, so in Breslau (1791), Dessau (1799), Seesen (1801), Wolfenbüttel (1807) oder, als Umwandlung einer alten Talmudschule, in Frankfurt a. M. (1804).

[18] Vgl. KLARA CARMELY, Wie aufgeklärt waren die Aufklärer im Bezug auf die Juden? (in: EHRHARD BAHR, EDWARD P. HARRIS, LAURENCE G. LYON [Hgg.], Humanität und Dialog. Lessing und Mendelssohn in neuer Sicht. Beiträge zum Internationalen Lessing-Mendelssohn-Symposion 1979 [...] in Los Angeles, Detroit 1982, 177–188); JACOB TOURY, Toleranz und Judenrecht in der öffentlichen Meinung vor 1783 (in: VORSTAND DER LESSING-AKADEMIE [Hg.], Judentum im Zeitalter der Aufklärung, [s. Anm. 11], 55–73).

[19] Vgl. BERGHAHN, Grenzen der Toleranz (s. Anm. 12), 69–82.

[20] JOHANN DAVID MICHAELIS, Rez. G. E. Lessing, Die Juden (in: GAGS vom 13.6.1754, 621).

[21] Zit. nach CHRISTIAN WILHELM DOHM, Ueber die bürgerliche Verbesserung der Juden, Zweyter Theil, Berlin 1783 (Nachdr. Hildesheim 2013), 41.

[22] Vgl. CARMELY, Wie aufgeklärt waren die Aufklärer (s. Anm. 18), 186.

In den Augen etlicher Aufklärer schien Johann Caspar Lavater den Bogen dann aber doch überspannt zu haben.²³ Als junger Kandidat der Theologie war er 1763 mehrfach im Hause Mendelssohn eingekehrt und hatte dabei den irrigen Eindruck gewonnen, der Gastgeber stehe kurz vor seinem Übertritt zum Christentum. Übrigens hielten damals auch andere Intellektuelle, etwa Johann Arnold Ebert, eine Konversion für die notwendige Konsequenz jüdischer Aufklärung.²⁴ Auslöser der bekannten Lavater-Mendelssohn-Affäre war die Zueignung, die der enthusiastische Zürcher Gottesmann seiner 1769 publizierten Teilübersetzung von Charles Bonnets *Untersuchung der Beweise für das Christenthum*²⁵ vorangestellt hatte. Darin sah sich der jüdische Aufklärer öffentlich aufgefordert, entweder die Beweise Bonnets zu widerlegen oder aber zur »wahren« Religion überzutreten. Als geradezu infam musste dabei erscheinen, dass Lavater unverblümt einklagte, Mendelssohn möge tun, »was Socrates gethan hätte«, nachdem der so Herausgeforderte in seinem kurz zuvor gedruckten *Phädon* die Figur des Sokrates als Sprachrohr seiner eigenen, jüdischen Religionsphilosophie eingesetzt hatte²⁶ und daraufhin seinerseits als der »deutsche Sokrates« apostrophiert wurde.²⁷ Im Fortgang der Auseinandersetzung wahrte Mendelssohn vornehme Noblesse, während Lavater bei aller Höflichkeit ohne Einsicht blieb und über den selbstgerechten Seufzer »Schade für die schöne Seele«²⁸ im Grunde niemals hinauskam.

Im Umfeld dieser Affäre erfuhr Mendelssohn namhafte Solidaritätsbekundungen,²⁹ etwa durch den seinerseits einer Lavaterschen Bekehrungs-

---

²³ Der Lavater-Mendelssohn-Streit ist mehrfach eingehend behandelt worden; vgl. nur Feiner, Moses Mendelssohn (s. Anm. 13), 85–106; Gisela Luginbühl-Weber, »... zu thun, ... was Sokrates gethan hätte«: Lavater, Mendelssohn und Bonnet über die Unsterblichkeit (in: Karl Pestalozzi, Horst Weigelt [Hgg.], Das Antlitz Gottes im Antlitz des Menschen. Zugänge zu Johann Kaspar Lavater, Göttingen 1994, 114–148); Michael A. Meyer, Von Moses Mendelssohn zu Leopold Zunz. Jüdische Identität in Deutschland 1749–1824, München 1994, 33–46.
²⁴ Vgl. Meyer, Von Moses Mendelssohn zu Leopold Zunz (s. Anm. 23), 33.
²⁵ Herrn Carl Bonnets [...] philosophische Untersuchung der Beweise für das Christenthum. Samt desselben Ideen von der künftigen Glückseligkeit des Menschen. Aus dem Französischen übersetzt und mit Anmerkungen hg. von Johann Caspar Lavater, Zürich 1769.
²⁶ Die Vermutung, dass Spalding dabei »seine Hände mit im Spiel hatte« (Allerhand, Das Judentum in der Aufklärung [s. Anm. 11], 91f.), ist haltlos und abwegig; vgl. nur Johann Joachim Spalding an Johann August Nösselt, 6.5.1770 (Staatsbibliothek Berlin, Preußischer Kulturbesitz, Nachlass Johann August Nösselt, Kapsel: Johann Joachim Spalding; künftig in: Johann Joachim Spalding, Briefe, hg. von Albrecht Beutel, Olga Söntgerath, in Vorbereitung).
²⁷ Vgl. Tree (s. Anm. 13), 54f.
²⁸ Zit. nach Meyer, Von Moses Mendelssohn zu Leopold Zunz (s. Anm. 23), 35.
²⁹ Erstaunlich bleibt, dass sich Lessing in seinen Briefen nur ein einziges Mal, dann freilich ganz unmissverständlich, zu dieser Affäre geäußert hat: »Was macht unser Mo-

attacke ausgesetzten Johann Wolfgang von Goethe[30] oder, in glänzend satirischer Brechung, durch Georg Christoph Lichtenberg[31]. Aufs Ganze gesehen mutet es gleichwohl erstaunlich an, dass die Bestrebungen der Haskala von vielen prominenten Repräsentanten der deutschen Aufklärung kaum oder gar nicht rezipiert worden sind. So findet sich etwa im Schriften- und Predigtwerk des Berliner Kirchenfürsten Johann Joachim Spalding das Wortfeld *Juden* bzw. *jüdisch* nur äußerst spärlich belegt und ist in diesen wenigen Fällen ausschließlich in einen nicht aktuellen, sondern biblisch-exegetischen Kontext verwoben.

2. Exempel

Wohl die Mehrzahl der deutschen Aufklärer positionierte sich gegenüber dem zeitgenössischen Judentum in diffuser Verworrenheit. In dieser Hinsicht eignet den bei Lichtenberg zu konstatierenden Ambivalenzen durchaus epochenspezifische Exemplarizität.[32] Seine Äußerungen zu Juden und

---

ses? Ich betaure ihn, daß er von einem Menschen so compromittieret wird, von dem er sich seine Freundschaft nicht hätte sollen erschleichen lassen. Lavater ist ein Schwärmer, als nur einer des Tollhauses wert gewesen. Er macht schon kein Geheimnis mehr daraus, daß er Wunder tun kann, zu Folge seiner Meinung, daß die Wundergabe das Kennzeichen eines wahren Xsten sei« (Gotthold Ephraim Lessing an Friedrich Nicolai, 2.1.1770, in: Briefe von und an Lessing 1743–1770, hg. von Helmuth Kiesel, GOTTHOLD EPHRAIM LESSING, Werke und Briefe in zwölf Bänden, Bd. 11/1, Frankfurt a. M. 1987, 655,37–656,6).

[30] »Ärgerlich war mir [...] die heftige Zudringlichkeit eines so geist- und herzvollen Mannes, mit der er auf mich so wie auf Mendelssohn und andere losging, und behauptete, man müsse entweder mit ihm ein Christ, ein Christ nach seiner Art werden, oder man müsse ihn zu sich hinüberziehen, man müsse ihn gleichfalls von demjenigen überzeugen, worin man seine Beruhigung finde. Diese Forderung, so unmittelbar dem liberalen Weltsinn, zu dem ich mich nach und nach auch bekannte, entgegen stehend, that auf mich nicht die beste Wirkung. Alle Bekehrungsversuche, wenn sie nicht gelingen, machen denjenigen, den man zum Proselyten ausersah, starr und verstockt« (JOHANN WOLFGANG VON GOETHE, Dichtung und Wahrheit III.14, Goethes Werke, hg. im Auftrage der Großherzogin Sophie von Sachsen, I.28, Weimar 1890, Nachdr. München 1987, 259,3–15).

[31] GEORG CHRISTOPH LICHTENBERG, Timorus, das ist, Vertheidigung zweyer Israeliten, die durch die Kräftigkeit der Lavaterischen Beweisgründe und der Göttingischen Mettwürste bewogen den wahren Glauben angenommen haben, von Conrad Photorin der Theologie und Belles Lettres Kandidaten (in: GUNTER GRIMM [Hg.], Satiren der Aufklärung, Stuttgart 1975, 137–173.272–305).

[32] Dieser Abschnitt fußt auf ALBRECHT BEUTEL, Lichtenberg und die Religion. Aspekte einer vielschichtigen Konstellation, Tübingen 1996, 144–151. Dort finden sich zahlreiche weitere Quellenbelege. Für die Nachweise aus Lichtenbergs Schriften und Briefen gelten folgende Abkürzungen: SB – GEORG CHRISTOPH LICHTENBERG, Schriften und Briefe, hg. von Wolfgang Promies, 4 Bde., München 1967–1972; Bw – GEORG CHRISTOPH LICHTENBERG, Briefwechsel, hg. von Ulrich Joost, Albrecht Schöne, 4 Bde., München 1983–1992.

Judentum waren von einer gewissen Sachkenntnis, die teils aus der protestantisch-pfarrhäuslichen Sozialisation, teils aus eigener lebensweltlicher Erfahrung gespeist war, grundiert. Die Göttinger Synagoge lag seiner Wohnung gegenüber (Prinzenstraße 18), und mindestens einmal, im Oktober 1778, nahm er interessehalber an einem jüdischen Versöhnungsfest teil. Dessen liturgischer Ablauf gab ihm Anlass zu sehr gemischten Gefühlen und verfolgte ihn bis in seine nächtlichen Traumphantasien.[33] Aufmerksam registrierte er, was mit Juden zu tun hatte: Besonderheiten ihres religiösen Kultus ebenso wie ihres alltäglichen Lebens, zudem, wofür er jederzeit besonders empfänglich war, allerlei Kurioses. Gelegentlich übernahm er auch parodistisch ein jiddisches Wort, so wenn er ein kurzes, an seine Frau gerichtetes Billet launig auf »Schabbes den 22ten August 1795«[34] datierte. Allerdings war seine Kenntnis begrenzt: Für die Interpretation einer von William Hogarth dargestellten jüdischen Szene erbat er sich von Gottfried August Bürger Belehrung, manchen Ausdrucksformen jüdischer Frömmigkeit stand er zeitlebens mit Befremden und Ratlosigkeit gegenüber.

Dass Lichtenberg in der Lavater-Mendelssohn-Affäre unmissverständlich für den Berliner Juden und gegen den Zürcher Kirchenmann Stellung bezog, steht außer Zweifel. Der nicht zuletzt von Lavater inspirierte Geist der Proselytenmacherei war ihm zuwider; von einem getauften Juden pflegte er zu sagen, »er stehe da wie das weiße Blatt zwischen dem alten und neuen Testament«.[35] Desgleichen hat er sich mehrfach über die Borniertheit eines religiös begründeten antijüdischen Eifers belustigt. Auch sonst zog der ordinäre Antisemitismus seine Kritik auf sich, sei es in Gestalt bissiger Karikatur, sarkastischer Kommentare über Menschen, »deren ganzes Christentum bis auf dieses edle Restchen, ein Bißchen Juden-Verachtung, geschmolzen war«,[36] oder des ironischen Urteils, der Vergleich von Sozietäten mit Personen und die daraus gespeiste Rede von *dem* Juden bzw. *dem ewigen* Juden sei Ausdruck eines guten Geschmacks.[37]

Nun lässt sich aber weder leugnen noch übersehen, dass Lichtenberg etliche Male eindeutig und durchaus unironisch sich judenfeindlich geäußert hat, wenn auch nur in religiös-kulturellem, nicht in rassistischem Sinn. Von einem Besucher, den Lessing an ihn rekommandiert hatte, hieß es: »Er sieht nicht aus wie ein Jude, und ist auch aller Wahrscheinlichkeit nach längst keiner mehr, wenigstens hat er ehmals bey Ruländer Mett-

---

[33] Vgl. Lichtenberg an Johann Andreas Schernhagen, 8.10.1778 (Bw 1,904).
[34] Bw 4,507.
[35] SB 1,407; ähnlich etwa SB 2,580.
[36] SB 3,803; ähnlich etwa SB 1,39f.
[37] Vgl. etwa SB 1,500.

wurst mitgespeißt und hat die Synagoge hier nicht besucht«.[38] Immerhin pflegte er die Religionszugehörigkeit seiner jüdischer Besucher im Tagebuch penibel zu protokollieren. Die Palette seiner eigenen Kommentare begann bei ganz harmlosen Späßen, wie er sie über alle religiösen und sozialen Gruppen zu machen beliebte, und setzte sich in der unkritischen Reproduktion landläufiger Ressentiments fort, wonach die Juden überheblich, argwöhnisch, betrügerisch wie überhaupt von spezifischem Typus seien. Schärfer wurde der Ton, wenn er die Juden als gefährlich, ehrlos und minderwertig auswies. Dass der Göttinger Judenfriedhof unmittelbar neben Galgen und Schindanger lag, provozierte ihn mehr als einmal zu boshafter Invektive.

Mag sich dies alles noch im Rahmen des seinerzeit landläufigen Antisemitismus bewegen, dem man auch die Rede von der »jüdische[n] Finesse«, die bei Lichtenberg öfter begegnet,[39] wird zurechnen können, so lassen andere Äußerungen doch eine ganz individuell anverwandelte Judenfeindschaft erkennen. Seine Anregung, die künstlerische Wiedergabe des Judas nicht im Stile eines »schmierigen, häßlichen Betteljuden« zu halten, sondern ihn »schöner und [...] mit einem frömmelnden Lächeln«[40] zu malen, machte ihrerseits von der Finesse Gebrauch, die er als für Juden typisch empfand. Auch andere Notizen der Sudelbücher erlauben daran, dass bei ihm von einer individuierten Gestalt des Judenhasses auszugehen ist, keinerlei Zweifel. Besonders infam erscheint die biologistische Metaphorik, deren er sich gelegentlich bediente: die Juden als »Ungeziefer«[41], als »eine sehr unnütze Frucht [...], die unter unserm Klima nicht gedeiht«[42], oder als Sperlinge, bei denen »selbst die Liebe zu ihren Jungen [...] sich mit einer Art von Heftigkeit [äußert], daß man glaubt die Kinder seien eine Ware und die Liebe gegen sie eine Spekulation«[43]. Irritierend bleibt auch, mit welcher Kälte er kurz vor seinem Tod die frühere Wertschätzung Mendelssohns revozierte.[44]

---

[38] Lichtenberg an Johann Andreas Schernhagen, 18.5.1780 (Bw 2,58f).
[39] Etwa SB 1,386; SB 1,544; SB 2,676.
[40] SB 3,292.
[41] SB 1,903.
[42] SB 1,934; vgl. etwa SB 1,947.
[43] SB 1,759; ähnlich etwa SB 1,672.
[44] »Mendelssohn ist viel zu viel erhoben worden. Hätte er in einem ganz jüdischen Staat gelebt, so würde er ein sehr gemeiner Verbreiter ihrer abgeschmackten Zeremonien usw. geworden sein. – Berlin ist es und nicht Judäa oder Jerusalem was ihm einigen Vorzug gab. Es müßte ja mit dem Teufel zugehen, wenn ein Geschöpf, das wenigstens Menschen-Gestalt hat, nicht hier und da für Wahrheit empfänglich sein sollte« (SB 1,934).

Indessen hält der Versuch, den bei Lichtenberg durchscheinenden Antisemitismus als ein bloßes Altersphänomen zu verharmlosen,[45] der Überprüfung nicht stand. Sind doch dessen judenfeindliche Äußerungen nicht allein, obschon zunächst nur vereinzelt, seit den frühen 1770er Jahren, mithin bereits aus der Feder des Dreißigjährigen belegt, sondern entfalten einen offenbar schon aus Kindheitstagen herrührenden Keim.[46] So steht bei ihm zeitlebens das eine neben dem anderen: widersprüchlich, unvermittelt, systematisch nicht auszugleichen.

Diese Ambivalenz konnte nun aber nicht allein in der Spannung zwischen verschiedenen Einlassungen, sondern ebenso innerhalb eines einzigen Diktums begegnen. Wie hätte man beispielsweise zu werten, wenn Lichtenberg festhielt: »Wir sind doch am Ende nichts weiter als eine Sekte von Juden«[47]? Müsste man eine antisemitische Latenz auch in einem auf den jeweiligen religiösen Initiationsritus zielenden Satz wie diesem vermuten: »Die Christen begießen das Pflänzchen und die Juden beschneiden es«[48]? Neben anderen, ähnlichen Fällen, in denen, was er selbst dachte, ganz undeutlich bleibt, sind dazu auch eine Reihe von moderaten oder differenzierenden Äußerungen zu rechnen, die etwa eine gegen Juden eingeleitete Maßnahme zu mildern verlangten, ohne ihr Recht prinzipiell zu bestreiten,[49] oder von allgemeinen Maßnahmen *einzelne* Juden ausnehmen wollte.[50]

Diese unaufhebbare Schwebe und Ambivalenz, die für Lichtenbergs Haltung gegenüber den Juden kennzeichnend ist, hat sich in einer Anordnung des Sterbenskranken paradigmatisch verdichtet. Das unlösbare paläographische Problem, das sich damit verbindet, symbolisiert zugleich die unentscheidbare sachliche Zweideutigkeit dieser Sentenz und hat insofern als »ein Gleichnis für Lichtenbergs ambivalente und verworren ironische Haltung«[51] zu Sprache und Volk der Juden zu gelten: »Unter allen Übersetzungen meiner Werke, die man übernehmen wollte, [v]erbitte ich mir ausdrücklich die ins Hebräische«[52].

---

[45] So etwa WOLFGANG PROMIES in seinem Kommentarband zu SB 1+2, München 1992, 817.
[46] Vgl. Lichtenberg an Heinrich Christian Boie, 2.12.1775 (Bw 1,600).
[47] SB 1,752; ähnlich etwa SB 1,669; SB 1,908. Deutlich anders hingegen etwa SB 2,144.
[48] SB 1,753.
[49] Vgl. Lichtenberg an Johann Andreas Schernhagen, 10.3.1777 (Bw 1,714).
[50] Vgl. Lichtenberg an Johann Daniel Ramberg, 18.3.1795 (Bw 4,425); SB 1,926. Vgl. auch SB 1,119: »*manche* Juden« (Hervorhebung von mir).
[51] ULRICH JOOST, »erbitte« oder »verbitte«? Ein editorisches Problem und seine Weiterungen (in: Photorin 2, 1980, 29–35, hier: 28); der fragliche Satz ist a.a.O. 62 faksimiliert.
[52] SB 1,934.

3. Reform

Das Buch *Ueber die bürgerliche Verbesserung der Juden*[53] aus der Feder des jungen preußischen Beamten Christian Wilhelm Dohm erbrachte der in Deutschland geführten Reformdebatte den entscheidenden, nachhaltig wirksamen Innovationsschub.[54] Die Schrift erschien im Herbst 1781, »mit Königl[ich] Preußischem Privilegio« ausgestattet, bei Friedrich Nicolai. Ihr Verfasser war 1751 als Pfarrersohn im ostwestfälischen Lemgo zur Welt gekommen und hatte 1776 am Kasseler Collegium Carolinum die Professur für Finanzwissenschaften und Statistik bezogen. Im Alter von 28 Jahren übersiedelte Dohm, der sich als politischer Schriftsteller der Aufklärung bereits einen Namen gemacht hatte, in die preußische Metropole. Dort versah er zunächst, als Kriegsrat tituliert, das Amt eines Geheimarchivars. Bereits wenige Jahre später begann seine Karriere als preußischer Minister im diplomatischen Dienst. Bald verkehrte er im engsten Kreis der Berliner Aufklärung, pflegte Freundschaft mit Nicolai, Mendelssohn, Spalding und Wilhelm Abraham Teller, beteiligte sich zudem an der Gründung der legendären »Mittwochsgesellschaft«. 1810 zog er sich aus dem aktiven Dienst auf sein Landgut Pustleben bei Nordhausen zurück, wo er zehn Jahre später verstarb.

---

[53] CHRISTIAN WILHELM DOHM, Ueber die bürgerliche Verbesserung der Juden, Berlin 1781 (Nachdr. Hildesheim 2013).

[54] Vgl. ALTMANN, Moses Mendelssohn (s. Anm. 13), 449–462; BERGHAHN, Grenzen der Toleranz (s. Anm. 12), 127–149; HANS ERICH BÖDEKER, »Aber ich strebe nach einer weitren Sphäre als bloß litterarischer Thätigkeit«. Intentionen, Haltungen und Wirkungsfelder Christian Wilhelm von Dohms (in: ZRGG 54, 2002, 305–325); RICHARD CROUTER, Emancipation Discourse in the late 18th Century. Christian Wilhelm von Dohm on the Jews (1781) (in: ZNThG 13, 2006, 161–178); ILSEGRET DAMBACHER, Christian Wilhelm von Dohm. Ein Beitrag zur Geschichte des preußischen aufgeklärten Beamtentums und seiner Reformbestrebungen am Ausgang des 18. Jahrhunderts, Bern u.a. 1974; HEINRICH DETERING, »der Wahrheit, wie er sie erkennt, getreu«. Aufgeklärte Toleranz und religiöse Differenz bei Christian Wilhelm Dohm (in: ZRGG 54, 2002, 326–351); GERDA HEINRICH, »... man sollte itzt beständig das Publikum über diese Materie en haleine halten«. Die Debatte um »bürgerliche Verbesserung« der Juden 1781–1786 (in: URSULA GOLDENBAUM [Hg.], Appell an das Publikum. Die öffentliche Debatte in der deutschen Aufklärung 1678–1796, Bd. 2, Berlin 2004, 813–895); ROBERT LIBERLES, Dohm's Treatise on the Jews: A Defense of the Enlightenment (in: Leo Baeck Institute Yearbook 33, 1988, 29–42); HORST MÖLLER, Aufklärung, Judenemanzipation und Staat (in: WALTER GRAB [Hg.], Deutsche Aufklärung und Judenemanzipation, Jahrbuch des Instituts für deutsche Geschichte, Beiheft 3, 1980, 119–149); DERS., Christian Wilhelm von Dohm und seine Kritiker (in: MARIANNE AWERBUCH, STEFI JERSCH-WENZEL [Hgg.], Bild und Selbstbild der Juden Berlins zwischen Aufklärung und Romantik. Beiträge zu einer Tagung, Berlin 1992, 59–79); FRANZ REUSS, Christian Wilhelm Dohms Schrift »Über die bürgerliche Verbesserung der Juden« und deren Einwirkung auf die gebildeten Stände Deutschlands. Eine kultur- und literaturgeschichtliche Studie, Kaiserslautern o.J. [1891] (als Nachdruck beigebunden zu DOHM, Ueber die bürgerliche Verbesserung [s. Anm. 53], Nachdr. Hildesheim 2013).

Den auslösenden Anlass seiner epochalen Schrift erhielt Dohm, der sich schon länger mit der Geschichte des Judentums befasst hatte, von Mendelssohn. Dieser übergab ihm 1780 ein von Cerf Beer verfasstes Memorandum der bedrängten Elsässer Judenschaft und bat ihn um redaktionelle Bearbeitung. Wahrscheinlich entschloss sich Dohm daraufhin, die im Elsass aktuell dokumentierte Not der Juden[55] in allgemeiner, grundsätzlicher Weise zu thematisieren. Das Elsässer Memorandum machte er als Anhang seines eigenen, von der gegenwärtigen Forschung zwar oft genannten, aber wenig studierten Buches publik.[56]

Nun waren seit der Mitte des Jahrhunderts bereits etliche partielle Reformvorschläge zur gesellschaftlichen Integration der Juden ergangen.[57] Während diese jedoch durchweg den Gestus untertäniger Gnadengesuche gewählt hatten, pochte Dohm erstmals in umfassender Weise auf die »Einlösung legitimer Ansprüche der jüdischen Minderheit«[58]. Der von ihm angeschlagene Ton bezeugte zwar ebenfalls höchst respektvolle bürgerliche Loyalität, doch was er vortrug, lief unübersehbar auf eine vollständige Annullierung der seinerzeit geltenden Judenedikte hinaus.

Am Anfang und Ende seines Buches appellierte Dohm an das volkswirtschaftlich motivierte »Peuplierungsinteresse« der aufgeklärten Regenten, dem eine unbeschränkte bürgerliche Integration der Juden nur zuträglich sein könne. Der utilitaristische Grundzug, den sein Reformaufruf dadurch gewann, war strategisch bedingt, weil er denjenigen, welche die bestehende Rechtslage zu ändern bereit wären, einen massiven kameralistischen Vorteil versprach. Der gelegentlich erhobene Vorwurf, Dohm lasse theologisch-humanitäre Aspekte ganz außer Acht und stehe der jüdischen Religion in »völliger Gleichgültigkeit«[59] gegenüber, unterschätzt oder verkennt nur die argumentationsstrategische Klugheit der vorliegenden Schrift.

Auf die alten, stereotypischen Verbrechensanklagen wie Brunnenvergiftung, Ritualmord oder Hostienschändung, mit denen sich die Juden seit Jahrhunderten konfrontiert sahen und die Johann Andreas Eisenmenger in einer Schmähschrift von 1700,[60] die bis in das späte 19. Jahrhundert immer

---

[55] Eine direkte Bezugnahme auf die Vorgänge im Elsass findet sich bei DOHM, Ueber die bürgerliche Verbesserung (s. Anm. 53), 79–82.
[56] Mémoire sur l'etat des juifs en Alsace (a.a.O. 155–200).
[57] Vgl. HEINRICH, Die Debatte um »bürgerliche Verbesserung« (s. Anm. 54), 817.
[58] Ebd.
[59] BERGHAHN, Grenzen der Toleranz (s. Anm. 12), 148.
[60] JOHANN ANDREAS EISENMENGER, Entdecktes Judenthum oder Gründlicher und wahrhaffter Bericht, welchergestalt die verstockten Juden die hochheilige Drey-Einigkeit [...] lästern und verunehren [...] und die gantze Christenheit auff das äusserste verachten und verfluchen, o.O. [Frankfurt a. M.] 1700.

wieder aufgelegt wurde, abermals kolportierte,[61] ging Dohm gar nicht erst ein. Ihn interessierten allein die aktuellen Vorwürfe, die den Juden betrügerischen Handels- und Wuchergeist sowie notorische Untauglichkeit zum Staats- und Kriegsdienst nachsagten. Solchen Vorurteilen trat er mit pragmatischen Rechtfertigungsargumenten entgegen,[62] insonderheit aber mit dem frontalen Widerspruch gegen das Klischee eines vermeintlichen »jüdischen Nationalcharacters«[63], der mit bürgerlicher Staatsloyalität schlechterdings nicht zu vereinbaren sei. Dieses verhängnisvolle Pauschalressentiment war damals nicht allein »bei dem grossen Haufen«[64] lebendig, sondern wurde selbst von so honorigen Aufklärern wie Anton Friedrich Büsching verfochten.[65]

Die zentrale These Dohms, die seine gesamte Darstellung strukturierte, war grundstürzend, weil sie die gängige Schuld- und Kausalitätszuschreibung umkehrte: Die Behauptung, Charakter und Geist des Judentums seien »nun einmal so unglücklich gebildet«[66], basiere auf dem entscheidenden Fehler, »daß man für die Ursache angiebt, was vielmehr die Wirkung ist, und daß man das Uebel, welches die bisherige fehlerhafte Politick hervorgebracht hat, zur Rechtfertigung derselben anführt«[67]. »Alles [!], was man den Juden vorwirft, ist durch die politische Verfassung, in der sie itzt leben, bewirkt, und jede andre Menschengattung, in dieselben Umstände versetzt, würde sich sicher eben derselben Vergehungen schuldig machen«[68]. Mit der Zuordnung von Grund und Folge kehre sich nun freilich auch die Verantwortlichkeit um: »*Wir*«, drang Dohm der staatlichen Rechtsprechung ins Gewissen, »sind der Vergehungen schuldig, deren wir ihn [i.e. den Juden] anklagen«[69]. Diese beschämende Einsicht nicht anzu-

---

[61] Dohm würdigte Eisenmenger nur einer kleinen Fußnotenerwähnung; vgl. DOHM, Ueber die bürgerliche Verbesserung (s. Anm. 53), 17f.

[62] Vgl. a.a.O. 9–12.

[63] A.a.O. 96.

[64] »Bey dem grossen Haufen machen auch die ausgezeichnetsten Verdienste des Geistes und Herzens den Fehler nie verzeihlich, – ein Jude zu seyn« (a.a.O. 10).

[65] Vgl. ANTON FRIEDRICH BÜSCHING, Geschichte der jüdischen Religion, oder des Gesetzes, ein Grundriß, Berlin 1779, 256. – Büschings Invektive blieb freilich nicht unwidersprochen; vgl. etwa die massive Kritik, die der Göttinger Orientalist Johann Gottfried Eichhorn daran übte (JOHANN GEORG EICHHORN, Rez. A. F. Büsching, Geschichte der jüdischen Religion, in: Allgemeine Deutsche Bibliothek 41/2, 1780, 580–582).

[66] DOHM, Ueber die bürgerliche Verbesserung (s. Anm. 53), 31.

[67] A.a.O. 33f. – »Diese einmal vorausgesetzte größre Verdorbenheit der Juden [ist] eine nothwendige und natürliche Folge der drückenden Verfassung [...], in der sie sich seit so vielen Jahrhunderten befinden« (a.a.O. 34).

[68] A.a.O. 35. – »Der harte und drückende Zustand, in welchem die Juden fast allenthalben leben, würde auch noch eine viel grössere Verderbtheit derselben [...] wenn nicht rechtfertigen, doch erklären« (a.a.O. 34).

[69] A.a.O. 39; Hervorhebung von mir.

erkennen und in radikale Reformschritte umzusetzen würde die eigene Schuld potenzieren und wäre, wie Dohm mehrfach betonte, »der Aufklärung unsrer Zeiten unwürdig«[70]. Bereits die das Buch präludierende »Vorerinnerung« hatte die Leser unmissverständlich auf diese Grundthese eingestimmt.[71]

Um den Angelpunkt seiner Reformidee, es bräuchten lediglich die politischen und juristischen Verhältnisse geändert werden, dann entfielen die dem Judentum attestierten Absonderlichkeiten von selbst, plausibel zu machen, musste Dohm das pauschale Vorurteil, die jüdische Religion sei mit vorbehaltloser bürgerlicher Loyalität inkompatibel, als haltlos entkräften. Für diesen Beweisgang wählte er einen zweifachen Weg. Zunächst führte er in rational-exegetischer Analyse vor Augen, dass das mosaische Gesetz, dem auch die Christen religiöse Ehrfurcht bezeugten, nirgendwo zu sozialer oder gesellschaftlicher Selbstisolierung verpflichte.[72] Wer das Gegenteil behaupte, kolportiere nur eine Erdichtung, die »verfolgende Priester« sowie »der Pöbel, der sich selbst für erlaubt hält, einen Juden zu hintergehen«[73], aufgebracht hätten. Sodann dokumentierte er in fundierten historischen Exkursen, dass die antike und mittelalterliche Entwicklung des Judentums keine von dieser rationalen Einsicht abweichende Schlussfolgerung zulasse.[74] Insofern bestätige also »die Geschichte [...] das Urtheil der uneingenommenen Vernunft, daß die Juden eben so gut, wie alle andre Menschen, nützliche Glieder der bürgerlichen Gesellschaft seyn können«[75]. Im übrigen höben Ausnahmefälle die damit erwiesene Regelhaftigkeit keinesfalls auf.[76]

Nachdem dergestalt die Bedingungen der Möglichkeit einer umfassenden bürgerlichen Emanzipation der Juden dargelegt waren, unterbreitete Dohm einen Katalog von neun konkreten Reformvorschlägen.[77] Sie sind keineswegs willkürlich aneinandergereiht, sondern folgen, was bislang offenbar übersehen wurde, einer höchst bedachtsam disponierten Struktur. In rahmender Funktion benennen das erste und letzte Reformbegehren

---

[70] Ebd.; in wörtlicher Wiederholung a.a.O. 86.
[71] Die Juden seien »nur deßhalb als Menschen und Bürger, verderbt gewesen, weil man ihnen die Rechte beyder versagt« habe (a.a.O., Vorerinnerung, unpag.).
[72] Vgl. a.a.O. 16–21.
[73] A.a.O. 17.
[74] Vgl. a.a.O. 39–66.
[75] A.a.O. 45.
[76] »Die manchmal ungereimten und unmoralischen Behauptungen einzelner jüdischer Rabbinen können eben so wenig etwas zum Nachtheil der ganzen jüdischen Lehre beweisen, als die ihnen ähnlichen mancher christlichen Theologen der heiligen Lehre des Evangeliums angerechnet werden dürfen« (a.a.O. 18).
[77] Vgl. a.a.O. 109–130.

das Leitinteresse: Die Juden »müßten [...] vollkommen gleiche Rechte mit allen übrigen Unterthanen erhalten«[78], man solle ihnen »einen vollkommenen Genuß der Rechte der Menschheit bewilligen«[79]. Diese Globalforderung wird durch die anderen Vorschläge spezifiziert. Sie drängen auf unbeschränkt freien Zugang der Juden in die zünftigen Gewerbe,[80] in Landwirtschaft und Warenvertrieb,[81] in die staatlichen Einrichtungen von Kunst und Wissenschaft.[82] Ein weiteres Reformbündel soll die Voraussetzungen einer aufklärungskonformen Integration sicherstellen. Zunächst bedürfe es dazu allgemeinbildender Schulen, die den Juden geöffnet oder auch in deren eigener Initiative installiert werden sollten.[83] Sodann habe man die »Vorurtheile und [...] lieblosen Gesinnungen« der Christen zu überwinden: einerseits dadurch, dass sie bereits »früh in der Jugend« belehrt würden, »die Juden wie ihre Brüder und Mitmenschen zu betrachten«, andererseits durch die volkspädagogische Arbeit der Pfarrer, die den Gemeinden im Sinne von Act. 10,35 »die dem Geist der Menschenliebe und des ächten Christenthums so gemäßen Grundsätze« einprägen sollten.[84] Wie selbstverständlich münden die aufklärerischen Einzelimpulse schließlich in die Forderung nach unbeschränkter jüdischer Kultus- und Religionsfreiheit.[85]

Am Ende vollzog Dohm eine vierfache Refutation. Die Sorgen, eine Integration der Juden würde mit dem Wegfall ihrer Sonderabgaben die Staatseinnahmen vermindern[86] und zudem die christliche Leitkultur einschränken, hielt er für nichtig.[87] Der ökonomische Nachteil, dass den Juden mit der Sabbat- und Sonntagsruhe zwei wöchentliche Arbeitstage verloren gingen, lasse sich abfedern.[88] Und selbst den erheblichsten Einwand, die jüdische Religion untersage den Militärdienst, konnte er mit exegetischen und historischen Gründen sowie mit Auskünften, die er bei zeitgenössischen jüdischen Fachleuten eingeholt hatte, vollständig entkräften.[89]

---

[78] A.a.O. 110 (erster Reformvorschlag).
[79] A.a.O. 125 (neunter Reformvorschlag).
[80] Vgl. a.a.O. 111–114 (zweiter Reformvorschlag).
[81] Vgl. a.a.O. 114–117 (dritter und vierter Reformvorschlag).
[82] Vgl. a.a.O. 118–120 (fünfter Reformvorschlag).
[83] Vgl. a.a.O. 120–122 (sechster Reformvorschlag).
[84] A.a.O. 122f. (siebter Reformvorschlag).
[85] Vgl. a.a.O. 123f. (achter Reformvorschlag).
[86] Tatsächlich betrugen die unter Friedrich II. eingezogenen jüdischen Schutzgelder weniger als ein Prozent der preußischen Staatseinnahmen (vgl. BREUER, Frühe Neuzeit und Beginn der Moderne [s. Anm. 1], 146).
[87] Vgl. DOHM, Ueber die bürgerliche Verbesserung (s. Anm. 53), 130–133.
[88] Vgl. a.a.O. 133–135.
[89] Vgl. a.a.O. 135–148.

In der gegenwärtigen Rezeption erfährt Dohm neben aller pflichtschuldigen Anerkennung durchaus auch Kritik. Diese zielt insbesondere auf den vermeintlichen Widerspruch zwischen der Radikalität seines allgemeinen Reformansatzes und der Gradualität seiner konkreten Umsetzungspläne.[90] Tatsächlich annoncierte der Titel seiner Abhandlung nicht etwa eine bürgerliche *Gleichstellung*, sondern lediglich »die bürgerliche *Verbesserung* der Juden«. Jedoch wenn Dohm für die vollständige gesellschaftliche Realisierung seiner Reformideen einen Zeitraum von »wenigen Generationen«[91] ansetzte, den es mit pragmatischen Zwischenschritten zu durchmessen gelte, so beseelte ihn dabei nicht etwa »der Geist vormundschaftlicher Administration«[92], vielmehr die nüchterne Einsicht, dass die Erwartung einer schlagartigen Umkehrung der seit Jahrhunderten herrschenden Verhältnisse utopisch wäre und eine gegen vielfältige Widerstände sich durchsetzende geschichtliche Realisierung der Judenemanzipation nur prozesshaft zu verwirklichen sei.

Darüber hinaus wird bisweilen in prinzipieller Absicht der Vorwurf erhoben, Dohm argumentiere lediglich etatistisch und merkantilistisch, habe sich mithin gänzlich dem utilitaristischen Grundzug seines Zeitalters verschrieben und gebe darum auch »eine kalte Indifferenz gegenüber der jüdischen Religion«[93] zu erkennen. Solcher Einwand missachtet jedoch nicht allein, wie bereits angedeutet,[94] die strategisch-intentionale Ausrichtung seiner Schrift, sondern erst recht die durchgängige Bivalenz der darin vorgetragenen Argumentation. Im Sprachgebrauch des 18. Jahrhunderts war der Begriff der Glückseligkeit doppelt besetzt: Er bezeichnete ebenso die religiöse Bestimmung des Menschen[95] wie den im aufgeklärten Absolutismus fixierten Gedanken des säkularen Staatszweckes.[96] Exakt in diesem Sinne ist der gesamte Text Dohms von den Zwillingsformeln ›Mensch

---

[90] Vgl. etwa BERGHAHN, Grenzen der Toleranz (s. Anm. 12), 145–149.

[91] »Ich bin [...] in dem Vertrauen auf die sich allenthalben gleiche menschliche Natur überzeugt, daß die Juden in wenigen Generationen allen übrigen Bürgern der Staaten, in denen ihnen völlig gleiche Rechte bewilligt worden, gleich seyn, und auch wie sie, dieselben vertheidigen werden« (DOHM, Ueber die bürgerliche Verbesserung [s. Anm. 53], 145 f.); ähnlich etwa auch a.a.O. 118–120.

[92] Gegen HEINRICH, Die Debatte um »bürgerliche Verbesserung« (s. Anm. 54), 841.

[93] BERGHAHN, Grenzen der Toleranz (s. Anm. 12), 148.

[94] S.o. bei Anm. 59.

[95] Am prominentesten vorgetragen in JOHANN JOACHIM SPALDING, Die Bestimmung des Menschen (^{1}1748–^{11}1794), hg. v. Albrecht Beutel u.a., SpKA I/1, Tübingen 2006, passim.

[96] Vgl. ULRICH ENGELHARDT, Zum Begriff der Glückseligkeit in der kameralistischen Staatslehre des 18. Jahrhunderts (in: Zeitschrift für Historische Forschung 8, 1981, 37–79); LOUIS PAHLOW, Art. Glückseligkeit (in: Enzyklopädie der Neuzeit 4, Stuttgart 2006, 974–976).

und Bürger‹, ›persönliches und staatliches Wohl‹, ›gut und brauchbar‹, ›glücklich und nützlich‹ durchzogen.⁹⁷ Die Pointe der Abhandlung liegt eben darin, die beiden Pole dieser Dualitäten als widerspruchsfrei auszuweisen. So zähle zu den »natürlichen Rechte[n] des Menschen [...] die Freyheit [...], die Glückseligkeit eines andern Lebens auf dem, nach seiner Meynung sichersten Wege zu suchen«⁹⁸, woraus sich notwendigerweise die Verschiedenheit und Trennung der Religionsparteien ergebe.⁹⁹ Indessen tangiere solche Freiheit die legitimen Interessen der Politik keineswegs. Lehre doch bereits der Blick auf Preußen und andere multikonfessionelle Staaten, dass »die Bürger für das Glück dieses Lebens harmonisch vereint [sind], wenn sie gleich das Glück des künftigen auf verschiednen Wegen suchen«¹⁰⁰. Denn »die verschiedensten Grundsätze über die Glückseligkeit jenes Lebens hindern die Einheit der Gesinnungen über die Pflichten dieses gegen den Staat, und die Ausübung derselben nicht«¹⁰¹. Insofern geschah es nicht etwa aus Missachtung, sondern im Gegenteil aus Hochachtung der anderen Religion, wenn Dohm hinsichtlich der »*bürgerlichen* Glückseligkeit« festhielt: »Der Jude ist noch mehr Mensch als Jude«¹⁰². Kein Geringerer als Mendelssohn zollte denn auch dem Verfasser in dieser Hinsicht Respekt: »Seine Absicht ist, weder für das Judenthum, noch für die Juden eine Apologie zu schreiben. Er führt bloß die Sache der Menschheit, und vertheidigt ihre Rechte. [...] Der Weltweise aus dem 18ten Jahrhundert hat sich über den Unterschied der Lehren und Meinungen hinweggesetzt, und in dem Menschen nur den Menschen betrachtet«¹⁰³.

Nachdem die Drucklegung schon begonnen hatte, fügte Dohm seinem Buch noch als »Nachschrift«¹⁰⁴ den Hinweis hinzu, er habe soeben aus der Zeitung erfahren, dass Joseph II. ein Toleranzedikt vorbereite, welches den von ihm eingebrachten Reformvorschlägen aufs Schönste entspreche. Eine Inspiration der vom Kaiser des Heiligen Römischen Reiches und König von Böhmen, Serbien und Ungarn eingeleiteten Judenpolitik durch die Ideen des preußischen Staatsdieners ist definitiv auszuschließen. Dagegen

---

⁹⁷ Vgl. etwa DOHM, Ueber die bürgerliche Verbesserung (s. Anm. 53), Vorerinnerung (unpag.), 109.110.111.130. u.ö.
⁹⁸ A.a.O. 24.
⁹⁹ Vgl. a.a.O. 25.
¹⁰⁰ A.a.O. 27.
¹⁰¹ A.a.O. 86.
¹⁰² A.a.O. 27f; Hervorhebung von mir.
¹⁰³ MOSES MENDELSSOHN, Manasseh Ben Israels Rettung der Juden, 1782 (in: DERS., Gesammelte Schriften. Jubiläumsausgabe 8, hg. v. Alexander Altmann u.a., Schriften zum Judentum II, Stuttgart-Bad Cannstatt 1983, 5).
¹⁰⁴ DOHM, Ueber die bürgerliche Verbesserung (s. Anm. 53), 151–154.

hat sich die Französische Nationalversammlung von 1790, durch den Comte de Mirabeau und Abbé Gregoire vermittelt, die Anregungen des Berliner Reformers ausdrücklich zu eigen gemacht.[105] Indessen konnte Dohm, als er sein epochales Werk abfasste, von solcher realpolitischen Fernwirkung weder wissen noch träumen.

Friedrich der Große, dem Dohm unmittelbar nach Erscheinen des Buches ein Exemplar zugesandt hatte, quittierte den Empfang mit einer unverbindlichen Höflichkeitsfloskel,[106] ohne sich dadurch in seiner restriktiven Judenpolitik irritieren zu lassen.[107] Gleichwohl initiierte die Publikation in den deutschen Territorien sogleich eine breite, leidenschaftlich geführte, auf Jahrzehnte hinaus anhaltende Debatte, an der viele namhafte christliche und jüdische Exponenten der Aufklärung teilnahmen. Die Zustimmung überwog, manche Kommentatoren suchten den Reformkatalog Dohms zu ergänzen oder zu überholen, unter den wenigen Gegnern stach abermals der Göttinger Michaelis hervor.[108] Bereits nach zwei Jahren sah sich Dohm veranlasst, seiner Abhandlung einen weiteren Band folgen zu lassen, in welchem er den ursprünglichen Text abermals publizierte, um sich daneben eingehend mit seinen ersten Kritikern auseinanderzusetzen.[109] Nachdem Mendelssohn, der zu den wichtigsten Disputanten gehört hatte, im Januar 1786 gestorben war, fand die Erörterung des durch Dohm angestoßenen Reformbegehrens ihren unverminderten Fortgang.[110] Die preußische *Cabinets-Ordre in Ansehung der Druckschriften wider und für die Juden* vom 1. Oktober 1803[111] suchte den Dauerdiskurs zu beenden. Zu einem gewissen Abschluss kam es dann aber erst mit dem Edikt vom

---

[105] Vgl. HEINRICH, Die Debatte um »bürgerliche Verbesserung« (s. Anm. 54), 883–887.

[106] Vgl. CHRISTIAN WILHELM VON DOHM, Denkwürdigkeiten meiner Zeit oder Beiträge zur Geschichte vom letzten Viertel des achtzehnten und von Anfang des neunzehnten Jahrhunderts, Bd. 4, Lemgo 1819, 484.

[107] Zu der in dieser Hinsicht einschlägigen preußisch-österreichischen Konkurrenz vgl. HEINRICH, Die Debatte um »bürgerliche Verbesserung« (s. Anm. 54), 824–832.

[108] Vgl. bei und in Anm. 20 u. 21.

[109] CHRISTIAN WILHELM DOHM, Ueber die bürgerliche Verbesserung der Juden, Zweyter Theil, Berlin 1783 (Nachdr. Hildesheim 2013).

[110] Vgl. etwa HEINRICH, Die Debatte um »bürgerliche Verbesserung« (s. Anm. 54); REUSS, Christian Wilhelm Dohms Schrift (s. Anm. 54); CHRISTINA REUTER, »Traut dem Menschen Menschheit zu, so wird er Mensch seyn!« Lavaters Haltung gegenüber den Juden im zweiten Band des *Pontius Pilatus* nach seiner Rezeption von Dohms *Über die bürgerliche Verbesserung der Juden* (in: ALBRECHT BEUTEL u.a. [Hgg.], Glaube und Vernunft. Studien zur Kirchen- und Theologiegeschichte des späten 18. Jahrhunderts, Leipzig 2014, 250–272); CHRISTOPH SCHULTE, »Diese unglückliche Nation«. Jüdische Reaktionen auf Dohms *Über die bürgerliche Verbesserung der Juden* (in: ZRGG 54, 2002, 352–365).

[111] Dieses Edikt ist m.W. noch nicht ediert worden; die Ausfertigung ist einsehbar im Aktenbestand des Preußischen Geheimen Staatsarchivs (GStA PK I. HA Rep. 104 II, General-Fiscalat Juden. Specialia, S. 1).

11. März 1812,[112] das die Stein-Hardenbergschen Reformen bekrönte, jedoch insofern immer noch weit hinter dem von Dohm einst vorgetragenen Begehren zurückblieb, als es lediglich den ordentlichen Schutzjuden in Preußen die formalrechtliche Gleichstellung garantierte.

4. Approbation

Als Gründungsvater der Haskala brachte sich Moses Mendelssohn vielfach in den Aufklärungsdiskurs seiner Zeit ein. Sein Essay *Ueber die Frage: was heißt aufklären?*[113] präsentierte eines seiner exponiertesten Voten. Dessen Entstehungskontext ist weithin bekannt. In der *Berlinischen Monatsschrift* hatten der Jurist Johann Erich Biester und der Pfarrer Johann Friedrich Zöllner 1783 die Möglichkeit der Zivilehe erörtert.[114] Nachdem der Jurist Biester im Namen der Aufklärung eine Freistellung aller Kasualien eingeklagt hatte – »für aufgeklärte [Bürger] bedarf es doch wohl all der Ceremonien nicht«[115] –, widersprach ihm sein kirchlicher Opponent mit der in einer Fußnote beiläufig gestellten Frage »Was ist Aufklärung?«, die er »noch [...] nirgends beantwortet gefunden«[116] habe. Im September 1784 stellte sich Mendelssohn der damit annoncierten Herausforderung, drei Monate später, noch ohne den Text Mendelssohns rezipiert zu haben, dann auch Immanuel Kant. Dessen *Beantwortung der Frage: Was ist Aufklärung?*[117] ist dem Aufsatz des jüdischen Vordenkers an Landläufigkeit

---

[112] Edikt vom 11. März 1812 betreffend die bürgerlichen Verhältnisse der Juden in dem Preußischen Staate (in: FREUND, Die Emanzipation der Juden in Preußen, Bd. 2 [s. Anm. 6], 453–459).

[113] MOSES MENDELSSOHN, Ueber die Frage: was heißt aufklären? (in: Berlinische Monatsschrift 1784, 193–200); Wiederabdruck in: DERS., Kleinere Schriften, Bd. 1, hg. v. Alexander Altmann, Moses Mendelssohn. Gesammelte Schriften. Jubiläumsausgabe, Bd. 6,1, Stuttgart-Bad Cannstatt 1981, 113–119. Die folgenden Zitatnachweise beziehen sich auf die letztgenannte Edition.

[114] [JOHANN ERICH BIESTER], Vorschlag, die Geistlichen nicht mehr bei Vollziehung der Ehen zu bemühen (Berlinische Monatsschrift 1783, 265–276); Wiederabdruck in: NORBERT HINSKE (Hg.), Was ist Aufklärung? Beiträge aus der Berlinischen Monatsschrift, Darmstadt ⁴1990, 95–106. – JOHANN FRIEDRICH ZÖLLNER, Ist es rathsam, das Ehebündniß nicht ferner durch die Religion zu sanciren? (Berlinische Monatsschrift 1783, 508–517); Wiederabdruck in: HINSKE, Was ist Aufklärung? (a.a.O. 107–116). – Vgl. JEAN MONDOT, Vom Nutzen und Nachteil der Religion für das soziale Leben. Über zwei Artikel der Berlinischen Monatsschrift (in: Aufklärung 21, 2009, 183–197).

[115] BIESTER, Vorschlag (s. Anm. 114), 268 / 98.

[116] ZÖLLNER, Ist es rathsam (s. Anm. 114), 516 / 115.

[117] IMMANUEL KANT, Beantwortung der Frage: Was ist Aufklärung? (in: Berlinische Monatsschrift 1784, 481–494); Wiederabdruck in: DERS., Schriften zur Anthropologie, Geschichtsphilosophie, Politik und Pädagogik (Immanuel Kant. Werke in sechs Bänden, hg. von Wilhelm Weischedel, Bd. 6, Hamburg ⁴1964, 51–61).

weit überlegen, jedoch schwerlich an philosophischer Bedeutung und Komplexität.[118]

Mendelssohn verortet den Leitbegriff zunächst in dem lexischen Tripartitum »Aufklärung, Kultur, Bildung«[119], dessen Reihenfolge er in dem Bestreben nach semantischer Differenzierung aber sogleich einer Inversion unterzieht. Dergestalt avanciert »Bildung« zu einem Integral, das die beiden Komplementäraspekte der auf praktische Fertigkeit abzielenden Kultur und der auf theoretische Vernunfteinsicht abzielenden Aufklärung in sich fasst. Vollkommene Bildung wäre demnach erst bei einem äquivalenten Zusammenspiel optimierter Kultur und Aufklärung zu erwarten. Geschichtliche Beispiele eines derart symmetrischen Idealfalles findet er freilich weder in Nürnberg noch in Berlin, weder bei Franzosen und Engländern noch bei den Chinesen, sondern erst im Rückgang auf das klassische Griechenland.[120]

Demgegenüber seien gegenwärtig die beiden Konstituenten von Bildung, nämlich Aufklärung und Kultur, erst noch einem zielgerichteten Entwicklungsprozess auszusetzen. Als materiale Maßgabe dieser Entwicklung benennt Mendelssohn die »Bestimmung des Menschen«. Dieser Terminus war 1748 von Spalding fixiert worden[121] und bestimmte fortan auf Jahrzehnte hinaus die anthropologische Diskussion.[122] Bereits Mitte der

---

[118] Vgl. KAROL BAL, Was heißt »aufklären« und was ist »Aufklärung«? Mendelssohn und Kant – ein Vergleich (in: Kant und die Berliner Aufklärung, hg. von Volker Gerhardt u.a., Berlin 2001, Bd. 5, 133–139); FEINER, Moses Mendelssohn (s. Anm. 13), 174–181; WILLI GOETSCHEL, Moses Mendelssohn und das Projekt der Aufklärung (in: The Germanic Review 71.3, 1996, 163–175); DERS., Einstimmigkeit in Differenz. Der Begriff der Aufklärung bei Kant und Mendelssohn (in: Moses Mendelssohn, hg. v. Heinz Ludwig Arnold u.a., München 2011, 79–98); NORBERT HINSKE, Das stillschweigende Gespräch. Prinzipien der Anthropologie und Geschichtsphilosophie bei Mendelssohn und Kant (in: ALBRECHT, ENGEL, HINSKE, Moses Mendelssohn [s. Anm. 13], 135–156); MACOR, Die Bestimmung des Menschen (s. Anm. 122), 252–257; JAMES SCHMIDT, The Question of Enlightenment. Kant, Mendelssohn, and the Mittwochsgesellschaft (in: Journal of the History of Ideas 50, 1989, 269–292); DERS., What Enlightenment Was: How Moses Mendelssohn and Immanuel Kant Answered the Berlinische Monatsschrift (in: Journal of the History of Philosophy 30, 1992, 77–101); GÜNTER ZÖLLER, Die Bestimmung des Menschen bei Mendelssohn und Kant (in: Kant und die Berliner Aufklärung [s. Anm. 118], 476–489).

[119] MENDELSSOHN, Ueber die Frage: was heißt aufklären? (s. Anm. 113), 115.

[120] »Man kann sagen: die Nürnberger haben mehr Kultur, die Berliner mehr Aufklärung; die Franzosen mehr Kultur, die Engländer mehr Aufklärung; die Sinesen viel Kultur und wenig Aufklärung. Die Griechen hatten beides, Kultur und Aufklärung. Sie waren eine *gebildete Nation*« (a.a.O. 116).

[121] S. Anm. 95.

[122] Vgl. LAURA ANNA MACOR, Die Bestimmung des Menschen (1748–1800). Eine Begriffsgeschichte, Stuttgart-Bad Cannstatt 2013. – Vgl. dazu ALBRECHT BEUTEL, Rez. L. A. Macor, Die Bestimmung des Menschen (in: Das achtzehnte Jahrhundert 38/1, 2014, 114–116).

1760er Jahre hatte sich Mendelssohn mit Thomas Abbt intensiv über diesen klassischen Entwurf ausgetauscht.[123] Nun unterzog er, wie kurz zuvor bereits Dohm, jenes Leitwort einer basalen Differenzierung, indem er die Bestimmung des Menschen als Mensch und die Bestimmung des Menschen als Bürger kategorial unterschied. Während die letztere hinsichtlich »Stand und Beruf« ganz verschiedene Modifikationen aufweise, betreffe Aufklärung »den Menschen als Mensch [...] *allgemein* ohne Unterschied der Stände«[124].

Diese zweifache Bestimmung des Menschen sieht Mendelssohn elementaren Gefährdungen ausgesetzt. Mit ihr stünden nicht weniger als Humanität und Sozialität auf dem Spiel: »Ohne die wesentlichen Bestimmungen des Menschen sinkt der Mensch zum Vieh herab [...]. Ohne die wesentlichen Bestimmungen des Menschen als Bürgers, hört die Staatsverfassung auf zu sein«[125]. Weitere Risiken drohten aber auch bei einer Kollision der beiden Determinationsfaktoren, da doch Menschenaufklärung mit Bürgeraufklärung in Streit kommen und »gewisse Wahrheiten, die dem Menschen, als Mensch, nützlich sind, [...] ihm als Bürger zuweilen schaden«[126] könnten. Eine solche zwischen Menschen- und Bürgerwürde aufbrechende Disharmonie erkennt Mendelssohn als doppelt gefährlich. Einerseits mache sie einen Staat, in welchem »die Aufklärung, die der Menschheit unentbehrlich ist, sich nicht über alle Stände des Reichs ausbreiten« kann, »unglükselig«[127]. Mit dieser Vokabel war nicht allein auf die im aufgeklärten Absolutismus etablierte Fassung des Staatszweckes,[128] der damit verfehlt werde, angespielt, sondern zugleich unausgesprochen, doch unüberhörbar das den preußischen Juden vorenthaltene Bürgerrecht als Bedingung eines »glückseligen« Staatswesens eingeklagt.

Unglückselig sei eine Kollision zwischen Menschen- und Bürgerwürde jedoch andererseits auch für das Individuum. Solcher Widerstreit entspringe aus dem Dilemma, dass man »gewisse nützliche und den Menschen zierende Wahrheit nicht verbreiten darf, ohne die ihm nun einmal beiwohnenden Grundsätze der Religion und Sittlichkeit niederzureißen«[129]. Darin identifiziert Mendelssohn wiederum eine doppelte Herausforderung. Setzte man die Aufklärung des Menschen als Mensch absolut,

---

[123] Zu diesem in der Forschung viel beachteten Rezeptionskapitel vgl. zuletzt MACOR, Die Bestimmung des Menschen (s. Anm. 122), 161–187 (Lit.).
[124] MENDELSSOHN, Ueber die Frage: was heißt aufklären? (s. Anm. 113), 117.
[125] Ebd.
[126] Ebd.
[127] Ebd.
[128] S.o. bei Anm. 96.
[129] MENDELSSOHN, Ueber die Frage: was heißt aufklären? (s. Anm. 113), 118.

so resultierte daraus unvermeidlich ein Verbindlichkeitsverlust der transzendenten und säkularen Grundlagen einer Gesellschaft, also kurzum: von Religion und Moral. Demgegenüber ruft er den »tugendliebende[n] Aufklärer« und »Menschenfreund« zu »Vorsicht und Behutsamkeit«[130], also zu einem dem Gemeinwohl verpflichteten Ausgleich von Menschen- und Bürgerrecht auf.

Die andere Herausforderung könne jedoch gerade aus dieser anempfohlenen Behutsamkeit resultieren, da solche Maxime unweigerlich die Tendenz zur Heuchelei in sich trage. Moral und Religion aber, sofern man ihnen jede Aufklärung vorenthalte, mutierten zu »Barbarei und Aberglauben« und würden zudem als Asylstätte einer absolut gesetzten, egoistischen und anarchischen Privataufklärung missbraucht: »So oft man das Verbrechen greifen wollte, rettete es sich ins Heiligthum«[131]. In dieser Hinsicht vermag Mendelssohn lediglich die kritisch-reflexive Selbstaufklärung anraten:

»Schwer, aber nicht unmöglich ist es, die Grenzlinie zu finden, die auch hier Gebrauch von Misbrauch scheidet.«[132]

Die Gefahren einer Dialektik der Aufklärung sind nicht erst von Max Horkheimer und Theodor W. Adorno entdeckt worden.[133] Schon Mendelssohn hatte die der Aufklärung naturhaft einwohnende Tendenz, in ihr Gegenteil umzuschlagen, hellsichtig erkannt, und dies nicht allein hinsichtlich ihrer individuellen Absolutsetzung, sondern gleichermaßen auch in Bezug auf ihre gesellschaftliche Realisierung: »Eine Nation, die durch die *Bildung* auf den höchsten Gipfel der Nationalglükseligkeit gekommen, ist eben dadurch in Gefahr zu stürzen, weil sie nicht höher steigen kann«[134]. Solcher konstitutiven Gefährdung, meinte er, sei allein durch den harmonischen Ausgleich von individueller, gesellschaftlicher und religiöser Aufklärung zu begegnen.

Freilich stand Mendelssohn mit der Einsicht in die Dialektik der Aufklärung nicht allein. Ganz ähnlich hatte damals etwa auch der mit ihm befreundete Spalding, der sich ebenfalls in die durch Biester und Zöllner ausgelöste Debatte einbrachte, votiert: Eine Aufklärung, die den Namen verdiene, zielte nach Auffassung dieses Meistertheologen allemal darauf ab, »die von Vorurtheilen geblendeten Menschen vernunftmässige Wahrheit in der Religion und Menschenrechte, auch allenfalls constitutions-

---
[130] Ebd.
[131] Ebd.
[132] Ebd.
[133] Vgl. Max Horkheimer, Theodor W. Adorno, Dialektik der Aufklärung. Philosophische Fragmente, Amsterdam 1944 (viele Nachdrucke).
[134] Mendelssohn, Ueber die Frage: was heißt aufklären? (s. Anm. 113), 118f.

mässige Bürgerrechte in Ansehung der gesellschaftlichen Verfassung, kennen lehren«[135].

Es bleibt eine der deutschen Geschichte tief eingewurzelte Tragik, dass die emanzipatorischen Potentiale, die im 18. Jahrhundert durch die fruchtbare Zirkulation von Aufklärung und Judentum freigesetzt wurden, erst zwei Jahrhunderte später zu handfester Entfaltung gebracht worden sind.[136]

---

[135] Zit. nach ALBRECHT BEUTEL, Johann Joachim Spalding. Meistertheologe im Zeitalter der Aufklärung, Tübingen 2014, 215. – Die Äußerung ist einem Votum entnommen, das Spalding Ende Mai 1784 auf einem Zirkular der »Mittwochsgesellschaft« festhielt. Eine vorläufige Publikation dieses Votums findet sich in: M. ALBRECHT, Zum Wortgebrauch von »Aufklärung« bei Johann Joachim Spalding. Mit einer Bibliographie der Schriften und zwei ungedruckten Voten Spaldings (in: MICHAEL OBERHAUSEN [Hg.], Vernunftkritik und Aufklärung. Studien zur Philosophie Kants und seines Jahrhunderts, Stuttgart-Bad Cannstatt 2001, 11–40, hier: 38f.).

[136] Mit dieser pointierenden Schlussbemerkung sollen die sozialen, politischen und juristischen Integrationsbemühungen, die dem deutschen Judentum im 19. Jahrhundert zugedacht wurden, selbstverständlich nicht in Abrede gestellt werden.

Judenfeindschaft nach 1800 – unter besonderer Berücksichtigung von Rühs und Fries

SIMON GERBER

»Die Juden als Nation betrachtet, haben ihre Landsleute, mit denen sie durch Abstammung, Gesinnung, Pflicht, Glauben, Sprache, Neigung zusammenhängen, auf der ganzen Erde: sie machen mit ihnen eine Einheit aus, und müssen ihnen nothwendig inniger ergeben seyn als dem Volk, unter dem sie leben, das ihnen immer fremd sein muß. Welcher Staat kann sich Bürger wünschen, die ihn weder begreifen noch einen lebendigen Antheil an dem allgemeinen Volksleben nimmt? [...] Allein die Juden bilden nicht blos ein Volk: sie bilden zugleich einen *Staat*«.

So schrieb im Jahr 1815 Friedrich Rühs, Professor der Geschichte an der neuen Universität Berlin, in einem Aufsatz für die *Zeitschrift für die neueste Geschichte, die Staaten- und Völkerkunde*, worin er davon abriet, Juden zu Bürgern zu machen.[1] Die Debatte, in die sich Rühs einschaltete und die er mit seinem vielbeachteten Zeitschriftenbeitrag neu belebte, war im Prinzip noch dieselbe, die 1781 Christian Wilhelm Dohm angestoßen hatte, als er dafür plädiert hatte, den Juden das Bürgerrecht zu verleihen, um sie in die Gesellschaft zu integrieren und so ihrer prekären Existenz am Rand und ihren unbestreitbaren geistig-moralischen Mängeln aufzuhelfen.[2] Und doch war es nicht mehr dieselbe Debatte.

1. Zur Vorgeschichte der Debatte

Johann Gottlieb Fichte hatte 1793 anonym einen *Beitrag zur Berichtigung der Urteile des Publikums über die Französische Revolution* veröffentlicht; darin verteidigte Fichte die Legitimität einer Revolution: Jeder einzelne habe das Recht, sich gegen einen Staat aufzulehnen oder aus ihm auszutreten, der ihm zwangsweise von außen Gesetze auferlege.[3] Träten nun mehrere aus einem Staat aus und schlössen sich zu einem neuen zusam-

---

[1] FRIEDRICH RÜHS, Ueber die Ansprüche der Juden an das deutsche Bürgerrecht (in: Zeitschrift für die neueste Geschichte, die Staaten- und Völkerkunde 3, 1815, 129–161, hier: 133).

[2] Vgl. REINHARD RÜRUP, Judenemanzipation und bürgerliche Gesellschaft in Deutschland (in: WOLFGANG BENZ, WERNER BERGMANN [Hgg.], Vorurteil und Völkermord, Freiburg 1997, 117–158, hier: 120–125); JAN WEYAND, Die Entstehung der Antisemitismustheorie aus der Debatte über die Judenemanzipation (in: HANS-JOACHIM HAHN, OLAF KISTENMACHER [Hgg.], Beschreibungsversuche der Judenfeindschaft, Berlin 2015, 47–65).

[3] Vgl. FRANZ SCHNABEL, Deutsche Geschichte im neunzehnten Jahrhundert, Bd. 1, Freiburg 1929, 293f.

men, entstehe ein Staat im Staate; und hier hebt der Autor ganz unvermittelt zu einer Invektive gegen die Juden an: Das Judentum stelle längst einen mächtigen Staat dar, der durch alle Staaten Europas gehe und sich auf den Hass gegen die ganze übrige Menschheit gründe; dabei genössen sie auch noch mehr Rechte als Anhänger abweichender christlicher Religionsparteien. Menschen seien die Juden zwar, Menschenrechte sollten sie haben.

»Aber ihnen Bürgerrechte zu geben, dazu sehe ich wenigstens kein Mittel, als das, in einer Nacht ihnen allen die Köpfe abzuschneiden und andere aufzusetzen, in denen auch nicht eine jüdische Idee sey.«[4]

Der jüdische Publizist und Anhänger der Aufklärung Saul Ascher verlieh dem Verfasser dafür den zweifelhaften Ehrentitel »Eisenmenger der Zweite«: Der erste Eisenmenger habe seinerzeit die Zeitgenossen gelehrt, die Juden nicht bloß als Unchristen zu hassen, sondern auch als Feinde des Gemeinwohls und aller anderen Menschen, habe so freilich selbst zur Besserung der Juden beigetragen. Der ›zweite Eisenmenger‹ aber habe dem Hass auf die Juden nun eine spekulativ-philosophische Grundlage gegeben.[5] Auch auf Kants jüngst erschienene Religionsschrift kam Ascher zu sprechen: Kant hatte das Judentum als partikularistische Nationalreligion bezeichnet, im Grunde mehr eine theokratisch-aristokratische Staatsverfassung als eine Religion;[6] Ascher entgegnete, das Judentum trage, so wie das Christentum, die Möglichkeit einer allgemeinen Kirche in sich.[7]

1799 erschienen anonym die Reden über die Religion des damals noch unbekannten Berliner reformierten Krankenhauspfarrers Friedrich Schleiermacher, eine Apologie der positiven, geschichtlichen Religion gegenüber dem aufgeklärten Ideal einer natürlichen oder Vernunftreligion, nach Schleiermacher ein ungenießbares Flickwerk aus Metaphysik, Moral und

---

[4] [JOHANN GOTTLIEB FICHTE], Beitrag zur Berichtigung der Urtheile des Publicums über die französische Revolution, Erster Theil, ohne Ort 1793, 186–193 (DERS., Werke 1791–1794, Akademie-Ausgabe I/1, hg. v. Reinhard Lauth u.a., Stuttgart-Bad Cannstatt 1964, 291–294). Vgl. GUDRUN HENTGES, Schattenseiten der Aufklärung, Schwalbach 1999, 112–119; GERALD HUBMANN, Sittlichkeit und Recht (in: HORST GRONKE u.a. [Hgg.], Antisemitismus bei Kant und anderen Denkern der Aufklärung, Würzburg 2001, 125–152, hier: 131 f.).

[5] SAUL ASCHER, Eisenmenger der Zweite, Berlin 1794, 3–10.33.78f.92 (DERS., 4 Flugschriften, Berlin, Weimar 1991, 17–24.39f.69–71.80; DERS., Flugschriften, Werkausgabe I/1, hg. v. André Thiele, Mainz 2011, 17–20.32.53.59f.).

[6] IMMANUEL KANT, Die Religion innerhalb der Grenzen der bloßen Vernunft, Königsberg 1793, 176–180 (DERS., Die Religion innerhalb der Grenzen der bloßen Vernunft. Die Metaphysik der Sitten, Akademie-Ausgabe 6 = I/6, hg. v. Georg Wobbermin u. Paul Natorp, Berlin 1907, 125–127). Vgl. HUBMANN, Sittlichkeit (s. Anm. 4), 129–131.

[7] ASCHER, Eisenmenger (s. Anm. 5), 55–77 (DERS., 4 Flugschriften [s. Anm. 5], 56–69; DERS., Werkausgabe I/1 [s. Anm. 5], 43–52).

Pädagogik. Eine der positiven Religionen, das Judentum, erscheint darin als der tragische Versuch, das Absolute als ein persönliches Gegenüber anzuschauen, das auf die menschlichen Taten jeweils lohnend, strafend oder richtend antworte; doch sei der Dialog schon lange versiegt, und die hohe Idee sei in Ritualismus erstarrt und erstorben.[8]

Unterdessen schritt in Deutschland die Emanzipation der Juden voran: In den von Napoleon kontrollierten Gebieten galt gemäß dem von der Französischen Nationalversammlung 1791 verabschiedeten Gesetz die volle rechtliche Gleichstellung der Juden, andere Staaten sahen sich durch die territorialen Veränderungen genötigt, die Rechtsverhältnisse der jüdi-

---

[8] [FRIEDRICH SCHLEIERMACHER], Über die Religion, Berlin 1799, 286–291 (DERS., Schriften aus der Berliner Zeit 1796–1799, Kritische Gesamtausgabe I/2, hg. v. Günter Meckenstock, Berlin, New York 1984, 314–316). Zu Schleiermachers Stellung zum Judentum: SIMON GERBER, Schleiermachers Kirchengeschichte, Tübingen 2015, 107–110 (dort weitere Belege und Literatur). Schleiermacher sieht im Christentum eine gegenüber der Religion des Alten Testaments neue (und auch höhere) individuelle Form der Religion, ohne aber die Verwurzelung der Gottesanschauung Christi in der Religion des Alten Testaments zu bestreiten. – In dieselbe Zeit wie die *Reden über die Religion* gehört ein Beitrag zur von Dohm angestoßenen Debatte über die bürgerliche Gleichstellung der Juden: Die vom Anhänger der jüdischen Haskala David Friedländer vorgeschlagene Vereinigung der jüdischen und christlichen Religion als Maßnahme, um alles zu beseitigen, was die Einbürgerung der Juden verhinderte, lehnt Schleiermacher als unmöglich ab. Der Staat solle auch nicht die christliche Taufe zur Bedingung für das Bürgerrecht machen. Ein bedingungsloses Ja zur bürgerlichen Gleichstellung der Juden spricht Schleiermacher indessen auch nicht aus: Sie müssten ihr Gesetz dem bürgerlichen Gesetz unterordnen und die Hoffnung auf Rückkehr ins Gelobte Land aufgeben: [FRIEDRICH SCHLEIERMACHER], Briefe bei Gelegenheit der politisch theologischen Aufgabe und des Sendschreibens jüdischer Hausväter, Berlin 1799 (DERS., Kritische Gesamtausgabe I/2 [s. oben], 329–361). Vgl. auch KURT NOWAK, Schleiermacher, Göttingen 2001, 95–97. – Schleiermachers weiland Hallenser Philosophielehrer Johann August Eberhard, bekannt als Vermittler zwischen Kant und der Hallenser Schulphilosophie, hielt mit etwa 65 Jahren noch eine Vorlesung über die »Christusphilosophie«, über die der Student Adolph Müller am 14. Januar 1804 in einem Brief seinem Vater berichtet: »Er schilderte zuerst die Sektenmischung unter Griechen und Römern, den dummen Aberglauben und die zügellose Verspottung des vernünftigeren Denkens, die immer zunahmen. [...] Das Volk ließ sich überall durch Wahrsager, aegyptische Zeichendeuter und lügenhafte Orakel in einem Morast von Wahn herumziehen. Die Juden, die auch nicht Einen Schritt in ihrer Kultur vorwärts gemacht hatten, hingen noch immer an ihrer sinnlichen, körperlichen Glaubensreligion. – Christus kam nun und suchte den Juden ihre Bilder, die sie für die Wirklichkeit hielten, zu erklären. Er sagte selbst, seine Lehre sei nur für das Volk, denn die gebildeteren wüßten schon alles das, was er vortrüge. Von den drei Hauptpartheien der christlichen Religion gewann diejenige die Oberhand, die die jüdische Religion durch Allegorie mit der christlichen verband. Bald aber nahm man wieder den Schleier für die wahre Gestalt, und das Christenthum ward ein neues Judenthum.« (ADOLPH MÜLLER, Briefe von der Universität in die Heimath. Aus dem Nachlaß Varnhagen's von Ense, hg. v. Ludmilla Assing, Leipzig 1874, 51 f.) Verwandt mit Schleiermacher ist die Verbindung des Judentums mit Äußerlichkeit und Sinnlichkeit; allerdings hat sich Schleiermacher mehr bemüht, das Judentum als eigene religiöse Weltdeutung ernstzunehmen.

schen Untertanen neu zu regeln, und Preußen gewährte den Juden im Rahmen der Reformen 1812 die Staatsbürgerschaft, wenn auch nicht die volle Rechtsgleichheit.[9] Das Fallen bisheriger Schranken, die Annäherung der Juden an die Mehrheitsgesellschaft zeitigte eine neue judenfeindliche Publizistik – die Pamphlete des Juristen Carl Wilhelm Friedrich Grattenauer, die forderten, die Juden wegen ihrer zu Rechtschaffenheit, Ehrlichkeit und Treue schlechthin unfähigen Natur von den anderen Menschen fernzuhalten, erlebten zahlreiche Auflagen, erfuhren aber auch viel Widerspruch und ließen dann die Regierung gegen solche Publikationen einschreiten –;[10] sie bedeutete aber auch für das Judentum selbst eine innere Krise.[11]

Zu Beginn des Jahrhunderts erwachte nun auch das Nationalbewusstsein der Deutschen und trat in Konkurrenz mit dem Weltbürgertum der Aufklärung: Die Heidelberger Romantik mit Achim von Arnim, Clemens Brentano und Joseph Görres entdeckte das deutsche Volkslied und die deutschen Volksbücher, und Fichte hielt den von Napoleon Gedemütigten Reden, in denen er sie lehrte, sich jenseits aller ständischen Grenzen als Volk zu erkennen, als das Urvolk aller Kultur; die Erziehung zur nationalen Gesinnung werde die bisher Vereinzelten zu einer Nation formen und ihnen zu einer sittlichen Neuwerdung verhelfen. – Das Erlebnis der gemeinsam ausgefochtenen Befreiungskriege begeisterte dann eine Generation von Studenten für das Ideal eines republikanischen deutschen Volksstaates und führte sie bald in die Opposition gegen das System des Deutschen Bundes.[12] – Würden die Juden Teil einer solchen Nation sein können?[13] Als sich im Januar 1811, nicht lange vor dem Erlass des preußischen Judenedikts, in Berlin eine Gruppe patriotisch Gesinnter als deutsche Tischgesellschaft zu gemeinsamen Mahlzeiten und Tischgesprächen

---

[9] Vgl. RÜRUP (s. Anm. 2), 128–132; STEFAN NIENHAUS, Geschichte der deutschen Tischgesellschaft, Tübingen 2003, 205–207.

[10] Vgl. a.a.O. 210–215; PETER FASEL, Revolte und Judenmord. Hartwig von Hundt-Radowski (1780–1835), Berlin 2010, 131–133.136.

[11] Vgl. JACOB KATZ, Aus dem Ghetto in die bürgerliche Gesellschaft, Frankfurt a. M. 1986, 76–83; WEYAND (s. Anm. 2), 58 f.

[12] Vgl. KARL HOLL, Gesammelte Aufsätze zur Kirchengeschichte, Bd. 3, Tübingen 1928, 350. 355 f. 360; SCHNABEL, Deutsche Geschichte, 1 (s. Anm. 3), 278–280.414–419; DERS., Deutsche Geschichte im neunzehnten Jahrhundert, Bd. 2, Freiburg 1933, 234–248; THOMAS NIPPERDEY, Deutsche Geschichte 1800–1866, München ⁶1993, 30 f.278–281.300–308; HANS WERNER HAHN, HELMUT BERDING, Reformen, Restauration und Revolution 1806–1848/49, HDtG[10] 14, Stuttgart 2010, 117–127; SIMON GERBER, »... es scheint wirklich ernst zu werden. Gott sei Dank.« Politik, Krieg und Zeitdeutung in Schleiermachers Hallenser Briefwechsel (in: ANDREAS ARNDT [Hg.], Friedrich Schleiermacher in Halle 1804–1807, Berlin, Boston 2013, 115–130, hier: 119–129).

[13] Vgl. PIERRE JAMES, The Murderous Paradise, Westport 2001, 99–126.

konstituierte, gehörte es zu der von den Mitgliedern geforderten Wohlanständigkeit, dass sie Männer von Ehre und guten Sitten sein sollten, keine Philister und im Christentum geboren, d.h. weder Juden noch vom Judentum Übergetretene – Letzteres ein Ausschlusskriterium, das die Zeitgenossen auffällig fanden.[14] Arnim hielt noch 1811 vor der Gesellschaft eine an Gemeinheiten und Zoten überreiche Scherzrede darüber, welche Kennzeichen einem den Juden verrieten.[15]

2. Rühs' Aufsatz *Ueber die Ansprüche der Juden an das deutsche Bürgerrecht*, 1815

Auf dem Wiener Kongress setzten sich Karl August von Hardenberg, Clemens Fürst Metternich und Wilhelm von Humboldt dafür ein, das in der Bundesakte den Anhängern der verschiedenen christlichen Religionen in allen Bundesstaaten gewährte volle Bürgerrecht auch auf die Juden auszudehnen; hinzu kamen Konflikte in den vier freien Städten, ob die in der ›Franzosenzeit‹ den Juden verliehenen Bürgerrechte nach dem Ende der Fremdherrschaft nicht wieder kassiert werden sollten.[16] In diesem Zusammenhang also veröffentlichte Friedrich Rühs 1815 in der *Zeitschrift für die neueste Geschichte* einen Aufsatz über die Ansprüche der Juden auf das deutsche Bürgerrecht. Im selben Jahrgang der Zeitschrift hatte er in einem anderen Aufsatz bereits geschrieben, Deutschland dürfe nicht länger in mehrere miteinander konkurrierende Staaten zerfallen, vielmehr müsse die Einheit des deutschen Volkes auch staatlich vollzogen werden, wie denn der Staat gegenüber dem Volk überhaupt eine sekundäre Größe sei.[17] Und Rühs' These über ein Bürgerrecht für Juden in einem solchen Volksstaat ist, 1) Juden hätten keinen Anspruch, deutsche Bürger zu werden, weil sie zum deutschen Volk nicht dazugehörten, und 2) die moralischen Mängel der Juden seien nicht erst eine Folge der Unterdrückung.

Was das zweite angeht, so bietet Rühs einige historische Gelehrsamkeit auf, um nachzuweisen, dass die Juden seit Joseph ben Tobias, dem Finanzkünstler unter König Ptolemäus Euergetes, ein Volk von Händlern, Schiebern und Geldleuten seien; ob sie gedrückt seien oder nicht, ändere nichts daran. Erlaube man ihnen Ackerbau und Handwerk und statte sie mit dem

---

[14] Vgl. a.a.O. 105f.; NIENHAUS (s. Anm. 9), 8–10.215f.338–341. DIRK MEYFELD, Volksgeist und Judenemanzipation, Berlin 2014, 43.45.51, meint, der »Frühantisemitismus« der Tischgesellschaft sei seinem Wesen nach antibürgerlicher Snobismus.
[15] Vgl. NIENHAUS (s. Anm. 9), 216–237.
[16] Vgl. RÜRUP (s. Anm. 2), 132f.
[17] FRIEDRICH RÜHS, Ueber die Einheit des deutschen Volks (in: Zeitschrift für die neueste Geschichte, die Staaten- und Völkerkunde 3, 1815, 21–41).

erforderlichen Gerät aus, dann fingen sie stattdessen bloß den Klein- oder Großhandel mit Ackergerät und Werkzeug an. Hinzu komme noch der Glaube an ihre eigene sittliche Vortrefflichkeit und Auserwähltheit, Arbeitsscheu und die Feindseligkeit gegen die übrigen Menschen, besonders die Christen, die oft meist nicht ohne Grund gegen sie geeifert hätten – hier bedient Rühs sich auch aus Eisenmenger.[18]

Nun plädiere er natürlich nicht, wie es die Fürsprecher der Juden einem gerne unterschöben, für die Rückkehr zu mittelalterlichen Grausamkeiten; jeder zivilisierte Mensch müsse den Juden die Menschenrechte einräumen, und die alten deutschen Könige seien auch rechtlich mit ihnen verfahren. Räume man ihnen aber darüber hinaus zu viele Rechte ein, so wie zeitweise in Spanien und Polen, dann litten das Gemeinwesen und die allgemeine Moral großen Schaden.[19] Dohm hatte noch argumentiert, eine Einbeziehung der Juden in die Gesellschaft würde die Volksstärke und Wirtschaftskraft eines Staates erhöhen; Rühs antwortet, Dohm habe den Staat noch – echt aufklärerisch – für eine seelenlose Maschine gehalten, deren Kraft man an der Zahl der Häupter ablesen könnte. Heute wüssten wir aber, dass es nicht auf die Anzahl der Menschen ankomme, sondern

»nur auf den Geist, der ein Volk belebt, der es vereinigt und die Einzelnen zu einem unauflösbaren Ganzen an einander kettet, auf die Treue, die es bewahrt, auf die Liebe für das Vaterland, auf seinen Glauben an Gott an sich [...]. Ein Volk kann nur zu einem Ganzen werden durch ein inniges Zusammenwachsen aller seiner Eigenthümlichkeiten, durch die gleiche Art ihrer Aeußerung: durch Gesinnung, Sprache, Glauben, durch die Anhänglichkeit an seine Verfassung.«

Dass jemand von außen dazukomme, sei natürlich nicht ausgeschlossen, aber er müsse sich dem neuen Volk ganz hingeben – so wie viele Hugenotten und auch viele Juden tatsächlich Deutsche geworden seien.[20]

Juden aber, sofern sie dem Judentum nicht entsagten, gehörten nicht dazu und könnten keine Staatsbürger werden.[21] Ihre Nation sei nicht Deutschland, sondern das seien die anderen Juden in allen Staaten, mit denen sie einerlei Abstammung, Gesinnung und Glauben hätten. Sie bildeten aber nicht bloß eine eigene Nation, sondern auch einen eigenen Staat; dessen Grundgesetz sei – wie man in Salomon Maimons Selbstbiographie nachlesen könne – die jüdische Religion, dessen Vorsteher aber die Rabbiner, ihre Geistesaristokratie, vergleichbar den indischen Brahmanen.

---

[18] Rühs, Ansprüche (s. Anm. 1), 134–142.145–153.
[19] A.a.O. 130f.142–147.
[20] A.a.O. 131–133.
[21] Vgl. a.a.O. 153: »Jedes Volk, das sich in seiner Eigenthümlichkeit und Würde zu behaupten und zu entwickeln wünscht, muß alle fremdartigen Theile, die es nicht innig und ganz in sich aufnehmen kann, zu entfernen und auszuscheiden suchen, dies ist der Fall mit den Juden«.

Als deutsche Staatsbürger gerieten sie beständig in Loyalitätskonflikte mit ihrer jüdischen Staatsbürgerschaft, und wo sie ihre Religion nicht mehr genau befolgten – die Vision einer nicht mehr positiven und daher alle Menschen umfassenden Religion der Aufklärer –, da entstehe ein völlig unhaltbares Mittelding zwischen Judentum und Christentum.[22]

Rühs fasst zusammen: Solange ein Jude an seiner angestammten Nation festhalte, solange er an seiner Religion festhalte, die zugleich eine politische Tendenz habe, so lange könne er kein Staatsbürger werden. Das sittliche Leben, die staatsbürgerlichen Rechte und Pflichten, die Eide hingen in Deutschland mit dem christlichen Glauben zusammen, der also für das Staatsbürgertum unerlässlich sei. Juden sollten als Metöken (unter Entrichtung eines Schutzgeldes und mit einer Volksschleife als Abzeichen versehen) unter den Deutschen leben, doch solle man ihnen den Weg erleichtern, Christen zu werden und sich die deutsche Volkseigentümlichkeit anzueignen.[23]

Rühs greift Fichtes Stichwort vom Staat im Staate auf und verbindet es mit der neuen Idee des Nationalstaates und mit der vom Christentum als sittlicher Grundlage eines deutschen Staates.

3. Das Echo auf Rühs' Aufsatz

Rühs' Aufsatz wurde viel beachtet,[24] stand aber nicht allein. 1814 war Ernst Moritz Arndts *Blick aus der Zeit auf die Zeit* erschienen, eine Betrachtung über die kommende Ordnung Europas. Arndt warnte vor einer größeren Einwanderung von Juden aus dem Osten. Er sei freilich kein barbarischer Judenhasser, wie manche sagten; in der Weltgeschichte hätten die Juden eine große, tragische Rolle, für die man ihnen Teilnahme schulde, wenn auch nicht Liebe. In Deutschland und in christlichen Ländern seien sie mit ihrer Religion und Art Fremdkörper. Sie sollten Schutz genießen, Rechtsgleichheit nicht; vor den Juden aus dem Osten, Gauner und Sittenverderber, dazu unedle Mischlinge mit Slawen und Südeuropäern,

---

[22] A.a.O. 133f.
[23] A.a.O. 131. 153–160.
[24] Vgl. GERT KÖNIG, LUTZ GELDSETZER, Vorbemerkung (in: JAKOB FRIEDRICH FRIES, Rezensionen, Sämtliche Schriften 25 = VI/2, Aalen 1996, 21*–155*, hier: 67*–74*); GERALD HUBMANN, Menschenwürde und Antijudaismus (in: WOLFRAM HOGREBE, KAY HERRMANN [Hgg.], Jakob Friedrich Fries, Frankfurt a. M. 1999, 141–163, hier: 148f.); DERS., Sittlichkeit (s. Anm. 4), 141f.; WERNER TRESS, Grundlegungen einer wissenschaftlichen Betrachtung der Judenfeindschaft im frühen 19. Jahrhundert bei Saul Ascher, Sigmund Zimmern, Michael Hess, Immanuel Wolf und Leopold Zunz (in: HAHN, KISTENMACHER [s. Anm. 2], 69–97, hier: 69–88).

müsse man sowohl die einheimischen Juden als auch das ganze Land bewahren.[25] Im selben Sinne schrieb der berühmte Jurist und Rechtshistoriker Friedrich Carl von Savigny in einem Aufsatz, Untertanen eines Staates und Bürger seien zweierlei; nur eine weltfremde Humanität habe jeden Untertan gleich zum Bürger machen wollen.

»Vollends die Juden bleiben uns ihrem inneren Wesen nach Fremdlinge, und dieses zu verkennen konnte uns nur die unglückseligste Verwirrung der Begriffe verleiten; nicht zu gedenken, daß diese bürgerliche und politische Gleichstellung, so menschenfreundlich sie gemeynt seyn mag, dem Erfolg nach nichts weniger als wohlthätig ist, indem sie nur dazu dienen kann, die unglückselige Nationalexistenz der Juden zu erhalten und wo möglich noch auszubreiten.«[26]

Saul Ascher dagegen griff in einer Flugschrift an, was er die »Germanomanie« nannte, nämlich eine seltsame Koalition von spekulativen Idealisten, Identitätsphilosophen und Deutschtümlern, die die Begriffe verwirrten und das, was die Aufklärung dem ganzen Menschengeschlecht zugeschrieben habe, nur noch für Deutsche gelten lassen wollten; da gebe es Schwärmer aller Art, Tischgesellschaft und Tugendbund, Franzosenhasser, katholisierende Protestanten, die sich das Mittelalter zurückwünschten, und Leute, die die alte nationale Abgeschlossenheit und Beschränktheit der Bildung zurückwollten.[27] Gründe für die behauptete Vortrefflichkeit der Deutschen würden Fichte, Arndt und Konsorten aber ebenso wenig vorbringen können wie die Franzosen dafür, die große Nation oder die Juden dafür, das auserwählte Volk zu sein. Dem gröbsten Nationalismus stehe einstweilen ja noch die übernationale Verwandtschaft und Verbundenheit der regierenden Häuser entgegen.[28] Auch auf Rühs geht Ascher ein: Dessen Staatsverständnis sei ebenfalls germanomanisch, eine deutsche Staatsbürgerschaft gebe es ja gar nicht, nur eine solche der Bundesstaaten; die Charakterisierung des Judentums als Gehorsam gegen die Rabbiner und religiösen Gesetze sei fragwürdig, und wenn Rühs die Juden aus Volk und Heer ausschließen wolle, solle er doch bedenken, dass die Deutschen erst in der Lage gewesen seien, Napoleon zu schlagen, als Juden in ihren Reihen mitkämpften.[29]

---

[25] ERNST MORITZ ARNDT, Blick aus der Zeit auf die Zeit, o.O. 1814, 180–201.

[26] FRIEDRICH CARL VON SAVIGNY, Stimmen für und wider neue Gesetzbücher (in: Zeitschrift für geschichtliche Rechtswissenschaft 3, 1817, 1–52, hier: 23 f.).

[27] SAUL ASCHER, Die Germanomanie, Berlin 1815, 3–31.40 f. 47 f. (DERS., 4 Flugschriften [s. Anm. 5], 193–208.214 f. 218 f.; DERS., Werkausgabe I/1 [s. Anm. 5], 143–154. 158.161).

[28] ASCHER, Germanomanie (s. Anm. 27), 32 f. 36–38.43 f. (DERS., 4 Flugschriften [s. Anm. 5], 210.213.216; DERS., Theoretische Schriften 1 [s. Anm. 5], 155.157.159 f.).

[29] ASCHER, Germanomanie (s. Anm. 27), 47–49.57 f. 66 f. (DERS., 4 Flugschriften [s. Anm. 5], 219–221.224.230; DERS., Theoretische Schriften 1 [s. Anm. 5], 161 f. 165. 169 f.).

Angesichts des großen Echos auf seinen Aufsatz veranstaltete Rühs einen korrigierten und erweiterten Separatdruck. Er trug weiteres historisches Material über die Schädlichkeit der Juden für das Allgemeinwohl zusammen, nannte sie nun auch die »Blutsauger des Volks, vor denen kein Zweig der Betriebsamkeit empor kommen konnte«.[30] Aschers Spitze über die mangelnde Wehrkraft der Deutschen ohne jüdische Mitstreiter erwähnt Rühs als weiteren Beweis für die Impertinenz, mit der Juden ihre eigene Vortrefflichkeit behaupteten.[31]

4. Fries' Rezension zu Rühs

Nun schaltete sich der gerade an die Universität Jena berufene Philosoph und Mathematiker Jakob Friedrich Fries in die Debatte ein. Fries rezensierte Rühs' Aufsatz für die Heidelberger Jahrbücher nebst einer anonymen Schrift über die Frage, ob das Gute, das bei der Modernisierung durch die Französische Revolution und die napoleonische Herrschaft verloren gegangen sei, im Deutschen Bund wiedererweckt werden könne. Die Rezension veröffentlichte er im selben Jahr separat unter dem Titel *Ueber die Gefährdung des Wohlstandes und Charakters der Deutschen durch die Juden*. Was Rühs ausführte, erzählt Fries zustimmend nach: Die hässlichen Charakterzüge der Juden kämen nicht erst von ihrer Unterdrückung, ihre Religion sei zugleich eine politische Gegenorganisation, sie bildeten einen Staat im Staate, seien die Blutsauger des Volks, schmutzig, roh und jeglicher wertschöpfenden Arbeit abhold. Noch in jüngster Zeit hätten sie sich als Kollaborateure, Kriegsgewinnler und Räuber erwiesen.[32] Dabei betont Fries:

»Nicht den *Juden*, unsern Brüdern, sondern der *Judenschaft* erklären wir den Krieg. [...] Die bürgerliche Lage der *Juden* verbessern heißt eben das *Judenthum* ausrotten, die Gesellschaft prellsüchtiger Trödler und Händler. Judenschaft ist eine

---

[30] FRIEDRICH RÜHS, Ueber die Ansprüche der Juden an das deutsche Bürgerrecht², Berlin 1816, 22 (KARL CHRISTIAN ERNST VON BENTZEL-STERNAU, Anti-Israel. Eine projüdische Satire aus dem Jahre 1818. Nebst den antijüdischen Traktaten Friedrich Rühs' und Jakob Friedrich Fries' [1816], hg. v. Johann Anselm Steiger, Heidelberg 2004, 79).
[31] RÜHS, Ansprüche² (s. Anm. 30) 27f. (BENTZEL-STERNAU, Anti-Israel [s. Anm. 30], 85).
[32] JAKOB FRIEDRICH FRIES, Rez. F. Rühs, Ueber die Ansprüche der Juden an das deutsche Bürgerrecht, Berlin 1816; Deutschlands Forderungen an den deutschen Bund, Mainz 1816 (in: Heidelberger Jahrbücher der Litteratur 9, 1816, 241–264, 241–250.254–260; DERS., Sämtliche Schriften 25 = VI/2 [s. Anm. 24], 150–159.163–169) = DERS., Ueber die Gefährdung des Wohlstandes und Charakters der Deutschen durch die Juden, Heidelberg 1816, 3–12.16–21 (BENTZEL-STERNAU, Anti-Israel [s. Anm. 30], 127–137.142–148).

Völkerkrankheit, welche sich in Menge erzeugt und an Macht gewinnt durch Geld«, bei drückenden Steuerverfassungen, wenn das Schuldenmachen einreißt oder wenn es zu viele müßige Reiche gibt. »Deren todt liegende Capitale werden von den Juden gefressen wie das Faulende vom Gewürm«.[33]

Die Judenschaft als Gesellschaft sei viererlei: eine Nation, eine politische Gesellschaft, eine Religionspartei und eine Makler- und Trödlerkaste. Als Nation dürfe man gerechterweise nichts gegen sie haben; als Kaste sei sie ein Relikt der vorgriechischen Urzeit, wo Gewerbe und Stand noch Sache der Vererbung waren. Während das Kastenwesen sonst durch Konnubium erloschen sei, habe es sich bei den Juden durch deren strikte Abgrenzung von anderen Menschen erhalten. Als Religionsgesellschaft müssten die Juden Toleranz genießen, wenn anders ihre Religionsform sich mit dem Rechtszweck des bürgerlichen Vereins vertrüge. Das sei aber nicht der Fall: Die hohe mosaische Lehre sei durch den Talmud zu einer Nationalreligion herabgekommen, die andere Völker zu verachten und zu hassen lehre und die eben zugleich eine die bürgerliche Gesellschaft konterkarierende politisch-theokratische Verbindung darstelle.[34]

In einem Punkt grenzt sich Fries ausdrücklich von Rühs ab: Er meine nicht wie Rühs, dass man das Christentum zur Staatsreligion und zur Bedingung des Bürgerrechts erklären solle, neben dem es dann noch geduldete Untertanen geben könne, sondern dass es gar keine Staatsreligion gebe und der Genuss des Bürgerrechts an andere Bedingungen zu knüpfen sei, dass aber die, die diese Bedingungen nicht erfüllten, im Staat gar nicht zu dulden seien (als bloße Religionspartei könnten die Juden also noch geschützt werden; das theokratische Rabbinerwesen gehöre aber verboten).[35]

In summa: Man dürfe den Stimmen scheinbarer Toleranz und kosmopolitischer Philanthropie nicht auf den Leim gehen, sondern müsse das Judentum als Staat im Staate und als vererbte gemeinschädliche Händlerkaste mit Stumpf und Stiel ausrotten, d.h. die einzelnen Juden mit den geeigneten Mitteln aus dieser Gesellschaft herausreißen und in die Mehr-

---

[33] FRIES, Rez. Rühs (s. Anm. 32), 248f. (DERS., Sämtliche Schriften 25 = VI/2 [s. Anm. 24], 157f.) = DERS., Gefährdung (s. Anm. 32), 10f. (BENTZEL-STERNAU, Anti-Israel [s. Anm. 30], 135f.).

[34] FRIES, Rez. Rühs (s. Anm. 32), 250–254. 256 (DERS., Sämtliche Schriften 25 = VI/2 [s. Anm. 24], 159–163.165) = DERS., Gefährdung (s. Anm. 32), 12–16.18 (BENTZEL-STERNAU, Anti-Israel [s. Anm. 30], 137–142.144).

[35] FRIES, Rez. Rühs (s. Anm. 32), 261–263 (DERS., Sämtliche Schriften 25 = VI/2 [s. Anm. 24], 170–172) = DERS., Gefährdung (s. Anm. 32), 21–23 (BENTZEL-STERNAU, Anti-Israel [s. Anm. 30], 149–151). Diesen entscheidenden Unterschied zwischen Rühs und Fries übersieht z.B. JOHANN ANSELM STEIGER, Nachwort (in: JOHANN LUDWIG EWALD, Ideen, über die nöthige Organisation der Israeliten in Christlichen Staaten, hg. v. Johann Anselm Steiger, Heidelberg 1999, 139–155, hier: 154).

heitsgesellschaft nötigen.³⁶ Es sei geradezu frappierend, wie hübsch Judenkinder oft seien und was für garstige Physiognomien sie im Laufe ihrer Entwicklung durch den Geist, dem sie ausgesetzt seien, bekämen.³⁷ Als Philosoph ist Fries noch heute bekannt, einerseits als Transzendentalphilosoph, der die Wahrheitsgewissheit nicht auf das Wissen beschränkte, dessen Gebiet das erscheinende Endliche sei; als dem Wissen ebenbürtige Formen der Gewissheit gebe es noch das Glauben der höheren Ideen und die religiöse Ahndung, dass die geglaubten Ideen in der gewussten Welt der Erscheinungen gegenwärtig seien – eine Theorie, die Fries' Freund Martin Wilhelm Leberecht de Wette für die Theologie versuchte fruchtbar zu machen.³⁸ Andererseits ist Fries dafür bekannt, dass er in seiner philosophischen Rechtslehre von 1803 die Menschenwürde zur Grundlage des Rechts machte: Rechts- und Sittengesetz leiteten sich aus dem in der reinen Vernunft begründeten Satz vom absoluten, unveräußerlichen Wert des vernünftigen Wesens ab; oberste Rechtspflicht sei es also, den anderen als seinesgleichen zu behandeln. Der Staat habe den Zweck, Bildung und Wohlstand zu fördern und das Eigentum nach dem Grundsatz der persönlichen Gleichheit zu verteilen.³⁹ In seiner Schrift *Von Deutschem Bund und Deutscher Staatsverfassung*, die 1816 erschien, im selben Jahr wie die judenfeindliche Rezension, tritt neben den universalen Gedanken der Menschenwürde und Rechtsgleichheit derjenige der Volkseinheit, bestimmt durch gemeinsame Abstammung und Einheit der Sprache, Sitten und Gesetze.⁴⁰

---

³⁶ FRIES, Rez. Rühs (s. Anm. 32), 247.256.260f.263f. (DERS., Sämtliche Schriften 25 = VI/2 [s. Anm. 24], 156.165.169f.172f.) = DERS., Gefährdung (s. Anm. 32), 9.18.21.23f. (BENTZEL-STERNAU, Anti-Israel [s. Anm. 30], 134.144.148f.151–153).
³⁷ FRIES, Rez. Rühs (s. Anm. 32), 249 (DERS., Sämtliche Schriften 25 = VI/2 [s. Anm. 24], 158) = DERS., Gefährdung (s. Anm. 32), 11 (BENTZEL-STERNAU, Anti-Israel [s. Anm. 30], 136).
³⁸ JAKOB FRIEDRICH FRIES, Wissen, Glaube und Ahndung, Jena 1805, bes. 61–76 (DERS., Schriften zur reinen Philosophie 3, Sämtliche Schriften 3 = I/3, Aalen 1968, 489–504). Vgl. WERNER ELERT, Der Kampf um das Christentum, München 1921, 145–147; HORST STEPHAN, Die Geschichte der evangelischen Theologie seit dem Deutschen Idealismus, Berlin 1938, 41.78–81; EMANUEL HIRSCH, Geschichte der neuern evangelischen Theologie im Zusammenhang mit den allgemeinen Bewegungen des europäischen Denkens, Bd. 5, Gütersloh 1954, 357–360; MARKUS BUNTFUSS, Begeisterung – Ergebung – Andacht (in: RODERICH BARTH, CHRISTOPHER ZARNOW [Hg.], Theologie der Gefühle, Berlin, Boston 2015, 143–156, hier: 145–151).
³⁹ JAKOB FRIEDRICH FRIES, Philosophische Rechtslehre und Kritik aller positiven Gesetzgebung, Jena 1803, V-VII.31–39.108 (DERS., Schriften zur angewandten Philosophie 1, Sämtliche Schriften 9 = II/1, Aalen 1971, 5–7.51–59.128). Vgl. HUBMANN, Menschenwürde (s. Anm. 24), 142–145; DERS., Sittlichkeit (s. Anm. 4), 135–138.
⁴⁰ JAKOB FRIEDRICH FRIES, Von Deutschem Bund und Deutscher Staatsverfassung, Heidelberg 1816, 57–61 (DERS., Sämtliche Schriften 9 = II/1 [s. Anm. 39], 285–289). Vgl. HUBMANN, Menschenwürde (s. Anm. 24), 145–147; DERS., Sittlichkeit (s. Anm. 4), 138–

Fries nahm im Herbst 1817 zusammen mit seinen Jenenser Kollegen, dem Mediziner und Naturphilosophen Lorenz Oken und dem Historiker Heinrich Luden, am Wartburgfest der Studenten teil, deren nationale und republikanische Ziele er unterstützte (dagegen nicht an der von Berliner Jahn-Freunden veranstalteten berüchtigten Verbrennungsaktion am Schluss der Feier, bei der auch Aschers »Germanomanie« unter einem Weheruf über das Judentum dem Feuer übergeben wurde).[41] Infolge der Karlsbader Beschlüsse verloren Fries und Oken ihre Lehrstühle, während Luden der Politik entsagte.

5. Die Fortsetzung der Debatte 1816

Die Kontroverse ging 1816 noch weiter. Der reformierte Badener Kirchenrat Johann Ludwig Ewald antwortete auf Rühs und Fries, sittliche und religiöse Fehler hätten die Juden allerdings: Unehrlichkeit im Kleinhandel und religiösen Mechanismus; aber solches hänge nicht an ihrer Religion selbst, sondern an ihrer Bedrückung und sei durch Bildung und Gleichberechtigung leicht zu korrigieren. Gerade den Juden sei man es schuldig, ihnen zu besserer Bildung zu verhelfen, seien doch wahre Religiosität und Humanität erst aus der Schule des Alten Testaments hervorgegangen. Ihre Religionsübungen widerstritten der bürgerlichen Ordnung durchaus nicht. Gefährlich und inhuman sei die Behauptung, die Juden verweigerten sich der Bildung; was Rühs an Verbesserungsvorschlägen bringe, würde sowohl den Juden als auch dem Gemeinwesen vielmehr zum Schaden gereichen.[42]

Bei Ludens politisch-historischer Zeitschrift *Nemesis* gingen, wie Luden im Vorwort berichtet, acht Aufsätze zum Thema der bürgerlichen Gleichstellung der Juden ein, von denen drei abgedruckt würden.[43] Einer davon, unter dem Pseudonym »Fürchtegott Leberecht Christlieb« aus Hanau, gilt wegen einer Passage oft als brutale Vernichtungsphantasie.[44]

---

141. In der philosophischen Rechtslehre schreibt Fries vom Geist des Volks, doch ist Volk hier bloß als Staatsvolk verstanden und nicht national oder kulturell, vgl. FRIES, Rechtslehre (s. Anm. 39), 87 (DERS., Sämtliche Schriften 9 = II/1 [s. oben], 107).

[41] Vgl. SCHNABEL, Deutsche Geschichte 2 (s. Anm. 12), 243–248; fälschlich anders TRESS (s. Anm. 24), 91. Vgl. aber GERALD HUBMANN, Ethische Überzeugung und politisches Handeln, Heidelberg 1997, 55–57, wonach Fries später angab, nur wegen des Wetters vor der Verbrennung gegangen zu sein.

[42] JOHANN LUDWIG EWALD, Ideen, über die nöthige Organisation der Israeliten in Christlichen Staaten, Karlsruhe 1816 (DERS., Ideen [s. Anm. 35]).

[43] HEINRICH LUDEN, Vorwort (in: Nemesis 8, 1816, 3–5).

[44] RAINER ERB, WERNER BERGMANN, Die Nachtseite der Judenemanzipation, Berlin-West 1989, 186f.; FASEL (s. Anm. 10), 141; TRESS (s. Anm. 24), 77f. LUDEN (s. Anm. 43)

Indessen: wer nicht bloß empört ist, sondern genau nachliest, stellt fest, dass die böse Passage[45] eine bissige Satire auf die Ratschläge der Judenfeinde ist.[46] Tatsächlich plädiert der Verfasser nämlich für das Gegenteil: Da man die Juden ja weder ausweisen noch ausrotten könne noch auch zum Christentum zwingen, in dem ihre Kritiker selber oft genug nicht gerade fest verwurzelt seien, da Volk und Nation nichts Statuarisches seien, der Staat keine Zwangsanstalt sei und da sich die oft angeführte Feindschaft des Talmud gegen die Gojim historisch gut erklären lasse, bleibe es das Beste, den Juden das volle Bürgerrecht zu verleihen, jedenfalls denen, die versprechen, sich als tüchtige Mitbürger zu erweisen.

Auch Rühs meldete sich noch einmal zu Wort: In einem längeren Aufsatz verteidigte er gegenüber den Gegenschriften Ewalds und des jüdischen Lehrers Michael Hess die »Unverträglichkeit des Christenthums und der Deutschheit mit dem Judenthum«[47] und bekräftigte gegenüber Fries, dass das Christentum staatstragend sei und die Bürgerrechte mit der Religion zusammenhingen.[48] Einig ist er sich mit Fries, dass ein Staat nicht ohne Volk sein könne, das sich durch gemeinsame Abstammung, Sprache, Verfassung und Bildung konstituiere; der Kosmopolitismus der Französischen Revolution sei ein Irrweg.[49] Die Juden nennt Rühs nun einen Schwamm, der sich vollsauge und billigerweise von Zeit zu Zeit ausgedrückt werde.[50] Interessant ist, dass Rühs gegenüber Ewald, der sich zugunsten der Juden auf Luthers Judenschrift von 1523 berief,[51] einige Passagen aus Luthers judenfeindlichen Spätschriften zitiert. Das Gemüt, aus dem diese kräftigen Äußerungen flössen, sei immer noch höchst ehrwürdig, auch wenn heutiger Eifer sich ganz anders ausdrücke. Zu wünschen sei, dass künftige Herausgeber der Werke Luthers diese Schriften mehr berücksichtigen würden.[52]

---

schreibt, keiner der eingegangenen Beiträge sei zugunsten der Juden, hat die judenfreundliche Tendenz »Christliebs« also auch nicht bemerkt.

[45] [»FÜRCHTEGOTT LEBERECHT CHRISTLIEB«], Warum versagt ihr den Juden das Bürgerrecht? (in: Nemesis 8, 1816, 49–103, hier: 64–66).

[46] Richtig verstanden hat das JAMES (s. Anm. 13), 132f.

[47] FRIEDRICH RÜHS, Die Rechte des Christenthums und des deutschen Volkes, vertheidigt gegen die Ansprüche der Juden und ihrer Verfechter (in: Zeitschrift für die neueste Geschichte, die Staaten- und Völkerkunde 4, 1816, 393–474, hier: 399; BENTZEL-STERNAU, Anti-Israel [s. Anm. 30], 160).

[48] RÜHS, Rechte (s. Anm. 47), 397.472 (BENTZEL-STERNAU, Anti-Israel [s. Anm. 30], 159.236).

[49] RÜHS, Rechte (s. Anm. 47), 420–422.427f.472 (BENTZEL-STERNAU, Anti-Israel [s. Anm. 30], 182–185.191.235).

[50] RÜHS, Rechte (s. Anm. 47), 451 (BENTZEL-STERNAU, Anti-Israel [s. Anm. 30], 214).

[51] EWALD, Ideen (s. Anm. 42), 159f. (EWALD, Ideen [s. Anm. 35], 114f.).

[52] RÜHS, Rechte (s. Anm. 47), 408–415 (BENTZEL-STERNAU, Anti-Israel [s. Anm. 30], 171–178). Rühs zitiert die Schriften *Wider die Sabbather* und *Von den Juden und ihren Lügen*.

Ewald ging in einer Schrift, die den »Geist des Christenthums und des ächten deutschen Volksthums« gegen die »Feinde der Israeliten« verteidigte, noch einmal auf Rühs und dessen gegen das Judentum gerichtetes Ideal eines christlichen Staates ein:

»Ja, die christliche Religion steht höher als das Judenthum. In ihr weht ein ganz anderer himmlischer Geist, der Geist der Liebe, von dem Alles bei dem Christenthum ausgeht, zu welchem Alles hinführt. Sie verhält sich gegen Judenthum wie Sittlichkeit zu Gesetzlichkeit. Aber diesen hohen Geist des Christenthums bedarf der Staat als Staat nicht. Der Geist unserer Religion ist über den Staat, über die Erde erhaben. Christenthum, das diesen Namen verdient, ist eine Sonne, die hoch über der Erde schwebt, alles erleuchtet, erwärmt, reift. In mannichfaltigen Wolken brechen sich seine Stralen, und auch hinter den Wolken leuchtet und wärmt es noch, so viel die Erde bedarf. Ein solcher Stral findet sich auch im Judenthum, von dem das Christenthum nur eine Fortsetzung ist. [...] Man zeige mir aber eine Einzige Christenthumslehre oder Christenpflicht, die zum Wol jedes Staats unentbehrlich wäre, und die sich nicht auch im ächten Judenthum fände.«[53]

Rühs' Versicherung, er wolle den Juden die natürlichen Menschenrechte selbstverständlich gönnen, entlarvt Ewald als Heuchelei; Rühs sage an anderer Stelle schließlich, absolut betrachtet seien Menschenrechte bloße Begriffe, sie könnten ja immer nur von einem Individuum an ein bestimmtes gegebenes Volk geltend gemacht werden, und ein Fremder habe keine Rechtsansprüche an ein Volk, dem er nicht angehöre, ein Jude nicht an die Deutschen.[54] Auf Rühs' Lutherzitate antwortet Ewald, dem die judenfeindlichen Spätschriften offenbar auch bekannt sind:

»so gibt sich Herr Rühs nicht allein die Mühe, die allerhärtesten Stellen, gegen die Juden, aus Luthers Schriften herauszuziehen, die man, aus Schonung gegen den großen Mann, eher mit dem Mantel der Liebe zudeken sollte, sondern er hat die – Stirn, mich zu fragen, ›ob das Gemüth, aus dem sie geflossen, nicht höchst ehrwürdig, und ihre Grundlage die erhabenste Christliche Ansicht sei?‹ [...] Welche Idee Herr Rühs vom Christenthum haben mag, wenn solche fanatischen Ergüsse, die man an einem sonst grossen und guten Mann kaum duldet, die erhabenste Christliche Ansicht geben sollen!«[55]

---

[53] JOHANN LUDWIG EWALD, Der Geist des Christenthums und des ächten deutschen Volksthums, dargestellt, gegen die Feinde der Israeliten, Karlsruhe 1817, 31f. (DERS., Projüdische Schriften aus den Jahren 1817 bis 1821, hg. v. Johann Anselm Steiger, Heidelberg 2000, 25f.).
[54] EWALD, Geist (s. Anm. 53), 37f. (DERS., Projüdische Schriften [s. Anm. 53], 29); vgl. RÜHS, Rechte (s. Anm. 47), 420 (BENTZEL-STERNAU, Anti-Israel [s. Anm. 30], 182f.).
[55] EWALD, Geist (s. Anm. 53), 63 (DERS., Projüdische Schriften [s. Anm. 53], 44f.).

Schlußbemerkungen

Im Jahr 1818 war die Kontroverse wieder abgeflaut. Graf Carl Christian Ernst von Bentzel-Sternau aber gab den judenfeindlichen Schriften unter dem Pseudonym Horatius Cocles noch einen satirischen Nachruf auf den Weg in Gestalt einer fiktiven Anti-Israel-Rede, Antrittsvorlesung an der »geheimen Akademie zum grünen Esel«. Bentzel-Sternau hatte als Staatsmann im Dienst des Erzbischofs von Mainz und Fürstprimas des Rheinbundes Karl Theodor von Dalberg gestanden. Sein Judenfeind Cocles erscheint als mystisch-antiaufklärerischer Schwärmer und Agitator, der in einer sich in unendlichen Verschachtelungen ergehenden Suada Judenvertreibung, Inquisition und Wiederkehr der Jesuiten als die Rettung Deutschlands vor Aufklärung, Toleranz und reformatorisch-freiheitlicher Zersetzung feiert.[56] Bentzel-Sternau trat später zur evangelischen Kirche über. Als sich im Spätsommer 1819 von Würzburg aus judenfeindliche Unruhen über viele Städte verbreiteten, die sog. ›Hep-Hep-Krawalle‹, erinnerte Rahel Varnhagen an Rühs, Fries und die publizistische Kontroverse über das Judentum: Was die Judengegner angetrieben habe, sei nicht einmal Religionshass gewesen, denn sie hätten selbst gar keine Religion, sondern pure Schlechtigkeit.[57] (Ob die ›Hep-Hep-Krawalle‹ tatsächlich auch eine Folge der Kontroverse von 1816 waren, ist freilich zweifelhaft.[58])

Für die Judenfeindschaft zu Beginn des 19. Jahrhunderts wird auch der Begriff ›Frühantisemitismus‹ gebraucht.[59] Die Alternative religiöser Antijudaismus oder rassischer Antisemitismus scheint für Rühs, Fries und die anderen jedenfalls nicht recht zu passen.[60] Auch wenn Rühs und Fries

---

[56] [KARL CHRISTIAN ERNST VON BENTZEL-STERNAU (»HORATIUS COCLES«)], Anti-Israel. Eine Vorlesung in der geheimen Akademie zum grünen Esel als Eintrittsrede gehalten, ohne Ort 1818 (BENTZEL-STERNAU, Anti-Israel [s. Anm. 30], 7–41).

[57] Rahel Varnhagen, Brief an Ludwig Robert, 29.8.1819 (RAHEL VARNHAGEN, Briefe und Tagebücher aus verstreuten Quellen, hg. v. Konrad Feilchenfeldt, München 1983, 583). Vgl. HUBMANN, Sittlichkeit (s. Anm. 4), 127.

[58] Einen Zusammenhang nehmen ERB, BERGMANN (s. Anm. 44), 262f.; FASEL (s. Anm. 10), 153; TRESS (s. Anm. 24), 79. 87 an. STEFAN ROHRBACHER, Gewalt im Biedermeier, Frankfurt a. M. 1993, 131–153.270–273; DERS., Sozialer Protest und antijüdische Ausschreitungen (in: BENZ, BERGMANN [s. Anm. 2], 159–174, hier: 164–170) sieht als Ursache der Krawalle den Widerstand von Bevölkerungsteilen dagegen, ihre Vorrechte mit den bislang Unterdrückten teilen zu müssen.

[59] Vgl. NICOLINE HORTZITZ, ›Früh-Antisemitismus‹ in Deutschland (1798–1871/72), Tübingen 1988, 1f.; MEYFELD (s. Anm. 14), 38–62. Meyfelds Ausführungen leiden an einem Übergewicht des theoretischen und generalisierenden Elements. Er deutet den ›Frühantisemitismus‹ in Anlehnung an Hannah Arendt und Jakob Katz als politische Ideologie, wie sie die nachreligiöse bürgerliche Gesellschaft hervorbringe, hat die ›frühantisemitischen‹ Autoren selbst aber offenbar nicht gelesen.

[60] Mit HUBMANN, Menschenwürde (s. Anm. 24), 155f.; DERS., Sittlichkeit (s. Anm. 4), 148.

gelegentlich als frühe Vertreter einer rassisch-eliminatorischen Judenfeindschaft bezeichnet werden:[61] wo von Juden gefordert wird, sich unter Aufgabe der jüdischen Identität ganz ihrer Umwelt zu assimilieren, und wo ihnen vorgeworfen hat, sich nicht – auch durch Konnubium – mit der Umwelt vermischt zu haben, liegt der »wissenschaftlich«-biologische Rassegedanke ganz fern. Während Fries auch nichts von einer Staatsreligion wissen will, gehört die Religion für Rühs immerhin zu den sittlichen Grundlagen, ohne deren gemeinsame Anerkennung kein Staat möglich sei; aber die Hauptsache scheint sie auch bei ihm nicht zu sein, denn auf den katholisch-protestantischen Gegensatz geht er gar nicht ein. Schleiermachers eigenwillige Adaption der paulinischen Metapher vom Judentum, das dem Buchstaben dient und auf dessen Herzen eine Decke liegt (2.Kor. 3,6–16), spielt in der Kontroverse über die bürgerliche Gleichstellung der Juden offenbar keine Rolle, dagegen tut Eisenmengers *Entdecktes Judentum* noch immer seine Wirkung. So kann man wohl am ehesten von kultureller oder soziokultureller Judenfeindschaft sprechen: In einer Situation des Umbruchs aus einer ständisch und konfessionell strukturierten Gesellschaft wird – auch als romantische Reaktion auf die kalte Rationalität eines aufgeklärten Weltbürgertums – das durch gemeinsame Sprache und Kultur verbundene Volk als die tragfähige Grundlage des Gemeinwesens erfunden; demgegenüber erscheinen die Juden dann als die Fremden, die, die nicht dazugehören, eine Gesellschaft von Trödlern, Blutsaugern und Schädlingen, die folglich auch keine Bürger des Nationalstaats sein können, sondern höchstens ausgesonderte, geduldete Untertanen.[62] Das entscheidende Stichwort kommt dabei noch aus dem aufgeklärten, vorromantischen Staatsdenken: Es darf keinen Staat im Staate geben, der dem Staat seine eigene Ordnung entgegensetzt (oder, modern ausgedrückt: keine Parallelgesellschaft).

Hat das nicht auch mit dem religiösen Gegensatz zu tun? Ja, allerdings, aber eben vor allem dadurch, dass das Judentum als eine solche Religi-

---

[61] Belege bei HUBMANN, Menschenwürde (s. Anm. 24), 141.156f.; DERS., Überzeugung (Anm. 41), 189f.; DERS., Sittlichkeit (s. Anm. 4), 127.148f.151. In diesem Sinne auch TRESS (s. Anm. 24), 86.

[62] Die Gemeinsamkeit mit dem Nationalsozialismus besteht also nicht in der biologischen Rassenlehre, auch nicht im physischen Vernichtungswillen, sondern in der Identifizierung von Staatsvolk, Nation und Volksgemeinschaft, aus der das Judentum als schädlicher Fremdkörper zu entfernen sei. – Ansonsten lässt sich beobachten, dass sich im Laufe des 19. Jahrhunderts manche judenfeindliche Stereotype geradezu ins Gegenteil verkehren: Aus dem jüdischen Aufklärungs- und Modernisierungsverweigerer wird der Verbreiter eines aus Heimat und Glauben entwurzelten, seelenlosen Modernismus, aus der prekären Trödler- und Schnorrerexistenz der jüdische Kapitalist, aus dem Assimilations- und Integrationsverweigerer der, der sich äußerlich anpasst, um unter dieser Tarnung das Gemeinwesen umso ungestörter zu unterwandern und zu zersetzen.

onsgemeinschaft angesehen wird, die zugleich eine Nation und ein politisch-theokratisches Gemeinwesen ist. »Der Ausdruck *Confession* ist durchaus unschicklich für das Judenthum«, schreibt Rühs.[63] Solange Juden ihre eigene Sprache und Kultur pflegen, solange sie ihre Identität als das unter viele Völker zerstreute auserwählte Volk bewahren, solange sie sich den theokratischen Ordnungen ihres Gemeinwesens und dessen priesterlichen und rabbinischen Obrigkeiten verpflichtet wissen, solange sie auf den politischen Messias warten, der sie sammeln wird, so lange werden sie nicht loyal zu Volk und Staat stehen, so lange werden sie nicht dazugehören.

Zeittafel

1793	[JOHANN GOTTLIEB FICHTE], Beitrag zur Berichtigung der Urtheile des Publicums über die französische Revolution
	IMMANUEL KANT, Die Religion innerhalb der Grenzen der bloßen Vernunft
1794	SAUL ASCHER, Eisenmenger der Zweite
1799	[FRIEDRICH SCHLEIERMACHER], Über die Religion
1803	KARL WILHELM FRIEDRICH GRATTENAUER, Wider die Juden
1804	Eine preußische Kabinettsordre verbietet weitere Publikationen zur »Judenfrage«
1806	Franz I. legt die Kaiserkrone nieder; Ende des Römisch-Deutschen Reiches
	Niederlage Preußens gegen Napoleon
1806–08	ACHIM VON ARNIM, CLEMENS BRENTANO, Des Knaben Wunderhorn
1807/08	FICHTE, Reden an die deutsche Nation (gedruckt 1808)
1811	Gründung der Deutschen Tischgesellschaft
1812	Edikt über die bürgerlichen Verhältnisse der Juden in Preußen
1813	Beginn der Befreiungskriege
1814	ERNST MORITZ ARNDT, Blick aus der Zeit in die Zeit
1814/15	Wiener Kongress
1815	FRIEDRICH RÜHS, Ueber die Ansprüche der Juden an das deutsche Bürgerrecht
	ASCHER, Die Germanomanie

---

[63] RÜHS, Rechte (s. Anm. 47), 405 (BENTZEL-STERNAU, Anti-Israel [s. Anm. 30], 167).

1816	Rühs, Ueber die Ansprüche der Juden an das deutsche Bürgerrecht, 2. Aufl.
	[»Fürchtegott Leberecht Christlieb«], Warum versagt ihr den Juden das Bürgerrecht?
	Jakob Friedrich Fries, Ueber die Gefährdung des Wohlstandes und Charakters der Deutschen durch die Juden (zunächst als Rezension zu Rühs in den Heidelberger Jahrbüchern der Litteratur)
	Johann Ludwig Ewald, Ideen über die nöthige Organisation der Israeliten in Christlichen Staaten
	Rühs, Die Rechte des Christenthums und des deutschen Volkes, vertheidigt gegen die Ansprüche der Juden und ihrer Verfechter
1817	Friedrich Carl von Savigny, Stimmen für und wider neue Gesetzbücher
	Ewald, Der Geist des Christenthums und des ächten deutschen Volksthums, dargestellt, gegen die Feinde der Israeliten
	Wartburgfest
1818	»Horatius Cocles« [Karl Christian Ernst von Bentzel-Sternau], Anti-Israel
1819	Hep-Hep-Unruhen

Franz Delitzsch gegen August Rohling

MARTIN FRIEDRICH

Franz Delitzsch gegen August Rohling – der mir vorgegebene Titel scheint nahezulegen, dass hier eine klare Konfrontation dargestellt werden sollte: Der hochgelehrte Judenfreund gegen den rabiaten Antisemiten. So könnte man versucht sein, ein Heldenporträt zu zeichnen und den guten Protestanten Delitzsch gegen den bösen Katholiken Rohling herauszustellen. Aber ich nehme an, dass dies nicht so gemeint war. Es soll bei dieser Tagung doch primär um die Auswirkungen der Reformation auf die jüdisch-christlichen Beziehungen gehen, um unterschiedliche Spielarten des protestantischen Verhältnisses zum Judentum. Von daher könnte es interessant sein, den Antisemitismus Adolf Stoeckers mit dem gleichzeitigen Antisemitismus Rohlings zu vergleichen. Aber weil nicht Stoecker behandelt werden soll, ist auch eine intensivere Beschäftigung mit Rohling verzichtbar. Um Franz Delitzsch zu verstehen und seine publizistische Auseinandersetzung mit August Rohling zu würdigen, braucht man sich nämlich nicht allzu sehr in die Schriften des letzteren zu vertiefen. Eine knappe Einordnung wird es natürlich noch geben.

Ein Heldenporträt von Delitzsch wäre auch mit Sicherheit nicht mehr auf der Höhe des Forschungsstandes. Es waren vor allem die 1960er bis 1980er Jahre, in denen Delitzsch in erster Linie als Judenfreund porträtiert wurde. Zu denken ist an Hans-Joachim Barkenings' Aufsatz *Die Stimme der Anderen*[1], an Arnulf Baumanns Aufsätze[2], aber auch Siegfried Wagners große Biographie, die gründlich aus den Quellen gearbeitet ist, aber einen Hang zur Apologetik erkennen lässt[3]. Von ihr ist noch Rudolf Smends biographische Skizze[4] abhängig, die vor allem Delitzschs wissenschaftliche

---

[1] HANS-JOACHIM BARKENINGS, Die Stimme der Anderen. Der »heilsgeschichtliche Beruf Israels« in der Sicht evangelischer Theologen des 19. Jahrhunderts (in: WOLF-DIETER MARSCH, KARL THIEME [Hgg.], Christen und Juden. Ihr Gegenüber vom Apostelkonzil bis heute, Mainz 1961, 201–231).

[2] ARNULF BAUMANN, Franz Delitzsch und die Begegnung mit dem Judentum (in: Friede über Israel 73, 1990, 52–59); DERS., Franz Delitzsch als Missionar (in: Friede über Israel 73, 1990, 101–108); DERS., Franz Delitzsch (in: DERS. [Hg.], Auf dem Weg zum christlich-jüdischen Gespräch, Münster 1998, 48–59). Eine wichtige Ergänzung ohne neue Bewertung bei DERS., Josef Rabinowitschs messianisches Judentum (in: FOLKER SIEGERT [Hg.], Grenzgänge. Menschen und Schicksale zwischen jüdischer, christlicher und deutscher Identität, Festschrift Diethard Aschoff, Münster 2002, 195–211).

[3] SIEGFRIED WAGNER, Franz Delitzsch. Leben und Werk, München 1978. Vgl. auch DERS., Zum 100. Todestag von Franz Julius Delitzsch (in: Friede über Israel 73, 1990, 4–9).

[4] RUDOLF SMEND, Franz Delitzsch – Aspekte von Leben und Werk (in: ANSELM C.

Leistungen würdigt, ebenso die Abschnitte zu Delitzsch in Thomas Küttlers Darstellung der Leipziger Judenmission[5], beides von 2009. Wie schon Wagner sah Küttler in Delitzschs Eintreten gegen den Antisemitismus einen Ausdruck seiner Liebe zu Israel, die auch seinen missionarischen Einsatz bestimmte.[6] Ein Umschwung trat aber schon mit der neuen Bewertung der Judenmission in den 1980er Jahren ein. Hierfür steht etwa das Kapitel zu Delitzsch in Paul Gerhard Arings Buch zur Geschichte der Judenmission im mittleren Deutschland, in dem das, was nach 1945 zunächst für Delitzsch zu sprechen schien, sein Einsatz für die Judenmission, nun gegen ihn verwendet wird. Aring porträtierte Delitzsch nicht ohne Respekt, stellte aber fest, dass er für eine Pädagogik stehe, »die aus Liebe schlimmer Dinge fähig ist«[7]. Dem entsprach Julia Männchens Urteil, dass die Judenmission »sich von der antisemitischen Bewegung in kaum mehr als der Wahl der Mittel« unterschieden habe.[8]

Weitere Bausteine für eine negative Beurteilung lieferte Christian Wiese in seiner gründlichen Untersuchung zum Verhältnis von Wissenschaft des Judentums und protestantischer Theologie.[9] Er konzentrierte sich auf Delitzschs Auseinandersetzungen mit jüdischen Gelehrten, die er aber ganz aus dessen missionarischem Impetus deutete. In einem Aufsatz versuchte er eine Erklärung für Delitzsch recht abfällige Äußerungen zum zeitgenössischen Judentum, auf die ich noch zurückkommen werde.

HAGEDORN, HENRIK PFEIFFER [Hgg.], Die Erzväter in der biblischen Tradition. Festschrift für Matthias Köckert, Berlin 2009, 347–366).

[5] THOMAS KÜTTLER, Der Leipziger Zentralverein für Mission unter Israel von Franz Delitzsch bis Otto von Harling, Leipzig 2009, 12–29. Von der neueren kritischen Literatur zu Delitzsch ist hier wie bei Smend nur die Monographie von Wiese zur Kenntnis genommen, aber kaum wirklich benutzt.

[6] A.a.O. 28; vgl. WAGNER, Leben (s. Anm. 3), 406.414; deutlicher noch DERS., Todestag (s. Anm. 3), 9 (»Ihn erfüllte eine starke Zuneigung zu den ›Brüdern aus Israel‹, die ihn bewog, im Kampf gegen den Antisemitismus für sie einzusetzen, ohne auf sein eigenes Ansehen zu achten«).

[7] PAUL GERHARD ARING, Christen und Juden heute – und die »Judenmission«? Geschichte und Theologie protestantischer Judenmission in Deutschland, dargestellt und untersucht am Beispiel des Protestantismus im mittleren Deutschland, Frankfurt a. M. 1987, 237.

[8] JULIA MÄNNCHEN, Gustaf Dalmans Leben und Wirken in der Brüdergemeine, für die Judenmission und an der Universität Leipzig (1855–1902), Wiesbaden 1987, 79. Das Zitat bezieht sich auf Dalman, lässt sich aber auch auf dessen Lehrer Delitzsch übertragen, mit dem sich die Dissertation ebenfalls beschäftigt. Vgl. auch DIES., Probleme der lutherischen Judenmission zwischen 1870 und 1900 (in: Judaica 48, 1992, 87–97).

[9] CHRISTIAN WIESE, Wissenschaft des Judentums und protestantische Theologie im wilhelminischen Deutschland. Ein Schrei ins Leere?, Tübingen 1999, bes. 99–111 und 123–130. Vorarbeiten in DERS., Was heißt »Liebe zu Israel«? Die aktuelle Diskussion um die »Judenmission« im Licht der Auseinandersetzung jüdischer Gelehrter mit dem Wissenschaftler und Missionar Franz Delitzsch (in: HANS JOACHIM BARKENINGS u.a. [Hgg.], Tun und Erkennen. Theologisches Fragen und Vermitteln im Kontext des Jüdisch-christlichen Gesprächs, Duisburg 1994, 211–242; mir leider nicht zugänglich).

Auch ein Aufsatz des amerikanischen Historikers Alan Levenson von 2002 beteiligte sich an der Dekonstruktion des Bildes von Delitzsch als Judenfreund.[10] Er bespricht etliche seiner einschlägigen Veröffentlichungen, solche, die als judenfreundlich ebenso wie solche, die als judenfeindlich zu werten sind. Zur Erklärung greift er auf den Begriff des Allosemitismus zurück, der beides verbindet. Dabei stellt er fest, Delitzschs Philosemitismus sei aus persönlichen Kontakten zu Juden und seiner Ablehnung der Tendenzen zur Marginalisierung des Alten Testaments zu erklären; die Judenfeindschaft sei dagegen tiefer in den theologischen Grundüberzeugungen wie »superiority, supersessionism, and an annihilating chiliasm« verwurzelt.

Zuletzt behandelte der schwedische Theologe Anders Gerdmar Delitzsch sogar in seinem Werk über die Wurzeln des Antisemitismus.[11] Er stellte aber resümierend fest, dass Delitzsch wegen seines Einsatzes gegen Rohling »großen Respekt auch im jüdischen Lager« genoss und allenfalls als ambivalent beurteilt werden müsse.[12] Wie Levenson sah Gerdmar die Opposition zum rassischen Antisemitismus eher als Akzidenz neben der grundlegenden Judenfeindschaft, die aus der heilsgeschichtlichen Sicht und dem Eintreten für den christlichen Staat herzuleiten sei.[13]

Eins haben alle Werke über Delitzsch seit Wagner gemeinsam: Die Kontroverse mit Rohling wird entweder gar nicht[14] oder nur ganz am Rande[15] erwähnt und jedenfalls nicht wirklich ausgewertet. Es wird sich also lohnen, ihr noch einmal einen kritischen Blick zu widmen. Weil aber ein Heldenporträt nicht beabsichtigt ist, beschäftige ich mich auch mit einer gleichzeitigen Schrift, die oft als Beleg für Delitzschs judenfeindliche Haltung angeführt wird. Und zuletzt werde auch ich mich um eine Er-

---

[10] ALAN T. LEVENSON, Missionary Protestants as Defenders and Detractors of Judaism: Franz Delitzsch and Hermann Strack (in: Jewish Quarterly Review 92, 2002, 383–420; wieder abgedruckt in DERS., Between Philosemitism and Antisemitism. Defense of Jews and Judaism in Germany 1871–1932, Lincoln 2004, 64–90.179–184 [Anmerkungen]), was im Folgenden benutzt ist.

[11] ANDERS GERDMAR, Roots of Theological Anti-Semitism. German Biblical Interpretation and the Jews. From Herder and Semler to Kittel and Bultmann, Leiden 2009, 213–237.

[12] ANDERS GERDMAR, Delitzsch, Franz Julius (in: WOLFGANG BENZ [Hg.], Handbuch des Antisemitismus. Judenfeindschaft in Geschichte und Gegenwart. Bd. 2: Personen, Berlin 2009, 166f., hier: 167). Vgl. auch DERS., Roots (s. Anm. 11), 234.

[13] Vgl. die Zusammenfassung in GERDMAR, Roots (s. Anm. 11), 234–237.248–251, wo er sich mit Levensons Darstellung von Delitzsch und Strack auseinandersetzt.

[14] So bei ARING (s. Anm. 7).

[15] So bei MÄNNCHEN, Dalman (s. Anm. 8), 94; DIES., Probleme (s. Anm. 8), 88f; WIESE, Wissenschaft (s. Anm. 9), 89.128; LEVENSON (s. Anm. 10), 81f; GERDMAR, Roots (s. Anm. 11), 225f. Auch die Darstellung bei WAGNER, Leben (s. Anm. 3), 409–413, ist alles andere als erschöpfend.

klärung seiner ambivalenten Haltung bemühen. Vorausgeschickt wird noch eine knappe Lebensskizze der beiden Protagonisten.

1. Die beiden Kontrahenten und ihre Beiträge zum Streit

Als August Rohling 1871 die erste Auflage seiner Schrift *Der Talmudjude. Zur Beherzigung für Juden und Christen aller Stände* veröffentlichte, stand er noch in höchst prekärer Stellung.[16] 1839 im münsterländischen Neuenkirchen geboren und 1863 zum Priester geweiht, hatte er sich für eine wissenschaftliche Laufbahn entschieden, aber gerade erst im selben Jahr eine außerordentliche Professur an der Akademie in Münster erlangt. Sie war aber nicht besoldet, so dass er auch am Priesterseminar lehren musste. 1874 übernahm er eine Professur am Priesterseminar in Milwaukee, kehrte aber schon im folgenden Jahr nach Europa zurück. Erst ab 1877 hatte er eine ordentliche Professur für alttestamentliche Exegese an der Deutschen Universität in Prag inne, die ihm jedoch 1885 – nach mehreren Niederlagen in von ihm selbst angestrengten Prozessen zu den im *Talmudjuden* und anderen Pamphleten vorgebrachten Anschuldigungen, bis hin zu der des Ritualmords – auf Befehl Kaiser Franz Josephs entzogen wurde. Zum Verlust seiner wissenschaftlichen Reputation trugen nicht zuletzt Delitzschs Rechtsgutachten bei, die Rohlings Behauptungen eingehend widerlegten.[17] 1899 wurde eine chiliastische Schrift über den Zukunftsstaat sogar kirchlich zensuriert, worauf Rohling auch formal die Professur sowie seine kirchlichen Ämter niederlegte. Als Privatgelehrter und Publizist wirkte er danach ohne größere Resonanz und starb weitgehend vergessen im Jahr 1931.

Eine ganz andere Biographie also als Franz Delitzsch, obgleich dieser ebenso wie Rohling aus einfachen Verhältnissen stammte und sich schon früh für die wissenschaftliche Laufbahn entschieden hatte, nachdem eine Anstellung als Judenmissionar sich nicht realisieren ließ. 1813 geboren und 1835 zum Dr. phil. promoviert, war er mit 31 Jahren schon außerordentlicher Professor für Altes Testament in seiner Heimatstadt Leipzig. 1846 erlangte er ein Ordinariat in Rostock, wechselte 1850 nach Erlangen und kehrte 1867 nach Leipzig zurück, wo er als hoch angesehener Exeget wirk-

---

[16] Zur Biographie vgl. CHRISTOPH SCHMITT, Art. Rohling, August (in: BBKL 8, 577–583); HANNELORE NOACK, »Unbelehrbar?« – Antijüdische Agitation mit entstellten Talmudzitaten, Paderborn 2001, 421–442.

[17] Vgl. NOACK (s. Anm. 16), 136–149; BARNET PERETZ HARTSTON, Sensationalizing the Jewish Question. Anti-Semitic Trials and the Press in the Early German Empire, Leiden 2005, 195–211.

te und eine Vielzahl von Kommentaren und Monographien zum Alten Testament veröffentlichte. Daneben setzte er sich tatkräftig für die Judenmission ein. Schon seit 1863 Schriftleiter der von ihm gegründeten Zeitschrift *Saat auf Hoffnung*, gründete er 1871 den *Evangelisch-Lutherischen Centralverein für Mission unter Israel* zur Zusammenfassung aller judenmissionarischen Aktivitäten. 1886 erreichte er – wie schon 1883 sein Berliner Schüler Hermann Leberecht Strack – die Gründung eines *Institutum Judaicum*, das nach seinem Tod 1890 in *Institutum Judaicum Delitzschianum* umbenannt wurde. Von Schülern und Kollegen ebenso betrauert wie von zahlreichen jüdischen Gelehrten, starb er 1890 in Leipzig.

Delitzschs Ansehen bei jüdischen Mitbürgern leitete sich größtenteils von der hier zu besprechenden Kontroverse mit August Rohling her, die das letzte Jahrzehnt seines Lebens überschattete. Dabei war Rohlings Schrift kaum originell, enthielt sie doch nur seit Jahrhunderten kolportierte Warnungen vor den Juden, denen ihr Talmud angeblich erlaube oder sogar gebiete, Christen zu übervorteilen bzw. nach besten Kräften zu schaden. Sie zeigt noch keinen primär rassisch begründeten Antisemitismus, sondern steht in einer Reihe mit etlichen weiteren Publikationen aus der Reichsgründungszeit, insbesondere den ebenfalls einflussreichen Pamphleten des Paderborner Priesters Joseph Rebbert. Katholische Ängste vor einer Marginalisierung im protestantischen Kaiserreich boten den Nährboden für die Anfachung judenfeindlicher Stimmungen, mit denen im aufziehenden Kulturkampf die Reihen fest geschlossen werden sollten.[18] Delitzsch konnte somit auch als Vertreter des kulturhegemonialen Protestantismus aus sicherer Warte gegen Rohling argumentieren.

In den ersten Jahren erzielte der *Talmudjude* nur geringe Aufmerksamkeit. Zwei Rabbiner veröffentlichten ausführliche Widerlegungen,[19] und das war es zunächst. Doch in der seit 1874 stetig zunehmenden Propaganda gegen den verderblichen jüdischen Einfluss in der Wirtschaft Deutschlands stieß die Schrift auf großes Interesse und wurde ein Verkaufserfolg; neben mehreren Übersetzungen wurde 1877 schon die 6. Auflage herausgebracht.[20] In diesem Jahr nahm auch Delitzsch sie öffentlich zur Kenntnis: In einer kurzen Rezension in der Zeitschrift *Saat auf Hoffnung* be-

---

[18] Hierzu OLAF BLASCHKE, Katholizismus und Antisemitismus im Deutschen Kaiserreich, Göttingen 1997, passim.
[19] [THEODOR] KRONER, Entstelltes, Unwahres und Erfundenes in dem »Talmudjuden« Professor Dr. August Rohling's, Münster 1871; JACOB EMANUEL FRAENKEL, Erwiederung auf die vom Professor Dr. Aug. Rohling verfaßte Schrift der Talmudjude, Lemberg 1874.
[20] Vgl. PETER R. FRANK, Der Weg einer antisemitischen Hetzschrift. August Rohlings ›Der Talmudjude‹ (in: Aus dem Antiquariat, 2004, Nr. 2, 91–101). Die 6. Auflage war gegenüber der 1. auf fast den doppelten Umfang angewachsen (125 statt 67 Seiten).

zeichnete er sie als »nicht aus dem Geist Christi und der Wahrheit geboren«.[21] Seine hier nur angedeutete Kritik führte er vier Jahre später in einer Schrift aus, die dem *Talmudjuden* an Umfang kaum nachstand: *Rohlings Talmudjude beleuchtet*.[22] Hier wies er eingehend nach, dass Rohlings Vorwürfe fast vollständig aus dem berüchtigten *Entdeckten Judentum* des reformierten Theologen Johann Andreas Eisenmenger vom Beginn des 18. Jahrhunderts abgekupfert waren und auf Übersetzungsfehler oder mutwillige Verdrehungen zurückgingen.

Doch damit war die Debatte nicht beendet. Rohling entgegnete unmittelbar mit seinem 150-Seiten-Buch über *Franz Delitzsch und die Judenfrage*.[23] Darauf erweiterte Delitzsch, immer noch im Jahr 1881, die siebte Auflage seiner Schrift und versuchte, die Kontroverse grundsätzlich zu betrachten.[24] 1882 erweiterte sich das Kampffeld, als der Antisemitismus in Österreich-Ungarn einen neuen Höhepunkt erreichte: Nach dem Verschwinden eines christlichen Mädchens im ungarischen Tisza-Eszlar im April 1883 kamen Gerüchte auf, sie sei einem jüdischen Ritualmord zum Opfer gefallen.[25] Da die Behörden diese Gerüchte förderten, kam es 1883 zu einem europaweit beachteten Prozess, innerhalb dessen Rohling als freiwilliger Zeuge aussagte, dass die Juden tatsächlich Christenblut für ihre Pessachfeiern verwendeten. Darauf beschuldigte der österreichische Reichstagsabgeordnete Joseph Samuel Bloch Rohling der Verleumdung. Delitzsch, der bei dem durch Rohling angestrengten Prozess vor dem Wiener Landgericht neben anderen Fachleuten als Gutachter bestellt war, widmete dieser Kontroverse seine Broschüre *Was D. Aug. Rohling beschworen hat und beschwören will* mit weiteren Nachweisen für Rohlings »falsche[s] Zeugnis« und »gewissenlose Verleumdung«.[26] Da Rohling wei-

---

[21] FRANZ DELITZSCH, Antijüdische Brandschriften (in: SaH 14, 1877, 183f), 183. – Ironischerweise hatte Rohling zwei Jahre zuvor versucht, Delitzsch zur Konversion zur römisch-katholischen Kirche zu bewegen, vgl. WAGNER, Leben (s. Anm. 3), 147f.

[22] FRANZ DELITZSCH, Rohlings Talmudjude beleuchtet, Leipzig 1881. Ich benutze den zweiten Abdruck. – Laut DERS., Zur Literatur der Judenfrage (in: SaH 18, 1881, 242–253, hier: 242), war die Schrift im Januar erschienen. Zu dem Werk vgl. z.B. NOACK (s. Anm. 16), 114–116.258–260.

[23] AUGUST ROHLING, Franz Delitzsch und die Judenfrage. Antwortlich beleuchtet, Prag 1881. Neben der Verteidigung seiner Talmudauslegung griff er dort auch die Behauptung einer jüdischen Herkunft Delitzschs auf (154), die schon in Pressemeldungen kolportiert worden war (hierzu schon DELITZSCH, Talmudjude [s. Anm. 22], 63).

[24] FRANZ DELITZSCH, Rohlings Talmudjude beleuchtet, Leipzig ⁷1881. Gegenüber der nur durch einige Fußnoten ergänzten 1. Auflage mit ihren 63 Seiten sind zwei Teile dazugekommen, wodurch das Buch auf 120 Seiten (einschließlich Register) anwuchs. Der zweite Teil beleuchtet noch einmal einzelne Aussagen, der dritte versucht, die Argumentation Rohlings auf drei falsche Grundannahmen zurückzuführen.

[25] Zu der Affäre vgl. EDITH STERN, The Glorious Victory of Truth. The Tiszaeszlár Blood Libel Trial 1882–83, Jerusalem 1998.

tere Gegenschriften herausbrachte,[27] musste auch Delitzsch noch mehrfach in Zeitungen Stellung nehmen; aus den Artikeln ging die Broschüre *Schachmatt den Blutlügnern Rohling und Justus*[28] hervor. Sein fast resigniertes Schlusswort *Neueste Traumgesichte des antisemitischen Propheten* ist gestaltet als Sendschreiben an Otto Zöckler, den er dafür lobte, dass dessen Evangelische Kirchenzeitung von Beginn an gegen Rohling Stellung genommen hatte.[29]

Auf die ausführliche Darstellung der Schriften, die sich ganz überwiegend mit der Besprechung einzelner Talmudstellen beschäftigten, kann ich hier verzichten. Ich werde gleich versuchen, Delitzschs Argumentation im Ganzen zu würdigen und insbesondere nach seiner Motivation fragen. Vorher aber behandle ich eine andere Episode, die geeignet ist, auf das Bild Delitzschs als Judenfreund Schatten zu werfen.

2. Delitzschs *Christentum und jüdische Presse*, 1882

Das Jahr 1879 kann als Wendepunkt der Judenfeindschaft im Kaiserreich gelten. Nachdem Wilhelm Marr mit dem Buch *Der Sieg des Judenthums über das Germanenthum* den Begriff ›Antisemitismus‹ geprägt und Adolf Stoecker mit seiner Rede *Unsere Forderungen an das Judentum* die sogenannte Berliner Bewegung als Speerspitze des politischen Antisemitismus begründet hatte, löste Heinrich von Treitschke mit dem Aufsatz *Unsere Aussichten* den Berliner Antisemitismusstreit aus. 1880/81 wurde in der Antisemitenpetition die Forderung erhoben, die seit 1869/71 geltende bürgerliche Gleichstellung der Juden wieder aufzuheben. Es ist offensichtlich, dass Delitzsch zu seiner ausführlichen ersten Streitschrift gegen Rohling auch durch diesen Wandel in der allgemeinen Stimmung veranlasst wurde.[30] Doch genau in diesen Jahren veröffentlichte er auch seine Broschüre

---

[26] FRANZ DELITZSCH, Was D. Aug. Rohling beschworen hat und beschwören will. Zweite Streitschrift in Sachen des Antisemitismus, Leipzig 1883, 16.21. Hier ist auch die Auseinandersetzung mit Rohlings Schriften weitergeführt.

[27] AUGUST ROHLING, Meine Antworten an die Rabbiner. Oder: 5 Briefe über den Talmudismus und das Blut-Ritual der Juden, Prag 1883. Diese Schrift ging auf Zeitungsartikel zurück und setzte sich auch mit Delitzsch auseinander.

[28] FRANZ DELITZSCH, Schachmatt den Blutlügnern Rohling und Justus, Erlangen 1883. Ich benutze die zweite, revidierte Auflage aus demselben Jahr. Die Schrift geht auf den Artikel DERS., Die Blutfrage (in: SaH 20, 1883, 173–194) zurück.

[29] FRANZ DELITZSCH, Neueste Traumgesichte des antisemitischen Propheten. Sendschreiben an Prof. Zöckler in Greifswald, Erlangen 1883. Hier reagiert Delitzsch auf Rohlings Schrift *Die Polemik und das Menschenopfer des Rabbinismus. Eine wissenschaftliche Antwort ohne Polemik für die Rabbiner und ihre Genossen* aus demselben Jahr und weist erstmals die Behauptung seiner jüdischen Abstammung entschieden zurück (10); vgl. aber auch schon DELITZSCH, Blutfrage (s. Anm. 28), 191.

[30] Vgl. unten Anm. 61.

Christentum und jüdische Presse.³¹ Levenson, der sie ausführlich behandelt, stuft sie als Delitzschs judenfeindlichstes Werk ein.³² Es ist erstaunlich, dass Gerdmar diese Schrift gar nicht beachtet; denn sie steht zeitlich und sachlich zwischen der Kontroverse mit Abraham Geiger um das Verhältnis von Jesus und Hillel und Delitzschs Spätschrift *Ernste Fragen an die Gebildeten jüdischer Religion*,³³ die ganz ähnliche Aussagen enthält. Beides braucht hier nicht ausführlich dargestellt zu werden. Auf die zeitlich mit der Rohling-Kontroverse direkt zusammenfallende Schrift muss ich aber doch noch knapp eingehen.

Auf knapp 70 Seiten trägt Delitzsch Vorwürfe gegen jüdische Zeitschriften zusammen, die nach seiner Auffassung Christus beschimpft und so die Christen, zuvörderst ihn, verletzt haben. Ein Hauptthema ist weiterhin Abraham Geigers Urteil, dass Jesus gegenüber Hillel keine originellen Gedanken gehabt habe;³⁴ aber auch Glossen über jüdische Begeisterung für das Weihnachtsfest empfindet Delitzsch als Herabsetzungen des Christentums.³⁵ Dabei steigert er sich langsam in Zorn und unterstellt selbst einer vermittelnden Äußerung, sie beschuldige letztlich die Christen des Götzendienstes.³⁶ Deutlich wird, dass er mit zweierlei Maß misst, wenn er in jüdischen Aussagen gegen das Christentum nur »abstoßende[n] Stolz« erkennen kann, für seine Urteile über das Judentum aber nicht nur Gewissensschutz, sondern Objektivität beansprucht.

Warum aber schreibt er diese Streitschrift, wenn er selbst erkennt, dass ihr Inhalt »dem Rassenhaß willkommene Nahrung zu geben geeignet ist«³⁷? Man muss ihm zu Gute halten, dass er differenziert und zum Beispiel gegen den verbreiteten Vorwurf einer jüdisch dominierten Presse festhält, dass liberale Entgleisungen oft auch aus christlicher Feder kommen.³⁸ Aber trotzdem: Warum gerade zu jener Zeit, wo er sich schon im

---

³¹ FRANZ DELITZSCH, Christentum und jüdische Presse. Selbsterlebtes, Erlangen 1882. Die Schrift erschien auch in SaH 19, 1882, 83–146.
³² LEVENSON (s. Anm. 10), 71–73.82f. (Zitat 82); vgl. auch WIESE, Wissenschaft (s. Anm. 9), 105 (Anmerkung); KERSTIN VON DER KRONE, Wissenschaft in Öffentlichkeit. Die Wissenschaft des Judentums und ihre Zeitschriften, Berlin 2012, 116–118.
³³ FRANZ DELITZSCH, Ernste Fragen an die Gebildeten jüdischer Religion, Leipzig 1888. Hierzu s. WIESE, Wissenschaft (s. Anm. 9), 106–108; GERDMAR, Roots (s. Anm. 11), 227–229.
³⁴ DELITZSCH, Christentum (s. Anm. 31), 32–41. Zu dieser seit 1867 in Publikationen und 1872 in einem Briefwechsel ausgetragenen Kontroverse vgl. SUSANNAH HESCHEL, Abraham Geiger and the Jewish Jesus, Chicago 1998, 194–197; WIESE, Wissenschaft (s. Anm. 9), 104f.; GERDMAR, Roots (s. Anm. 11), 226f.; VON DER KRONE (s. Anm. 32), 251–253.256.
³⁵ DELITZSCH, Christentum (s. Anm. 31), 46.
³⁶ A.a.O. 51.
³⁷ A.a.O. 5.
³⁸ A.a.O. 6f., vgl. auch schon 4.

ersten Satz über den ihm »in tiefster Seele unsympathisch[en]« Antisemitismus[39] beklagen muss?

Tatsächlich ist es gerade die Koinzidenz mit der Rohling-Kontroverse, die ihn bewegt. So sieht er seine Schrift gegen Rohling Lügen gestraft durch einen jüdischen Artikel, in dem die talmudische Kennzeichnung Jesu als eines Verdammten verteidigt wird.[40] Und er scheint zu erwarten, dass christliches Eintreten für die Juden von diesen durch Zurückhaltung honoriert werde.[41] Aber bei aller Kritik am Judentum, die zu artikulieren er sich auch trotz der laufenden Kontroverse mit Rohling er sich nicht verbieten lassen will, ist letzten Endes doch auch seine Hoffnung, durch beharrliches Wiederholen der Argumente für die Überlegenheit des Christentums die Juden zu gewinnen, eine Motivation seiner Schrift. Das Schlusskapitel[42] wirbt in poetischer Sprache um die Anerkennung, dass in Christus nicht nur die messianischen Weissagungen erfüllt, sondern auch der Weg der alttestamentlichen Religion zu immer größerer Reife vollendet ist.

3. Delitzschs Stellung zum Judentum im Spiegel seiner Auseinandersetzung mit Rohling

Dass Delitzsch in zeitlichem Einklang mit seinen Schriften zur Bekämpfung des Antisemitismus so scharfe Worte gegen das Judentum richtet, kann nur den verwundern, der diese nicht näher kennt. So deutlich es ist, dass Delitzsch in seinen Schriften gegen Rohling die Juden gegen unberechtigte Kritik verteidigen will, so wenig ist er doch von einem allgemeinen Philosemitismus bewegt. Schon in der Vorrede zum *Talmudjuden* spricht er über eine »Zunahme der rücksichtslosen Keckheit« und »Selbstüberhebung« der Juden, für die das Aufkommen des Antisemitismus als

---

[39] A.a.O. 3.
[40] A.a.O. 17, vgl. auch 23. »Daß die Herabwürdigung des uns Christen Heiligen durch die neuere jüdische Presse absolut unerträglich geworden« sei, beklagt er schon in DELITZSCH, Talmudjude, 7. Aufl. (s. Anm. 24, 112), und fühlt sich hierüber im Schmerz mit Rohling vereint; er hebt aber hervor, dass einzelne Entgleisungen nicht dem gegenwärtigen Judentum im Ganzen angelastet werden können. Vgl. auch die Vorrede zum *Talmudjuden* (s.u. bei Anm. 44f.) und DERS., Was D. Aug. Rohling beschworen hat (s. Anm. 26, 29), wo er darauf hinweist, dass er die unerträgliche jüdische Polemik gegen das Christentum auch schon in der Schrift *Christentum und jüdische Presse* angesprochen habe. In DERS., Traumgesichte (s. Anm. 29, 23), kommt er noch einmal auf den Schmerz zurück, weist aber darauf hin, dass den Juden von den Christen kein gutes Bild gegeben werde.
[41] DELITZSCH, Christentum (s. Anm. 31, 3f.); vgl. auch schon a.a.O. 37, im Brief an Geiger.
[42] A.a.O. 56–68.

»Strafe« gelten könne.[43] Dass es eine »Judenfrage« gebe, konstatiert er dort ebenfalls, sieht sich für ihre Lösung aber nicht zuständig.[44] Auch in seiner abschließenden Schrift nennt er die Judenfrage einen »gordische[n] Knoten«.[45] Überhaupt ist diese Schrift von 1883 diejenige, in der er nicht nur gegen Rohling am stärksten vom Leder zieht – er bezichtigt ihn »fanatischer Verblendung«[46] und nennt ihn »Pseudopropheten«[47] – sondern auch gegen das Judentum. Es stimme ja, dass die alten jüdischen Schriften »sich in abstoßenden Consequenzen eines widerlich aufgebauschten nationalen Selbstbewußtseins« ergehen und »aus unerträglichen nationalstolzen Prämissen unsittliche Rechtssätze« ableiten.[48] »Wenn Rohling« – so fährt er fort – »dies dem Judentum als beschämenden Spiegel entgegenhielte und von ihm forderte, dieses Gerümpel einer von dem Religions- und Culturfortschritt der Menschheit verurteilten Vergangenheit wegzuwerfen wie einen Unflat [...], dann würden wir nicht umhin können, ihm in der Sache trotz aller Derbheit und Herbheit des Tones beizupflichten«.[49] Den falschen Spielarten des Antisemitismus stellt er eine »Polemik rechter Art« gegenüber, die es gegenüber dem Judentum zu behaupten gelte.[50] Ist es dann also nur die Maßlosigkeit von Rohlings Angriffen, die Delitzsch dazu gebracht hat, hunderte von Seiten gegen ihn zu schreiben?

Nein, das wohl nicht. Delitzsch gibt auf die Frage nach seiner Motivation mehrere Antworten, teils in, teils zwischen den Zeilen. Fangen wir mit dem eher Unterbewussten an. Wie schon angedeutet, hat die Gegnerschaft zu Rohling auch etwas mit dem konfessionellen Gegensatz zu tun. Dass Rohling auch an Luther kein gutes Haar ließ, macht es Delitzsch leicht, ihn zurückzuweisen, aber motiviert hat es ihn wohl nicht.[51] Auch

---

[43] DELITZSCH, Talmudjude (s. Anm. 22), 8. Die Sätze finden sich wortgleich auch in der 7. Auflage (s. Anm. 24), 12.
[44] DELITZSCH, Talmudjude (s. Anm. 22), 63: »Die Judenfrage ist da. Wie sie zu lösen sei, dies zu zeigen ist nicht die Aufgabe dieser Blätter. Sie wollen nur etwas dazu beitragen, daß wir über der Judenfrage nicht à la Rohling verrohen.« Vgl. auch schon a.a.O. 8f. In der 7. Auflage (s. Anm. 24) finden sich die Sätze ebenfalls (76), nur »à la Rohling« ist ausgelassen.
[45] DELITZSCH, Traumgesichte (s. Anm. 29), 17.
[46] A.a.O. 3.
[47] A.a.O. 17.
[48] A.a.O. 3. Er greift damit Wertungen auf, die er ganz ähnlich schon in DELITZSCH, Talmudjude (s. Anm. 22), 5, getroffen hat.
[49] DELITZSCH, Traumgesichte (s. Anm. 29), 3f; vgl. a.a.O. 18f: »Das Judentum wird es sich gefallen lassen müssen, wenn man ihm, je religionsstolzer es sich brüstet, desto beschämender diese Immoralitäten des rabbinischen Gesetzes unter die Augen rückt.«
[50] A.a.O. 22.
[51] In der Vorrede zum *Talmudjuden* (DELITZSCH, Talmudjude [s. Anm. 22], 9), nimmt er zunächst nur an, dass Rohling auch Luther angreifen würde; erst im Nachwort nennt er dann eine entsprechende Schrift Rohlings (AUGUST ROHLING, Der Antichrist und das

die Tatsache, dass der 26 Jahre jüngere Rohling es wagt, ihm Paroli zu bieten, erklärt die Verschärfung des Tons,[52] aber noch nicht den Beginn der Fehde. Gleich zu Beginn der ersten Schrift hält er Rohling neben Unkenntnis auch mangelnde Nächstenliebe vor,[53] und so ist Solidarität mit den zu Unrecht Angegriffenen auf jeden Fall auch ein Motiv. Dazu kommt das achte Gebot, das er immer wieder anführt.[54] Er sieht sich »weit entfernt, den Talmud rechtfertigen zu wollen«, sondern nur als Strafverteidiger, der das Missverhältnis zwischen Ankläger und Beklagtem aufhebt.[55] Letztlich sei es »ein vom Mensch- und Wahrheitsliebe abgedrungenes Plaidoyer«.[56] Und doch ist es natürlich nicht beliebig, dass er von allen Angegriffenen gerade den Juden zur Seite tritt.

Aber ist es – neben der allgemeinen Menschenliebe – eine besondere Liebe zum Volk Israel, die ihn bewegt? Delitzsch selbst hätte dies sofort bejaht. In der 7. Auflage der ersten Gegenschrift ging er selbst am ausführlichsten auf seine Beweggründe ein und sah seine Haltung in völliger Kontinuität zu seinen eigenen Anfängen. Schon 1841 hatte er nämlich in einem Vortrag, den er jetzt ausführlich zitiert, den vormärzlichen Antisemitismus als ein entscheidendes Hindernis auf dem Weg zur Judenmission genannt.[57] Es geht ihm, und daran lassen alle seine Schriften kaum den geringsten Zweifel, bei allem, was er schreibt und vertritt, letztlich um die Bekehrung des jüdischen Volkes zu Christus, seinem Messias. Denn in seiner jetzigen Ablehnung Christi sah er das Judentum in einem heillosen Zustand, und damit konnte er sich nicht abfinden. Der missionarische Impetus ist wie der cantus firmus in seinem Leben.[58] Man wird das einfach so akzeptieren müssen und kann seine Haltung nicht an den Positionen zur Judenmission messen, wie wir sie in den Jahrzehnten nach der Shoah mühsam erreicht haben.

Ende der Welt. Zur Erwägung für alle Christen, St. Louis 1875), die er allerdings 1877 schon kannte (vgl. DELITZSCH, Brandschriften [s. Anm. 21], 184). So kann er alle evangelischen Christen, die »hinter diesem blinden Fanatiker gegen die Juden marschieren«, für doppelt verblendet erklären (DERS., Talmudjude [s. Anm. 22], 63). Rohlings Polemik gegen den Protestantismus führt er in späteren Schriften noch mehrfach auf und empört sich so über Stoecker, der weder für Rohling noch für ihn Partei ergreifen wollte (DERS., Traumgesichte [s. Anm. 29], 8).

[52] Vgl. dieselbe gegen Stoecker gerichtete Stelle, aber auch schon die Vorrede zum *Talmudjuden* (DELITZSCH, Talmudjude [s. Anm. 22], 3f.).
[53] A.a.O. 4.
[54] DELITZSCH, Schachmatt (s. Anm. 28), 13.
[55] DELITZSCH, Talmudjude, 7. Aufl. (s. Anm. 24), 85f. Vgl. auch a.a.O. 102f.
[56] DELITZSCH, Literatur (s. Anm. 22), 143.
[57] DELITZSCH, Talmudjude, 7. Aufl. (s. Anm. 24), 101f.
[58] Hierzu ausführlich WAGNER, Leben (s. Anm. 3), 149–180; weitere Einzelheiten bei ARING (s. Anm. 7), 217–238, und KÜTTLER (s. Anm. 5), 12–29.

Aber das heißt nun auch wieder nicht, dass unter einem philosemitischen Schafspelz ein antisemitischer Wolf stecke. Für Delitzsch ging alles drei wunderbar zusammen, die missionarische Ausrichtung, die scharfe Konfrontation gegenüber vermeintlicher jüdischer Überhebung und die noch schärfere Ablehnung, ja geradezu der Abscheu gegenüber dem zeitgenössischen Antisemitismus, für den er selbst lieber den Ausdruck »Rassenhass« benutzte.[59] Man kann nicht einmal sagen, er habe sich die Exzesse des Antisemitismus im 20. Jahrhundert noch nicht einmal im Traum vorstellen können. Doch, das konnte er; schon im ersten Buch gegen Rohling äußert er die Befürchtung, da die mittelalterlichen Vorwürfe gegen die Juden plötzlich wieder auferstehen, »daß man sich ehestens die Pest der menschlichen Gesellschaft durch mittelalterliche Radikalmittel vom Halse zu schaffen suchen wird«.[60] Ich weiß nicht, ob viele seiner Zeitgenossen schon so hellsichtig bzw. pessimistisch gewesen sind; jedenfalls erklärt es auch die Intensität seines Engagements.[61]

Allosemitismus kann man diese Haltung natürlich nennen, in der sich Philosemitismus und Antisemitismus auf so irritierende Weise verbinden. Aber der Begriff ist ja – wie die beiden anderen übrigens auch – nur ein Etikett, das nicht wirklich etwas erklärt. Eine wirkliche Erklärung bietet eigentlich nur Christian Wiese an: Er konstatiert »ein[en] theologische[n] Prozeß, der sich in der Entwicklung der Judenfeindschaft Luthers widerspiegelt und den man als das Umschlagen eines subjektiv Juden und Judentum gegenüber positiv gesinnten christlichen Überlegenheitsanspruchs in Enttäuschung und Aggression beschreiben könnte.«[62] Bietet diese – übrigens ja auch bei Luther umstrittene – Enttäuschungsthese einen Schlüssel für Delitzschs Position?

---

[59] Vgl. z.B. DELITZSCH, Talmudjude (s. Anm. 22), 3.8.10 (hier nennt er den Rassenhass eine »Bestie«). In der 7. Auflage (s. Anm. 24) finden sich die Sätze auf S. 8.13.15.

[60] DELITZSCH, Talmudjude (s. Anm. 22), 10 = 7. Auflage (s. Anm. 24), 15. Vgl. auch DERS., Talmudjude, 7. Aufl. (s. Anm. 24), 62, wo er die Möglichkeit eines Kreuzzugs gegen die Juden als Ergebnis der antisemitischen Agitation für denkbar hält.

[61] Hierzu passt auch, dass er nach dem Nachwort zur 7. Auflage (vgl. A.a.O. 79) erst gegen Rohling auftrat, als dessen Buch »in den Berliner Volksversammlungen« zur Aufwiegelung eingesetzt wurde. Mit diesen Versammlungen meint er, wie aus einer ähnlichen Formulierung in FRANZ DELITZSCH, Zur Charakteristik des Antisemitismus (in: SaH 19, 1882, 239–252, hier: 243), hervorgeht, sowohl die Wahlveranstaltungen Stoeckers seit dem September 1879 (dazu WERNER JOCHMANN, Stoecker als nationalkonservativer Politiker und antisemitischer Agitator, in: GÜNTER BRAKELMANN u.a. [Hgg.], Protestantismus und Politik. Werk und Wirkung Adolf Stoeckers, Hamburg 1982, 123–198, hier: 147–152) als auch die von den Rassenantisemiten Bernhard Förster und Ernst Henrici einberufenen Versammlungen.

[62] CHRISTIAN WIESE, ›Unheilsspuren‹. Zur Wirkungsgeschichte der ›Judenschriften‹ Luthers vor der Schoa (in: PETER VON DER OSTEN SACKEN [Hg.], Das mißbrauchte Evangelium. Studien zu Theologie und Praxis der Thüringer Deutschen Christen, Berlin 2002, 91–135, hier: 114).

Zunächst: Der Überlegenheitsanspruch, den Delitzsch für das Christentum erhebt, ist gewiss nicht zu leugnen; er tritt in den judenfreundlichen ebenso wie in den judenfeindlichen Publikationen deutlich zu Tage. Trotzdem dürfte die These von einem Umschlagen von Missionsoptimismus in Aggression zu kurz greifen. Anders als Luther, der – das wird man doch in jedem Fall konstatieren können – 1523 eine geradezu naive Hoffnung auf eine Bekehrung der Juden hegte, wenn man ihnen erstmal die Bibel richtig nahebrachte, hat Delitzsch sich nie Illusionen über einen leichten Erfolg der Judenmission gemacht. Im Gegenteil, wenn es zu leicht aussah, wurde er selbst misstrauisch und bremste gegenüber Taufen, wenn er der Bekehrung nicht sicher war.[63] Auf der anderen Seite hat er niemals wie Luther die Hoffnung auf die Bekehrung aufgegeben, sondern bis an sein Lebensende für sie gearbeitet. Eine seiner schärfsten Kontroversen, nämlich die mit Abraham Berliner 1884/85, focht er gerade aus, um die Instituta Judaica an den Universitäten als missionarische Einrichtungen zu verteidigen.[64] Und ganz gewiss hat er die Hoffnung nie als illusorisch abgetan, weil sie bei ihm, anders als bei Luther, heilsgeschichtlich verankert war.

Anders als Luther es 1523 forderte, hat er auch kaum freundlich zu den Juden geredet, sondern ihnen auch in seinen Missionsschriften ihren heillosen Zustand drastisch vorgehalten. Wir finden die Ambivalenz des alten Delitzsch schon in seinem frühen Werk *Wissenschaft, Kunst, Judentum* von 1838, einer eigenartigen Mischung von wissenschaftlicher Abhandlung und persönlichem Bekenntnis. Hier ist äußerste Hochschätzung des alttestamentlichen Gottesvolkes[65] mit krassesten Ausdrücken der Verstockungs- und Substitutionstheorie[66] verbunden, viel radikaler als der Altprotestantismus diese vertreten hatte, ja selbst mit der in Orthodoxie und

---

[63] Vgl. BAUMANN, Missionar (s. Anm. 2).
[64] Vgl. WIESE, Wissenschaft (s. Anm. 9), 99–106. Bei diesen *Instituta Judaica* handelt es sich um von Delitzsch geförderte studentische Gruppen an verschiedenen Fakultäten, in denen aus judenmissionarischem Interesse rabbinische Schriften studiert werden sollten; sie sind nicht zu verwechseln mit dem erst 1886 gegründeten *Institutum Judaicum* in Leipzig.
[65] Vgl. z.B. FRANZ DELITZSCH, Wissenschaft, Kunst, Judenthum. Schilderungen und Kritiken, Grimma 1838, 75: »Israel war [...] ein Volk [...], von dem das helle Licht der göttlichen Offenbarung über den ganzen Erdkreis ausging.«
[66] Vgl. z.B. a.a.O. 80: »Israel hat diese höchste Gnade nicht erkannt, hat sie in muthwilliger Blindheit und frevelhafter Bosheit von sich gestoßen, und dadurch aller Gnade sich verlustig gemacht.«; a.a.O. 112: »Die Strafe hartnäckiger Selbstverblendung und muthwilliger Verwerfung der Gnade ist Verstockung.«; a.a.O. 122: »Die Synagoge wird und muß der Kirche zufallen, in der allein, als dem Israel Gottes [...] der alte patriarchalisch-prophetische Glaube [...] sich fortgepflanzt hat. Die Synagoge ist eine Secte, eine Häresie, abgefallen von ihrem eignen alttestamentlichen Glauben, abgefallen von der wahren Gemeinde Israel«.

Pietismus kaum vertretenen Aussage, dass die Kreuzigung eine Sünde des gesamten jüdischen Volkes gewesen sei,[67] und immer wieder mit dem Vorwurf, der auch in den 1880er Jahren noch im Zentrum der antijüdischen Polemik stand, dem des Nationalstolzes.[68] Der unerschütterliche christliche Superioritätsanspruch ist hier mit Händen zu greifen. Genau dieselben Töne hören wir dann wieder in Schriften aus den letzten Lebensjahren[69] – aber auch da wird Delitzsch nicht wankend in seiner Bejahung der bürgerlichen Gleichstellung der Juden.[70]

Gerade diese Frage spricht für mich am stärksten gegen die These einer Wandlung aus enttäuschter Missionshoffnung. 1838 erklärte er noch ausdrücklich, dass sein Buch mit der damals schon heiß diskutierten Frage der Judenemanzipation nichts zu tun habe; ob er sie begrüßen oder bedauern würde, wird gar nicht richtig klar.[71] Als entschiedener Anhänger der Ideologie des christlichen Staates hätte er ihr kritisch gegenüberstehen müssen, wie der ihm theologisch und auch persönlich nahestehende Ernst Wilhelm Hengstenberg; aber das tat er nicht. In den Schriften gegen Rohling ist ihm die vollzogene Gleichberechtigung vielmehr ein zusätzliches Argument; das deutsche Volk wäre ja dumm gewesen, den Juden gleiche Rechte zuzugestehen, wenn Rohlings Behauptungen zuträfen. So kritisch er die letztlich nur durch eine »Selbstentchristlichung des Staates« ermöglichte politische Gleichstellung der Juden sah,[72] so unvorstellbar war ihm dennoch, dass diese Entwicklung zurückgedreht werden könne. Mir ist keine Stelle bekannt, an der er hiervon jemals abgerückt wäre.

Allerdings wird auch deutlich, dass er vom Judentum eine Gegenleistung erwartete. Auf Alex Bein geht der Begriff des »Assimilationspakts« zurück, der von den Befürwortern der Judenemanzipation im 18. und frühen 19. Jahrhundert vertreten wurde: Die Gleichstellung sollte durch

---

[67] A.a.O. 120.
[68] A.a.O. 87; vgl. oben bei Anm. 48.
[69] Vgl. DELITZSCH, Ernste Fragen (s. Anm. 33), bes. 13–17; DERS., Sind die Juden wirklich das auserwählte Volk? Ein Beitrag zur Sichtung der Judenfrage, Leipzig 1889, bes. 22–24.
[70] Vgl. a.a.O. 25 f.: »Und den Antisemiten, welche die Unvereinbarkeit der jüdischen und deutschen Nationalität behaupten, ist mit Recht entgegengehalten worden: Standen sie nicht mit uns allen in einer Linie vor dem Feinde, ein jeder an seinem Platze, ein jeder im Kugelregen mit eintretend für das Wohl des Vaterlands?«
[71] DELITZSCH, Wissenschaft (s. Anm. 65), 7: »Ich werde nie ein Wort schreiben, um die Emancipation [der Juden] zu schmälern. Wie es um die Juden in christlichen Staaten stehen müßte, ist mir nicht unbekannt; wie es in den derzeitigen unchristlichen mit ihnen steht, sehe ich mit Betrübniß, aber zu einem bessern Stande des Volkes in diesen unchristlichen Staaten mitzuwirken, fühle ich, in Erwägung der Folgen für Israel selber, weder Lust noch Beruf.«
[72] Vgl. DELITZSCH, Talmudjude, 7. Aufl. (s. Anm. 24), 8.

eine Angleichung an die Mehrheitsgesellschaft verdient oder zumindest erwidert werden.[73] Eine Spielart dieser Vorstellung ist auch bei Delitzsch anzutreffen. Er sagt ganz offen, was ansonsten oft nur sehr verklausuliert ausgedrückt wurde: Der Staat »darf und muß [...] die dankbare Gegenleistung erwarten, daß sie [die Juden] den nationalen Unterschied fallen lassen und sich gegen uns Christen zu gleich strenger und zarter Gewissenhaftigkeit wie gegen ihre Religionsgenossen verpflichtet erkennen.«[74] Das schien Delitzsch im Grunde nicht viel verlangt, denn er hatte zuvor schon dargelegt, dass das Judentum seit Mendelssohn schon längst damit begonnen habe, die talmudischen Sätze über eine Rechtsungleichheit von Juden und Nichtjuden beiseite zu legen.[75] Damit vollziehe das moderne Judentum eine Entwicklung zur Humanität, in der das Christentum ihm längst vorangegangen sei. Nicht eine Konversion zum Christentum wird also als Gegenleistung erwartet (auf solche hofft Delitzsch zwar, aber nur auf echte, nicht auf Übertritte pro forma), wohl aber eine Angleichung des Judentums an den Protestantismus, wie ihn das liberale Judentum schon zu vollziehen begonnen hatte.

Delitzsch bekämpfte also das Judentum, das Judentum bleiben wollte, gerade mit dem Motto des Humanitätsprinzips, das ihn auch zum Kämpfer gegen den Antisemitismus werden ließ. Das scheint kurios und war für ihn trotzdem ganz stimmig. Denn das Humanitätsprinzip ist das, was das Christentum über das Judentum hinaushebt, und zugleich der Ursprung des Rechtsstaats. Hier nähert sich Delitzsch den liberalen Theologen und ihrer ebenso ambivalenten Haltung zum Judentum.

Ein Heldenporträt von Delitzsch habe ich nicht gezeichnet. Gewiss steht er für einen Strang innerhalb des Protestantismus, der sich dem eliminatorischen Antisemitismus entgegengestellt hat. Und doch ist es kaum möglich, in ihm einen Vertreter eines ausschließlich positiven Erbes des Protestantismus zu sehen. Gewiss, ein Delitzsch, der kein Judenmissionar wäre, wäre kein Delitzsch. Aber hätte ihm nicht ein Schuss Liberalität geholfen, seine eigene Haltung zu relativieren? Auch diese Frage ist müßig; denn wäre er liberal gewesen, dann hätte er diese unerschütterliche Hoffnung auf die Bekehrung Israels nicht haben können; und die ist doch zugleich der Antrieb, dass er sich viel entschiedener als die meisten Kulturprotestanten gegen den Antisemitismus engagierte.

---

[73] ALEX BEIN, Die Judenfrage. Biographie eines Weltproblems, Bd. 1, Stuttgart 1980, 258.
[74] DELITZSCH, Talmudjude, 7. Aufl. (s. Anm. 24), 111.
[75] A.a.O. 6; ausführliche Belege hierzu a.a.O. 111 f. Vgl. auch DELITZSCH, Charakteristik (s. Anm. 61), 245.

Bestätigt sich in ihm das Bonmot von Christopher Clark »a philosemitic is an antisemite who loves Jews«[76]? Ich weiß nicht, ob man es so allgemein fassen kann, aber vielleicht kann man es so umformulieren: Vor dem Umdenken seit der Mitte des 20. Jahrhunderts wird kein christlicher »Philosemit« gefunden werden können, der nicht auch einen Schuss Antisemitismus in sich hätte. Dazu war das christliche Denken zu sehr vergiftet durch ein Erbe des Antijudaismus – ein Erbe, das aber seinen Ursprung weit vor der Zeit der Reformation hatte.

---

[76] CHRISTOPHER CLARK, Missionary Protestantism and the Jews in Prussia 1728–1941, Oxford 1995, 281.

Der Berliner Antisemitismusstreit 1879/80

Andreas Stegmann

Der Berliner Antisemitismusstreit 1879/80 war eine wichtige Etappe in der Geschichte der modernen Judenfeindschaft in Deutschland. Gehört er auch in die Geschichte der protestantischen Judenfeindschaft und hier insbesondere in die Wirkungsgeschichte von Luthers ›Judenschriften‹? Der diesen Streit auslösende Aufsatz des Berliner Historikers Heinrich von Treitschke legt das nahe. Scheint doch dessen Spitzensatz – »die Juden sind unser Unglück!«[1] – Luthers späten Judenschriften entlehnt zu sein. Wie Treitschke konnte auch Luther die Juden als *Unglück* bezeichnen. Nach Meinung des Wittenberger Reformators ist es ein »verzweifelt, durchböset, durchgifftet, durchteufelt ding [...] umb diese Jüden, so diese 1400. jar unser plage, pestilentz und alles unglück gewest und noch sind«.[2] Angesichts dieser Nähe von Luthers und Treitschkes Aussagen über die Juden als Unglück scheint es plausibel zu sein, den Antisemitismusstreit direkt mit Luther in Verbindung zu bringen und zu behaupten: »Treitschkes ›Die Juden sind unser Unglück‹ geht direkt auf Luther zurück und verbindet die historische Judenfeindschaft mit dem modernen Antisemitismus«.[3]

Allerdings läßt sich über die sprachlichen und inhaltlichen Anklänge hinaus eine Abhängigkeit Treitschkes von Luther nicht erhärten. Es gibt keinen Beleg dafür, daß Treitschke Luthers Judenschriften gekannt, geschweige denn gelesen hat. Gerade auch in seinen Beiträgen zum Antisemitismusstreit fehlt jede Bezugnahme auf Luthers judenfeindliche Äußerungen, ja jeder Beleg einer aus den Quellen schöpfenden oder sich wenigstens auf einschlägige Literatur beziehenden Lutherkenntnis.[4] Was für

---

[1] Krieger (s. Anm. 12), 14.
[2] Martin Luther, Von den Juden und ihren Lügen, 1543 (WA 53,528,28–30). Eine ähnliche Aussage findet sich kurz zuvor im Text: »Denn sie sind uns ein schwere last, wie eine Plage, Pestilentz und eitel unglück in unserm Lande« (a.a.O. 520,35f.).
[3] So Hans-Joachim Neubauer in Christ und Welt 52, 2014. Andere Autoren weisen auf die sprachlichen und sachlichen Parallelen zwischen Luther und Treitschke hin, gehen aber nicht so weit, eine direkte Abhängigkeit Treitschkes von Luther zu behaupten, beispielsweise Peter von der Osten-Sacken (Martin Luther und die Juden. Neu untersucht anhand von Anton Margarithas »Der gantz Jüdisch glaub«, Stuttgart u.a. 2002, 134) oder Siegfried E. Lehnigk (Eine deutsche Katastrophe 1933–1940, Landau 2010, 81).
[4] Treitschke kannte als professioneller Historiker selbstverständlich die Reformationsgeschichte, die er selbst auch in Lehrveranstaltungen und – zumindest beiläufig – in Veröffentlichungen behandelte. Seine einzige ausführlichere Veröffentlichung zu Luther und zur Reformation – der Vortrag *Luther und die deutsche Nation* (veröffentlicht in: Preußische Jahrbücher 52, 1883, 469–486), in dem die Juden nur beiläufig in einem Zitat

Treitschke gilt, gilt auch für den Antisemitismusstreit insgesamt: Luthers Judenschriften scheinen in ihm keine nennenswerte Rolle gespielt zu haben und auch die Traditionen protestantischer Judenfeindschaft scheinen nur am Rande präsent gewesen zu sein. Eine Bezugnahme auf Luther oder auf diese Traditionen ist im Rahmen des Antisemitismusstreits auch gar nicht zu erwarten, wollten doch die meisten Beteiligten den für Luther und die protestantische Kirche so wichtigen religiösen Gegensatz ausblenden und die ›Judenfrage‹ gerade nicht als Religionsfrage thematisieren. Immer wieder wurde in den Beiträgen zum Streit behauptet, daß die umstrittene ›Judenfrage‹ keine religiöse Frage sei und daß es in der Auseinandersetzung mit dem Judentum nicht um religiöse Wahrheitsansprüche gehe. Charakteristisch für den Streit war die Berufung auf Lessing und seinen *Nathan*, dessen Appell zum religiösen Frieden alle bejahten. Die ›Judenfrage‹ wurde im Berliner Antisemitismusstreit also anscheinend nicht als Religionsfrage verhandelt.

---

erwähnt werden (a.a.O. 485) und sich keinerlei Aussagen zu Luthers Verhältnis zum Judentum finden – ist jedoch nicht wissenschaftlich, und die Verweise auf die Reformation im sonstigen Werk sind so wenig aussagekräftig, daß sich kein klares Bild über Treitschkes Beschäftigung mit Luther und der Reformation ergibt. Er kannte wohl nicht einmal die Lutherdarstellung im neunten Band von Graetz' Geschichte des Judentums, deren elfter, von Treitschke im Sommerurlaub 1879 gelesener Band ja zu einem Auslöser von *Unsere Aussichten* wurde (s. Treitschkes Brief an Emil Herrmann vom 25.8.1879, in: Heinrich von Treitschkes Briefe, hg. v. Max Cornicelius, Bd. 3, Teil 2, Leipzig 1920, 502f. [Nr. 878]; auch in: KRIEGER 3–5 [Nr. 1]; zum Einfluß der internen Konflikte der Berliner Mediävisten auf Treitschkes Graetz-Lektüre: DANIEL R. SCHWARTZ, From Feuding Medievalists to the Berlin Antisemitismusstreit of 1879–1881, in: Jahrbuch für Antisemitismusforschung 21, 2012, 239–267). In seiner Lutherdarstellung zitiert Graetz eine der Stellen, wo Luther die Juden als *Unglück* bezeichnet: »Was klagen die Juden über harte Gefangenschaft bei uns‹, heißt es bei ihm [Luther], ›wir Christen sind beinah 300 Jahr lang von ihnen gemartert und verfolgt, daß wir wohl klagen möchten, sie hätten uns Christen gefangen und getödtet. Dazu wissen wir noch heutigen Tages nicht, welcher Teufel sie hier in unser Land gebracht hat‹ (als wenn nicht Juden vor den Germanen in einigen jetzt zu Deutschland zählenden Landstrichen gewohnt hätten). ›Wir haben sie zu Jerusalem nicht geholt; zudem hält sie auch Niemand: Land und Straßen stehen ihnen jetzt offen, mögen sie ziehen in ihr Land, wir wollen gern Geschenke dazu geben, wenn wir sie los werden; denn sie sind uns eine schwere Last, wie eine Plage, Pestilenz und eitel Unglück‹« (HEINRICH GRAETZ, Geschichte der Juden von den ältesten Zeiten bis auf die Gegenwart, Bd. 9: Geschichte der Juden von der Verbannung der Juden aus Spanien und Portugal [1496] bis zur dauernden Ansiedelung der Marranen in Holland [1618], Leipzig ²1877, 323). Die Passagen über Luther finden sich a.a.O. 191f.198.209f. (zur Entstehung der Reformation), 210–212 (zu Luthers Judenschrift von 1523), 216 (zu Luthers Hebräischstudien) und 321–327 (zu Luthers späten Judenschriften). – Zu Graetz' Lutherdarstellung: JOHANNES BROSSEDER, Luthers Stellung zu den Juden im Spiegel seiner Interpreten. Interpretation und Rezeption von Luthers Schriften und Äußerungen zum Judentum im 19. und 20. Jahrhundert vor allem im deutschsprachigen Raum, München 1972, 90–93.

Die historische und theologische Forschung ist dieser Selbstwahrnehmung der Hauptbeteiligten am Streit gefolgt und hat nur beiläufig auf die Thematisierung der Religion und die damit verbundene Aufnahme von Argumentationsmustern christlicher Judenfeindschaft hingewiesen. Sie scheint davon auszugehen, daß die Religionsfrage im Berliner Antisemitismusstreit keine größere Bedeutung hatte und die Frage nach den Nachwirkungen traditioneller protestantischer Judenfeindschaft in ihm nicht von Interesse ist.[5] Ein Nachweis dafür, daß der Berliner Antisemitismusstreit als Wegmarke der Geschichte der *protestantischen* Judenfeindschaft eine Rolle spielt wurde bislang nicht versucht.[6] Gleichwohl: Auch wenn die Traditionen protestantischer Judenfeindschaft keine Rolle zu spielen scheinen, waren sie doch latent da und wurden auch in manchen Beiträgen aufgenommen. Die religiöse Dimension der ›Judenfrage‹ ließ sich nicht ausklammern und sie trat sogar im Berliner Antisemitismusstreit je länger desto stärker hervor, wobei sich das Fortwirken traditioneller Muster und Vorstellungen protestantischer Judenfeindschaft zeigte. Die Einordnung des Berliner Antisemitismusstreits in die Geschichte protestantischer Judenfeindschaft ist allerdings eine schwierige Aufgabe, da die Quellen nur wenige Hinweise auf traditionsgeschichtliche Hintergründe bieten und die Traditionsgeschichte selbst nicht ausreichend erforscht ist. Dieser Beitrag nähert sich der Lösung der Aufgabe dadurch an, daß er nach einer kurzen Skizze des Berliner Antisemitismusstreits (1.) zuerst der Thematisierung der ›Judenfrage‹ als Religionsfrage in diesem Streit nachgeht (2.) und dann nach den Nachwirkungen der Traditionen protestantischer Judenfeindschaft fragt (3.).

1. Der Berliner Antisemitismusstreit

Blicken wir zuerst kurz auf den Verlauf des Berliner Antisemitismusstreits in den Jahren 1879 und 1880.[7] Der Streit war Teil der sich seit Mitte der 1870er Jahre auftürmenden ersten Welle des Antisemitismus im Wilhel-

---

[5] Ein Urteil wie das von George Kohler, daß es im Berliner Antisemitismusstreit »basically about religion« gegangen sei und sich »a modern but still unbroken continuation of the infamous medieval disputations between Christians and Jews about the truth of religious doctrines« gezeigt habe (GEORGE Y. KOHLER, German spirit and Holy Ghost: Treitschke's call for the conversion of the German Jewry: The debate revisited, in: Modern Judaism 30, 2010, 172–195, hier: 173f.), ist eine Ausnahme.

[6] In den Überblicksdarstellungen zum Verhältnis von Christentum und Judentum wird der Berliner Antisemitismusstreit allenfalls beiläufig erwähnt, beispielsweise in: MARTIN H. JUNG, Christen und Juden. Die Geschichte ihrer Beziehungen, Darmstadt 2008, 197.

[7] MICHAEL A. MEYER, Great Debate on Antisemitism. Jewish Reaction to New

minischen Kaiserreich. Anfangs äußerte sich dieser Antisemitismus nur am Rande der Gesellschaft. Mit dem Berliner Antisemitismusstreit etablierte er sich aber in ihrer Mitte und gewann entscheidend an Breiten- und Tiefenwirkung. Die Bezeichnung »Berliner Antisemitismusstreit« ist übrigens eine Prägung des 20. Jahrhunderts, die nicht ganz zutreffend ist. Weder war der Streit auf Berlin beschränkt, noch bildet er eine in sich geschlossene Einheit. Man muß zwei Phasen unterscheiden, in denen unterschiedliche Beteiligte um unterschiedliche Punkte stritten und die sich zeitlich nicht klar abgrenzen lassen: Die erste Phase begann Mitte November 1879 mit Heinrich von Treitschkes Aufsatz *Unsere Aussichten* in den Preußischen Jahrbüchern und zog sich bis Februar 1880 hin. In dieser Phase ging es vor allem um das Verhältnis des Judentums zur deutschen Nation, und beteiligt waren vor allem jüdische und nur wenige nichtjüdische Autoren. Im Frühjahr und Sommer 1880 gab es zwar noch einige Nachträge zum Streit, doch im Ganzen schien die Diskussion beendet. Doch im November 1880 flammte der Streit noch einmal auf, als nämlich Gegner Treitschkes um Theodor Mommsen angesichts der Agitation der antisemitischen und der christlich-sozialen Bewegung ein auch gegen Treitschke gerichtetes Manifest veröffentlichten. Schon Anfang des Jahres hatten Mommsen und seine Verbündeten eine solche Stellungnahme geplant, ihre Kritik aber letztlich nur in einer eingeschränkten Öffentlichkeit geäußert.[8] An das am 12. November 1880 veröffentlichte Manifest der Berliner Notabeln gegen den Antisemitismus[9] schloß sich ein Streitschriftenwechsel an, dessen Aus-

---

Hostility in Germany 1879–1881 (in: Leo Baeck Institute Year Book 11, 1966, 137–170); HANS LIEBESCHÜTZ, Das Judentum im deutschen Geschichtsbild von Hegel bis Max Weber, Tübingen 1967, 157–219; CHRISTHARD HOFFMANN, Geschichte und Ideologie: Der Berliner Antisemitismusstreit 1879/81 (in: WOLFGANG BENZ, WERNER BERGMANN [Hgg.], Vorurteil und Völkermord. Entwicklungslinien des Antisemitismus, Freiburg i. Br. 1997, 219–251); MASSIMO FERRARI ZUMBINI, Le radici del male. L'antisemitismo in Germania: da Bismarck a Hitler, Bologna 2001, 230–247; UFFA JENSEN, Gebildete Doppelgänger. Bürgerliche Juden und Protestanten im 19. Jahrhundert, Göttingen 2005, 197–324; CHRISTHARD HOFFMANN, Die Verteidigung der liberalen Nation. Mommsen gegen Treitschke im »Berliner Antisemitismusstreit« 1879/1880 (in: ALEXANDER DEMANDT u.a. [Hg.], Theodor Mommsen. Wissenschaft und Politik im 19. Jahrhundert, Berlin, New York 2005, 62–88); MARCEL STOETZLER, The State, the Nation & the Jews. Liberalism and the Antisemitism Dispute in Bismarck's Germany, Lincoln, London 2008. – Wichtige Quellen zum Streit sind in der Ausgabe von KRIEGER (s. Anm. 12) gesammelt, auf die in diesem Beitrag mit »KRIEGER« und Seitenzahl bzw. Nummer verwiesen wird.

[8] Schon im Februar 1880 war ein von Mommsen unterschriebener und möglicherweise auch mitverfaßter, unveröffentlichter Aufruf von Berliner Intellektuellen gegen die antisemitische Bewegung entstanden (AUGUSTE ZEISS-HORBACH, Der Verein zur Abwehr des Antisemitismus. Zum Verhältnis von Protestantismus und Judentum im Kaiserreich und in der Weimarer Republik, Leipzig 2008, 45f.). Im März hatte sich Mommsen in seiner Rede zur Vorfeier des Geburtstags Wilhelms I. verklausuliert von Treitschke distanziert (Teilabdruck in KRIEGER 445f. [Nr. 55]).

[9] KRIEGER 551–554 (Nr. 64).

wirkungen bis ins Preußische Abgeordnetenhaus reichten[10] und in dem vor allem nichtjüdische Autoren über das Verhältnis von deutscher Nation und Antisemitismus stritten. Eigentlich kann nur diese zweite Phase als *Antisemitismus*streit bezeichnet werden. Sie endete im Dezember 1880 mit öffentlichen Schlußworten und einem Briefwechsel der Hauptkontrahenten Treitschke und Mommsen.[11] Die Folgemonate brachten zwar noch einige Nachträge, aber Treitschkes Verzicht, im Dezember 1880 den Streit durch Gegenattacken eskalieren zu lassen, markiert den tatsächlichen Endpunkt. In der öffentlichen Meinung galt übrigens Treitschke, der sich in der ersten Streitphase gegen seine Kritiker durchgesetzt zu haben schien, als der Verlierer der zweiten Streitphase. Anfang 1881 gab es noch einige wenige weitere Beiträge zum Streit, die aber nichts Neues enthielten und auch keine weitere Wirkung entfalteten. Der Streit fand keine unmittelbare Fortsetzung.

Der Berliner Antisemitismusstreit ist dokumentiert in einer Fülle von Quellen: Broschüren, Monographien, Zeitungs- und Zeitschriftenartikeln,

---

[10] Am 20./22. November 1880 fand im Preußischen Abgeordnetenhaus eine Debatte zur Antisemitenpetition (Abdruck in: Sigilla Veri [Ph. Stauff's Semi-Kürschner]. Lexikon der Juden, -Genossen und -Gegner aller Zeiten und Zonen, insbesondere Deutschlands, der Lehren, Gebräuche, Kunstgriffe und Statistiken der Juden sowie ihrer Gaunersprache, Trugnamen, Geheimbünde usw., Bd. 1, Erfurt ²1929, 229f.; vgl. KRIEGER Nr. 61. 72) statt, bei der ganz unterschiedliche Stimmen von Stoecker über den Zentrumspolitiker Windthorst mit seiner eindrücklichen persönlichen Stellungnahme bis zu den Liberalen laut wurden. Die aufschlußreiche Debatte ist ausführlich dokumentiert in: Stenographische Berichte über die Verhandlungen der durch die Allerhöchste Verordnung vom 13. Oktober 1880 einberufenen beiden Häuser des Landtages. Haus der Abgeordneten, Bd. 1, Berlin 1881, 225–300.

[11] Die Schlußphase begann am 19. November 1880 mit einem Brief Mommsens an die Nationalzeitung, in dem er die Kritik der Notabelnerklärung an Treitschke bekräftigte und Treitschke vorwarf, er predige ein »Evangelium der Intoleranz«, statt »dem Vermächtniß Lessings« gerecht zu werden und ein »Evangelium der Toleranz« zu predigen (KRIEGER 614f. [Nr. 79]). Treitschke antwortete am selben Tag und unterstellte Mommsen, die Emanzipation der Juden und die Assimilation zu bezweifeln, während er selbst dem Vermächtnis Lessings treu sei, indem er nicht nur den Christen Toleranz predige, sondern auch »die Verhöhnung des Christenthums durch die jüdische Presse« kritisiere (KRIEGER 616f. [Nr. 80]). Mommsen ging daraufhin mit einer kleinen gegen Treitschke gerichteten Schrift an die Öffentlichkeit, die am 10. Dezember erschien: »Auch ein Wort über unser Judenthum« (KRIEGER 695–709 [Nr. 91]). Am selben Tag erschien Treitschkes Rückblick »Zur inneren Lage am Jahresschlusse« in den Preußischen Jahrbüchern, der auch den Antisemitismusstreit berücksichtigte (KRIEGER 711–715 [Nr. 93]). Auf Mommsens *Wort* reagierte Treitschke noch gesondert am 15. Dezember in den Preußischen Jahrbüchern mit einer »Erwiderung an Herrn Th. Mommsen« (KRIEGER 744–749 [Nr. 100]). Am Folgetag schloß ein Brief Mommsens an Treitschke die Diskussion ab, wobei er auf die »Meinungsdifferenz« zwischen beiden hinwies, die zwar nicht die »materiell [...] von uns wohl nicht sehr verschieden aufgefaßte sg. Judenfrage« betreffe, die ihm aber eine weitere Auseinandersetzung nicht aussichtsreich erscheinen ließ (KRIEGER 758 [Nr. 105]).

stenographischen Berichten von Parlamentsdebatten oder Karikaturen.[12] Wie schon die Zeitgenossen beobachtet haben, gibt es aber nur eine beschränkte Anzahl von Texten, die als originäre und gewichtige Beiträge zum Streit gelten können. Auf diese hat sich die bisherige Forschung vor allem gestützt und wird sich auch die folgende Darstellung stützen. Berücksichtigt wurden Beiträge, die in unmittelbarem Zusammenhang mit dem Antisemitismusstreit stehen. Das entscheidende Auswahlkriterium ist die Bezugnahme auf Äußerungen Treitschkes und seiner Unterstützer und Kritiker aus der Zeit zwischen Treitschkes Aufsatz *Unsere Aussichten* Mitte November 1879 und der Reaktion Treitschkes auf Mommsens offenen Brief Mitte Dezember 1880. Keine Berücksichtigung finden die mit dem Berliner Antisemitismusstreit zwar zusammenhängenden, gleichwohl aber selbständigen Diskussionen um Stoeckers christlich-soziale Bewegung und die antisemitische Bewegung, wobei nicht immer eine klare Zuordnung einzelner Beiträge zu einem der parallelen Diskussionsstränge möglich ist. Wie für die Zeitgenossen, so lassen sich auch für die Historiker der Berliner Antisemitismusstreit, die Agitation der antisemitischen Bewegung und Stoeckers politische Instrumentalisierung der ›Judenfrage‹ nicht immer klar voneinander unterscheiden, was wohl auch den tatsächlichen Verflechtungen und Wechselwirkungen zwischen den unterschiedlichen Diskussionssträngen entspricht. Dennoch lassen sich die drei Diskussionsstränge unterscheiden und je für sich untersuchen, wie es im Folgenden für den Berliner Antisemitismusstreit geschehen soll.

---

[12] Die von Karsten Krieger erarbeitete Quellenedition *Der ›Berliner Antisemitismusstreit‹ 1879–1881. Eine Kontroverse um die Zugehörigkeit der deuschen Juden zur Nation* (München 2003) bietet nur einen Ausschnitt der Debatte, enthält allerdings die wichtigsten Beiträge. Die von KRIEGER gegebenen Hinweise auf weitere Quellentitel (a.a.O. 871) erwecken den unzutreffenden Eindruck, daß seine Quellenedition einen Großteil der Texte bietet. Wie breit die Diskussion in Wirklichkeit war, die sich zudem mit anderen, parallel laufenden Diskussionen überschnitt, zeigen mehrere ältere und neuere bibliographische Sammelwerke und Literaturbesprechungen: JOSEPH JACOBS, The Jewish Question 1875–1884. Bibliographical Hand-List, London 1885 (diese alphabetisch geordnete Bibliographie mit 571 zum Teil mehrteiligen Nummern verzeichnet zu einem erheblichen Anteil deutschsprachige Veröffentlichungen); JOHANNES DE LE ROI, Die neuere Litteratur über die Judenfrage (in: Nathanael. Zeitschrift für die Arbeit der evangelischen Kirche an Israel 3, 1887, 65–89); RENA R. AUERBACH, The »Jewish Question« in German-Speaking Countries, 1848–1914. A Bibliography, New York, London 1994. Der Niederschlag des Berliner Antisemitismusstreits in Zeitungen und Zeitschriften ist nur zu einem kleinen Teil bibliographisch verzeichnet. Zur Broschüre als wichtiger Textgattung in den Auseinandersetzungen der 1870er und 1880er Jahre: JENSEN (s. Anm. 7), 147–195. – Für diesen Beitrag wurden vor allem die reichhaltigen, aber immer noch lückenhaften Bestände an Schrifttum aus dem Zusammenhang des Antisemitismusstreits in der Staatsbibliothek Berlin, in der Bibliothek der Humboldt-Universität zu Berlin und in der Bibliothek des Institutum Judaicum Berolinense (in der alten Aufstellung zugänglich in der Zweigbibliothek Theologie der Bibliothek der Humboldt-Universität Berlin) durchgesehen.

2. Die ›Judenfrage‹ als Religionsfrage im Berliner Antisemitismusstreit?

Ein Blick in die Quellen zeigt, daß die ›Judenfrage‹ im Berliner Antisemitismusstreit trotz anfänglicher gegenteiliger Beteuerungen vieler Beteiligter durchaus als Religionsfrage behandelt wurde, daß also die religiöse Differenz von Christentum und Judentum eine nicht unwichtige Rolle spielte. Das soll im Folgenden anhand der für den Streit grundlegenden Beiträge Treitschkes und Mommsens, anhand der Beiträge aus dem Bereich des landeskirchlichen Protestantismus und anhand der wichtigsten jüdischen Stimmen aufgezeigt werden. Die meisten dieser Texte wurden in der Forschung bereits – zum Teil sehr ausführlich – beschrieben und analysiert, so daß die folgende Darstellung skizzenhaft bleiben kann.

2.1. Die Thematisierung der Religionsfrage in Treitschkes und Mommsens Beiträgen zum Antisemitismusstreit

In seinem im November 1879 erschienenen, den Antisemitismusstreit auslösenden Aufsatz *Unsere Aussichten*[13] weist Treitschke auf zahlreiche Differenzpunkte zwischen Juden und Deutschen hin, die alle ohne Bezugnahme auf die Religion erwähnt werden: auf Charakter, Volkstum, Wesen, Gesittung, Kultur oder Gefühl. Diese Kontrastierung mündet in die Forderung der Assimilation. Die Religionsdifferenz wird zwar auch angesprochen, aber nur nebenbei, wobei Treitschke das Christentum, und zwar den Protestantismus, für die die deutsche Nation bestimmende Religion hält, das aber nicht in einer solchen Weise, daß er die Konversion zum Begleitumstand oder gar zur Bedingung der Assimilation macht. Obwohl

---

[13] Preußische Jahrbücher 44, 1879, 559–576 (auszugsweise in: KRIEGER 6–16 [Nr. 2]). Eine Interpretation dieses Schlüsseltexts bietet: KLAUS HOLZ, Nationaler Antisemitismus. Wissenssoziologie einer Weltanschauung, Hamburg 2001, 165–247. – Zur Entwicklung und den Hintergründen von Treitschkes Judenfeindschaft, für die der Berliner Antisemitismusstreit eine entscheidende Bedeutung hat, weil sich Treitschke hier erstmals eindeutig positioniert und in der Sache wie in der Ausdrucksweise radikalisiert: ARTHUR ROSENBERG, Treitschke und die Juden. Zur Soziologie der deutschen akademischen Reaktion (Die Gesellschaft. Internationale Revue für Sozialismus und Politik, Heft 7, 1930, 78–83); LIEBESCHÜTZ (s. Anm. 7), 157–191; ANDREAS DORPALEN, Heinrich von Treitschke, Port Washington ²1973, 241–247 u.ö.; MICHAEL A. MEYER, Heinrich Graetz and Heinrich von Treitschke: A comparison of their historical images of the modern Jew (Modern Judaism 6, 1986, 1–11); HANS-MICHAEL BERNHARDT, »Die Juden sind unser Unglück!« Strukturen eines Feindbildes im deutschen Kaiserreich (in: CHRISTOPH JAHR u.a. [Hgg.], Feindbilder in der deutschen Geschichte. Studien zur Vorurteilsgeschichte im 19. und 20. Jahrhundert, Berlin 1994, 25–54, hier: 45–50); ULRICH LANGER, Heinrich von Treitschke. Politische Biographie eines deutschen Nationalisten, Düsseldorf 1998, 292–328 u.ö.; ULRICH WYRWA, Genese und Entfaltung antisemitischer Motive in Heinrich von Treitschkes »Deutscher Geschichte im 19. Jahrhundert« (in: WERNER BERGMANN, ULRICH SIEG [Hgg.], Antisemitische Geschichtsbilder, Essen 2009, 83–101).

Treitschke das duale Wertungsmuster nicht religiös konzipiert, gehört der religiöse Gegensatz für ihn dazu, wobei er ihn durch seinen Verzicht auf die Konversionsforderung aber letztlich relativiert.[14]

Im Laufe der folgenden Diskussion schob sich bei Treitschke der religiöse Gegensatz allerdings immer stärker in den Vordergrund, ohne daß er aber seine anfängliche Position grundsätzlich revidierte.[15] Vielmehr versuchte er deutlich zu machen, daß die von ihm behauptete Wesens-, Kultur- und Sittlichkeitsdifferenz durch den religiösen Gegensatz mitbestimmt sei:

---

[14] Eine ähnliche Einschätzung der ›Judenfrage‹ hatte Treitschke schon zuvor formuliert. Ihm selbst erschien *Unsere Aussichten* wohl als Aktualisierung schon früher geäußerter Überlegungen. So heißt es zehn Jahre zuvor: Der »stille Groll der Massen [gegen die Börse] wird noch mehr verschärft, weil ein großer Teil der deutschen Geldmacht in jüdischen Händen liegt. Angesichts der gewaltigen Machtstellung, welche das Judentum in unserem geselligen Leben, in der Presse, in allen Zweigen des Verkehrs einnimmt, erscheinen die noch immer modischen Wehklagen über die Unterdrückung der Juden als ein starker Anachronismus. Die größte und prächtigste ›Kirche‹ der deutschen Hauptstadt ist die Synagoge! Schon geht durch unsere Presse zuweilen ein umgekehrtes Hep-Hep-Geschrei. Jedermann darf ohne Ärgernis über die Schwächen der Deutschen und anderer Völker reden. Wenn aber ein ruhiger Mann in maßvollen Worten über die Untugenden spricht, welche dem jüdischen Wesen neben unverkennbaren Vorzügen anhaften, dann wird er von der Presse gesteinigt, weil er die Tage der Judenbrände erneuern will. Wenn es gelänge, unsere jüdischen Mitbürger dahin zu bringen, daß sie sich lediglich als deutsche Bürger israelitischen Glaubens fühlten, dann könnte manche Einseitigkeit des deutschen Wesens im Judentume eine heilsame Ergänzung finden. Doch nur ein Teil der deutschen Juden hat sich so gänzlich mit unserer Gesittung verschmolzen; immer von neuem tritt der tiefe Gegensatz hervor zwischen dem schwerfälligen und doch so wunderbar tiefen und schöpferischen germanischen Wesen und diesem beweglichen und doch so unfruchtbaren Semitentum, das die Dummheit unter sich gar nicht aufkommen läßt, aber in Jahrhunderten nur einen Genius hervorbrachte. Es ist eine tiefernste Erscheinung, daß der Neid gegen die Geldmacht noch verbittert wird durch einen trüben Rassenhaß« (HEINRICH VON TREITSCHKE, Das constitutionelle Königtum in Deutschland, in: Aufsätze, Reden und Briefe, hg. v. Karl Martin Schiller, Bd. 4: Schriften und Reden zur Zeitgeschichte II, Meersburg 1929, 9–121, hier: 63). In Treitschkes Brief in Emil Herrmann vom 25. August 1879 (s. Anm. 4), der zur Vorgeschichte von *Unsere Aussichten* gehört, deutet sich die Verknüpfung des Wesens- mit dem Religionsgegensatz an: Treitschke wirft Graetz »Todhaß gegen ›den Erzfeind‹, das Christenthum, und gegen die deutsche Nation, die freilich dem jüdischen Wesen immer fremder bleiben wird als die Romanen« vor (KRIEGER 503).

[15] HEINRICH TREITSCHKE, Herr Graetz und sein Judenthum (in: Preußische Jahrbücher 44, 1879, 660–670; KRIEGER 114–126 [Nr. 11]); Noch einige Bemerkungen zur Judenfrage, 10.1.1880 (in: Preußische Jahrbücher 45, 1880, 85–95; KRIEGER 278–293 [Nr. 28]); Zur Judenfrage (in: Preußische Jahrbücher 45, 1880, 224f.; KRIEGER 392–394 [Nr. 40]); Erwiderung auf Mommsens Brief in Form eines Leserbriefs an die Post, 19.11.1880 (in: HEINRICH VON TREITSCHKE, Deutsche Kämpfe. Neue Folge. Schriften zur Tagespolitik, Leipzig 1896, 116–118; KRIEGER 616f. [Nr. 80]); Antwort auf eine studentische Huldigung, 19.11.1880 (in: HEINRICH VON TREITSCHKE, Deutsche Kämpfe. Neue Folge. Schriften zur Tagespolitik, Leipzig 1896, 119–122; vgl. KRIEGER Nr. 81); Zur inneren Lage am Jahresschlusse (in: Preußische Jahrbücher 46, 1880, 639–645; KRIEGER 711–715 [Nr. 93]); Erwiderung an Herrn Th. Mommsen (in: Preußische Jahrbücher 46, 1880, 661–663; KRIEGER 744–749 [Nr. 100]).

Dem deutschen Volk sei »sein Christenthum und sein Volksthum heilig«,[16] während sich das Judentum sich durch die Treue zur eigenen Religion die Assimilation erschwere. Dabei interessierte sich Treitschke jedoch nicht für das Christentum als Religion, sondern für das Christentum als kulturprägende Macht: Nicht die christliche Wahrheit, sondern ihre mittelbaren Folgen für die Welt machten für Treitschke die christliche Prägung der deutschen Nation aus.[17] Dabei war er durchaus bereit anzuerkennen, daß im Christentum jüdisches Erbe enthalten war, grenzte dieses aber vom »neujüdische[n] Wesen«[18] ab, das eine Gefahr für das Christentum sei. Entscheidend war für ihn, daß das deutsche Wesen eine Verschmelzung »aus den drei großen Quellen: des classischen Alterthums, des Christenthums und des Germanenthums« darstelle,[19] die deutsche Nation also nur als christliche zu denken sei. Um die deutsche Nation und ihre christliche Religion zu schützen, müsse im Antisemitismusstreit darum auch der »religiöse[] Gegensatz« Thema sein, den Treitschke mit Berufung auf sein »positive[s] Christenthum« stärker als zuvor berücksichtigte. So finden im Berliner Antisemitismusstreits auch Äußerungen wie diese:

»Ich glaube, daß unser tief religiöses Volk durch die reifende Cultur zu einem reineren und kräftigeren kirchlichen Leben zurückgeführt werden wird, und kann daher die Schmähungen der jüdischen Presse gegen das Christenthum nicht mit

---

[16] Krieger 125. Eine ganz ähnliche Formulierung verwendet Treitschke etwas später: »Mischehen zwischen Christen und ungetauften Juden werden immer nur seltene Ausnahmen bleiben so lange unser Volk seinen Christenglauben heilig hält« (Krieger 282). In seinen Vorlesungen wies Treitschke darauf hin, dass die Deutschen ein »christliches Volk« seien und daß diese religiöse Bestimmtheit große Bedeutung habe: »Ohne die Gemeinschaft der Religion ist das Bewußtsein nationaler Einheit nicht möglich, denn das religiöse Gefühl gehört zu den Grundkräften des Menschen« (Heinrich von Treitschke, Politik. Vorlesungen gehalten an der Universität zu Berlin, hg. v. Max Cornicelius, Bd. 1, Leipzig 1897, 326). In diesen Vorlesungen zeichnete Treitschke das Judentum auch als eine für den Nationalstaat problematische Größe (a.a.O. 294–298).

[17] So prangert Treitschke in seinen *Bemerkungen zur Judenfrage* vom Januar 1880 eine jüdische Gemeinde an, weil diese den christlichen Religionsunterricht an der örtlichen Schule, in dem »dem Neuen Testament gemäß, erzählt« worden sei, »wie Christus von den Juden unschuldig gekreuzigt wurde«, kritisiert habe (Krieger 282), ohne daß er dabei irgendein ersichtliches Interesse an der religiösen Dimension des Kreuzestodes Jesu hat. George Kohlers Thesen, »[d]ogmatic Christian antisemitism« sei »the subconscious fundament of Treitschke's attacks against Judaism« (s. Anm. 5, 189) und Treitschke habe eine Konversion der Juden zum Christentum im Auge gehabt – »the demand to become culturally German translates directly into the demand to join the Christian truth« (a.a.O. 176) –, weshalb es im Berliner Antisemitismusstreit entscheidend um Religion gegangen sei, ermangeln der Quellenbasis und lassen sich schwerlich mit den Ergebnissen der bisherigen Forschung in Einklang bringen.

[18] Krieger 285. Gedacht wohl u.a. an die jüdische »Religionsspötterei« und an den »Terrorismus einer rührigen Minderzahl«, »die christliche Mehrheit in der Freiheit ihres Glaubens zu beeinträchtigen« (Krieger 282).

[19] Krieger 285.

Stillschweigen übergehen, sondern ich betrachte sie als Angriffe auf die Grundlagen unserer Gesittung, als Störungen des Landfriedens«.[20]

Wie sich die nichtreligiösen Differenzen zur von ihm immer stärker thematisierten religiösen Differenz verhielten, klärte Treitschke allerdings nicht. Er realisierte auch nicht, daß seine »Einbeziehung des religiösen Gegensatzes zwischen Judentum und Christentum« ein »logischer Bruch in seinem Argument« war und sein »Postulat der religiösen Toleranz« fragwürdig machte.[21] Daß er von den deutschen Juden keine formelle Konversion forderte und Assimilation trotz fortbestehender Zugehörigkeit zur jüdischen Religionsgemeinschaft für möglich hielt, deutet darauf hin, daß der religiöse Gegensatz für ihn nicht dieselbe Bedeutung hatte, wie die behauptete Wesens-, Kultur- und Sittlichkeitsdifferenz. Wenn er zugleich behauptete, daß die »deutsche Judenfrage [...] nicht eher ganz zur Ruhe kommen, das Verhältniß zwischen Juden und Christen sich nicht eher wahrhaft friedlich gestalten [werde], als bis unsere israelitischen Mitbürger durch unsere Haltung die Ueberzeugung gewinnen, daß wir ein christliches Volk sind und bleiben wollen«[22], deutet das freilich darauf hin, daß die »Mitbürger« jüdischen Glaubens aus dem »Wir« des christlichen deutschen Volkes ausgeschlossen waren und daß die Religionsdifferenz darum eine größere Bedeutung hatte, als von Treitschke eingestanden.

Was war das Motiv Treitschkes, die ›Judenfrage‹ auch als Religionsfrage zu thematisieren? Der Berliner Historiker war Protestant und schätzte den Protestantismus – der Institution Kirche und der christlichen Tradition jedoch stand er distanziert gegenüber.[23] Nicht der religiösen Wahrheit des

---

[20] KRIEGER 745.
[21] LIEBESCHÜTZ (wie Anm. 7), 199.
[22] KRIEGER 293.
[23] In den neueren Darstellungen zu Treitschkes Leben und Werk (s. Anm. 13) wird zwar seine religiöse Entwicklung und Einstellung erwähnt, die Religion jedoch nicht als biographisch bedeutsamer Faktor angesehen. Auch in den älteren, Treitschkes Leben und Werk vielfach ohne kritische Distanz verklärenden Darstellungen (z.B. THEODOR SCHIEMANN, Heinrich von Treitschkes Lehr- und Wanderjahre 1834–1866, München, Leipzig 1896, 101–103.217f.; ERNST LEIPPRAND, Heinrich von Treitschke im deutschen Geistesleben des 19. Jahrhunderts, Stuttgart 1935, Kap. 6) wird Treitschkes Religiosität keine größere Bedeutung beigemessen. Wie schwierig es ist, die religiöse Entwicklung und Einstellung Treitschkes zu beschreiben und zu analysieren, zeigt ein der älteren Forschung zuzurechnender umfangreicher Aufsatz, der deutlich macht, daß der »Herzensprotestant« Treitschke an christlicher Tradition und kirchlicher Institution desinteressiert war: HERMANN HAERING, Über Treitschke und seine Religion (in: Aus Politik und Geschichte. Gedächtnisschrift für Georg von Below, Berlin 1928, 218–279, Zitat: 268). Treitschke scheint die auch für andere gebildete Zeitgenossen evangelischen Bekenntnisses typische und durch die Entchristlichung und Entkirchlichung beförderte »coalescence of Lutheranism and national consciousness«, die die »importance of churchly organization« zugunsten des Aufgehens von Kirche und Christentum im nationalen Staat in einer »marriage of Lutheranism and Hegelianism« relativierte, geteilt zu haben (DORPALEN [s. Anm. 13], 86).

Christentums im allgemeinen und des Protestantismus im besonderen galt sein Interesse, sondern der kulturellen Prägekraft des Christentums und des Protestantismus als geschichtsmächtiger Wirkkräfte. Man kann ihn als Kulturprotestanten im weiteren Sinne des Begriffs bezeichnen.[24] Das heißt: Für ihn war die Religion ein selbstverständlicher und wichtiger Teil der deutschen Kultur – und zwar das Christentum in seiner modernen protestantischen Gestalt: »Der Protestantismus ist die Form des Christentums, welche dem deutschen Gemüte entspricht«.[25] Andere Religionen oder Konfessionen galten ihm als inferior und konnten das Judentum oder der Katholizismus von ihm sogar zum Problem erklärt werden.[26] Die Deutschen waren für ihn ein christliches Volk und der Staat hatte den christlichen Charakter des Volks zu respektieren, ja im Interesse der Einheit der Nation zu bewahren. Der moderne Nationalstaat ruhte für Treitschke auf einem das Volk verbindenden religiös-sittlichen Fundament auf – eine für den zeitgenössischen Liberalismus durchaus typische Anschauung.[27] Allerdings lehnte Treitschke als Liberaler den christlichen Staat ab, der ihm als unzulässige Einmischung der Kirche und als klerikale Anmaßung erschien. Zusätzlich war Treitschkes Interesse am Zusammenhang von Staat, Nation, Kultur und Religion motiviert durch die verspä-

---

[24] Vgl. Friedrich Wilhelm Grafs Hinweise zum Begriffsgebrauch: »Kulturprotestantismus« kann – im weiteren Sinne verwendet – »jene kulturellen Normen und Werte [bezeichnen], die für das protestantische Bildungsbürgertum [des Wilhelminischen Kaiserreichs] kennzeichnend« sind (in: TRE 20, 1990, 231).

[25] HEINRICH VON TREITSCHKE, Libera chiesa in libero stato, 1875/76 (in: DERS., Aufsätze, Reden und Briefe, hg. v. Karl Martin Schiller, Bd. 4: Schriften und Reden zur Zeitgeschichte II, Meersburg 1929, 295–323, hier: 299).

[26] Hier setzt Treitschke die gegen Katholizismus und Judentum gerichtete Tradition nationalreligiöser Aufladung des Protestantismus fort (zur Entstehung dieser Anschauung in der ersten Hälfte des 19. Jahrhunderts: WOLFGANG ALTGELD, Katholizismus, Protestantismus, Judentum. Über religiös begründete Gegensätze und nationalreligiöse Ideen in der Geschichte des deutschen Nationalismus, Mainz 1992; zu Treitschkes Verklammerung von Nation und Religion: STEFAN BREUER, Ordnungen der Ungleichheit – die deutsche Rechte im Widerstreit ihrer Ideen 1871–1945, Darmstadt 2001, 293–295).

[27] Daß Treitschke trotz seiner Abwendung vom parteipolitischen Liberalismus Ende der 1870er Jahre vom politischen Liberalismus bestimmt blieb und daß dieser politische Liberalismus für ihn und viele andere Beteiligte am Antisemitismusstreit die Kritik am Judentum und die Forderung der Assimilation motivierte, zeigt STOETZLER (s. Anm. 7). Stoetzlers Hinweis auf den dem politischen Liberalismus inhärenten Selbstwiderspruch von Freiheitsforderung und Homogenitätsideal (»When [...] a strict public-private divide is rejected because the public realm is understood to refer to inner values [sc. morality linked to religiosity], toleration becomes precarious. Treitschke articulates a contradiction that might appear as a departure from liberal theory but is intrinsic to liberal society« [a.a.O. 305]) hat erhebliche heuristische Kraft für die Analyse des Antisemitismusstreits. Schon Uriel Tal hat auf diese den politischen Liberalismus charakterisierenden Widersprüche hingewiesen (Christians and Jews in Germany. Religion, politics, and ideology in the Second Reich, 1870–1914, Ithaca, London 1975).

tete Bildung des deutschen Nationalstaats. Der innere Zusammenhalt der erst jüngst unter Führung Preußens geeinten Nation bedurfte für Treitschke einer gerade auch auf der Gemeinsamkeit der Religion aufruhenden homogenen Kultur. Für diesen in den unruhigen Zeiten von Vormärz, 48er-Revolution und deutscher Einigung sozialisierten ›Kulturprotestanten‹ bedingten die *eine* Nation, der *eine* Staat und die *eine* Religion einander. Ethnische, sprachliche, kulturelle oder religiöse Vielfalt erschien ihm als potentielle Gefährdung der erst jüngst errungenen deutschen Einheit. Die Angleichung an die preußisch-protestantische Leitkultur war das Gebot der Stunde. Von diesem Interesse an der Einheit der Nation her muß man die Thematisierung der religiösen Differenz von Judentum und Christentum im Berliner Antisemitismusstreit verstehen: Es ging nicht um Glaubenswahrheiten, sondern um die deutsche Nation, die man sich nicht anders denn als christliche, ja strenggenommen als protestantische vorstellen konnte.

Treitschkes sich radikalisierende Positionierung in der ›Judenfrage‹ rief anfangs vor allem den Protest der jüdischen Seite hervor. Nichtjüdische Stimmen pflichteten Treitschke überwiegend bei, nur wenige äußerten Kritik. Dazu gehörte etwa Karl Fischer, der sich im Februar 1880 öffentlich gegen Treitschke wandte und dabei auch dessen Verquickung von deutscher Nation und christlichem Glauben kritisierte.[28] Die gewichtigste nichtjüdische Gegenstimme – Theodor Mommsen – ließ sich erst spät, nämlich erst Ende 1880, vernehmen. Allerdings hatte Mommsen bereits in der ersten Phase des Streits eine öffentliche Intervention erwogen: Im Februar 1880 beteiligte er sich an einem unveröffentlicht gebliebenen Aufruf gegen die antisemitische Bewegung, der sich wohl auch gegen Treitschke richtete.[29] Im März 1880 kritisierte er in einer Rede zur Vorfeier des Ge-

---

[28] KARL FISCHER, Heinrich v. Treitschke und sein Wort über unser Judenthum. Ein Wort zur Verständigung, Mönchengladbach, Leipzig 1880.
[29] S. Anm. 8. Schon nach dem Erscheinen von Treitschkes *Unsere Aussichten* hatte sich Mommsen Kollegen gegenüber von Treitschke distanziert (so die Nachricht in einem Brief vom Karl Wilhelm Nietzsch vom 19. Dezember 1880: KRIEGER 138). Wie ambivalent Mommsens Haltung zur ›Judenfrage‹ in der ersten Phase des Streits war, zeigt sein Brief an Werner von Siemens vom 10. Februar 1880, wo es heißt: »Dass die Judenfurcht insofern eine Thorheit ist, als die Juden eben schlechthin eine untergeordnete Race sind, ist von jeher meine Ueberzeugung gewesen; ein jüdischer Poet, ein jüdischer Historiker sind contradictionen in adjecte [sic]. Aber insofern ist nicht unbegründet, als die Durchtränkung der Nation mit einem andersartigen und geringhaltigeren Element allerdings eine Deterierung herbeiführen muss und herbeiführt. Es ist gewiss sehr thöricht, wenn dem Publikum vor dem Uebergewicht der Semiten gruselt. Aber ihr Untergewicht, das kommt in Betracht. Gäbe es zwei Wege, so würde ich nicht schwanken, aber weil es practisch und rechtlich unmöglich ist dies Element zu bannen, desshalb müssen wir suchen, uns auf die besseren Elemente des Judenthums gegen die schlechten zu stützen« (zitiert in: ZEISS-HORBACH [s. Anm. 8], 46f.).

burtstags Wilhelms I. verklausuliert die um sich greifende Judenfeindlichkeit.³⁰ Die erste öffentliche Äußerung Mommsens zum Antisemitismusstreit wird greifbar in Gestalt des am 12. November 1880 ergangenen Manifests der Berliner Notabeln gegen den Antisemitismus.³¹ Eine Woche später – am 19. November – bekräftigte er diese Kritik in einem Brief an die Nationalzeitung und adressierte sie direkt an Treitschke.³²

Ausführlicher äußerte sich Mommsen erst im Dezember 1880. In seiner Broschüre *Auch ein Wort über unser Judenthum*³³ weist auch er auf die Unterschiede zwischen Juden und Nichtjuden hin: Er spricht von der fundamentalen »Ungleichheit«, »welche zwischen den deutschen Occidentalen und dem semitischen Blut allerdings besteht«,³⁴ und von der den Juden »als Schicksal auf die Welt mitgegebenen Eigenartigkeit«³⁵. Aber diese Besonderheit ist für Mommsen nur ein Moment in einem stetigen Wandel der Geschichte, der gerade auch die Nationen betreffe. Und für die Geschichte dieses steten Wandels spiele das Judentum seit der Antike eine positiv zu würdigende Rolle als »Element der nationalen Decomposition«³⁶, deren gerade die junge deutsche Nation bedürfe, um aus der Vielheit der Stämme zu einer Einheit zu werden. Für den Umgang mit

---

[30] Teilabdruck in KRIEGER 445f. (Nr. 55).
[31] S. Anm. 9.
[32] KRIEGER 614f. (Nr. 79).
[33] THEODOR MOMMSEN, Auch ein Wort über unser Judenthum, Berlin 1880 (KRIEGER 695–709 [Nr. 91]). – Zu Mommsens Position im Antisemitismusstreit: ALEXANDER DEMANDT, Mommsen in Berlin (in: DERS., Geschichte der Geschichte. Wissenschaftshistorische Essays, Köln u.a. 1997, 138–159, hier: 145–150); CHRISTHARD HOFFMANN, Juden und Judentum im Werk deutscher Althistoriker des 19. und 20. Jahrhunderts, Leiden u.a. 1988, 87–132; JENSEN (s. Anm. 7), 305–311; HOFFMANN, Die Verteidigung der liberalen Nation (s. Anm. 7); JÜRGEN MALITZ, »Auch ein Wort über unser Judenthum«. Theodor Mommsen und der Berliner Antisemitismusstreit (in: JOSEF WIESEHÖFER [Hg.], Theodor Mommsen: Gelehrter, Politiker und Literat, Stuttgart 2005, 137–164). – Was die Selbstwahrnehmung der Differenz zwischen Treitschke und Mommsen angeht, ist auf die Behauptung Mommsens in seinem Brief an Treitschke vom 16. Dezember 1880 hinzuweisen, die »Meinungsdifferenz« betreffe nicht die »materiell allerdings von uns wohl nicht sehr verschieden aufgefaßte sg. Judenfrage« (KRIEGER 758 [Nr. 105]). Zurecht hat Hans Joachim von Borries festgestellt: »Nicht als ›Judenfreund‹ argumentiert Mommsen, sondern als liberaler Patriot, der die Nation in einem Reifungsprozeß sieht, in dem den Juden eine spezifische Funktion zukommt« (Deutschtum und Judentum. Studien zum Selbstverständnis des deutschen Judentums 1879/80, Diss. phil. Universität Zürich 1971, 74). Gerade aber in dieser Sichtweise des liberalen Patrioten liegt ein grundsätzlicher Unterschied zu Treitschke, den Mommsen in seinem Brief höflich verschweigt: »Das Dasein einer jüdischen Minderheit, die durchaus zur nationalpolitischen Integration beiträgt, ist in seinen Augen ein nicht zu unterschätzendes psychologisches, keineswegs aber ein zentrales gesellschaftlich-politisches Problem« (ebd.).
[34] KRIEGER 700.
[35] KRIEGER 705.
[36] KRIEGER 702.

dem Judentum in der Gegenwart heiße das, daß die Emanzipation nicht infragegestellt werden dürfe und daß auch Diskriminierungsmaßnahmen unnötig seien. Scharf kritisiert Mommsen Treitschkes Alarmismus und Polemik und die noch schlimmeren antijüdischen Ausfälle der antisemitischen Bewegung.

Auch Mommsen behauptet, daß die Religion zur »Eigenartigkeit« der Juden beitrage, ohne daß er aber dem religiösen Gegensatz besondere Bedeutung zuspricht. Weil der religiöse Unterschied zwischen Judentum und Christentum eher hinderlich sei, das »Gefühl der Fremdheid und Ungleichheit, mit welchem auch heute noch der christliche Deutsche dem jüdischen vielfach gegenüber steht«[37], zu überwinden und weil die Juden in die Gemeinschaft der »Christenheit« als der »heutigen internationalen Civilisation«[38] hineingenommen werden sollten, empfiehlt ihnen Mommsen die Konversion zum Christentum. Es sei die Pflicht der Juden, ihre »Sonderart nach bestem Vermögen von sich zu thun und alle Schranken zwischen sich und den übrigen deutschen Mitbürgern mit entschlossener Hand niederzuwerfen«, um so »innerhalb der Nation« zu stehen.[39] Dabei nimmt er durchaus Rücksicht auf »Gewissensbedenken« gegenüber dem

---

[37] KRIEGER 708.
[38] Ebd.
[39] KRIEGER 709. – Diese Forderung formuliert Mommsen nicht erst im Antisemitismusstreit. Schon 1877 bemerkt er in einem Brief: »Insoweit die Juden einen besonderen Nationalismus innerhalb des deutschen behaupten wollen [...] sind sie selbst schuld an den Consequenzen [...]. Wer innerhalb einer fremden Nation lebt, soll und muß sich ihr assimiliren« (zitiert in: JENSEN [s. Anm. 7], 279). Ein Brief Mommsens an einen unbekannten Adressaten vom 13. August 1882 (abgedruckt in: STANLEY ZUCKER, Theodor Mommsen and Antisemitism, in: Leo Baeck Institute Year Book 1972, 237–241, hier: 239–241) unterstreicht die Notwendigkeit der Assimilation, sieht aber vor allem die Probleme: Mommsen rät dem Empfänger, wohl einem konvertierten Juden ab, eine Werbeschrift für die Konversion zu veröffentlichen. Zwar gelte immer noch, daß das Christentum sich »abgesehen von allen Dogmen« »mit den jetzt die Welt beherrschenden Nationalitäten [...] so eng verschmolzen [...] [habe], dass ausserhalb desselben eine volle nationale Entwickelung der Regel nach unmöglich« sei, aber die antisemitische Agitation und jüdische Vorbehalte erschweren zur Zeit diese Verschmelzung. Auf sein *Wort über unser Judenthum* zurückblickend sagt er: »Als ich meine paar Worte in dieser traurigen Sache schrieb, sah ich das alles wohl ein; ich hätte über diesen Punkt am liebsten geschwiegen, denn nützen konnte das Reden davon nicht, wohl aber schaden. Allein nach meinem Aufsatz liegt allerdings die auf den Juden lastende Verschuldung in letzter und höchster Instanz eben darin, dass sie sich gegen das in der Anerkennung des Christentums sich ausdrückende Bekenntnis der vollen Nationalität borniren, und ich wollte mich nicht derjenigen Unwahrheit schuldig machen, die man durch Verschweigen begeht. Deshalb deutete ich meine innerste Ueberzeugung so leise und kurz wie möglich, aber doch an. Ich habe es vorausgewusst und später bestätigt gefunden, dass dies durchgängig missverstanden worden ist«. Mißverstanden fühlte sich Mommsen wohl von Leuten wie Philippson (s. Anm. 42), die ihm die Konversionsforderung übelnahmen.

»Uebertritt« zum Christentum, nicht aber auf eine nicht religiös zu begründende Fortsetzung der jüdischen »Sonderexistenz«.[40] An zwei Punkten unterscheidet sich Mommsen von der ähnlich beiläufigen Thematisierung der Religionsfrage bei Treitschke: Für ihn ist die – auch ihm zweifellos bewußte – kulturelle Bedeutung des christlichen Glaubens für die deutsche Nation[41] kein besonderes Thema, wie er überhaupt die Bedeutung von Religion für die Kultur eher relativiert. Nationalreligiöser Überschwang, wie er sich in manchen Formulierungen Treitschkes zeigt, findet sich in Mommsens Beiträgen zum Antisemitismusstreit nicht. Gerade deshalb kann er aber auch über Treitschke hinausgehend die Konversion der Juden zum Christentum empfehlen, weil sie so ihre Verschmelzung mit der deutschen Nation, ja mit der modernen Zivilisation besonders deutlich machen könnten. Gerade, weil Mommsen die »Eigenartigkeit« der Juden nicht betont und die Bedeutung der Religion relativiert, fällt ihm die Forderung der Konversion leicht. Umgekehrt ist bei Treitschke der Verzicht auf die Konversionsforderung ein Indiz dafür, daß er insgeheim an der Möglichkeit der Assimilation zweifelt.[42]

2.2. Die Diskussion im kirchlichen Bereich

Was von den Wortführern der Debatte erst allmählich thematisiert wurde, stand für andere von Anfang an fest: Vor allem im kirchlichen Bereich[43]

---

[40] KRIEGER 709.
[41] »In Mommsen's view Christianity was no longer regarded as a metaphysical or theological religion by the enlightened German but rather as a historical and humanistic component of German culture that must perforce be accepted by all who wished to integrate into this culture« (TAL [s. Anm. 27], 60).
[42] Ludwig Philippsons Kritik an Mommsens Konversionsforderung und seine Würdigung Treitschkes als des in der Religionsfrage *Freisinnigeren* in der Besprechung von Mommsens »Wort« in der AZJ verkennt den Hintergrund der Differenz zwischen Mommsen und Treitschke (KRIEGER 788–793 [Nr. 112]) und erkennt die fundamentale Ambivalenz in Treitschkes Position nicht, daß Treitschke nämlich gleichzeitig die Assimilation fordert und ihre Möglichkeit in Frage stellt. Den Selbstwiderspruch, in den sich Treitschke durch seine Betonung der Zusammengehörigkeit von deutscher Nation und christlichem Glauben einerseits und durch seinen Verzicht auf die Konversionsforderung andererseits verwickelt, haben ihm schon zeitgenössische Beobachter vorgehalten (z.B. BRAKE [s. Anm. 45], 40f.).
[43] Die folgende Darstellung beschränkt sich auf den landeskirchlichen Protestantismus, weil der Antisemitismusstreit im römischen Katholizismus (zur Geschichte der Judenfeindschaft in der römisch-katholischen Kirche siehe OLAF BLASCHKE, Katholizismus und Antisemitismus im Deutschen Kaiserreich, Göttingen 1997) und den Freikirchen kaum eine Rolle spielte. Einen Überblick über die Forschung (bis zu den 1990er Jahren) zum Verhältnis von Protestantismus und Judentum im Kaiserreich gibt KURT NOWAK, Protestantismus und Judentum im deutschen Kaiserreich (1870/71–1918). Beobachtungen zum Stand der Forschung (in: DERS., Kirchliche Zeitgeschichte interdisziplinär. Beiträge 1984–2001, Stuttgart 2002, 164–185).

betonte man, daß es bei der ›Judenfrage‹ entscheidend um die Religion gehe und daß alle anderen Differenzen weniger wichtig seien.[44] Das läßt sich an einer Reihe von Einzelpublikationen[45] sowie an den kirchlichen Zeitungen zeigen. Für die protestantische Presse hatte der Berliner Antisemitismusstreit keinen grundsätzlichen Neuigkeitswert. Das Verhältnis von Christentum und Judentum beschäftigte die evangelische Kirche im 19. Jahrhundert durchweg. In den Jahren vor dem Ausbruch des Antisemitismusstreits hatte es vermehrt eine kritische Auseinandersetzung mit dem Judentum gegeben, in der sich traditionelle christliche Judenfeindschaft und moderne antijüdische Vorurteile verbanden. Vom Standpunkt dieser judenfeindlichen Publizistik fügten sich das Aufkommen der antisemitischen Bewegung, Stoeckers antijüdische Agitation und der sich vor allem im bildungsbürgerlichen Milieu abspielende Antisemitismusstreit, wie sich etwa an der Allgemeinen Evangelisch-Lutherischen Kirchenzeitung beobachten läßt, in die während der 1870er Jahre verstärkte Thematisierung der ›Judenfrage‹ im kirchlichen Bereich ein. Der Antisemitismusstreit war für die kirchlichen Blätter dabei kein eigenständiges Thema, sondern wurde in den Zusammenhang der ersten Welle des Antisemitismus 1879/80 gestellt und zusammen mit den anderen judenfeindlichen Bewegungen der Zeit von den unterschiedlichen kirchlichen Parteistandpunkten aus kommentiert. Die Behandlung der ›Judenfrage‹ in den kirchlichen Blättern dieser Zeit – von den konservativen (*Allgemeine Evangelisch-Lutherische Kirchenzeitung*[46], *Evangelische Kirchenzeitung*[47], *Neue*

---

[44] Das konnte man dann auch nutzen, um sich kritisch mit der Entchristlichung und Entkirchlichung sowie dem kirchlichen Liberalismus auseinanderzusetzen: »Das religiöse Moment spielt in der Agitation nicht unwesentlich mit, aber doch ganz anders als früher. Es sind nicht mehr der Haß gegen das Volk, das den Heiland gekreuzigt, nicht mehr die Bekehrungswuth des glaubensstarken christlichen Fanatismus, die angestachelt werden und ihrerseits wieder vorwärts treiben, sondern wir stehen einer Reaction gegen religiösen Liberalismus und Radikalismus, gegen die moderne Bekenntnißlosigkeit, gegen Skepticismus und Materialismus gegenüber« (LUDWIG QUIDDE, Die Antisemitenagitation und die deutsche Studentenschaft, 1881, in: KRIEGER 829–847 [Nr. 118], hier: 831). Diese Abgrenzung gegen die Moderne konnte sich auch gegen das moderne Judentum richten, dem »Irreligiosität« vorgeworfen wurde (GOTTLIEB AUGUST SCHÜLER, Die Wurzeln der Judenfrage. Christen und Juden, zunächst den Studenten Deutschlands, Berlin 1881, 29).

[45] Z.B. GEORG BRAKE, Zur deutschen Judenfrage. Ein Wort zum Frieden, Gotha 1880; GOTTLIEB AUGUST SCHÜLER, Die Judenfrage. Eine Frage an das deutsche Volk und die deutschen Juden, Marburg 1880.

[46] Judenthum und Germanenthum (in: AELKZ 12, 1879, 649–651.673–675.721–724); Die Emancipation der Christen (in: AELKZ 12, 1879, 1131–1133.1153–1155.1177–1179); Zur Judenfrage (in: AELKZ 13, 1880, 83–85.176–179.197–202.225–229); Noch einiges zur Judenfrage (in: AELKZ 13, 1880, 251–253), Neue Schriften zur Judenfrage (in: AELKZ 13, 1880, 684–686); Die jüdische Fremdherrschaft (in: AELKZ 13, 1880, 1156–1159.1216f. 1236f.; AELKZ 14, 1881, 32–34); Zur Judenfrage (in: AELKZ 14, 1881, 422–425). – Zum

*Evangelische Kirchenzeitung*⁴⁸) über die gemäßigteren *Deutsch-Evangelischen Blätter*⁴⁹ bis hin zur liberalen *Protestantischen Kirchenzeitung*⁵⁰ –

Judenbild in der AELKZ in den Jahren um 1880: HERMANN MÜNTINGA, Das Bild vom Judentum im deutschen Protestantismus. Dargestellt an den Äußerungen der Allgemeinen Evangelisch-Lutherischen Kirchenzeitung (AELKZ) zwischen 1870–1880 (in: Judenfeindschaft im 19. Jahrhundert. Ursachen, Formen und Folgen, Veröffentlichungen aus dem Institut Kirche und Judentum, Berlin 1977, 21–49); THOMAS KREMERS-SPER, Antijüdische und antisemitische Momente in protestantischer Kapitalismuskritik: Eine Analyse evangelischer Kirchenzeitungen des Deutschen Kaiserreiches im Jahre 1878 (in: ZRGG 44, 1992, 221–240); WOLFGANG E. HEINRICHS, Das Judenbild im Protestantismus des Deutschen Kaiserreichs. Ein Beitrag zur Mentalitätsgeschichte des deutschen Bürgertums in der Krise der Moderne, Gießen ²2004, 42–67.

⁴⁷ Israel der Laststein der Völker (in: EKZ 106/107, 1880, 729–740). Es ist bemerkenswert, daß die EKZ anders als die AELKZ und die NEKZ die ›Judenfrage‹ nur in einem einzigen Artikel ausführlicher behandelt und sie nicht über eine längere Zeit hinweg immer neu thematisiert.

⁴⁸ Der gegenwärtige Stand der jüdischen Frage (in: NEKZ 22, 1880, 23–26. 36–39); Die jüdische Frage nach jüdischer Auffassung (in: NEKZ 22, 1880, 55–57.74f.); Eine Petition an den Reichskanzler (in: NEKZ 22, 1880, 737–739); Die Judenfrage im Abgeordnetenhause (in: NEKZ 22, 1880, 753–755); Umschau unter den Juden (in: NEKZ 22, 1880, 769–771.788–790). Die NEKZ berichtet im Laufe des Jahrs 1881 immer wieder von der antisemitischen Bewegung und der Publizistik rund um die Judenfrage (in: NEKZ 23, 1881, 6–8.19–21.49–51.115–117.134–136.181–184.212–215.305–308.323–325.519f.547–549.549f.737–739.787–789), wobei der Berliner Antisemitismusstreit kaum noch eine Rolle spielte. Bemerkenswert ist die 1881 zu beobachtende starke Zunahme an Berichten über die Judenfrage im Vergleich mit 1879/80: Hier scheint sich den Redaktion und Leserschaft interessierendes Thema etabliert zu haben. – Zur Behandlung der Judenfrage in der NEKZ um 1880, die wichtige Impulse einerseits von Johannes de le Roi, der wohl einen Teil der Artikel verfaßt und dadurch seine theologische Deutung des Judentums verbreitet hat, und andererseits von Stoecker, der die NEKZ als propagandistische Plattform benutzte, empfangen hat: HEINRICHS (s. Anm. 46), 186–213.

⁴⁹ Ein Wort über unser Verhältniß zu den unter uns lebenden Israeliten (in: Deutsch-Evangelische Blätter 5, 1880, 217–233); Die Judenfrage (in: Deutsch-Evangelische Blätter 6, 1881, 62–65). – Zur Behandlung der Judenfrage in den Deutsch-Evangelischen Blättern: HEINRICHS (s. Anm. 46), 310–340, hier zu den Artikel von 1880: 327–339.

⁵⁰ Zur Judenfrage (in: Protestantische Kirchenzeitung 5, 1880, 105–113). – Zur Behandlung der Judenfrage in der PKZ um 1880: HEINRICHS (s. Anm. 46), 352–371. – Wichtige Hinweise zum Verständnis der Ambivalenzen in der Positionierung des liberalen Protestantismus der zweiten Hälfte des 19. und der ersten Hälfte des 20. Jahrhunderts gegenüber dem Judentum gibt FRIEDRICH WILHELM GRAF, »Wir konnten dem Rad nicht in die Speichen fallen«. Liberaler Protestantismus und »Judenfrage« nach 1933 (in: JOCHEN-CHRISTOPH KAISER, MARTIN GRESCHAT [Hgg.], Der Holocaust und die Protestanten. Analysen einer Verstrickung, Frankfurt a. M. 1988, 151–185). Graf warnt vor Vereinseitigung in der Deutung des liberalen Protestanten. Es seien »gerade in sich widersprüchliche Mittelpositionen typisch. Sowohl die von jüdischen Autoren [z.B. Uriel Tal, A.S.] unternommenen Versuche, die kulturprotestantischen Konzepte einer christlich homogenen Kultur als Manifestationen eines subtilen Kulturantisemitismus zu deuten, als auch die bei protestantischen Theologen [z.B. Trutz Rendtorff, A.S.] häufig zu beobachtende Tendenz, die relative Offenheit liberaler Theologen gegenüber dem Judentum mit einer Resistenz gegenüber antisemitischen Mentalitätsmustern gleichzusetzen, werden dieser Widersprüchlichkeit nur eingeschränkt gerecht« (a.a.O. 154). Es gilt: »Kulturprotestantische Theologen vertreten ein Kulturverständnis, das durch hohe Ho-

weist sowohl Unterschiede als auch Gemeinsamkeiten auf. Die nur selten systematisch durchdachten und zusammenhängend explizierten Überlegungen zur ›Judenfrage‹ sollen im Folgenden im Überblick zusammengestellt werden.

Der Berliner Antisemitismusstreit war nur einer unter mehreren Anlässen für die kirchliche Presse, um zwischen Herbst 1879 und Frühjahr 1881 die ›Judenfrage‹ aufzugreifen. In der Regel wurde dieser Streit in den Artikeln dieser Zeit erwähnt und es gab eine Stellungnahme dazu, aber er erschien den zeitgenössischen Beobachtern im kirchlichen Bereich weniger bedeutsam als etwa die Stoeckersche Agitation oder die antisemitische Bewegung. Die Urteile über Treitschke gingen auseinander: Während die dem konservativen und konfessionellen Spektrum zuzurechnenden Organe Treitschkes *Unsere Aussichten* begrüßten und verteidigten,[51] distanzierten sich die dem liberalen Spektrum zuzurechnenden Organe von dem Aufsatz und kritisierten ihn. Die kirchliche Presse zeigte damit dieselbe Zweiteilung wie die außerkirchliche Öffentlichkeit. An einem Punkt monierten kirchliche Blätter allerdings die Diskussion um die ›Judenfrage‹ im Berliner Antisemitismusstreit alle in ähnlicher Weise: Sie würdige nicht angemessen die Bedeutung der religiösen Dimension dieser Frage. Die kirchlichen Blätter verhandelten die ›Judenfrage‹ nämlich stets auf zwei Ebenen: der ethnisch-kulturellen und der religiösen. Grundlegend war dabei die religiöse Betrachtungsweise. Hier schlugen die eher konservativen und konfessionellen Blätter einerseits und die vermittelnden und liberalen Blätter andererseits ganz unterschiedliche Wege ein.

Die Allgemeine *Evangelisch-Lutherische Kirchenzeitung* (AELKZ) und die *Neue Evangelische Kirchenzeitung* (NEKZ) thematisierten die religiöse Bedeutung der ›Judenfrage‹ in herkömmlicher Weise: Man schätzte das Alte Testament hoch und respektierte das sein religiöses Erbe ernstnehmende traditionalistische Judentum. Der Satz, daß das Heil von den Juden komme (Joh. 4,22), wurde immer wieder zitiert und dadurch die Nähe zwischen Judentum und Christentum hervorgehoben. Allerdings, so wurde der Gedankengang in der Regel weitergeführt, schlage diese Nähe in Feindschaft um, weil sich das Judentum der ihm innewohnenden Hinordnung auf das Christentum verweigere: Es habe den Messias Jesus Christus

---

mogenitätserwartungen geprägt ist. Obgleich sie modernitätsoffen zu sein beanspruchen, können sie ein Grundphänomen gesellschaftlicher Modernisierung, den Pluralismus der Weltanschauungen und Lebensstile, nicht oder nur sehr eingeschränkt akzeptieren« (a.a.O. 174).

[51] In manchen Artikeln wird Treitschke aber kritisiert, etwa weil er die durch kein Bildungsbemühen zu überwindenden »Rasseunterschiede« unterschätze (so AELKZ 12, 1879, 1178).

und das ihn bezeugende Neue Testament verworfen und sei ignorant gegenüber der ihm geltenden göttlichen Erwählung. Diese Verweigerung des Judentums gegenüber der christlichen Wahrheit habe sich in der Unheilsgeschichte des nachneutestamentlichen Judentums ausgewirkt, die als göttliche Strafe zu verstehen sei. Die Verweigerung gegenüber der christlichen Wahrheit sei auch immer wieder in eine Verfolgung des Christentums umgeschlagen, und gerade in der Gegenwart sei zu beobachten, daß die jüdische »Fremdherrschaft« darauf abziele, »Christenthum und christliche Kirche zu ekrasiren und den deutschen Geist unter dem jüdischen zu ersticken«.[52] Die Lösung des von jüdischer Seite festgehaltenen Gegensatzes zwischen Judentum und Christentum wurde in der Konversion gesehen: Durch die Taufe würden die Juden zu Christen und entsprächen durch ihren Christusglauben der dem wahren, christlichen Israel geltenden Erwählung. Solche Konversion müsse durch Judenmission unterstützt werden. Allerdings erreiche die Judenmission nur einen kleinen Teil der Juden, weil die Bekehrung der Juden unter einem endzeitlichen Vorbehalt stehe: Sie geschehe letztlich durch Gott selbst am Ende der Zeiten. Bis dahin habe die Kirche den Juden Christus zu bezeugen und sich das Schicksal der Juden zu Herzen zu nehmen: Im Spiegel des Judentums könnten die Christen sich ihrer eigenen Gottlosigkeit bewußt werden und Buße tun.

Andere Organe – wie die *Deutsch-Evangelischen Blätter* oder die *Protestantische Kirchenzeitung* – hatten sich von dieser heilsgeschichtlichen Deutung der ›Judenfrage‹ verabschiedet und thematisierten den Unterschied zwischen Judentum und Christentum als den Unterschied zweier Entwicklungsstadien der Religionsgeschichte: Im Christentum sei die durch Jesus in die Welt gebrachte höhere Religion und Sittlichkeit bestimmend geworden und habe die inferiore und partikulare Gesetzesreligion des Judentums überwunden. Das Festhalten des Judentums an einem eigentlich überwundenen, defizitären religionsgeschichtlichen Stadium sei mißlich und schaffe einen eigentlich unnötigen Gegensatz zwischen Judentum und Christentum. Überwunden werden könne dieser Gegensatz durch eine allmähliche Verschmelzung der Juden mit der christlichen Mehrheitsgesellschaft: Sie sollten Deutsche und Christen werden. Man war optimistisch, daß sich die teils durch eigene Schuld des Judentums, teils aber auch durch eine jahrtausendelange Geschichte der Unterdrückung herausgebildete religiöse, kulturelle und ethnische Eigenart der Juden so auflösen werde. Der angestrebte »Sieg des Christenthums über seine verwandtesten und zugleich ausgesprochensten Gegner« – das Ju-

---

[52] AELKZ 13, 1880, 1158.

dentum – verlange allerdings »Achtung vor der Ueberzeugung des Andern« und schließe »Glaubenshochmuth und Rassendünkel aus«.[53] Wie die konfessionellen und konservativen Blätter konnten auch die vermittelnden und liberalen Blätter die kritische Auseinandersetzung mit dem Judentum in einem Aufruf an die christliche Kirche gipfeln lassen, konsequent christlich zu sein.[54]

Diese unterschiedlich ausgestalteten religiösen Gedankengänge waren in den Artikeln zur ›Judenfrage‹ in der Zeit des Antisemitismusstreits immer eng mit dem anderen Gedankengang verknüpft: mit der Thematisierung des ethnisch-kulturellen Gegensatzes. In der abendländischen Kultur tief verwurzelte antijüdische Stereotype wurden revitalisiert und mit Rückgriff auf die judenfeindliche Polemik des 18. und 19. Jahrhunderts zugespitzt: Die Juden als fremdes Volk, das Judentum als inferiore Kultur, die jüdische Geschichte als Geschichte der Degeneration, die Juden als Zerstörer eines gesunden Wirtschaftslebens, die Juden als heimliche Herren von Presse und Kultur, kurz: die Juden als Speerspitze der zersetzenden Moderne. Die konservativen und konfessionellen Blätter waren dabei weit radikaler und polemischer als die vermittelnden und liberalen, die bei aller Sachkritik am Judentum antijüdische Pöbeleien und Judenhetze ablehnten. Die Folgerung aus der Betonung des ethnisch-kulturellen Gegensatzes lag für die dem konservativen und konfessionellen Spektrum zuzurechnenden Blätter auf der Hand: Rücknahme der Judenemanzipation und gesellschaftliche Diskriminierung des Judentums – und das Bemühen um eine Rechristianisierung von Staat und Gesellschaft. Auch in dem vermittelnden oder liberalen Spektrum zuzurechnenden Blätter konnten sich

---

[53] Deutsch-Evangelische Blätter 5, 1880, 233.

[54] Das äußerte sich dann allerdings nicht im Aufruf zu Umkehr und Buße an die Kirche, sondern in einer in judenfeindliche Stereotype gekleideten Kritik des innerkirchlichen Gegners: »Schaffen wir den alten jüdischen Sauerteig des unevangelischen Gesetzeszwanges in Gewissensfragen, des geistlosen Autoritätsglaubens, der theokratischen Priesterherrschaft, der hochmütigen Exclusivität, des selbstgerechten Verdienstes, des verdienstlichen opus operatum, welches ja nicht blos in der Messe, sondern auch im gedankenlosen Bekenntnis und im Opfer des Intellects einer protestantischen Rechtgläubigkeit besteht, – schaffen wir all' dies Jüdische aus unserem deutsch-protestantischen Christentum gründlich hinweg, lernen wir die Symbolsprache unserer Dogmen aus dem Semitischen ins Japhetitische übersetzen, lernen wir das Christentum verstehen als die menschliche Offenbarung des ewigen göttlichen Logos, lernen wir glauben an den Herrn, welcher der Geist, und damit die Befreiung vom Zuchtmeister jenes geistlosen Gesetzes ist, machen wir aus unsern Kirchen keine Judenschulen mehr voll dogmatischen Gezänkes, sondern wahre Stätten der Anbetung Gottes im Geist und in der Wahrheit: kurz also, werden wir endlich recht Christen, die das Judentum in sich selber gründlich überwunden haben, und wir werden alsdann das äußere Judentum zu fürchten nicht den geringsten Grund mehr haben!« (in: Protestantische Kirchenzeitung 5, 1880, 113).

Diskriminierungsforderungen finden, allerdings warb man hier doch eher für einen freundlichen Umgang mit den Juden, die durch die Verschmelzung mit der deutschen und christlichen Mehrheitsgesellschaft ihre ethnisch-kulturelle Eigenart überwinden sollten.

Daß man sich mit der Thematisierung des ethnisch-kulturellen Gegensatzes in großer Nähe zu anderen judenfeindlichen Strömungen der Zeit, etwa zur aufkommenden antisemitischen Bewegung befand, war den kirchlichen Blättern bewußt. Aber man meinte dennoch, sich klar von diesen primär politischen Bewegungen unterscheiden zu können, wies man doch mit Nachdruck auf die primär religiöse Dimension der ›Judenfrage‹ hin, was von der antisemitischen Bewegung etwa gerade abgelehnt wurde.[55] So sehr die Agitation gegen die Juden als vermeintliche Trägergruppe der Modernisierung mit all den antijüdischen Stereotypen sich im kirchlichen und im außerkirchlichen Bereich ähnelte, so wenig wurde das als Gemeinsamkeit wahrgenommen und ein Brückenschlag zum modernen Antisemitismus versucht. Das protestantische Milieu hielt bis ins 20. Jahrhundert Abstand zu denen, die den aus kirchlicher Sicht zentralen religiösen Gegensatz nicht angemessen würdigten.

Wie die Diskussion der ›Judenfrage‹ in den Kirchenzeitungen sich ausgewirkt hat und wie sich die Kirchenleitungen, die Pfarrerschaft und die Gemeinden positionierten, wurde bislang nicht untersucht und kann auch im beschränkten Rahmen dieses Beitrags nicht untersucht werden. Auf ein Beispiel zumindest kann hingewiesen werden: auf die vom Antisemitismusstreit mit angestoßene Beschäftigung der *Evangelisch-Lutherischen Konferenz innerhalb der preußischen Landeskirche* mit der Judenfrage auf ihrer Augusttagung 1881. Nach einem Referat des Direktors der Goßnermission Karl Plath, das die ›Judenfrage‹ in der für das konfessionelle Luthertum typischen Weise behandelte und dabei traditionellen religiösen Antijudaismus mit moderner Judenfeindschaft verband,[56] verabschiedete

---

[55] Der Ende der 1870er Jahre entstehende rasseideologische Antisemitismus bestritt vehement die religiöse Dimension der ›Judenfrage‹ und grenzte sich vom Christentum und der christlichen Thematisierung der religiösen Wahrheitsfrage ab. Insofern ist er zurecht als »anti-christian anti-semitism« zu bestimmen (TAL [s. Anm. 27], 223; siehe auch die Einordnung dieser Bestimmung in die Forschungsdiskussion in: URIEL TAL, Religious and Anti-religious Roots of Modern Anti-Semitism, in: DERS., Religion, Politics and Ideology in the Third Reich. Selected Essays, hg. v. Saul Friedländer, London, New York 2004, 171–190). Wilhelm Marr gibt seiner für den modernen Antisemitismus wichtigen Programmschrift *Der Sieg des Judenthums über das Germanenthum* bewußt den Untertitel *Vom nicht konfessionellen Standpunkt aus betrachtet*, und grenzt sich damit ausdrücklich vom christlichen Antijudaismus ab. Er hält »die religiöse Seite dieses Hasses« für »blödsinnig« (Bern ⁹1879, 7): Es sei ein »grosse[r] Irrthum [...], der Judenfrage nur eine religiöse, d.h. confessionelle Bedeutung beizulegen« (a.a.O. 17).

[56] KARL PLATH, Welche Stellung haben die Glieder der christlichen Kirche dem mo-

die Konferenz eine Resolution, die sich in das aufgrund der Kirchenzeitungen gezeichnete Bild einfügt:

»Die Conferenz erachtet die sich in weitem Umfange geltendmachende antijüdische Bewegung für den Ausdruck der in unserem Volke zum Durchbruche kommenden Erkenntniß des auf ihm von Seiten der jüdischen Bevölkerung vielfach lastenden Druckes und der Zersetzung, mit welcher unser Staats- und Volksleben durch den gegenwärtigen Einfluß der Juden auf dasselbe bedroht ist. Sie beklagt aufs tiefste die Rohheiten und Gewaltsamkeiten, zu welchen dies hie und da geführt hat, sie ist aber noch schmerzlicher bewegt durch die schwere Verschuldung des eigenen christlich-deutschen Volkes, welche solche Stellung der Juden in ihm ermöglicht hat. Sie ruft dasselbe auf, einerseits eingedenk zu bleiben, daß uns das Heil von den Juden gekommen ist, und daß ihm die heilige Pflicht obliegt, an ihrer Bekehrung mit aller Treue zu arbeiten, – aber ebenso eingedenk zu sein der großen Verantwortung, die Gaben und Gnaden, welche Gott ihm von Natur und dann durch das Christenthum hat zu Theil werden lassen, zu bewahren und zu pflegen, ein Staats- und Volksleben darzustellen, durch welches die Juden für das Christenthum gewonnen werden, ihnen allen Schutz und bürgerliche Freiheit zu gewähren, sich selbst und ihnen aber die unschätzbaren Güter der christlichen Ehe, der christlichen Schule, der christlichen Obrigkeit zu erhalten, beziehungsweise wieder zu erwerben«.[57]

Im kirchlichen Milieu fanden sich nur wenige Stimmen, die sich von dieser Positionierung absetzten und grundsätzlich anders dachten. Hier ist vor allem der konvertierte Berliner Pfarrer Paulus Cassel zu nennen, der sich im Dezember 1879 gegen Treitschke wandte.[58] Zwar hält Cassel das Christentum dem Judentum für religiös überlegen, doch weiß er um die Verwurzelung des Christentums im Judentum und propagiert als Lösung des Konflikts nicht die Konversion, sondern die christlich motivierte Rücksichtnahme. Cassel deutet das Judentum als ein religiös bedeutsames »Lehrbuch der Weissagung und Erfüllung« und kontrastiert die biblische Aussage, daß »das Heil von den Juden« komme, mit Treitschkes, daß »die Juden unser Unglück« seien.[59] Der »Kosmopolitismus des Evangeliums«

---

dernen Judenthum gegenüber einzunehmen (abgedruckt in EKZ 108/109, 1881, 705–732). Plath, der auch als Privatdozent an der Theologischen Fakultät der Friedrich-Wilhelms-Universität Berlin lehrte, faßt in diesem Vortrag die Ausführungen eines kurz zuvor erschienenen Buchs (Was machen wir Christen mit unseren Juden!?, Nördlingen 1881) zusammen, das aus einer missionswissenschaftlichen Vorlesung über die Judenfrage im Wintersemester 1880/81 hervorgegangen war.

[57] Abgedruckt in EKZ 108/109, 1881, 732. In der Konsistorialakte zur Augustkonferenz (Evangelisches Landeskirchliches Archiv Berlin 14/1498) fanden sich keine weiterführenden Informationen zur Tagung 1881.

[58] Wider Heinrich von Treitschke. Für die Juden (KRIEGER 170–185 [Nr. 19]). – Zu Cassel: FRIEDRICH WEICHERT, Der Berliner Judenmissionar Professor D. Paulus Cassel (1821–1892) (in: JBBKG 42, 1967, 109–132). – Cassels Schrift Die Antisemiten und die evangelische Kirche (Berlin 1881) bleibt hier außer Betracht, weil sie nicht unmittelbar auf den Berliner Antisemitismusstreit bezogen ist.

[59] KRIEGER 172f.

verwehre eine Herabwürdigung des Judentums und bewahre die Christen vor dem Rückfall ins Heidentum, denn es gelte: »Je mehr die Race sich geltend macht, desto mehr tritt das Heidenthum hervor«.[60] Sein stärkstes Argument gegen die christliche Judenfeindschaft bezieht sich explizit auf Luther: »Christus ist ein Semit. Die Lehre von der Rechtfertigung und Heiligung ist eine semitische Lehre. Was Luther in der Reformation wieder auf die Tafel gebracht, ist die Lehre des semitischen Apostels«.[61] Einige weitere Diskussionsbeiträge[62] zum Antisemitismusstreit wiesen in eine ähnliche Richtung, ohne aber auf die Meinungsbildung im kirchlichen Raum erkennbaren Einfluß auszuüben.

2.3. Jüdische Stimmen

Die Religionsfrage war auch für einige der jüdischen Beteiligten am Streit von Interesse. Allerdings verzichteten die meisten jüdischen Stimmen auf die explizite Thematisierung der Religionsfrage. Wahrscheinlich scheute man sich, den unbestreitbaren Unterschied zwischen Judentum und Christentum anzusprechen, um nicht das Bemühen um den Aufweis der Vereinbarkeit von jüdisch und deutsch zu unterlaufen.

Bemerkenswert sind etwa Heinrich Graetz' Beiträge. Gegen den in kirchlichen Kreisen artikulierten Wahrheitsanspruch des christlichen Glaubens und die im bürgerlichen Milieu selbstverständliche Verklammerung von Nation, Kultur und Religion im Zeichen des Protestantismus hatte der Historiker vor dem Antisemitismusstreit die Antithese der in ihrem Eigenrecht zu bejahenden und hinsichtlich ihrer Eigenart positiv zu würdigenden jüdischen Identität gesetzt.[63] Dabei war die Religion, vor allem die in ihr gründende Sittlichkeit, ein wichtiges Moment, und Graetz scheute sich nicht, die Bedeutung des jüdischen Glaubens für die zivilisatorische Entwicklung herauszustreichen und das Christentum von ihm

---

[60] KRIEGER 173.
[61] KRIEGER 181.
[62] Beispielsweise B. GRUBER, Christ und Israelit. Ein Friedenswort zur Judenfrage, Reichenbach 1880. Gruber wendet sich gegen eine falsche Kontrastierung von Semitentum und Deutschtum sowie Judentum und Christentum. Hinsichtlich der Religion gilt: »[A]uf dem wahrhaft kosmopolitischen Gebiet des Glaubens berühren sich Christenthum und Judenthum als geistesverwandte Größen, als Söhne eines und desselben Vaters« (6). Daraus folgt zum einen: Die Christen hätten den Juden als dem von Gott erwählten Volk, die zum Glauben berufen seien und als solche Erwählte und Berufene unter den Christen lebten, mit Liebe oder zumindest Duldung zu begegnen. Zum anderen gelte: Der Wahrheitsanspruch des um die Bibel und Christus kreisenden christlichen Glaubens sei in keiner Weise zu relativieren, sondern als Vollendung des alttestamentlichen Glaubens auch den Juden gegenüber zu bekennen.
[63] MARCUS PYKA, Jüdische Identität bei Heinrich Graetz, Göttingen 2009.

her kritisch in den Blick zu nehmen. In seinen Beiträgen zum Antisemitismusstreit[64] allerdings hielt er sich mit der Thematisierung der Religionsfrage zurück. Er beschränkte sich auf die Zurückweisung von Treitschkes Vorwürfen, verteidigte dabei seine christentumskritische Darstellung der jüdischen Geschichte und kontrastierte die christliche Judenfeindschaft mit der urchristlichen »Menschenliebe, Milde und Demuth«.[65] Gegen Treitschkes Vorwurf, er habe mit Luther einer der »reinsten und mächtigsten Vertreter deutschen Wesens«[66] geschmäht, antwortet Graetz mit dem Hinweis auf seine differenzierte Darstellung von Luthers Stellung zum Judentum aufgrund der Quellen.[67]

Ein ganz anderes Interesse verfolgte der Philosoph Hermann Cohen mit seiner Thematisierung der Religionsfrage: In seinem Anfang 1880 erschienenen *Bekenntniß in der Judenfrage*[68] postulierte er einen religiössittlichen Grundkonsens von Judentum und Christentum. Er wollte den jüdischen Glauben nicht aus der Diskussion heraushalten, aber nicht, um für dessen Eigenrecht und Eigenart streiten, sondern um den Streit mittels des Aufweises der Gemeinsamkeiten des religiös Unterschiedlichen beizulegen. Von Kants Religionsphilosophie herkommend erblickte Cohen in Judentum und Christentum unterschiedliche geschichtliche Ausprägungen des vernunftgemäßen Gottesglaubens, die am entscheidenden Punkt – nämlich hinsichtlich der Sittlichkeit – konvergierten. Cohen nahm nicht so sehr Anstoß an Treitschkes Thematisierung der »Racenfrage«, bei der er mit Treitschkes Hinweis auf die Unterschiede und mit seiner Assimilationsforderung durchaus übereinstimmte,[69] als vielmehr an Treitschkes Thematisierung der Religionsfrage,[70] daß nämlich die jüdische Religion dem Deutschtum nicht ebenso nahestehe wie die christliche. Dabei ging es Cohen nicht um die religiöse Wahrheitsfrage, sondern um die religiöse Begründung wahrer Sittlichkeit, die der jüdische Monotheismus genauso wie

---

[64] HEINRICH GRAETZ, Erwiderung an Herrn von Treitschke, 7.12.1879 (KRIEGER 96–101 [Nr. 7]); Mein letztes Wort an Professor von Treitschke, 28.12.1879 (KRIEGER 186–192 [Nr. 20]). Zu Graetz: JENSEN (s. Anm. 7), 232–237.
[65] KRIEGER 99.
[66] KRIEGER 100.
[67] S. Anm. 4.
[68] KRIEGER 337–360 (Nr. 36). – Zu Cohen: RISTO SAARINEN, Wandlungen des Lutherbildes zwischen Liberalismus und Antisemitismus. Zum Verhältnis von Judentum und Luthertum bei Hermann Cohen und Erich Vogelsang (in: REIJO E. HEINONEN u.a. [Hgg.], Religionsunterricht und Dialog zwischen Judentum und Christentum, Åbo 1988, 27–43); GEORG GEISMANN, Der Berliner Antisemitismusstreit und die Abdankung der rechtlich-praktischen Vernunft (in: Kant-Studien 83, 1993, 369–380); JENSEN (wie Anm. 7), 229–231.
[69] KRIEGER 346ff.
[70] KRIEGER 340ff.

der christliche zu leisten vermöge. Für eine Kantische Ethik ließen sich Christentum wie Judentum adaptieren, ja letztlich repräsentierten sie dieselbe religiöse Grundhaltung in unterschiedlicher historischer Realisierungsgestalt mit in Einzelpunkten differierenden Akzentuierungen. So mache das Christentum durch die Inkarnation die Humanisierung des Göttlichen, das Judentum aber durch seinen Monotheismus die Absolutheit Gottes deutlich. Das Christentum, an das Cohen dabei denkt und mit dem er sein Judentum wesentlich übereinstimmen sieht, ist der moderne Protestantismus.[71] Die basale religiöse Gemeinsamkeit zwischen Judentum und Christentum ist für Cohen der Ansatzpunkt für das Aufgehen des Judentums im deutschen Volk, das sich ohne Preisgabe, ja im Bewußtsein der Bedeutsamkeit des jüdischen Glaubens vollziehen kann.

Weder Graetz noch Cohen dürften repräsentativ für die Haltung des Judentums im Antisemitismusstreit gewesen sein. Am ehesten kann man das von vier der frühesten jüdischen Reaktionen auf Treitschkes *Unsere Aussichten* sagen: Manuel Joëls im November 1879 publiziertem *Offenen Brief* an Treitschke[72], Moritz Lazarus' im Dezember 1879 gehaltenem Vortrag *Was heißt national?*[73], Harry Breßlaus im Januar 1880 erschienenem Sendschreiben an Treitschke[74] und Ludwig Bambergers im Januar 1880 erschienenem Aufsatz *Deutschthum und Judenthum*[75]. Bei Breßlau und Bamberger spielt die Religionsfrage keine Rolle. Breßlau bemerkt, »über Fragen religiöser Natur mit Ihnen [sc. Treitschke] zu streiten« fehle es ihm »an der Neigung wie an dem Berufe«, und er verwende »den Ausdruck Jude nur zur Bezeichnung der Abkunft, nicht der Religion«.[76] Und Bamberger geht davon aus, daß die »Confessionen angefangen haben zu lernen, daß es im Hause Gottes der Wohnungen viele gibt«, weshalb die »religiöse Antiphathie« zwischen Judentum und Christentum dazu »bestimmt« sei, durch »Bildung und Humanität« »zu verschwinden«.[77] Joël thematisiert in

---

[71] KRIEGER 358.
[72] KRIEGER 24–36 (Nr. 4). Dieser offene Brief wurde durch die Schlesische Zeitung sowie mehrere Separatdrucke verbreitet.
[73] KRIEGER 37–89 (Nr. 5). Hierzu: JENSEN (s. Anm. 7), 237–240; MARCEL STOETZLER, Moritz Lazarus und die liberale Kritik an Heinrich von Treitschkes liberalem Antisemitismus (in: HANS-JOACHIM HAHN, OLAF KISTENMACHER, Beschreibungsversuche der Judenfeindschaft. Zur Geschichte der Antisemitismusforschung von 1944, Berlin u.a. 2015, 98–120).
[74] KRIEGER 195–216 (Nr. 22). – Hierzu: JENSEN (s. Anm. 7), 224–226.
[75] KRIEGER 217–243 (Nr. 23). – Hierzu: JENSEN (s. Anm. 7), 226–229. Zu Bambergers Haltung gegenüber der Judenfeindlichkeit seiner Zeit: STANLEY ZUCKER, Ludwig Bamberger and the Rise of Anti-Semitism in Germany, 1848–1893 (in: Central European History 3, 1970, 332–352).
[76] KRIEGER 197.
[77] KRIEGER 227.

seinem offenen Brief beiläufig die religiöse Dimension des christlich-jüdischen Verhältnisses und betont dabei die Gemeinsamkeit der die Religion respektierenden Kräfte unter Christen und Juden gegenüber den philosophischen Religionskritikern. Er hält eine christliche Judenfeindschaft für unmöglich, weil ernsthafte Christen um die jüdische Prägung der Kirche und Bibel, ja um den »semitischen Ursprung[]« des Christentums wüßten.[78] Hier wird also nicht die Differenz, sondern die gemeinsame Geschichte und das gemeinsame Interesse der unterschiedlichen Religionen hervorgehoben. Ausdrücklich thematisiert wird die Religions*differenz* dagegen bei Lazarus, allerdings gerade mit dem Ziel, ihre Bedeutung zu relativieren. Sie wird von ihm von vornherein als irrelevant für die Frage nach der Zugehörigkeit der Juden zur deutschen Nation bestimmt. Er betont die durch die Gemeinsamkeit von Sprache, Kultur und Geschichte gegebene unbestreitbare Zugehörigkeit der Juden zur deutschen Nation.[79] Religion spiele dagegen für die Frage nationaler Zugehörigkeit keine Rolle.[80] Denn Religionen erstreckten sich weiter als Nationen:

»Es gibt keine deutsche Religion; das Christenthum, der Katholicismus und der Protestantismus, sie sind eben so französisch, englisch, italienisch u.s.w. wie sie deutsch sind. Genau dasselbe gilt vom Judenthum; es ist französisch, englisch, italienisch, denn Franzosen, Engländer, Italiener sind Juden, das Judenthum ist ganz in demselben Sinne deutsch wie das Christenthum deutsch ist.«[81]

---

[78] KRIEGER 28 f. Auch Breßlau weist darauf hin, »daß nichts mächtiger auf die Cultur des deutschen Volkes eingewirkt hat, als die Bibel alten und neuen Testamentes, die doch unleugbar ein Product des Judenthums ist« (KRIEGER 203). Lazarus bemerkt, »daß dieses Ideal [menschlicher Sittlichkeit, das im Neuen Testament bezeugt ist,] ein Erzeugniß des semitischen Geistes ist« und deshalb »Anti-Semitenthum« »Anti-Christenthum« sei (KRIEGER 54). Selbst Bamberger verweist auf eine von ihm zwar nicht religiös qualifizierte, aber doch Religion implizierende Schnittmenge zwischen Juden und Deutschen, die »zweifelsohne die beiden spiritualistischsten Nationen aller Zeiten und Länder« seien (KRIEGER 231).

[79] Diese Überzeugung findet sich in zahlreichen jüdischen Beiträgen zum Antisemitismusstreit, beispielsweise in der nicht lange nach Treitschkes *Unsere Aussichten* entstandenen Gegenschrift des Rabbiners J. GLÜCK, Ein Wort an den Herrn Professor Heinrich v. Treitschke, Oldenburg 1880.

[80] Das heißt aber nicht, daß Lazarus die Religion geringschätzen würde. Vielmehr betont er die Wichtigkeit der Religion für das »Ganze der Nation« (KRIEGER 63), wobei er die Einheit der Nation allerdings ohne Weiteres mit einer Vielheit der Religionen verbindet, weil »in allen Religionen die Religiosität selbst das Letzte und Tiefste und ihnen allen gemeinsame, dem Höchsten im Menschenthum zustrebende ist« (KRIEGER 64 f.). Was das Judentum angeht, so sieht Lazarus es »[n]icht nur berechtigt, vielmehr verpflichtet [...], was wir als Stamm geistiger Eigenart, als Religion an Erbtugend oder Erbweisheit besitzen, auch zu erhalten, um es in den Dienst des deutschen Nationalgeistes als einen Theil seiner Kraft zu stellen«, um so »[i]n voller Uebereinstimmung mit uns selbst [...] zur Erfüllung dieses höchsten Ideales deutscher Nationalität« beizutragen (KRIEGER 69).

[81] KRIEGER 57.

Die Rede von einer *deutschen Religion* ist für Lazarus geradezu ein »logischer Fehler«[82], und er nutzt den Hinweis auf die religiöse und konfessionelle Vielfalt innerhalb der Nationen als Argument für die Irrelevanz der Religion für die Definition der Nation. Diese demonstrative Abweisung der Verklammerung von deutscher Nation und christlicher Religion provozierte bei Treitschke die oben erwähnte verstärkte Thematisierung der Religionsfrage. In seiner Auseinandersetzung mit Lazarus[83] begann Treitschke nun zu betonen, daß die deutsche Nation ohne das Christentum nicht zu denken sei. Zwar sei Deutschland kein *christlicher Staat*, wohl aber die Deutschen ein *christliches Volk* mit einem bestimmten »religiösen Gefühl[]«.[84] Wer wie Lazarus das Judentum für gleichermaßen kompatibel mit der deutschen Nation wie das Christentum erkläre, »der versündigt sich an der Herrlichkeit der deutschen Geschichte«.[85]

3. Nachwirkungen traditioneller protestantischer Judenfeindschaft im Berliner Antisemitismusstreit?

3.1. Denkmuster traditioneller protestantischer Judenfeindschaft im Berliner Antisemitismusstreit?

Der Gang durch die Quellen hat gezeigt, daß im Berliner Antisemitismusstreit die ›Judenfrage‹ durchaus als Religionsfrage thematisiert wurde. In den Beiträgen aus kirchlichen Kreisen, zumal aus dem konservativen, konfessionellen und erwecklichen Protestantismus, findet sich im Rahmen diese religiösen Thematisierung der ›Judenfrage‹ auch der Rückgriff auf Traditionen protestantischer Judenfeindschaft.[86] Nun fragt es sich, ob auch

---

[82] Ebd.
[83] KRIEGER 288–290.
[84] KRIEGER 288.
[85] KRIEGER 289.
[86] Vor allem für das 16. und 17. Jahrhundert ist die Traditionsgeschichte protestantischer Judenfeindschaft untersucht worden: GERHARD MÜLLER, Art. Antisemitismus VI. 16. und 17. Jahrhundert (in: TRE 3, 1978, 143–155); HEIKO AUGUSTINUS OBERMAN, Wurzeln des Antisemitismus. Christenangst und Judenplage im Zeitalter von Humanismus und Reformation, Berlin 1981; MARTIN FRIEDRICH, Zwischen Abwehr und Bekehrung. Die Stellung der deutschen evangelischen Theologie zum Judentum im 17. Jahrhundert, Tübingen 1988; THOMAS KAUFMANN, Die theologische Bewertung des Judentums im Protestantismus des späteren 16. Jahrhunderts (1530–1600) (in: ARG 91, 2000, 191–237); DEAN PHILLIP BELL, STEPHEN G. BURNETT (Hgg.), Jews, Judaism, and the Reformation in Sixteenth-Century Germany, Leiden, Boston 2006; THOMAS KAUFMANN, Luthers »Judenschriften«. Ein Beitrag zu ihrer historischen Kontextualisierung, Tübingen 2011.

die Thematisierung der religiösen Differenz, die nicht auf den ersten Blick in dieser Tradition zu stehen scheint, mit ihr in Verbindung gebracht werden kann. Um das zu überprüfen müssen wir das Textkorpus des Streits auf Nachwirkungen des protestantischen Antijudaismus hin untersuchen. Wie schon einleitend bemerkt wurde, läßt sich diese Aufgabe der traditionsgeschichtlichen Einordnung aufgrund der spärlichen Hinweise in den Quellen und angesichts der nur partiell aufgearbeiteten Traditionsgeschichte protestantischer Judenfeindschaft im 18. und 19. Jahrhundert zum jetzigen Zeitpunkt kaum erfolgversprechend bearbeiten. Es mangelt an Ansatzpunkten und Vergleichsmaterial für die Nachzeichnung der Tradierung von Begriffen, Formulierungen und Vorstellungen. Allerdings erscheint es möglich, allgemeiner nach der Aufnahme traditioneller christlicher Argumentationsmuster zu fragen. Für drei Vorstellungskomplexe christlichen Glaubens, die im Laufe der Kirchengeschichte judenfeindlich instrumentalisiert wurden, lassen sich Entsprechungen im Berliner Antisemitismusstreit finden:

Der erste Vorstellungskomplex ist das »duale Wertungsmuster« *Christen und Juden*.[87] Diese Gegenüberstellung ist seit dem Neuen Testament selbstverständlich für das Christentum und verdankt sich der von allen Religionsgemeinschaften vorgenommenen Abgrenzung nach außen. Allerdings zeigte sich schon in der Antike, daß dieses duale Wertungsmuster judenfeindlich umgedeutet werden konnte, also nicht bloß der Sicherung der eigenen Identität, sondern auch der Abwertung und Bekämpfung des jüdischen Gegenübers diente. Der frühneuzeitliche Protestantismus führte diese altkirchlich-mittelalterliche Tradition der judenfeindlich umakzentuierten Gegenüberstellung von Christen und Juden, von Kirche und Synagoge fort.

Der zweite Vorstellungskomplex ist der Wahrheitsanspruch des christlichen Glaubens, der ebenfalls von Beginn an für das Christentum selbstverständlich war. Auch der reformatorisch-nachreformatorische Protestantismus nahm für sich in Anspruch, die Bibel exklusiv richtig zu verstehen und damit den Schlüssel zum Verständnis der Heils- und Weltgeschichte zu haben. Vor allem behauptete er, das dank Christus durch die Rechtfertigung dem Glauben zugeeignete göttliche Heil allein recht zu verkünden. Alle anderen Religionen seien falsch und die anderen christlichen Konfessionen mehr oder minder stark im Irrtum befangen. Impliziert im Wahrheitsanspruch war der Superioritätsanspruch für den christlichen Glauben. Die Beanspruchung der Überlegenheit des evangelischen Christentums über alle anderen Religionen Konfessionen konnte die Abwertung und Diffamierung der religiösen Konkurrenten nach sich ziehen, wie es gerade auch gegenüber dem Judentum geschah. Beliebt war die in unterschiedlicher Weise auftretende theologische Kontrastierung:[88] im 16. und 17. Jahrhundert in Aufnahme neutestamentlicher,

---

[87] CHRISTHARD HOFFMANN, Das Judentum als Antithese. Zur Tradition eines kulturellen Wertungsmusters (in: WERNER BERGMANN, RAINER ERB [Hgg.], Antisemitismus in der politischen Kultur nach 1945, Opladen 1990, 20–38).

[88] Die folgende Zusammenstellung lehnt sich an HOFFMANN, Das Judentum als Antithese (s. Anm. 87), 21–29, an.

altkirchlicher und mittelalterlicher Motive als Kontrastierung von Gesetz und Glaube, Buchstabe und Geist, Partikularismus und Universalismus oder Gott der Rache und Gott der Liebe; im 18. Jahrhundert in Aufnahme aufklärerischer Motive als Kontrastierung von Aberglaube und Vernunft, von Theokratie und Trennung von Kirche und Staat, von Priesterherrschaft und säkularer Kultur, von Diaspora und Nation oder von Rückständigkeit und Fortschritt; und im 19. Jahrhundert in Aufnahme gegenaufklärerischer Motive als Kontrastierung von jüdischem Liberalismus und christlichem Ständestaat, von jüdischem Kapitalismus und traditioneller deutscher Wirtschaftsordnung, von jüdischem Materialismus und deutschem Idealismus, von jüdischer Intellektualität und deutschem Gemüt, von jüdischer Revolution und deutscher Ordnung oder von jüdischem Kosmopolitismus und deutscher Nation. Man sieht: Das duale Wertungsmuster nutzte den religiösen Wahrheitsanspruch des christlichen Glaubens, um die umfassende, weit über den im engeren Sinne religiösen Bereich hinausreichende Überlegenheit des Christentums und insbesondere des Protestantismus herauszustellen.

Der dritte Vorstellungskomplex ist die Judenmission, die seit dem Beginn der christlichen Kirche immer gefordert und verwirklicht und die auch vom frühneuzeitlichen Protestantismus bejaht wurde. Aus dem Gegenüber eines superioren Christentums und eines inferioren Judentums ergab sich die Notwendigkeit, dieses Gegenüber zu überwinden, indem man die Juden zu Christen machte. Dabei war mit Eph. 2,14 immer klar, daß mit der Taufe die Scheidewand zwischen Juden und Christen beseitigt war und daß getaufte Juden ohne Wenn und Aber zur christlichen Gemeinde und zum christlichen Gemeinwesen gehörten. Allerdings gab es zwei unterschiedliche Missionsstrategien: Man konnte die Empfänglichkeit der Juden für die christliche Mission höher veranschlagen und darum für eine Rücknahme der Diskriminierung eintreten, oder man konnte den Beharrungswillen der jüdischen Religion und Tradition – und damit zugleich ihre Gefährlichkeit für das christliche Gemeinwesen – höher veranschlagen und darum eine Verstärkung der Diskriminierung bis hin zu den etwa von Luther befürworteten Maßnahmen einer *scharfen Barmherzigkeit* fordern.

Wenn man nun die Quellen des Berliner Antisemitismusstreits auf diese drei Vorstellungskomplexe hin untersucht, wird man fündig. Man wird natürlich fündig bei den Vertretern eines konservativen, konfessionellen oder erwecklichen Protestantismus, die sowieso der Meinung waren, die ›Judenfrage‹ sei eine religiöse Frage und der Kern dieser Frage sei wie schon immer der über den Juden liegende göttliche Fluch, weil sie ihren Messias verworfen hätten. Man wird aber auch fündig im liberalen Protestantismus und bei den den Streit bestimmenden liberalen Publizisten, gerade auch bei Treitschke und Mommsen.

Die Gegenüberstellung von Christen und Juden und das mit ihr verbundene *duale Wertungsmuster* findet sich überall. Während die jüdischen Beiträge die auch von ihnen eingestandenen Differenzen zu erklären und zu relativieren versuchen, betonen die nichtjüdischen Beiträge oftmals diese Differenzen: Ausführlich ist die Rede von der Kulturdifferenz, von der Emotionsdifferenz – und zwar in einem ganz entscheidenden Bereich: den

Juden mangele es an Patriotismus und Nationalgefühl – oder von der Sittlichkeitsdifferenz: man kontrastiert die jüdische Gesetzlichkeit mit der christlichen Freiheit oder den jüdischen Mammonismus mit dem christlich-deutschen Ehrgefühl. Die meisten nichtjüdischen Autoren im Berliner Antisemitismusstreit stellen sich die in Deutschland lebenden Juden als eine in sich geschlossene, durch Abstammung und Kultur abgegrenzte Gruppe vor, und sie stellen den Juden die durch ihre germanische Abstammung und Kultur bestimmten Deutschen gegenüber – die Deutschen, die gerade auch durch ihren christlichen Glauben bestimmt seien.

Für diesen christlichen Glauben erheben die meisten gewichtigen Beiträge nichtjüdischer Autoren keinen religiösen Wahrheitsanspruch mehr. Die aufklärerische Relativierung solcher religiöser Wahrheitsansprüche ist den meisten Zeitgenossen eine Selbstverständlichkeit. Es gibt aber sehr wohl noch den *Geltungsanspruch des auf nationale und religiöse Homogenität bedachten Kulturprotestantismus*. Die Religion mag zwar ihres theologischen Gehalts und ihrer praktischen Gestaltwerdung weitgehend verlustig gegangen und auf einige wenige Leerformeln reduziert worden sein, aber sie wird immer noch als unverzichtbarer Bestandteil der nationalen Identität und Kultur betrachtet.[89] Aus dem kulturprotestantisch umgeformten Wahrheitsanspruch ergibt sich ein Superioritätsanspruch, der die Abwertung des Judentums fortsetzt und dem Antisemitismus in die Hände spielt. Man muß sagen: Gerade, weil die religiöse Wahrheitsfrage nicht mehr offen und klar thematisiert und inhaltlich substantiiert wurde, mußte die Differenz und Superiorität zunehmend anders begründet werden. Die Rasseideologie füllte hier eine durch das Zurücktreten des religiösen Gegensatzes gelassene Lücke, wie schon Ludwig Bamberger Anfang 1880 sorgenvoll beobachtete.[90]

---

[89] Zur Bedeutung dieses Kulturprotestantismus für die akademische Welt des frühen Kaiserreichs: NOTKER HAMMERSTEIN, Antisemitismus und deutsche Universitäten 1871–1933, Frankfurt a. M., New York 1995, 40–44.

[90] Bamberger kritisiert die aus den »Abfällen der physiologischen und linguistischen Wissenschaft« entnommene »Rassenunterscheidung«, die erst in dem Moment wichtig geworden sei, »als es nicht mehr anging, die Ungleichheit des Rechtes auf das religiöse Bekenntniß zu stützen« (KRIEGER 226). Dagegen sei das religiöse Bekenntnis ein »greifbare[s] und ehrliche[s] Scheidemittel«: »Getauft oder ungetauft, das hat Sinn und Kraft; semitisch oder germanisch ist nicht zu brauchen, ohne die Getauften mit den Ungetauften zu treffen« (ebd.). Die durch den modernen Staat unmöglich gewordene Diskriminierung aufgrund des religiösen Bekenntnisses lasse die Judenfeinde nach einem neuen Diskriminierungsgrund suchen, den nun die Rassetheorie liefere: Die Judenfeindschaft sei eine tradierte, »zu einer naturalistischen Thatsache geworden[e]« »Antipathie«, die auf unterschiedliche Weise sekundär argumentativ begründet werde. Da die »religiöse Antipathie« im Verschwinden begriffen sei, nutze man jetzt den »Rassengegensatz« (KRIEGER 227).

Wer keinen religiösen Wahrheitsanspruch im herkömmlichen Sinne mehr vertritt, sieht auch keine Notwendigkeit zur Mission. So ist die Judenmission im Berliner Antisemitismusstreit nur noch ein Randthema in der kirchlichen Presse. Der Vorstellungskomplex der Judenmission fällt aber nicht einfach weg: Vielmehr implizieren das duale Wertungsmuster und der Geltungs- und Superioritätsanspruch des Kulturprotestantismus die Forderung, daß die Juden sich der nationalen Leitkultur unterzuordnen haben. Das soll in Form der *Assimilation* geschehen, worunter eine möglichst weitgehende Abkehr von jüdischen Traditionen und Lebensformen und eine innere und äußere Angleichung an das protestantische Bürgertum zu verstehen ist. Die Juden sollen nicht mehr missioniert werden, sondern sich gewissermaßen selbst bekehren und als »historische Christen« verstehen lernen – d.h. »die Ideen des Mittelalters und der neueren Zeit, die auf dem Christentum beruhen«, in sich aufnehmen, ohne dabei aber das christliche Glaubensbekenntnis annehmen zu müssen, wie es im Januar 1881 der greise Leopold von Ranke formuliert hat.[91] Einige Autoren halten allerdings die formelle Konversion zum Christentum für einen wichtigen Schritt dieser Assimilation: Nicht, weil sich den Juden so das göttliche Heil erschließt, sondern weil sie so ihre Abkehr vom Judentum ganz offen zeigen können.

Wie im traditionellen protestantischen Antijudaismus werden in diesem Zusammenhang immer wieder auch die Forderungen nach gesellschaftlicher und staatlicher Diskriminierungsmaßnahmen laut, um die christliche Kultur der deutschen Nation zu sichern und das Judentum zum Verschwinden zu bringen. Deprivilegierung und Exklusion sollen Assimilation und Konversion befördern. Was die konkreten Formen staatlich-gesellschaftlichen Assimilierungsdrucks auf die Juden angeht, werden unterschiedliche Strategien vorgeschlagen: Mommsen steht exemplarisch für eine Gruppe, die die vermeintliche jüdische Gefahr für haltlose Übertreibung hält, mit großer Assimilierungsbereitschaft rechnet und durch Offenheit gegenüber den Juden den Erfolg der Assimilierung sichern will; Treitschke dagegen steht für eine Gruppe, die das Schreckbild einer jüdischen Gefahr ausmalt, die Assimilierungsbereitschaft für geringer einschätzt und Diskriminierung für ein hilfreiches Mittel hält. Aber gleich, wie man die geforderte Assimilation durchsetzen will, die kulturprotestantischen Verfechter der nationalen und religiösen Homogenität des noch

---

[91] Tagebucheintrag vom 2. Januar 1881 (Tagebuchdiktate Leopold v. Rankes aus dem Jahre 1881, in: HZ 151, 1935, 332–335, hier: 334; KRIEGER Nr. 116). Die Forderung, sich als *historischer Christ* zu verstehen, hat Ranke wohl auch direkt an Harry Breßlau gerichtet, wie Friedrich Meinecke in seinen Memoiren berichtet (FRIEDRICH MEINECKE, Autobiographische Schriften, hg. v. Eberhard Kessel, Stuttgart 1969, 150).

jungen Kaiserreichs, verwickeln sich in Widersprüche. Während der traditionelle protestantische Antijudaismus mit der Taufe alle anderen Differenzen entscheidend relativiert sah, sieht sich der Kulturprotestantismus wegen seiner Relativierung der religiösen und seiner Betonung der sonstigen Differenzen mit der Frage konfrontiert, ob denn eine Assimilierung wirklich möglich ist. Man fordert den Juden einerseits die Einordnung in die deutsche Nation und Kultur ab, stellt aber deren Möglichkeit durch die postulierte ethnisch-kulturell-religiöse Eigenart der Juden von vornherein infrage. Insbesondere bei Treitschke fragt es sich, ob die Assimilierungsforderung wirklich ernst gemeint ist, oder ob nicht die Juden ihrem Jüdischsein durch keine noch so große Anstrengung entkommen können.

Fragt man nach dem Vorkommen der drei genannten religiösen Vorstellungskomplexe im Berliner Antisemitismusstreit, so muß die Antwort lauten, daß sie sich in modifizierter Form auch hier finden: Das *duale Wertungsmuster*, der *Wahrheits- und Superioritätsanspruch des Protestantismus* und die *Assimilationsforderung an die Juden* entsprechen religiösen Vorstellungskomplexen, die für das Christentum seit seinen Anfängen selbstverständlich sind und vom reformatorisch-nachreformatorischen Protestantismus bejaht wurden. Diese Denkmuster konnten judenfeindlich instrumentalisiert werden und wurden immer wieder gegen Juden instrumentalisiert. Nicht überall, wo sie sich finden, sind sie als judenfeindlich zu qualifizieren, was sowohl für ihre religiöse Ursprungsgestalt wie für ihre gewissermaßen säkularisierte Gestalt im Rahmen des Berliner Antisemitismusstreits gilt. Aber bei vielen Autoren dienen sie dazu, über die nachvollziehbare Thematisierung von Differenzen hinaus das jüdische Gegenüber anzufeinden.

Läßt sich aber mit Hinweis auf die Ähnlichkeit dieser Vorstellungskomplexe auch ein wirkungsgeschichtlicher Zusammenhang behaupten? Kann man sagen, daß im Berliner Antisemitismusstreit die Tradition protestantischer Judenfeindschaft präsent war und er somit in dessen Traditionsgeschichte gehört? Weil Analogizität nicht Korrelativität und erst recht nicht direkte Kausalität impliziert, und der Aufweis eines durch Mentalitätsprägungen und Medien vermittelten traditionsgeschichtlichen Zusammenhangs eine umfangreiche Analyse des Quellenkorpus des Berliner Antisemitismusstreits vor dem Hintergrund der umfassend aufgearbeiteten Traditionsgeschichte verlangt, kann eine abschließende Antwort auf diese Fragen im Rahmen dieses Beitrags nicht gegeben werden. Als Fazit kann man aber zumindest festhalten, daß sich der Berliner Antisemitismusstreit nicht einfach aus der Geschichte der protestantischen Judenfeindschaft ausklammern läßt.

3.2. Spielt der Rückbezug auf die Reformation und insbesondere auf Luther eine Rolle?

Man kann die Frage nach traditionsgeschichtlichen Einflüssen auf den Berliner Antisemitismusstreit allerdings auch anders stellen: ob nämlich bestimmte Autoren und Schriften von den Beteiligten rezipiert wurden. Wie beiläufige Hinweise zeigen, ist den Beteiligten die antijüdische Publizistik vom 16. bis zum 19. Jahrhundert – von Johannes Pfefferkorn (1469–1522/23) über Johann Andreas Eisenmenger (1654–1704) bis Wilhelm Marr (1819–1904) – bekannt, und vieles wurde wahrscheinlich einfach aus den allgemein verbreiteten antijüdischen Vorurteilen übernommen. Eine mögliche Ideengeberin legt sich jedoch nicht nahe: die Reformation. Daß sich Luther zur ›Judenfrage‹ geäußert hat, daß er von einem bestimmten religiösen Standpunkt aus geurteilt hat und daß seine Handlungsempfehlungen variierten, war bekannt. Aber während die jüdischen Beiträge zum Berliner Antisemitismusstreit immer wieder beiläufig auf Luthers ›Judenschriften‹ hinweisen,[92] nehmen die nichtjüdischen Beiträge so gut wie nie Bezug darauf,[93] selbst wenn sich ein Querverweis auf Luther oder ein Lutherzitat nahegelegt hätten. Luthers Judenfeindschaft spielte in diesem Streit so gut wie keine Rolle und scheint für den Protes-

---

[92] So zitiert Lazarus nach der Erlanger Lutherausgabe Luthers Judenschrift von 1523 (KRIEGER 55f.65.76), und zwar die Schlüsselstellen zum neuen Umgang mit den Juden. In einer Anmerkung verweist Lazarus auf Luthers Spätschriften gegen die Juden (KRIEGER 56f.) und erklärt auf plausible Weise die Veränderung von Luthers Position. Gegen Lazarus' Erinnerung an Luthers Judenschrift von 1523 richtet sich eine um 1880 gedruckte anonyme Broschüre (Martin Luther und die Judenfrage, Elberfeld o.J.), die unter Heranziehung der Erlanger Ausgabe an Luthers späte Judenschriften erinnert. Graetz verweist in seiner *Erwiderung an Herrn von Treitschke* Anfang Dezember 1879 auf seine abgewogene Lutherdarstellung und faßt kurz Luthers Stellung zum Judentum und die Gründe für dessen Entwicklung zusammen (KRIEGER 100). Etwa zur selben Zeit entstand eine *Börne und Treitschke. Offenes Sendschreiben über die Juden von Löb Baruch (Dr. Ludwig Börne) an den deutschen Reichstagsabgeordneten und Heidelberger Professor Dr. Heinrich Gotthard Treitschke* (Berlin 1880) betitelte Broschüre, bei der es sich um einen fingierten Brief des im Elysium weilenden Börne handelt, der mit bitterer Ironie – aber durchaus humorvoll und mit Rückgriff auf Börne – Treitschkes Angriffe auf das Judentum beantwortet. Eines der drei Motti der Schrift – neben einem Lessing- und einem Lazarus-Zitat – ist ein Zitat aus Luthers Judenschrift von 1523. In der Entgegnung des Rabbiners Glück auf Treitschke findet sich zumindest ein beiläufiger Hinweis auf den »berüchtigten Judenhaß Luthers« (s. Anm. 79, 14). Emanuel Schreiber zitiert in seiner die erste Phase des Antisemitismusstreits auswertenden Materialsammlung *Die Selbstkritik der Juden* (Berlin 1880) Luthers ›Judenschrift‹ von 1523 (a.a.O. 166). M. Eisler druckt in seinem für den nordamerikanischen Buchmarkt bestimmten, die erste Phase des Antisemitismusstreits resümierenden Büchlein *Die Judenfrage in Deutschland* (New York 1880) Graetz' mit Zitaten versehene Ausführungen über Luthers Stellung zur Judenfrage ab (a.a.O. 73–78).

[93] Z.B. SCHÜLER (s. Anm. 45), 35.

tantismus des 19. Jahrhunderts auch gar nicht interessant gewesen zu sein, möglicherweise, weil Luthers Art der Thematisierung der religiösen Wahrheitsfrage nicht mehr relevant erschien. Wo immer man Diskussionen über die Stellung zum Judentum im deutschen Protestantismus des 19. Jahrhunderts in den Blick nimmt, zeigt sich, daß Luthers Judenfeindlichkeit entweder nicht bekannt war oder keinen Widerhall fand: Luthers judenfeindliche Schriften und Äußerungen waren zwar in unterschiedlicher Form verfügbar, doch sie wurden nicht breiter rezipiert und fanden kaum Befürworter im deutschen Protestantismus dieser Zeit.[94] Nur da, wo der moderne rasseideologische Antisemitismus eine Genealogie konstruieren und sich gegenüber dem kirchlichen Publikum legitimieren wollte, wurde Luther herangezogen und – weithin erfolglos – in die kirchliche Debatte hineingetragen.

Vereinzelte Versuche des konfessionellen Luthertums, Luthers Judenschriften in den Auseinandersetzungen nutzbar zu machen, zeigen eher das Desinteresse am Judenfeind Luther als dessen Wirkmächtigkeit. So veröffentlichte der junge Georg Buchwald 1881 mitten in der heftigen antisemitischen Agitation an den Universitäten[95] eine kleine Broschüre,[96] in der er wichtige Zitate vor allem aus Luthers späten Judenschriften präsentierte und seinen Kommilitonen an der Leipziger Universität zu einer seiner Meinung nach richtigen, nämlich religiös begründeten Motivation der antisemitischen Agitation verhelfen wollte. Wirkung scheint dieses Heft nicht gehabt zu haben. Die allgemein verbreitete Haltung zu Luthers Judenschriften dürfte in der Kurzrezension dieser Broschüre in der Allgemeinen Evangelisch-Lutherischen Kirchenzeitung zum Ausdruck kom-

---

[94] Zur Verfügbarkeit und Rezeption von Luthers ›Judenschriften‹ im 19. Jahrhundert siehe den Aufsatz von Dorothea Wendebourg in diesem Band sowie THOMAS KAUFMANN, Antisemitische Lutherflorilegien. Hinweise und Materialien zu einer fatalen Rezeptionsgeschichte (in: ZThK 112, 2015, 192–228).

[95] Diese von der *Antisemitenpetition* angeregte antisemitische Agitation gehört strenggenommen nicht in den Zusammenhang des Berliner Antisemitismusstreits, auch wenn es Überschneidungen gab, etwa wenn Studenten im Antisemitismusstreit Treitschke für die Antisemitenpetition gewinnen wollten (JENSEN [s. Anm. 7], 273f.). Zum studentischen Antisemitismus und seinen Auswirkungen auf die Universitäten im zeitlichen Umfeld des Berliner Antisemitismusstreits: NORBERT KAMPE, Jews and Antisemites at Universities in Imperial Germany (I). Jewish Students: Social History and Social Conflict (in: Leo Baeck Institute Year Book 30, 1985, 357–394); DERS., Jews and Antisemites at Universities in Imperial Germany (II). The Friedrich-Wilhelms-Universität of Berlin: A Case Study on the Students' »Jewish Question« (in: Leo Baeck Institute Year Book 32, 1987, 43–101); JENSEN (s. Anm. 7), 272–275.292–297.

[96] [GEORG BUCHWALD], Luther und die Juden. Den deutschen Studenten gewidmet von einem Kommilitonen, Leipzig 1881. Die Broschüre erschien ohne Verfassernamen und wird in Reinhold Jauernigs Buchwald-Bibliographie diesem zugeschrieben (in: ThLZ 78, 1953, 241). Zu dieser Broschüre: BROSSEDER (s. Anm. 4), 55–61.

men – einer Zeitung, die zwar Luther verehrte, bei ihrer Agitation gegen die Juden aber nicht auf die sehr wohl bekannten Judenschriften Luthers zurückgriff, wohl weil man sie im Ton und in der Sache für überholt hielt: »Auf Grund der ausführlich referirten Stellung Luther's zu der berührten Frage [sc. der ›Judenfrage‹] will der Verf. besonders den evang. Theologen die Skrupel benehmen, als dürften sie gewissenshalber nicht an der antisemitischen Petition und ähnlichem sich betheiligen. Luther's Ansicht über die Judenmission und über den Charakter der Juden wird im ersten Theil behandelt, im zweiten seine Vorschläge gegenüber der Judenfrage. Wir sehen nicht recht cui bono? Denn mit diesen radikalen Vorschlägen des Reformators will sich der Verf. selbst nicht identificiren. Wozu also sie in Broschürenform verbreiten? Es wäre eine Aufgabe, sie geschichtlich zu erklären und auf ihr rechtes Maß zurückzuführen. Aber so können diese Mittheilungen nur aufreizend wirken: das Extremste wird gesagt, und obwohl nicht gebilligt, doch auch nicht bestimmt eingeschränkt. Der Verf. mag immerhin den Vorwurf ›tendenziöser Darstellung‹ von sich abweisen; es ist im schlechten Sinne tendenziös, solche Aussprüche ohne Kommentar zu wiederholen. Und wie denkt sich Verf. die Beruhigung der Gewissen evang. Theologen vollziehbar durch dies Excerpt, das er selbst nicht unterschreibt?«[97]

Doch das Desinteresse an Luthers Antijudaismus in den Diskussionen des deutschen Protestantismus des 19. Jahrhundert über das Verhältnis zum Judentum zu konstatieren ist nicht das ganze Bild. Wenn man auch sagen muß, daß Luthers Antijudaismus nicht unmittelbar auf den Berliner Antisemitismusstreit und die zeitgleichen judenfeindlichen Bewegungen eingewirkt hat, so ist doch zu bemerken, daß der Reformator sehr wohl aber für das kulturprotestantische Grundkonzept in Anspruch genommen wurde, zu dessen Kehrseite auch eine latente Judenfeindschaft gehört. Luther war schließlich der deutsche Nationalheros, einer – so Treitschke in *Unsere Aussichten* – der »reinsten und mächtigsten Vertreter germanischen Wesens«,[98] mit dessen Hilfe man die deutsche Nation in einem engen, Pluralität ausschließenden Sinne definieren konnte.

Fazit

Viele Beiträge zum Berliner Antisemitismusstreit 1879/80 thematisieren die ›Judenfrage‹ auch als Religionsfrage und nehmen dabei Motive traditioneller protestantischer Judenfeindschaft auf, weshalb dieser Streit durchaus in die Geschichte protestantischer Judenfeindschaft gehört. Die Reformation spielt keine nennenswerte Rolle als Bezugspunkt, so daß sich keine direkten wirkungsgeschichtlichen Linien von Luther zu Treitschke

---

[97] AELKZ 14, 1881, 502.
[98] KRIEGER 12.

ziehen lassen. Wenn behauptet wird, daß zwar »bei den führenden Theologen und Kirchenmännern im 19. Jh.« »die Judenfeindschaft des späten Luther« »keine Rolle spielte«, daß »aber im Antisemitismusstreit der 1870er/80er Jahre [...] Luther von beiden Seiten zitiert« wurde,[99] dann trifft auf den Berliner Antisemitismusstreit 1879/80 wohl die erste Behauptung zu, schwerlich aber die zweite. Luthers Judenfeindschaft war den am Streit Beteiligten bekannt und wurde dann und wann einmal beiläufig angesprochen, aber es läßt sich kein wachsendes Interesse an ihr erkennen und sie hat keine Bedeutung für den Streit gehabt. Daß die Juden »unser Unglück« seien, ist ein Satz, der sich nicht Luther, sondern Treitschke verdankt und der darum vor allem aus dem Zusammenhang des Berliner Antisemitismusstreits heraus zu erklären ist.[100]

---

[99] SIBYLLE BIERMANN-RAU, »Größter Antisemit seiner Zeit«? Luthers Judenfeindschaft und ihre Wirkung im »Dritten Reich« (in: Deutsches Pfarrerblatt 115, 2015, 627–632, hier: 629).

[100] Deshalb hat auch Klaus Holz (s. Anm. 13) mit seiner ganz auf das Verstehen des Texts von *Unsere Aussichten* konzentrierten Analyse, die die Frage nach den traditionsgeschichtlichen Hintergründen bewußt ausblendet, recht.

Antisemitismus als Waffe im weltanschaulichen und politischen Kampf: Adolf Stoecker und Reinhold Seeberg[1]

Martin Ohst

Adolf Stoecker und Reinhold Seeberg waren evangelische, sich entschieden als lutherisch verstehende Theologen. Als Theologen waren sie Antijudaisten: Mit unterschiedlichen Begründungen vertrat der eine[2] wie der andere[3] die geschichtstheologische Anschauung, daß die eigentlich wahr-

---

[1] Öffentlicher Abendvortrag im Berliner Dom am 5. Oktober 2015. Der Text ist erweitert; der Vortragsstil ist nicht gänzlich getilgt.

[2] Adolf Stoecker, Christlich-Sozial. Reden und Aufsätze, Berlin ²1890, 409: »Blicken wir nach rückwärts, so ist es niemand zweifelhaft, daß Israel das Volk der Auswahl, des Heils gewesen ist, von welchem wir Jesum Christum nach seiner leiblichen Abstammung, von welchem wir die Propheten und die Apostel empfangen haben. Niemand kann diese heils- und weltgeschichtliche Stellung hoch genug schätzen. Es ist billig, daß wir mit dem ganzen Volk und mit jedem einzelnen Glied desselben die tiefste und innigste Sympathie fühlen und jede Antipathie von uns weisen, obwohl Israel anstatt mit dem Prophetenmantel, jetzt mit dem Flitterkleid des Mammons bekleidet ist. Aber das glaube ich in der That, daß mit der Verwerfung Christi das jüdische Volk seinen Beruf abgetreten hat an die christliche Kirche, und daß es Anmaßung und Thorheit ist, wenn noch heute das Judentum davon redet, es sei mit seinem alten Glauben der Träger der Gottesidee auf Erden«; vgl. auch a.a.O. 383f. (Hochschätzung des Alten Testaments als authentischer Gottesoffenbarung an ein störrisches, widerspenstiges Volk – hier wirken die Stephanus-Rede in Acta 7 und der Barnabasbrief nach) sowie S. 420: »Als die Juden Christum kreuzigten, kreuzigten sie sich selbst, ihre Offenbarung wie ihre Geschichte. Gleich Ahasverus ist dieses Volk seither verurteilt, herumzuirren und nirgends Ruhe zu finden, *bis es sich bekehrt hat*« – der von mir hervorgehobene Nebensatz markiert exakt die (hier) von Stoecker strikt gewahrte Grenze zum Rassenantisemitismus. Der Band (im folgenden zitiert mit dem Kürzel C-S und Seitenzahl) versammelt Texte, meist ursprünglich Vorträge, Reden und Debattenbeiträge, in denen Stoecker als Parteimann und Parlamentarier agierte. Die dritte Abteilung trägt den Titel »Zur Judenfrage« (359–494). So nahe es liegt, so irreführend wäre es, sich bei unserm Thema allein auf diesen Quellenbestand zu stützen, denn es ist ja für die Einschätzung der Funktion und des Stellenwerts der Antisemitismus-Thematik in Stoeckers Lebenswerk alles andere als nebensächlich, daß sie auch in anderen Kontexten durchgängig präsent ist.

[3] »Die Religion des israelitischen Prophetismus hat zwei Religionen aus ihrem Schoße hervorgehen lassen, das Judentum und das Christentum. Man kann das sagen, so wenig damit ist auf das Ganze gesehen das Christentum das legitime Kind der prophetischen Religion, das Judentum dagegen ein illegitimer Sprößling. Daher der unversöhnliche Gegensatz zwischen beiden« (Reinhold Seeberg, Lehrbuch der Dogmengeschichte, Bd. 1: Die Anfänge des Dogmas im nachapostolischen und altkatholischen Zeitalter, Leipzig ³1920, 68). – Seeberg hat auch die These aufgestellt, die Einreihung Marias unter Frauen, die nicht aus dem Gottesvolk oder von dessen Rändern stammten, im matthäischen Stammbaum Jesu sei ein Indiz für die Erinnerung daran, daß Maria nach ihrer Herkunft keine Jüdin gewesen sei: Reinhold Seeberg, Die Herkunft der Mutter Jesu (in: Hans Achelis u.a. [Hgg.], Theologische Festschrift für G. Nathanael Bonwetsch, Leipzig 1918, 13–26).

heitshaltigen und zukunftsträchtigen Einsichten und Erträge aus der Geschichte des biblischen Israel ihr Ziel und ihre Fortsetzung in der Geschichte der christlichen Religion gefunden hätten, während Juden, die im gekreuzigten und auferweckten Jesus Christus nicht Gottes endgültige Selbstkundgabe anerkannten, auf einer antiquierten Stufe der Offenbarungs- bzw. Religionsgeschichte stehen geblieben seien. Dieses in schier unübersehbar vielen Variationen ausgeführte Gedankenmuster ist natürlich gar nicht spezifisch protestantisch, sondern bis weit ins 20. Jhdt. hinein gemeinchristlich, und es gibt nach wie vor gute Gründe, den Apostel Paulus als seinen Urheber zu identifizieren (2.Kor. 3,14–16).

Aber Stoecker und Seeberg waren nicht nur Antijudaisten, sie waren auch Antisemiten: Sie teilten bestimmte Vorbehalte und Aversionen gegenüber bestimmten Menschen jüdischer Herkunft, die sie ausdrücklich mit deren jüdischer Herkunft begründeten. Sie teilten diese Vorbehalte und Aversionen nicht nur, sondern sie schürten sie auch und ermutigten andere, sie zu artikulieren – auch wenn sie sich mit durchaus unterschiedlichen und wechselnden Graden an Deutlichkeit und Entschiedenheit von bestimmten Spielarten des Rassen-Antisemitismus distanzierten.

Für Stoecker und für Seeberg war ihr Antisemitismus nicht die eigentlich bestimmende Triebfeder ihres Handelns, das weitestgehend im Reden und im Schreiben bestand; er war für sie *ein* Thema, anderen Themen und Anliegen zu- und untergeordnet. Und darum sind ihre antisemitischen Gedanken und Parolen nur dann verständlich, wenn sie einigermaßen ausführlich kontextualisiert werden, das heißt eingezeichnet werden in die Konfigurationen von Leitvorstellungen und Zielbildern, in deren Dienst sie stehen.[4]

Stoecker und Seeberg waren Konservative. Das heißt nun nicht, daß sie borniert und verbissen für die Erhaltung bestimmter überkommener Strukturen um ihrer selbst willen gekämpft hätten. Sie hatten, ganz im Gegenteil, wie ihre liberalen und sozialistischen Gegner, ein waches Gespür und einen klaren Blick für die mit der Moderne unvermeidlich kommenden Neuerungen auf dem Gebiet von Wissenschaft, Technik und Wirtschaft und deren soziale und politische Folgen. Sie fühlten sich vor

---

[4] Hiermit markiere ich die perspektivische Differenz meiner folgenden Untersuchung zu WOLFGANG E. HEINRICHS, Das Judenbild im Protestantismus des Deutschen Kaiserreichs. Ein Beitrag zur Mentalitätsgeschichte des deutschen Bürgertums in der Krise der Moderne, Gießen, Basel ²2004. Heinrichs hat, mit unermüdlichem Sammlerfleiß und Spürsinn Periodica auswertend, eine unerschöpflich reiche Materialsammlung geschaffen. Sein leitmotivischer Verweis auf Modernisierungsängste als eigentliche Motivationsschicht in und hinter allen antijüdischen Vorbehalten, Aversionen und Ressentiments vermag jedoch als Deutungsmuster für die Vielfalt der Phänomene nicht gänzlich zu überzeugen.

allen Einzeldifferenzen von den Sozialisten wie den Liberalen allerdings darin grundsätzlich unterschieden, daß sie in alledem kein sich mit eherner Notwendigkeit vollziehendes Geschick in einer Fortschrittsteleologie, sondern eine Reihe von Gestaltungsaufgaben erblickten, an denen ein Staat und eine Gesellschaft zu wachsen, aber eben auch zu scheitern vermögen. Und für die konstruktive Lösung jener Gestaltungsaufgaben setzten sie auf ihrerseits in der Vergangenheit verwurzelte, aber modernisierungsfähige und -willige Institutionen: *Erstens* einen nach außen wie nach innen starken, auch ins Wirtschaftsleben nach ethischen Maßstäben eingreifenden Staat, der korporative Verbände der Gruppen unter seinen Schutz nimmt, um deren Interessendivergenzen zu moderieren, und der dafür Sorge trägt, daß die Lebensrechte der Schwächeren gewahrt bleiben. *Zweitens* eine starke, dominante Kirche, die dem Einzelnen den Ewigkeitshorizont seines Lebens präsent hält, damit die Egoismen zügelt und die die Treue zu Staat, Obrigkeit und gesellschaftlicher Ordnung fördert. *Drittens* die in der christlich gedeuteten und geführten Ehe verankerte Familie, in der sich – *viertens* – das Volk als die umfassende Gemeinschaft des geschichtlichen Herkunftsbewußtseins und der Zukunftsverantwortung reproduziert.

In diesen schützens- und stärkenswerten Institutionen sahen Konservative wie Stoecker und Seeberg die Faktoren, mittels derer die Chancen der Moderne realisiert und ihre Gefährdungen vermieden werden könnten, und folglich kämpften sie gegen alles, was in ihren Augen zu deren Schwächung beitrug. Damit gehe ich zu den Einzelheiten über.

1. Adolf Stoecker

A) Wenn im Berliner Dom[5] von Adolf Stoecker[6] die Rede ist, der zwischen 1874 und 1890 das Zentrum seiner vielfältigen Tätigkeiten als Hof- und

---

[5] Vgl. KARL-HEINZ KLINGENBURG, Der Berliner Dom, Berlin 1987 bzw. Berlin, Leipzig 1992.
[6] Zur Lebensgeschichte Stoeckers bleiben grundlegend drei ältere Arbeiten: DIETRICH V. OERTZEN, Adolf Stoecker. Lebensbild und Zeitgeschichte, 2 Bände, Berlin 1910. Schon im Jahre nach Stoeckers Ableben erschienen, ist diese materialgesättigte Darstellung durchgängig von apologetischen Absichten beherrscht. – Ebenfalls aus der Perspektive eines Bewunderers und Zeitgenossen verfaßt ist MAX BRAUN, Adolf Stoecker, 4.–6. Tausend, Berlin 1913. – WALTER FRANK, Hofprediger Adolf Stoecker und die christlichsoziale Bewegung, Hamburg ²1934, basiert auf einer gegenüber jenen beiden Arbeiten erheblich erweiterten Quellengrundlage und ist brillant gestaltet. Frank zeichnet seinen Protagonisten als mit tragischer Notwendigkeit gescheiterten Vorläufer der nationalsozialistischen Bewegung. – Die wichtigsten Impulse für ein wirkliches Verstehen Stoeckers habe ich empfangen von FRIEDRICH BRUNSTÄD, Adolf Stoecker. Wille

Domprediger hatte, dann stellen sich die Assoziationen zu diesem architektonischen Monument der Hohenzollernherrschaft auf ihrem Höhepunkt von alleine ein. Nichtsdestotrotz: Sie sind falsch, weil gegenstandslos. Als der Bau des jetzigen Berliner Doms begann, da hatte Stoecker sein Hofpredigeramt schon seit zwei Jahren verloren. Er hat allein im Vorgängerbau des heutigen Doms amtiert, der zuletzt 1821 unter der Leitung Schinkels runderneuert, aber schon seit längerem baufällig war.

Nach seinem glanzlosen Abgang aus dem Hofpredigeramt hat Stoecker weiter Sonntag für Sonntag vor vierstelligen Hörergemeinden gepredigt – in der eigens für ihn erbauten Kirche der Berliner Stadtmission, die im Volksmund denn auch die Stoecker-Kirche hieß. Dieses Kirchengebäude[7] mit seiner eigenartigen Rechtsstellung am Rande der verfaßten Preußischen Landeskirche und ihren komplizierten Strukturen paßt auch viel besser auf diesen zugleich imposanten und doch in der Vielfalt seiner miteinander konfligierenden Rollen schwer greifbaren Mann, den man, eine Selbstcharakteristik Bernhards von Clairvaux aufgreifend, durchaus als Chimäre seines Zeitalters[8] bezeichnen kann: Zeit seines beruflichen Wirkens versuchte er, Gesellschaft, Kirche und Staat durch den Rückbezug auf eine ordnende Mitte je in sich und in ihren wechselseitigen Verhältnissen zu justieren, und gerade dabei begab er sich immer wieder spontan oder notgedrungen an die Ränder. Er wollte integrieren, und genau da-

---

und Schicksal, Berlin 1935. Materialiter ist Brunstäd abhängig von den älteren Arbeiten, bringt jedoch seine religiösen Antriebe und theologischen Gedanken besonders intensiv zur Geltung, und zwar obwohl (oder weil?) er an Stoecker wie auch anderswo im Grunde seinen eigenen neoidealistischen Systementwurf exekutiert hat. Daß die Antisemitismus-Thematik weitestgehend ausgeblendet ist, wird man als deutliche Distanznahme Brunstäds dem herrschenden Zeitgeist gegenüber zu werten haben. – Die hier einschlägigen Beiträge aus dem Sammelband von GÜNTER BRAKELMANN, MARTIN GRESCHAT, WERNER JOCHMANN, Protestantismus und Politik. Werk und Wirkung Adolf Stoeckers, Hamburg 1982, werden jeweils an ihrem Ort genannt. GRIT KOCH, Adolf Stoecker 1835–1909. Ein Leben zwischen Politik und Kirche, Erlangen, Jena 1993, enthält keine über die ältere Literatur hinausführenden Erkenntnisse.

[7] Vgl. MARINA WESNER, Kreuzberg und seine Gotteshäuser. Kirchen, Synagogen, Moscheen, Tempel, Berlin 2007, 87–90. Die riesige Hallenkirche zeichnete sich aus durch eine eigenwillige Mischung aus eklektisch-historisierenden Stilelementen mit moderner Funktionalität: Die Sitzbänke waren umklappbar, so daß die Gemeinde bei Konzerten die Orgelempore vor Augen hatte.

[8] »Ego enim quaedam chimaera mei saeculi, nec clericum gero, nec laicum. Nam monachi jamdudum exui conversationem, non habitum« (Ep. 250,4: MPL 182,451A). Bernhard beklagt, daß sein faktischer Lebensgang die eingespielten Rollenmuster und -erwartungen in seiner Person zum Verfließen und Verschwimmen gebracht hat. – Stoecker war Prediger und Seelsorger, Organisator der Diakonie und der Inneren Mission, Kirchenpolitiker, Parlamentarier und Journalist. Die Aufgabe, diese Rollen zugleich miteinander zu verbinden und auseinanderzuhalten, hat ihn zwangsläufig überfordert – mit der Folge, daß es ihm in den Augen von Zeitgenossen und Nachlebenden an Eindeutigkeit und Konstanz mangelte.

durch polarisierte er. Wie an keinem anderen evangelischen Theologen und Kirchenmann des zweiten Deutschen Kaiserreichs und der von ihm heraufgeführten bis dahin längsten Friedensperiode der deutschen Geschichte schieden sich an ihm die Geister.

Der berufliche Werdegang des 1835 geborenen war ein mit Begabung, Fleiß, Geschick und Glück gestalteter Bildungsaufstieg par excellence. Der Student eignete sich in Halle und Berlin eine auf die Autorität von Bibel und Bekenntnis gegründete schlichte Gebrauchstheologie an, die ihre Adepten in den Stand setzte, sich die Probleme der neuzeitlichen Umformungskrise der christlichen Religion so weit vom Halse zu halten, daß sie bei der praktisch-kirchlichen Arbeit nicht störten: »Zweifel kommen vom Teufel. Es gibt Gedanken, die man einfach totschlagen muß.«[9] Theologisch war er kein Mann der Reflexion, sondern ein solcher der einfachen, klaren, autoritativen Formel, die dann, bei prinzipiellem Autoritätsgehorsam, auch wieder elastisch gehandhabt werden konnte.[10] Theologie war ihm Mittel zum Zweck: Sie mußte ihm ihre Nützlichkeit zum Aufbau und für den dauerhaften Zusammenhalt einer handlungsfähigen, schlagkräftigen kirchlichen Organisation erweisen.

Daß diese gebraucht wurde und wie dringend sie gebraucht wurde, das erkannte er in seinem zweiten Pfarramt, in dem er mit ganz unterschiedlichen Varianten der »Sozialen Frage« konfrontiert wurde: Er lernte eine Industriearbeiterschaft kennen, die sich, entwurzelt und vereinzelt dem Konkurrenzdruck beim Verkauf der eigenen Arbeitskraft ausgeliefert, im anscheinend unaufhaltsamen materiellen und moralischen Abstieg befand und für die von ihm, dem Pfarrer, repräsentierte christlich-kirchliche Lebensdeutung nicht mehr ansprechbar war. Und er lernte auch Bergarbeiter kennen, die, in herkömmlicher Weise genossenschaftlich organisiert, diszipliniert lebten und arbeiteten und gerade so von ihren Arbeitgebern eine Entlohnung bekamen, die ihnen ein wahrhaft menschenwürdiges Leben ermöglichte, zu dem für ihn integral die auskömmlich lebende stabile Ehe und Familie, die innerliche Bejahung der Gesellschaftsordnung und des in der Monarchie sich selbst vollendenden Staates sowie die Gliedschaft in der christlichen Gemeinde gehörten.[11]

---

[9] Zit. nach FRANK (s. Anm. 6), 19.

[10] Friedrich Naumann, dem wohl unter den Jüngeren seine höchste Wertschätzung galt (vgl. FRANK [wie Anm. 6], 244), schrieb in einem Brief über Stoeckers Rechtgläubigkeit: »Sobald Stoecker zu gebieten hätte, würde ich bei passender Gelegenheit vielleicht aus dem Pfarramt als ungläubig hinausexpediert werden, wiewohl er – ähnlich wie Luthardt – heftig redet und schließlich human handelt« (zit. nach THEODOR HEUSS, Friedrich Naumann, Stuttgart, Tübingen ²1949, 44).

[11] Vgl. BRUNSTÄD (s. Anm. 6), 13; der folgt hier offenkundig BRAUN, Stoecker (s. Anm. 6), 31 f.

Es waren diese Eindrücke, die Stoecker intellektuell weiter trieben, und zwar in zwei Richtungen: *Einmal* begann er sich, immer zugleich lesend und publizierend, in die nationalökonomischen Debatten seiner Zeit hineinzuarbeiten. *Zweitens* begann ihn die Frage umzutreiben, wie sich die Kirche organisatorisch zu gestalten habe, damit sie der Entkirchlichung weiter Teile des immer größer werdenden »Vierten Standes« wirksam entgegentreten könne.[12]

In Stoeckers wirtschafts- und sozialpolitischen Ansichten wurde alsbald das Idealbild eines starken Staates bestimmend, eines Staates, der zwar die dynamischen Kräfte der Industrie und der Geldwirtschaft mitnichten lähmt, aber sie mit u.U. rigorosem Zugriff so bändigt und leitet, daß der Ertrag allen zugute kommt, auch und gerade den Arbeitern: Sie müssen geschützt werden, und zwar durch gesetzliche Regelungen der Arbeitszeit und der Entlohnung. Ihnen muß bei der Absicherung gegen unverschuldete Schicksalsschläge geholfen werden, und sie müssen organisiert werden, damit sie – selbstverständlich im akzeptierten Rahmen der göttlich gewährleisteten Staats- und Rechtsordnung! – ihre legitimen Interessen wirksam zu vertreten vermögen, und zwar auch durch Streiks. All das ist aber keinesfalls einfachhin dem freien Spiel der Kräfte zu überlassen, sondern hier muß der Staat ordnend und regulierend eingreifen und sein Machtmonopol durchgreifend zur Geltung bringen – auch und gerade gegenüber denjenigen, die über das Kapital und die Produktionsmittel verfügen!

Wird der Staat diesen Aufgaben nicht gerecht, weil er sich vom Liberalismus einreden läßt, der Gemeinnutz werde am besten durch den Eigennutz der fähigen Individuen befördert, dann arbeitet er denjenigen in die Hände, die sich den Arbeitern ohnehin schon als ihre Sachwalter andienen: Der Sozialdemokratie[13], welche die gegenwärtigen Malaisen der arbeitenden Klasse als Station auf dem Wege in den Kommunismus deutet, wo dann mit dem Privateigentum auch der Staat und die Religion als dessen Unterdrückungsmechanismen verschwunden sein werden. Scheinbar sind Liberalismus und materialistischer Sozialismus Todfeinde, in Wahrheit jedoch sind sie zutiefst verwandt: Der Liberalismus mit seiner Entfesselung des ökonomischen Egoismus hat die Verelendung der Arbeiterschaft, in der der Sozialismus gedeihen konnte, entscheidend begünstigt, und seine Kirchenfeindschaft hat dem Atheismus der Sozialdemo-

---

[12] Vgl. hierzu MARTIN GRESCHAT, Adolf Stoecker und der deutsche Protestantismus (in: BRAKELMANN u.a. [s. Anm. 6], 19–83).
[13] Vgl. hierzu GÜNTER BRAKELMANN, Adolf Stoecker und die Sozialdemokratie (in: BRAKELMANN u.a. [s. Anm. 6], 84–122).

kratie den Boden bereitet. Da Liberalismus und Sozialismus sich so wechselseitig bedingen und befördern, sind sie auch nur miteinander zu bekämpfen: Durch klare, durchgreifende wirtschafts- und sozialpolitische Steuerung. Bloße Repression, so nötig sie zeitweise sein mag, wäre mittel- und langfristig nur ein aussichtsloses Kurieren an Symptomen.[14]

Stoecker war ein ausgesprochener Vielschreiber, der gern mit dem arbeitete, was wir heute Textbausteine nennen. Einer davon ist die immer wiederkehrende Formation der Feinde, die es im Namen des wahren evangelischen Glaubens und der richtigen, konservativen Staatsgesinnung auf allen Ebenen zu bekämpfen gilt – kirchen- und geistespolitisch ebenso wie in der Wirtschafts- oder Sozialpolitik. In einer frühen Formulierung ist sie folgendermaßen konfiguriert: »Der abergläubische Ultramontanismus, der sozialistische Atheismus, der fortschrittliche [linksliberale] Kirchenhaß, der [national-]liberale Indifferentismus«[15] – so publizierte Stoecker das 1876, also im Kulturkampf. Dem Katholizismus ist Stoecker eher aus dem Wege gegangen – vielleicht war bei diesem Ausweichen die unterschwellige Ahnung im Spiel, daß er ihm, wie Friedrich Naumann scharfsichtig diagnostiziert hat, strukturell sehr viel näher stand, als er es wahrhaben wollte?[16]

Das sind – verkürzt und vereinfacht – die kategorialen Leitlinien und die ihnen entsprechenden Feindbilder des Politikers Stoecker. Sie sind eng verbunden mit denen des Kirchenmannes. Es war ja zunächst die schockierende Erfahrung der völligen Unkirchlichkeit der Industriearbeiter auf seiner ersten Pfarrstelle, die Stoecker den Anstoß zum intensiven Nachdenken über die Soziale Frage gegeben hatte, als er bei der Anwendung der herkömmlichen Mittel der Kirchenzucht gescheitert war. Nach dem deutsch-französischen Krieg hat Stoecker als Militärgeistlicher im lothringischen Metz mit bewunderungswürdiger Dynamik die evangelische Kirche als tragende Säule der Bildung, der Sozialarbeit und der Gesundheitsfürsorge zur Geltung gebracht – mit dem Ziel, Deutschtum und Protestantismus im wieder für das Reich gewonnenen Lothringen zu etablieren. Es war diese Wirksamkeit, die das Auge des Preußischen Königs und Deutschen Kaisers Wilhelm I. auf ihn zog und ihm die Berufung als 4.

---

[14] Das führt Stoecker breit aus in der Vorrede zu C-S XIII-LX (s. Anm. 2).

[15] ADOLF STOECKER, Wach' auf, Evangelisches Volk! Aufsätze über Kirche und Kirchenpolitik, Berlin o. J. (nach 1893), 32. Der starke Band (im folgenden zitiert mit dem Kürzel WaEV und Seitenzahl) versammelt längere Aufsätze, in denen Stoecker in der *Neuen Evangelischen Kirchenzeitung* und nach deren Einstellung in der *Deutschen Evangelischen Kirchenzeitung* jeweils zum Jahresbeginn oder zur Jahresmitte weit ausgreifende Lageanalysen vorgelegt hat.

[16] Vgl. FRANK (s. Anm. 6), 20.

Hofprediger nach Berlin einbrachte – einen Ruf, der sich aus der historischen Ferne weitaus glänzender ausnimmt, als er tatsächlich war, denn der vor Energie nur so strotzende knapp Vierzigjährige fand sich unversehens in einer beruflichen Stellung mit sehr überschaubaren Anforderungen wieder, die ihn auch nicht annähernd ausfüllten. Als er jedoch über seinen engeren Berufskreis hinausblickte, nahm er wahr, daß er in ein kirchliches Notstandsgebiet erster Ordnung geraten war.[17] Der Ausbau der kirchlichen Organisation Berlins war jahrzehntelang hoffnungslos hinter dem sprunghaften Wachstum der Metropole zurückgeblieben. Landesherrliches Kirchenregiment, städtischer und königlicher Patronat sowie die zaghaften Anfänge der presbyterial-synodal organisierten kirchlichen Selbstverwaltung hatten mit- und gegeneinander eklatant bei der Aufgabe versagt, den massenhaft neu zuziehenden Industriearbeitern auch nur die Möglichkeit zu eröffnen, ihre Ehen trauen und ihre Kinder taufen zu lassen oder gar an Sonntagsgottesdiensten teilzunehmen. Etwa zeitgleich mit Stoeckers Ankunft in Berlin wurde all das deutlich sichtbar, als mit der Zivilstandsgesetzgebung im Zuge des Kulturkampfes an nackten Zahlen ablesbar wurde, wie weit die Entkirchlichung breitester Bevölkerungsschichten schon fortgeschritten war. Stoecker engagierte sich daraufhin mit der ihm eigenen Energie und Effizienz bei der gerade gegründeten Berliner Stadtmission, die unter seiner energischen Führung in den folgenden Dekaden die wohl eindrucksvollste Gestalt der von Johann Hinrich Wichern konzipierten und propagierten Inneren Mission in Deutschland wurde. Aber das war eben nicht alles. Stoecker hat die von ihm vorgefundenen kirchlichen Mißstände in Berlin als unmißverständliches Zeichen dafür gedeutet, daß die evangelische Kirche sich energisch und konsequent aus den überkommenen Strukturen des landesherrlichen Kirchenregiments lösen müsse. Diese in der Reformation begründete Struktur sei so lange erträglich gewesen, wie sich der Staat religiös und ethisch den von der Kirche vertretenen normativen Vorgaben verpflichtet wußte. Nun aber verliere

---

[17] Seine Angaben über die eklatante kirchliche Unterversorgung der preußisch-deutschen Metropole als Kontrastfolie für sein eigenes kirchliches und politisches Wirken hat Stoecker unermüdlich wiederholt, ein relativ spätes Beispiel: »Als ich im Oktober 1874 nach Berlin kam, war ich Zeuge von dem Zusammenbruch des wirtschaftlichen wie des kirchlichen Lebens. Der Krach, der auf den Gründungsschwindel folgte, war in seiner Weise gerade so grandios wie der Abfall von allen kirchlichen Ordnungen. Von 100 geschlossenen Ehen wurden jahrelang nur 18–19 kirchlich eingesegnet, von 1000 geborenen Kindern 53–54 getauft. Die Presse war antichristlich, ebenso der öffentliche Geist. Ich hatte das Gefühl, so könne es nicht bleiben; lieber wollte ich sterben, als den Untergang des deutsch-christlichen Lebens ruhig mit ansehen« (Reden und Aufsätze von Adolf Stoecker, mit einer biographischen Einleitung hg. v. Reinhold Seeberg, Leipzig 1913, 129; siehe zu diesem Band unten S. 297; im Folgenden wird er zitiert mit dem Kürzel »RuA«).

der Staat zusehends diese normativen Fundamente und mache sich stattdessen zum Organ einer sich religiös und weltanschaulich pluralisierenden Gesellschaft. Und die Leitung der Kirche durch einen so sich verstehenden Staat ziehe diese in seinen eigenen Transformationsprozeß hinein, beraube sie ihrer Geschlossenheit und Schlagkraft, mache sie also langfristig zu einer bloßen Spiegelung der pluralistischen Gesellschaft. In den überlebten Strukturen des landesherrlichen Regiments könne die Kirche allenfalls verwaltet werden – in dem Sinne, daß unterschiedliche Frömmigkeits- und Denkstile mal mit- und mal nebeneinander sich auszuleben vermögen. Und genau dieses Verwalten des akzeptierten Pluralismus muß, so Stoecker, aufhören. Die Aufgabe der Kirche ist nicht das Verwalten, sondern das Gestalten: Die Kirche muß sich selbst gestalten, und zwar nach Maßgabe einer bibel- und bekenntnisorientierten, klare, lebensorientierende und handlungsleitende Sätze formulierenden Theologie, deren Geltung durch ein starkes, autoritatives Kirchenregiment durchgesetzt wird. Das alles ist kein Selbstzweck, sondern es geschieht in der Absicht, die Gesellschaft zu gestalten – in unerschütterlicher Loyalität zum (monarchischen) Staat, aber in voller Freiheit zur Regelung aller ihrer inneren Angelegenheiten. Mir ist in der Geschichte des deutschen Protestantismus zumindest bis zum Ende des Ersten Weltkrieges niemand bekannt, der das Schlagwort von der Freiheit der Kirche derart beharrlich und vor allem derart unbekümmert um jede Abgrenzung gegen dessen papstkirchlichen Gebrauch im Munde und in der Feder geführt hat.[18] Die Freiheit der Kirche, welche Stoecker meint, ist die Freiheit derjenigen Kirchenglieder, die fest auf dem Boden von Schrift und Bekenntnis stehen, die Grenzen dessen zu bestimmen, was in der Kirche gilt, was in der Kirche gepredigt und gelehrt werden darf. Die Freiheit der Kirche ist die Freiheit zu deren klarer, eindeutiger Selbstprofilierung und zur Erziehung ihrer Glieder.[19] Sie ist die unentbehrliche Voraussetzung dafür, daß die Kirche ihre Glieder in ihrem Sinne zu erziehen vermag, und da die Kirche sich als Volkskirche versteht, ist das ihr anvertraute Erziehungsobjekt das Volk als Ganzes. Diese Erziehungsaufgabe vermag sie nur in ihrer entstaatlichten Gestalt auszuüben, wenn sie also »nicht die beherrschte Magd des Staatslebens, sondern die

---

[18] Besonders eindrucksvoll ist in dieser Hinsicht ein Brief Stoeckers an Rudolf Rocholl, den er im Vorwort zu WaEV (s. Anm. 15) abdruckt (VIII-XVI).

[19] Zumindest zeitweise hat Stoecker mit dem von Wichern auf dem Stuttgarter Kirchentag 1869 vorgestellten Programm einer doppelt gestuften Kirchenmitgliedschaft sympathisiert: Die eine, umfassende Volkskirche müsse »zwei Kreise bilden, einen engeren, der die gläubigen Kirchenmitglieder und in ihnen die Wähler, die Gemeindekirchenräte, die Synodalen einschließt, und einen weiteren, der die dem kirchlichen Geiste Fernerstehenden umfaßt und gleichsam das Arbeitsfeld der thätigen Kirche bildet« (WaEV 32 [s. Anm. 15], vgl. auch 66).

unterstützte Macht des Volkslebens ist«.[20] Zu diesem Dienst gehört auch, daß sie den Staat nötigenfalls an seine Pflichten erinnert – und damit sind wir wieder bei Stoeckers wirtschafts- und sozialpolitischen Maximen angelangt. So einfach und so klar das alles prima vista erscheint – so mangelhaft ist es durchdacht. Letztlich wird dem Staat ja doch wieder zugemutet, sich von kirchlicher Autorität die Maximen der Politik vorgeben zu lassen; die Akzeptanz des modernen, weltanschaulich neutralen Staates[21] ist lediglich eine erzwungene, auf Überwindung angelegte. Es geht Stoecker um nicht mehr und nicht weniger als eine evangelisch-kirchliche Hegemonie in der Gesellschaft und über sie, »das herrliche Ideal eines reformatorischen Kirchentums, das mit dem Volkstum innig verbunden den Gesamtgeist der Nation erfaßt, durchdringt, belebt und so dem einzelnen die Thür des Glaubens öffnet und den Weg der Bekehrung zeigt«.[22] Sie ist das eigentliche Primärziel bei der Formung einer durch Autonomie schlagkräftiger gestalteten Kirche. Diese Kirche, so Stoecker immer wieder, darf sich nicht darauf kaprizieren, einzelne Seelen zu retten: In dieser individualistischen Verengung sieht er den gemeinsamen Grundirrtum der unterschiedlichen Spielarten herkömmlichen deutschen evangelischen Kirchenchristentums.[23] Nein, die Kirche muß das Volk in seiner Gänze durchdringen, formen und erziehen. Damit sie das tun kann, muß ihr das gesellschaftliche Umfeld entsprechend bereitet werden: Innere Mission, eine neue, tiefere Christianisierung weiter Teile des deutschen Volkes, ist ein Ding der Unmöglichkeit, wenn weiterhin der Vierte Stand in die Proletarisierung abrutscht, d.h. ohne Bildung und ohne jede Aussicht auf Besitz in immer brüchiger werdenden familiären Bindungsverhältnissen lebt, da-

---

[20] WaEV 279 (s. Anm. 15), ein ähnliches Wortspiel auch a.a.O. 311.
[21] A.a.O. 529: »Wir haben den Optimismus nicht, daß der Staat, welcher sich offen als konfessionsloser Rechtsstaat proklamiert, doch im Grunde noch ein christlicher Staat ist; wir haben den Optimismus nicht, daß der Kampf zweier Weltanschauungen, der unser Volk durchwühlt, so bald entschieden sein wird. Und eben deshalb meinen wir, soll die Kirche in der Lage sein, jenem Staat gegenüber ihre Weltanschauung klar und stark durchzuführen.«
[22] A.a.O. 541; vgl. auch a.a.O. 37 (»Hegemonie der protestantischen Idee«), 65 (»die Entwickelung der Welt geistlich zu beherrschen, was doch die Aufgabe der Kirche ist«), 280 (mit Verweis auf die mögliche »religiöse Hegemonie« der Papstkirche) sowie 16.43. 61.81.540.563.
[23] A.a.O. 500: »Selbstverständlich darf die Arbeit an der Seele des einzelnen nicht fehlen. Aber ohne daß die öffentliche Meinung dieser Arbeit erst geneigt gemacht wird, kann sie nur mühsam und langsam Erfolg haben.« In diesen Zusammenhang stellt Stoecker sein eigenes parteipolitisches Wirken seit dessen Anfängen und räumt ein: »Gewiß sind dazu Mittel und Waffen gebraucht, welche philiströsen Geistern nicht zusagen. Nur warten wir seit Jahren vergebens darauf, daß diese engen Geister selber etwas anfangen, um die gebundene deutsche Volksseele zu befreien« (a.a.O. 499; vgl. auch a.a.O. 158.204.284f.312).

bei immer mehr in die Vereinzelung und Vereinsamung gerät und seine Hoffnung nur noch auf die Utopie des Sozialismus und Kommunismus setzt. Diese gesellschaftlichen Fehlentwicklungen, so Stoecker, lassen sich nicht durch individuelle Herzensgüte und Wohltätigkeit korrigieren, und erst recht werden sie nicht im Laufe des wissenschaftlich-technischen und ökonomischen Fortschritts wie von allein verschwinden. Abhilfe schaffen kann allein der Staat mit einer gezielten Politik, welche, nötigenfalls im Schutz der heimischen Wirtschaft durch hohe Zollschranken, die Märkte reguliert, für Umverteilung zugunsten der Schwachen und Benachteiligen sorgt und diesen darüber hinaus Organisationsformen schenkt bzw. aufnötigt, welche sie zu handlungsfähigen Partnern im geordneten Wechselspiel der ökonomischen Kräfte und Interessen machen. Es geht nur durch Politik.

Stoecker, der spätestens seit seiner Tätigkeit als Hauslehrer auf einem baltischen Gut zutiefst fasziniert war von der Lebensart des Geburtsadels, hat aus seiner prinzipiellen Ablehnung der Demokratie nie ein Hehl gemacht: Die »Bekämpfung der politischen und sozialen Demokratie«[24] konnte er als Leitgesichtspunkt seiner politischen Tätigkeit bezeichnen. Bei aller Aversion gegen die Demokratie als Staatsform war Stoecker jedoch klar, daß er in einem unaufhaltsam zur Demokratisierung tendierenden Zeitalter lebte. Und daraus zog er den Schluß, daß jede politische Arbeit den sich daraus ergebenden Erfordernissen Rechnung tragen müsse – auch und gerade eine solche, die im scharfen Kampf gegen Liberalismus und Sozialdemokratie stand: Wer politisch etwas erreichen will, muß eine breite Volksbewegung hinter sich bringen, und genau das geht, so Stoeckers terminus technicus hierfür, allein durch Agitation: Das eigene Anliegen muß klar und formelhaft fixiert werden, und zwar so, daß es an möglichst viele Prädispositionen und Erwartungshaltungen anschlußfähig wird. Stoecker war wohl der erste deutsche evangelische Kirchenmann, der das so deutlich gesehen, so unumwunden formuliert und so entschlossen in die Tat umgesetzt hat. Er hat sich selber beim Betreten und beim Gehen dieses seines Erachtens ebenso gefährlichen wie unvermeidlichen Weges recht genau beobachtet, und als er die auf ihm sich einstellenden Erfolge und Niederlagen durchlebt hatte, hat er eine Bilanz seines »Kampfs ums Dasein«[25] gezogen, in der Einsicht und Selbstmitleid, Apologetik und unbeugsamer Kampfgeist auf ganz eigene Weise miteinander verquickt sind:

---

[24] RuA 115 (s. Anm. 17).
[25] Der Abschnitt, aus dem das folgende Zitat stammt, steht in dem autobiographisch-apologetischen Aufsatz »Dreizehn Jahre Hofprediger und Politiker« (a.a.O. 34–124) und trägt den Zwischentitel »Mein Kampf ums Dasein« (a.a.O. 106–115).

»Kleine Irrtümer, die bei einer agitatorischen Tätigkeit unvermeidlich sind, wurden zu Lügen aufgebauscht und als öffentliche Anklagen durch die Presse gejagt. So ist es gekommen, daß die meisten Deutschen, jedenfalls alle, die nur liberale Blätter lesen, niemals erfahren haben, wer ich bin und was ich will. Kam ich dann persönlich an feindliche Orte und entwaffnete durch meine Reden die feindlichen Lügen, so hieß es, daß ich gerade hier mich gemäßigt hätte, weil ich mich vor dieser Bevölkerung fürchte. Kurz, die bewußte Lüge, welche in der schlechten Presse Deutschlands wie kaum in irgendeinem Lande auf Erden grassiert, wurde gegen mich mit Vorliebe angewandt, weil man auf der Gegenseite wohl weiß, daß einen Geistlichen, den Diener der Wahrheit, nichts mehr herabsetzt, als der Vorwurf der Unwahrheit. Tausendfach wurde ich beleidigt. Alle Redakteure, zumal die Juden und mit ihnen verbrüdert die literarischen Christensklaven, bildeten einen einzigen großen Chor der unersättlichen Rache. Sie waren, ganz besonders in Berlin, so sicher gewesen, daß ihnen die Herrschaft im öffentlichen Leben nicht entrissen werden könne. Und mit einem Male wurden sie in ihrer Stellung angegriffen und in den Kampf um ihre Gleichberechtigung zurückgeschleudert. Mit einer Naivetät ohnegleichen erstaunten sie über die neugeschaffene Lage. Sie hatten es so selbstverständlich gefunden, daß es ihnen erlaubt sei, alles Große und Heilige unter ihr Schlächtermesser zu nehmen. Christus und Kirche, Fürsten und Minister, Volk und Land: alles wurde von diesen Fremdlingen begeifert, die für unsere Einrichtungen kein Verständnis, für unseren Charakter keine Würdigung haben. Aber wehe, wenn jemand wagte, nun auch einmal das Judentum unter das Seziermesser zu nehmen. Das war Intoleranz, Fanatismus, Borniertheit, Schändung des Heiligen.«[26]

Und im selben Kontext findet sich seine aus heutiger Perspektive wohl fürchterlichste antisemitische Tirade:

»Bleibt das jüdische Monopol der moralischen Einschätzung bestehen, dann fahr' wohl: Ehrlichkeit, Wahrheit, Treue, Recht, Freiheit! Wir hoffen aber, daß ein Befreier kommen wird. Es ist ein Schandfleck der europäischen Staatskunst, daß man die Juden eine so verächtliche und gefährliche Rolle spielen läßt. Die Judenmacht muß gebrochen werden. Welcher Fürst, welcher Staatsmann beginnt mit diesem edelsten aller Feldzüge? Wir sind überzeugt, daß er in kurzer Zeit bis auf wenige unwürdige Ausnahmen das ganze Volk, und zwar zu jeder Maßregel, auf seiner Seite haben würde. Heute sind die meisten Sklaven. Erst wenn die Ketten jüdischen Mammons gebrochen, die Fesseln jüdischen Geistes gesprengt sind, kann man wieder von Freiheit reden.«[27]

Das ist kein vereinzelter Ausrutscher. Stoecker hat diesen Satz erst in einem Aufsatz[28] drucken lassen, und dann hat er ihn dieser Selbstrechtfertigung nochmals als ausdrückliches Selbstzitat eingefügt.

Wie gesagt: Hier blickt Stoecker zurück auf eine länger als ein Menschenalter währende Auseinandersetzung mit der Thematik »Judentum«, die wir uns jetzt etwas näher ansehen wollen, nachdem wir uns in aller Kürze mit dem wirtschafts- und sozialpolitisch versierten Visionär einer

---

[26] A.a.O. 109.
[27] A.a.O. 86, vgl. auch a.a.O. 98.
[28] Vgl. C-S 480 (s. Anm. 2).

durch Innere Mission zu rechristianisierenden und sich unter einer evangelisch-kirchlichen Kulturhegemonie formierenden Gesellschaft bekannt gemacht haben.

B) Nachdem der unermüdliche Vielleser und Vielschreiber sich schon zuvor eher beiläufig mit den antikapitalistischen, rassistisch angehauchten Parolen von Wilhelm Marr und Otto Glagau, also Männern, die politisch deutlich »links« von ihm standen, beschäftigt hatte,[29] sprang Stoecker im September 1879[30] spektakulär auf den allmählich Fahrt aufnehmenden antisemitischen Zug. Er tat das nicht in der Absicht, sich in die bunte Schar der Passagiere einzureihen, sondern, der Struktur seiner gesamten Programmatik gemäß reklamiert er sofort die Positionen des Zugchefs und des Lokomotivführers. Das heißt: Der Kampf gegen das Judentum, in den er sich hier demonstrativ einschaltete, war im Kern ein Einzelunternehmen in seinem Kampf für seine politisch-soziale Zielvision einer unter evangelisch-kirchlicher Hegemonie formierten Gesellschaft, und das Feindbild ›Judentum‹, das er von dieser Attacke an bekämpfte, hat er entsprechend gestaltet. Bezeichnend hierfür ist schon das Adjektiv im Titel von Stoeckers erster einschlägiger Rede: »Unser Kampf gegen das *moderne* Judentum«. Bei einem zeitgenössischen Leser bzw. Hörer wurde hierdurch sogleich ein klischeehaft fixierter Typus angesprochen und abgerufen, der in jenen Jahren auch in der guten Literatur präsent war. Das zeigt ein Seitenblick auf drei damals viel gelesene und bis heute nicht vergessene Romane: Gustav Freytags *Soll und Haben* (1855), Fritz Reuters *Ut mine Stromtid* (1862–64) und Wilhelm Raabes *Hungerpastor* (1863/64). In ihnen allen dreien spielen Juden eine Rolle, die spezifisch ›modern‹ sind. Ihre Väter haben ärmlich, allenfalls in bescheidenem Wohlstand lebend mit redlichem Handel ihr Brot verdient. Verwurzelt im Glauben und in den Sitten ihrer Väter, haben sie in Nischen gelebt, welche ihnen die Mehrheitsgesellschaft an ihrem Rande willig einräumte, weil sie gerade so, in ihrer ganzen Eigenart, konstruktive, akzeptierte Glieder des Gemeinwesens waren. Die Söhne, die modernen Juden, haben sich mit Intelligenz, Fleiß und Energie aus dieser Randständigkeit herausgearbeitet. Vom jüdischen Ritualgesetz haben sie sich emanzipiert und sind förmlich eingetaucht in die sich modernisierende Mehrheitsgesellschaft. In ihr setzen sie sich durch und arbeiten sich hoch – allerdings sind sie angetrieben von völlig hemmungs- und skrupellosem Egoismus, der sie in eine Freibeuterexistenz

---

[29] Vgl. HEINRICHS (s. Anm. 4), 190–193.
[30] Die beiden wirkungsreichsten Texte aus dieser Zeit, die den »Berliner Antisemitismusstreit« provozierten, sind die Reden *Unsere Forderungen an das moderne Judentum* (C-S 359–369 [s. Anm. 2]) und *Notwehr gegen das moderne Judentum* (a.a.O. 369–392).

hineintreibt, in der sie tragisch enden, nachdem sie zuvor in der rücksichtslosen Durchsetzung ihrer eigenen Interessen andere Menschen nach Kräften unglücklich gemacht haben.

Wenn Stoecker vom modernen Judentum redet, dann meint er genau diesen Geist des hemmungslos sich durchsetzenden Egoismus und Phänomene, die er aus ihm hervorgehen sieht: Eine von Juden gelenkte Presse, die »das Christentum bitter bekämpft, in den Völkern den christlichen Glauben wie das nationale Gefühl entwurzelt, und als Ersatz nichts bietet als die abgöttische Verehrung des Judentums so, wie es ist, das keinen andern Inhalt hat als seine Schwärmerei für sich selbst«.[31] Sie gibt christlichen Glauben und christliche Kirchenleute systematisch und gezielt der Lächerlichkeit preis und brandmarkt im Gegenzug jede Kritik am Judentum als Intoleranz. Stoecker polemisiert gegen jüdische Geschäftsleute, die auf unlautere Weise Konkurrenten überflügeln, und er verweist auf jüdische Geldverleiher, die mit Kreditwucher Bauern gezielt zugrunde richten, wendet sich gegen die Überrepräsentanz von Juden in bestimmten akademischen Berufen und ihre Herrschaft im Zeitungswesen. Er erhebt den Anspruch, »in christlicher Liebe, aber auch in voller sozialer Wahrheit«[32] eine allgemein empfundene Bedrohung durch eine jüdische Übermacht auf den Begriff zu bringen – mit dem Gestus dessen, der auf eine soziale Schieflage hinweist, die schlimme Folgen haben wird, wenn man ihr nicht schleunigst abhilft: »Wir meinen, Juden und Christen müssen daran arbeiten, daß sie in das rechte Verhältnis zueinander kommen. Einen andern Weg giebt es nicht. Schon beginnt hier und da ein Haß gegen die Juden aufzulodern, der dem Evangelium widerspricht. Fährt das moderne Judentum wie bisher fort, die Kapitalskraft wie die Macht der Presse zum Ruin der Nation zu verwenden, so ist eine Katastrophe zuletzt unausbleiblich.«[33]

Die Rollenverteilung, die Stoecker hier vorsieht ist charakteristisch. Seine Forderungen an das moderne Judentum welche seine erste Rede zum Thema aufstellt und begründet, enthalten *erstens* Bescheidenheit: Die Juden sollen aufhören, sich selbst als die alleinige Avantgarde des Menschheitsfortschritts zu stilisieren. Sie sollen *zweitens* »toleranter« werden, ihre Kritik am deutschen Wesen und an der kirchlich verfaßten Religion zurücknehmen. Und sie sollen *drittens* gleicher werden, d.h. sich in allen Zweigen des Erwerbslebens betätigen, d.h. auch mit ihren Händen arbeiten.

---

[31] C-S 364 (s. Anm. 2).
[32] A.a.O. 359.
[33] A.a.O. 368.

Hier stockt man beim Lesen und denkt an den schlimmen Schlußteil von Martin Luthers Schrift *Von den Juden und ihren Lügen*. Aber weder hier noch anderswo hat Stoecker, soweit ich sehe, auf Luthers ›Judenschriften‹ Bezug genommen. Daß er nicht von ihnen gewußt haben sollte, halte ich für weniger wahrscheinlich[34] als die Annahme, daß er für sie im Zuge seiner argumentativen und agitatorischen Absichten schlicht keine Verwendung hatte.

Aber mit alledem bewegen wir uns noch an der Peripherie von Stoeckers Antisemitismus. Dessen Zentrum liegt anderswo, nämlich dort, wo der entfesselte, destruktive Egoismus seine stärkste Wirkung entfaltet: In der sozialdemokratischen Fixierung auf die Interessen der Arbeiterklasse, aber wohl mehr noch im konsequenten Wirtschaftsliberalismus. Hierzu Stoecker wörtlich:

»Ich bin von einem anständigen Juden gefragt, was ich eigentlich mit meinem Angriff auf das moderne Judentum bezwecke. Meine Antwort ist die, daß ich in dem zügellosen Kapitalismus das Unheil unsrer Epoche sehe und deshalb auch naturgemäß durch meine sozialpolitischen Anschauungen ein Gegner des modernen Judentums bin, in welchem jene Richtung ihre hauptsächlichsten Vertreter hat.«[35]

Das Produkt des zügellosen Kapitalismus und seiner politischen Speerspitze, des Liberalismus, ist nach Stoecker die Sozialdemokratie, und in beiden scheinbar einander feindlichen Phänomenbeständen sind Juden maßgeblich wirksam:

»Der [linksliberale; M.O.] Fortschritt, der sich für eine Volkspartei ausgiebt, obwohl er mit dem Judentum, diesem schlimmsten Feinde des Volkstums, durch dick und dünn geht, hat es durch sein System frecher Angriffe auf alle Autoritäten ohne Zweifel dahin gebracht, daß gewisse Kreise diese Richtung für volkstümlich halten. Wo aber der Fortschritt das Feld des Volkslebens bebaut, da wächst bald kein Gras mehr; er entfremdet die Menschen ebenso dem Vaterlande wie der Kirche, ebenso der staatlichen wie der kirchlichen Autorität. Die starke Dosis Judentum, die ihm beigemischt ist, verstärkt diesen Zug noch. Eben das Judentum bildet nun auch die Brücke, welche den Freisinn mit der Sozialdemokratie verbindet. Die interessante Thatsache, daß ein jüdischer Großkapitalist in Berlin die Arbeiter kommandiert, sagt in dieser Beziehung mehr als ganze Reihen sozialpolitischer Broschüren. In einem kürzlich stattgehabten Prozeß, der formell mit einem günstigen Richterspruch, sachlich mit einer vernichtenden Niederlage Singers geendet hat, stellte das Erkenntnis fest, daß die Firma Singer die Menschenkräfte ebenso ausbeute wie jedes andere Geschäft, ja daß ein Teilhaber dieser Firma in zynischer Weise Meis-

---

[34] Das gilt spätestens seit dem Synagogenbrand in Neustettin im Jahre 1880 (vgl. Stoeckers Stellungnahme im Preußischen Abgeordnetenhaus C-S 471–477 [wie Anm. 2]), denn in den publizistischen Auseinandersetzungen um diese Vorgänge wurden Luthers späte Judenschriften derart ins öffentliche Interesse gezogen, daß Stoecker das unmöglich entgangen sein kann; vgl. THOMAS KAUFMANN, Antisemitische Lutherflorilegien (in: ZThK 112, 2015, 192–228, hier: 214–216, Anm. 76).

[35] C-S 377 (s. Anm. 2).

tern wie Arbeiterinnen den Rat gegeben hatte, durch Prostitution die schlechten Löhne zu verbessern und billig zu produzieren.«[36]

Und so kann Stoecker die Reichweite seiner antijüdischen Haßtiraden auch wieder genau eingrenzen:

»Was ich vom modernen Judentum sage, will ich wahrlich nicht auf die einzelnen Individuen angewandt wissen. Es giebt viele Juden, die Respekt vor unserm Glauben, Achtung vor dem germanischen Charakter, Teilnahme an unserm Volkswohl haben; es giebt viele Juden, die wahr im Wort, treu im Versprechen, redlich im Geschäft, gar keinen Anlaß zur Klage bieten, – ich selbst kenne solche, achte und liebe sie. Aber der Begriff ›modernes Judentum‹ bedeutet eben die Summe der hervorstechenden Züge; nicht die Vorzüge einzelner Persönlichkeiten; es ist mir unverständlich, wie man jenes Wort anders hat auffassen können.«[37]

Und es ist genau in diesem Sinne zu verstehen, wenn Stoecker im ausdrücklichen Gegensatz gegen Wilhelm Marrs Behauptung, die Judenfrage sei *die* soziale Frage schlechthin, die These vertritt:

»Für mich ist die Judenfrage allerdings ein Symptom der sozialen Krankheit, das schlimmste Symptom, aber nicht die soziale Frage selbst.«[38]

Und er kann auch christliche Schuld an Verwerfungen im christlich-jüdischen Verhältnis ansprechen. So führt er das, was er als jüdischen »Haß« gegen das Christentum wahrnimmt, nicht allein auf einen »Ueberrest talmudischer Grundsätze« zurück, sondern bezeichnet ihn als »eine Frucht jahrhundertelanger Unterdrückung, [...] durch welche sich die Christen an Israel versündigt haben«.[39]

Aber gerade als Parteipolitiker[40] – und in dieser Rolle hat Stoecker seinen Kampf gegen das ›moderne Judentum‹ geführt – war er Agitator und – beginnend 1879 – hat er um die Unterstützung und um die Stimmen derjenigen geworben, bei denen er Empfänglichkeit für antisemitische Parolen voraussetzte. Und mit denen hat er dann auch nicht gegeizt:

»Die Juden sind und bleiben ein Volk im Volke, ein Staat im Staat, ein Stamm für sich unter einer fremden Rasse.«[41]

Wie wenig sicher er seiner Sache auf diesem abschüssigen Gelände war, macht die folgende Episode deutlich: Einerseits konnte Stoecker sagen bzw. schreiben:

---

[36] WaEV 294 (s. Anm. 15). Vgl. zu dem hier genannten sozialdemokratischen Politiker: Ursula Reuter, Art. Singer, Paul (1844–1911) (in: NDB 24, 463f.).
[37] C-S 377 (s. Anm. 2).
[38] A.a.O. 404f., vgl. auch a.a.O. 421.
[39] C-S 378 (s. Anm. 2).
[40] Vgl. Werner Jochmann, Stoecker als nationalkonservativer Politiker und antisemitischer Agitator (in: Brakelmann u.a. [s. Anm. 6], 123–198).
[41] C-S 367 (s. Anm. 2).

»[A]uf diesem Boden steht Rasse gegen Rasse und führt, nicht im Sinne des Hasses, aber des Wettbewerbes einen Rassenstreit.«[42]

Als Rudolf Virchow ihn deshalb angegriffen hatte, verteidigte sich Stoecker, er habe die Judenfrage »immer als eine sittliche Frage angesehen, die freilich in dem Rassenunterschied mitwurzelt«;[43] und dann konnte er bei anderer Gelegenheit wieder behaupten, er fasse sie »nicht als Religions-, auch nicht als Rassefrage auf«.[44]

All das waren natürlich keine Theoriedebatten, sondern es ging hier ganz konkret um Rechte und Lebensmöglichkeiten, und auch hier bezog Stoecker Position:

»Gönnen wir der israelitischen Minorität, was man jeder Minorität schuldig ist, Achtung und Toleranz, aber keinen Einfluß, auch nicht den geringsten, auf unser inneres und äußeres Leben; das darf nicht sein, wenn wir gesund bleiben wollen.«[45]

Und an anderer Stelle heißt es:

»Israel ist ein fremdes Volk unter uns; es soll unsern Schutz genießen, und soviel es an Rechten nur haben kann, ohne unser Volkstum zu schädigen, wollen wir ihm gewähren. Aber daß Juden wählen und gewählt werden, staatliche oder gar obrigkeitliche Ämter haben, daß sie in Kommunalbehörden und in parlamentarischen Körperschaften sitzen, daß sie Lehrer in unsern Schulen sind, ist im Prinzip absolut zu verwerfen.«[46]

Diese zuletzt zitierten Sätze nun sind rein demagogisch, reine Hetze. Sie erheben Forderungen, die weder mit dem geltenden Recht noch mit der Lebenswirklichkeit des zweiten Deutschen Kaiserreichs vermittelbar waren. Anderswo hat Stoecker sich auch ganz anders einlassen können, indem er die bestehende Judenemanzipation mit allen Konsequenzen als Vorgabe anerkannte und auch andere zu dieser Anerkennung aufforderte. Er hat sich hier populistisch jeweils bestimmten Stimmungen und Konstellationen akkommodiert. Bezeichnend für diese vieldeutige, von momentanen Erwägungen bestimmte Haltung war Stoeckers unwürdiges Herumtaktieren angesichts der Frage, ob er die berühmt-berüchtigte Antisemiten-Petition 1880/81[47] unterschrieben habe: Dort war u.a. die unsäglich rechtsstaatswidrige Forderung aufgestellt worden, die mit dem bestehenden Recht gegebene Möglichkeit für ungetaufte Juden, bestimmte Stellen im Staats- und Justizdienst einzunehmen, »auf dem Verwaltungswege« faktisch außer Kraft zu setzen. Er hat die Unterschrift eingeräumt,

---

[42] A.a.O. 381.
[43] A.a.O. 395.
[44] A.a.O. 421.
[45] A.a.O. 399.
[46] C-S 408f. (s. Anm. 2).
[47] Vgl. FRANK (s. Anm. 6), 93–95.

aber erst nach quälendem Hin und Her, in dem er selbst seinem Ansehen so viel Schaden zugefügt hat, wie das seine Gegner kaum vermocht hätten.

Und Stoecker hatte ja vor allem in der Presse Gegner, die in der Wahl ihrer Mittel nicht skrupulöser waren als er selbst. Auch lange vor dem Internet gab es ›shitstorms‹, die mit dem Ziel entfesselt wurden, Menschen zu vernichten, und auf Stoecker sind sie niedergegangen: Seine rhetorischen Attacken gegen die schlechte Presse bzw. gegen die Judenpresse wurden entsprechend mit den Jahren immer schärfer.[48] Seine Gegner waren wie er selbst Kinder und Gestalter eines Zeitalters, in dem die konkurrierenden Vorstellungen über die politisch-soziale Zukunftsgestalt Deutschlands sehr viel schärfer gegeneinander ausgeprägt waren als heute, und in den publizistischen und parlamentarischen Debatten prallten sie mit einer Heftigkeit aufeinander,[49] die uns in der politischen Kultur der Bonner wie der Berliner Republik mit ihrem zentripetalen Konsens-Sog gänzlich fremd geworden ist.

2. Reinhold Seeberg

A) Stoecker verstarb 1909. Die Gedächtnisrede in seiner Berliner Stadtmissionskirche hielt ihm Reinhold Seeberg.[50] Seeberg übernahm auch in Stoeckers Nachfolge die Leitung der Kirchlich-Sozialen Konferenz. Die war als politisch und theologisch konservative Konkurrenzorganisation zum Evangelisch-Sozialen Kongreß entstanden, als Stoecker und seine Anhänger dieses von ihm gemeinsam mit Adolf Harnack ins Leben gerufene Diskussionsforum des sozialpolitisch engagierten Protestantismus

---

[48] Beispielhaft ist seine Rede am 23. November 1883, in der er mit der Presse anläßlich seines Besuchs in London und der Störungen seiner dortigen Auftritte abrechnet, vgl. C-S 442–458 (s. Anm. 2); vgl. zu den Vorgängen auch FRANK (s. Anm. 6), 119f., sowie v. OERTZEN I (s. Anm. 6), 277–281.

[49] Vgl. die luziden Bemerkungen von KARL-ERICH BORN, Von der Reichsgründung bis zum Ersten Weltkrieg (Taschenbuchausgabe der 9. Auflage des Handbuchs der deutschen Geschichte Bd. 16), München [11]1986, 26f.

[50] Seeberg hat zwei sehr instruktive autobiographische Texte veröffentlicht: REINHOLD SEEBERG, Selbstbiographie (in: HANS VON ARNIM, GEORG VON BELOW [Hgg.], Deutscher Aufstieg. Bilder aus der Vergangenheit und Gegenwart der rechtsstehenden Parteien, Berlin 1925, 415–422); REINHOLD SEEBERG, Die wissenschaftlichen Ideale eines modernen Theologenlebens und die Versuche ihrer Verwirklichung (in: ERICH STANGE [Hg.], Die Religionswissenschaft der Gegenwart in Selbstdarstellungen, Bd. 1: Wm. Adams Brown, Adolf Deissmann, Ludwig Ihmels, Rudolf Kittel, Adolf Schlatter, Reinhold Seeberg, I. R. Slotemaker de Bruine, Theodor Zahn, Leipzig 1925, 173–206). Seine Frau Amanda hat seine Biographie geschrieben; das Typoskript liegt im Bundesarchiv in Koblenz. Benutzt ist es u.a. bei FRIEDRICH WILHELM GRAF, Reinhold Seeberg (in: WOLF-DIETER HAUSCHILD [Hg.], Profile des Luthertums, Gütersloh 1998, 617–676).

verlassen hatten. Wer war Reinhold Seeberg, und wodurch hatte er sich für die Übernahme von Stoeckers Erbe qualifiziert?

Seeberg ist auch dem fachtheologischen Gemeinbewußtsein heute nur noch durch zwei Facetten seines Wirkens bekannt: Als Doktorvater und – neben Harnack und Holl – wichtiger akademischer Lehrer Dietrich Bonhoeffers sowie als Verfasser eines in Konkurrenz zu Harnack verfaßten Lehrbuchs der Dogmengeschichte:[51] Dessen bis heute nicht übertroffener dritter Band erweist ihn als den besten Kenner der mittelalterlichen Theologiegeschichte, den die evangelische Theologie bisher hervorgebracht hat.[52] Auch die beiden Schlußbände, die der Reformation und der nachreformatorischen Periode gewidmet sind, liest man bis heute mit reichem Gewinn; insbesondere die Darstellung Luthers[53] überragt an Materialreichtum wie an methodischem ingenium das meiste von dem, was hernach erschienen ist, bei weitem.

Auch sonst ist Seebergs Lebensgeschichte erstaunlich reich an Vergleichs- und Berührungspunkten mit der seines acht Jahre älteren deutschbaltischen Landsmannes, langjährigen Kollegen und Konkurrenten Adolf Harnack.[54]

1859 im heutigen Estland als Sohn eines charakterlich schwierigen Landwirts und einer frommen, ehrgeizigen Mutter geboren, fiel Reinhold Seeberg schon früh als extrem hochbegabt auf. Seine ganze Jugend- und Studienzeit verbrachte er im Baltikum. Die deutsche Kultur und das lutherische Christentum, in die er hineinwuchs, erfuhr er einerseits als überlegen, anderseits als gefährdet durch ebenso minderwertige wie aggressive Konkurrenz, und dieser Zweiklang von kulturellem Überlegenheitsbewußtsein und dem Willen, die bedrohte überlegene Kultur entschlossen zu bewahren und zu verteidigen, bestimmte sein gesamtes weiteres Leben und Wirken. Die Anforderungen von Schule und Studium hat der frühreife Jugendliche und junge Mann mit spielerischer Leichtigkeit bewältigt

---

[51] Vgl. zur Entstehungsgeschichte Seebergs eigenen Bericht in: SEEBERG, Ideale (s. Anm. 50), 178–182.188–190; vgl. auch MICHAEL BASSE, Die dogmengeschichtlichen Konzeptionen Adolf von Harnacks und Reinhold Seebergs, Göttingen 2001.

[52] Erwähnt werden muß in diesem Zusammenhang auch die folgende großartige Monographie: REINHOLD SEEBERG, Die Theologie des Johannes Duns Scotus, Leipzig 1900.

[53] Seinen sachlichen Zugang zu Luther hat Seeberg folgendermaßen charakterisiert: »Was mich damals und später zu Luther hingezogen hat, war die unmittelbare schlichte Kraft der religiösen Intuition, die durch alle zeitgeschichtlich bedingten Formen, Lehren, Dogmen hindurch mit unfehlbarer Sicherheit in den hellen Kern der Religion eindringt« (SEEBERG, Ideale [s. Anm. 50], 181).

[54] Vgl. THOMAS KAUFMANN, Die Harnacks und die Seebergs. »Nationalprotestantische Mentalitäten« im Spiegel zweier Theologenfamilien (in: MANFRED GAILUS, HARTMUT LEHMANN [Hgg.], Nationalprotestantische Mentalitäten, Göttingen 2005, 165–222).

und seinen Fleiß und seine Energie schon frühzeitig auf selbständige Studien verwendet, in denen er sich eine eigenständige, schlüssige theologische Gesamtposition auf dem Boden lutherischen Christentums und idealistischer Geist- und Geschichtsphilosophie erarbeitete.

Als Dorpater Student hat er einem jüdischen Kommilitonen aus begütertem Hause, dem er Nachhilfeunterricht gab, auf dessen Wunsch hin auch Kenntnisse des evangelischen Christentums vermittelt – mit dem Resultat, daß der sich dann evangelisch taufen ließ. Ob diese Episode eine »Schlüsselszene in Seebergs religiöser Biographie«[55] war, ist nicht leicht zu ermessen. Jedenfalls hat er sie in seinen beiden autobiographischen Texten nicht erwähnt, was allerdings auch mit deren Entstehungszeit und -kontext zusammenhängen könnte. Seebergs, wenn ich recht sehe, einzige rein *kirchen*geschichtliche, also nicht dogmen- oder theologiegeschichtlich motivierte Publikation trägt den Titel *Hermann von Scheda. Ein jüdischer Proselyt des 12. Jahrhunderts.*[56] Wenngleich Seeberg rückblickend bemerkte, er sei auf diesen Stoff »bei dem Durchblättern des lateinischen Migne aufmerksam geworden«[57], gibt der Text doch an einer Stelle Anlaß zu der Vermutung, daß Seeberg beim Schreiben sein eigenes Jugenderlebnis präsent war.[58]

Wie dem auch sei: Mit unverhohlener Freude am historischen Detail erzählt Seeberg die in zwei Rezensionen vorliegende Autobiographie dieses Mannes nach, der, wie Seeberg betont, trotz der antijüdischen Greueltaten im Vorfeld des ersten Kreuzzugs in echter Freiheit zum christlichen Glauben gefunden und sein Leben hochbetagt als Abt des Klosters Scheda

---

[55] So GRAF (s. Anm. 50), 627.

[56] REINHOLD SEEBERG, Hermann von Scheda. Ein jüdischer Proselyt des 12. Jahrhunderts, Leipzig 1891. Seeberg hat diesen Text nochmals abgedruckt, und zwar in seiner Aufsatzsammlung: DERS., Aus Religion und Geschichte, Bd. 1: Biblisches und Kirchengeschichtliches, Leipzig 1906, 162–187, allerdings ohne den reichen Anmerkungsapparat. Der Band ist Stoecker zum 70. Geburtstag gewidmet. Zu beanstanden ist an Seebergs Untersuchung allenfalls, daß er wohl hier und da ein wenig zu gutgläubig die nach vorgegebenen Mustern stilisierte Erzählung als Ego-Dokument interpretiert hat. – Einen instruktiven Seitenblick auf den heutigen Forschungsstand bietet FIDEL RÄDLE, Wie ein Kölner Jude im 12. Jahrhundert zum Christen wurde (in: FRIEDRICH NIEWÖHNER, FIDEL RÄDLE [Hgg.], Konversionen im Mittelalter und in der Frühneuzeit, Hildesheim 1999, 9–24).

[57] SEEBERG, Ideale (s. Anm. 50), 180. – »Quellen zu lesen, hat mich eigentlich nie ermüdet, so sehr ich dazu neigte, moderne Bücher, die mir nichts Neues oder doch nichts, was mich interessierte, brachten, bald zur Seite zu schieben« (a.a.O. 189).

[58] Seeberg berichtet von dem Befremden, das bestimmte katholische Zeremonien bei Hermann auslösten, und fährt fort: »Dem Schreiber dieser Zeilen fallen dabei die Worte ein, die einst ein scharfsinniger Israelit zu ihm sprach: Kaum möglich wäre es, daß heutzutage ein Israelit, sagte er, der es redlich mit dem Christentum meint, zur katholischen oder griechischen Kirche übertrete« (SEEBERG, Religion, Bd. 1 [s. Anm. 56], 168).

bei Kappenberg beschlossen hat. Von eigenem Interesse ist der doppelte Schluß der Studie: Seeberg bedauert zunächst, daß Hermann als Christ jegliche innere Verbundenheit mit seinen Volksgenossen verleugnet hat: »Am peinlichsten berührt uns sein hartes, unbarmherziges Urteil über sein Volk wie sein Verhalten gegen seine Angehörigen. Nur als von den ›Juden‹ weiß er von ihnen zu reden, und diese sind ihm eine schmutzige Sekte finstern Aberglaubens, rettungslos ewigem Verderben anheimgefallen.«[59] Er schließt dann jedoch mit einem längeren Zitat, in dem der Hermann der von ihm nacherzählten Vita für Freundlichkeit und Verständnis im Umgang mit Juden plädiert.[60] Soviel dürfte deutlich sein: Von Rassenantisemitismus ist hier nichts zu spüren.

Zurück zur Chronologie: Jung trat Seeberg in Dorpat ins akademische Lehramt ein, blieb dort jedoch nur kurz und wurde schon 1889 nach Erlangen berufen, wo er nacheinander die Kirchengeschichte und die Systematische Theologie vertrat, bis er 1898 dem zweiten Ruf nach Berlin folgte – mit der Erwartung, er werde sich kirchlich-theologisch wie politisch als konservatives Gegengewicht zu dem dominanten Adolf Harnack etablieren. Und dieser Erwartung wurde er gerecht – nicht etwa in kleingeistig-polemischer Verhaftung an den Konkurrenten, sondern in wirklich großem Stil und ganz eigenständig.

Er hat dabei schon allein rein quantitativ-literarisch ein Lebenswerk von atemberaubendem Umfang geschaffen. Ausgehend von der Kirchen- und Dogmengeschichte einschließlich der neutestamentlichen Exegese und den systematisch-theologischen Fächern, hat er mit wissenschaftlichem Anspruch zu einer Vielzahl von ethischen und politischen Fragen publiziert und, intensiv und kreativ in den Gremien der Inneren Mission und der Diakonie mitarbeitend, hat er zugleich die institutionellen Voraussetzungen dafür geschaffen, daß seine Einsichten und Gedanken auch außerhalb der Wissenschaftssphäre wirksam werden konnten.[61]

Seeberg konnte deshalb derart extensiv wirken, ohne sich zu zersplittern, weil all seine Aktivitäten in einem früh fertigen und vergleichsweise einfachen Geflecht von normativen und produktiven Grundgedanken verwurzelt sind. Seine teleologische Sicht der Geschichte beruht auf einer geist- und willensmetaphysischen Grundlage: Gott, der sich dem geist- und willenshaft verfaßten Menschen als geisthafter Wille erschließt, ist Herr der Gesamtwirklichkeit, die er, menschlichen Willen in die Einheit mit sich aufnehmend und dadurch aus sündhaft-unglücklicher Vereinze-

---

[59] A.a.O. 186.
[60] A.a.O. 187.
[61] Vgl. GRAF (s. Anm. 50), 647–655.

lung erlösend, ihrer Wahrheit und Vollendung in seinem Reich entgegengeführt, das auf Erden zwar seinen Anfang nimmt, sich aber im Jenseits erst vollenden wird, wenn die sich erschließende Sinntotalität die Sinnhaftigkeit alles Vereinzelten offenbaren wird. In der Vergeistigung und Erlösung des Menschengeschlechts knüpft der Gottesgeist an die naturwüchsig gegründeten und kulturell gestalteten Ordnungen menschlichen Zusammenlebens an: Ehe, Familie, sichtbare Kirche, Volk, Nation und Staat sind streng zu unterscheiden vom Reich Gottes, sind ihm aber dienend propädeutisch zugeordnet. Die göttliche Gnade setzt sie nicht außer Kraft, sondern bringt sie zurecht und führt sie ihrer Vollendungsgestalt entgegen.[62] Innerhalb ihrer und durch sie verläuft das göttliche Erlösungswerk, und darum ist es Christenpflicht, alle Mühe daran zu wenden, sie lebensfähig und gesund zu erhalten, sie vor jeder Zersetzung und Zerstörung zu beschützen und zu bewahren bzw. an ihrer Heilung und Rekonvaleszenz zu arbeiten, wenn sie angegriffen, angekrankt sind.

Wahlverwandt mit der christlichen Religion sind solche Systeme der Lebens- und Weltdeutung, welche bei aller Anerkennung des relativen Eigenwerts und Eigenrechts der natürlichen und naturwüchsigen Lebensstrukturen doch die Priorität und die Prärogative des Geistes anerkennen, der sie zu seinen Organen macht und sie in sein Reich hinein aufhebt: Mit ihnen weiß sich der christliche Glaube einig im gemeinsamen »Idealismus«[63] – soviel er an ihnen sonst auch auf der Grundlage der Einsicht in die menschliche Sünde und Erlösungsbedürftigkeit immer zu kritisieren und zu vertiefen haben mag. Dem christlichen Glauben kontradiktorisch dagegen sind solche Welt- und Lebensdeutungen, welche den Geist samt allen seinen Wirkungen lediglich als Epiphänomene naturhafter Prozesse erklären; sie sind »materialistisch«, und wo sich Konvergenzen mit christlichen Überzeugungen zeigen, da handelt es sich um Täuschungen.

An dieser Stelle können wir wieder zum Ausgangspunkt des kleinen Exkurses zurückkehren, zu Seeberg als dem Erben Stoeckers. In dieser

---

[62] REINHOLD SEEBERG, System der Ethik, Leipzig 1911, 119: »Indem also das Christentum in das menschliche Gemeinschaftsleben eintritt, will es die natürliche Art desselben nicht aufheben, sondern es will sie reinigen und befreien von der sie drückenden und beengenden Macht der sündhaften Richtung.« – »Die Christenheit hat also an den Gemeinschaften des Lebens zunächst das Interesse, daß sie gesund und kräftig nach Natur und Geschichte sich entfalten. Sofern aber die Christenheit innerhalb dieser geschichtlichen Lebensformen das christliche Prinzip realisieren will, wird sie zum anderen darauf dringen, daß nicht spezifisch widerchristliche Elemente in diesen Gemeinschaften konstitutive Bedeutung gewinnen« (a.a.O. 78).

[63] Vgl. REINHOLD SEEBERG, Christentum und Idealismus. Gedanken über die Zukunft der Kirche und der Theologie, Berlin-Lichterfelde ²1921, sowie DERS., Die geistigen Strömungen im Zeitalter Wilhelms II. (in: DERS., Zum Verständnis der gegenwärtigen Krisis der europäischen Geisteskultur, Leipzig 1923, 1–55).

Eigenschaft beanspruchte er auch die Deutungshoheit über Stoeckers Denken, das er folgendermaßen charakterisierte, indem er es in seine eigene Terminologie übersetzte:

»Hinsichtlich des letzten Zieles kann ja kein Zweifel bestehen. Es war die mögliche Annäherung des Volkslebens an das Reich Gottes. Er sah zwei Mächte miteinander ringen, den Gehorsam gegen Gott sowie die freiwillige Unterwerfung unter Gottes Ordnungen in Kirche und Staat und auf der anderen Seite die egoistischen Freiheitsgelüste des Materialismus mit ihrem kraftlosen Egoismus, der zu Unglaube und Lieblosigkeit führt. Jene erste Macht bringt Seligkeit, Glück und Zufriedenheit, die andere führt zum Niedergang des Volkslebens, zum äußeren und inneren Bankrott, zum Verderben.«[64]

Dieses Zitat stammt aus Seebergs Gedenkrede auf Stoecker. Abgedruckt ist diese als Einleitung zu einem von Seeberg gestalteten Band mit Reden und Aufsätzen Stoeckers, der 1913 bei Deichert in Leipzig, also in Seebergs Hausverlag, erschien.[65]

Die Auswahl der Aufsätze hat zwei Schwerpunkte: Sie präsentiert einmal solche Arbeiten, in denen Stoecker selbst die Leitgesichtspunkte seiner vielfältigen Arbeit dargelegt hat, zum andern solche, die seine gesellschaftspolitischen Zielvorstellungen in Auseinandersetzung mit Sozialdemokratie und Liberalismus darlegen. Geht man lediglich nach den Titeln, dann handelt nur einer der Texte von der Judenfrage, ein an eine Buchbesprechung geknüpfter Rückblick auf die Anfänge der antisemitischen Bewegung in Berlin.[66] Aber das täuscht. Auch in anderen Texten kommt Stoecker massiv als Antisemit zu Wort. Das ist bemerkenswert, v.a. im Hinblick darauf, daß Seeberg den Kirchenpolitiker Stoecker in der Textauswahl völlig übergangen hat: Seeberg verfolgte kirchenpolitisch einen ganz anderen, eher integrativen Kurs, und er bejahte die im landesherrlichen Kirchenregiment institutionalisierte enge Verbindung von Kirche und Staat.[67] Seeberg hat also Stoeckers Kampf gegen das moderne Judentum, anders als dessen kirchenpolitische Zielvorstellungen, offenkundig zu den auch zukünftig maßgeblichen Aspekten seines Lebenswerks gezählt. Dazu steht es dann aber wieder in einem eigentümlichen Kontrast, daß

---

[64] REINHOLD SEEBERG, Adolf Stoecker als geschichtliche Persönlichkeit (in: RuA 1–26 [s. Anm. 17]), 15.
[65] S.o. Anm. 17.
[66] ADOLF STOECKER, Die Anfänge der antijüdischen Bewegung in Berlin (in: RuA 141–157 [s. Anm. 17]).
[67] Vgl. Seebergs sorgfältig abwägende Überlegungen zum Thema Trennung von Staat und Kirche in seinem Aufsatz *Die kirchlich-soziale Idee und die Aufgaben der Theologie in der Gegenwart* von 1907 (in: REINHOLD SEEBERG, Aus Religion und Geschichte. Bd. 2: Zur Systematischen Theologie, Leipzig 1909, 326–369). Es handelt sich hierbei überhaupt um einen höchst lesenswerten programmatischen Text, in dem sich Seeberg theologisch von seiner attraktivsten Seite präsentiert.

Seeberg diesen Aspekt in seinem Stoecker-Porträt, das den Band einleitet, nur an einer Stelle ganz kurz streift.[68]

Insgesamt legt dieser zwieschichtige Befund den folgenden Schluß nahe, der jedoch lediglich den Wert einer Vermutung beanspruchen kann: Seeberg hatte an Stoeckers Vorbehalten gegen das moderne Judentum nichts auszusetzen, aber er hat sich zunächst sorgfältig gehütet, sich mit Stoeckers lautstarker antisemitischer Agitation zu identifizieren. Diese vorsichtige, wohl auch ein bißchen elitär angewiderte Zurückhaltung gegenüber dem parteipolitischen Betrieb mit seinen Nötigungen zur populären, polemischen Phrase ist charakteristisch für den Typus des »Gelehrtenpolitikers«[69], wie er in Deutschland in den ersten anderthalb Jahrzehnten des 20. Jahrhunderts gedieh und seinen eindrucksvollsten Vertreter wohl in Adolf Harnack hatte.[70] Diese Männer hatten kraft ihrer akademischen und außerakademischen Ämter persönliche Beziehungen bis in die höchsten Kreise hinein – Harnack zum Kaiser, Seeberg zur Kaiserin![71] Und sie nutzten diese Kontakte gezielt zur politischen Einflußnahme. Diese Rolle erlegte diesen Männern ein gewisses Maß an Zurückhaltung in publizistischen Kontroversen auf, die ja damals mindestens solche Schlammschlachten waren wie heute. Gerade der Antisemitismus war für jemanden, der seine politischen Einflußmöglichkeiten in solchen höchst empfindlichen Netzwerken hatte und sie nicht über die Presse oder über die Parlaments- und Parteipolitik ausübte, ein höchst sensibles Thema, wie schon Stoecker hatte erfahren müssen: Seine in freier Rede hingeworfene Bemerkung, Bismarcks jüdischstämmiger Bankier Bleichröder möge sich doch bitte finanziell intensiver an karitativen Aktionen beteiligen – er habe schließlich mehr Geld als alle Pastoren zusammen –, hatte auf dessen Intervention beim Kaiser hin schon 1880 fast zu seiner Entlassung aus dem Hofpredigeramt geführt.[72]

---

[68] RuA 8 (s. Anm. 17).

[69] Vgl. CHRISTIAN NOTTMEIER, Adolf von Harnack und die deutsche Politik 1890–1930, Tübingen 2004, 139–143.

[70] Seeberg hat im Alter darüber reflektiert, daß und warum er nie den Schritt in die aktiv-gestaltende Politik getan hat. Wenn man seine entsprechenden Erwägungen (SEEBERG, Selbstbiographie [s. Anm. 50], 421 f.) liest, ist es schwer, der Vermutung zu widerstehen, daß er eigentlich nur darauf wartete, mit dem gebührenden Nachdruck gerufen zu werden. – Erich Seeberg hat mehrmals darauf hingewiesen, daß seinem Vater nicht das Maß an politischer Wirksamkeit beschieden gewesen sei, welches ihm zugekommen wäre, vgl. ERICH SEEBERG, Vorwort (in: REINHOLD SEEBERG, Christliche Ethik, Stuttgart 1936, V-VIII, VII); DERS., Professor und Organisator. Zur Biographie Adolf von Harnacks (Deutsches Volkstum 18, 1936, 678–684).

[71] Vgl. GRAF (s. Anm. 50), 640f., vgl. auch CHRISTIAN NOTTMEIER, Theologie und Politik in der ersten deutschen Demokratie: Adolf von Harnack und Reinhold Seeberg (in: DIETER DOWE [Hg.], Hans-Rosenberg-Gedächtnispreis 2006 der Heinrich-August- und-Dörte-Winkler-Stiftung, Bonn 2006, 19–57).

B) Zurück zu Seeberg. Für seine Stellung zur »Judenfrage« und zum Antisemitismus vor dem Ersten Weltkrieg ist der Befund in der ersten monographischen Version seiner theologischen Ethik (1911)[73] bezeichnend: Dort ist das ganze Thema – geht man lediglich nach dem lexikalischen Befund – völlig absent. Aber die Fehlanzeige ist nicht die ganze Wahrheit. Stoeckers einschlägige Aufsatzsammlungen werden in den knappen, mit Sorgfalt ausgesuchten Literaturangaben mehrfach aufgelistet. Und die gedanklichen Schemata, in denen Stoecker seinen Kampf gegen das ›moderne Judentum‹ geführt hatte, sind deutlich genug präsent. So würdigt Seeberg die naturwüchsigen Ordnungsstrukturen menschlichen Zusammenlebens, weil und sofern allein sie es sind, in welchen und mittels welcher das christliche Lebensideal geschichtlich wirksam zu werden vermag. Sie sind bedroht von »Perversionen«, diese

»zerstören ihre Organismen und machen sie daher allmählich unfähig zu Stützen des geschichtlichen Lebens und somit auch des Christentums zu dienen. Sofern aber das Christentum zum Zweck der geschichtlichen Durchdringung des Menschengeschlechtes mit seiner sittlichen Richtung dieser Gemeinschaften als Pflanzstätten geschichtlichen Lebens bedarf, wird die Christenheit derartige Verzerrungen und Zerstörungen des Gemeinschaftslebens bald wahrnehmen und sie scharf bekämpfen.«[74]

In anderem Zusammenhang konkretisiert Seeberg das:

»In diesem Sinne richtet sich etwa in unseren Tagen vielfach eine scharfe Kritik wider die kapitalistische Wirtschaftsordnung oder wider die geschichtsmaterialistischen Dogmen der Sozialdemokratie oder wider den Schmutz in Wort und Bild oder wider die Einseitigkeiten und Ungerechtigkeiten einer gewissen Presse.«[75]

Das sind nun, etwas anders drapiert, die stereotypen Feindbilder, die wir aus Stoeckers Agitation kennen, wobei Seeberg hier und auch sonst in seiner Materialismus-Kritik im Vergleich mit Stoecker die marxistische Sozialdemokratie deutlich hervorhebt und dessen Primärfeinde, das Zwillingspaar Liberalismus und Kapitalismus, schont. Am deutlichsten ist das bei dem Hinweis auf »eine gewisse Presse« – bei Stoecker heißt das »Judenpresse«, und genau dieselben Phänomenbestände meint wohl auch Seeberg, aber er formuliert eben anders, weil es ihm, anders als Stoecker, nicht um die Lufthoheit über den Stammtischen zu tun ist, sondern um Wirkungsmöglichkeiten in den ersten Kreisen, in denen eben auch die Rück-

---

[72] Vgl. FRANK (s. Anm. 6), 84–93.
[73] S.o. Anm. 62. – Vgl. zu diesem Sektor von Seebergs Lebenswerk die gründliche und materialreiche Untersuchung von STEFAN DIETZEL, Reinhold Seeberg als Ethiker des Sozialprotestantismus. Die »Christliche Ethik« im Kontext der Zeit, Göttingen 2013.
[74] SEEBERG, System (s. Anm. 62), 78.
[75] A.a.O. 120f.

sichtnahme auf mögliche Empfindlichkeiten von Pressezaren vor dem Ersten Weltkrieg zu den gesellschaftlichen Konventionen gehörte.

In der Vorkriegszeit hat sich Seeberg allerdings in einer Deutlichkeit, die man bei Stoecker vergeblich sucht, vom deterministischen Rassenantisemitismus abgesetzt, und zwar in einem ausführlichen, streckenweise – und das ist bei bei Seeberg sehr selten – humorvoll-ironischen Essay über Houston Stewart Chamberlain.[76] Für Seebergs Denken charakteristisch ist die folgende Bilanz seiner Kritik:

»Wir mußten Chamberlains Geschichtsbetrachtung ergänzen durch die Beobachtung der relativen Selbständigkeit des menschlichen Geistes über die Natur, der beherrschenden, belebenden und organisierenden Kraft, die der Geist in der Natur betätigt. Nehmen wir nun hinzu, daß, wie wir sahen, die Rassenbegabung keineswegs ein so sicherer und absoluter Faktor ist, wie Chamberlain annimmt, so ergibt sich uns doch ein wesentlich anderes Geschichtsbild, als das Chamberlains.«[77]

Anders als Harnack hat Seeberg schon während des Ersten Weltkriegs seine Bindung an die ungeschriebenen Gesetze der Gelehrtenpolitik gelockert. Als öffentlichkeitswirksamer Protagonist einer alldeutschen Annexionspolitik, bei der es ihm neben den belgischen Montan-Ressourcen v.a. um seine baltische Heimat ging, begab er sich in offene Opposition zur politischen Reichsleitung unter Bethmann-Hollweg und damit auf den Kampfplatz der Agitation. Diese einmal eingeübte Oppositionshaltung behielt er in der Nachkriegszeit bei. Er praktizierte sie jedoch insofern maßvoll, als er dort, wo er institutionell Verantwortung trug und Macht ausübte,[78] zumindest in seiner Rhetorik[79] um Versöhnung, Einheit und Bündelung der Kräfte warb – hier operierte er mit seinem Begriff des Idealismus, an dem er die Anknüpfungsmöglichkeiten für unterschiedliche

---

[76] REINHOLD SEEBERG, Geschichtsphilosophische Gedanken zu Chamberlains »Grundlagen des neunzehnten Jahrhunderts« (in: DERS., Religion II [s. Anm. 67], 1–33, bes. 17–25).

[77] A.a.O. 24.

[78] Seeberg war im Amtsjahr 1918/1919 Rektor der Berliner Universität, und anscheinend ist es ihm gelungen, die Institution sicher durch die Wirrsale der Krisenmonate zu führen. Der Althistoriker Eduard Meyer, sein Freund und Amtsnachfolger im Rektorat, hat ihm das jedenfalls in einer eindrucksvollen Widmungsvorrede bescheinigt: EDUARD MEYER, Ursprung und Anfänge des Christentums, Bd. 1: Die Evangelien, Stuttgart, Berlin 1921, Vf.

[79] Vier von ihm während seines Rektorats gehaltene Reden hat Seeberg in einer Broschüre alsbald publiziert (REINHOLD SEEBERG, Wir heißen Euch hoffen, Berlin 1919). In der Tat durchzieht der Aufruf zur Versöhnung und inneren Befriedung diese Reden wie ein cantus firmus. Dolchstoß-Rhetorik sucht man ganz vergeblich, wenngleich Seeberg nirgendwo seine eigenen nationalkonservativen politischen Positionen verleugnet. Gewidmet ist das Büchlein den namentlich genannten Mitgliedern des akademischen Senats »in bleibender Dankbarkeit für treue Mitarbeit« – unter ihnen auch Männern jüdischer Herkunft (Eduard Norden, James Goldschmidt).

weltanschauliche Optionen darlegte[80] und zugleich differenzierend das christliche Spezifikum zur Geltung brachte, nämlich das Wissen um die Allgewalt der Sünde, die eben mehr ist als ein bloßes Durchgangsstadium auf dem Wege des Geistes,[81] sondern der Erlösung bedarf.

Für seinen Kampf gegen den Materialismus schrieb Seeberg dem Idealismus aber auch die Aufgabe ins Stammbuch, sich »mit den Formen der modernen Naturerkenntnis und Beherrschung in positiven Zusammenhang zu setzen«[82] – mit dem Zweck, die naturwüchsigen Strukturen menschlichen Lebens zu bewahren und zu erhalten und, wo nötig, zu heilen. Seeberg hat hier schon vor dem Krieg sein Augenmerk auf das Volk gelenkt und frühzeitig die Entwicklungen ins Auge gefaßt, die wir heute zugleich technokratisch und verniedlichend als »demographischen Wandel« bezeichnen.[83] Anders als später Adenauer war er nicht der Meinung, daß die Leute sowieso Kinder kriegen, sondern forderte rechtliches Einschreiten gegen künstliche Geburtenkontrolle,[84] vor allem jedoch sozialpolitische Maßnahmen: Großzügige staatliche Förderung für Wohnungsbauprogramme, höhere Einkommen und bessere soziale Absicherung für Familien. Er ließ sich in diesem Zusammenhang auch auf die damals ja längst nicht nur in Deutschland geführten Eugenik-Debatten ein, in denen die Biologie als Leitwissenschaft wirkte. Aber gegen die Idee einer »Auf-

---

[80] SEEBERG, Christentum (s. Anm. 63), 24: »Idealismus ist die Weltanschauung, welche die Welt als einen Prozeß geistigen Lebens versteht, der getragen wird von der allwirksamen Macht des absoluten Geistes und der Geschichte oder objektive Größen schafft, die vermöge einer unmittelbaren schöpferischen Synthese den einzelnen Geistern Ideale und Ziele verleihen, damit diese ihr Denken und Streben samt der sie umgebenden Welt der physischen Möglichkeiten in freiem und frohem Schaffen unterwerfen. Wo ein solcher Sinn herrscht, da ist Verständnis für die Allmacht des Geistes, da erleuchten feste Ziele die verschlungenen Pfade des Lebens, da erfüllt Ehrfurcht vor den geschichtlich im Ringen der Geister gewordenen Lebensformen die Herzen, da ist der lebendige Wille am Werk in selbstloser Hingabe die Geschichte und mit ihr alle, die an ihr teil haben, an das Ziel eines geistigen Lebens zu führen.«

[81] A.a.O. 35: »Hier werden uns klar die letzten Motive des Kampfes der Kirche wider den praktischen Materialismus, denn sobald dieser zum ethischen Handeln übergehen will, offenbart er seine unsittliche Eigenart als Egoismus. Und wenn der Idealismus diesen nur als eine Stufe der Unreife beurteilt sehen will, die von selbst in der Entwicklung überwunden wird, so begreift man, wie mancherlei verborgene Pfade von ihm zum praktischen Materialismus hinüberlaufen können, aber auch daß eben deswegen zwischen Christentum und Idealismus eine Kluft befestigt ist, die zeitweilig unsichtbar werden kann, aber schließlich doch offenbar wird. Der Gegensatz von Augustin und Pelagius, von Luther und Erasmus hört nie auf.«

[82] A.a.O. 28.

[83] REINHOLD SEEBERG, Der Geburtenrückgang in Deutschland. Eine sozialethische Studie, Leipzig 1913.

[84] Dieser Vorschlag liest sich natürlich heute völlig bizarr. Seeberg formulierte ihn allerdings zu einer Zeit, in der die Umwälzung (nicht nur) der Sexualmoral, die wir in den letzten drei Menschenaltern erlebt haben, noch in unabsehbarer Zukunft lag!

nordung« des deutschen Volkes zog er sehr deutliche Grenzen: In solchen Projekten menschlicher Selbstoptimierung durch Zucht sah er eine Spielart des Materialismus und forderte Anerkennung für die geschichtlich unhintergehbare Tatsache, daß das deutsche Volk nun einmal nicht »rasserein« ist.[85]

Genau dasselbe Denkmuster waltet nun auch in Seebergs Stellungnahmen zum Antisemitismus, die, wenn ich denn recht sehe, erst in der Nachkriegszeit ihr Profil gewonnen haben.[86] Als Zeitdiagnostiker nimmt er wahr, daß der Antisemitismus in den Wirrsalen des Kriegsendes und der Nachkriegszeit nach einer Periode des Abflauens wieder stärker hervortritt, und zwar gerade unter jungen Leuten.[87] Das erfüllt ihn mit der Sorge, »daß unser armes Volk noch mehr zersplittert wird als es ohnehin schon ist«.[88] Nichtsdestotrotz: Die Integrationsaufgabe, die Seeberg hier indiziert, ist nur durch Exklusion lösbar, und so markiert er einen gewichtigen Teilkonsens mit den antisemitisch erregten Zeitgenossen: Es gelte den Kampf gegen den »jüdischen Geist«[89] als eine »dem Christentum wie dem Deutschtum feindseligen Richtung«[90] zu führen. Dieses Judentum ist internationalistisch orientiert und schwächt den deutschen Willen zur Selbstbehauptung, es ist maßgeblich an den Umsturzbewegungen des Kriegsendes und der Nachkriegszeit beteiligt, das von ihm beherrschte Segment der veröffentlichten Meinung zersetzt mit seiner Kritik die hergebrachten Ordnungen des Lebens einschließlich des kirchlichen Einflusses und versucht zugleich, jede Kritik am Judentum zu unterbinden. Auch hier sind die Stereotypen und Argumente, die Seeberg ins Feld führt, die von Stoecker her bekannten, wobei eben auch hier die Kapitalismus- und Liberalismuskritik auffällig zurücktritt: An ihre Stelle tritt der Hinweis darauf, daß das Judentum einen rein individualistischen Freiheitsbegriff

---

[85] Der Ertrag dieser Überlegungen ist niedergelegt in der letzten Fassung von SEEBERGS Ethik (s. Anm. 70), 263–266, bes. 263: »Die Spekulationen über das ›Blut‹ sind unfruchtbar; denn das maßgebende Motiv im Leben der Völker ist der geistige Wille, der keineswegs bloß durch die physische Art des Menschen bestimmt wird, wie wir schon hörten. Es beruht vielmehr auf persönlicher Begabung und auf der besonderen Geistigkeit, die aus den Einwirkungen der in der Geschichte des Volkes herausgebildeten Richtung hervorgeht.«
[86] Einschlägig ist vor allem REINHOLD SEEBERG, Antisemitismus, Judentum und Kirche. Nach einem Vortrag auf der November-Konferenz des Central-Ausschusses für Innere Mission, Berlin-Dahlem 1922. Im folgenden Jahr hat Seeberg diesen Text nochmals drucken lassen: DERS., Verständnis (s. Anm. 63), 100–133. Ich zitiere im Folgenden nach dem Erstdruck.
[87] SEEBERG, Antisemitismus (s. Anm. 86), 1f.
[88] A.a.O. 6.
[89] A.a.O. 7 u.ö.
[90] Ebd.

vertrete und somit die »Auflösung des geschichtlichen und nationalen Lebens der Völker«[91] befördere. All das ist zu betrachten im Zusammenhang mit der einmalig kontinuierlichen und konsistenten »rassenhaften Beschaffenheit des Judentums«, aufgrund derer »das Judentum ein Fremdkörper in den übrigen Nationen geblieben«[92] ist – auch und gerade in der Gestalt des ›modernen Juden‹: »Auch wenn er die religiöse Begründung, welche die Väter für ihre Sonderstellung anführen konnten, aufgegeben hat, fühlt er sich durch die von ihm in Anspruch genommene höhere Intelligenz und Geschicklichkeit erhaben über seine Umgebung«[93], und daraus folgt: »Das Gift, das der Jude anderen reicht, schadet ihm selbst nichts.«[94] – All das kann Seeberg mit ziemlich abenteuerlichen völkerpsychologischen Ausführungen, zu denen er ohnehin eine gewisse Neigung besaß, untermauern.[95] Aber all das ist nach Seeberg nur eine Seite des

---

[91] A.a.O. 19; ausführlich a.a.O. 15f.: »Es ist in der Sachlage tief begründet, daß das Judentum die historische Ueberlieferung der Völker und ihr nationales Selbstbewußtsein bekämpft. Soll für seine Anschauungen und seinen Einfluß Platz gewonnen werden, so müssen die entgegenstehenden geschichtlichen Traditionen als ›Vorurteile‹ geschleift werden, die ererbten, festen Urteile und Ordnungen als ›reaktionär‹ niedergerissen werden, denn sie stellen eine geschlossene Macht dar, die das Vordringen der Einflüsse des Judentums unwirksam macht oder doch beständig hemmt. So begreift man die jüdische Presse mit ihrer Meisterschaft, historisch Gewordenes lächerlich zu machen und Gemütswerte zu zerpflücken. Vor allem aber handelt es sich darum, daß den Menschen eingehämmert wird, daß alle Individuen einander gleich sein sollen an Wert und an politischem Einfluß, daß man die Welt verstandesmäßig beurteilen und danach das Leben einrichten solle. Die semitische Kritik an der Tradition und an dem geschichtlichen Erbe der Völker wird also positiv ergänzt durch das demokratische Evangelium von der Freiheit und Gleichheit oder dem Berufe aller den Staat zu regieren.« – Utiliter akzeptiert Seeberg natürlich Mommsens unglückselige Formulierung vom »Ferment der Dekomposition« (a.a.O. 7).
[92] A.a.O. 11. – Deutlich distanziert sich Seeberg hier, anders als dreißig Jahre zuvor, von der Rückführung jüdischer Eigenarten auf das harte Geschick des Volkes unter christlicher Herrschaft im Mittelalter – die negativen Diskriminierungen der Juden im Mittelalter seien durchgängig gar nicht so gravierend gewesen, wie oft behauptet werde, und sie seien doch wohl auch als Reaktionen auf schon zuvor gegebene jüdische Eigenarten zu deuten (vgl. a.a.O. 12).
[93] A.a.O. 13.
[94] A.a.O. 20.
[95] A.a.O. 13ff. Vgl. hierzu auch REINHOLD SEEBERG, Christentum und Germanentum, Leipzig 1914, sowie DERS., Lehrbuch der Dogmengeschichte, Bd. IV/1: Die Lehre Luthers, Leipzig $^{2/3}$1917, 51ff. Dort wägt Seeberg die kultur- und religionsgeschichtliche Bedeutung der Reformation gegeneinander ab und kommt zu folgendem Ergebnis: »Die Reformation besteht also in dem deutschen Verständnis des Christentums, sie faßt aber auch in sich ein neues vertieftes Verständnis des Evangeliums. Durch jenes wird sie zu einem Abschluß der mittelalterlichen Entwicklung, durch dieses eröffnet sie eine neue Epoche der Kirchengeschichte« (52). Seine Präzisierung – »Die Formel des germanischen Verständnisses des Christentums ist hier nicht als Werturteil gemeint, denn auch das Germanentum faßt Züge in sich, die an sich dem Evangelium widerstreben« (53) – klammert er dann ihrerseits nochmals durch eine relativierende Fußnote ein: »Wem aus

Problems, und wer sich an sie ausschließlich hält, der wird dessen Komplexität nicht gerecht. Ein schlichter empirischer Doppelbefund macht das deutlich, einmal: An den Auflösungs- und Niedergangsprozessen sind aktiv auch »zahllose Christen und Germanen [...] beteiligt«[96]:

»Das goldene Kalb wird von Millionen von Ariern angebetet, und die jüdische Kritik unserer bodenständigen Kultur und des aus unserem nationalen Bedarf hervorgegangenen Staates wird von diesen nachgebetet.«[97]

Hier bedient sich Seeberg also, wie ja auch Stoecker, der schon im Spätmittelalter gebräuchlichen rhetorischen Figur, bestimmte Denk- und Verhaltensweisen als ›jüdisch‹ abzuqualifizieren, um sie bei Deutschen bzw. Christen zu diskreditieren.

Im selben Atemzug kann Seeberg den Gedanken auch umdrehen. Die eigentlich schöpferischen Ideen in alledem stammen von Nichtjuden (Darwin, Haeckel), Juden prägen sie lediglich zu gängiger Münze aus. Es gilt auf jeden Fall:

»Es ist schließlich nicht Schuld der Juden, daß es ihnen niemals an dummen und charakterlosen Mitläufern und Jüngern anderen Stammes fehlt.«[98]

Ich fasse zusammen: Den Ungeist des Materialismus trägt und verbreitet das moderne Judentum längst nicht allein, sondern hier wirken Christen und Germanen kräftig mit. Und auf der anderen Seite gilt ganz entsprechend: Es gibt auch Juden, die von diesem Ungeist gar nicht angekrankt sind, ja, ihn nach Kräften bekämpfen, und zwar auch und gerade unter denen, die dem Glauben ihrer Väter die Treue halten:

»Wir erkennen auch gern an, daß obgleich diese ihrer Religion treuen Juden den Gegensatz zum Christentum besonders scharf empfinden, gerade sie es sind, die für das nationale Leben und Streben ihrer Wirtsvölker Verständnis haben und sich von dem Versuch, die Ideen dieser zu zersetzen, fernhalten.«[99]

Mehr noch: Seeberg sieht im jüdischen Volksteil

»eine große Zahl ernster sittlicher Persönlichkeiten [...], welche dem Vaterland nach besten Kräften dienen und weiter zu dienen willens sind, welche die nationale Not dieser Zeit innerlich mitempfinden und, um ihr zu steuern, mitzuhelfen jederzeit bereit sind. Nicht wenige unter ihnen sind wirklich vom Geist des deutschen Idealismus oder auch des Christentums überwunden und suchen den Anschluß an die nationale Bewegung und besitzen auch Geschick und Fähigkeit, sie durch manche Mittel zu fördern.«[100]

---

irgendwelchen Gründen die Kategorie ›germanisch‹ in diesem Zusammenhang nicht paßt, der setze ruhig dafür ›modern‹, ›neuzeitlich‹ oder derartiges ein« (53, Anm. 1). Hier hat also das Buhlen um allseitige Anschlußfähigkeit das Streben nach klarem Ausdruck völlig außer Kraft gesetzt.

[96] SEEBERG, Antisemitismus (s. Anm. 86), 19f.
[97] A.a.O. 20.
[98] Ebd.
[99] A.a.O. 18.

So ist also nach Seeberg das Judentum zu bekämpfen – weil und sofern es eine »geistige Tendenz« ist, nämlich

»die Auflösung des geschichtlichen und nationalen Lebens der Völker durch die Mittel des Rationalismus und des Materialismus oder durch die Zerstörung der objektiven Inhalte des geistigen Lebens.«[101]

Er konstatiert, daß in seiner Gegenwart, wenige Jahre nach Ende des Weltkriegs, unterschiedliche Strategien für diesen Kampf erwogen werden. Für einen gefährlichen Irrweg hält er dabei »die Entfesselung des Rassenkampfes wider das Judentum«[102] mit dem Ziel, jüdisches Leben aus Deutschland durch Vertreibung zu eliminieren. Es ist, soweit ich sehe, nur diese Stelle, an der Seeberg auf Luthers späte »Judenschriften« Bezug nimmt:

»Kein Geringerer als Luther hat zeitweilig, freilich nicht vom Boden der Rasse her, ähnliche Gedanken erwogen. Es war damals möglich, wenigstens an derartiges zu denken. Heute hat auch das keinen Sinn mehr. Man müßte einfach den Bolschewismus proklamieren, der Recht und Gesetz mit Füßen tritt, wenn man Staatsbürger aus ihren Wohnsitzen gewaltsam vertreiben, ihrer wohlerworbenen Rechte berauben und um ihre Habe bringen wollte.«[103]

Es ist deutlich: Für den Antisemitismus eines der besten Luther-Kenner seiner Zeit hatte der Rückbezug auf den Reformator keine nennenswerte Bedeutung.

Zurück zu Seeberg. Der wohlgezielte Schlag mit der damals noch nicht abgenutzten und somit wohl noch recht wirkungsvollen Bolschewismus-Keule ist charakteristisch für seine Kritik am radikalen Rassenantisemitismus: Er ist indiskutabel, weil er wider die Minimalnormen des Rechts und der Humanität verstößt. Dasselbe Argumentationsmuster kann Seeberg auch noch auf eine höhere Ebene transponieren. Der Rassenantisemitismus legt Menschen deterministisch auf ihre natürliche Abkunft fest und verweigert ihnen die Anerkennung als ethisch selbstbestimmungsfähiger Willenswesen:

»Zunächst beruht die ganze Rassentheorie auf dem materialistischen Irrtum, als wenn die physische Anlage über das Wesen des Menschen schlechtweg entscheidet und als wenn sie allen Einwirkungen des Geistes einen unüberwindlichen Widerstand entgegenstellte.«[104]

---

[100] A.a.O. 6.
[101] A.a.O. 19.
[102] A.a.O. 23.
[103] A.a.O. 25. In seiner umfänglichen Studie über »Luthers Stellung zu den sittlichen und sozialen Nöten seiner Zeit und ihre vorbildliche Bedeutung für die evangelische Kirche« (1901) in SEEBERG, Religion, Bd. 1 (s. Anm. 56), 247–276, wird die »Judenfrage« keiner Silbe gewürdigt; ebenso verhält es sich in dem knappen, aber gehaltvollen Abschnitt zu den Sozialwirkungen der lutherischen Reformation in DERS., Dogmengeschichte, Bd. IV/1 (s. Anm. 95), 272–277.
[104] SEEBERG, Antisemitismus (s. Anm. 86), 24.

Wir haben uns die kategorialen Grundlagen von Seebergs ethischem Denken so weit vergegenwärtigt, daß klar sein dürfte: Hier erteilt er die schärfste ihm zu Gebote stehende Absage. Und er geht sogar noch einen Schritt weiter und bezeichnet ein mögliches Wirksamwerden des Rassenantisemitismus als moralischen Zusammenbruch des deutschen Volkes:

»Wir würden über ihm selbst zu Materialisten werden, indem wir wider Geist Gewalt anwenden und eben dadurch würden wir uns vom Judentum nicht befreien, sondern die von ihm bei uns erweckte Art nur befestigen und weiter verbreiten.«[105]

Man mag über diese Attacke gegen den Rassenantisemitismus durch den Rückgriff auf antisemitische Stereotypen den Kopf schütteln, wird aber dennoch konstatieren können, daß Seeberg hier das nach dem Gesetz, unter dem er nun einmal angetreten war, ihm Mögliche gegen den Rassenantisemitismus getan hat.

Aber er ist dabei leider nicht stehen geblieben. Er hat gemeint, die eigentlich doch für sich stehende kategoriale ethische Argumentation mit dem Recht und mit der Menschenwürde von potentiellen Tätern und möglichen Opfern nun noch einmal mit einer Reihe von niederstufigen, an möglichen Negativfolgen orientierten hypothetischen Argumenten untermauern zu sollen. Deutschland sei viel zu schwach, um einen solchen Versuch zu unternehmen. Das internationale Judentum werde in Deutschland einen Bürgerkrieg verursachen, in den dann auch auswärtige Mächte eingriffen – die nächste politisch-militärische Katastrophe wäre absehbar, und nicht nur sie: Deutschland würde »mit dem Schandmal des Barbarentums für lange hinaus gezeichnet sein«. Und daraus folgt:

»Der Politiker darf sich nie an leeren Möglichkeiten berauschen, er muß die nüchterne Wirklichkeit und das Mögliche nur, sofern es Wirklichkeit werden kann, als Grundlage seiner Ueberlegung brauchen.«[106]

Seeberg war sicher nicht der erste, der auf diese Weise kategoriale und pragmatisch-utilitaristische Argumente miteinander verquickt hat, auch unsere Gegenwart bietet dafür tägliche Beispiele. Was bedeutet dieser Befund für Seeberg? Er zeigt zweierlei: Er hatte einem rassistisch-deterministischen Antisemitismus durchaus etwas entgegenzusetzen, und zwar Argumente, die nicht irgendwo zusammengeklaubt waren, sondern aus dem eisernen Grundbestand seiner theologischen und philosophischen Kategorien stammten. Er hat jedoch die argumentationsstrategische Durchschlagskraft dieser Argumente sofort wieder entwertet, indem er sie mit pragmatisch-utilitaristischen Nebengedanken scheinbar flankiert und amplifiziert, in Wahrheit jedoch empfindlich abgewertet hat.

---

[105] A.a.O. 25.
[106] Ebd.

Was mag ihn dazu motiviert haben? Nun, Seebergs eigentliche Stärken lagen wohl überhaupt vorwiegend auf dem dogmen- und theologiegeschichtlichen Gebiet; in seinen systematischen Arbeiten hingegen läßt sich durchweg eine gewisse Sorglosigkeit der prinzipientheoretischen Gedankenführungen beobachten[107]: Seeberg drängt gedanklich immer sehr schnell auf die Formulierung einprägsamer, praktisch brauchbarer Maximen und Devisen hin. Und diese Fixierung auf eine praktische Zweckorientierung scheint mir auch hier leitend zu sein: Die Absage an den Rassenantisemitismus wird durch die pragmatisch-utilitaristische Sekundärbegründung erweicht, um die Verständigungsmöglichkeit mit dessen Vertretern nicht abzuschneiden. Dieses Verfahren, an weit verbreitete Stimmungen und Ressentiments im weitestmöglichen Umfang positiv anzuknüpfen, um Einflußkanäle offenzuhalten und Unterstützungen zu sichern, erinnert an Stoecker, der ja in bemerkenswerter Klarheit und Offenheit laut nachgedacht hat über die Nötigungen, mit welchen die Aufgabe der Agitation, also der Gewinnung von möglichst vielen Unterstützern auf dem Markt der konkurrierenden Meinungen, belastet sei.

Diese relativ allgemeine Feststellung läßt sich noch weiter präzisieren: Es war ja in den 20er Jahren eine von Theologen und Kirchenleuten ganz unterschiedlicher politischer und theologischer Couleur immer wieder formulierte Mahnung, der kirchliche Protestantismus dürfe nun nicht auch noch die völkische Bewegung von sich stoßen, nachdem er durch eigenes Versagen den Einfluß auf die Arbeiterbewegung unwiderruflich verspielt habe.[108]

Als Deutschland sich dann ein Regime gab, das sich dem eliminatorischen Rassenantisemitismus verschrieb, da hatte Seeberg noch gut zwei Jahre zu leben. Er wurde in dieser ihm verbleibenden Lebenszeit zum Zeugen einer nationalen Revolution, in der er die Erfüllung seiner Erwartungen sah. Und er erlebte die Anfänge der allmählichen Entrechtung der jüdischen Minderheit in Deutschland – allerdings in einer Welt, in der

---

[107] Ein Seeberg weder theologisch noch politisch fernstehender Rezensent hat das in einer ebenso höflichen wie sachlich vernichtenden Besprechung des ersten Bandes von Seebergs Dogmatik mit einer Prägnanz zum Ausdruck gebracht, die bis heute nichts zu wünschen übrig läßt: PAUL ALTHAUS, Rez. Reinhold Seeberg, Christliche Dogmatik I (ThLZ 50, 1925, 433–439).

[108] Verwiesen sei außer auf Paul Althaus (vgl. GOTTHARD JASPER, Paul Althaus [1888–1966]. Professor, Prediger und Patriot in seiner Zeit, Göttingen 2013, 225) auch auf einen Zeitgenossen, der theologisch und politisch deutlich »links« von Seeberg stand, nämlich Harnacks Lieblingsschüler HEINRICH WEINEL: DERS., Art. Völkische Bewegung. II A. Völkische Religion und II B. Völkische Bewegung und Christentum (in: RGG² 5, 1517–1626). Charakteristisch ist auch Weinels Beitrag in LEOPOLD KLOTZ (Hg.), Die Kirche und das dritte Reich. Fragen und Forderungen deutscher Theologen, Bd. 1, Gotha 1932, 128–134.

nicht nur in den großen Kolonialreichen auf dem Boden Afrikas und Asiens, sondern auch in demokratischen Gemeinwesen wie den USA die bürgerlichen Rechte und die gesellschaftlich-politischen Partizipations- und Mitbestimmungsmöglichkeiten nach Rassenzugehörigkeit abgestuft waren.

Wie die erdrückende und im Rückblick bedrückende Mehrheit seiner evangelischen Zeitgenossen hat Seeberg die nationalsozialistische Rassenpolitik lediglich insofern als fragwürdig wahrgenommen, als sie getaufte Juden und deren Gliedschaftsrechte in den kirchlichen Korporationen betraf.

Die antijüdischen Maßnahmen seitens des NS-Staates, die Seeberg miterlebt hat, hat er bejaht, weil und sofern er in ihnen die Abwehr destruktiver gesellschaftlicher Einflüsse wahrzunehmen meinte, aber er machte seine antideterministischen, idealistischen Prämissen geltend: Niemand ist durch seine Rassenzugehörigkeit von Anfang an und unwiderruflich auf bestimmte Haltungen und Verhaltensweisen festgelegt! Und überhaupt gilt:

»Daß dabei in der Beurteilung der einzelnen Fälle, wenn tunlich, humane Rücksicht zu walten hat, bedarf keiner besonderen Erwähnung.«[109]

Hinsichtlich der eigentlichen innerkirchlichen Streitpunkte, die im ›Kirchenkampf‹ anstanden, kam Seeberg zu vermittelnden Schlüssen, die den bekenntniskirchlichen Optionen erheblich näher lagen als radikal deutschchristlichen: Ob ein jüdischstämmiger Christ als Pfarrer amtieren könne, sei letztlich allein der betroffenen Gemeinde zu überlassen. Die Sammlung jüdischstämmiger Christen in Sondergemeinden lehnte Seeberg rundheraus ab – mit der charakteristischen Begründung, daß sich die Kirche auf diese Weise als ganze der ihr in diesen Christen gestellten Erziehungs- und Bildungsaufgabe entzöge.

»Abschließend sei noch bemerkt, daß es kein Zeichen christlichen Geistes ist, wenn man die jüdische Rachsucht im Verhältnis zu Juden meint nachahmen zu sollen. Niemand tue so, als wenn Christus ihn ausgesandt habe, um seinen Kreuzestod zu rächen. Was die staatlichen Gesetze gebieten, soll ausgeführt werden, aber nicht in niederer Rachsucht, sondern im humanen Sinn unseres Volkes.«[110]

Was daraus dann wurde, ist bekannt.

---

[109] SEEBERG, Ethik (s. Anm. 70), 267.
[110] A.a.O. 267 f.

Der völkische Antisemitismus des späten 19. und des frühen 20. Jahrhunderts am Beispiel Paul de Lagardes

Notger Slenczka

Der ›völkische Antisemitismus‹ ist ein zutiefst unsympathisches, kulturgeschichtlich aber hochinteressantes Phänomen. Es gibt völkisches Gedankengut auch ohne einen prävalenten Antisemitismus – etwa bei dem unten zu erwähnenden Edgar Jung –, und es gibt umgekehrt auch antisemitische Positionen, die kein ›völkisches‹ Denken als weltanschauliches Fundament haben; schon von daher ist die hier leitende Frage nach den – religiösen, möglicherweise christlichen – Wurzeln dieses Antisemitismus nicht sinnlos.[1]

In den Blick kommen damit Positionen, die aus heutiger Perspektive höchst befremdlich wirken. Sie kommen im heutigen, gar durch Parteien repräsentierten Spektrum weltanschaulicher Optionen nicht mehr vor, nicht zuletzt darum, weil sie zu den Grundlagen des Nationalsozialismus gehörten. Man muß sich allerdings klar darüber sein, daß das ›völkische‹ Denken zu seiner Zeit, gerade in den 20er Jahren des 20. Jahrhunderts, eine Bewegung war, die die Brüche der Moderne zu deuten und zu bewältigen beanspruchte und nicht als Hort des Konservativen galt, sondern damals gerade unter den jüngeren Erwachsenen die größte Resonanz hatte. Aus heutiger Perspektive leuchten diese Positionen und die Texte inhaltlich nicht nur nicht ein, sondern verursachen an vielen Stellen schlicht physischen Brechreiz.[2] Ich notiere, daß ich im Folgenden vor der Aufgabe stehe, trotz des sich immer wieder einstellenden Widerwillens die dargestellten Positionen zu referieren. Ich werde diese Distanzierung im Folgenden nicht ständig wiederholen, sondern setze sie von nun an voraus, wenn ich versuche, der eigentümlichen internen Logik nachzuspüren, die diese Texte bzw. die in ihnen vertretene Position gehabt haben müssen. Es ist unumgänglich, dieser Logik und der Frage nach dem Sinn und Stellen-

---

[1] Literatur und ausgezeichneter Forschungsüberblick: Thomas Gräfe, Antisemitismus in Deutschland 1815–1918. Rezensionen – Forschungsüberblick – Bibliographie, Norderstedt 2010. Diese Bibliographie zur Antisemitismusforschung wird als Netzresource fortgeführt, Stand: Februar 2016: http://www.thomas-graefe-autorenseite.de/bibliographie-anti.pdf (zuletzt aufgerufen am 25.8.2016).

[2] Ich notiere hier überflüssigerweise, daß ich Sympathien für die dargestellten Positionen selbstverständlich weder im Blick auf ihren Antisemitismus noch für die völkische Weltanschauung im Allgemeinen hege – das darf ich für das Folgende als Generalanmerkung voraussetzen.

wert des Antisemitismus in diesen Texten nachzuspüren, denn diese Texte haben nicht nur Dummköpfe oder die Verlierer der Moderne angezogen, sondern durchaus Personen, deren intellektuelle Kapazität außer Frage steht.

Methodisch legt sich ein close reading nahe, damit die Konzentration auf eine Position – ich wähle Paul de Lagarde – und wenige seiner Texte; eine Verifikation der sich nahelegenden These an einem weiteren Feld von Vertretern eines völkischen Antisemitismus müssen dann spätere Arbeiten erbringen. Vor dieser Konzentration aber ein kurzer Blick auf das Feld, auf dessen Hintergrund sich die Position Lagardes profiliert.

1. Ein Überblick

1.1. Mit dem mir gestellten Thema ist die Kultur-, Mentalitäts- und Theologiegeschichte zwischen den 50er Jahren des 19. und den 20er Jahren des 20. Jahrhunderts aufgerufen.[3] Wollte man allerdings dem Phänomen des sogenannten ›völkischen‹ Denkens auch nur annähernd gerecht werden, dann müsste man den zeitlichen Bogen weiter spannen und die Vorgeschichte wichtiger Gedankenfiguren nachzeichnen: Herder und Fichte sowie die Debatten und die nationalromantische Dichtung der Zeit um die Befreiungskriege. Zweitens müsste die Ausbildung des Rassismus nachgezeichnet, insbesondere Gobineaus *Essay sur l'inégalité des races humaines*[4] analysiert werden, der in der Mitte der 50er Jahre erschien – das ein Beispiel für einen rassistischen Ansatz ohne antisemitische Züge; das ist zugleich die Zeit, in die Paul de Lagarde Vorformen der Texte datiert, die er nach der Reichsgründung zusammenstellte und unter dem Titel *Deutsche Schriften* veröffentlichte.

1.2. Der erste Höhepunkt der völkischen Bewegung liegt dann in den 70er und 80er Jahren, als Wilhelm Marr den Begriff ›Antisemitismus‹ als explizit nicht-religiöses, politisches Konzept prägte – wir sind in der Zeit der europäischen Deflationskrise der 70er und 80er Jahre nach dem Wiener Börsenkrach. Hier verbinden sich die antijüdischen Traditionen zu einem unheilvollen Gemisch: Wilhelm Marrs Kritik am Judentum ist Wandlungen ausgesetzt, an denen sich die unterschiedlichen Motive, die in den frühen Antisemitismus einfließen, identifizieren lassen.

---

[3] Vgl. nur: Uwe Puschner, Die völkische Bewegung im wilhelminischen Kaiserreich. Sprache – Rasse – Religion, Darmstadt 2001; Stefan Breuer, Die Völkischen in Deutschland, Darmstadt ²2010.

[4] Joseph Arthur de Gobineau, Essais sur l'inégalité des races humaines, 2 Bände, [1853/55] Paris 1940.

Völkischer Antisemitismus am Beispiel Paul de Lagardes 311

Marr kennzeichnet zunächst, in seinem 1862 erschienenen *Judenspiegel*[5], die Juden als Nation in der Nation und begründet seine Kritik am Judentum damit, daß es im Zuge der Emanzipation, d. h. der rechtlichen Gleichstellung, auf dem Bewusstsein der nationalen Differenz zur Umgebungskultur beharrt.[6] Die Emanzipation des Judentums solle sich so vollziehen, daß das Judentum seine Sonderstellung aufgibt und Gleichberechtigung durch vollständige Assimilation erlangt: Emanzipation der Juden vom Judentum nennt Marr dies, und betrachtet das Festhalten an einem Nationalbewusstsein als mit der politischen und juristischen Gleichberechtigung unvereinbar.[7] Marr ruft hier durchaus – im Gestus übler Denunziation – die im Alten Testament beschriebene Geschichte Israels auf, betrachtet aber das Judentum nicht als einheitliche Rasse, sondern als ›Rassengemisch‹, und er betrachtet die dem Judentum seiner Meinung nach zu Recht nachgesagten Eigentümlichkeiten nicht als biologisch begründet, sondern als kulturelle Erwerbe, die im Laufe einer Assimilationsgeschichte sich wieder verlieren können.[8] Diese Schrift steht für den frühen Antisemitismus, der bei Marr jedenfalls orientiert ist durch eine Kritik an der sog. Emanzipation und Gleichberechtigung des Judentums bei gleichzeitigem Festhalten an seiner Besonderheit. Die religiöse Begründung des Antisemitismus bezeichnet Marr ausdrücklich als sekundär;[9] es fehlt in diesem Beitrag aber auch völlig die später auffällige kapitalismuskritische Komponente seines Antisemitismus.

Auch in seiner wohl wirkungsreichsten antisemitischen Schrift, dem *Sieg des Judenthums über das Germanenthum*,[10] bezeichnet Marr seine Position explizit als nicht-konfessionell und betrachtet die Frage als ›sozial-politische‹ (im Unterschied zu einer religiösen) Frage[11] – er wendet sich strikt dagegen, die christlich-religiösen Stereotypien (Schuld an der Kreuzigung, Ritualmord-Vorwurf) gegen die Juden in Anschlag zu brin-

---

[5] WILHELM MARR, Der Judenspiegel, Hamburg 1862.
[6] A.a.O. 8f.
[7] A.a.O. 41f. Marr vertritt an diesem Punkt ebenso wie etwa Heinrich von Treitschke (und Paul de Lagarde, s.u.) die These, daß das Judentum eine Nation ist, die ihnen dadurch Anstoß bereitet, daß es das Festhalten an der nationalen Besonderheit mit dem Anspruch der vollen rechtlichen und sozialen Teilhabe, der sog. Emanzipation, verbindet (a.a.O. 34ff.). – Vgl. HEINRICH VON TREITSCHKE, Unsere Aussichten (in: Preußische Jahrbücher 44, 1879, 560–576, hier: 572–576; die Forderung der völligen Assimilation unbeschadet der Religionszugehörigkeit: 573, vgl. 575).
[8] MARR, Judenspiegel (s. Anm. 5), 34f.
[9] A.a.O. 36f; wer den Kontext liest, wird sehen, daß dies die Position nicht einen Deut anziehender macht.
[10] WILHELM MARR, Der Sieg des Judenthums über das Germanenthum vom nicht confessionellen Standpunkt aus betrachtet, Bern ⁸1879.
[11] A.a.O. 21.41 u.ö.

gen, die insbesondere der Theologe August Rohling wieder auf die Tagesordnung gesetzt hatte und die damals noch zu aufsehenerregenden Prozessen und Ausschreitungen führen konnten.[12] Wie im *Judenspiegel* stellt Marr das ›Judenthum‹ nicht dem Christentum, sondern dem ›Germanenthum‹ gegenüber[13] und verwendet zuweilen den Begriff der ›Rasse‹[14] bzw. spricht vom ›germanischen Geist‹ und bedient sich soweit der Antithetik, die für den späteren rassistischen Antisemitismus typisch ist; auch in dieser Veröffentlichung Marrs allerdings ist die rassetheoretische Grundlegung seiner Aversionen noch nicht eindeutig ausgearbeitet.[15] Ins Zentrum tritt vielmehr eine massive Kapitalismuskritik am angeblichen ›Wucher‹ und an dem, gemessen am Bevölkerungsanteil, angeblich überproportionalen Einfluß des Judentums auf die Öffentlichkeit. Diese Argumentationen, die hier wie in ähnlichen Veröffentlichungen anderer Autoren – etwa bei Stoecker – durch Statistiken gestützt werden, sind typisch für diese Zeit und dürften die Erfahrung der Wirtschaftskrise der ›Gründerzeit‹ reflektieren.

Marrs Diagnose in diesem Buch besteht darin, daß das ›Germanenthum‹ den Kampf gegen das ›Judenthum‹ bereits verloren habe – das ist dann die Basis für einen Folgeband mit Ratschlägen, wie das ›Germanenthum‹ den Kampf doch noch gewinnen kann.[16] Hier zeichnet Marr seine

---

[12] Zur Ablehnung durch Marr, a.a.O. 7f. Vgl. zum Hintergrund JOHANNES T. GROSS, Ritualmordbeschuldigungen gegen Juden im Deutschen Kaiserreich (1871–1914), Berlin 2002; vgl. die einflußreiche ›Verteidigung‹ des Ritualmordvorwurfs durch den katholischen Theologen AUGUST ROHLING: Der Talmudjude. Zur Beherzigung für Juden und Christen aller Stände, Münster 1871; dazu beispielsweise das Gutachten von Franz Delitzsch im Wiener Prozeß gegen Joseph Samuel Bloch: FRANZ DELITZSCH, Rohling's Talmudjude beleuchtet, Leipzig 1881. Rohling wird übrigens in Marrs dritter, unten in Anm. 16 genannter Schrift zitiert (10).
[13] Etwa MARR, Sieg (s. Anm. 10), 28–36.43f.
[14] ›Race‹ (z.B. a.a.O. 22). Die französische Schreibweise dürfte den Einfluß Gobineaus reflektieren.
[15] Er verwendet den Begriff ›Germanenthum‹ teilweise auch nicht als einen ›rassetheoretischen‹ Begriff, sondern als Nationenbegriff wie ›Rußland‹, ›Frankreich‹ oder ›England‹ (vgl. MARR, Sieg [s. Anm. 10], 29f.; vgl. DERS., Judenspiegel [s. Anm. 5]); im Unterschied zu späteren Rassismen hat er gegen ein Aufgehen ›französischer‹, ›slawischer‹ oder ›wendischer Elemente‹ im ›Germanenthum‹ nichts einzuwenden (MARR, Sieg [s. Anm. 10], 22). Die Terminologie ist bereits im *Judenspiegel* 1862 undeutlich – einerseits bestreitet er, daß es sich beim Judentum um eine einheitliche Rasse handle (MARR, Judenspiegel [s. Anm. 5], 41 ff.), andererseits geht er von einem ›rassischen‹ Gegensatz zwischen ›Germanentum‹ und ›Orientalismus‹ aus (a.a.O. 54), hält aber eben den Verzicht der Juden auf ihr Besonderheitsbewußtsein für möglich, das er wie eine Nationenzugehörigkeit betrachtet (a.a.O. 42f.57f.) – eine ›Selbstemanzipation des Judentums‹ (a.a.O. 42, vgl. 53f.55). Entsprechend votiert Marr (erstaunlich für einen rassistischen Antisemitismus) für eine ›Vermischung‹ mit den Deutschen: a.a.O. 42.54. Es geht Marr, wie beispielsweise auch Treitschke, um die umfassende Assimilation des Judentums.
[16] WILHELM MARR, Wählet keinen Juden! Der Weg zum Siege des Germanenthums

antisemitischen Affekte wieder in das Konzept eines ›christlichen Staates‹ ein,[17] in dem das Judentum ein Fremdkörper sei, der zu Übergriffigkeiten neige und durch die christlichen Wähler von politischen Einflußmöglichkeiten ferngehalten werden müsse. Auch die Bezugnahme auf das Alte Testament und rabbinische Quellen, die im *Sieg des Judenthums* deutlich zurücktraten, werden wieder aufgenommen und dienen nun der ›sozialkritischen‹ Absicht, die Marr inzwischen motiviert – alle Bezüge auf das Alte Testament belegen den angebliche Herrschaftswillen und das Interesse von Juden am Wucher und ›stützen‹ die leitende antikapitalistische Kritik an der ›Goldenen Internationale‹ und an der Wirtschaftsgesetzgebung der Gründerzeit.[18] Zugleich wird die rassistische Grundlage eindeutiger: Bezüge auf die angeblichen Rasseunterschiede werden als ›wissenschaftliche Grundlagen‹ bezeichnet; mehrfach bezieht sich Marr auf das ›Blut‹ als Grundlage der angeblichen Eigentümlichkeiten des Judentums.[19]

Man sieht am Beispiel Marrs das Schillernde des Antisemitismus und die Vielfalt der Motive, die sich mit ihm verbinden und durch deren Aufnahme jeweils zeitgenössische Anliegen bedient werden – ganz deutlich ist das in der scharfen Kapitalismuskritik, die durch die Gründerkrise[20] befeuert ist und die nicht nur Marr, sondern auch Carl Wilmann und Adolf Stoecker[21] bestimmen; auch die Verbindung zu rassetheoretischen Begründungsfiguren ist nicht unvermeidbar – Marr plädiert ausdrücklich für ein Verschmelzen des Judentums mit der ›germanischen‹ Leitkultur und war selbst mit einer Jüdin verheiratet, deren Vater sich vom Judentum ›losgesagt‹ hatte. Man sieht auch, daß Marr zwar klassische christlich-religiöse Stereotypien aufnimmt, gleichzeitig aber Wert darauf legt, daß die sogenannte ›Judenfrage‹ keine religiöse Frage ist – die Kritik an der ›nationalen

---

über das Judenthum. Ein Mahnwort an die Wähler nichtjüdischen Stammes aller Confessionen, Berlin 1879.

[17] A.a.O. 3 f.

[18] Zum Begriff ›Goldene Internationale‹: A.a.O. 7.18.45, bes. 35 f. Er ist als Parallelbildung zur schwarzen (Katholizismus) und zur roten (damalige Sozialdemokratie) Internationale übernommen von CARL WILMANN, Die goldene Internationale, Berlin ⁴1876, vgl. den Verweis in MARR, Wählet (s. Anm. 16), 38. Vgl. zu den Belegen aus dem AT etwa a.a.O. 6f. und 9 sowie 13 für die Herrschaftsansprüche bzw. für den Wucher.

[19] A.a.O. 13: »Die Regel steckt im Blut und die ›Eigenart‹ der Raçe hat Eure Gesetze [gemeint: die zuvor zitierten religiösen Gesetze] gemacht – wie es bei allen anderen Völkern ja auch der Fall ist.« – Im Original teilweise durch Sperrung oder Fettdruck hervorgehoben; vgl. a.a.O. 14.41.

[20] Vgl. die Anspielung a.a.O. 6.7.41.46.47. Vgl. zum Zusammenhang von Wirtschaftskrise und Antisemitismus: GERHARD HANLOSER, Krise und Antisemitismus. Eine Geschichte in drei Stationen von der Gründerzeit über die Weltwirtschaftskrise bis heute, Münster 2004.

[21] NOTGER SLENCZKA, Der Protestantismus und das Judentum (in: DERS., Der Tod Gottes und das Leben des Menschen, Göttingen 2003, 148–162, hier: 152–158).

Segregation‹ und, seit den 70er Jahren, die durch die Stereotypie des dem Judentum angelasteten Wuchers als antisemitisches Motiv wirkungsvolle Kapitalismuskritik sind die beiden Grundlagen des Antisemitismus bei Marr.

1.3. Den Übergang zu einer neuen religiösen Begründung des Antisemitismus markiert Houston Stewart Chamberlain, dessen *Grundlagen des 19. Jahrhunderts* 1899 erscheinen. Er bemüht sich, die seiner Meinung nach die Gegenwart im 19. Jahrhundert bestimmende Auseinandersetzung mit dem Judentum in einer Deutung der Gesamtgeschichte zu begründen. Dieser Text war ungeheuer wirkungsreich und ist der Auslöser für die eigentümliche Neigung zu einer ›geschichtsphilosophischen-religiösen‹ Grundlegung der völkisch-politischen Optionen, die in der Folge durch viele Nachahmer aufgenommen und weitertradiert wurde – zu nennen ist etwa Oswald Spengler.

Chamberlain findet die Grundlagen des 19. Jahrhunderts in einer Deutung der Geschichte, die sich um zwei entscheidende Daten gruppiert, nämlich die Geburt Jesu einerseits, und das Jahr 1200 andererseits. Als Vorgeschichte der Geburt Jesu entwirft er eine Geschichte Griechenlands als Geschichte der Entwicklung der hellenischen Kunst und Philosophie einerseits und eine Geschichte des Römischen Reiches als Entfaltung der römischen Idee des Rechts andererseits; darauf folgt unter dem Titel der ›Religion‹ die Deutung Jesu als Manifestation einer neuen religiösen Idee.

Den Schlüssel der dann folgenden Weltgeschichte bietet das Gegeneinander zweier Rassen; diese beiden Rassen – Germanen und Juden – und deren Charakteristika werden zunächst dargestellt, bevor Chamberlain dann die Geschichte als Auseinandersetzung zwischen beiden Rassen auf dem Gebiet der Religion einerseits, des Staates andererseits nachzeichnet. Das Jahr 1200 eröffnet dabei für Chamberlain das Jahrhundert, in dem der Germane beginnt, kulturschaffend zu werden – die gesamte abendländische Kultur seitdem stellt Chamberlain als die Ausbildung des germanischen Charakters in Auseinandersetzung mit seinem jüdischen Gegenspieler dar und geht dafür die Lebensgebiete – Entdeckungen, die Wissenschaft, Industrie und Wirtschaft etc. pp. – der Reihe nach durch und kommt zum Schluß zur Religion.

Ich spare mir alle angesichts der unglaublichen, sich spreizenden Viertelbildung eigentlich notwendigen kritischen Bemerkungen und konzentriere mich auf einen weiterführenden Punkt, nämlich die eigentümliche Geschichtshermeneutik; die Idee des Ganzen ist offensichtlich diese: Die Geschichte wird gefasst als Entfaltung von Widersprüchen, die erst vermischt erscheinen und sich dann langsam auseinandersetzen; ich nehme als ein Beispiel die Beschreibung der Entwicklung auf dem Gebiet der Religion, in der die beiden bestimmenden Mächte der Geschichte – Jesus Christus und das Germanentum – zusammentreffen und der Gegensatz zum Judentum nach Chamberlain maximal ist:

»In Jesus Christus hatte das absolute religiöse Genie die Welt betreten: Keiner war so geschaffen, diese göttliche Stimme zu vernehmen, wie der Germane [...] Und trotzdem schwindet das Evangelium bald und verstummt die große Stimme; denn die Kinder des Chaos wollen von dem blutigen stellvertretenden Opfer nicht lassen [...] und das alles [...] ist nunmehr die ›Religion‹ der Germanen! Selbst die Reformation wirft sie nicht ab und gerät dadurch in einen unlösbaren Widerspruch mit sich selber [...] In dem Mangel einer wahrhaftigen, unserer eigenen Art entsprossenen und entsprechenden Religion erblicke ich die größte Gefahr für die Zukunft des Germanen [...] wer ihn dort trifft, wird ihn fällen.«[22]

Es kommt jetzt nicht auf die Geschmacklosigkeit der Beschreibung an, sondern darauf, daß Chamberlain in ähnlicher Weise die religiöse Selbstwidersprüchlichkeit des Paulus und des Augustin, ja auch noch Luthers beschreibt, die seiner Meinung nach veräußerlichende Rationalisierungen der Religion einerseits (die natürlich auf jüdischen Einfluß zurückgehen) mit einer Einsicht in das innerliche Wesen der Religion, das Chamberlain in dem Wort »Das Reich Gottes ist mitten in Euch« ausgesprochen sieht,[23] andererseits verbinden. Chamberlain identifiziert solche angeblichen Selbstwidersprüchlichkeiten auf allen Gebieten der Kulturentwicklung, beansprucht auf diese Weise die bestimmenden antagonistischen Kräfte der Geschichte zu fassen und die Notwendigkeit einer Befreiung der Gegenwart von diesem Selbstwiderspruch durch Ausscheiden der ›jüdischen‹ Einflüsse als Aufgabe der Gegenwart (um deren ›Grundlagen‹ es geht) zu plausibilisieren.

Dadurch wird der Gegensatz gegen das Judentum, den Chamberlain seinen Zeitgenossen aufreden will, als das Grundgesetz der Geschichte gefasst und religiös aufgeladen, ohne den Antisemitismus an spezifische christliche Überzeugungen zu knüpfen, deren persuasivem Potential Chamberlain offenbar nicht traut: daß ›der Germane‹ die traditionelle Religion als nicht mehr überzeugend betrachtet, setzt Chamberlain im gerade gebotenen Zitat voraus.

Damit ist an diesem Punkt deutlich, daß diese Neubegründung der religiösen Grundlage der Judenfeindschaft zwar Antithesen des religiösen Antijudaismus aufnimmt – die Kritik an der angeblichen Äußerlichkeit und Materialität des Judentums ist durchaus ein Wiedergänger der christ-

---

[22] HOUSTON STEWART CHAMBERLAIN, Die Grundlagen des XIX. Jahrhunderts, Berlin [7]1906 (zwei durchlaufend paginierte Teilbände), 892f.
[23] A.a.O. 674, vgl. 238.

lichen, gerade reformatorischen Kritik an der ›Gesetzlichkeit‹ des jüdischen Gottesverhältnisses. Deutlich ist aber auch, daß das traditionelle Christentum und seine Ablehnung des Judentums weder für Marr noch bei Chamberlain als Fundament der Aversionen in Frage kommt, die beide entfachen wollen.

Insofern nimmt der moderne Antisemitismus zwar christlich geprägte Stereotypien auf, ist aber selbst gerade in den an das Christentum angelehnten religiösen Neubildungen eher ein Indiz für den Schwund der Überzeugungskraft des Christentums.

1.4. Um diese Zeit nimmt auch der explizit deutschgläubige Zweig der völkischen Bewegung seinen Anfang mit Theodor Fritsch und seinem widerlichen, 1887 erstmals (pseudonym) erschienenen *Antisemiten-Katechismus*; über die Avancen Fritschs, die darauf zielten, Nietzsche für den organisierten Antisemitismus zu gewinnen, hat dieser sich angeekelt geäußert.[24] Es wären dann die völkischen Parteien und Sammlungsbewegungen dieser Zeit und ihre propagandistischen Organe zu nennen – nicht nur Stoeckers Christlich-soziale Partei, Fritschs deutschreligiöser ›Reichshammer Bund‹ (1911), der den Leserkreis der Zeitschrift ›Der Hammer‹ politisch zu organisieren suchte; sodann auch die von Marr ins Leben gerufene ›Antisemiten-Liga‹[25], insbesondere aber auch die ›Alldeutschen‹[26], deren zunehmende Radikalisierung vor und nach dem Weltkrieg nachzuzeichnen wäre. Zu erinnern wären die Vertreter der sogenannten ›konservativen Revolution‹ vor und nach dem Krieg: Julius Langbehn[27], Moeller van den Bruck[28], Edgar Jung[29], die wie etwa auch Oswald Spengler den

---

[24] THEODOR FRITSCH, Antisemiten-Katechismus, Leipzig (1887) [25]1893; seit 1907 unter dem Titel *Handbuch zur Judenfrage*. THOMAS MITTMANN, Vom ›Günstling‹ zum ›Urfeind‹ der Juden. Die antisemitische Nietzsche-Rezeption in Deutschland bis zum Ende des Nationalsozialismus, Würzburg 2007.
[25] Statuten der Antisemiten-Liga, Berlin [1879].
[26] RAINER HERING, Konstruierte Nation. Der Alldeutsche Verband 1890 bis 1939, Hamburg 2003; PETER WALKENHORST, Nation – Volk – Rasse. Radikaler Nationalismus im Deutschen Kaiserreich 1890–1914, Göttingen 2007.
[27] JULIUS LANGBEHN, Rembrandt als Erzieher. Von einem Deutschen, Leipzig (1890) 1925.
[28] ARTHUR MOELLER VAN DEN BRUCK, Das dritte Reich, hg. v. Hans Schwarz, Hamburg (1923) 1931. Zum Gesamtkomplex nach wie vor hervorragend: FRITZ STERN, Kulturpessimismus als politische Gefahr (zu de Lagarde, Langbehn und Moeller van den Bruck) [The Politics of Cultural Despair, 1961], München 1986; KURT SONTHEIMER, Antidemokratisches Denken in der Weimarer Republik, München ³1978.
[29] EDGAR JUNG, Die Herrschaft der Minderwertigen. Ihr Zerfall und ihre Ablösung, Berlin 1927. Edgar Jung war Berater Franz von Papens, hatte maßgeblich dessen Marburger Rede von 1934 verfaßt und wurde 1934 im Zuge der sog. Niederschlagung des ›Röhm-Putsches‹ ermordet. Edgar Jung ist einer der Vertreter einer völkischen Ideologie ohne Zustimmung zum Antisemitismus – vgl. a.a.O. 48–53.

Ausgang des Weltkrieges verarbeiten; bei ihnen spielt die antisemitische Motivik zunächst eine eher untergeordnete Rolle – man kann etwa im Vergleich der Auflagen des *Rembrandtdeutschen* von Julius Langbehn beobachten, wie die antisemitische Motivik vom Rand in das Zentrum seines Denkens rückt.

1.5. Daneben wären die religiösen völkischen Antisemiten im Vorfeld und während des Dritten Reiches zu berücksichtigen, in denen sich die neureligiösen Anstöße Chamberlains und Fritschs fortsetzen – angefangen vom Übergangsfeld der radikalisierten Thüringer Deutschen Christen zu den ›Deutschgläubigen‹: Siegfried Leffler[30]; sodann das Feld der in unterschiedlichem Grad christlich-religiöse Motive aufnehmenden neureligiösen Deutschgläubigen – ich nenne nur den Mitbegründer der ›Deutschreligion‹, Ernst Bergmann[31], oder – spätestens damit kommen die gänzlich unerträglichen Brechreiz-Verursacher in den Blick: – Mathilde Ludendorff[32], der ›Tannenbergbund‹, die ›Geistkirche‹ Artur Dinters und seine schmierige Romantrilogie.[33]

1.6. Dies ist eine nur durch wenige Nadeln markierte Karte dessen, was hier eigentlich zu beschreiben wäre – Irrealis: Ich werde mich auf die Zeit der Entstehung des völkischen Antisemitismus in den 70er Jahren des 19. Jahrhunderts konzentrieren, und hier nur auf eine einzige Position, nämlich diejenige Paul de Lagardes, und diese einem close reading unterziehen. Lagarde war nicht nur ein glänzender Altorientalist und Begründer der modernen Septuagintaforschung, sondern er versuchte auch mit Reden und Aufsätzen in die politische Selbstverständigung seiner Gegenwart einzugreifen; diese Texte stellte er Ende der 70er Jahre in den zwei Bänden seiner *Deutschen Schriften*[34] zusammen, die eine nicht zu unterschätzende

---

[30] SIEGFRIED LEFFLER, Christus im Dritten Reich der Deutschen, Weimar o. J. [1935]. Dazu: KURT MEIER, Die Deutschen Christen. Das Bild einer Bewegung im Kirchenkampf des Dritten Reiches, Göttingen 1964; NOTGER SLENCZKA, Theologie im Kontext der ›Deutschen Freiheitsbewegung‹ (in: Kirchliche Zeitgeschichte 8, 1995, 259–299).
[31] ERNST BERGMANN, Die Deutsche Nationalkirche, Breslau 1933; DERS., Deutsch-Gottes-Lehre, Breslau 1934; DERS., Die natürliche Geistlehre. System einer deutschnordischen Weltsinndeutung, Stuttgart 1937.
[32] MATHILDE LUDENDORFF, Erlösung von Jesu Christo, München 1931 (erw. Auflage ebd. 1933); DIES., Triumph des Unsterblichkeitswillens, München 1933; DIES., Aus der Gotterkenntnis meiner Werke, München 1937; DIES., Für Feierstunden, München 1937. Dazu: ANNIKA SPILKER, Geschlecht, Religion und völkischer Nationalismus, Frankfurt 2013.
[33] ARTUR DINTER, Die Sünde wider das Blut, Leipzig (1917) 1920; DERS., Die Sünde wider den Geist, Leipzig 1921; DERS., Die Sünde wider die Liebe, Leipzig 1928. Ich bin wahrscheinlich der einzige Mensch, der diese Trilogie der Sünde vollständig gelesen hat.
[34] PAUL DE LAGARDE, Deutsche Schriften, Göttingen 1878; hier verwendet: ⁴1903. – Seitenverweise im Text beziehen sich im Folgenden auf diese Ausgabe. In den Anmer-

Wirkung in der sog. völkischen Bewegung hatten. Seine Irrtümer, etwa sein Antisemitismus, sein Programm einer Ostkolonisation[35] und seine Pläne einer Umsiedlung der Juden – nach Palästina[36], aber auch nach Madagaskar – ließen Houston Stewart Chamberlain, Alfred Rosenberg (der den ›Madagaskar-Plan‹ wieder zum Leben erweckte) und Adolf Hitler zu seinen Lesern und Bewunderern werden.[37] Das Niveau seiner Zeitdiagnose aber und seiner Beschreibung der Situation des Christentums in der Moderne hat allerdings auch gänzlich unverdächtige Personen wie Ernst Troeltsch in das Verhältnis eines vorsichtigen Interesses zu Lagarde gebracht.[38] Lagarde ist aber nicht nur wegen dieser Wirkungsgeschichte im Kontext der Frage nach den Ursprüngen des Antisemitismus interessant, sondern um dessentwillen, was sich in ihm manifestiert: eine explizit kirchen- und christentumskritische Position auf der Suche nach einer nationalreligiösen Alternative, die das konfessionelle Christentum beerbt[39] – ich stelle zunächst diesen Hintergrund dar; und auf diesem Hintergrund einer nationalreligiösen Gotteserfahrung haben die Antisemitismen einerseits unbestreitbar religiöse Wurzeln,[40] andererseits eine Funktion.

2. Lagardes religionspolitisches Programm

2.1. Das Ende des konfessionellen Christentums

Lagarde selbst bezeichnete seine *Deutschen Schriften* in Anspielung auf Spinoza als ›theologisch-politische Traktate‹ (3), und das ist ein erstes

---

kungen gebe ich jeweils den Traktat an, auf den sich die folgenden Seitenzahlen im Text beziehen.

[35] Etwa: PAUL DE LAGARDE, Über die gegenwärtige Lage des Deutschen Reiches (in: DERS., Deutsche Schriften [s. Anm. 34], 98–167, hier: 108–114). Vgl. DERS., Über die gegenwärtigen Aufgaben der deutschen Politik (in: DERS., Deutsche Schriften [s. Anm. 34], 17–36, hier: 25–28).

[36] LAGARDE, Deutsche Schriften (s. Anm. 34), 34.

[37] Zum ›Madagaskar-Plan‹: MAGNUS BRECHTKEN, Madagaskar für die Juden. Antisemitische Idee und politische Praxis 1885–1945, Berlin 1998, 16–18.

[38] ERNST TROELTSCH hat den zweiten Band seiner Gesammelten Schriften (Tübingen 1922) Lagarde gewidmet, freilich im Vorwort (a.a.O. 4) sich u.a. vom Antisemitismus und der Haltung Lagardes zu Luther und Paulus distanziert. Vgl. HANS-GEORG DRESCHER, Ernst Troeltsch und Paul de Lagarde (in: Mitteilungen der Ernst-Troeltsch-Gesellschaft 3, 1984, 95–115).

[39] ULRICH SIEG, Deutschlands Prophet. Paul de Lagarde und die Ursprünge des modernen Antisemitismus, München 2007.

[40] Ich sehe mich nicht vor der Aufgabe, unter der Frage nach den Wurzeln des Antisemitismus Apologetik des Christentums zu betreiben, sondern den differenzierten Zusammenhang von Christentumskritik, religiöser Neubegründung und religiös gefärbtem Antisemitismus bei Lagarde nachzuzeichnen.

Hauptanliegen dieser Schriften: Die Neubestimmung des Verhältnisses des Staates zu den etablierten Staatskirchen. Es geht bei ihm nun aber nicht, wie bei Spinoza, darum, den Staat als Garanten einer universalen Vernunftreligion bei weitestgehender individueller Meinungsfreiheit zu etablieren, sondern es geht Lagarde darum, den Staat dazu anzuhalten, die Voraussetzungen für eine spezifisch deutsche religiöse Grundlage eines künftigen Staates herzustellen; um genau dies, das Heraustreten einer spezifisch deutschen Religion, zu gewährleisten, sollte der Staat alle rechtlichen Privilegierungen der etablierten konfessionellen Kirchen beenden.

Ich setze mit einem Zitat ein:

»Hier bin ich an dem Punkte angelangt, wo ausgesprochen werden kann und muß, was die Theologie sein soll: die Pfadfinderin der deutschen Religion.«[41]

Dieser Satz faßt sein Programm für die Neubestimmung der Aufgabe der theologischen Fakultäten zusammen, die seiner Meinung nach als deskriptiv-religionswissenschaftliche Fakultäten gestaltet werden und die Aufgabe haben sollten, in der Beschreibung der historischen Religionen das Wesen der Religion in der Vielfalt ihrer geschichtlichen Erscheinungen zu erheben.[42] Diese Aufgabenbestimmung hat zugleich eine kritische Funktion gegenüber der seinerzeitgenössischen Gestalt der konfessionellen theologischen Fakultäten; diese Kritik ist in einer massiven Kritik an der zeitgenössischen Verfassung des konfessionellen Christentums insgesamt begründet, das nach Lagarde auf rechtliche Privilegierung durch den Staat keinen Anspruch erheben kann (63 ff.). Lagarde steht dabei vor folgender Diagnose, deren Grundzüge sich bereits bei Schleiermacher finden: Das Christentum hat seinen Charakter als Religion verloren (64). Es hat sich, so Lagarde, mit den Überzeugungen eines vergangenen Weltbildes und mit historischen Fundamenten verbunden, die sich aufzulösen beginnen; das zeigt sich nach Lagarde daran, daß es unfähig ist zur Integration des kritischen Potentials, das die Naturwissenschaften einerseits und die historische Forschung andererseits darstellen und sich an dem Wahrheitsanspruch reibt, den diese erheben und die die Zeitgenossen teilen (40–49.58):

»Katholiken, Protestanten, Juden [zu] zwingen[,] wissenschaftliche Vorlesungen über Theologie zu hören, heißt ihnen erklären, daß man sie zwingen will, ihren religiösen Standpunkt aufzugeben. Zwischen Wissenschaft und jeder historisch gewordenen religiösen Gemeinschaft ist ein Abgrund« (68 f.).

Die Religionen der Gegenwart – das zielt eben nicht nur auf das Judentum, sondern auch auf die christlichen Konfessionskirchen – haben ihr

---

[41] PAUL DE LAGARDE, Über das Verhältnis des deutschen Staates zu Theologie, Kirche und Religion [1873] (in: DERS., Deutsche Schriften [s. Anm. 34], 37–76, hier: 67).
[42] Vgl. a.a.O. 67 f.

religiöses Zentrum verloren, weil sie, so Lagarde, »historische Ereignisse in wesentliche Beziehung zur Frömmigkeit« (69) gesetzt haben. Dies sei, so sagt er nun in der Tat, typisch für das Judentum (61f.; vgl. 231) – warum, werden wir noch sehen. Der entscheidende Punkt dabei ist, daß die an historische Ereignisse und dogmatische Vorstellungen eines vergehenden Weltbildes gebundene Religion aufhört, eine gegenwartsbestimmende Macht zu sein:

»Der ewige Menschengeist wird von einmal Geschehenem nicht befriedigt. Es ist nicht Religion, sondern Sentimentalität, sich in Gewesenes zu versenken, und das Bewusstsein von dem immanenten Leben ewiger Gewalten in der Zeit schwindet in dem Maße, in welchem die von Jahre zu Jahre schwächer werdende Erinnerung an uralte, sich nicht erneuernde Thatsachen als Religion angepriesen wird. Daher ist uns die Religion ein Meinen, ein Dafürhalten [...] statt ein Leben zu sein [...] wir brauchen die Gegenwart Gottes und des Göttlichen, nicht seine Vergangenheit, und [...] darum kann vom Christenthume für uns nicht mehr die Rede sein« (62).

Das Bleibende an der Religion manifestiert sich in ihrer die Gegenwart ergreifenden Kraft, die das Christentum in seiner amtlichen Gestalt verloren hat; und Lagarde wendet sich damit nicht einfach gegen den römischen Katholizismus bzw. den ›Jesuitismus‹, sondern bereits gegen den Anspruch der Reformation und insbesondere der Altprotestantischen Orthodoxie, das ursprüngliche Christentum wiederherzustellen (44f.); und er wendet sich gegen den bei Luther, in der Altprotestantischen Orthodoxie und bei den konservativen Lutheranern seiner Zeit von ihm diagnostizierten Versuch, den religiösen Impuls des Evangeliums unter Wahrung des statuarischen Dogmas und der Autorität der biblischen Schriften wiederzugewinnen.[43] Diesem angeblichen Verlust der Religion zugunsten von historischen und dogmatischen Überzeugungen, die der neuzeitlichen Wissenschaft nicht mehr standhalten, oder der Orientierung an historischen Ereignissen oder Zuständen der jeweiligen Religion tritt Lagarde nun nicht mit einem reformatorischen Programm entgegen;[44] er wendet sich ausdrücklich gegen das Programm einer Repristinierung im Stile Johann Arndts, Franckes und Speners, die nach seiner Deutung nur versuchten, »Leben in diese dürren Gebeine zu bringen« und sich nicht damit abfinden wollten, »daß das amtlich anerkannte Leben der protestantischen Kirche nichts als galvanisierter Tod war« (47). Lagarde geht es nicht um

---

[43] A.a.O. 44–47; vgl. die gleichlaufende Kritik in: PAUL DE LAGARDE, Lage (s. Anm. 35), 128–143.
[44] Vgl. die Kritik am Verständnis der Reformation als Repristination vergangener normativer Zustände: PAUL DE LAGARDE, Deutsche Schriften (s. Anm. 34), 232f.; nach Lagarde ist die Reformation ein Neubau, in dem die germanischen Völker ihre von der römischen Kirche niedergehaltene religiöse Kraft zu einer religiös-nationalen Neubildung nutzen.

eine Repristinierung, sondern um eine Neubegründung des Christentums in seiner Gegenwart.

Hier formuliert sich nach meinem Eindruck ein Grundproblem, das die deutschreligiösen Positionen von Lagarde über Chamberlain, Fritsch, die Kriegstheologen unterschiedlicher Couleur und dann die religiöse Begeisterung für den Nationalsozialismus motiviert und bestimmt: Der Eindruck, daß im offiziellen, anstaltlichen, konfessionellen Christentum die Erwartungen und Erlebnisqualitäten, die an das Wort ›Gott‹ geheftet sind, nicht mehr eingelöst werden,[45] und daß sich die Religion mit der Vergangenheit und nicht mehr nachvollziehbaren Überzeugungen und Praktiken assoziiert hat, die dem Herrschaftswillen einer Priesterhierarchie dienen (60 oben).

2.2. ›Völkische Religion‹

Lagarde verbindet nun diese Frage nach der Gegenwart des Gotteserlebnisses, das den Namen ›Religion‹ verdient, durchaus mit dem Stichwort des Evangeliums und mit der Person Jesu von Nazareth – und das ist nun in einem zweiten Schritt zu erläutern.

Lagarde lehnt zwar die rechtliche Privilegierung der konfessionellen Kirchen ab, hält aber dafür, daß der Staat zur Nationenbildung einer religiösen Grundlage bedarf. Denn Nationen sind, so Lagarde, von der göttlichen Vorsehung geschaffen und mit einem Lebenszweck ausgestattet, der erfasst und realisiert werden muß:

»Daß [...] jeder Nation eine nationale Religion nothwendig ist, ergibt sich aus folgender Erwägung: [...] Nationen [sind] göttlicher Einsetzung [...] ihr Schöpfer [hat] mit ihrer Erschaffung einen Zweck verbunden, und dieser Zweck ist ihr Lebensprincip [...] Immer von neuem die Mission seiner Nation erkennen, heißt sie in den Brunnen tauchen, der ewige Jugend gibt: immer dieser Mission dienen, heißt höhere Zwecke erwerben, und mit ihnen höheres Leben« (66; vgl. 235).

Mit diesem Gedanken, der selbstverständlich zu Herder, zu Fichtes Reden an die deutsche Nation[46] und zur nationalen Romantik der Befreiungskriege zurückverfolgt werden könnte und der im Kontext der späteren religiösen Deutung des Nationalsozialismus in der Volksnomoslehre Wilhelm Stapels aufgenommen wurde,[47] wird eine gewisse Logik in diesem Denken erkennbar: Diese individuelle Bestimmung jeder Nation, einen spezifischen und unverwechselbaren Beitrag zum allen Nationen gemein-

---

[45] Dazu SLENCZKA, Theologie (s. Anm. 30), 285–298.
[46] HANS WALTER SCHÜTTE, Lagarde und Fichte. Die verborgenen spekulativen Voraussetzungen des Christentumsverständnisses Paul de Lagardes, Gütersloh 1965.
[47] WILHELM STAPEL, Der christliche Staatsmann. Eine Theologie des Nationalismus, Hamburg 1932.

samen Ziel des Reiches Gottes zu leisten, *analogisiert* Lagarde nicht nur der Frage nach dem Sinn und der Bestimmung des individuellen Lebens. Vielmehr ist er der Überzeugung, daß die Frage nach dem Sinn des individuellen Lebens selbst die Frage nach der ihm gesetzten Aufgabe im Ganzen der Gemeinschaft ist, der der jeweilige Mensch angehört: nur im Engagement des Einzelnen in seiner individuellen Lebensaufgabe gewinnt die Nation ihr Wesen – das ist gemeint mit der eben zitierten Wendung, daß derjenige die Nation ›in den Brunnen ewiger Jugend‹ taucht, der sich an je seinem Ort für sie und in ihr engagiert:

»Jeder Mensch ist einzig in seiner Art [...] darum ist schlechthin jeder Mensch [...] der Anlage nach eine Bereicherung seines Geschlechts und seiner Nation, und darum gibt es für jeden Menschen nur Eine Bildung, [...] deren Aufgabe sein muß, aus ihm das zu machen, was irgend aus ihm gemacht werden muß« (72; vgl. 241. 322.364–367).

Und wenig später stellt er fest:

»Nationen bestehn nicht [...] aus Millionen: sie bestehn aus den Menschen, welche sich der Aufgabe der Nation bewusst, und darum im Stande sind, vor die Nullen zu treten und sie zur wirkenden Zahl zu machen« (72f.; vgl. auch 119 und Kontext).

Die Theorie des Individuums etwa bei Herder, Fichte und Schleiermacher steht hier im entfernten Hintergrund, und man identifiziert Grundmotive des völkischen Denkens: der Einzelne, in dem die Aufgabe der Nation bewusst wird und durch den die ›Nullen‹ zu wirkenden Millionen werden (vgl. 157 ff.; 241–244): das entspricht dem eigentümliche Elitenbewußtsein der Protagonisten der völkischen Bewegung; diese Orientierung an dem Einzelnen, der sich einer Gemeinschaft hingibt, ließe sich weiterverfolgen, insbesondere in die Kritik an der gestaltlosen Masse bei Langbehn, Moeller van den Bruck, besonders bei Edgar Jung; oder auch – um einmal in der Theologie zu bleiben – bei Emanuel Hirsch findet man dieses Bewusstsein, dass im einzelnen Leben der Gewissensruf laut wird, der dieses Leben einer besonderen Aufgabe und darin zugleich einer Gemeinschaft zuweist.[48] Auf der anderen Seite die eigentümliche Orientierung an der um eine Idee herumgruppierten und durch sie erfassten Menge, die sich im Vorfeld des Nationalsozialismus an die Hoffnung des Erwachens der Nation in den vielen knüpfte – das ist ein eigentümlicher Zug des völkischen Denkens, das mit einem gewissen Stolz die eigene Minderheitenposition als elitär deutete und mit dem Anspruch verband, vorgreifend für das Ganze des Volkes zu sprechen und zu handeln.[49]

---

[48] Vgl. zu Hirsch nur: EMANUEL HIRSCH, Das Wesen des Christentums, Weimar 1939, jetzt in: EMANUEL HIRSCH: Gesammelte Werke, Bd. 19, hg. Arnulf von Scheliha, Waltrop 2004. Vgl. auch die theologische Deutung der sog. Machtergreifung: EMANUEL HIRSCH, Die gegenwärtige geistige Lage im Spiegel philosophischer und theologischer Betrachtung, Göttingen 1934, hier bes. 104–132.

Die Religion ist nach Lagarde nun das Mittel, durch das dieser Plan des individuellen und kollektiven Lebens als Aufgabe, der zu werden, der man ist, erschlossen wird:

»[D]er eigentliche Beweis für die Ewigkeit der Seele liegt [...] in dem Plane, welcher im Leben jedes die Richtung auf das Gute einschlagenden Menschen sichtbar wird. Diesen Plan erkennen, ihm nachsinnen und seiner Verwirklichung sich hingeben, das heißt fromm zu sein und verbürgt ewiges Leben. Schlechthin alles, auch die Kirche und das Sakrament, ist nur Mittel, diesen Plan Gottes mit den einzelnen Seelen ausführen helfen [...] Religion [ist] das Bewusstsein von der plan- und zielmässigen Erziehung der einzelnen Menschen, der Völker und des menschlichen Geschlechtes.«[50]

Nicht die Dokumente der Vergangenheit, sondern die Biographie und die Volksgeschichte, die in ihr ergriffen wird, ist der Ort der Gottesbegegnung. Die Religionen ihrerseits haben ihren Wert nicht in ihren historischen Beständen, sondern darin, daß sie auf diesen Ort der Gottesbegegnung im Leben des einzelnen und des ›Volkes‹ hinführen.[51]

2.3. Reformulierung des Christentums

Lagarde sieht in der Bildung des Einzelnen zur Wahrnehmung der ihm mit seinem Leben und dem Ganzen der Nation gesetzten Aufgabe die unvertretbare Funktion der Religion, und genau um dieser Funktion willen hat der Staat theologische Fakultäten, die nicht nur die historische Beschreibung, sondern das Wecken von Religion in diesem Sinne zur Aufgabe haben, zu fördern (67–76).

Genau dafür steht die Person Jesu von Nazareth bzw. ›das Evangelium‹, wie Lagarde sagt; die Person Jesu von Nazareth und ›das Evangelium‹ sind darin für Lagarde religiös bedeutsam, daß an ihnen diese Idee von der den Tod übersteigenden und gegen ihn sich durchsetzenden Bestimmung des individuellen und kollektiven menschlichen Lebens aufgegangen ist.[52] Dabei kommt es gerade nicht auf das historische Leben Jesu von Nazareth und das historische Faktum seiner Auferstehung an – das wäre eine Orientierung an der Vergangenheit, die die Feststellung »›Jesus ist auferstanden von den Toten‹ auf eine Linie mit dem Satze stellen [würde]: der Konsistorialrath Soundso wohnt in der kurzen Straße achtundzwanzig« (228). Lagarde geht vielmehr davon aus, daß dieses Leben Jesu einen ex-

---

[49] Bei Lagarde mit den typischen Vorgriffen auf das, was später zur ›Führerideologie‹ gerinnen wird: LAGARDE, Lage (s. Anm. 35), 119–121.
[50] PAUL DE LAGARDE, Die Religion der Zukunft (in: DERS., Deutsche Schriften [s. Anm. 34], 217–247), 236.
[51] Vgl. dazu LAGARDE, Deutsche Schriften (s. Anm. 34), 67–76.
[52] Vgl. beispielsweise a.a.O. 157f.! sowie 227f.

emplarischen Wert hat, weil es – unter dem nicht als Feststellung einer historischen Tatsache verstandenen Begriff der Auferstehung – vom Ewigkeitswert des Lebens, das als Aufgabe Gottes ergriffen und gelebt wird, Zeugnis ablegt (226–228); und er geht ebenso davon aus, daß das recht verstandene Evangelium nicht auf die Vergangenheit, sondern darauf abzielt, daß ein Mensch je sein einzelnes Leben als Aufgabe wahrnimmt und als Teil einer Volksindividualität lebt, die sich dann in der Wahrnehmung ihrer spezifischen Aufgabe wieder zur Menschheit – zum Reich Gottes – verbindet. Das ist für Lagarde das Wesen der Religion: »das Bewußtsein von der plan- und zielmässigen Erziehung der einzelnen Menschen, der Völker und des menschlichen Geschlechts« (236).[53] Diese Religion wird missverstanden, wenn sie historisch festgestellt (im Sinne von fixiert) wird und im oben beschriebenen Sinne zum Gegenstand historisch-archivalischen Interesses wird; sie kommt aber zu ihrer eigentlichen Bestimmung, wenn sie einem Menschen zur Erschließung seiner Lebensaufgabe im Ablauf dieser Geschichte wird und ihn hinweist auf den Ort, an dem diese Geschichte bei ihm ankommt (vgl. 235f.157f.).

Der Staat, so stellt Lagarde fest, kann Religion in diesem Sinne nicht selbst vermitteln, ohne sie wieder zum statuarischen Gerüst verkommen zu lassen – und genau darum hat er die Religionen aus seiner Obhut zu entlassen (257–263). Er lebt an diesem Punkt von Voraussetzungen, die er nicht selbst beistellen kann, nämlich von Individuen, die ihr Leben und die Gestaltung des Volkes, dem sie angehören, als gottgesetzte Aufgabe in der Gegenwart hören und begreifen und diese Aufgabe anderen vermitteln – und in diesem Sinne Kirche sind.[54]

2.4. Gegenwartskritik

Damit ist deutlich, daß Lagardes Skizze zugleich eine Kritik an der Gegenwart des Deutschen Reiches von 1871 impliziert; und dieser Zusammenhang von Religionskritik und der Kritik an der Verfassung des seinerzeitgenössischen Kaiserreiches wird am deutlichsten in seiner Schriften *Die Stellung der Religionsgesellschaften im Staate* und *Die Religion der Zukunft*. Der eine Text befasst sich mit der nach seiner Diagnose verschiedentlich gehegten Hoffnung »auf das Erscheinen einer neuen, mo-

---

[53] Lagarde löst dies Programm in einer durchaus an Lessing angelehnten Beschreibung der Religionsgeschichte als Geschichte der Bildung der Menschheit ein in dem in die *Deutschen Schriften* aufgenommenen Beitrag: PAUL DE LAGARDE, Die Religion der Zukunft (in: DERS., Deutsche Schriften [s. Anm. 34], 217–247, hier: 217–235).

[54] Vgl. PAUL DE LAGARDE, Die Stellung der Religionsgesellschaften im Staate (in: DERS., Deutsche Schriften [s. Anm. 34], 248–263, hier: 241–244; vgl. 157ff.). Vgl. auch DERS., Deutsche Schriften (s. Anm. 34), 67–76.

dernen Menschen angemessenen und genehmen Religionsform«; der andere mit der Begründung der Freistellung der Religionsgemeinschaften von staatlichem Einfluß; dies bildet den Hintergrund der oben referierten Kritik an den staatlichen Fakultäten.[55] Beide Anliegen hängen mit der bereits von Schleiermacher in der vierten Rede vertretenen These zusammen, daß die Vormundschaft des Staates über die Religion und die damit einhergehende Privilegierung der an der Vergangenheit orientierten Religionsgemeinschaften nicht nur der Religion, sondern auch dem Staat bzw. der Nation schadet. Ich setze mit folgendem Zitat ein:

»Das neue Deutschland [i.e. das von 1871; N. Sl.] ist seinem Inhalte nach, soweit derselbe amtlich anerkannt und vermehrt wird, nicht deutsch [...] Das alte Deutschland ist mit Nichten tot: aber es liegt viel tiefer und viel höher, als wo es der jetzige Reichskanzler und seine Freunde suchen« (239).

Lagarde erfährt dieses ›alte Deutschland‹ im Lesen der ›Deutschen Mythologie‹ Jakob Grimms (ebd.), im einfachen Volk und in der angeblichen Naturwüchsigkeit der Bayern, hält aber auch angesichts solcher ungesuchter Erfahrungen fest:

»Das, was jetzt Deutsch heißt, ist eben so ein Kunstprodukt wie Judenthum und Jesuitismus« (238; vgl. 235.232!!).

Es ist deutlich: Lagarde leidet unter einer wahrgenommenen Diskrepanz zwischen dem veräußerlichten Reich von 1871 und dem Ideal des vorstaatlichen Volkes, das, so sagt er mit Herder und Fichte, ein Schöpfungsgedanke Gottes ist und, wie jedes ursprüngliche Volk, eine spezifische Aufgabe für das Ganze der Menschheit hat (66f.238ff.). Mit Fichte ist tatsächlich die wichtigste Quelle seines Denkens genannt: die in den *Reden an die deutsche Nation* vollzogene Übersetzung des Ideals der sittlichen Autonomie in die Selbstgestaltung der Volksgemeinschaft.[56] Das ist darum erwähnenswert, weil es auf den vor 1871 liegenden Ort der Genese dieses völkischen Denkens insgesamt zurückweist, nämlich die erfahrene Differenz zwischen dem Verwaltungsgebilde der Duodezfürstentümer einerseits und einem diese Grenzen überschreitenden Bewusstsein der Einheit der Nation andererseits. Es ist vielfach darauf hingewiesen worden,[57] dass

---

[55] LAGARDE, Verhältnis (s. Anm. 41). Dazu oben S. 319f.
[56] Vgl. dazu SCHÜTTE, Lagarde (s. Anm. 46). Vgl. die Bezugnahmen auf Fichte: LAGARDE, Deutsche Schriften (s. Anm. 34), 240ff.
[57] Den wirkungsreichsten und m. E. immer noch bedenkenswertesten Hinweis auf diesen Aspekt des Begriffs ›Volk‹ als kritische Gegeninstanz zur staatlichen Struktur hat HELMUTH PLESSNER (Die verspätete Nation, Frankfurt [1959] 1974, hier bes. 47f. und 52–72, vgl. zu den ›religiösen Grundlagen‹: 73ff.) geliefert. Es ist nicht jeder Aspekt des Gedankens tragfähig, scheint mir – aber zumindest der Grundgedanke, daß der Begriff des ›Volks‹ genau darum ein identitärer Zentralbegriff wird, weil die Differenz eines wie auch immer kulturell und sprachlich sich manifestierenden Identitätsbewußtseins und

in der ersten Hälfte des 19. Jahrhunderts dieses Bewusstsein der Einheit aller Deutschen sich nicht, wie in vielen anderen europäischen Staaten, unter Bezugnahme auf eine staatliche Struktur formulieren konnte, sondern nur unter Bezugnahme auf Momente wie ›Sprache‹ – zentral bei Herder und Fichte – und eine gemeinsame Kultur. Diese Erfahrung der Differenz von Nationalbewusstsein und staatlicher Organisation ist der Hintergrund des eigentümlichen, transempirischen Begriffs des ›Volkes‹ oder des ›Germanischen‹, der in den Diskursen des beginnenden 19. Jahrhunderts in Deutschland umzulaufen beginnt. Die Bildung des Deutschen Reiches 1871 löst, so die Diagnose Lagardes und seiner völkisch gesinnten Zeitgenossen, die mit jenem überstaatlichen Nationalbewusstsein gesetzten Ideale nicht ein; das eben gebotene Zitat steht im Zusammenhang der Antwort auf die Frage, warum das deutsche Volk im Konzert der europäischen Völker kein Ansehen genießt, und Lagarde antwortet eben mit dem Verweis auf den Mangel an ›Ursprünglichkeit‹: im Zusammenspiel der europäischen Nationen sei Deutschland in der Weise unbeliebt wie ein ›künstlicher‹ Mensch ohne eigenen Charakter in einer Gesellschaft (238).[58] Damit konstatiert Lagarde die Differenz zwischen dem Ideal, das die nationale Bewegung vor 1871 motiviert hatte, und der Einlösung im preußisch dominierten Verwaltungsstaat. Bei Lagarde und den anderen völkischen Positionen kann man die Transformierung des unerfüllten politischen Ideals einer durch eine sittliche, weltgeschichtliche Aufgabe verbundenen Volksgemeinschaft in einen religiösen Begriff beobachten, die ihrerseits eben darum möglich wird, weil der kirchliche Glaube selbst an einem breit diagnostizierten Plausibilitätsdefizit leidet: Die Kirche, so hofft Lagarde, wird wieder zu einer den Menschen erfüllenden, gegenwartsbezogenen Wirklichkeit, wenn sie die eigene Gegenwart und das spezifische Leben des Volkes als den Ort der Gottesbegegnung wahrnimmt, auf den die ganze religiöse Tradition verweist und zu dem sie erziehen will (364!); und zugleich hofft er, daß damit – als Kirche – eine ihrer selbst bewusste, natürlich begründete Volksgemeinschaft entsteht, die dem Verwaltungsstaat ein Gesicht und einen Charakter gibt.[59] Und genau dann, wenn der Verwaltungsstaat durch die freie Tätigkeit der Kirche, die die kirchliche Tradition zu einer gegenwärtigen, spezifisch deutschen Gottesbegegnung bildet, wird die Zugehörigkeit zu diesem Volk auch für das Judentum anziehend werden – setzt Lagarde voraus (319–322, bes. 321, und bes. 24f.34f.).

---

der kleinerteiligen politischen Organisation (bis 1871) oder die Diagnose einer Diskrepanz zwischen der Idee (Volk) und staatlicher Wirklichkeit in entsprechenden Diskursen gepflegt und aufrechterhalten wird.

[58] Vgl. zum Hintergrund: LAGARDE, Deutsche Schriften (s. Anm. 34), 322.367.
[59] Vgl. a.a.O. 242.235–247.

3. Lagarde – die Deutung des Judentums

Ich hatte bereits zitiert: »Das, was jetzt Deutsch heißt, ist eben so ein Kunstprodukt wie Judenthum und Jesuitismus.« Dies zuletzt gebotene Zitat führt nun zum Ort des Antisemitismus in diesem Denken. Ich setze als bekannt voraus, daß Lagarde praktisch alle klassischen Stereotype des Antisemitismus übernimmt, insbesondere in seiner Abrechnung mit dem Toleranzgedanken des klassischen politischen Liberalismus, der im Hintergrund der Judenemanzipation steht. Lagarde lässt wirklich nichts aus; er stellt fest, daß Intoleranz wesentlich zur Religion gehört und fährt dann fort:

»[A]uch dem Judenthume [würde ich] Intolleranz [!] nachsehn, aber doch nur dem Judenthume, welches Religion wäre. Allein ein solches Judenthum kenne ich seit fast zwei Jahrtausenden nicht als offizielle Synagoge, ich kenne solches Judenthum stets nur als die Religion Einzelner, deren Dasein niemand bestreiten darf, der sich erinnert, daß auch Jesus ein Jude war, und daß nach Jesu Wort der Geist wo er will wehet [...] Man täuscht sich [...] sehr, wenn man meint, die Judenfrage sei eine Religions- und Toleranzfrage: Sie ist ebensosehr eine Machtfrage, wie die katholische Frage eine Machtfrage ist, nur daß Rom den Katholicismus wenigstens in Deutschland noch nicht so überwuchert hat wie das antievangelische Judenthum es mit dem alten Israel seit Jahrtausenden gethan. Auch Geldbesitz und die Monopolisierung der Presse sind für das moderne Judenthum nicht Selbstzweck, sondern nur Mittel zur Herrschaft [... man muß ...] aussprechen [...], daß Juden in dem so viele fremde Elemente enthaltenden Deutschland sehr wohl aufgenommen werden können, und auch vielfach [...] bereits aufgenommen worden sind, daß sie aber nur um den Preis aufgenommen werden können und dürfen, dem asiatischen oder aegyptischen Kastenwesen der Kohns und Levis, das seine Proselyten nur als Juden zweiter Klasse ansehen muß, ihrem Pochen auf vorzugsweises Begnadigtsein, ihren Ansprüchen auf Weltherrschaft, ihrer aus einer werthlosen statistischen Notiz und den groteskesten Riten bestehenden Religion rückhaltlos zu entsagen. [...] Deutschland [wird] die bei ihm Sohnschaft suchenden Juden mit seinen alten Kindern zu verschmelzen nur dann im Stande sein [...], wenn es statt dieser befreienden Bildung die innerlich bindende neue Geburt aus dem heiligen Geist heraus und in sein eigenstes, geschichtlich gewordenes Wesen hinein als das Nothwendige erkannt und an sich erlebt hat.«[60]

Lagarde zielt auf die Forderung, daß das Judentum entweder zu vertreiben sei oder – das hält er im Grunde für unrealistisch – sich vollständig assimilieren müsse.[61] Im Zitat wird das Judentum in bestimmter Rücksicht mit

---

[60] PAUL DE LAGARDE, Die graue Internationale (in: LAGARDE, Deutsche Schriften [s. Anm. 34], 311–322, hier: 319f.).
[61] Vgl. PAUL DE LAGARDE, Programm für die konservative Partei Preußens (in: LAGARDE, Deutsche Schriften [s. Anm. 34], 323–372, 366, vgl. 320). Lagarde gehört mit dieser offengehaltenen Möglichkeit der Assmilation (320f., bes. 321f.!, v.a. aber 22–25) trotz aller Ansätze in dieser Richtung noch nicht zu den eigentlichen Rasseantisemiten,

dem Jesuitismus einerseits und dem neuen ›Deutschen Reich‹ andererseits zusammengestellt (255 f.). Der Vergleichspunkt ist die Aversion, die das neue Deutsche Reich im Miteinander der Völker in Europa auf sich zieht und die Lagarde mit der Aversion, die dem Jesuitismus und dem von ihm geprägten Katholizismus einerseits und dem Judentum andererseits gilt, parallelisiert – auch das ist ein ganz klassisches judenfeindliches Stereotyp. Die Diagnose Lagardes geht dahin, daß diese Aversion sich jedes Mal auf die Künstlichkeit der Gestaltwerdung bezieht: keiner dieser sozialen Gestaltungen – Katholizismus, Deutsches Reich von 1871, Judentum – liegt etwas ursprünglich Gewachsenes, eine Schöpfungsidee, zugrunde, sondern sie alle sind gleichgültig gegen eine naturgewachsene Grundlage und rein durch die formale Äußerlichkeit konstituiert – das Gesetz und den Ritus im Falle des Judentums (365–369); das Dogma im Falle des Jesuitismus (48 ff.130–132.233); die Rechtsordnung und wirtschaftliche Interessen im Falle des Deutschen Reiches (326 ff., vgl. bes. 20 f.).

Im Hintergrund steht Lagardes Deutung des Übergangs vom alten Israel zum Judentum zur Zeit Esras,[62] die sich dann auch bei Wellhausen findet und die eine lange Karriere in der Unterscheidung von Israel einerseits und Judentum andererseits vor sich haben wird: Im Judentum zur Zeit Esras vollzieht sich demnach eine Identitätsbildung durch das Gesetz, die ebenso künstlich sei wie die Identitätsbildung durch Repristination der urchristlichen Zustände im Vollzug der Reformation und die Identitätsbildung im Falle des Jesuitismus. Diese Gleichgültigkeit gegen das Natürliche ist zugleich die Grundlage für die unmittelbare Internationalität dieser Gemeinschaftsbildungen (321.311–322.231–247); diese Identitätsmarker sind äußerlich und damit transportabel.

Dies ist die Grundlage für Lagardes Deutung des Judentums, von hier aus integriert er alle klassischen antijudaistischen und antisemitischen Stereotype: es handelt sich, nach Lagarde, um ein Volk, das mit dem babylonischen Exil als Volk – als Schöpfungsgedanke Gottes – vergangen ist und nun als rein künstliches Konstrukt weiterlebt, ein ›homunkulus‹, wie Lagarde sagt, ein künstliches Kollektiv ohne eine eigene, von Gott gesetzte Aufgabe und ohne die Frage nach dieser Aufgabe. Hier sieht Lagarde die Grundlage für die kulturelle Impotenz, die er wie die meisten Rassenantisemiten als den grundlegenden Zug des Judentums identifiziert: Das Judentum lebt im Modus der Nachahmung von den Leistungen der anderen

---

die das Judesein als unveränderliche, weil biologisch begründete Eigentümlichkeit betrachten. Lagarde geht von der Möglichkeit einer ›Umprägung‹ aus (321). Zum Thema Vertreibung: a.a.O. 365–367, vgl. 34. Dazu seine Schrift: Ders., Juden und Indogermanen, Leipzig 1887.
[62] Lagarde, Deutsche Schriften (s. Anm. 34), 232, vgl. 225.

Kulturnationen, trägt aber zum Prozeß der Menschwerdung nur im Modus der Störung bei (255–257.365–367). Israel als Volk, als Schöpfungsgedanke Gottes, so setzt Lagarde voraus, ist im Gericht des babylonischen Exils untergegangen; es überlebt als durch äußere Gesetze und Riten begründete, künstliche und kulturell gestaltungsunfähige Gemeinschaft und behauptet sich durch jene äußerlichen Identitätsmarker als Nation in den Gastnationen (255–257.365 ff.24 ff.).

Es ist deutlich, daß diese Deutung des Judentums nicht einfach und ausschließlich das Judentum trifft, sondern es ist typisch für die völkische Bewegung, daß sie diese Veräußerlichungstendenz auch in der deutschen Volksgemeinschaft identifiziert[63] und als jüdischen Einfluß fasst, damit diese Volksgemeinschaft vor die Aufgabe stellt, nicht nur das Judentum als fremde Nation auszuscheiden, sondern auch seinen negativen Einfluß auf das Eigene zu beseitigen (255 f.) – das ist der Sinn von Lagardes Hinweis auf die Äußerlichkeit, die das seinerzeitgenössische Deutsche Reich mit dem ›Jesuitismus‹ und dem Judentum verbindet (255) und dem die neue religiöse Gestaltung, die Neugestaltung der Religion abhelfen soll.

Allerdings wäre die Vermutung falsch, daß Lagarde in seiner Karikatur des Judentums seinen deutschen Zeitgenossen lediglich eine Warnung vor den Folgen der Selbstverfehlung vorzeichnen wollte. Will man der Funktion des Antisemitismus bei Lagarde auf die Spur kommen, dann muß man sehen, daß sein Begriff des ›Deutschen Volkes‹ gerade in der Ablehnung einer historischen Grundlegung jener Gotteserfahrung in der Aufgabe der Gestaltung des Volkes einen entschieden kontrafaktischen Zug aufweist. Lagarde weist selbst darauf hin, daß es nicht möglich ist, das Wesen des deutschen Volkes, um dessen Gestaltung es geht, dem Vollzug der Gestaltung voraus zu fixieren – es ist eine Gestaltungsaufgabe auf Zukunft hin und keine Repristinierung der Vergangenheit.[64] Erst im Verlauf der Geschichte und der individuellen Beiträge kommt heraus, was dieses Volk wesentlich ist. Diese Aufgabe kann jeweils nur individuell gehört und ergriffen werden, und jede gestaltende Tätigkeit ist an diesen Punkt einer unvertretbaren Entscheidung verwiesen. Deutschland und die damit gestellte Gestaltungsaufgabe lässt sich nach Lagarde in seinem Wesen gerade nicht definieren. Es ist, um nur diesen Seitenblick zu setzen, gerade das Anliegen der späteren völkischen Ideologen, die Geschichte als Hilfe zur Identifikation des Deutschen Wesens und als Wegweiser für die Gegenwartsaufgaben aufzubieten – das ist das Programm der Texte Chamber-

---

[63] Vgl. den Verweis auf die ›vielen Esdras‹, die das deutsche Volk im Laufe seiner Geschichte gehabt habe: a.a.O. 321; vgl. 24 ff.
[64] Zum folgenden vgl. a.a.O. 241–247.66–76.

lains ebenso wie Langbehns und Moeller van den Brucks, aber auch – ich zögere, ihn zu nennen – Alfred Rosenbergs.

Für Lagarde ist Deutschland eine Zukunft:

»Das Deutschland, welches wir lieben und zu sehen begehren, hat nie existiert, und wird vielleicht nie existieren. Das Ideal ist eben etwas, das zugleich ist und nicht ist [...] Je mehr einzelne Deutsche [...] das in dem ihnen durch Geburt und Anlage gegebene Materiale schlummernde Gottesbild herauszuarbeiten bemüht sind, desto klarer wird uns unser Wesen werden. [...] Deutschland würde gegründet werden, wenn wir gegen die jetzt gültigen, [...] deutlich genug zu erkennenden Laster ersichtlich undeutsch beeinflusster Zeit uns verneinend erhielten« (242).

Das Ideal läßt sich offensichtlich positiv nicht formulieren. Lagarde thematisiert das Problem einer über Negationen hinausgehenden Formulierung dessen, was ›deutsch‹ ist, durchaus – kommt aber zu keinem Ergebnis außer dem Verweis auf die ›Originalität der Individuen‹.[65] Identifizierbar ist ›das Deutsche‹ offenbar nur negativ: identifizierbar durch den Widerwillen, den sie angeblich erregen, sind nur die wesensfremden Elemente – ›Laster‹, und diese sind alle in dem Begriff des Judentums als des Fremden zusammengefasst (255f.!). Daß nun der Begriff des Judentums sich als dieser Sammelbegriff anbietet, liegt nach meinem Eindruck nun doch an der internen Logik der tradierten christlichen antijudaistischen Stereotype, die unter den Bedingungen der Transformation des Christentums in eine ›deutsche Religion‹ nicht nur bei Lagarde, sondern auch bei Chamberlain ihre integrative Kraft als ›Gegenpol‹ bewahren; dazu gehört insbesondere die Zuordnung von Christentum und Judentum unter der Alternative von ›innerlich‹ und ›äußerlich‹, nach dem das Judentum als Gestalt der veräußerlichten, rein rituellen, künstlichen, starren, abgestorbenen Religion zu stehen kommt. Dieses Stereotyp verbindet mühelos die Charaktere, die als Hindernis der Realisierung des deutschen Wesens einerseits und die als typisch für das Judentum andererseits angesehen werden – beispielsweise die angebliche materialistische Grundorientierung. Im Rahmen dieses religiös grundierten völkischen Denkens, das den Begriff des Evangeliums als Verweis auf die Offenbarung und die Aufgabe der Gestaltung des ›deutschen Wesens‹ reinterpretiert, erhält dieses Set von antijudaistischen Stereotypien eine neue Funktion: es wird das *reale* Gegen- und Feindbild des *Ideals* eines spezifisch deutschen Wesens. Der Widerspruch gegen das so identifizierte Feindbild ist die einzige Form, in der man sich für dieses Ideal engagieren kann: indem man beseitigt, was ihm angeblich entgegensteht. Die Fixierung auf das Feindbild des Judentums in den antisemitischen völkischen Positionen liegt nach meinem Eindruck daran, daß hier

---

[65] A.a.O. 241 und folgende.

die Konkretion im Negativen liegt (241!). Das Ideal ohne dieses Feindbild – das eigentlich positive völkische Programm also – ist leer. Darum braucht es das negative Gegenbild des Judentums: Nur so wird das leere Ideal konkret.

Der späte theologische Liberalismus:
Harnack, Rade, Naumann

CHRISTIAN NOTTMEIER

Die folgenden Ausführungen beschäftigen sich mit den eng vernetzten, aber in ihrem Wirkungskreis auch verschiedenen Protagonisten des liberalen Protestantismus um 1900.[1] Mit Adolf von Harnack (1851–1930) ist der jedenfalls in seiner Breitenwirkung wohl bedeutendste liberale Theologe in dem Jahrhundert nach Schleiermacher zu nennen.[2] Konzeptionell ist er vermutlich in unserem Zusammenhang die entscheidende Gestalt. Friedrich Naumann (1862–1919) hat von ihm als »protestantischem Nationaleigentum«[3] gesprochen. Die Theologie und das Wirken Martin Rades (1857–1940) sind eng mit den theologischen Prämissen seines Lehrers Harnack verknüpft. Während Harnacks Schwerpunkt auf seinen akademischen und wissenschaftlichen Aufgaben lag, widmete sich Rade v.a. als Publizist und Herausgeber der »Christlichen Welt« den verschiedenen liberalen Netzwerken sowie einer breitenwirksamen Popularisierung kulturprotestantischer Wertvorstellungen.[4] Naumann, zunächst von Adolf Stoecker geprägt, fand seinen Weg aus dem konservativen in den liberalen Protestantismus über die soziale Arbeit – ein mühsamer, nicht bruchloser Übergang, bei dem v.a. Rade, dann aber im Hintergrund auch Harnack wichtige Anregungen leisteten. Er war zugleich die wirkmächtigste poli-

---

[1] Zum Begriff sei aus der inzwischen umfangreichen Literatur exemplarisch genannt FRIEDRICH WILHELM GRAF, Kulturprotestantismus. Zur Begriffsgeschichte einer theologiepolitischen Chiffre (in: HANS-MARTIN MÜLLER [Hg.], Kulturprotestantismus. Beiträge zu einer modernen Gestalt des Christentums, Gütersloh 1992, 21–77); GANGOLF HÜBINGER, Kulturprotestantismus und Politik. Zum Verhältnis von Liberalismus und Protestantismus im wilhelminischen Deutschland, Tübingen 1994.

[2] Vgl. zur Biographie Harnacks u.a.: AGNES VON ZAHN-HARNACK, Adolf von Harnack, Berlin ²1951; KURT NOWAK, Historische Einführung. Adolf von Harnack. Wissenschaft und Weltgestaltung auf dem Boden des modernen Protestantismus (in DERS. [Hg.], Adolf von Harnack als Zeitgenosse. Reden und Schriften aus der Zeit des Kaiserreichs und der Weimarer Republik, Berlin, New York 1996, 1–99); CHRISTIAN NOTTMEIER, Adolf von Harnack und die deutsche Politik. Eine biographische Studie zum Verhältnis von Protestantismus und Politik, Tübingen ²2016.

[3] FRIEDRICH NAUMANN, Harnack (Die Zeit 2, 1902, 134–136, hier: 135).

[4] Zu Rade vgl. ANNE CHRISTINE NAGEL, Martin Rade. Theologe und Politiker des Sozialen Protestantismus. Eine politische Biographie, Gütersloh 1996; außerdem HARTMUT RUDDIES, Liberales Kulturluthertum. Martin Rade 1857–1940 (in: FRIEDRICH WILHELM GRAF [Hg.], Profile des Protestantismus, Bd. 2/2: Kaiserreich, Gütersloh 1993, 398–422). Wichtig aber noch immer JOHANNES RATHJE, Die Welt des freien Protestantismus. Ein Beitrag zur deutsch-evangelischen Geistesgeschichte. Dargestellt am Leben und Werk von Martin Rade, Stuttgart 1952.

tische Gestalt, die der liberale Protestantismus vor Theodor Heuß hervorgebracht hat.⁵

Antisemitismus, Antijudaismus und Judentum⁶: das waren in der Wahrnehmung aller drei gesellschaftlich allerdings eher Randthemen. Sie spielten für alle besonders im Umfeld der »deutschen Konfessionspolitik« – so der Titel eines unveröffentlichten Beitrags Harnacks zu Naumanns nie verwirklichtem Projekt eines »Deutschen Staatslexikon«⁷ – eine Rolle, wenn es darum ging, die gesellschaftlich und religiös-konfessionell geprägten Gräben der deutschen Gesellschaft zu überwinden. Luthers Judenschriften spielten in diesem Zusammenhang, soweit ich sehen kann, keine Rolle.

Das kulturelle und ethische Koordinatensystem war besonders bei Harnack und Rade, aber auch bei Naumann – alle drei entstammten konservativen lutherischen Pfarrhäusern bzw. Professorenhaushalten – von einem theologisch hart erarbeiteten »unkonfessionalistischen Luthertum« geprägt.⁸ Das stellte ihnen begrifflich differenzierte Instrumentarien im Umgang mit der eigenen theologischen Tradition zur Verfügung, ermöglichte ihnen aber ebenso eine grundsätzliche Trennung der verschiedenen, ausdifferenzierten gesellschaftlichen Sphären. Diese dezidiert liberalprotestantische Orientierung machte sie grundsätzlich politik- und – entscheidender noch – kompromissfähig. Dieses unkonfessionalistische Luthertum – den Begriff hat Martin Rade im Rückblick der 1930er Jahre geprägt – berief sich zwar einerseits auf die Theologie Albrecht Ritschls, verschob aber die Koordinaten zugleich vom Dogmatischen ins Historische, das allerdings seinerseits systematisch bedeutsam wurde. Das fand seinen Ausdruck in der von Harnack formulierten und von Naumann wie Rade übernommenen These, dass das dogmatische Zeitalter des Christentums sein Ende erreicht habe. Diese Einsicht wird – besonders bei Harnack und dann auch bei Rade wie Naumann – nicht zuletzt am Umgang mit der Gestalt Luthers und der Reformation durchgespielt. Hier wird das

---

⁵ Vgl. als ersten Überblick zu Naumann RÜDIGER VOM BRUCH (Hg.), Friedrich Naumann in seiner Zeit, Berlin, New York 2000, ferner PETER THEINER, Sozialer Liberalismus und deutsche Weltpolitik. Friedrich Naumann im Wilhelminischen Deutschland (1860–1919), Baden-Baden 1983. Grundlegend ist weiterhin auch THEODOR HEUSS, Friedrich Naumann. Der Mann, das Werk, die Zeit, Gütersloh ³1968.

⁶ Vgl. hierzu die immer noch wichtigen Beiträge von KURT NOWAK, Protestantismus und Judentum in der Weimarer Republik (in: ThLZ 113, 1988, 561–578), sowie DERS., Protestantismus und Judentum im Deutschen Kaiserreich (1870/71–1918). Bemerkungen zum Stand der Forschung (in: DERS., Kirchliche Zeitgeschichte interdisziplinär. Beiträge 1984–2001, Stuttgart 2002, 164–185).

⁷ Dazu NOTTMEIER (s. Anm. 2), 313–316.

⁸ Vgl. MARTIN RADE, Unkonfessionalistisches Luthertum. Eine Erinnerung an die Lutherfreude in der Ritschlschen Theologie (in: ZThK 45, 1937, 131–151).

Programm einer kritischen Reduktion verfolgt, wobei Luther gerade nicht allein aus seiner Theologie, sondern mehr noch aus seiner religiösen Erfahrung verstanden wird. Diese kritische Reduktion zielt ganz auf den Eigenwert der Religion und ihre Funktion als Sicherstellung der in Gott gegründeten Freiheit und der unverlierbaren Würde des Menschen – Harnack benutzt dafür seine Zentralformel vom »unendlichen Wert der Menschenseele« – ab. Daraus entspringt zugleich das kritische Potential dieses Christentumsverständnisses, das Kritik wie Gestaltung einschließt. Harnack spart deshalb nicht mit grundsätzlicher Kritik an Luthers Theologie und zeichnet zugleich die tiefe Widersprüchlichkeit Luthers nach, dessen reformatorische Einsichten zugleich durch gegenläufige Momente gelähmt und verdunkelt wurden – wie vor allem Harnacks Darstellung Luthers im Lehrbuch der Dogmengeschichte zeigte.[9]

Entscheidend und bleibend an der Reformation war aus der Sicht Harnacks weniger das Stichwort ›Rechtfertigung‹ als vielmehr der Eigenwert der Religion, die in ihr gegründete Freiheit des Menschen sowie die grundsätzliche Anerkennung des Eigenwertes der verschiedenen funktional ausdifferenzierten Lebensbereiche. So formulierte er 1917 in einem an den Schulen der Hauptstadt als »Festschrift der Stadt Berlin zum 31. Oktober 1917« verteilten Büchlein über *Martin Luther und die Grundlagen der Reformation* als Kerngedanken der Reformation,

»daß alles Heilige und Ewige, von dem die Seele lebt, nicht Gesetz, sondern Gabe Gottes ist, und daß es uns gegeben ist, damit wir zu innerer Freiheit gelangen, die das Gute tut, nicht weil sie soll, sondern weil sie es will. [...] Glaube an den lebendigen Gott, der unser Vater ist, und in solchem Glauben freie Herrschaft über alle Dinge. Das hat Luther gepredigt!«

Damit habe Luther zugleich einen weiteren Missstand versucht zu beseitigen:

»In der mittelalterlichen Kirche war die Religion tyrannisch über alle Gebiete des Lebens gezogen, und Staat und Familie – man muß hinzufügen: Erkenntnis und Wissenschaft, Wirtschaftsleben und Politik – hatten ihre eigenen Rechte verloren. Indem Luther die Religion aus allen diesen Verbindungen herausführte, in denen sie selbst zu ersticken drohte, hat er jene großen Gebiete befreit und ihre selbständige Entwicklung begründet. Die Reformation hat den Freiheitsbrief für jeden einzelnen gebracht und den Freiheitsbrief für alle großen Güter und Ordnungen des Lebens; sie sollen fortan nach ihrem eigenen Gesetz entfaltet werden.«[10]

---

[9] ADOLF VON HARNACK, Lehrbuch der Dogmengeschichte. Dritter Band: Die Entwickelung des kirchlichen Dogmas II/III, Tübingen ⁴1909 (künftig: LDG⁴ 3), 808–902. Vgl. dazu auch ULRICH BARTH, Die Ambivalenz des reformatorischen Erbes. Luther-Deutungen des Theologischen Historismus um 1900 (in: DERS., Kritischer Religionsdiskurs, Tübingen 2014, 375–386).

[10] ADOLF HARNACK, Martin Luther und die Grundlegung der Reformation, Berlin 1917, 63.

Wenn man nach Erklärungen für die Demokratiefähigkeit wie die – im Vergleich jedenfalls zu den anderen protestantischen Formationen der Zeit zwischen 1870 und 1930 – erhebliche Resistenzfähigkeit der Theologie Harnacks und seines Kreises gegenüber dem modernen Antisemitismus sucht, wird man auch diese theologischen Grundlagen nennen müssen.

Im Folgenden konzentriere ich mich auf Harnack, der sowohl für Rade als auch für Naumann die zentrale Bezugsgestalt in Sachen Religion und Kultur darstellte. Gleichwohl gebe ich auch einige Seitenblicke auf Rade und Naumann. Zunächst wird die Auseinandersetzung mit dem Antisemitismus behandelt, dann widme ich mich der Frage, inwieweit man bei Harnack von Antijudaismus sprechen kann. Ein letzter Abschnitt befasst sich mit der Zeit nach dem Krieg und nimmt im Lichte unserer Fragestellung v.a. das Buch über Marcion von 1921 in den Blick.

1. »Jesus tritt dem engherzigen Nationalismus und Judenhass entgegen«: Harnack, Rade, Naumann und der Antisemitismus

Das Jahr 1890 war von politischer und gesellschaftlicher Aufbruchsstimmung gekennzeichnet. Dies galt besonders für den Bereich der Sozialpolitik. Der junge Kaiser Wilhelm II. schien diesbezüglich neue Wege gehen zu wollen und auch der bis dahin so zurückhaltende Evangelische Oberkirchenrat der Preußischen Landeskirche rief seine Geistlichen am 17. April 1890 zur Mitarbeit an der Lösung der sozialen Fragen auf.[11]

Es war zunächst Adolf Stoecker, der nach dem Scheitern seiner Christlich-sozialen Partei, die Initiative ergriff, um die sozial engagierten Kräfte des deutschen Protestantismus in einem »Evangelisch-sozialen Kongress« zu vereinigen. Stoecker war freilich klar, dass für dieses Ziel eine breitere Basis als die seines eigenen politischen wie kirchlichen Lagers nötig war. Zunächst war bei den Vorbereitungen allerdings ausdrücklich nicht an das Umfeld der Ritschl-Schule oder gar des Protestantenvereins gedacht worden. Entgegen der Absprache mit den anderen Mitinitiatoren des Kongresses lud Stoecker über seine Kontakte zu Martin Rade, der 1886 die *Christliche Welt* als das entscheidende Organ der jüngeren Liberalprotestanten aus dem Umfeld Ritschls gegründet hatte, auch diese Gruppierungen zur Mitarbeit ein. Über Rade sowie den Berliner Pfarrer Hermann von Soden wurde so auch Adolf Harnack in die Vorbereitungen des Kongresses involviert.

---

[11] Vgl. zum folgenden NOTTMEIER (s. Anm. 2), 189–198.

Harnack, vor zwei Jahren nicht zuletzt gegen den erbitterten Widerstand Stoeckers an die Berliner Universität berufen, musste erhebliche »innerprotestantische Ekelschranken«[12] überwinden, um sich an dessen Unternehmen zu beteiligen. Auf Grund seiner Prominenz avancierte er zugleich zur Führungsfigur der liberalprotestantischen Teilnehmer auf dem Pfingsten 1890 stattfindenden Kongress. Im Vorfeld des Kongresses platzierte Harnack an öffentlichkeitswirksamer Stelle – in den *Preußischen Jahrbüchern* seines Schwagers Hans Delbrück – seine Vorbedingungen für eine Teilnahme an dem Kongress. Sie lauteten: 1. Keine direkte Einmischung in die sozialpolitische Tätigkeit des Gesetzgebers, 2. Kein Versuch einer Klerikalisierung der Gesellschaft, 3. Keine Obstruktionspolitik gegenüber dem Staat, auch nicht mit Blick auf die Frage des Verhältnisses von Staat und Kirche und 4. Keine Behandlung der »Judenfrage«.[13]

Gerade der letzte Punkt war von Bedeutung, sowohl mit Blick auf Stoecker, aber auch die im Zuge der wirtschaftlichen wie sozialen Krise sich formierenden antisemitischen Bewegungen. Natürlich hatte Harnack hier wiederum Stoecker im Auge. »Der Kampf gegen Judentum und Demokratie«, so hatte Stoecker gegenüber Martin Rade bekannt, sei ihm wichtiger als »alle meine andere Arbeit.«[14] Gerade daran aber wollte sich Harnack keinesfalls beteiligen und formulierte daher in unmissverständlicher Deutlichkeit: »Das aber weiß ich, daß den Antisemitismus auf die Fahnen des Christentums zu schreiben, ein trauriger Skandal ist. Die, welche das getan haben, haben freilich immer das nationale und wirtschaftliche Interesse mithinein gezogen, weil sie als Christen schamrot werden müssen, wenn sie einfach im Namen des Christentums die Parole des Antisemitismus ausgeben und das Evangelium in einen neuen Islam verwandelt hätten. [...] Das heißt aber, die Macht, welche dazu in der Welt ist, die Gegensätze der Rassen und Nationen zu mildern und Menschenliebe selbst dem Feinde gegenüber zu erwecken, in entgegengesetzter Richtung mißbrauchen.« Sollte dies auf dem Kongress geschehen, werde »eine kräftige Abwehr nicht fehlen.«[15]

Damit hatte Harnack den Ton für die kommende Tagung gesetzt. Als Stoecker auf dem Kongress in seinem Vortrag auch die Behandlung der Judenfrage einforderte, zeigte Harnack sich in einer großen öffentlichen Geste zwar zur grundsätzlichen Zusammenarbeit auch mit Stoecker bereit,

---

[12] HÜBINGER (s. Anm. 1), 24.
[13] ADOLF HARNACK, Der Evangelisch-soziale Kongreß zu Berlin, 1890 (in: DERS., Reden und Aufsätze, Bd. 2, Gießen 1904, 327–343).
[14] Stoecker an Rade am 4.10.1888, in: MARTIN RADE, Evangelisch-sozialer Kongress und Christliche Welt (in: ChW 54, 1940, 147 f.).
[15] HARNACK, Kongreß (s. Anm. 13), 340 f.

wiederholte aber umgehend seine grundsätzlichen Forderungen. Jede Verbindung des Kongresses mit antisemitischen Gedanken sei zu unterlassen und unevangelisch. Zudem hätte mit Blick auf die Geschichte der Grundsatz zu gelten: »die Schuld der Christen gegen die Juden ist nicht geringer als die Schuld, welche die Juden gegenüber den Christen tragen.«[16]

Diese Linie hat Harnack gegenüber Stoecker strikt durchgehalten und so auch im Aktionskomitee des Kongresses, dem er gemeinsam mit Stoecker angehörte, dessen wiederholte Versuche, diese Fragen auf die Themenordnung des Kongresses zu setzen, verhindert.[17] Die Vermischung des Christentums mit jeder Form des Antisemitismus, daran ließ Harnack keinen Zweifel, verstieß gegen die Grundgedanken des Christentums, sie war aber auch gesellschaftlich wie politisch fatal.

Dieser cantus firmus zog sich seit 1890 durch alle entsprechenden öffentlichen Äußerungen Harnacks. Auf die theologischen Gründe wird später noch zurückzukommen sein. Diese Grundüberzeugung Harnacks entsprach aber ebenso einer politischen Einsicht, die sich nicht auf das Judentum beschränkte, sondern der konfessionellen Zerklüftung der deutschen Gesellschaft insgesamt geschuldet war. Das zeigte sich am deutlichsten an Harnacks differenzierten Stellungnahmen zum Katholizismus, aber ebenso an seiner Ablehnung der Diskriminierung nationaler wie religiöser Minderheiten. Hier unterstützte er das publizistische Engagement seines Schwagers Hans Delbrück ebenso wie das seines Schülers Martin Rade, der in seiner *Christlichen Welt* gerade auch die Frage des Umgangs mit der polnischen und dänischen Minderheit immer wieder zum Thema machte. Deutschland – davon war Harnack überzeugt – konnte als National-, Kultur- und Sozialstaat nur dann weiterentwickelt werden, wenn es den konfessionellen Gegensatz hinter sich lassen würde. Dazu gehörte auch die Gleichberechtigung aller Staatsbürger.[18]

Martin Rade war Harnack seit seiner Zeit als dessen Schüler in Leipzig eng verbunden. Zwischen beiden entstand eine enge Arbeitsgemeinschaft, die nicht zuletzt durch ihren umfangreichen Briefwechsel dokumentiert ist.[19] Differenzen in Einzelfragen blieben nicht aus. Harnack war ein Repräsentant einer um Ausgleich bemühten gouvernementalen Gelehrten-

---

[16] Vgl. den Bericht in: Verhandlungen des Evangelisch-sozialen Kongresses 1 (1890), das Zitat 142f.

[17] So etwa 1892, als Stoecker im Aktionskomitee des Kongresses versuchte, die Fragen Judentum und Börse behandeln zu lassen. Vgl. dazu die Unterlagen im Archiv des ESK, Leipzig-Gohlis, Protokolle Aktionskomitee.

[18] Dazu ausführlich NOTTMEIER (s. Anm. 2), 313–331.

[19] JOHANNA JANTSCH (Hg.), Der Briefwechsel zwischen Adolf von Harnack und Martin Rade. Theologie auf dem öffentlichen Markt, Berlin, New York 1996.

politik und deshalb immer wieder auch zum Kompromiss geneigt.[20] Das galt für kirchenpolitische wie allgemeinpolitische Fragen, manchmal auch zum Kummer Rades. Umso erstaunlicher war, dass Rade in der Situation von 1890 Harnacks Kritik an Stoecker eigentlich zu weit ging. In seiner öffentlichen Reaktion 1890 war Rade jedenfalls vorsichtiger als Harnack: »Der Antisemitismus ist eine Reaktion des natürlichen Menschen gegenüber zweifellos vorhandenen Übeln. Eben deshalb können und dürfen wir als Christen ihn nicht einfach mitmachen.«[21]

Naumann, 1890 Vereinsgeistlicher in Frankfurt und Schwager Rades, war politisch wie theologisch zunächst konservativer geprägt. 1891 lernte er Harnack persönlich auf dem Evangelisch-sozialen Kongress kennen. Ihr Verhältnis war nicht ohne Schwierigkeiten.[22] Harnack begrüßte auf der einen Seite Naumanns Ablösung von Stoecker, beförderte sie vermutlich über Rade auch. Naumann selber lehnte 1893 im Sinne Harnacks jede antisemitische Agitation im Rahmen des Kongresses ab. Nicht mit allen politischen und historischen Wendungen Naumanns einverstanden – so trat er 1893 in einem Redebeitrag der Ableitung der Sozialdemokratie aus der Täuferbewegung der Reformationszeit entgegen – förderte Harnack aber zugleich Naumanns politische wie publizistische Wirksamkeit ideell wie finanziell. Auch öffentlich stellte er sich 1896 hinter Naumann, wenngleich er eine Teilnahme an dessen Ende 1896 gegründetem *Nationalsozialen Verein* ablehnte. In einem öffentlichen Beitrag zur Programm- und Namensdebatte drängte Harnack zugleich auf die strikte Trennung von Christentum und Parteipolitik. Keinesfalls dürfe sich die neue Bewegung »christlich-sozial« nennen. Die neue Partei müsse auch konfessionell offen sein. Eine Belebung des Christentums sei nicht die Aufgabe einer politischen Partei. Ihr müsse vielmehr »jeder Deutsche willkommen sein, der das Herz auf dem rechten Fleck hat und dem Notleidenden zu Hilfe kommen will.«[23] Das war zunächst auf den konfessionellen Gegensatz zwischen Protestanten und Katholiken gemünzt, ließ sich aber ebenso auf die Mitarbeit von Juden anwenden. Genau diese Diskussion wurde denn auch auf der Gründungsversammlung des Vereins geführt.

Harnacks Intervention von 1896 schloss das Christentum als Bezugsrahmen der politischen Argumentation nicht aus, es durfte aber keinesfalls zum politischen Programm gemacht werden. Natürlich blieb es ethischer

---

[20] Dazu NOTTMEIER (s. Anm. 2), 152–158.
[21] MARTIN RADE, Vom Evangelisch-sozialen Kongreß zu Berlin (in: ChW 4, 1890, 604).
[22] Dazu KURT NOWAK, Wege in die Politik: Friedrich Naumann und Adolf Harnack (in: VOM BRUCH [s. Anm. 5], 27–48); NOTTMEIER (s. Anm. 2), 209–219 u.ö.
[23] Professor Harnack an Fr. Naumann (in: Die Zeit 1, 1896, Nr. 39 vom 4.11.1896, 1).

Orientierungspunkt für den einzelnen Politiker. Genau hier sollte Harnack Naumann mit Blick auf die Armenierfrage, die deutsch-englische Verständigung wie auch seine Selbstbezeichnung als »Christ, Darwinist und Flottenschwärmer« immer wieder kritische Fragen stellen.[24]

Zur Ablösung Naumanns von Stoecker gehörte auch seine zunehmend deutlichere Zurückweisung des Antisemitismus. Man kann auch hier den Einfluss Harnacks vermuten. Naumanns Biograph Theodor Heuß hat in seiner 1937 erschienenen Biographie bemerkt, der junge Naumann habe »in seiner Grundstimmung gewiß Anteil genommen an der antisemitischen Strömung der 80er Jahre«, wenngleich diese einen »antikapitalistischen Akzent« gehabt habe. 1895 konnte Naumann gegenüber Stoecker auch dessen Haltung zur Judenfrage als Teil ihres Dissenses benennen, wenngleich er zugeben musste, dass Teile seiner Freunde ihm in dieser Frage nicht folgen wollten.[25] Das wurde auch im Zuge der Programmdiskussion des Nationalsozialen Vereins deutlich. Auf der Gründungsversammlung des Vereins kritisierten einzelne Delegierte mit Blick auf die Juden die im Programm geforderte »ungeschmälerte« volle Gleichheit aller Staatsbürger, was Naumann entschieden zurückwies.[26] In seiner Tageszeitung *Die Zeit* erklärte Naumann zudem, »jede Verkürzung der staatsbürgerlichen Rechte« sei abzulehnen, das bedeute zugleich die »grundsätzliche Abweisung des politischen Antisemitismus«.[27] In seinen Erläuterungen zum Parteiprogramm, die Naumann unter dem Titel »National-sozialer Katechismus« veröffentlichte,[28] gestand er zwar zu, dass es eine »Judenfrage« gebe, diese habe aber nichts mit der sozialen Frage zu tun. Die »Israeliten« seien ein »anderer Stamm« als die Deutschen, so wie »Wenden, Litthauer, Polen, Dänen und Franzosen«, womit Naumann die verschiedenen nationalen Minderheiten des Kaiserreiches benannte. Auf die Frage, ob es sich erreichen lasse, dass »die Israeliten allein die Staatsbürgerrechte verlieren«, antwortete Naumann: »Es läßt sich nicht erreichen, aber selbst, wenn es erreichbar wäre, würde es ein Unglück sein.«[29] Zwar könne der möglicherweise vorhandene Gegensatz zwischen Deutschen

---

[24] Vgl. Nowak, Wege (s. Anm. 22), 39f.

[25] Heuss (s. Anm. 5), 106–108, Zitat 107. Vgl. außerdem Ursula Krey, Der Naumann-Kreis: Charisma und politische Emanzipation (in: vom Bruch [s. Anm. 5], 115–147, v.a. 129f.).

[26] Vgl. Dieter Düding, Der Nationalsoziale Verein. Der gescheiterte Versuch einer parteipolitischen Synthese von Nationalismus, Liberalismus und Sozialismus, München, Wien 1972, 60f.

[27] Die Zeit 1 (1896), Nr. 74 vom 29. Dezember 1896, 1.

[28] Friedrich Naumann, Nationalsozialer Katechismus. Erklärung der Grundlinien des Nationalsozialen Vereins, Berlin 1897.

[29] A.a.O. 18.

und Israeliten nur so überwunden werden, dass die »Israeliten deutsche und christliche Denkweise annehmen«, aber dieser »gesellschaftliche Gegensatz« habe mit »der Politik nichts zu thun. Er gehört zu den Privatangelegenheiten der einzelnen Staatsbürger.«[30]

Als Stoecker 1909 starb, erklärte Naumann in seinem Nachruf:

»Wie einfach schien es dem altkonservativen Christentum, zugleich christlich und antisemitisch zu sein, und wie schwer ist dieses durch die nähere Aufdeckung der Zusammenhänge von Judentum und Christentum. Jetzt ist der Rassenantisemitismus im Grunde auch antichristlich, und der Christ weiß, daß er keinen Rassenkampf auf Grund des Evangeliums führen kann.«[31]

Die Ablehnung des Antisemitismus war damit auch ein Ergebnis der Forschungen der historischen Theologie, für die nicht zuletzt Harnack stand, und stellte ebenso eine sittliche Forderung des Evangeliums dar – eine Position, die Harnack lange vor Naumann gegenüber Stoecker schon seit 1890 vertreten hatte und die Naumann im Zuge der Ablösung von Stoecker spätestens Mitte der 1890er Jahr übernahm.

Harnack hatte denn auch in den Jahren nach 1890 beharrlich auf die Gefahr des Judenhasses hingewiesen. So erklärte er 1895 in einem unveröffentlichten Vortrag vor dem *Verein junger Kaufleute* in Berlin ausdrücklich, dass die Gleichberechtigung und gegenseitige Anerkennung aller Staatsbürger nicht nur auf das Verhältnis von Bürgertum und Arbeiterstand, sondern auf alle nationalen und religiösen Minoritäten zu beziehen sei. Weil »Standes- und nationale Vorurtheile [...] schwinden« müssen, dürfe es auch »nicht Haß gegen Juden« geben; denn Jesus trete »dem engherzigen Nationalismus und Judenhaß entgegen«.[32] Seine Ablehnung der Rassentheorien legte Harnack in der Weihnachtsausgabe der Wiener *Neuen Freien Presse* vom 25. Dezember 1907 dar. Harnack wandte sich gegen die »geistreichen, aber etwas unklaren Rassephilosophen«, die sich mit »moderner Vererbungstheorie« und »nationale[m] oder »völkische[m]« Chauvinismus« zusammengetan hätten, um »uns die Rassentheorie als den wichtigsten, ja einzigen Schlüssel zum Verständnis der Weltgeschichte anzubieten«. Nicht nur als wissenschaftliches, sondern gerade als politisches »Kampfmittel« werde die Rassentheorie von ihren Vertretern »mit jenem Fanatismus, wie er sonst nur religiösen Eiferern eignet«, gebraucht: »Humanität und Weltbürgertum finden nur ein verächtliches Lächeln; diese Ideale unserer Großväter und Väter sollen zum alten

---

[30] A.a.O. 19.
[31] FRIEDRICH NAUMANN, Nachruf auf Adolf Stoecker (in: DERS. [Hg.], Werke, B. 1, Köln, Opladen 1964, 753–762, hier: 759).
[32] Das Vortragskonzept in: Staatsbibliothek Preußischer Kulturbesitz (SBB-PK), Nachlass Adolf von Harnack, Kasten 13.

Eisen geworfen werden!« Dagegen erklärte Harnack es für »unsittlich«, »praktische Politik auf sie zu gründen«, und ließ dem eine ausführliche theoretische Widerlegung folgen. Weder ließen sich etwa innerhalb des europäischen Kulturkreises unter Einschluss der Juden bestimmte Rassen sicher abgrenzen, noch sei – selbst, wenn das gelänge – zu klären, welche der dann festgestellten Besonderheiten auf die Rasse und welche auf die Geschichte zurückzuführen seien. Schließlich sei es – für den Fall, dass auch dies möglich sei – schlechthin ethisch nicht zulässig, eine »Rasse als Rasse zu bekämpfen«, wobei er ausdrücklich auf die Menschenrechte verwies. So lautete Harnacks Fazit:

»Ich muß bemerken, daß schon das Wort ›Rasse‹, in den Verbindungen, in denen es heute vielfach gebraucht wird, inhuman und beleidigend lautet, als hätten wir es mit dem Tierreich zu tun. Was die ›Rasse‹ bewirkt, das können wir weder ergründen noch durch zornige Worte verändern, darum dürfen wir in dem Wettkampfe der Geister wie der Völker nur unseren geschichtlichen Erwerb einsetzen. [...] [D]as geistig gemeinsame wird sich stärker erweisen, als alle durch die ›Rasse‹ herbeigeführten Modifikationen, und allein in dieser Gewißheit wurzelt die Hoffnung auf den Fortschritt und die zunehmende geistige Einheit des Menschengeschlechts.«[33]

Die Erfahrungen des Weltkrieges verstärkten an dieser Stelle Harnacks Sensibilität noch einmal. Der Krieg – daran hielt Harnack auch nach der Niederlage fest – habe nur dann überhaupt einen Sinn gehabt, wenn als gleichsam »innerer Ertrag« die volle Gleichberechtigung von Sozialdemokraten, Katholiken und Juden erreicht sei.[34] Damit war er sich mit Naumann, den er 1919 bei den Beratungen zur Weimarer Verfassung erlebt hatte, ebenso einig wie mit Rade.

Die Kritik an Harnack von rechts erhielt nun ihrerseits einen antisemitischen Unterton. Harnack habe den Kaiser verraten und umgebe sich mehr und mehr mit Juden – eine Anspielung, die v.a. auf Harnacks Kooperationspartner in der Kaiser-Wilhelm-Gesellschaft zielte.[35] Harnack unterstützte nicht nur den Verein zur Abwehr des Antisemitismus, sondern wandte sich 1928 auch gegen die »Schmach der Friedhofschändungen«.[36]

Anders als Rade blieb es Harnack, der am 10. Juni 1930 starb, erspart, die »deutsche Katastrophe« (Friedrich Meinecke) von 1933 bis 1945 zu

---

[33] ADOLF HARNACK, Rasse, Überlieferung und Individuum (in: Neue Freie Presse von 25.12.1907).

[34] NOTTMEIER (s. Anm. 2), 406–410 u.ö.

[35] Vgl. KURT NOWAK, Adolf von Harnack in Theologie und Kirche in der Weimarer Republik (in: DERS. u.a. [Hgg.], Adolf von Harnack. Christentum, Wissenschaft und Gesellschaft, Göttingen 2003, 207–235, v.a. 210f.).

[36] Dazu NOTTMEIER (s. Anm. 2), 512f.

erleben. Rade hingegen, der 1924 emeritiert worden war und die Herausgeberschaft der *Christlichen Welt* 1931 an Hermann Mulert und Friedrich Siegmund-Schultze übergab, musste in den Jahren nach 1933 die Abschaffung der von ihm begrüßten und aktiv mitgestalteten Demokratie von Weimar mitansehen.[37] Seine linksliberale politische Orientierung – neben seiner parlamentarischen Tätigkeit als Mitglied der Preußischen verfassungsgebenden Versammlung von 1919 bis 1921 war er zugleich von 1919 bis 1928 Vorsitzender der Deutschen Demokratischen Partei (DDP) in der Provinz Hessen-Nassau – war der Grund für seine Entlassung aus dem Staatsdienst noch im Jahr 1933, die den Emeritus um seine staatliche Pension brachte und damit erhebliche finanzielle Schwierigkeiten zur Folge hatte. Während die *Christliche Welt* noch bis 1941 weitererscheinen konnte, wurde die *Vereinigung der Freunde der Christlichen Welt* – ihr hatten seit ihrer Gründung 1903 auch Harnack und Naumann angehört – 1934 von der Gestapo verboten.[38]

In der Endphase der Republik hatte Rade seine publizistische Verteidigung der Demokratie noch einmal intensiviert. Unmittelbar vor den Reichstagswahlen vom 31. Juli 1932 rezensierte er in der *Christlichen Welt* Hitlers *Mein Kampf* als eindringliche Mahnung vor der NSDAP. Durchaus hellsichtig sah er in Hitlers Antisemitismus den alles bestimmenden Bezugspunkt seiner politischen Überzeugung und sprach von dessen »hirnverbranntem Rassenfanatismus«.[39] Gleichwohl versuchte Rade, selbst Hitlers Schrift positive Impulse zu entnehmen und hoffte darauf – wie viele seiner Zeitgenossen –, dass Hitlers radikale Programmatik spätestens mit der Übernahme von Regierungsverantwortung sich deutlich abschwächen würde. Damit unterschätzte er den eliminatorischen Charakter des Antisemitismus' Hitlers. Offensichtlich hoffte Rade zu diesem Zeitpunkt wenigstens einen Teil der Nationalsozialisten noch in irgendeiner Weise in die bestehende Ordnung integrieren zu können.[40] Rades Biographin resümiert deshalb zu Recht: »Eine solche beinahe grenzenlose Toleranz mußte sich

---

[37] Dazu v.a. NAGEL (s. Anm. 4), 233–260. Wichtig außerdem: FRIEDRICH WILHELM GRAF, »Wir konnten dem Rad nicht in die Speichen fallen«. Liberaler Protestantismus und »Judenfrage« nach 1933 (in: JOCHEN-CHRISTOPH KAISER, MARTIN GRESCHAT [Hgg.], Der Holocaust und die Protestanten. Analyse einer Verstrickung, Frankfurt a. M. 1988, 151–185). Der Titel dieses Aufsatzes nimmt ein Zitat Rades aus dem Jahr 1933 auf (vgl. ChW 47, 1933, 527).
[38] Dazu NAGEL (s. Anm. 4), 251–253.
[39] MARTIN RADE, Hitlers »Mein Kampf« (in: ChW 46, 1932, 649–652, hier: 651).
[40] Eine Hoffnung, die er nicht zuletzt mit großen Teilen der politischen Elite teilte und die nach der Wahlniederlage der NSDAP bei den Wahlen vom 6. November 1932 mit der Abspaltung des Parteiflügels um Gregor Strasser nicht gänzlich unwahrscheinlich schien, vgl. HEINRICH AUGUST WINKLER, Weimar. Die Geschichte der ersten deutschen Demokratie, München 1993, 557–575.

gegenüber dem gewalttätigen Zugriff der Nationalsozialisten als ohnmächtig erweisen.«[41]

Dass Rade durchaus bereit war, im Sinne eines solchen Kompromisses auch Teile seiner bisherigen liberalen Überzeugungen beiseite zu stellen, zeigte eine weitere Veröffentlichung von Ende 1932, in der er zwar erneut jeden rassischen Antisemitismus ablehnte, die Möglichkeit einer Sondergesetzgebung für das deutsche Judentum aber zumindest nicht gänzlich ausschloss.[42] Zwar betonte er, dass bei allen seinen Kontakten mit Juden die positiven die negativen Erfahrungen bei weitem überwögen, konzedierte allerdings zugleich ohne weitere Spezifizierung eine Schuld der Juden »an Vielem«.[43] Allerdings rechtfertige das keinesfalls die Auswüchse des modernen Antisemitismus, den er erneut scharf ablehnte. Es ist aber daran zu erinnern, dass Rade 1890 Harnacks Kritik an Stoecker in Bezug auf die »Judenfrage« zu weit ging und er sich im Zuge der Gründung des Evangelisch-sozialen Kongresses deutlich vorsichtiger von Stoeckers Antisemitismus distanziert hatte.[44] Möglicherweise wirkte hier die Prägung durch Stoecker stärker nach und kam in der Konfliktsituation der frühen 1930er Jahre noch einmal zum Vorschein. Immerhin ließ sich darin die Bereitschaft erkennen, das deutsche Judentum überhaupt als gesellschaftliches Problem zu benennen. Auffallend ist auch der Gebrauch des Begriffs »Gastvolk« für die deutschen Juden – eine Formulierung, die bei Rade seit den frühen 1920er Jahre begegnet und ausdrücklich positiv verwendet wird, da das Judentum wichtige und unschätzbare Beiträge für das »Wirtsvolk« liefere.[45]

Auf dieser Linie lagen denn auch Rades verstörende Ausführungen über die »Nürnberger Rassegesetze« aus dem Jahr 1935, wenngleich sein Kommentar zu diesen Gesetzen offensichtlich nur nach erheblichen Eingriffen der staatlichen Zensur veröffentlicht werden konnte.[46] Rade, der brieflich gegenüber Wilhelm von Pechmann betonte, das Gesetz »in pectore« und »a limine« abzulehnen,[47] unterstrich darin, dass bei allen Schwierigkeiten und Unzulänglichkeiten nun für das deutsche Judentum

---

[41] NAGEL (s. Anm. 4), 243.
[42] MARTIN RADE, Rezension »Der Jud ist schuld ...?« (in: ChW 46, 1932, 793–796).
[43] A.a.O. 796.
[44] Siehe dazu die Ausführungen unter II und das Zitat unter Anm. 21.
[45] NAGEL (s. Anm. 4), 216–223 und 242–244.
[46] MARTIN RADE, Zur deutschen Judengesetzgebung (in: ChW 49, 1935, 994–997); zu den Problemen Rades mit der Zensur vgl. NAGEL (s. Anm. 4), 259.
[47] So in einem Brief vom 22. November 1935, in: FRIEDRICH WILHELM KANTZENBACH, Widerstand und Solidarität der Christen in Deutschland 1933–1945. Eine Dokumentation zum Kirchenkampf aus den Papieren des D. Wilhelm Freiherr von Pechmann, Neustadt a. d. Aisch 1971, 168.

wieder Rechtssicherheit herrsche. Bei aller Kritik an Einzelregelungen des Gesetzes und dem deutlichen Aufruf an die Kirchen, weiter für die Belange der jüdischen Christen einzutreten, stellte Rade fest, dass das Gesetz selber als »lex lata«[48] durch die Kirchen unanfechtbar sei. Zu Recht hat Friedrich Wilhelm Graf mit Blick auf diese Ausführungen betont, dass Rade zwar nach wie vor von einer politischen Unterstützung des Nationalsozialismus weit entfernt war, aber dennoch folgendes festzuhalten sei: »indem er die legislatorische Positivierung der Rassenideologie des nationalsozialistischen Staates nicht für christlich-ethisch prinzipiell illegitim erklärt, verschafft er dem nachliberalen Volksgemeinschaftsrecht des neuen Staates indirekt theoretische Legitimität.«[49] Rade teilt mit seiner Fiktion der »Rechtssicherheit« allerdings eine Illusion, die nach der Verabschiedung der Gesetze zunächst in weiten Teilen der Bevölkerung einschließlich des deutschen Judentums zu finden war.[50]

Allerdings: So sehr Rade auch in seinen letzten Jahren mit Blick auf das Judentum an der Unverbrüchlichkeit der Gleichheit aller Menschen vor Gott festhielt und den Kirchen in dieser Situation eine besondere Verantwortung zuschrieb, beschränkte sich seine Reaktion nun im Wesentlichen auf Appelle an das Gewissen und die Verantwortung des Einzelnen. Auch mit Blick auf die »Volljuden« gelte für Christen nach wie vor die Ethik der Bergpredigt, so dass wir »auch den Volljuden gegenüber auf unsere christliche Art nicht verzichten« können:

»Die Bergpredigt ist uns zu tief ins Gewissen eingegangen. Ist das jüdische Element unter uns – von unserem Staate als solches bezeichnet – ein Fremdvolk, so bleibt es, wird es darum erst recht für uns ein Gastvolk, und uns dünkt, wir seien nicht nur als Christen aus Güte, sondern als Deutsche um unserer Ehre willen schuldig, es als solches zu behandeln.«[51]

Rade verzichtete aber nun darauf, die Einlösung dieser grundlegenden ethischen Ansprüche in rechtlicher wie kultureller Hinsicht vom Staat einzufordern. Genau das hatte er im Kaiserreich wie der Republik vom Staat als Rechts- und Kulturstaat vehement eingefordert und in seinem Engagement gegen die Diskriminierung ethnischer Minderheiten wie der Dänen und Polen immer geltend gemacht.[52] Damit gab er zugleich mit dem Prinzip der Rechtsgleichheit aller Bürger ein zentrales Prinzip seiner eigenen politischen Vorstellungen preis.

---

[48] A.a.O. 994.
[49] GRAF (s. Anm. 37), 171.
[50] Dazu SAUL FRIEDLÄNDER, Das Dritte Reich und die Juden. Erster Band: Die Jahre der Verfolgung 1933–1939, München 1998, 180–189.
[51] ChW 49 (1935), 996f.
[52] Vgl. dazu JANTSCH (s. Anm. 19), 84–88.

In den beginnenden Auseinandersetzungen um den sogenannten Arierparagraphen in der Kirche im Frühjahr 1933 verband Rade resignative Töne gegenüber der staatlichen Gesetzgebung – man könne dem Rad nicht in die Speichen fallen –, mit deutlicher Kritik an den Kirchenleitungen, die entsprechende Vorschriften in die kirchlichen Ordnungen übertrugen:

»Kein Rassen- und Blutsunterschied kann uns scheiden. [...] Laßt uns dafür sorgen, daß unsere Judenchristen im Schoße unserer Christengemeinden sich wohl aufgehoben fühlen und wohl aufgehoben seien.«[53]

Die *Christliche Welt* – inzwischen unter der Herausgeberschaft von Hermann Mulert – berichtete zudem wiederholt und besorgt über antisemitisch motivierte Übergriffe und Vorfälle.

Rade selbst setzte sich in den ihm verbliebenen Lebensjahren mit großem persönlichen Engagement für verfolgte Juden ein und versuchte, ihnen zur Auswanderung zu verhelfen. Nach den Novemberpogromen von 1938 hat er Juden Unterschlupf und Versteck in seiner Wohnung gewährt. Hans-Joachim Schoeps, zeitweilig Redaktionshelfer bei der *Christlichen Welt*, hat mit guten Gründen deshalb im Rückblick erklärt, Rade sei ein »ebenso stiller wie wirksamer Nothelfer«[54] für viele Juden in der Zeit des Nationalsozialismus gewesen.

Unabhängig von den Ambivalenzen, die Rades Position in den letzten Jahren seines Lebens offenbarte, sah er im Aufkommen und Grassieren des Antisemitismus nicht zuletzt ein Versäumnis, ja eine Mitschuld der Kirchen und der Theologie selbst. Sie hätten durch mangelnde Aufklärung mit beigetragen zu der »Unwissenheit, die auf diesem Gebiete im Antisemitismus ihre Orgien feiert«.[55] Rade selbst hatte dieser mangelnden Aufklärung schon vor dem Ersten Weltkrieg durch sein Engagement für eine jüdisch-theologische Fakultät an der Frankfurter Universität entgegen zu wirken versucht.[56]

---

[53] ChW 47, 1933, 527f.
[54] HANS-JOACHIM SCHOEPS, Rezension Johannes Rathje, Die Welt des freien Protestantismus (in: ZRGG 5, 1953, 275–277).
[55] ChW 46 (1932), 796.
[56] MARTIN RADE, Eine jüdische theologische Fakultät in Frankfurt am Main (Süddeutsche Monatshefte 10, 1913, 332–336).

2. Liberalprotestantische Kulturhegemonie: Zum Problem des Antijudaismus

Innerhalb des deutschen Protestantismus zeichnete sich der liberale Protestantismus insgesamt als die theologische wie kirchliche Richtung aus, die sich dem seit 1878/79 entstandenen modernen Antisemitismus gegenüber am deutlichsten positionierte. Für Harnack, Rade und Naumann als den wohl einflussreichsten Exponenten dieser Richtung galt das in besonderem Maße. Es ist wichtig, diese grundlegende Ablehnung des politischen Antisemitismus deutlich herauszuarbeiten. Leider wird dieser Aspekt nicht nur in Feuilleton-Debatten[57], sondern auch manchen wissenschaftlichen Beiträgen zum Thema immer wieder übersehen, wenn vom »Antijudaismus« des Kulturprotestantismus gesprochen wird.[58] Innerhalb der protestantischen Lager des 19. Jahrhunderts ist er jedenfalls der Strang, der sich am eindeutigsten in Richtung auf Menschenrechte, Demokratie und Moderne positioniert hat.

Dennoch gilt für Harnack, dass kaum ein Aspekt seiner Biographie so umstritten ist, wie sein Verhältnis zum Judentum. Hier steht v.a. Harnacks Darstellung des Judentums im Zeitalter Jesu in seinem »Wesen des Christentums« im Brennpunkt der Auseinandersetzung.[59] Stellte Harnacks Entwurf »ein klassisches Stück antijudaistischer Enterbungstheologie« dar, der für eine »vorurteilsfreie Wahrnehmung des Judentums seiner Zeit und für einen Dialog mit den jüdischen Interpreten der neutestamentlichen Zeitgeschichte keinen Raum ließ«?[60] Oder kam Harnacks Buch – sicher-

---

[57] Vgl. als Beispiele nur FRIEDRICH NIEWÖHNER, Das Halbe und das Ganze. Adolf von Harnack über das Wesen des Judentums (in: FAZ vom 23.2.2000, N 5). Aus der jüngsten Zeit sei nur an manche Auswüchse in der Debatte um Notger Slenczkas Thesen zum Verständnis des Alten Testaments erinnert, dazu zusammenfassend und das Wesentliche sagend: ULRICH BARTH, Symbolisches Kapital. Gegen eine christliche Relativierung des Alten Testaments (in: Zeitzeichen 10, 2015, 12–15).

[58] Vgl. etwa PETER VON DER OSTEN-SACKEN, Rückzug ins Wesen und aus der Geschichte: Antijudaismus bei Adolf von Harnack und Rudolf Bultmann (in: WPKG 67, 1978, 108–122).

[59] ADOLF VON HARNACK, Das Wesen des Christentums, hg. v. Claus-Dieter Osthövener, Tübingen ³2012 (künftig WdC). Äußerst instruktiv ist hier das umfassende Nachwort des Herausgebers a.a.O. 259–292; vgl. ferner DERS., Adolf von Harnack als Systematiker (in: ZThK 99, 2002, 296–331) und CHRISTIAN NOTTMEIER, Adolf von Harnack. Die Religion der individuellen Freiheit (in: VOLKER DREHSEN u.a. [Hgg.], Kompendium Religionstheorie, Göttingen 2005, 37–50, v.a. 41–47).

[60] So CHRISTIAN WIESE, Wissenschaft des Judentums und protestantische Theologie im wilhelminischen Deutschland. Ein »Schrei ins Leere«?, Tübingen 1999, 135; Wiese schließt damit an URIEL TAL, Theologische Debatten um das »Wesen« des Judentums (in: WERNER E. MOSSE, ARNOLD PAUCKER [Hgg.], Juden im Wilhelminischen Deutschland 1890–1914, Tübingen 1976, 599–632), an. Umfassend auch WOLFRAM KINZIG, Harnack, Marcion und das Judentum. Nebst einer kommentierten Edition des Briefwechsels

lich unbeabsichtigt – einem »Katalysator für die geistigen und wissenschaftlichen Strukturen des Judentums« gleich?[61]

Dass es Harnack, der zeitlebens nicht nur privat, sondern auch öffentlich gegen den grassierenden Antisemitismus Stellung bezog, mit seiner Darstellung um eine »Existenzverneinung« des Judentums seiner Gegenwart ging, lässt sich kaum behaupten. Das Judentum der Gegenwart war für ihn allerdings nur ein Randphänomen, das ihn inhaltlich nicht interessierte. Diese Indifferenz hinderte ihn allerdings nicht an einem religiös sensiblen Umgang mit den Erwartungen des jüdischen Teils seines breiten Kreises von Freunden und Bekannten. Dafür ist die Trauerrede, die Harnack 1925 auf Eduard Arnhold hielt, dem er besonders durch seine Tätigkeit in der Kaiser-Wilhelm-Gesellschaft verbunden war, ein eindrücklicher Beleg.[62] Ohne auf die jüdische Religionszugehörigkeit Arnholds einzugehen, bemüht sich Harnack um eine Würdigung des Verstorbenen, die sich v.a. auf alttestamentliche Schriftzitate bezieht, zwar eine lutherische Gnadenvorstellung erkennen lässt, diese aber ohne jede Erwähnung Jesu entfaltet.

Im Zusammenhang der Wesensschrift war Harnack ausschließlich an den drei großen christlichen Konfessionen und der Fortwirkung des Evangeliums in ihnen interessiert. Nicht nur Katholizismus und Orthodoxie, sondern auch der Protestantismus selbst erfahren hier eine kritische Würdigung – und zwar nach den gleichen Kriterien, nach denen Harnack das Judentum zur Zeit Jesu beurteilen sollte.

Im Zusammenhang mit der Darstellung des Evangeliums Jesu kritisierte Leo Baeck Harnacks Darstellung des zeitgenössischen Judentums und darin namentlich der Pharisäer. Auch in diesem Teil seiner Vorlesung ging es Harnack zunächst allerdings allein um das Judentum als »Horizont und Rahmen« Jesu.[63] Das zeigt sich etwa an Harnacks Einordnung der jesuanischen Aufnahme des Messiastitels im Kontext der entsprechenden Vorstellungen des Judentums zur Zeit Jesu: »Erst wenn wir ihren Sinn durch geschichtliche Untersuchungen ermittelt haben, können wir fragen, ob dem Wort eine Bedeutung zukommt, die irgendwie bestehen bleibt, auch nachdem die jüdisch-politische Form und Schale zerbrochen ist.«[64] Wenn

---

Adolf von Harnack mit Houston Stewart Chamberlain, Leipzig 2004. Kinzigs Studie zeigt – trotz einiger argumentativer Ungereimtheiten – deutlich und materialreich, dass der Vorwurf des Antisemitismus und des Antijudaismus im Falle Harnacks kaum mehr aufrecht zu erhalten ist.

[61] So WALTER HOMOLKA, Jüdische Identität in der modernen Welt. Leo Baeck und der deutsche Protestantismus, Gütersloh 1994, 49.

[62] ADOLF HARNACK, Eduard Arnhold, 1925 (in: DERS. [Hg.], Aus der Werkstatt des Vollendeten, Gießen 1930, 269–274).

[63] WdC 16.

[64] A.a.O. 76.

Harnack hier ein jüdisches von einem christlichen Messiasverständnis unterscheidet, so macht er zugleich deutlich, dass es sich dabei nicht um einen Sprung vom einen zum anderen, sondern um einen Entwicklungsprozess handelt. Bereits das Judentum der Zeitenwende ist durch starke Tendenzen zur Transzendierung, Individualisierung, Ethisierung und Universalisierung der eschatologischen Zukunftshoffnungen gekennzeichnet,[65] an die das Christentum dann anknüpfen konnte. In diesem Zusammenhang finden sich durchaus positive Wertungen des Judentums, etwa bezüglich des Diaspora-Judentums Alexandriens, das die »Höhe einer geistigen Weltreligion« erreicht habe. Jesus habe in seinem Volk eine »reiche und tiefe Ethik« vorgefunden, erklärt Harnack an anderer Stelle und fährt mit Blick auf die Pharisäer fort: »Es ist nicht richtig, die pharisäische Moral lediglich nach kasuistischen und läppischen Erscheinungen zu beurteilen, die sie aufweist.«[66] Den Pharisäern kommt gleichwohl eine Schlüsselposition in Harnacks Jesusdeutung zu, die zunächst dem Sachverhalt Rechnung tragen muss, dass schon von der Quellenlage her die Person Jesu ohne ihren Bezug auf die Pharisäer unverständlich bleibt. Obwohl sodann auch bei ihnen die genannten Tendenzen zur Ethisierung, Individualisierung und Universalisierung des Judentums vorhanden waren – »herrliche Worte hatten sie gesprochen; sie könnten aus dem Munde Jesu stammen« –, fehlt ihnen die »Reinheit« und der »Ernst« der Religion, wie er sich bei Jesus manifestiert, denn »sie hatten leider noch sehr viel anderes daneben. Es war bei ihnen beschwert, getrübt, verzerrt, unwirksam gemacht«.[67] Es ist wichtig zu sehen, dass es Harnack bei seiner Bestimmung der Besonderheit Jesu gerade nicht darum geht, dass er erstmals Gedanken neu ausgesprochen hat. Als methodischer Leitfaden muss folgende Bemerkung Harnacks gelten, die unmittelbar auf die von »jüdische[n] Gelehrte[n]« gestellte Frage nach dem Neuen an Jesus anschließt: »Nun fragen Sie noch einmal: ›Was war denn das Neue?‹ In der monotheistischen Religion ist diese Frage nicht am Platze. Fragen Sie vielmehr: ›War es rein und war es kraftvoll, was hier verkündet wurde?‹«[68] Die Besonderheit Jesu liegt also erstens in der »Reinheit« seiner Verkündigung – hier trägt Jesu Verkündigung gegenüber den Pharisäern also einen reduktionistischen Charakter, indem er verschüttete Grundgedanken besonders der Propheten und Psalmisten wieder hervortreten lässt bzw. besonders prägnant zum Ausdruck bringt – und zweitens im »Ernst« und mit der »Kraft

---

[65] A.a.O. 79–81.
[66] A.a.O. 47.
[67] A.a.O. 35.
[68] Ebd.

seiner Persönlichkeit«, mit der er diese Grundgedanken zu Geltung bringt: »Worte thun es nicht, sondern die Kraft der Persönlichkeit, die hinter ihnen steht. Er aber predigte gewaltig, ›nicht wie die Schriftgelehrten und Pharisäer‹: das war der Eindruck, den seine Jünger von ihm gewannen. Seine Worte wurden ihnen zu ›Worten des Lebens‹, zu Samenkörnern, die aufgingen und Frucht trugen – das war das Neue.«[69] In der Kraft des Gottesbewusstseins Jesu verbinden sich Reduktionismus (»Reinheit«) und Persönlichkeit (»Ernst«). Damit verlagert sich bei Harnack das Problem der Besonderheit Jesu von der Frage nach der Herkunft einzelnen Vorstellungsmaterials auf die Ebene der Religionstheorie und der Geschichtsmethodik. Religion geht nicht in Verkündigung und Lehre auf, so notwendig sie dieser bedarf. Sie verbindet sich, um historisch wirkmächtig zu werden, vielmehr mit den großen Stiftergestalten. An ihnen und dem Eindruck, den diese Gestalten auf ihre Anhänger machen, wird Verkündigung und Lehre zu erlebter Religion. Religion ist Leben und entzündet sich an Leben. Beim Evangelium, wie es Jesus verkündigt hat, handelt es sich »um ein *Leben*, das, immer aufs neue entzündet, nun mit eigener Flamme brennt.«[70] Nicht einzelne Elemente der Verkündigung Jesu allein, sondern ihre in der Verbindung mit der Person Jesu sich in der Geschichte ablesbare Wirkmächtigkeit,[71] immer neu religiöses Leben zu entzünden, markieren die religionsgeschichtliche Besonderheit Jesu.

Es ist Hermann Cohen gewesen, der diesen letztlich entscheidenden Punkt des Dissenses anlässlich seines Auftritts auf dem Berliner *Weltkongreß für freies Christentum und religiösen Fortschritt* 1910, an dem auch Harnack teilnahm, namhaft gemacht hat: »Alle Anknüpfung der Religion aber an eine Person setzt sie der Gefahr des Mythos aus. Denn der Grundsinn des Mythos ist die Personifikation alles Unpersönlichen. Darin bewährt sich die Unterscheidung, welche das Judentum überall vom Mythos an sich durchzuführen sucht, daß sie die höchste Tat, die sie von Gott erwarten kann, die Vereinigung seiner Kinder in Eintracht und Treue, durchaus nicht von einer Person erwartet.«[72]

---

[69] A.a.O. 36.
[70] A.a.O. 15.
[71] Harnack zufolge ist die Ganzheit einer historischen Persönlichkeit nicht nur auf ihre Handlungen und Aussagen begrenzt, sondern schließt auch ihre Wirkung und Anerkennung durch andere ein, vgl. etwa WdC 15 f. Harnack unterstreicht dieses Prinzip der Wirkungsgeschichte ausdrücklich mit Blick auf die Frage nach dem Neuen an Jesus: »Daß der eine oder andere jüdische Lehrer das Zeremoniell-Gesetzliche hinter dem Sittlichen zurücktreten ließ, kann hier nicht entscheiden, da er aus der Gesamterscheinung des jüdischen Lehrertums der damaligen Zeit doch nicht heraustrat« (WdC 35, Anm. 1).
[72] HERMANN COHEN, Die Bedeutung des Judentums für den religiösen Fortschritt

In Harnacks Sicht stehen die Pharisäer exemplarisch für die grundsätzliche Gefahr der Gefährdung der »Reinheit« und des »Ernstes« der Religion durch Lehre, Ritus und Institutionalisierung. Insofern weisen sie über die empirische Historie hinaus und stellen einen bestimmten Idealtyp der Entwicklung historischer Religion dar – eine Entwicklung, die sich in Harnacks Darstellung im römischen Katholizismus und in Teilen des orthodoxen Protestantismus dann wiederholt. Harnacks Darstellung ist damit vorrangig an verallgemeinerbaren Fehlentwicklungen der Religion hin zu Ritualismus und Erstarrung interessiert, für die die Pharisäer zum Stehen kommen.[73] Ein Urteil über das Judentum der Gegenwart war damit nicht gesprochen. Es ist wichtig, diese Ebenen auseinander zu halten.

Die bei Harnack feststellbare »symbolisch bestimmte Wahrnehmung der Pharisäer«[74] lässt sich auch bei einem jüdischen Forscher wie Moriz Friedländer feststellen,[75] dessen Studien Harnack im Übrigen nachweislich zur Kenntnis genommen hat.[76] In Friedländers Arbeiten zum Judentum der Zeit Jesu sind es die Pharisäer, die die Entwicklung des Judentums zur Universalreligion abgeblockt haben – das von ihm gezeichnete Bild der Pharisäer ist so weitgehend mit dem Harnacks identisch.[77] Das von Harnack rekonstruierte Evangelium Jesu wird als die Botschaft eines liberalen Reformjudentums reklamiert, das sich im hellenistischen Judentum präfiguriert findet: Jesus »war unser, und sein Evangelium ist unser«.[78] Mit

---

der Menschheit (in: DERS., Jüdische Schriften. Erster Band: Ethische und religiöse Grundfragen, Berlin 1924, 18–35, hier: 31).

[73] Vgl. dazu auch FRANK SURALL, Juden und Christen – Toleranz in neuer Perspektive: der Denkweg Franz Rosenzweigs in seinen Bezügen zu Lessing, Harnack, Baeck und Rosenstock-Huessy, Gütersloh 2003, der zutreffend bemerkt, Harnacks Darstellung des Judentums sei eine »Ausprägung einer umfassenderen als ›Antiformalismus‹ oder ›Antiinstitutionalismus‹ zu kennzeichnenden Abwehrhaltung, die sich genauso gegen Erscheinungen innerhalb des Christentums« richten könne (104f.).

[74] HANS GÜNTER WAUBKE, Die Pharisäer in der protestantischen Bibelwissenschaft des 19. Jahrhunderts, Tübingen 1998, 319. Im Übrigen ist auch Baecks positive Wahrnehmung der Pharisäer als breit angelegter Laienbewegung, in der sich Weisheitstheologie und Universalismus miteinander mustergültig verbinden (vgl. dazu LEO BAECK, Die Pharisäer. Ein Kapitel jüdischer Geschichte, Berlin 1934) eine solche »symbolisch bestimmte Wahrnehmung«.

[75] Vgl. WAUBKE, 280–283.

[76] Vgl. HARNACKS Rezension von Friedländers *Patristische und talmudische Studien* (in: ThLZ 3, 1878, 604–606). In der *Dogmengeschichte* werden weitere Werke Friedländers zitiert: Die vorchristliche jüdische Gnosis, 1898 (s. ADOLF HARNACK, Lehrbuch der Dogmengeschichte, Bd. 1: Die Entstehung des kirchlichen Dogmas, Tübingen [4]1909 [künftig: LDG[4] 1], 122.166), und: Geschichte der jüdischen Apokalyptik als Vorgeschichte des Christenthums, Zürich 1903 (s. LDG[4] 1, 128.129.497).

[77] MORIZ FRIEDLÄNDER, Die religiösen Bewegungen innerhalb des Judentums im Zeitalter Jesu, Berlin 1905.

[78] A.a.O. XIX. Vgl. auch FELIX PERLES, Was lehrt uns Harnack?, 1902 (in: DERS., Jüdische Skizzen, Leipzig 1912, 208–231).

Blick auf die historiographische Programmatik wie auch die materiale Füllung der jeweiligen Wesensbestimmungen ließen sich denn auch aufschlussreiche Gemeinsamkeiten der Arbeiten Harnacks, Baecks und Friedländers aufweisen.[79] Baeck konnte eine solche letzte Gemeinsamkeit in seinem namens der Berliner Hochschule für die Wissenschaft des Judentums der Frau Harnacks übermittelten Kondolenzschreiben formulieren: »Sein Lebenswerk ist ein Werk auch für die Arbeit und die Aufgabe geworden, die uns anvertraut ist. Auch wir dürfen ihn Lehrer und Meister nennen.«[80]

Es ist hilfreich, die Diskussion um Harnacks Wesen des Christentums in den Kontext seiner eigenen Analyse der religiösen und kulturellen Gegenwart zu stellen. Hier ist seine in dieser Zeit entworfene Konzeption vom dreifachen Ausgang der Dogmengeschichte von zentraler Bedeutung. Dieses Modell hat er als eine Genealogie der Weltanschauungen der Gegenwart konzipiert.[81] Die Ausgänge in Katholizismus und Sozinianismus zeichnen sich beide dadurch aus, dass in ihnen die religiösen Motive der Dogmenbildung letztlich verkümmert sind. Im Katholizismus geschieht dies durch die absolute Autorität der Kirche, unter deren Mantel das Dogma zwar konserviert, der »persönlich bewußte Glaube« aber durch die »Unterwerfung unter die Kirche gelähmt« wird.[82] Im Sozinianismus, der für Harnack den Vorläufer eines monistisch-dogmatischen Wissenschaftsideals repräsentiert, ist das Dogma abgetan und seine religiösen Impulse sind »nahezu aufgesogen [...] durch den Moralismus« und damit zugleich »die Eigenart des religiösen Glaubens verkannt«.[83] Beide Bewegungen kennzeichnet Harnack als »modern«, mit Ausnahme ihres »religiösen Kerns«, in dem sie nicht mehr als Folgeerscheinungen des mittelalterlichen Christentums seien. Genau umgekehrt verhält es sich mit der Reformation, wie sie durch Luthers Christentum dargestellt wird. Dieser ist zwar mit Blick auf seine Lehrgestalt eine altkatholische bzw. mittelalterliche Erscheinung, nicht aber mit Blick auf sein religiöses Zentrum. Der Protestantismus ist darin modern, dass er zum Sachwalter des Eigenwerts des Religiösen wird. Das Religiöse wird so vor institutioneller Vereinnahmung

---

[79] Vgl. dazu neben der Studie von Waubke auch: ROLAND DEINES, Die Pharisäer. Ihr Verständnis im Spiegel der christlichen und jüdischen Forschung seit Wellhausen und Graetz, Tübingen 1997.

[80] Baeck an Amalie von Harnack am 13.6.1930 (Nl. Harnack, K. 26, Korr. Baeck).

[81] LDG⁴ 3, 661–908; vgl. dazu auch CHRISTIAN NOTTMEIER, Protestantismus und Moderne: Adolf von Harnacks Programm einer historischen Plausibilisierung des Christentums (in: FRIEDRICH WILHELM GRAF [Hg.], Intellektuellen-Götter. Das religiöse Laboratorium der klassischen Moderne, München 2009, 61–81, v.a. 68ff.).

[82] LDG⁴ 3, 809.

[83] A.a.O. 809 und 767f.

– sei es durch Kirche oder Staat – wie auch einseitiger Rationalisierung und Ethisierung gewahrt. Nicht Autorität, Dogma oder Bekenntnis, sondern die Freiheit ist deshalb die »konsequente Gestalt der protestantischen Frömmigkeit«.[84] Der Protestantismus ist damit der Sachwalter von Religion und individueller Freiheit. Er ist nicht mehr notwendig an die kirchliche Form gebunden, wenngleich auf diese als Vehikel kultureller Vermittlung noch angewiesen. In seinem Lebensideal verbinden sich religiöse Innerlichkeit und Weltaufgeschlossenheit, wie sie Harnack mit gewissen Einschränkungen bei Luther, vor allem aber bei Augustin und Goethe zu erkennen glaubte.

Diese Genealogie ist gleichsam idealtypisch zu verstehen. Sie stehen für die nach Harnack drei grundlegenden Momente der Moderne: Wissenschaft, Institution und Religion. Sie sind dabei auch nicht auf die je konfessionelle Gestalt beschränkt. Ähnlich wie in der Wesensschrift ging es auch nicht darum, nur die Defizite der jeweils anderen Konfessionsform aufzuweisen – unbestreitbar allerdings aus einer protestantischen Perspektive. Letztlich geht es vermutlich auch weniger um die Aufhebung oder Auflösung der einen oder anderen Gestalt, als um relativ komplexe Transformations- und Übergangsprozesse. Hier kam gleichwohl ein kulturelles Leitbild zum Tragen, dass weniger den Protestantismus als Einzelkonfession, als vielmehr eine protestantisch imprägnierte Weltfrömmigkeit zum kulturellen Leitideal erklärte – ein Ideal, das nicht auf den Protestantismus beschränkt blieb, sondern sich auch in anderen Konfessions- und Religionskulturen finden ließ. Nicht ohne kulturprotestantische Überheblichkeit konnte Harnack etwa mit Blick auf den Modernismus feststellen: »Als christliche Forscher und Denker gehören sie zu uns; denn sie wären gar nicht, hätte es im 16. Jahrhundert nicht eine Reformation gegeben.«[85] Ähnlich wird Harnack auch über das liberale Judentum gedacht haben. Protestantismus als Geistesfreiheit und eigenverantwortliche Frömmigkeit waren hier die Leitideale. Harnack maß damit den Katholizismus wie auch das Judentum an seinem liberalprotestantischen Kulturbild und mutete ihnen – bei aller prinzipiellen Anerkennung ihrer historisch je eigenen Entwicklungsformen – zu, sich in eine zumindest protestantisch-grundierte liberale Bürgergesellschaft einzubringen. Hier lag eine entscheidende Grenze Harnacks, indem eine zumindest protestantisch interpretierte Kultur zum Maßstab der Entwicklung auch des Judentums gemacht wurde. Entsprechend formulierte er in einem Brief an Chamberlain, dem er vor-

---

[84] ADOLF HARNACK, Religiöser Glaube und freie Forschung (in: DERS., Aus Wissenschaft und Leben, Bd. 1, Gießen 1911, 267–276, hier: 269).
[85] LDG⁴ 3, 764.

warf, von einem »antijüdischen Dämon« besessen zu sein: Diesem Volk sei es durch die Geschichte »furchtbar schwer gemacht worden, sich zu edler Menschlichkeit emporzufinden. Aber schon jetzt kenne ich mehrere Juden, die mir auf verschiedenen Linien Ehrerbietung abnötigen. Wollen wir dem Volke doch hoffen, daß es vorwärts komme«.[86]

3. Die Herausforderungen der Nachkriegszeit

Der Weltkrieg stellte für Harnack, Rade und Naumann einen tief greifenden Einschnitt dar. Allen drei war gemeinsam, dass der Krieg für sie insbesondere freiheitliche innere Reformen zur Folge haben musste. So sehr v.a. Harnack das Ende der Monarchie bedauerte, so sehr war er doch bereit, sich auf den neuen Staat einzulassen und aktiv in ihm mitzuarbeiten. Die Erfahrungen Naumanns, der im August 1919 starb, aber auch Rades bestätigten ihn dabei. In der Unterstützung der Republik waren Harnack und Rade sich einig, wenngleich Harnacks Schwerpunkt auf der Wissenschaftspolitik lag. Politisch setzte er seine Hoffnungen neben Naumann v.a. auf Erzberger, Rathenau und Ebert. Die Überbrückung der konfessionellen wie religiösen Spaltung der deutschen Gesellschaft spielte auch in seinen Beiträgen dieser Zeit eine entscheidende Rolle. Die Ablehnung des nun grassierenden Antisemitismus gehörte in diesen Zusammenhang. Bürgertum und Sozialdemokratie – daran ließen Harnack wie Rade keinen Zweifel – mussten zusammenarbeiten. Beide warnten schließlich auch vor den Kampagnen von Nationalsozialisten und Deutschnationalen gegen die Republik.[87]

Für unser Thema ist allerdings für die Nachkriegszeit Harnacks Ende 1920 erschienene umfassende Darstellung der Theologie Marcions von Interesse. Harnack griff damit – wie er auch im Vorwort erwähnte – auf die Gestalt des großen »Ketzers« des zweiten nachchristlichen Jahrhunderts zurück, die 1870 mit der Dorpater Preisarbeit am Beginn seiner theologischen Laufbahn gestanden und ihn immer wieder beschäftigt hatte.[88]

---

[86] Harnack an Chamberlain am 24. November 1912 (in: KINZIG [s. Anm. 60], 263 bzw. 266).

[87] Dazu NOTTMEIER (s. Anm. 2), 498–514.

[88] ADOLF VON HARNACK, Marcion. Das Evangelium vom fremden Gott. Eine Monographie zur Geschichte der Grundlegung der katholischen Kirche, Leipzig ²1924, VI. Zu diesem Buch vgl. die Überlegungen von KURT NOWAK, Theologie, Philologie und Geschichte. Adolf von Harnack als Kirchenhistoriker (in: DERS., OTTO GERHARD OEXLE [Hgg.], Adolf von Harnack. Theologe, Historiker und Wissenschaftspolitiker, Göttingen 2001, 189–237, v.a. 228–237); außerdem KINZIG (wie Anm. 60), 41–153; dazu ergänzend und korrigierend auch: ECKHARD MÜHLENBERG, Adolf von Harnack – Marcion und die Frage nach dem Stellenwert des Alten Testaments (in: ULRICH BARTH u.a. [Hgg.], Christentum und Judentum, Berlin, New York 2012, 574–591).

Über die fachwissenschaftliche Debatte hinaus waren es zwei Punkte, die eine breite Aufmerksamkeit, aber auch eine gewisse Verwirrung hervorriefen: Harnacks Abweisung des kanonischen Rangs des Alten Testaments für die Gegenwart sowie seine nicht zu übersehende Sympathie für Marcion als einer Gestalt, deren radikaler Dualismus samt der ihm inne wohnenden Verwerfung von Welt und Kultur als Werk eines bösen Schöpfergottes zumindest auf den ersten Blick dem Kulturprotestantismus Harnacks gänzlich widersprach.

Die für die Gegenwart geforderte Abweisung des kanonischen Rangs des Alten Testaments hat die Wirkung des Buches schwer belastet.[89] Harnacks Motiv dafür waren allerdings alles andere als antijudaistische oder gar antisemitische Tendenzen, sondern vielmehr der erneute Versuch einer Konzentration des Christlichen auf die göttliche Gnadenbotschaft. Das Alte Testament sollte als »gut und nützlich zu lesen« (Luther) den Status der apokryphen Literatur erhalten. Dabei ist die große Bedeutung, die Harnack gerade den Propheten und den Psalmen für die eigene Frömmigkeit zusprach,[90] ebenso zu betonen wie seine wiederholt vorgetragene These, das Auftreten der alttestamentlichen Propheten stelle die »bedeutendste Stufe in der Religionsgeschichte« dar, da mit ihnen die Religion verinnerlicht und zugleich mit der Moral verbunden wurde.[91] Harnacks Kritik wandte sich vorrangig gegen die aus alttestamentlichen Überlieferungen abgeleiteten dogmatischen Lehraussagen, aber auch gegen die historisch nicht haltbare Deutung der Messiasverheißungen auf die Person Jesu. Mit Blick auf die Geschichte der christlichen Frömmigkeit konnte er auch mit dem religiösen Eigenwert der Alten Testaments argumentieren: »von ›verwerfen‹ ist heute aber nicht die Rede, vielmehr wird dieses Buch erst dann in seiner Eigenart und Bedeutung (die Propheten) überall gewürdigt und geschätzt werden, wenn ihm die kanonische Autorität, die ihm nicht gebührt, entzogen ist.«[92] Ausdrücklich verwahrte er sich dagegen, mit seinem Entwurf auch nur in die Nähe des Assyrologen Friedrich Delitzsch gerückt zu werden, der 1920 eine ebenso gegen das Alte Testament wie gegen das moderne Judentum gerichtete antisemitische Kampfschrift veröffent-

---

[89] Der zentrale Satz, der allerdings nicht ohne den Kontext zu interpretieren ist, lautete: »Das AT im 2. Jahrhundert zu verwerfen, war ein Fehler, den die große Kirche mit Recht abgelehnt hat; es im 16. Jahrhundert beizubehalten, war ein Schicksal, dem sich die Reformation noch nicht zu entziehen vermochte; es aber seit dem 19. Jahrhundert als kanonische Urkunde im Protestantismus noch zu konservieren, ist die Folge einer religiösen und kirchlichen Lähmung« (HARNACK, Marcion [s. Anm. 88], 217).
[90] Vgl. ZAHN-HARNACK (s. Anm. 2), 439f.
[91] ADOLF HARNACK, Christus als Erlöser (in: DERS., Aus Wissenschaft und Leben, Bd. 2, Gießen 1911, 81–93, hier: 88).
[92] HARNACK, Marcion (s. Anm. 88), 223.

licht hatte.⁹³ Delitzschs Ausführungen, so Harnack, »sind vom wissenschaftlichen Standpunkt aus ebenso rückständig wie vom religiösen verwerflich«.⁹⁴ Die »Mitteilungen des Vereins zur Abwehr des Antisemitismus« registrierten 1925 mit Genugtuung, dass Harnack jede antisemitische Interpretation seiner Darstellung vehement bekämpfte.⁹⁵ In dem mehrfach gehaltenen, allerdings nicht veröffentlichten Vortrag *Marcion. Der radikale Modernist des 2. Jahrhunderts* von 1923 notiert Harnack: »Ich werfe n. das A.T. heraus.«!⁹⁶

Insofern dürfte es zumindest problematisch sein, das Marcionbuch vorrangig von der Frage der Kanonizität des Alten Testaments her zu interpretieren.⁹⁷ Das ist mit Blick auf die Rezeptionsgeschichte des Buches zweifellos wichtig und notwendig, verkürzt jedoch die vielfältigen Deutungsperspektiven, unter denen Harnacks Beschäftigung mit Marcion stand. Man kann jedoch kritisch fragen, ob Harnack hier nicht selbst einen zu normativen Begriff des Kanons als Norm christlicher Lehre vertritt und damit einer allein auf die Kanonfrage fixierten Interpretation dieses Buches Vorschub geleistet hat.⁹⁸

Dabei bietet das Buch auch andere Perspektiven. Schon in der Preisschrift von 1870 verband er die historische Darstellung mit einer systematischen Perspektive. Marcion stand für Harnack zugleich für die Frage nach der Bedeutung der Subjektivität in der Religion, die er hier noch ganz in den Bahnen des konfessionellen Luthertums behandelte. Ähnlich verhält es sich mit der Monographie von 1921. Vielleicht noch wichtiger als die Kanonfrage war Harnacks Beitrag zur Diskussion um das Verhältnis von Christentum und Kultur, den er mit diesem Werk vorlegte.⁹⁹ »Aber ist

---

⁹³ Vgl. als Überblick KARL-HEINZ BERNHARDT, Art. Friedrich Delitzsch 1850–1922 (in: TRE 8, 1981, 433f.). Zu Harnacks Auseinandersetzung mit Delitzsch im »Bibel-Babel-Streit« auch dessen 1903 erschienener Aufsatz: Der Brief Sr. Majestät des Kaisers an den Admiral Hollmann (HARNACK, Wissenschaft [s. Anm. 84], 63–71).

⁹⁴ HARNACK, Marcion (s. Anm. 88), 223, Anm. 1.

⁹⁵ Vgl. Abwehrblätter 35, 1925, Nr. 9/10 vom 20.5.1925.

⁹⁶ Der Vortrag ist abgedruckt in: ADOLF HARNACK, Marcion. Der moderne Gläubige des 2. Jahrhunderts, der erste Reformator (Die Dorpater Preisschrift [1870], hg. v. Friedemann Steck, Berlin, New York 2003, 395–400, hier: 398).

⁹⁷ So KINZIG (Anm. 60) und auch NOTGER SLENCZKA, Die Kirche und das Alte Testament (in: ELISABETH GRÄB-SCHMIDT [Hg.], Das Alte Testament in der Theologie, Leipzig 2013, 83–119, v.a. 89–95).

⁹⁸ Sowohl Kinzig wie Slenczka – und dessen zahlreiche Kritiker – scheinen mir letztlich die autoritative Lehrform im Verständnis des Kanons zu überschätzen, vgl. dazu auch neben BARTH (s. Anm. 57) ROCHUS LEONHARDT, Viel Lärm um Nichts. Beobachtungen zur aufgeregten Diskussion um den Berliner Theologen Notger Slenczka (in: Zeitzeichen 6, 2015, 13–16).

⁹⁹ Darauf hat NOWAK, Theologie (s. Anm. 88) verwiesen, der von einem »änigmatisch-irritierenden Schlussakkord« (a.a.O. 237) in Harnacks Werk sprach. Allerdings

es möglich, über das Verhältnis von Gott und Kultur so sicher zu sein, wie darüber, daß Gott mich erlöst hat! [...] Haben Natur und Kultur nicht auch ein Gesicht, in denen sie widergöttlich sind?«, fragte Harnack am 3. Oktober 1921 auf einer Versammlung der *Freunde der Christlichen Welt*, nachdem Erich Foerster ihm vorgeworfen hatte, mit seiner Marcion-Deutung den Zusammenhang von Gott und Welt zu zerreißen und so die radikale Kulturverneinung der jungen Theologen um Karl Barth zumindest mit zu begünstigen.[100] Eine Antwort wie die Marcions, so Harnack weiter, sei heute nicht mehr möglich: »Im 20. Jahrhundert kann nicht der Dualismus, sondern muß die Zurückhaltung von diesen Fragen das Richtige sein.«[101] Auch im Buch stellte Harnack sich letztlich auf die Seite der Kritiker Marcions, erklärte aber zugleich: »Dennoch kann man nur wünschen, daß sich in den wirren Chor der Gottsuchenden heute wieder auch Marcioniten fänden; denn ›leichter hebt sich die Wahrheit aus der Verirrung als aus der Verwirrung.‹«[102] In diesem Zusammenhang ist interessant, dass Harnack 1923 die Theologie des jungen Karl Barth mit dem Stichwort des Marcionitismus belegte.[103] Das Marcion-Buch stellte, auch wegen der biographischen Kontinuität zu Harnacks theologischen Anfängen, die eindringliche Erinnerung Harnacks an die »im Kulturprotestantismus unverlorene[] Überzeugung von der Differenz zwischen Evangelium und Kultur«[104] dar – eine Differenz, die er in den 1870er Jahren gegenüber dem älteren Liberalprotestantismus scharf betont und nie aufgegeben hatte. Insofern war Marcion das »patristische Symbol« für die Verwerfungen der bruchlosen Integration von Protestantismus und Kultur.[105]

---

sind die Kontinuitäten auch in den Deutungsperspektiven gegenüber der Preisschrift von 1870 erstaunlich.

[100] Sonderversammlung der »Freunde der Christlichen Welt« (An die Freunde 71 vom 10.11.1921, 777); Harnack reagierte auf den Vortrag von ERICH FOERSTER, Marcionitisches Christentum (in: ChW 35, 1921, 809–827).

[101] Ebd.

[102] HARNACK, Marcion (s. Anm. 88), 235.

[103] So Harnacks offener Brief an Barth, abgedruckt in: ChW 37, 1923, 142–144, 143. Der Briefwechsel mit Barth ist auch abgedruckt in: KARL BARTH, Offene Briefe 1909–1935, Zürich 2001, 55–88. 1928 schrieb Harnack an seine Schülerin Else Zurhellen-Pfleiderer, die neuesten theologischen Entwicklungen und die erneute Beschäftigung mit Marcion hätten ihn dazu veranlasst, »in den letzten Jahren meinen systematisch-theologischen Besitz zu kontrollieren, u. ich muß gestehen, daß er sehr bescheiden geworden ist: ›Unser Wissen ist Stückwerk‹ ist mir auch an solchen Punkten aufgegangen, an denen ich früher dies Wort nicht anzuwenden brauchte« (abgedruckt in: CHRISTIAN NOTTMEIER (Hg.), Adolf von Harnacks Briefe und Karten an Else Zurhellen-Pfleiderer, in: ZNThG / JHMTh 8, 2001, 96–145, hier: 144f.).

[104] NOWAK, Theologie (s. Anm. 88), 237.

[105] Ebd.

Das Verhältnis von religiöser Innerlichkeit und Kultur durchzieht jedenfalls Preisschrift wie die Monographie von 1921 und wird von Harnack selbst mit Blick auf die scharfe Kritik Max Schelers an der »falschen Innerlichkeit« des deutschen Protestantismus auf den Punkt gebracht – ein Vorwurf, den Harnack jedenfalls mit Blick auf Marcion für zutreffend hält.[106] Marcion, so Harnack, »hebt die Grundvoraussetzung alles positiven Denkens auf, nämlich, daß das Leben irgendwie etwas Wertvolles sein muß. Und wenn die Liebe nicht nur alles duldet, sondern auch alles hofft, darf man da die Hoffnung aufgeben, daß ihr Geheimnis und ihre Kraft, sei es auch wider allen Anschein, doch auch die Welt und die Geschichte mit ihrem Elend und ihrer Sünde a fundamentis umspannen, um sie in melius zu reformieren?«[107] Und Harnack fügte fast in der Form eines persönlichen Bekenntnisses hinzu: »Dies mögen die wichtigsten Einwürfe sein, die man M. entgegenzuhalten hat; er hätte wohl auf jeden etwas zu sagen, aber ich zweifle, ob etwas Durchschlagendes. Die Kirchenlehre samt ihrem Alten Testament ist freilich damit noch lange nicht gerettet, wohl aber der erste, allen Marcionitismus abstoßende Artikel ihres Glaubens: Ich glaube an Gott, den allmächtigen Vater.«[108] Hier lag die eigentliche systematische Pointe von Harnacks Überlegungen zu Marcion und hier setzte auch seine eigentliche Kritik an Marcion ein.

Schlussbemerkung

Die zuletzt zitierten Schlussbemerkungen aus Harnacks *Marcion* waren zugleich das Bekenntnis eines liberalen Protestanten, der auch in den schweren Zeiten der Kulturkrise nach dem Ersten Weltkrieg das Band zwischen Religion und Kultur nicht gänzlich zerschnitten wissen wollte. Für Harnack – und ähnlich für den allerdings schon 1919 verstorbenen Naumann wie auch für Rade, der Harnack um 10 Jahre überleben sollte – erleichterte seine theologische Zentralformel vom »unendlichen Wert der Menschenseele«, die im Christentum zu Anerkennung gelangt und in der Gotteskindschaft zugleich individuelle wie gesellschaftliche Gabe und Aufgabe des Christen darstellt, den Übergang vom Kaiserreich in die Republik von Weimar. Diese Formel konnte Harnack in nahezu alle Kon-

---

[106] A.a.O. 234, Anm. 1. Harnack bezieht sich auf MAX SCHELER, Von zwei deutschen Krankheiten, 1919 (in: DERS., Schriften zur Soziologie und Weltanschauungslehre, Gesammelte Werke Bd. 6, Bern, München 1963, 204–219). Weder KINZIG (s. Anm. 60) noch NOWAK (s. Anm. 88) gehen auf diesen Aspekt der Marciondeutung Hanacks ein.
[107] HARNACK, Marcion (s. Anm 88), 234f.
[108] A.a.O. 235.

texte seines Werkes einstellen. Sie war eine ebenso demokratiefähige wie antitotalitäre Chiffre individueller und zugleich in Gott gegründeter Freiheitsrechte, die sich direkt aus dem Wesen des modernen Protestantismus ableiten ließen.[109] In ihr lag seine Bejahung der Weimarer Demokratie begründet und auch seine Ablehnung des Antisemitismus. Rade ist ihm darin ebenso wie Naumann, der entscheidend an der Weimarer Verfassung mitgewirkt hat, gefolgt.

Damit ist nicht gesagt, dass dieses Konzept vor Einbruchstellen und politischen Irrtümern gefeit war. Man kann an Harnacks anfängliche, dann allerdings rasch relativierte Kriegsbegeisterung zu Beginn des Weltkrieges denken. Ebenso kann man Naumanns zum Teil fragwürdige Verbindung von Darwinismus und Christentum nennen – Harnack hat dies bereits 1903 moniert – oder zu Recht fragen, inwieweit Rades Haltung gerade mit Blick auf die Nürnberger Gesetze von 1935 nicht ein Rückfall hinter die selbst gesetzten theologischen wie politischen Überzeugungen war.

Aber dennoch: Die ihnen eigentümliche Verbindung eines liberalen Kulturluthertums mit sozial- und bildungspolitischen Engagement und politischem Reformwillen im Sinne eines milden Linksliberalismus war unter den verschiedenen Theologien ihrer Zeit eine Minderheitenposition. Gleiches ist mit Blick auf ihre Unterstützung der ersten deutschen Demokratie festzustellen. Das gilt erst recht für ihre im zeitgenössischen Kontext eindeutige Ablehnung von Antisemitismus, Judenfeindschaft und rassisch-ethnischer Diskriminierung. Kurt Nowak konnte deshalb nicht ohne Grund bemerken: »Tatsächlich waren es nicht die Repräsentanten der ›Diastase‹, sondern Theologen der ›Synthese‹, welche den im kirchlichen Protestantismus so schmerzlich vermißten Beitrag zur Stärkung der Demokratie leisteten.«[110]

---

[109] Dazu NOTTMEIER (s. Anm. 2), 515–521.
[110] NOWAK, Harnack (s. Anm. 35), 234.

Das junge nationale Luthertum nach dem Ersten Weltkrieg und die Juden

ARNULF VON SCHELIHA

Die Vertreter des jungen nationalen Luthertums nach dem Ersten Weltkrieg[1] setzen die Tradition des gesellschaftlich verbreiteten und im Kaiserreich auch theologisch manifesten Anti-Judaismus fort. Gemeinsam gehen sie von der Prämisse aus: Durch das Christentum ist die jüdische Religion grundsätzlich überwunden. Die wenigen Gemeinsamkeiten zwischen Judentum und Christentum werden zwar anerkannt, aber theologisch heruntergespielt. Von der Würdigung eines religiösen Pluralismus ist man weit entfernt. Die Kritik am Judentum wird fachlich vorrangig auf dem Gebiet der neutestamentlichen Wissenschaft geführt. Luthers sog. Judenschriften spielen m.E. keine Rolle. Martin Luthers Theologie wird vielmehr affirmativ und gegenwartsorientiert eingesetzt, sie dient nicht dazu, die eigene anti-jüdische Haltung zu legitimieren. Politisch wird der Anti-Judaismus während der Zeit der Weimarer Republik dort erkennbar, wo staatsethisch die Einheit von Volk und Staat betont wird. Dadurch wird die jüdische Minderheit zu einem politischen Fremdkörper. Diese Entwicklung ist in gewisser Weise neu, weil der freiwillige Kriegsdienst der Juden zugunsten von Kaiser, König und Reich während des Ersten Weltkrieges anerkannt und gewürdigt wurde. Aber die Erinnerung daran verblasst sukzessive. Unter dem Eindruck der biologistischen Aufladung des Volksbegriffs und der politischen Wucht der NSDAP eignen sich wichtige Vertreter des nationalen Luthertums den Anti-Judaismus an, beteiligen sich an der Re-Judifizierung einstmals zum Christentum übergetretener Menschen jüdischer Abstammung, stimmen der Einführung des sog. Arierparagraphen in den evangelischen Landeskirchen zu, scheuen aber die letzte Konsequenz, nämlich die Aufhebung der Abendmahlsgemeinschaft mit den nunmehr sogenannten Judenchristen. Insgesamt scheint das junge nationale Luthertum mit seiner Haltung den Juden gegenüber im Mainstream der damaligen Mehrheitsgesellschaft zu schwimmen. Das tut man ganz bewusst, weil man nach dem Verlust der Arbeiterbewegung für die Kirche im 19. Jahrhundert nun den Verlust derjenigen Menschen befürchtet, die der völkischen Bewegung zuneigen. Diesem erneuten Ader-

---

[1] Ich subsumiere unter diesen Begriff diejenigen Theologen, die Hermann Fischer in seiner Theologiegeschichte als Vertreter von »Lutherrenaissance und Jungluthertum« anführt: HERMANN FISCHER, Protestantische Theologie im 20. Jahrhundert, Stuttgart 2002, 45–56.

lass für die evangelischen Kirchen will man vorbeugen. Dabei handelt es sich nicht um eine taktische Haltung, sondern um die tiefe Überzeugung von der historischen Sendung des deutschen Protestantismus, der seine kulturelle Kraft im engen Verbund mit der politischen Ordnungsmacht entfalten soll. Dazu werden in diesem Beitrag zwei Beispiele vorgestellt: Emanuel Hirsch und Paul Althaus.

1. Emanuel Hirsch (1888–1972)

Der Gegensatz zum Judentum begegnet in den theologischen Schriften des Göttinger Theologen systvoematisch zuerst in seiner frühen Christologie *Jesus Christus der Herr*.[2] Mit dieser 1926 erstmals publizierten Monographie verbindet Hirsch den Anspruch, den theologischen Gehalt der Christologie vom historischen Jesus her, also mit den Mitteln der historisch-kritischen Analyse der neutestamentlichen Texte zu rekonstruieren. Methodisch arbeitet Hirsch vor allem literarkritisch, wobei er – abweichend von der heute gängigen Zwei-Quellen-Theorie – von der hohen historischen Authentizität eines ›Ur-Markus-Evangeliums‹ ausgeht. Um die religionsgeschichtlichen Spezifika von Wort und Geschichte Jesu zu ermitteln, geht Hirsch von der jüdischen Abkunft und Bildung Jesu aus:

»Vieles von dem, was uns heute an Jesu Verkündigung groß erscheint, ist [...] Erbgut, – so das Kennen Gottes als des majestätischen Schöpfers und heilig strengen Willens, so der Individualismus, der dem einzelnen ein persönliches Verhältnis zu Gotte als Pflicht auferlegt, so die Einheit von Religion und Sittlichkeit, welche die Gerechtigkeit zum tiefsten frommen Anliegen macht. All das ist dem christlichen Glauben unveräußerlich; aber es ist das, was er mit dem Pharisäismus gemeinsam hat.«[3]

Auf dieser Basis arbeitet Hirsch mit einer doppelten Differenz-Setzung, die sich – wie Ulrich Barth gezeigt hat – geschichtsmethodologischen Einsichten des südwestdeutschen Neukantianismus verdankt.[4] In einem ersten Schritt hebt Hirsch die Predigt des Täufers kritisch vom Mainstream-Judentum ab und will so historiographisch aufzeigen, dass es im damaligen Judentum Gärungsprozesse und Innovationsschübe gab. In diesen Kontext gehören der Täufer und Jesus. Bei beiden Protagonisten zeigt sich »die

---

[2] Jetzt in: EMANUEL HIRSCH, Dogmatische Einzelabhandlungen, Bd. 1: »Jesus Christus der Herr« und andere Beiträge zur Christologie (in: DERS., Gesammelte Werke, Bd. 14, hg. v. Arnulf von Scheliha, Kamen 2010, 9–99). Die wörtlichen Anführungen werden nach der Originalpaginierung belegt.
[3] HIRSCH, Jesus Christus (s. Anm. 2), 12.
[4] ULRICH BARTH, Die Christologie Emanuel Hirschs. Eine systematische und problemgeschichtliche Darstellung ihrer geschichtsmethodologischen, erkenntniskritischen und subjektivitätstheoretischen Grundlagen, Berlin, New York 1992, 212–226.

anhebende Überwindung des Pharisäismus«[5], und beide bedienen sich dabei gleicher Begriffe, die sie aber unterschiedlich auslegen. Das führt zum zweiten Schritt. Die Besonderheit Jesu im Unterschied zum Täufer wird nach Hirsch daran sichtbar, dass Jesus mit seiner Botschaft vom jüdischen Establishment als unvereinbar mit den Grundsätzen der jüdischen Religion empfunden wurde. »Den Täufer hat die Judenschaft, wenn auch mit Seufzen, ertragen [...]. Jesus dagegen ist aus Israel in aller Form ausgestoßen worden«[6], weil die von ihm beanspruchte Vollmacht, den göttlichen Willen authentisch auszulegen und seine Botschaft vom Reich Gottes, das die bedingungslose Vergebung der Sünden und die vollkommene Willenseinigung von Mensch und Gott einschließt, den Rahmen des Judentums sprengt. Der Akt der Ausstoßung Jesu aus dem Judentum entspricht dem inhaltlichen Gegensatz zum Pharisäismus, von dem in Hirschs Rekonstruktion die Verkündigung Jesu bestimmt ist. Die Antithetik im Verhältnis von Christentum und Judentum ist also nach Hirsch wechselseitig. Diese historische Antithetik vollzieht sich nach Hirsch allerdings auf der Basis der oben zitierten bleibenden Gemeinsamkeit, die freilich in den Hintergrund rückt.

Diese Figur von Gemeinsamkeit und wechselseitiger Negation kehrt auf einer höheren Stufe wieder, denn der religionsgeschichtlichen Konstellation entspricht eine theologische. Um die *allgemeine* Bedeutung von Wort und Geschichte Jesu aussagen und begründen zu können, werden die alttestamentliche Religionsgeschichte und das zeitgenössische Judentum Jesu nicht einfach als kontingente und ephemere Phänomene aufgefasst. Vielmehr interpretiert Hirsch den historischen Pharisäismus als ein ethisches Konzept, in dem die »Gedanken der Leistung und des Verdienstes« so miteinander koordiniert sind, dass »sie die ganze Würdigkeit des Menschen vor Gott, die ganze Stufenleiter der Gerechtigkeit, die ganze Hoffnung des Gerechten im Gericht«[7] begründen. In der Herausbildung dieser Struktur besteht für Hirsch das zeitlos geltende Ergebnis der alttestamentlichen Religionsgeschichte. Es ist deshalb von allgemeiner Relevanz, weil es das humane Streben von Leistungsorientierung und Glückserwartung in religiös sublimierter und zugleich vollkommener Weise verkörpert. Als Gipfel der Religionsgeschichte repräsentiert der Pharisäismus eine Gesetzmäßigkeit des humanen Strebens, an der der Mensch zugleich zerbricht. Daher ist die jesuanische Überwindung des Pharisäismus von allgemeiner Bedeutung, weil sie für alle Menschen gilt, die an dieser Ethik scheitern.

---

[5] Hirsch, Jesus Christus (s. Anm. 2), 12.
[6] A.a.O. 13.
[7] A.a.O. 15.

Der Gegensatz Jesu zum Judentum ist also nicht absolut, sondern relativ und soteriologisch konstant. Noch einmal anders gewendet: Das human Allgemeine am Judentum ist ein Strukturelement des Christentums. Dieser Sachverhalt wird von Hirsch ab den dreißiger Jahren mit Luthers Formel von »Gesetz und Evangelium« interpretiert. Die religionsgeschichtliche Antithese zum Pharisäismus wird damit in gewisser Weise eingehegt, weil das durch ihn verkörperte Streben des Menschen nach sittlicher Vollkommenheit und Glück theologisch anteilig anerkannt wird.

Vor dem Hintergrund der Überwindung dieses Strebens im Evangelium allerdings werden alle inner-jüdischen Modelle, mit dem Scheitern am humanen Selbstanspruch umzugehen, in scharfer Polemik verworfen. An dieser Stelle zeigt sich der religiöse Anti-Judaismus. Pharisäismus und orthodoxem Judentum werden die innere Unfreiheit, die strenge Gesetzobservanz und die damit verbundene Veräußerlichung der religiösen Praxis zum Vorwurf gemacht. Der rabbinischen Gesetzesauslegung wird entgegengehalten, sie produziere nichts als Doppelmoral und unterlaufe damit den im Gesetz begegnenden Gotteswillen. Hier entzündet sich der Anti-Judaismus. Ihm entspricht auf *wissenschaftlicher Ebene* die Borniertheit des Historikers Hirsch, der die jüdischen Forschungen zum frühen Judentum, wie sie etwa an der Hochschule für die Wissenschaft des Judentums in Berlin vorgelegt wurden, schlichtweg ignoriert hat.

Mit Blick auf aktuelle Debatten[8] lohnt die Feststellung, dass Hirsch wegen seiner komplexen Pharisäismus-Deutung die Kanonizität des Alten Testamentes *nicht* in Frage gestellt hat. Das Alte Testament ist nach Hirsch nicht nur eine unverzichtbare – religionsgeschichtliche – Hilfe zum Verständnis des Neuen Testamentes, sondern repräsentiert unverzichtbare Aspekte des christlichen Bewusstseins selbst:

»Es würde uns in unsrer religiösen Erziehung ein wesentliches Stück fehlen, wenn wir nicht wie die ersten Christen das [...] [im Neuen Testament] Voraussetze aus dem Alten Testamente ergänzen dürften. Das erste Buch Mose, die Geschichten vom Volke Israel, der Prophet Jesaja, die Psalmen, Ijob, sie sind so wesentliche und unentbehrliche Glieder in der christlichen Menschenbildung und christlichen Erziehung geworden. Und es gibt tatsächlich keinen Ersatz dafür, welcher gleichen Dienst leistete. Denn der Ernst und die Wucht, die diese allgemeinen Grundlagen jedes ernsthaften monotheistischen Gottesglaubens in den besten Stücken des Alten Testaments haben, die sind nirgends sonst zu finden.«[9]

---

[8] Vgl. NOTGER SLENCZKA, Die Kirche und das Alte Testament (in: ELISABETH GRÄB-SCHMIDT, REINER PREUL [Hgg.], Das Alte Testament in der Theologie, Leipzig 2013, 83–119).

[9] EMANUEL HIRSCH, Etwas von der christlichen Stellung zum Alten Testament, 1932 (in: DERS., Das Alte Testament und die Predigt des Evangeliums. Mit anderen Arbeiten Emanuel Hirschs zum Alten Testament, Gesammelte Werke Bd. 32, hg. v. Hans Martin

Diese Formulierung aus dem Jahre 1932 ergänzt Hirsch 1937 mit Blick auf den biblischen Kanon:

»Der Gegensatz von alttestamentlichen und neutestamentlichen Glauben hat als Gegensatz zwischen Gesetz und Evangelium eine ewige Präsenz. Die Kirche hat also damit, daß sie das Alte Testament für unentbehrlich erklärt, recht.«[10]

Die anthropologische Sublimierung des theologischen Anti-Judaismus führt also zu einer Integration des Alten Testamentes in den Kanon, weil das soteriologisch Fremde – so könnte man Hirschs Gedanken zusammenfassen – auch Teil des Eigenen ist.

In den grundlegenden Schriften Hirschs zur Geschichts- und Staatsphilosophie der zwanziger Jahre spielen Anti-Judaismus und Anti-Semitismus – soweit ich sehe – keine Rolle. Die Bindung der Staatsidee an den Volksgedanken, der zunächst kulturell und ethnisch verstanden wird, erfolgt weitgehend ohne Rücksicht auf Minderheiten im Allgemeinen und das Judentum im Besonderen. Der damals weit verbreitete staatsphilosophische Grundgedanke besagt, dass ein Volk nur dann geschichtsmächtig auftreten kann, wenn es sich eine staatliche Form gibt. Diese zum Staat gewordenen Völker bestimmen – durchaus antagonistisch – die Geschichte. Daraus wird auch die moralische Legitimität des Krieges entwickelt. Aber nicht alle Völker werden zu Staaten. Es gibt Völker, die durch das Schicksal dazu bestimmt sind, als Minderheit auf dem Gebiet eines Staates zu leben, der von einem anderen Volk getragen wird. Zu ihnen gehört, so Hirsch und mit ihm andere Vertreter des nationalen Luthertums, das jüdische Volk. Die Schuld für die Weltkriegsniederlage identifiziert Hirsch im deutschen Volk selbst, das sukzessive von den 1914 gefassten Kriegszielen abgefallen und im Kriegsverlauf in eine Fülle von Einzelwillen und Sonderinteressen zerfallen ist, deren Ausdruck die Revolution von 1918 war.[11] Von einem nationalen oder nationalistischen Anti-Judaismus findet sich in der Zeit der Weimarer Republik bei Hirsch nichts Spezifisches.

Die rassistische Aufladung des Anti-Judaismus zeigt sich bei Hirsch erst in den vielen Gelegenheitsschriften, mit denen er in den Kirchenkampf eingreift und darin eine deutsch-christliche Position bezieht. Die von den Deutschen Christen geforderte und von Hirsch unterstützte

---

Müller, Waltrop 2006, 146–158, hier: 149). So auch in der knappen Schrift *Kurzer Unterricht in der christlichen Religion*, 1933 (in: EMANUEL HIRSCH, Das kirchliche Wollen der Deutschen Christen, Berlin 1933, 17–20, hier: 19): »Gott hat uns die heilige Schrift des alten und neuen Testaments gegeben, dadurch er unsern Glauben weckt und hält und nährt«.

[10] EMANUEL HIRSCH, Jesus und das Alte Testament, 1937 (in: MÜLLER [s. Anm. 9], 159–171, hier: 170).

[11] Vgl. EMANUEL HIRSCH, Deutschlands Schicksal. Staat, Volk und Menschheit im Lichte einer ethischen Geschichtsansicht, Göttingen ³1925, 144f.

»Verschmelzung evangelischer und nationalsozialistischer Sitte und Lebensführung«[12] wird von ihm mit Blick auf die Juden folgendermaßen begründet:

Ausgangspunkt ist die Feststellung: »Deutsche und Juden sind zwei verschiedene Völker.«[13] Die Emanzipation und Assimilation der Juden im 19. Jahrhundert hätten die »Entchristlichung unsrer Volksordnung und unsers Volksethos nach Kräften gefördert. Unser Volk ist an den ethischen und geistigen Folgen des so eingetretenen Verwandlungsprozesses beinahe zu Grunde gegangen.«[14] Damit bezieht sich Hirsch nicht auf die Kriegsniederlage von 1918, sondern hat eine historische Langzeitwirkung vor Augen, deren Ergebnis er sich 1932 zuspitzen sieht: »Die Menschen [...] jüdischen Bluts« fänden nämlich »an den wirtschaftlichen Bedingungen im Zeitalter des Kapitalismus und des Handels Voraussetzungen [...], die ihrer Art günstig waren« und hätten den wirtschaftlichen Erfolg »zur Aufrichtung einer privilegierten Vorzugsstellung im deutschen wirtschaftlichen und geistigen Leben benutzt. Deutschland war 1932 weitgehend unter die Herrschaft eines fremden Volkes geraten«[15], so lautet die groteske Diagnose aus dem Oktober 1934. Die Trennung von diesem Volk auf allen staatlichen Ebenen ist für Hirsch daher »ein einfach notwendiger Akt der Selbstbehauptung des deutschen Volkes«[16], an dem auch die Kirche teilhaben muss, wenn sie ›Volkskirche‹ sein und bleiben will. Denn, so Hirsch weiter in den Rassenjargon wechselnd und die ekklesiologischen Konsequenzen ziehend:

»Verdirbt das Blut, so geht auch der Geist zugrunde; denn der Geist der Völker und Menschen steigt aus dem Blute empor. Nur der Hochmut eines intellektualistischen Geschlechts, das keine Grenzung menschlichen Könnens im Geheimnis empfangner Kreatürlichkeit mehr kannte, hat das vergessen können. Und hat mit seinem Vergessen unendlichen Schaden angerichtet. Der Blutbund unsres Volks war am Verderben. Wäre die Entwicklung noch fünfzig Jahre so weiter gegangen, so wären in den führenden Schichten unsres Volks die Träger guten alten und rein deutschen Bluts in die Minderheit geraten. Die Kirche hatte nun in ihrem Schöpfungsglauben die Möglichkeit, das Geheimnis der mit dem Blute empfangenen Kraft und Art heilig zu halten. Sie hat es nicht getan. Sie hat – trotz allem Widerstand gegen die Geburtenbeschränkung – den führenden Schichten des Volks die Verpflichtung, das empfangene Bluterbe in deutschen Kindern dem Volke zurück-

---

[12] EMANUEL HIRSCH, Das kirchliche Wollen der deutschen Christen. Zur Beurteilung des Angriffs von Karl Barth (in: DERS., Das kirchliche Wollen der Deutschen Christen, Berlin 1933, 5–17, hier: 10).
[13] EMANUEL HIRSCH, Theologisches Gutachten in der Nichtarierfrage (in: Deutsche Theologie 5, 1934, 182–199, hier: 182).
[14] Ebd.
[15] Ebd.
[16] A.a.O. 183.

zuschenken, nicht einbrennen können. Sie hat den Mischheiraten (ebenso dem Überwuchern der Minderwertigen) gleichgültig zugesehen.«[17]

Nun aber, wo der »Wandel ohne Zutun der Kirche gekommen«[18] ist, sei es geboten, dass das kirchliche Leben dem »Nomos« des Volkes angepasst wird. Das bedeutet für Hirsch, dass die Kirche nach dem Führerprinzip zu organisieren ist und den sog. Arierparagraphen zu übernehmen hat. Denn, so lautet die rhetorisch gestellte Frage: Soll sich die Kirche »etwa der Gefahr aussetzen, daß all die Halbdeutschen, die der Staat aus seinen führenden Stellen ausschließt, künftig die kirchlichen Ämter überschwemmen? Wie will sie dann noch helfen können an der rechten Bildung und Vertiefung deutschen Geistes und deutscher Art?«[19] An diesem – wohl von Wilhelm Stapel übernommenen – Argument für die kirchliche Implementierung der staatlichen Regelungen zeigt sich zweierlei. Einmal, dass Hirsch mit der anti-semitisch motivierten ›Säuberung‹ des Staatsapparates nicht nur politisch einverstanden ist, sondern dass sie auch in der Logik seiner politischen Ethik liegt.[20] Sodann wird deutlich, dass das Argument für die Übernahme für die kirchliche Anwendung des sog. Arierparagraphen nicht theologischer, sondern soziologischer Art ist, denn die Kirche bietet sich wegen der christlichen Gleichheitsidee geradezu als Auffangbecken für diejenigen an, die im Staat mit Berufsverbot belegt werden. Dies aber soll wegen der volkskirchlichen Ausrichtung der Kirche nicht sein. Daher tritt Hirsch dafür ein, dass es vor allem künftig keine ›judenchristlichen Pastoren‹ mehr geben soll. Zugleich erwägt er, dass die Bildung eigener »jüdisch-christlicher Gemeinden zweckmäßig«[21] ist für diejenigen, »die entweder jetzt neu vom Judentum zum Christentum übertreten wollen oder aber freiwillig die Errichtung von solchen besonderen Gemeinden begehren«[22]. Dies solle aber unter dem Dach der evangelischen Kirche in Deutschland geschehen. Die Abendmahlsgemeinschaft mit Judenchristen dürfe nicht aufgehoben werden.[23]

---

[17] Hirsch, Das kirchliche Wollen (s. Anm. 12), 11.
[18] Ebd.
[19] A.a.O. 12.
[20] »Die Neubildung deutscher Volklichkeit und Staatlichkeit kann nur aus den Tiefen des Volkstums heraus gelingen, und der Staat muß sich auf die, mit denen er sie vollzieht, verlassen können. Verlassen kann er sich aber nur auf solche Menschen, bei denen die Treue zum Staat des deutschen Volkes auf letzten vorbewußten Bindungen in der Wurzel der natürlichen Existenz beruht, und das einzige Zeichen dafür, das er hat, ist dies, daß diese Menschen schon seit Generationen dem Blutbunde des deutschen Volkes angehören.« (Emanuel Hirsch, Arier und Nichtarier in der deutschen evangelischen Kirche, in: Kirche und Volkstum in Niedersachsen 1, 1933, 17–20, hier: 18f.)
[21] Hirsch, Theologisches Gutachten (s. Anm. 13), 195.
[22] A.a.O. 196.
[23] Vgl. a.a.O. 195f.

Hirsch betont, dass seine Vorschläge rein »volkspolitisch« motiviert sind. *Theologisch* sei an der reformatorischen Einsicht von der »Gleichheit und [...] Verbundenheit aller Menschen in der Gemeinde Jesu Christi«[24] und vom Priestertum aller Gläubigen festzuhalten. Trotz der Differenzierung in unterschiedliche Gemeinden wissen sich alle Christen als »Brüder und Schwestern« und das soll auch kirchlich sichtbar werden: »Ist für die Gleichheit des Christenstandes die Taufe der entscheidende Ausdruck, so ist es für diese Verbundenheit die Abendmahlsgemeinschaft.«[25]

Zwei weitere Folgerungen zieht Hirsch aus dieser theologischen Gleichheitsidee: Einmal begrenzt sie die staatliche und die kirchliche »Scheidung zwischen Deutschen und Juden«[26] darauf, eine ›bloß‹ »volkspolitische« Maßnahme zu sein. Sie dürfe aber »nicht ins Metaphysische verschoben«[27], also theologisch vergrundsätzlicht werden. Denn es gehe zweitens ›bloß‹ um Fremdsetzung, nicht um Disqualifizierung oder Abwertung:

»Die Kategorie, unter die der Jude zu stellen ist, ist nicht die des Minderwertigen, Unwerthaften, in der Substanz Verdorbenen, sondern einfach die Kategorie des Fremden, das für uns nicht paßt, und mit dem wir uns nicht vermischen können, ohne Schaden zu leiden.«[28]

Die letzte Bemerkung ist wahrscheinlich gegen noch radikalere Strömungen im deutsch-christlichen Lager gerichtet. Gleichwohl sind diese Kautelen wirkungslos in einer Öffentlichkeit, in der die anti-semitische Stimmung so befeuert wurde, dass Hirschs Differenzierungen nicht mehr als *reservationes mentales* bleiben konnten und wohl auch bleiben sollten.

Eine rassistisch motivierte Überformung seiner religionsgeschichtlichen Konstruktion legt Hirsch in der 1939 publizierten Schrift *Das Wesen des Christentums* vor, in der er den Versuch unternimmt, die jüdische Abstammung Jesu unwahrscheinlich zu machen.[29] Er greift dabei einflussreiche Überlegungen von Houston Stewart Chamberlain (1855–1927) auf. Dieser hatte in seinem vielfach aufgelegten Werk *Die Grundlagen des 19. Jahrhunderts* die Frage nach der Abstammung Jesu ausführlich erör-

---

[24] A.a.O. 185.
[25] A.a.O. 186.
[26] A.a.O. 183.
[27] Ebd.
[28] A.a.O. 184. Diese Abqualifizierung betrifft nach Hirsch das Minderwertige am eigenen Volk, weswegen er sich für die Eugenik und die Programme zur sog. Rassenhygiene eingesetzt hat. Vgl. EMANUEL HIRSCH, Ein schwedischer Lutheraner über Rassenlehre und Bevölkerungspolitik (in: Deutsches Volkstum 1936, 2. Halbjahr, 557–559).
[29] Vgl. EMANUEL HIRSCH, Das Wesen des Christentums (1939), neu hg. und eingeleitet von Arnulf von Scheliha, Emanuel Hirsch, Gesammelte Werke 19, Waltrop 2004, 181–188. Vgl. zu dem oben Ausgeführten genauer ebendiese Einleitung a.a.O. V-XXXVIII.XV-XXI.

tert, hatte dabei historische und ›rassentheoretische‹ Literatur ineinander gelesen[30] und war zu folgendem Ergebnis gelangt:

»Die Wahrscheinlichkeit, dass Christus kein Jude war, dass er keinen Tropfen echt jüdischen Blutes in den Adern hatte, ist so gross, dass sie einer Gewissheit fast gleichkommt.«[31]

Diese Wahrscheinlichkeit will Hirsch mit einem exegetischen ›Beweis‹ untermauern. Er verbindet dabei komplexe literarkritische Operationen in den Stammbäumen Jesu mit realgeschichtlichem Wissen über heidnische, aber zwangsbeschnittene Siedler in Galiläa sowie mit altkirchlichen Traditionen, die davon erzählen, dass der Großvater Jesu den griechischen Namen »Panther« getragen habe. Dies wird dann mit einer talmudischen Tradition verknüpft, die Hirsch als »jüdische Schmutzlegende«[32] bezeichnet, nach der Jesus einem Seitensprung Mariens entstammt und »der Sohn des Panther« genannt wird. Einzelheiten können hier auf sich beruhen. Bezeichnend sind der hohe intellektuelle und zeitliche Aufwand, den Hirsch betrieben hat, um den Nachweis der nicht-jüdischen Abstammung Jesu zu führen. Er will ein halbes Jahr an diesem Exkurs gearbeitet haben. All das ist umso bemerkenswerter, als Hirsch in seiner Habilitationsschrift die »These, daß Jesus kein Jude gewesen sei« als »Unfug« bezeichnet hatte.[33] Auch im Blick auf den religionsgeschichtlichen Zusammenhang ist die Abstammung Jesu irrelevant, denn für Hirsch steht fest: »Jesus aus Nazareth in Galiläa ist innerhalb der israelitisch-jüdischen Volks- und Religionsgemeinde herangewachsen«[34], und nur aus dieser Einbettung sind Jesu Wort und Geschichte überhaupt verständlich.[35] Gleichwohl zeigt sich hier, wie stark der nun rassistisch motivierte Anti-Judaismus die theologischen Einsichten in dieser Zeit bei Hirsch dominiert.

---

[30] Vgl. HOUSTON STEWART CHAMBERLAIN, Die Grundlagen des 19. Jahrhunderts, Bd. 1, München ²1900, 210–220.
[31] A.a.O. 218f.
[32] HIRSCH, Das Wesen des Christentums (s. Anm. 29), 187.
[33] EMANUEL HIRSCH, Christentum und Geschichte in Fichtes Philosophie, Tübingen 1920, 58.
[34] HIRSCH, Das Wesen des Christentums (s. Anm. 29), 25.
[35] Das hohe Maß der Fixierung auf das Bedürfnis, das Christentum von jüdischem Einfluss zu befreien, dokumentiert sich auch darin, dass Hirsch der Meinung war, mit diesem ›Nachweis‹ Bleibendes geleistet zu haben. Völlig ironiefrei schreibt er am 3. April 1939 in einem dem Verfasser vorliegenden Brief an Paul Althaus, dass dieser zur Kenntnis nehmen möge, dass das in dem Exkurs Ausgeführte die Wahrheit halte, der sich auf Dauer niemand verschließen könne. Mit dieser Einsicht werde er – Hirsch – den künftigen kirchlichen Unterricht nachhaltig beeinflussen.

2. Paul Althaus (1888–1966)

Im Œuvre von Paul Althaus wird der Anti-Judaismus zunächst in ekklesiologischen Zusammenhängen deutlich. Bereits Mitte der 20er Jahre engagiert er sich für eine enge Verbindung von Kirche und Volkstum.[36] Im März 1926 hält Althaus auf einer Tagung der Fichte-Gesellschaft in Halle einen Vortrag zum Thema *Protestantismus und Nationalerziehung*. Die Fichte-Gesellschaft wollte das Verhältnis der völkischen Bewegung zum Christentum klären, insbesondere zu den beiden großen Konfessionen. Althaus vertritt darin eine abwägende Position. Einerseits betont er den Charakter des Protestantismus als »rein religiöse Bewegung«[37] und hebt »die allgemein religionsgeschichtliche Bedeutung des Protestantismus«[38] hervor, der zu allen Völkern grundsätzlich in Äquidistanz steht. Andererseits hat die reformatorische Bewegung wesentlich zum Aufkommen des völkischen Bewusstseins beigetragen, etwa durch die Bibelübersetzungen und das Feiern der Gottesdienste in den Nationalsprachen. »Das Nationale war Nebenerfolg«[39], wie Althaus mit Blick auf die skandinavischen und die baltischen Länder formuliert. Dies gilt umso mehr für das Ursprungsland der Reformation:

»Für den protestantischen Blick beruht die nationalerziehende Kraft des Protestantismus darauf, daß deutsche Art und Protestantismus in engen Beziehungen stehen, daß das Deutschtum den Protestantismus und daß der Protestantismus das deutsche Wesen hat prägen helfen.«[40]

Innerhalb dieser Koordinaten bewegen sich Althaus' Ausführungen, wenn er den nationalpädagogischen Auftrag des Protestantismus am Persönlichkeits-, Wahrheits- und Gemeinschaftsgedanken durchführt. Judenfeindliche Äußerungen finden sich in diesem Beitrag nicht.

Ein Jahr später spricht Althaus auf dem Evangelischen Kirchentag in Königsberg, der unter dem Thema »Kirche und Volkstum« stand. Althaus nimmt hier zur Volkstumsbewegung Stellung, und es ist unverkennbar, dass er nun sein eigenes Kirchen-Verständnis in ein positives Verhältnis mit der völkischen Bewegung setzen will. Dazu eignet er sich anti-jüdische

---

[36] Vgl. zu den Umständen und Stationen dieses Engagements während der zwanziger Jahre GOTTHARD JASPER, Paul Althaus (1888–1966). Professor, Prediger und Patriot in seiner Zeit, Göttingen 2013, 177–192.

[37] PAUL ALTHAUS, Protestantismus und deutsche Nationalerziehung (in: Christentum und nationale Erziehung. Vorträge und Aussprache der 2. Tagung für deutsche Nationalerziehung, von der deutschen Fichte-Gesellschaft veranstaltet in Halle am 5. und 6. März 1926, Hamburg 1926, 31–51, hier: 31).

[38] A.a.O. 33.
[39] A.a.O. 32.
[40] Ebd.

Klischees an, wenn er etwa pauschal von der »Bedrohung unseres Volkes durch den jüdischen Geist und die jüdische Macht«[41] spricht. Er verwahrt sich zwar gegen »den wilden Antisemitismus«[42] und verteidigt die Kanonizität des Alten Testaments. Aber zur Beschreibung der Dringlichkeit seines Anliegens macht er sich anti-jüdische Vorurteile zu eigen, wenn er die Symptome seiner kritischen Zeitdiagnose ursächlich auf den Einfluss jüdischer Überfremdung zurückführt. Althaus zitiert zustimmend Leitsätze des Zentralausschusses der Inneren Mission, in denen es heißt, dass »der Durchdringung unseres Volkes mit den Kräften des Evangeliums heute überall eine durch jüdischen Einfluss in Wirtschaft, Presse, Kunst und Literatur geschaffene Gesinnung entgegensteht«[43]. So wird bei Althaus der »jüdische Geist« zum Symbol für alle negativen Entwicklungen der Moderne von der Wirtschaft über die Kultur bis zur Mode.[44] Althaus ruft nun die Kirchen dazu auf, der »Bedrohung durch eine ganz bestimmte zersetzte und zersetzende großstädtische Geistigkeit, deren Träger nun einmal in erster Linie jüdisches Volkstum ist«[45], entgegenzuwirken. Althaus versteht die Auseinandersetzung primär als einen geistigen Kampf. Gleichwohl gibt es auch eine biologistische Argumentationslinie, wenn er von der »Bluteinheit« spricht, die »Voraussetzung« für »ein Volkstum«[46] ist. Zwar seien die Merkmale, die die Geschichte und die Kultur eines Volkes prägen, vor allem geistiger Natur, aber es gehöre doch zur ›völkischen Treue‹[47], dass man jedweder Überfremdung entgegenwirke, auch derjenigen durch ›Andersblütige‹[48]. Freilich gäbe es diesen Notstand nur, weil das »Fremde [...] Bundesgenossen und Verräter bei uns selbst«[49] findet. Dadurch geht die »Frontlinie zwischen Geist und Geist [...] mitten durch unser deutschblütiges Volk hindurch«.[50] Aber die Reinigung könne nur durch »Abwehr gegen die Mächte der Fremde und Zerstörung«[51] und durch »Wiedergeburt des Volkslebens aus seinen eigenen Quellgründen«[52] erfolgen.

---

[41] PAUL ALTHAUS, Kirche und Volkstum. Der völkische Wille im Lichte des Evangeliums, Gütersloh 1928, 14.33.
[42] A.a.O. 33. Vgl. auch die Wendung: »Es geht dabei nicht um das Blut, auch nicht um den religiösen Glauben des Judentums« (a.a.O. 34).
[43] A.a.O. 34.
[44] Vgl. a.a.O. 8f.
[45] A.a.O. 34.
[46] A.a.O. 7.
[47] Vgl. a.a.O. 8.
[48] Vgl. a.a.O. 14.
[49] A.a.O. 15.
[50] Ebd.
[51] A.a.O. 9.
[52] Ebd.

Diese Zitate belegen in durchaus bestürzender Weise, dass sich Althaus bereits 1927, also während der ›goldenen Zwanziger‹, anti-jüdische Klischees angeeignet hat. Sicherlich argumentierte er nicht in erster Linie rassistisch,[53] gleichwohl konnte er seine Gedanken auch im semantischen Repertoire der völkischen Bewegung ausdrücken und dabei die biologistische Blutlehre aufgreifen. Dieser Befund wird auch nicht dadurch besser, dass diese Aneignung im Dienste der Zurüstung für ein volkskirchliches Verständnis der evangelischen Kirchen steht. Deren Aufgabe sieht Althaus vor allem darin, das Volk dabei zu unterstützen, den besonderen göttlichen Auftrag, den es hat, zu erkennen, zu heiligen und auszuführen. Anderenfalls droht die Gefahr, »daß wir eine Volkstumsbewegung bekommen, die der Kirche verloren ist, und eine Kirche, die ihr Volk als Volk in seinem heißesten Wollen, nicht mehr findet«[54].

In seinen Buch *Leitsätze zur Ethik*[55], das seinen akademischen Vorlesungen entwachsen und nicht durch externe Fragen veranlasst ist, wiederholt und vertieft Althaus diese Bestimmungen. Er wendet sich zwar gegen einen »Rassenantisemitismus«[56], denn das »Entfachen des völkischen Hasses gegen die ›an sich minderwertige‹ jüdische Rasse trifft die Frage nicht und zeigt keinen würdigen Weg zu ihrer Lösung«[57]. Aber es gäbe im Volk eine »stark empfundene Fremdheit jüdischer und deutscher Volkart«[58]. Der Gegensatz von ›deutsch‹ und ›jüdisch‹ sei doppelt begründet. Der religiöse und »der tiefste Grund« sei die »Prägung der jüdischen Geistigkeit durch die Ausstoßung Jesu«[59]. Der aktuelle Grund sei die geistige »Gefahr des Judentums«. Sie »besteht vor allem darin, daß es [...] Hauptträger des rational-kritizistischen, individualistischen Geistes der Aufklärung und damit weithin Vormacht im Kampfe gegen die geschichtlichen Bindungen und idealen Überlieferung unseres Volkes geworden ist«[60]. Das ist eine in vielen Hinsichten bemerkenswerte Äußerung eines doch wohl gelehrten Mannes. Wegen dieser doppelten Fremdheit stelle das Judentum eine offene Frage dar, die für Althaus deshalb »ungelöst«[61] ist und bleibt, weil für ihn weder »Emanzipation und Assimilation« noch »äußere[] oder rechtliche[] Ausstoßung aus dem Lebensverband unseres Staates«[62] in Fra-

---

[53] Vgl. JASPER, Paul Althaus (s. Anm. 36), 184: »Gewiss argumentierte Althaus nicht rassistisch.«
[54] ALTHAUS, Kirche und Volkstum (s. Anm. 41), 53.
[55] Vgl. PAUL ALTHAUS, Leitsätze zur Ethik, Erlangen ²1928.
[56] A.a.O. 54.
[57] Ebd.
[58] Ebd.
[59] Ebd.
[60] A.a.O. 54f.
[61] A.a.O. 55.
[62] Ebd.

ge kommen. Was jenseits dieser Alternative zu tun ist, sagt Althaus nicht. Aber man sieht, wie hier – ohne es zu wollen – ein Sprachgebrauch vorbereitet wird, mit dem die schrecklichsten Gräueltaten der Menschheitsgeschichte später euphemistisch bemäntelt wurden.

Den exegetischen Nachweis seines Anti-Judaismus liefert Althaus in seinem Römerbrief-Kommentar, der erstmals 1932 erscheint. In seinem Exkurs zum »Judenproblem« fällt auch der Begriff der »Ausstoßung Jesu«, mit dem – wie bei Hirsch – der Anti-Judaismus ursächlich auf das jüdische Volk zurückgeschoben wird:

»Israels Schicksal, das äußere und das innere, ist entscheidend durch die Ausstoßung Jesu bestimmt [...] Der ›ewige Jude‹, der sich und den Völkern, unter denen er lebt, keine Ruhe läßt, entstand, als Israel sich gegen Christus entschied. An Christus ist Israel gescheitert. [...] Das zerstreute, heimatlose Volk, das überall bei den Wirtsvölkern die völkische Geschlossenheit sprengt und vielfach eine offene Wunde bedeutet, verkörpert die offene Frage der Geschichte überhaupt.«[63]

Althaus wiederholt hier die klassische geschichtstheologische Interpretation der Zerstreuung Israels als Strafe für die Kreuzigung Jesu. Aber er reichert dies mit den gegenwartsbezogenen Naturalismen (»Wirtsvölker«) und Nationalismen (»völkische Geschlossenheit«) an und suggeriert mit seinen Formulierungen von der »offenen Wunde« und der »offenen Frage«, dass es so etwas wie ›Heilung‹ und ›Lösung‹ geben könnte.

Im Kirchenkampf freilich bezieht Althaus eine wesentlich gemäßigtere Position als Emanuel Hirsch. Er hält sich von der Glaubensbewegung Deutsche Christen fern und setzt sich für Friedrich von Bodelschwingh als Reichsbischof ein. Er tritt den Tendenzen zum Ausschluss sog. judenchristlicher Gemeindemitglieder unmissverständlich entgegen, befürwortet allerdings – versehen mit einigen Kautelen – die Einführung des sog. Arierparagraphen in den evangelischen Kirchen.[64] Daran, dass der Begriff der Judenchristen von Hirsch und Althaus so unbefangen verwendet wurde, zeigt sich, wie stark rassisch imprägniert die damalige innerkirchliche Debatte schon war. Gegenüber der von der NSDAP geführten Reichsregierung und ihren Mitgliedern verhält sich Althaus loyal. Er unterstützt den Führerstaat im Sinne der Konsolidierung des deutschen Volkstums, wie er es bereits seit 1927 gefordert hatte.[65] Im Unterschied zu Hirsch identifiziert sich Althaus nicht mit der Rassenideologie der NSDAP. War er Mitte der zwanziger Jahre vorgeprescht mit seinem politischen Anti-Judaismus, so wirken in den dreißiger Jahren nun gewisse Bremsen.

---

[63] PAUL ALTHAUS, Der Römerbrief, Göttingen ²1933, 100f.
[64] Vgl. JASPER, Paul Althaus (s. Anm. 36), 234–237.
[65] Vgl. a.a.O. 229–234.

Bereits im April 1933 tritt er dem wissenschaftspolitischen Programm der »Eugenik« und der Rassehygiene mit theologischen Argumenten öffentlich entgegen.[66] Deutlich bezieht Althaus Stellung gegen die neuheidnischen Bewegungen, die auf eine Entkoppelung von germanischer und christlicher Religion zielen. Trotz aller Konzession an die Rassen- und Blutlehre betont Althaus nun den universalen religiösen und ethischen Anspruch des Christentums:

»Wir betonen heute die Unterschiede des Blutes. Das hat, wie jede Erkenntnis und Anerkenntnis der Mannigfaltigkeit göttlicher Schöpfung, sein gutes Recht. Aber die Unterschiede sind doch [...] nur an einer klaren durchfahrenden Einheit da. Die Heilige Schrift [...] erinnert uns, daß die Menschen alle ›aus einem Blute‹ stammen; das aber ist Adams Blut, das Blut dessen, der Gott ungehorsam ward. Darin besteht kein Unterschied zwischen den Rassen.«[67]

Aus dem gleichen Grunde weist er die Idee einer »Deutsch-Kirche« scharf zurück:

»Wir wollen keine völkische Kirche, die Gesetz und Evangelium nach der Mode einer völkischen Weltanschauung umbiegt und einschränkt; aber eine Volkskirche, die mit Liebe eingeht in ihres Volkes Leben und um immer neue Verdeutschung und Vergegenwärtigung der Botschaft ringt.«[68]

Fazit

Es wurde gezeigt, dass beide Vertreter des deutschnationalen Luthertums in den zwanziger und frühen dreißiger Jahren dem gängigen Anti-Judaismus verhaftet waren. Als akademische Lehrer, Vortragsredner und kirchliche Prediger waren sie an der Begründung und Verbreitung dieses Ungeistes aktiv beteiligt. Insofern waren sie nicht einfach Mitläufer, sondern auch Vordenker und Propagandisten, wenn man der Struktur der damaligen Öffentlichkeit Rechnung trägt. In der Nahoptik zeigt sich allerdings eine gewisse Asymmetrie. Denn bei Althaus ist die politische Dimension des Anti-Judaismus bereits in der zweiten Hälfte der zwanziger Jahre erkennbar, während dies für Hirsch zu diesem Zeitpunkt überhaupt kein Thema war. Aber nach der nationalsozialistischen ›Machtergreifung‹ eignet sich Hirsch nahezu vorbehaltlos deutsch-christliche und letztlich antisemitische Positionen an, während Althaus nun zunehmend in Reserve geht und gegenüber den Ausgrenzungs- und Diskriminierungstendenzen in Politik und Kirche zunehmend die im christlichen Glauben und Ethos

---

[66] Vgl. a.a.O. 217–224.
[67] PAUL ALTHAUS, Christus und die deutsche Seele, Gütersloh 1934, 26. Vgl. auch 24 u.ö., wo Althaus rassische Präferenzen zugunsten der Wahrheitsfrage zurückstellt.
[68] A.a.O. 34.

begründete Gleichheitsidee betont und ethisch wirksam werden lässt. Hirsch hat diese wachsende Differenz gespürt und Althaus in vielen Briefen der Jahre 1934 und 1935 eindringlich befeuert, sich eindeutiger auf die Seite des Nationalsozialismus und der Deutschen Christen und damit gegen die Juden zu stellen.[69] Dass er damit keinen Erfolg hatte, führte zu einer persönlichen, politischen und theologischen Entfremdung der langjährigen Freunde, die erst in den späten vierziger Jahren überwunden wurde.[70] Zu diesem Zeitpunkt hatte sich das Thema ›Anti-Judaismus‹ auf schrecklichste Weise erledigt. Kritisch reflektiert hat Hirsch seine Haltung – jedenfalls öffentlich – später nicht. Vielmehr kehrte er – etwa in seiner Predigerfibel – zu den antithetischen Stilisierungen der neutestamentlichen Situation aus den zwanziger Jahren zurück.[71] Althaus erfährt 1943 von der systematischen Judenvernichtung durch deutsche Truppen im Osten und zeigte sich – laut Aussagen seines Sohnes Gerhard – schockiert. Nach Auskunft von Zeitzeugen hat Althaus sich in Vorlesungen der frühen Nachkriegszeit zu dieser deutschen Schuld bekannt und die Gräuel als unmenschlich und unchristlich gebrandmarkt.[72] Dieser ›doppelte Ausgang‹, nämlich Ignorierung einerseits und ein doch wohl eher vordergründiges Schuldbekenntnis andererseits, dürfte nicht untypisch sein für den Umgang mit diesem schwierigen Thema in der frühen deutschen Nachkriegszeit.

---

[69] Für diesen Sachverhalt ist insbesondere der Brief vom 4. Februar 1935 einschlägig.
[70] Vgl. dazu die Ausführungen Hirschs, die er unter dem Eindruck von Althaus' Tod im Jahre 1966 niedergeschrieben hat, in: EMANUEL HIRSCH, Persönliche Erinnerungen an Paul Althaus (in: DERS., Dogmatische Einzelabhandlungen, Bd. 1, 211–223, hier: 221 f.).
[71] Vgl. dazu die Einleitung des Herausgebers in: EMANUEL HIRSCH, Predigerfibel, herausgegeben, eingeleitet und mit Registern versehen von Andreas Kubik, Kamen 2013, V–XXIX.XIII–XIX.
[72] Vgl. dazu JASPER, Paul Althaus (s. Anm. 36), 309 f.

Luthertum und Zionismus in der Zeit der Weimarer Republik

JOHANNES WALLMANN

Mein Thema stammt nicht von mir. Ich habe es von jemandem übernommen und übernehme auch die Quellen, die ich im Folgenden heranziehe und auswerte, von jemandem, der schon vor dreißig Jahren verstorben ist, von dem israelischen Historiker Uriel Tal (1929–1984). Deshalb muß ich mit einer Vorbemerkung beginnen.

Zum Lutherjubiläum von 1983, dem 500. Geburtstag des Reformators, kam es in den USA zu einer Irritation zwischen den amerikanischen Juden und den traditionell mit ihnen in freundschaftlicher Beziehung stehenden amerikanischen Lutheranern. Grund war die Ankündigung einer Briefmarke mit dem Kopf Martin Luthers. Die amerikanischen Juden, unter ihnen in großer Zahl während des Dritten Reichs aus Deutschland Emigrierte, protestierten gegen diese Ehrung einer religiösen Gestalt und verwiesen auf die für die USA maßgebliche Trennung zwischen Staat und Religion. Der amerikanische General-Postmeister entgegnete, man ehre Luther nicht als religiösen Heros, sondern wegen seines Eintretens für die Toleranz und die Freiheit der Presse.

Nun erhob sich erst recht ein Sturm der Entrüstung. Die amerikanischen Juden wiesen darauf hin, daß die Nationalsozialisten sich für die Verbrennung der Synagogen auf Luthers späte Judenschrift *Von den Juden und ihren Lügen* von 1543 berufen hatten, was den aus Deutschland Emigrierten noch frisch in Erinnerung war. Unter den amerikanischen Lutheranern erregte dieser Protest Staunen und Verwunderung, denn ihnen waren, außer wenigen akademisch Gebildeten, Luthers antijüdische Spätschriften meist völlig fremd. Selbst die Leiter der lutherischen Kirchen kannten die Schrift *Von den Juden und ihren Lügen* nicht. Die englischsprachige Lutherausgabe war noch nicht bis zu den Spätschriften gediehen, und die zweite Auflage der in Amerika gedruckten Walchschen Lutherausgabe, in der Luthers Spätschriften ediert sind, lasen die zu Beginn des Zweiten Weltkriegs endgültig zur englischen Sprache übergegangenen lutherischen Theologen der USA nicht mehr.

So beschlossen das *Lutheran Council of Churches* und das *American Jewish Committee*, um der gegenseitigen Verständigung willen noch im Herbst eine Tagung mit amerikanischen Juden und amerikanischen Lutheranern zu veranstalten. Jüdische Gelehrte und amerikanische Lutherforscher und Reformationshistoriker sollten zu den verschiedensten Aspekten des Themas »Luther und die Juden« sprechen. Die Tagung sollte den Titel *Martin Luther's Quincentenary: New Beginnings for Lutherans and Jews* tragen und im Hause des *American Jewish Committee* in Manhattan stattfinden.

Für die Wirkungsgeschichte von Luthers Judenschriften luden die amerikanischen Juden den israelischen Historiker Uriel Tal ein. Unter dem Namen Taubes in Deutschland aufgewachsen, war Tal als Jugendlicher nach Amsterdam emigriert und von dort 1940 nach Israel ausgewandert. Seit 1977 war er Professor an der Universität Tel Aviv. Sein Buch *Christians and Jews in Germany. Religion, Politics and Ideology in the Second Reich* (Ithaca 1975) hatte ihn als besten Kenner des im Kaiserreich entstehenden Antisemitismus bekannt gemacht, und er galt auch als guter Kenner des christlich-jüdischen Verhältnisses in Deutschland bis zur Zeit des Nationalsozialismus. Er sollte das Thema Luther und die Juden für das 20. Jahrhundert behandeln.

Für die Geschichte der Rezeption von Luthers Judenschriften hatten die amerikanischen Lutheraner, die ansonsten vorzügliche Lutherforscher einladen konnten, niemanden, der sich auf dem Gebiet auskannte. Doch waren viele Amerikaner auf dem Internationalen Lutherkongreß in Erfurt im Sommer 1983 gewesen, auf dem ich ein Referat über die Wirkungsgeschichte von Luthers Judenschriften vom 16. Jahrhundert bis zur Aufklärung vorgetragen hatte. Darum bat man mich kurzfristig, in New York ein Referat über die Rezeption von Luthers Judenschriften von der Reformation bis zum 19. Jahrhundert zu halten. So habe ich als einziger Deutscher an der mehrtägigen Tagung *Martin Luthers Quincentenary: New Beginnings for Lutherans and Jews* teilgenommen, die im Oktober 1983 stattfand.

Uriel Tal war verhindert. Offenbar schwer krank, verstarb er einige Monate später. Sein Paper *On Modern Lutheranism and the Jews* wurde an die Teilnehmer ausgeteilt; es befindet sich heute noch in meinem Besitz. Auf den Anlaß der Tagung, Luthers antijüdische Spätschriften, ging Tal überhaupt nicht ein. Vielmehr erklärte er im ersten Satz, er wolle sich mit einem Thema befassen, das in der Historiographie bislang nicht zur Kenntnis genommen werde: mit einer Richtung der deutschen Lutheraner, die in den zwanziger und frühen dreißiger Jahren des 20. Jahrhunderts die völkische Bewegung bekämpft und später in der Bekennenden Kirche in scharfem Gegensatz zur nationalsozialistischen Diktatur gestanden habe und die zugleich das Judentum mit der völkischen Bewegung, später mit dem Nationalsozialismus verglichen, ja sogar gleichgesetzt habe. Das sei ein merkwürdiges Phänomen und bisher kaum beachtet, weder in der überaus reichen Forschung zur Geschichte des Kirchenkampfs noch in der jüdischen Historiographie. Tals Referat handelte denn auch im größeren, historischen Teil von der von lutherischen Theologen vertretenen Behauptung einer Verwandtschaft, ja ihrer Gleichsetzung der völkischen Bewegung und des Nationalsozialismus mit dem Judentum, um im zweiten, kürzeren Teil einige Bemerkungen zum Neubeginn der Beziehungen von Judentum und Luthertum anzufügen.

Die Gleichsetzung von völkischer Bewegung bzw. Nationalsozialismus und Judentum durch lutherische Theologen paßte nicht zum Thema der Gesamttagung, und so kam es nicht zu dem beabsichtigten Druck der Referate.[1] Ich glaubte deshalb, mit dem Talschen Manuskript ein unveröffentlichtes Paper in der Hand zu haben. Da Uriel Tal, aus dessen Schriften ich viel gelernt habe, zu meinem Bedauern unter kirchengeschichtlichen Kollegen nahezu unbekannt ist, hielt ich es für angebracht, sein Referat den Teilnehmern dieser Tagung vorzustellen.[2] Bei der Ausarbeitung ging ich zunächst einmal so vor, daß ich mittels des von Tal seinem Paper beigegebenen Literaturverzeichnisses die von ihm genannten Schriften aufsuchte, um die Gleichsetzung von Judentum und Nationalsozialismus, die von lutherischen Theologen vorgenommen worden sei, anhand der Quellen zu überprüfen und die breit angegebenen Belege Tals in deutscher Sprache zu zitieren. Tal gliedert den historischen Teil seines Textes, der aus der Aufzählung einer großen Zahl von Theologen mit kurzer, aus Zitaten

---

[1] Mein Vortrag wurde später ohne mein Wissen in Lutheran Quarterly veröffentlicht: JOHANNES WALLMANN, The Reception of Luthers Writings on the Jews from the Reformation to the End of the 19th Century (in: Lutheran Quarterly 1, 1987, 72–97). Auf mein ausdrückliches Begehren wurde im folgenden Heft von *Lutheran Quarterly* angegeben, wann und bei welcher Gelegenheit mein Referat vorgetragen wurde. Zuvor hatte Risto Saarinen eine finnische Übersetzung in Helsinki zum Druck gebracht: Mit Genehmigung des Institute of Jewish Affairs in London erschienen in: Teologinen Aikakauskirja / Teologisk Tidskrift 91, 1986, 576–589.

[2] Uriel Tal, am 23. Dezember 1929 in Wien geboren als Sohn von Jacob Taubes und seiner Ehefrau Sarah geb. Wien, stammte aus einer Familie aus Galizien stammender angesehener Rabbiner, wuchs in Berlin auf und wurde 1939 von seinen Eltern nach Amsterdam geschickt, wo ein Bruder seines Vaters für den Zionismus tätig war. 1940 konnte er nach Palästina emigrieren. Seine Eltern wollten ihm folgen, wurden aber inhaftiert und verbrachten zwei Jahre im Konzentrationslager Bergen-Belsen, bevor sie ihm nach Palästina folgen konnten. Tal studierte Geschichte an der Hebräischen Universität Jerusalem und wurde mit einer Arbeit über den Antisemitismus im deutschen Kaiserreich promoviert. Als Assistent mußte er täglich Bücher zu Martin Buber bringen, der ihn wohl nicht unwesentlich beeinflußt hat. 1977 wurde er Professor für Geschichte. Seine zahlreichen wissenschaftlichen und in das gegenwärtige Leben eingreifenden Schriften sind überwiegend in hebräischer Sprache erschienen. Das oben genannte Buch *Christians and Jews in Germany* wurde von Noah Jonathan Jacobs ins Englische übersetzt. Am 6. Juni 1984 starb der an einer unheilbaren Krankheit leidende Tal in seinem Haus in Herzlija durch Suizid. Würdigungen seines Schaffens durch Arnold Paucker, s. unten Anm. 38, und durch Saul Friedländer, s. unten Anm. 37.

bestehender Charakterisierung ihres Vergleichs bzw. ihrer Gleichsetzung von völkischer Bewegung und Nationalsozialismus mit dem Judentum besteht, in zwei Phasen: eine erste Phase, die die frühen und mittleren zwanziger Jahre, und eine zweite Phase, die die späten zwanziger und die frühen dreißiger Jahre bis zur Entstehung der Bekennenden Kirche umfaßt. Neben bekannten Theologen führt Tal viele heute unbekannte Namen an. Ich werde die Linien meines Referats aus noch anzugebenden Gründen nicht bis zum Ende ausziehen, mache aber, soweit ich sie ziehe, in den Anmerkungen zu den genannten Theologen nähere Angaben, die sie in den für das Thema wichtigen historischen Kontext stellen.

1. Lutherische Theologen im Deutschland der 1920er und frühen 1930er Jahre zum Verhältnis von völkischer Bewegung und Zionismus (im Anschluß an Uriel Tal)

Tal beginnt mit dem knappen, ohne Zitat gegebenen Hinweis auf den heute unbekannten *Karl Auer*, Pfarrer in Berlin, der in einer Schrift über Johann Gottfried Herders Botschaft für die Gegenwart behaupte, beide, die Juden und die jetzt wachsende völkische Bewegung, hätten Herders Warnung vor Stolz und Vorurteil nötig, die für ethnische und nationale Einheiten symptomatisch seien.[3]

Ausführlich spricht er dann von *Hans Hofer*, einem strengen, konservativen Lutheraner und scharfen Gegner der völkischen Bewegung.[4] Ohne eine von Hofers Schriften zu nennen, spricht Tal von dessen wiederholten Warnungen vor dem antichristlichem Bestreben der Völkischen, der eigenen Nation und Nationalität religiöse Qualität beizulegen. Tal meint, wie seine Zitate zeigen, einmal Hofers heute kaum bekanntes Büchlein *Nationalismus und Christentum* von 1924, mit dem Hofer denen einen Dienst erweisen will, die in der völkischen Bewegung das Christentum suchen.[5] Ihnen gibt Hofer als Christ die Antwort: So sehr wir unser Volk

---

[3] KARL AUER, Herders Botschaft an unsere Zeit: eine Auslese aus seinen Schriften, Leipzig 1920. – Im Berlin-Brandenburgischen Pfarrerbuch ist ein Karl Auer nicht zu finden.

[4] Hans Hofer war Pfarrer und Dozent am Leipziger Missionsseminar. Er verfaßte zahlreiche allgemeinverständliche Volksschriften über alle Weltanschauungen der Neuzeit, die zusammengebunden sind in dem oft aufgelegten dreibändigen Werk: *Die Weltanschauungen der Vergangenheit*, Elberfeld 1928. Hofer war vermutlich Schüler von Hermann L. Strack, auf dessen Bücher er seine Leser verweist. Hofer schrieb (in der AELKZ 70, 1937) über die missionsfeindlichen Strömungen der Gegenwart und über Rasse und Religion. Seine Lebensdaten sind unbekannt.

[5] HANS HOFER, Nationalismus und Christentum, Wernigerode ⁷1924. Kurzcharakteristik des 148 Seiten starken Buchs: Zur aktuellsten Frage, die die Gemüter bewege, der

lieben sollten, so gefährlich sei die in der völkischen und auf dem radikalen Flügel der nationalen Bewegung begegnende Vergöttlichung des Volkes.[6] Das sei »ein Herabsinken auf die Stufe des Judentums«.[7] Die andere von Tal benutzte Schrift, in der Hofer nicht nur die Völkischen, sondern auch den Nationalsozialismus und die ganze rassische Weltanschauung darauf hinweist, daß das Evangelium den Nationen zu predigen sei und daß auch die Juden zu taufen seien, wozu Tal eine lange Reihe von Bibelstellen, vor allem aus der Apostelgeschichte anführt, habe ich nicht gefunden.

Es folgt der Jenaer Professor *Willy Staerk*,[8] eine weitere Stimme, die sich, beunruhigt durch den wachsenden Einfluß des Nazismus auf die

Frage nach dem nationalen Recht des deutschen Volkes, will Hofer Stellung beziehen. Eine Absage denen gebend, die wie der Schweizer Ragaz im Weltkrieg den Untergang des Nationalismus erblicken, von daher die Begriffe Volk und Nation für abgewirtschaftet erklären und einem Internationalismus das Wort reden, will Hofer zwischen den Extremen Nationalismus und Internationalismus einen Mittelweg einschlagen und zu einem rechten, der Bibel entsprechenden Verständnis der Worte Volk, Volkstum und Nation anleiten. Er warnt vor der völkischen Bewegung, weil sie gegenüber dem internationalen Sozialismus ins Gegenteil verfalle, einen Nationalismus, der dem Volk religiöse Qualität zuschreibe und es damit vergöttliche. Seine These lautet: Jesus habe sein Volk geliebt, aber das Neue Testament verkündige ein Evangelium für alle Völker. Deutlich wird dem Antisemitismus eine Absage gegeben und für Verständnis des Judentums geworben, sogar für den Talmud. Der Rassebegriff der völkischen Bewegung wird für unsinnig erklärt, wozu sich Hofer in eine Auseinandersetzung mit dem Jenaer Rassebiologen Hans Günther und seiner *Rassenkunde* (s. dazu Anm. 47) begibt. In scharfer Auseinandersetzung mit Fichtes *Reden an die deutsche Nation*, mit Paul de Lagardes und Houston Stewart Chamberlains »Deutscher Religion«, mit Arthur Bonus' »Germanisiertem Christentum«, mit der Rückkehr zur altgermanischen Wotansreligion und der neuerdings nicht nur in der völkischen Bewegung um sich greifenden Rede vom »Deutschen Gott«, der Hofer die deutlichste Absage gibt, wird vor dem übersteigerten Nationalismus der völkischen Bewegung gewarnt.

[6] »Eine Erscheinung der vaterländischen Bewegung, die wir als Christen nicht mitmachen können, ist die religiöse Einschätzung des deutschen Volkstums und Volksgeistes. Die Nation und Nationalität ist keine religiöse Größe. Das Volkstum darf nicht verherrlicht werden, als ob es göttlich wäre« (a.a.O. 106).

[7] »Aber es gibt Deutsche, die unser Volkstum noch höher stellen wollen, indem sie es – natürlich nur in seinen guten Eigenschaften – vergöttlichen. Das heiße ich aber ein Herabsinken auf die Stufe des Judentums, auf die doch diese Lobredner des Deutschtums mit grimmigem Tadel herabblicken« (a.a.O. 107).

[8] Willy Staerk (1866–1946), Schüler Hermann Stracks und gründlicher Kenner der rabbinischen Literatur, mit vielen jüdischen Gelehrten in Verbindung stehend, seit 1905 Privatdozent, seit 1912 Professor für Altes Testament in Jena (1912–1934 und 1945/46). Tal schreibt seinen Namen Stärk, wie dieser sich auch auf einigen seiner Werke selber schreibt. Nach seiner Emeritierung bekam Gerhard von Rad seinen Lehrstuhl. Der liberale Theologe hatte, nachdem Martin Rade 1912 in der Christlichen Welt und 1913 in einem Essay in den *Süddeutschen Monatsheften* vergeblich für eine jüdisch-theologische Fakultät an der neu zu gründenden Universität Frankfurt am Main geworben hatte, bei der Eröffnung dieser Universität 1914 in einem programmatischen Votum in der Zeitschrift *Geisteswissenschaften* Verständnis für den Wunsch der jüdischen Gemeinde nach einer jüdisch-theologischen Fakultät geäußert, für die jüdische Kreise auch beträchtliche Mittel bereitgestellt hatten. Staerk forderte jedenfalls die Einrichtung eines Lehrstuhls

Studenten, unter den deutschen Lutheranern erhob. Ausführlich geht Tal auf ihn ein, insbesondere auf ein 1926 von der deutschen christlichen Studentenbewegung herausgegebenes Heft, in dem vom Standpunkt des biblischen Christentums zur völkischen Frage Stellung bezogen werden sollte und Hofer sich zum Judentum äußerte. Es handelt sich um das Heft *Das religiöse Leben der westeuropäischen Judenheit vornehmlich Deutschlands, und seine Wertung vom christlichen Gottesgedanken aus*.[9] Darin unterscheidet Staerk aus offensichtlich gründlicher Kenntnis der Materie drei verschiedene Grundtypen des Judentums: Zunächst das liberale Judentum, das im Zentralverein deutscher Staatsbürger jüdischen Glaubens organisiert sei, welcher Staatsbürger jüdischen Glaubens ohne Unterschied der politischen oder religiösen Richtung sammele und seine Hauptaufgabe im Kampf gegen den Antisemitismus und gegen den Zionismus sehe. Das liberale Judentum sei ein Gegenstück zu dem liberalen protestantischen Christentum, religiös kraftlos und eine Spielart der rationalistischen Aufklärung. Dann das jüdisch-völkische Judentum, dessen bemerkenswertester Teil der Zionismus sei. Es wolle echtes Judentum sein und verstehe sich in bewußtem Gegensatz zu dem um Assimilierung bemühten liberalen Judentum. Sein Pathos wurzele im Sozialismus und in der Betonung durch Natur und Geschichte bestimmter Gegebenheiten wie des durch Blutsverwandtschaft verbundenen Volkes und jüdischen Volkstums. Zwar dringe der Zionismus auch auf religiöse Erneuerung, für die nach Staerk ein Martin Buber steht, doch bleibe er, der nur ein neues, aus starker Erde mit starken Wurzeln wachsendes Volk kenne, diesseitig. Schließlich das philosophische Judentum, für das auf Hermann Cohen verwiesen wird. Staerks Beachtung findet nur der Zionismus, und auch Tal nimmt seine Zitate nur aus den betreffenden Passagen. »Das ist echtes religiöses Judentum, ohne jede Verflüchtigung und Verfälschung durch moderne [...] Aufklärung. Es ist ein abseits jeder Emanzipation und Assimilation stehendes Judentum, das fest auf der alttestamentlich-rabbinischen Grundlage steht.«[10] Darum kann es nach Staerk keine Verständigung zwischen dem

---

für »jüdische Religionswissenschaft« an der Philosophischen Fakultät, damit dort eine »in das Gesamtgebiet der Geistesgeschichte eingegliederte und streng methodisch betriebene Erforschung des Judentums« möglich sei (CHRISTIAN WIESE, Wissenschaft des Judentums und protestantische Theologie im wilhelminischen Deutschland. Ein Schrei ins Leere?, Tübingen 1999, 340–344). In einer Schrift, in der Staerk den Aufbau einer christlichen Volksgemeinschaft fördern will und, weil das Neue Testament dazu nichts sagt, auf das durch die Propheten unter die Herrschaft Gottes gestellte alttestamentliche Volkstum hinweist, verzichtet er auf Bemerkungen über das gegenwärtige Judentum (WILLY STAERK, Alttestamentliche Frömmigkeit und Volkswiederaufbau, Berlin 1927).
[9] WILLY STAERK, Das religiöse Leben der westeuropäischen Judenheit vornehmlich Deutschlands, und seine Wertung vom christlichen Gottesgedanken aus, Berlin 1926.
[10] A.a.O. 11.

Christentum und dem Judentum – Tal fügt in Klammern unterstrichen als Zitat hinzu: »als einer erdgewurzelten, in Blut und Boden und geprägtem Volkstum begründeten Glaubens- und Lebensgemeinschaft«[11] – geben. »Es kann keine Verständigung geben zwischen dem übergeschichtlichen Wesen des Evangeliums, das alle Diesseitigkeiten der Welt hinter sich läßt, und der soziologisch bestimmten Religiosität, für die das Entscheidende das echte, religiöse Judentum völkischer Art ist.« »Ein Judentum, das naturhaft völkisch sein will, gleichsam vom jüdischen Instinkt geleitet ist, steht unter der prophetischen Religion des Alten Testaments.« Die rabbinisch-pharisäische »Engstirnigkeit« sei eine Herausforderung für die Judenmission. Dagegen habe man gegen den rassischen Antisemitismus einzuwenden, daß er kein Heil durch den Segen der Taufe erlaube. Überdies sei der rassische Antisemitismus ähnlich wie das Judentum die Erhebung eines engstirnigen Nationalismus zu einer politischen Religion.[12] Tal scheint noch einen anderen Text von Staerk zu kennen, denn er nennt an hervorragenden zionistischen Autoren, mit denen Staerk in Verbindung stehe, außer Martin Buber noch Jacob Klatzkin, den lebenslangen Freund Nahum Goldmanns, und Nachman Syrkin, den Begründer des sozialistischen Zionismus, von denen in der von mir herangezogenen Schrift keine Rede ist. Dafür übergeht Tal die von Staerk mehrmals genannte anonyme Schrift, in der ein unbekannter nichtzionistischer jüdischer Autor energisch das liberale Judentum bekämpft.[13]

Genannt wird weiter der bekannte Stuttgarter liberale Pfarrer *Eduard Lamparter*[14] mit seiner 1928 erschienenen Schrift *Evangelische Kirche und*

---

[11] Tal wandelt das Zitat leicht ab in »also einer erdgewurzelten, im Blut und geprägten Volkstum begründeten Glaubens- und Lebensgemeinschaft« (a.a.O. 17).

[12] A.a.O. 18.

[13] ANONYMUS, Die jüdische Religion in Gegenwart und Zukunft. Offene Worte an meine Religionsgenossen von Ne'man, Leipzig 1921 (118 S.). – Staerk nennt den von ihm dem philosophischen Judentum zugerechneten anonymen »Ne'man« mehrmals einen »frommen Juden« (a.a.O. 9.12ff.19).

[14] Eduard Lamparter (1860–1945), Stadtpfarrer in Stuttgart, war 1924 dem Verein zur Abwehr des Antisemitismus beigetreten, der mit dem liberalen Centralverein der Juden verbunden war. Lamparter hat mehr als alle anderen evangelischen Theologen während der Weimarer Republik gegen den seit dem Ersten Weltkrieg anwachsenden Antisemitismus gekämpft. Seine in Anm. 15 genannte Schrift ist eine Auswahl seiner zahlreichen Artikel aus: *Abwehr-Blätter. Mitteilungen aus dem Verein zur Abwehr des Antisemitismus*. Vermutlich hat Tal auch die zweite in demselben Jahr erschienene (nicht bei Scholder [s. Anm. 15] genannte) Schrift gekannt: EDUARD LAMPARTER, Das Judentum in seiner kultur- und religionsgeschichtlichen Erscheinung, Gotha 1928. Darin beklagt er, daß die Kirche das Judentum nicht als eine gleichberechtigte Religion anerkenne und von oben her auf das Judentum herabblicke. Zu Lamparters Rolle im Abwehrverein: BARBARA SUCHY, The Verein zur Abwehr des Antisemitismus (II). From the First World War to its Dissolution in 1933, in: Leo Baeck Institute Yearbook 30, 1985, 67–103, 90f. Dort lese ich (a.a.O. 90) in einer nummernlosen Anmerkung die einzige Erwähnung des von Uriel Tal hier behandelten Artikels, die ich in der Literatur gefunden habe.

Judentum. Ein Beitrag zum christlichen Verständnis von Judentum und Antisemitismus.[15] Lamparter sei ein fähiger Verteidiger des Judentums gegen Vorurteil, Diskriminierung und Antisemitismus gewesen. Seine Anschauung über den Gegensatz zwischen dem evangelischen Christentum und dem Rassismus der Nationalsozialisten sei bekräftigt worden von hervorragenden Theologen und Kirchenmännern wie Karl Barth, Otto Baumgarten, Paul Fiebig[16], Wilhelm Kahl, Martin Rade, Friedrich Siegmund-Schultze, dem jungen Paul Tillich und anderen. In tragischer, paradoxer und ironischer Weise hätten nach Lamparter beide, die Völkischen und die Juden, die Geschichte in ähnlicher Weise als Heilsgeschichte fehlinterpretiert. Der nationalsozialistische Slogan von einem tausendjährigen *Dritten Reich* und das Streben der jüdischen Nationalisten nach einem diesseitigen, hier auf Erden errichteten *Zion* seien beide ein Mißbrauch des 20. Kapitels der Johannesoffenbarung, des Ursprungs des Tausend-Jahre-Symbols. Beide, Völkische wie Juden, müßten im Sinne Luthers zu der Einsicht bekehrt werden, daß hier auf dieser Welt kein Leben ohne Übel und Tod zu erreichen sei.

Nun kommt Tal zu der zweiten Phase. Er beginnt mit *Richard Karwehl*, einem von Karl Barth beeinflußten Osnabrücker Pfarrer[17], dem er hier nur

---

[15] EDUARD LAMPARTER, Evangelische Kirche und Judentum. Ein Beitrag zum christlichen Verständnis von Judentum und Antisemitismus, Stuttgart 1928. Zu dieser Schrift: KLAUS SCHOLDER, Die Kirchen und das Dritte Reich, Bd. 1, Berlin 1977, 146f.

[16] S. unten Anm. 23.

[17] Richard Karwehl (1885–1979), Pfarrer in Osnabrück, wo heute ein Platz nach ihm benannt ist. Als liberaler Theologe im Geist von Ragaz' religiösem Sozialismus aufgewachsen, Assistent bei Martin Rade, im Ersten Weltkrieg Militärpfarrer, wurde er 1919 Pfarrer in Osnabrück. Hier wurde er durch die Lektüre des Römerbriefkommentars von Karl Barth in der Tiefe ergriffen. Er nahm, als Barth in Münster lehrte, persönlichen Kontakt zu ihm auf, woraus eine enge, herzliche Freundschaft wurde, die in der Biographie Barths von Eberhard Busch erwähnt, aber zu wenig gewürdigt wird. Bis zu Barths Tod blieben beide im Briefwechsel. – Karwehl, der den Treueid auf Hitler verweigerte, war mit einer Gruppe von Pfarrern, zu der der als Christ jüdischer Herkunft bekannte Paul Leo (1893–1958) gehörte, schärfster Gegner des sich der nationalsozialistischen Kirchenpolitik anpassenden hannoverschen Landesbischofs Marahrens. Scholder berichtet von einer 1933 bei einer der Jungreformatorischen Konferenz gebotenen theologischen Analyse des Nationalsozialismus durch den jungen Pfarrer Karwehl, die »an Hellsichtigkeit und Schärfe die meisten anderen Stimmen deutlich überragte« (SCHOLDER [s. Anm. 15], 178). Seine auf einen anderen Vortrag bei der Jungreformatorischen Konferenz zurückgehende Schrift von 1931 (s. Anm. 18), die von Tal als erste den Nationalsozialismus als politischen Messianismus erkennende Schrift hervorgehoben wird, hatte Karwehl durch seinen Schwager Georg Merz in *Zwischen den Zeiten* drucken lassen. Zu Karwehl umfassend: HEIDRUN BECKER, Der Osnabrücker Kreis 1931–1939 (in: HEINRICH W. GROSSE, HANS OTTE, JOACHIM PERELS [Hgg.], Bewahren ohne Bekennen? Die hannoversche Landeskirche im Nationalsozialismus, Hannover 1996, 44–104).

einen Absatz widmet, aber große Bedeutung zuschreibt und auf den er im systematischen zweiten Teil seines Papers zurückkommt. Karwehl verfaßte eine 1931 in *Zwischen den Zeiten* herausgegebene Schrift *Politischer Messianismus. Zur Auseinandersetzung zwischen Kirche und Nationalsozialismus*.[18] In ihr führt er eine scharfe Auseinandersetzung mit dem Nationalsozialismus, dem er eine »säkularisierte Eschatologie« zuschreibt. Die profane Geschichte werde hier mit den Kategorien der Heilsgeschichte erfaßt, und dadurch sei der Nationalsozialismus mit dem Christentum unvereinbar. Erstmals wird, wie Tal feststellt, von Karwehl der Begriff »politischer Messianismus« auf den Nationalsozialismus angewandt.

In diesem Zusammenhang stellt Tal heraus, daß sich am Vorabend des Dritten Reiches eine intensive, hektische Aktivität unter den führenden Lutheranern entwickelt habe. Sie hätten bemerkt, wie dringend eine Klärung ihrer Position gegenüber dem politisch-messianischen Anspruch der nationalsozialistischen Bewegung sei. Es sei ihnen notwendig erschienen, die Grenzlinien zwischen der anwachsenden Bewegung der Deutschen Christen, die schon im Juni 1932 unter Pfarrer Joachim Hossenfelder die Prinzipien der NSDAP in die Kirche einführen wollten, und ihrer eigenen Bewegung zu befestigen, die sich 1933 unter Martin Niemöller zum Pfarrernotbund zusammenschloß und später zur Bekennenden Kirche weitergebildet wurde. Tal hat hier offensichtlich den ersten Band des von Leopold Klotz herausgegebenen Werks *Die Kirche und das dritte Reich* von 1932 benutzt, eine Sammlung von Antworten 23 älterer und jüngerer Theologen auf die Frage, ob und wieweit die große neue durch das Volk gehende Freiheitsbewegung vor dem evangelischen Glauben bestehen könne. Die beiden folgenden von ihm breit ausgeschriebenen Autoren sind in diesem Band vertreten.[19]

Als ersten führt Tal den Marburger Praktischen Theologen *Friedrich Niebergall* (1866–1932) an, der zwar nicht zur Bekennenden Kirche gehöre, aber als Praktischer Theologe von großem Einfluß gewesen sei.[20]

---

[18] RICHARD KARWEHL, Politischer Messianismus. Zur Auseinandersetzung zwischen Kirche und Nationalsozialismus (in: Zwischen den Zeiten 9, 1931, 519–543).

[19] LEOPOLD KLOTZ (Hg.), Die Kirchen und das dritte Reich. Fragen und Forderungen deutscher Theologen, zwei Bände, Gotha 1932. Zu diesem zweibändigen Sammelwerk, dessen erster Band von nationalsozialistischer Seite als »Anhäufung von Unkenntnis, Oberflächlichkeit, Anmaßung und heimtückischer Feindschaft gegen die deutsche Freiheitsbewegung« empfunden wurde (so a.a.O. Bd. 2, 9): SCHOLDER (s. Anm. 15), 180.

[20] Friedrich Niebergall (1861–1932), Professor für Praktische Theologie in Heidelberg 1904–1920, in Marburg 1920–1932. Das riesige literarische Werk des in den Jahrzehnten vor und nach dem Ersten Weltkrieg bedeutendsten, dem theologischen Liberalismus zugehörigen deutschen praktischen Theologen stammt aus den ersten drei Jahrzehnten des 20. Jahrhunderts. Daß Tal ihn einen Heidelberger Professor nennt, obwohl er im Inhaltsverzeichnis des Sammelwerks von Klotz als Professor in Marburg angeführt

Niebergall sei einer der ersten gewesen, die die Völkischen, einschließlich der Nationalsozialisten, mit den Juden in Verbindung gebracht hätten. Beide, die Völkischen und die Juden, lehnten Jesus als Heiland ab und beteten das Diesseits an. Die Nationalsozialisten verehrten einen politischen Führer als Messias, was – Tal zitiert hier ein deutsches Wort – »Sakralisierung eines Menschen« bedeute.[21] Ihre Vergöttlichung eines Menschen manifestiere sich in der Ekstase und dem Rausch, mit dem Hitler, wie Niebergall beklage, die Massen verhexe. Diejenigen, die den Nationalsozialismus als eine Religion annähmen, verfielen in Diesseitigkeit, Materialismus, Selbstgenügsamkeit und Selbstgerechtigkeit, also in all das, was den Juden eigentümlich sei, einmal den Juden im Alten Testament, die einen diesseitigen Messias erwarteten, der sie von den Römern befreien sollte, andererseits den gegenwärtigen liberalen und revolutionären Bewegungen, die aus dem Judentum eine weltliche Religion gemacht hätten, welche so viele säkulare und aufgeklärte Juden anziehe. Beide, die Völkischen und die Juden, bezeugten die Wahrheit des christlichen Messianismus, der einen Gegensatz zu dem Messianismus der Nationalsozialisten und der Juden darstelle.[22]

Ähnlich habe *Paul Fiebig* (1876–1949), ein gründlicher Kenner des Rabbinismus, enger Freund und couragierter Verteidiger der Juden,[23] in

---

wird, läßt darauf schließen, daß ihm das bemerkenswerte Plädoyer Niebergalls aus seiner Heidelberger Zeit für die Assimilation des Judentums und seine Annäherung an das Christentum unter Verzicht auf die Taufe bekannt war. Vgl. den Abschnitt ›*Übertritt aus dem Judentum in das Deutschtum*‹ – *Friedrich Niebergalls Plädoyer für einen Verzicht auf jüdische Identität (1912)* bei WIESE (s. Anm. 8), 251–255. Niebergall schrieb 1925 für die liberale jüdische Zweimonatsschrift *Der Morgen*. Er beteiligte sich mit einer scharfen Absage an den Nationalsozialismus an dem ersten Band der Rundfrage von Leopold Klotz (s. Anm. 19, Bd. 1, 77 ff.).

[21] »Wir haben es immer mit Formen eines Messiastums zu tun. [...] So verhält es sich auch mit dem Dritten Reich. Dieses Wunschbild ist aus dem gegenwärtigen Elend und aus Begeisterung für einen Mann geboren, der in die Rolle eines Messias vielleicht mehr hineingedrängt wurde als sich hineingedrängt hat. [...] Wir haben also eine Ersatzreligion oder einen Religionsersatz vor uns, eine ›verkappte Religion‹, die ›Sakralisierung‹ eines Menschen, einen unter den ›Göttern des Abendlands‹«" (Niebergall bei KLOTZ [s. Anm. 19], Bd. 1, 79).

[22] Kurz vor seinem Tod 1932 schrieb Niebergall die Sätze: »Wir leben in einer vergänglichen Welt. Das bedeutet, daß sie unvollkommen ist. [...] Heute sehnen sich Millionen wie die Israeliten einst nach dem Messias, nach dem Dritten Reich, das die Erfüllung bringen sollte. Auch dieses wird, wie das Zweite und das Erste Reich, von Menschen geleitet sein und alle menschlichen Gebrechen an sich tragen« (FRIEDRICH NIEBERGALL, In schwerer Zeit, Frankfurt 1932, 63).

[23] Paul Fiebig (1876–1949), außerplanmäßiger Professor für Neues Testament an der Universität Leipzig 1924–1941. Fiebig kam von der Judenmission her, war 1902 stellvertretender Direktor des Institutum Judaicum in Leipzig, wo er von jüdischen Privatgelehrten in den Talmud und andere rabbinische Quellen eingeführt wurde. Vor dem Ersten Weltkrieg setzte er sich wie kein anderer für die Förderung der Wissenschaft des

seinem Kampf gegen den Nationalsozialismus dessen nationalistische Beschränktheit mit der der Juden, vor allem dem politischen Zionismus, gleichgesetzt. Im Gegensatz zu dem Anführer der völkischen Bewegung, Theodor Fritsch, seien für Fiebig Jesus und die Apostel natürliche Juden von palästinensisch-jüdischem Ursprung gewesen. Nach Fiebig hätten alle Völker, die Juden wie die Deutschen, Christen werden können und sollen. Aber vor den Juden seien zuerst die Deutschen an der Reihe gewesen, Christen zu werden, da nach Röm. 11,25 die Verhärtung des Herzens und die Blindheit der Juden andauern werde, bis die Fülle der Heiden in das Heil eingehe. Dann erst würden die Juden ihren Mitgenossen, den Deutschen, folgen und das Licht Christi sehen (Sach. 22,10). Und dann werde Gott seinen Bund mit ihnen erneuern. Dies sei der einzige Weg, auf dem Israel von seinen irdischen Feinden, einschließlich der Völkischen und der Nationalsozialisten, die nur das göttlich verordnete Strafgericht an den Juden ausführten, befreit werden könne. Tal unterliegt allerdings einem Irrtum, wenn er den so referierten Fiebig den später zur Bekennenden Kirche stoßenden Theologen zurechnet. Weil er Fiebigs Forderungen an den Nationalsozialismus neben der scharfen Kritik Niebergalls unter den überwiegend den Nationalsozialismus ablehnenden Theologen in dem Band *Die Kirche und das dritte Reich* fand[24], hat Tal ihn fälschlich für einen Gegner des Nationalsozialismus gehalten. Fiebig hat aber nur, weil Jesus Jude und kein Arier war, in Übereinstimmung mit seinen früheren Schriften eine ohne Haß betriebene Wissenschaft vom Judentum, insbesondere vom Talmud, als Ergänzung für die neutestamentliche Wissen-

---

Judentums und für eine ihr ebenbürtige christliche Judentumskunde in der neutestamentlichen Wissenschaft ein (vgl. ausführlich dazu den Abschnitt: *Paul Fiebigs Konzept zur Reform der neutestamentlichen Forschung und seine Bewertung der Wissenschaft des Judentums* bei WIESE [s. Anm. 8], 305–317 und das Verzeichnis seiner zahlreichen Schriften a.a.O. 385–387). Während der Weimarer Republik beteiligte sich Fiebig an der Bekämpfung des Antisemitismus (PAUL FIEBIG, Juden und Nichtjuden. Erläuterungen zu Theodor Fritschs ›Handbuch der Judenfrage‹, Leipzig 1921). In einer von den liberalen deutschen Juden herausgegebenen Zeitschrift schrieb er einen Artikel *Die fehlende Kenntnis des talmudischen Judentums. Eine folgenschwere Lücke in der deutschen Bildung* (C.V. Zeitung vom 25. September 1925). Gegen das durch Johann Andreas Eisenmengers *Entdecktes Judentum* entstandene negative Bild bemühte er sich um ein positives Verständnis des Talmud (PAUL FIEBIG, Der Talmud, seine Entstehung, sein Inhalt unter besonderer Berücksichtigung seiner Bedeutung für die neutestamentliche Wissenschaft, Leipzig 1929). Trotz seines beharrlichen Kampfs gegen den Antisemitismus schloß sich Fiebig 1933 den Deutschen Christen an (Die Predigt im Dritten Reich. Referat in der Ephoralkonferenz der Geistlichen von Leipzig / Stadt am 9. Nov. 1933, Leipzig [1933]) und veröffentlichte Universitätsvorlesungen über Führerprinzip und Rassenfrage (Neues Testament und Nationalsozialismus, Dresden 1935), ja wurde sogar Mitarbeiter an Grundmanns Eisenacher Entjudungsinstitut.

[24] KLOTZ (s. Anm. 19), Bd. 1, 25–30.

schaft für nötig befunden. Diese Forderungen schienen ihm nach dem Sieg des Nationalsozialismus offensichtlich erfüllt. Fiebig ging 1933 zu den Deutschen Christen über und war bei Kriegsbeginn Mitarbeiter des Eisenacher *Instituts zur Erforschung und Beseitigung des jüdischen Einflusses auf das deutsche kirchliche Leben.*

Tals Bericht endet mit der Aufzählung und knappen Charakterisierung einer langen Reihe lutherischer Theologen, die mit Helmuth Schreiner und Walter Künneth, den Kämpfern gegen Rosenbergs *Mythus des zwanzigsten Jahrhunderts* in der Apologetischen Centrale in Berlin-Spandau, beginnt und über Heinz Dietrich Wendland[25], Heinrich Vogel, Hans Asmussen, Horst Stephan, Rudolf Homann[26] und Christian Stoll bei Georg Merz[27] endet. Ihnen allen sei gemeinsam, daß sie die Völkischen, eingeschlossen die Nationalsozialisten, mit den Juden verglichen und anhand einer Reihe von Punkten sogar gleichgesetzt hätten. Tal faßt sie zusammen mit einem Wort, das Helmuth Schreiner am Vorabend des Dritten Reiches ausgesprochen habe: »der Rassegedanke ist Judentum«.

Ich habe mich bemüht, die Quelle für dieses Zitat, das Tal durch Unterstreichung hervorhebt und das dem zionistischen Judentum gelten soll, zu finden. In der Form »Rassenglaube ist ›Judentum‹« habe ich die Quelle für das Zitat gefunden in dem von Tal in seinem Literaturverzeichnis angegebenen Band *Die Nation vor Gott. Zur Botschaft der Kirche im Dritten Reich.*[28] Dieser zu Pfingsten 1933, gleichzeitig mit der Gründung der Jungreformatorischen Bewegung, erschienene Band ist ein großes theologisches Sammelwerk, das nach dem Vorwort der beiden Herausgeber Walter Künneth und Helmuth Schreiner das »theologische Wort der Kirche zu den inneren Fragen der nationalen Wiedergeburt« sprechen will.[29] Die Herausgeber begrüßen den nationalen Aufbruch unter dem Führer Adolf Hitler, stehen also grundsätzlich positiv zur nationalsozialistischen Machtergrei-

---

[25] HEINZ-DIETRICH WENDLAND, Sozialismus und Nationalismus. Fragen zur politischen Ethik der Gegenwart (in: NKZ 42, 1931, 381f.).

[26] Tal meint von Homann das heute unbekannte, mit einem Geleitwort von Präses Koch versehene Buch: RUDOLF HOMANN, Der Mythus und das Evangelium. Die evangelische Kirche in Abwehr und Angriff gegenüber dem Mythus des 20. Jahrhundert von Alfred Rosenberg, Witten 1935.

[27] Fehlerhaft »Metz« geschrieben.

[28] WALTER KÜNNETH, HELMUTH SCHREINER (Hgg.), Die Nation vor Gott. Zur Botschaft der Kirche im Dritten Reich, Berlin ³1934, 76. Zu diesem großen theologischen Sammelwerk, dessen Herausgeber die Apologetische Centrale in Berlin-Spandau leiteten: SCHOLDER (s. Anm. 15), 529f.; PETER NEUMANN, Die Jungreformatorische Bewegung, Göttingen 1971, 90ff. Tal nennt diesen Band in dem seinem Paper beigegebenen Literaturverzeichnis mit der Jahreszahl 1934, ihm lag also die erweiterte dritte Auflage vor.

[29] A.a.O., Vorwort, 5f.

fung. Sie sehen aber die deutsche Nation in einer Schicksalswende vor Gott angesichts des Vordringens der völkischen Bewegung und der im Nationalsozialismus noch ungeklärten Haltung zur Kirche. Hinsichtlich der Ordnungen Gottes müsse die Wahrheitsfrage gestellt werden. Es sei dringend nötig, über Rasse, Volk, Staat, die »Judenfrage« u.a. nachzudenken.

Helmuth Schreiner stellt die Wahrheitsfrage zum Begriff Rasse und setzt sich in seinem Beitrag *Die Rasse als Weltanschauungsprinzip* kritisch mit Hans F. K. Günthers *Rassenkunde des deutschen Volkes* (1922) auseinander, durch die »in breiten Schichten unseres Volkes das Interesse für die rassischen Grundlagen unserer Kultur erwacht« sei.[30] In Unkenntnis dessen, daß Günthers Rassenkunde zu den Lieblingsbüchern Hitlers gehörte und von ihm allen Parteigenossen zu lesen empfohlen wurde, glaubt Schreiner, die nationalsozialistische Bewegung werde sich, wenn sie die Widersprüchlichkeit und Ungereimtheiten der Rassenlehre erkenne, von dem widerchristlichen, auf der arischen Rasse fundierten Gottesglauben der völkischen Bewegung trennen.[31] Zumal Günthers Grundgedanken, daß die Neuordnung des deutschen Volkstums aus den Tiefen der nordischen Rasse geformt werden müsse, findet er widersprüchlich und ungereimt. Die Idee der »Aufnordung« sei wissenschaftlich nicht zu begründen, sondern fragwürdig. Sie sei eine Selbstidealisierung der Träger der völkischen Bewegung, eine »Selbstidealisierung des Ich«.

Nachdem er gezeigt hat, daß sich »auf Reinrassigkeit im nordischen Sinn überhaupt keine deutsche Zukunft aufbauen« könne,[32] wendet

---

[30] A.a.O. 62–76. Schreiner hat dem Band noch den Aufsatz *Möglichkeiten und Grenzen der Eugenik* beigesteuert (a.a.O. 77–96).
[31] In die erheblich erweiterte dritte Auflage des Bandes *Die Nation vor Gott* vom Februar 1934 sind, vermutlich wegen der raschen politischen Entwicklung (Rassegesetzgebung des Reichs, Gründung der Reichskirche, Arierparagraph) einige neue Beiträge aufgenommen worden. Darunter ein Beitrag *Die Rasse als biologische Größe*, verfaßt von Otmar von Verschuer. Dessen Beitrag wurde vor Schreiners Aufsatz *Die Rasse als Weltanschauungsprinzip* gesetzt. Von Verschuer war kein Theologe, wie fälschlich bei NEUMANN (s. Anm. 28, 90) angegeben wird. Ob er wie Erik Wolf, der zweite nichttheologische Autor in der erweiterten Neuauflage des Bandes, als Repräsentant der evangelischen Kirche gelten kann, ist mehr als fraglich. Er hatte lediglich den Aufruf zur Gründung der Jungreformatorischen Bewegung vom 9. Mai 1933 unterzeichnet (NEUMANN [s. Anm. 28], 22). Von Verschuer war nationalsozialistischer Rassebiologe, 1933 apl. Professor in Berlin und im Mai 1933 als Rassebiologe Mitarbeiter im Reichsinnenministerium; 1935 wechselte er in das von ihm geleitete Institut für Erbbiologie und Rassenhygiene in Frankfurt am Main, das im Haus der Gestapo untergebracht war. Er gilt heute als einer der führenden Rassenhygieniker der NS-Zeit. Josef Mengele, der berüchtigte Lagerarzt von Auschwitz, war sein Assistent und Promovend. Daß Künneth und Schreiner bei der dritten Auflage Otmar von Verschuer um einen Beitrag gebeten haben, zeigt einmal mehr die Fragwürdigkeit dieses Bandes.
[32] SCHREINER, Die Rasse als Weltanschauungsprinzip (s. Anm. 31), 69.

Schreiner sich Rosenbergs *Mythus des 20. Jahrhunderts* zu, nach dem die Reinigung der Rasse den wahren Gottesglauben entbindet. Einen Zusammenhang zwischen Rasse und Religion durchaus zugebend, spricht Schreiner von der durch Paul Gerhardt und Ernst Moritz Arndt geprägten *deutschen* Frömmigkeit, der gegenüber die angelsächsische Frömmigkeit andersartig sei. Aber keine der von deutscher Frömmigkeit geprägten Gestalten habe sich einfallen lassen, Religion mit Offenbarung zu verwechseln: »Keiner von ihnen hat den Glauben an den heiligen Geist durch den Glauben an das ›heilige‹ Blut ersetzt«.[33] Zur Veranschaulichung verweist Schreiner auf das Alte Testament, wo Gottes Offenbarung zunächst als etwas Fremdes über das Volk hereinbrach. Gemeinschaft mit Gott gab es für Israel nur durch Gottes schöpferische Tat. Doch Israel empörte sich, wie Schreiner anhand der Propheten zeigt, gegen Gottes Anspruch. Die Bibel rede von Gottes Kampf nicht nur für Israel, sondern auch mit Israel. »In jenem Kampf wendet Israel nun das raffinierteste Mittel an, sich Gottes Anspruch zu entziehen. Es beruft sich auf seine Abstammung und setzt Religion und Rasse in eins.«[34] »So ward aus Israel durch das Nein zu den Propheten und dem Vollender ihrer Botschaft [d.i. Christus] das ›Judentum‹.« Der Schlüssel zum Verständnis der Entstehung des ›Judentums‹ sei der Fluchtversuch des Menschen vor Gottes Wahrheit. Am Ende dieses von der Rasse handelnden Beitrags wird die »Selbstidealisierung«, die als das Grundübel der Verherrlichung einer Rasse gebrandmarkt wird, also am Fall Israel aufgewiesen, das durch sein Nein zu den Propheten sich selbst idealisierte. Auch der Rassenglauben ist Selbstidealisierung. Rassenglauben ist »Judentum«.[35]

2. Zum Verhältnis von Zionismus und Nationalsozialismus in Deutschland in den 1930er Jahren

Soweit meine Wiedergabe des Referats von Tal und die Suche nach den von ihm angegebenen Quellen. Beim Ausarbeiten meines Vortrags machte

---

[33] Ebd.
[34] A.a.O. 75.
[35] A.a.O. 76. Schreiner hatte schon 1931 gemeint: »Für die Zukunft des nationalsozialistischen Lebenswillens wird es entscheidend sein, ob er seine Hinwendung zu der Blutreligion Rosenbergs aufgibt oder nicht.« (SCHOLDER [s. Anm. 15], 178). Er gab sich damit als Opfer der von Scholder als Meisterstück Hitlers bezeichneten offiziellen Trennung des Nationalsozialismus von der völkischen Religiosität zu erkennen. Daß Schreiner selbst vom Rassedenken nicht frei ist, zeigt seine problematische Zustimmung zu der Behauptung Stapels, daß das »Commercium« mit den Juden möglich sei, nicht aber das »Connubium«, eine Bemerkung, die er in der vierten Auflage gestrichen hat (NEUMANN [Anm. 28] 156, Anm. 16).

ich nun zwei Entdeckungen, eine äußerlich und eine, die an die Substanz ging. Zum einen entdeckte ich, daß das Paper, das ich in meiner Hand hatte, bereits zweimal veröffentlicht worden war. Arnold Paucker, Herausgeber des Jahrbuchs des Leo-Baeck-Instituts London, hatte den ersten historischen Teil schon 1985 in seinem Jahrbuch mit geringfügigen Zusätzen zum Druck gebracht.[36] Nur der kürzere zweite, mehr systematisch gehaltene Teil, der sich dem zukünftigen Dialog von Judentum und Luthertum zuwendet und Äußerungen Krister Stendals und des Straßburger Oekumenischen Instituts berücksichtigt, wurde nicht abgedruckt und kann als unbekannt gelten. Später nahm Saul Friedländer in eine Auswahl von Aufsätzen Uriel Tals, die er 2004 unter dem Tals Hauptwerk nachgebildeten Titel *Religion, Politics and Ideology in the Third Reich* herausgab,[37] an siebenter Stelle *On modern Lutheranism and the Jews* auf, mit der Angabe, es sei ein Nachdruck der Originalausgabe aus dem Jahrbuch des Leo-Baeck-Instituts 1985.[38]

Zum anderen – die weit wichtigere Entdeckung – bemerkte ich, als ich den Angaben Tals weiter nachging, daß die Verwandtschaft von Judentum und völkischem Nationalsozialismus nicht nur eine Behauptung lutherischer Theologen vor 1933 war, sondern 1933 auch von Vertretern des Zionismus und des Nationalsozialismus festgestellt wurde und zu einer zeitweiligen Annäherung und problematischen Kooperation beider führte. Das war für mich überraschend. Zwar war mir der Einfluß der völkischen Bewegung auf das Judentum aus der früheren Forschung bekannt.[39] Aber

---

[36] URIEL TAL, On Modern Lutheranism and the Jews (in: Leo Baeck Institute Year Book 30, 1985, 203–211). Ein übereinstimmender Druckfehler – Georg Metz statt richtig Georg Merz (im zweiten Abdruck verbessert) – führte mich zunächst zu der Folgerung, daß Paucker das für die New Yorker Tagung eingesandte Paper bekommen und wieder abgedruckt hatte, doch lag ihm wohl der Text der unten (Anm. 38) genannten Jerusalemer Vorlesung vor.
[37] URIEL TAL, Religion, Politics an Ideology in the Third Reich, Selected Essays, hg. v. Saul Friedländer, London u. New York 2004.
[38] A.a.O. 191–203. Wie ARNOLD PAUCKER, Prefatory Note (in: Leo Baeck Institute Yearbook 30, 1985, 203) schreibt, hatte Tal den Text bereits am 12. Mai 1983 bei der siebten Siegfried-Moses-Gedächtnisvorlesung in Jerusalem vorgetragen. Offensichtlich hatte er vor seinem Tod nicht mehr die Kraft gehabt, für die New Yorker Tagung etwas Neues zu schreiben, sondern einen bereits früher vorgetragenen Text, den er nach Auskunft von Paucker noch ergänzen und im Jahrbuch des Leo-Baeck-Instituts veröffentlichen wollte, nach New York geschickt und ihn nur durch den systematischen zweiten Teil, der in unserem Zusammenhang nicht relevant ist, ergänzt.
[39] GEORGE L. MOSSE, German Jews: The Right, the Left, and the Search for a ›Third Force‹ in Pre-Nazi Germany. Germans and Jews, New York 1970. Hier vor allem das Kapitel 6: *The Influence of the Völkish Idea on German Jewry* (a.a.O. 77–115). Es werden die Parallelen zwischen der völkischen Jugendbewegung und dem Judentum dargestellt, einmal für den gegenüber dem ethnisch-nationalen Zionismus kritischen Martin Buber, dann für den Antizionisten Hans-Joachim Schoeps, der kurzzeitig durch

daß es nach Hitlers Machtergreifung zu einer »unheiligen Allianz« zwischen dem zionistischen Judentum mit den Nationalsozialisten kam, wußte ich nicht. Mein vermeintliches Wissen über Kirche und Judentum kam mir ins Wanken, als ich *Das Dritte Reich und die Juden* von Saul Friedländer und weitere verwandte Literatur las.[40] Offenbar sind wir in der deutschen evangelischen Theologie auf dem Wissensstand zur Zeit des Rheinischen Synodalbeschlusses von 1980 stehen geblieben und haben uns seitdem nur mit unserer eigenen Schuldgeschichte befaßt und die internationale Holocaustforschung des letzten Menschenalters viel zu wenig zur Kenntnis genommen. Wenn man das tut, ergeben sich Perspektiven, die mich dazu veranlaßt haben, das im Titel genannte Thema Luthertum und Zionismus in der Weimarer Zeit nicht weiter zu verfolgen.

Ich war bisher gewohnt, bei der Erörterung der Frage Kirche und Judentum bei aller inneren Differenzierung doch von zwei kommensurablen Größen auszugehen. Erst bei näherem Studium wurde mir klar, daß das Judentum von 1933 keine historisch eindeutige Größe war. Wenn wir Kirchenhistoriker von Kirche und deutschem Judentum 1933 reden, meinen wir im allgemeinen die überwältigende Mehrheit des liberalen Judentums und gehen stillschweigend vorüber an der Minderheit des von der Mehrheit bekämpften zionistischen Judentums, für die das Jahr 1933 eher kein Unheilsjahr war. Diese Minderheit erhielt durch die Ereignisse des Jahres 1933 die Chance zu einem rapiden Aufschwung, nutzte ihn auch, so daß sie nach kurzer Zeit die Führungsrolle im deutschen Judentum beanspruchen konnte. Wenn man von der Schuld der Kirche an den deutschen Juden 1933 spricht, muß man wissen, wer die deutschen Juden im Jahre 1933 waren.

Das liberale deutsche Judentum, organisiert im *Centralverein deutscher Staatsbürger jüdischen Glaubens*, bildete unter den deutschen Juden die große Mehrheit. Die meisten deutschen Juden waren assimiliationswillig, verstanden sich als »gute Deutsche« und waren von der Machtergreifung der Nationalsozialisten tief getroffen. Der Rabbiner Leo Baeck bat am 29. März 1933 namens der *Reichsvertretung der deutschen Juden*, die Anfang des Jahres 1933 noch nicht für alle Juden, jedenfalls nicht für die zionistischen Juden sprach, bei der evangelischen wie bei der katholischen Kirche um ein gemeinsames Wort zu den an die Juden gerichteten Beschul-

---

seinen *Vortrupp* die Juden mit dem Aufbruch des deutschen Nationalsozialismus verbinden wollte.

[40] SAUL FRIEDLÄNDER, Das Dritte Reich und die Juden. Gesamtausgabe, München 2008. Zum folgenden vgl. auch FRANCIS R. NICOSIA, Ein nützlicher Feind. Zionismus im nationalsozialistischen Deutschland 1933–1939 (in: Vierteljahrshefte für Zeitgeschichte 37, 1989, 357–400).

digungen, damit unwiederbringlicher Schaden auch für »Gemeinsames des Glaubens« abgewendet werde.[41] Er erhielt von keiner der beiden Kirchen eine Antwort. Gegenüber Hitler verwies Baeck darauf, daß für die deutschen Juden Deutschland das Vaterland sei, für das viele im Weltkrieg willig ihr Blut vergossen hätten. Die deutschen Juden würden auch im neuen Dritten Reich wie bisher treue Staatsbürger sein und verbäten sich jegliche Form von Diskriminierung und Herabsetzung.

Ganz anders die Reaktion auf die nationalistische Machtergreifung bei der in der *Zionistischen Vereinigung für Deutschland* organisierten Minderheit der zionistischen deutschen Juden. Die Zionisten waren seit ihrer Gründung von dem liberalen Centralverein bekämpft worden. Sie hatten die Judenemanzipation begrüßt, das Streben nach Assimilation aber für gefährlich gehalten, weil Assimilation den von Theodor Herzl gezeigten Weg zur Rettung des jüdischen Volks, die Gründung eines jüdischen Staates, unmöglich machte. Als in den zwanziger Jahren die nationalsozialistische Bewegung anwuchs und große Teile des deutschen Volkes erfaßte, hatten einzelne Zionisten gemeint, daß es einen »Edelnazismus« gebe, der alle positiven Eigenschaften einer nationalen Erneuerung und eines Wiedererwachsens des deutschen Volke repräsentiere. Mit dieser Art von Nazismus könne der deutsche Zionismus einen modus vivendi finden.[42] Der Nationalsozialist Georg Strasser hatte zu dieser Zeit Kontakt mit den Zionisten gesucht, um die »Judenfrage« ohne Vorbedingungen mit ihnen zu besprechen, weil trotz aller ideologischen Gegensätze die Nationalsozialisten mit den Zionisten in den praktischen Zielen übereinstimmten.[43] Unmittelbar vor Hitlers Ernennung zum Reichskanzler erklärte der zionistische Rabbiner Oskar Karbach in Wilhelm Stapels Halbmonatsschrift *Das Volkstum* in einem Aufsatz *Judenfrage unpathetisch betrachtet* den Gegensatz zwischen Judentum und Antisemitismus für überbrückbar.[44]

Die Machtergreifung des Nationalsozialismus war für die Zionisten anders als für die liberalen Juden keine Katastrophe, sondern nur eine Bestätigung dessen, was Theodor Herzl vorausgesagt hatte. Sie nahmen die judenfeindlichen Maßnahmen des NS-Staats wie das Berufsbeamtengesetz und den Boykott vom 1. April mit Empörung zur Kenntnis, weil sich

---

[41] Telegramm von der Reichsvertretung der Juden vom 29. April 1933 (Evangelisches Zentralarchiv Berlin 7/3688, Fiche 2208). – Erst im September 1933 wurde die Reichsvertretung erweitert zur eine Dachorganisation aller jüdischen Vereinigungen.

[42] NICOSIA (s. Anm. 46), 90, Anm. 58. JEHUDA REINHARZ, The Zionist Response to Antisemitism in Germany (in: Leo Baeck Institute Yearbook 30, 1985, 105–140, 132f.).

[43] A.a.O. 253f.

[44] OSKAR KARBACH, Judenfrage unparteiisch betrachtet (in: Deutsches Volkstum Heft 1, 1933).

darin die antisemitische Geringschätzung der Juden offenbarte. Gleichwohl suchten sie die Zusammenarbeit mit dem neuen Staat, weil man von ihm Unterstützung bei der Erreichung eigener Ziele erwartete. Am 21. Juni 1933 schickten die Führer der *Zionistischen Vereinigung für Deutschland* eine Denkschrift an Adolf Hitler betitelt *Äußerung der Zionistischen Vereinigung für Deutschland zur Stellung der Juden im neuen Deutschen Staat*. Darin brachten die Zionisten Sympathie für die völkischen Prinzipien des Hitler-Regimes zum Ausdruck und betonten, daß der Zionismus mit diesen Grundsätzen in Einklang stehe. Auch die Zionisten stellten, so führten sie aus, »die Ansicht der Französischen Revolution in Frage, daß eine Nation aus Einzelpersonen anstatt aus einem Volk, das durch Blut, Geschichte und eine seelische Sonderart verbunden sei. Da die Juden aufgrund dieser Philosophie gezwungen seien, sich zu assimilieren, komme es [...] zu einer ›Verfälschung des Deutschtums‹ [...] und zu einer ›Verjudung des deutschen Lebens‹.«[45] Mit dem nationalsozialistischen Programm sich so identifizierend stellten sie fest: »Der Zionismus glaubt, daß eine Wiedergeburt des Volkslebens, wie sie im deutschen Leben durch Bindung an die christlichen und nationalen Werte erfolgt, auch in der jüdischen Volksgruppe vor sich gehen müsse.«[46]

Nun kam es zu einer Verständigung zwischen den Zionisten und den nationalsozialistischen Rassewissenschaftlern. Zuerst mit dem an der Universität Jena lehrenden nationalsozialistischen Rassentheoretiker Hans Günther, dessen *Rassenkunde des jüdischen Volkes* in breiten Teilen des deutschen Judentums als »Antisemitenbibel der deutschen Nationalsozialisten« betrachtet wurde.[47] Die liberalen Juden hatten in Günther einen gefährlichen Gegner gesehen, und mit ihm hatten sich, wie gezeigt, mehrere der von Tal zitierten lutherischen Theologen polemisch auseinandergesetzt.[48] Günther erhielt im Sommer 1933 Besuch von Arthur Ruppin, dem aus Deutschland schon 1907 ausgewanderten Anführer der zionistischen Siedlungsbewegung in Palästina.[49] Ruppin, seit 1926 Inhaber eines

---

[45] A.a.O. 253.
[46] FRANCIS R. NICOSIA, Zionismus und Antisemitismus im Dritten Reich, Göttingen 2012, 128.
[47] HANS GÜNTHER, Rassenkunde des Jüdischen Volks, München 1930. Zu Hitlers Hochschätzung: OTHMAR PLÖCKINGER, Geschichte eines Buches: Adolf Hitlers ›Mein Kampf‹ 1922–1945, München 2006, 311.
[48] Siehe oben S. 389.
[49] Arthur Ruppin (1876–1943), aufgewachsen in Magdeburg, wo heute nach ihm eine Straße benannt ist, hatte in seiner Schrift *Die Juden der Gegenwart* (1904) als Folge der Assimilation einen Auflösungsprozeß des Judentums durch Taufen, Mischehen, Austritte und auffälligen Geburtenrückgang vorausgesagt. In Palästina übernahm er 1908 das neugeschaffene Palästinaamt für die Zionistische Weltorganisation und gilt als Mitbegründer der Stadt Tel Aviv. Er veröffentlichte die für die zionistische Bewegung in

Lehrstuhls für Soziologie an der Hebräischen Universität Jerusalem, wegen seines Eintretens für Eugenik heute in der israelischen Forschung umstritten, konnte sich leicht mit Günther verständigen. Sein Gastgeber sei äußerst freundlich gewesen, notierte Ruppin in seinem Tagebuch. Die Juden seien nicht minderwertiger als die Arier, eröffnete Günther ihm, sondern nur anders, deshalb müsse eine »faire Lösung« gefunden werden.[50]

Tatsächlich kam es 1933 zu einer vertraglichen Kooperation zwischen dem NS-Staat und den Zionisten. Am 27. August 1933 wurde auf deren Initiative das sogenannte Haavarah-Abkommen zwischen dem Reichswirtschaftsministerium und der Zionistischen Vereinigung Deutschlands abgeschlossen, das die Auswanderung deutscher Juden nach Palästina unterstützte, wobei diese, anders als die in andere Länder Emigrierenden, ihr Vermögen jedenfalls teilweise beibehalten konnten.[51] Das Abkommen konnte von 1933 bis 1939 die Auswanderung von circa 53.000 deutschen Juden ermöglichen. Unter den Zionisten verbreitete sich die Hoffnung, die nationalsozialistische Politik werde große Möglichkeiten für den Jischuv bieten. Ihre kleine Zahl erlebte 1933 einen rapiden Zuwachs. Die Abonnentenzahl der *Jüdischen Rundschau*, der Zeitung der Zionisten, wuchs vom Januar bis zum Spätsommer 1933 von 7.000 auf 30.000, also auf mehr als das Vierfache an.[52] Die *Jüdische Rundschau* selbst sprach sogar von

---

Deutschland wichtige Programmschrift *Der Aufbau des Landes Israel. Ziele und Wege jüdischer Siedlungsarbeit in Palästina* (Berlin 1919). Regelmäßig schrieb er bis in die dreißiger Jahre in der zionistischen *Jüdischen Rundschau* Berichte über das Siedlungswerk in Palästina.

[50] Zu dem Besuch Ruppins bei dem Jenaer Rasseanthropologen Hans Günther: FRIEDLÄNDER (s. Anm. 40), 78. – Günther hatte den Zionismus anders als das Judentum der Diaspora in seiner Rassenkunde schon positiv beurteilt und sie vom Antisemitismus freizuhalten gesucht (PETER EMIL BECKER, Hans Friedrich Karl Günther. Der nordische Gedanke, in: DERS., Sozialdarwinismus, Rassismus, Antisemitismus und Völkischer Gedanke. Wege ins Dritte Reich, Teil 2, Stuttgart 1990, 230–296, hier: 268).

[51] FRIEDLÄNDER (s. Anm. 40), 76. Im Jahr 1935 versuchte Max Warburg, mit Vertretern des Wirtschaftsministeriums eine ähnliche Vereinbarung über die Mitnahme von Vermögen für die jüdische Auswanderung in andere Länder als Palästina zu erreichen. Doch es kam zum Streit und zur Spaltung zwischen den Nichtzionisten und den Zionisten, die das unter Chaim Weizmann, dem Präsidenten der Zionistischen Weltorganisation, zu verhindern suchten, weil sie darin eine Minderung des Anreizes zur Auswanderung nach Palästina sahen (a.a.O. 188 f.).

[52] NICOSIA (s. Anm. 46), 140. – Der an der Universität von Vermont Neuere Geschichte und Holocaust Studies vertretende Francis R. Nicosia hat in seinem gleichzeitig in den USA und Großbritannien erschienenen Buch *The Third Reich and the Palästina Question* (Austin, London 1985) erstmals auf diese Zusammenarbeit des Zionismus mit dem Naziregime aufmerksam gemacht. Als kurz darauf ohne Wissen und Zustimmung des Autors eine deutsche Übersetzung unter dem Titel *Hitler und der Zionismus. Das 3. Reich und die Palästinafrage* in dem rechtsextremen Druffel-Verlag (Leoni am Starnberger See) erschien, berichtete Nicosia in den Vierteljahrsheften für Zeitgeschichte in einem längeren Artikel über diese problematische, aus jüdischer Sicht aber notwendige

einer Verzehnfachung ihrer Leser. So verlor das Jahr der nationalsozialistischen Machtergreifung für die Zionisten den Charakter des Schreckensjahres. Der liberale Rabbiner Ignaz Maybaum, den ich als aus der Londoner Emigration kommenden Teilnehmer eines der ersten Treffen christlich-jüdischer Verständigung 1962 in Ansbach persönlich kennenlernte, sprach 1937 von dem »Zionistischem Hochgefühl von 1933«.[53] Daß die aus Deutschland nach Israel emigrierten Juden, als sie von Hitlers Einfall in die Sowjetunion hörten, in Tel Aviv im Café von ihren Stühlen aufsprangen und jubelten, ist mir jetzt nicht mehr so unverständlich wie damals, als ich es von über Israel in die USA emigrierten Juden hörte.

Auf diesem Hintergrund entstand 1933 die für heutige Ohren unglaubliche, inzwischen aber dokumentarisch beglaubigte Freundschaft zwischen dem zionistischen Juden Kurt Tuchler und dem SS-Mann Leopold von Mildenstein, einem in Prag geborenen Journalisten aus katholischem Adel[54], der sich früh für den Zionismus interessierte, an Zionistenkongressen teilnahm, doch seine Kenntnis der Juden den Nazis zur Verfügung stellte. 1935 wurde Heydrich auf Mildenstein aufmerksam und übertrug ihm das Referat *Juden* im SD-Hauptamt, in das dieser den ihm aus Österreich bekannten Adolf Eichmann holte.

Kurt Tuchler, ein 1933 zwangspensionierter Berliner Verkehrsrichter[55] und führendes Mitglied der Berliner Zionistischen Vereinigung, bat den ihm als am Zionismus interessierter Journalist bekannten SS-Mann Mildenstein, in einer nationalsozialistischen Zeitung positiv über die nach Palästina ausgewanderten Juden zu schreiben. Mildenstein wollte nur aus eigenen Erfahrungen berichten. Tuchler lud ihn daraufhin zu einer Rundreise durch Palästina ein. Mildenstein und Tuchler besuchten, zusammen mit ihren Ehefrauen, auf einer sechsmonatigen Reise jüdische Siedlungen

---

Zusammenarbeit zwischen Juden und Nazis (FRANCIS R. NICOSIA, Ein nützlicher Feind. Zionismus im nationalsozialistischen Deutschland 1933–1939, in: VfZ 37, 1989, 357–400). Eine Neufassung seines Buchs erschien 2008 in England (Zionism and Anti-Semitism in Nazi-Germany, Cambridge 2008), eine deutsche Übersetzung, aus der ich zitiere, brachte 2012 der Göttinger Wallstein-Verlag heraus. Dadurch sind die in der israelischen und nordamerikanischen Holocaustforschung lange geläufigen Dinge nun auch in Deutschland bekannt geworden. In der Reihe *Wissenschaftliche Beiträge des Leo Baeck Instituts* (LBI) werden im Mai 2017 als Bd. 38 die von Nicosia herausgegebenen *Dokumente zur Geschichte des deutschen Zionismus 1933–1941* erscheinen.

[53] IGNAZ MAYBAUM, Zionsliebe und Zionismus (in: Der Morgen. Monatsschrift für Juden in Deutschland, 1938, Heft 2, 516).

[54] Leopold von Mildenstein (1902–1968) schrieb als Journalist für die Börsenzeitung. 1929 trat er in die NSDAP ein, 1932 in die SS.

[55] Kurt Tuchlers (1894–1978) Name steht auf einer Gedenktafel »Verfolgt-Entrechtet-Aus dem Amt vertrieben« am Haus des deutschen Richterbundes in der Berliner Kronenstraße.

Luthertum und Zionismus in der Zeit der Weimarer Republik 397

Abb. 1: Erinnerungsmedaille, 1934

in Erez Israel.⁵⁶ Mildensteins detailliert über seine Erfahrungen in den Kibbuzzim berichtende zwölf Artikel erschienen vom 26. September bis 3. Oktober 1934 unter dem Titel »Ein Nazi fährt nach Palästina« in Goebbels Berliner Zeitung *Der Angriff*.⁵⁷ Mildenstein pries die »Wiedergesundung des entarteten Volks durch Neueinwurzeln im alten Boden«. Zur Erinnerung an diese Reise wurde für die Leser des *Angriffs* eine Medaille mit dem Titel *Ein Nazi fährt nach Palästina* geprägt, die auf der einen Seite ein Hakenkreuz und auf der anderen einen Davidsstern trug.⁵⁸ Die Freundschaft zwischen dem SS-Mann Mildenstein und dem Zionisten Tuchler, die den Holocaust überdauerte und nach dem Krieg mit Briefen und Besuchen fortgesetzt wurde, hat Arnon Goldfinger, ein Enkel Tuchlers, durch den Dokumentarfilm *Die Wohnung* (Israel 2011) bekanntgemacht, der auch im deutschen Fernsehen zu sehen war.⁵⁹

Das Jahr 1934, in dem die Artikelserie *Ein Nazi fährt durch Palästina* im *Angriff* erschien, war das Jahr einer noch ungetrübten Zusammenarbeit der deutschen Juden unter Führung der Zionisten mit den Nationalsozialisten. Die Zionisten wollten als Mitglieder des jüdischen Volks, nicht, wie die liberalen Juden, als jüdische Deutsche, mit den Nationalsozialisten verhandeln. Sie verachteten nicht nur die liberale jüdische Mehrheit, sondern lehnten auch jede Hilfe der christlichen Kirchen ab. Als vor 1933 im Verein zur Abwehr des Antisemitismus evangelische Christen, auch Theologen, für die Juden sprachen, wiesen die Zionisten »diese empörende Einmischung von Nichtjuden in unsere innere Angelegenheiten mit aller Schärfe zurück«.⁶⁰ Die deutschen Zionisten hätten es sich wohl verbeten und genauso empörend empfunden, wenn die Bekennende Kirche in der *Barmer Theologischen Erklärung* vom Mai 1934 ein Wort für die Juden

---

⁵⁶ Diese vom Frühjahr bis Herbst 1934 dauernde Reise durch Palästina ist ausführlich beschrieben in dem vorzüglichen Artikel von JACOB BOAS, A Nazi travels to Palestine (in: History Today 30, 1980, Heft 1, 33–38).

⁵⁷ Goebbels erwähnt in seinen Tagebüchern nichts von dem Bündnis mit den Zionisten, doch berichtet er am 16. April 1936: »Abends Filme: ein jüdischer über das Palästinawerk. Obwohl von Juden und Zionisten gemacht, wirkt er sehr antisemitisch« (JOSEPH GOEBBELS, Tagebücher 1924–1945, hg. R. G. Reuth, Bd. 3: 1935–1939, München u. Zürich 1992, 986).

⁵⁸ Abgebildet ist diese Medaille auch in dem Anm. 61 genannten Dokumentarfilm. Vgl. auch FRIEDLÄNDER (s. Anm. 40), 77.

⁵⁹ Er wurde am 5. August 2014 spätabends in der ARD gezeigt (Die Wohnung [Hadira], ein Film, hergestellt von dem als Enkel sich für seine Familiengeschichte interessierenden israelischen Regisseur Arnon Goldfinger DE / IL 2011. Eine Koproduktion von zero one film and Arnon Goldfinger mit ZDF, SWR, Noga Communications / Channel 8 in Kooperation mit ARTE, gefördert durch FFA, Medienboard Berlin-Brandenburg, DFFF, New Israeli Foundation for Cinema and Television. Im Verleih der Edition Salzgeber).

⁶⁰ SUCHY (s. Anm. 14), 93.

gesagt hätte. Selbst zu den Nürnberger Rassegesetzen vom September 1935 las man in der *Jüdischen Rundschau*, dem Organ der Zionisten, kein kritisches Wort, sondern nur von der Übereinstimmung dieser Gesetze mit den jüdischen Regeln.

3. Überlegungen zum Thema ›Protestantismus – Antijudaismus – Antisemitismus‹ im Anschluß an Uriel Tal

Die von lutherischen Theologen vor 1933 behauptete Verwandtschaft zwischen Nationalsozialismus und Judentum wird also durch den weiteren Verlauf der Geschichte in dieser Frühzeit des Dritten Reichs aus der Sicht des Zionismus bestätigt. Diese Dinge kann man als christlicher Kirchenhistoriker zur Kenntnis nehmen und zu verstehen suchen, man kann aber nicht darüber forschen und urteilen. Deshalb, aber auch, weil ich von Saul Friedländer erfuhr, daß Uriel Tal nicht nur als Historiker geschrieben hat, sondern sich auch in die aktuellen Fragen der israelischen Politik einmischte und dort die messianische Heilserwartung der nationalbewußten Zionisten bekämpfte,[61] habe ich das im Titel genannte Thema nicht weiterverfolgt.

Wohl aber kann man als evangelischer Kirchenhistoriker urteilen über das Buch von Uriel Tal *Christian and Jews in Germany: Religion, Politics and Ideology in the Second Reich, 1870–1914*. Ich habe diesem Buch, wie ich an anderer Stelle geschrieben habe,[62] viel zu verdanken und bedauere, daß es in meinem Fach, der evangelischen Kirchengeschichte, kaum bekannt ist. Christian Wiese nennt es 1999 eine »bereits 1975 veröffentlichte, in der deutschen Kirchengeschichtsschreibung jedoch bisher erstaunlich wenig rezipierte Studie« und beurteilt es als »nach wie vor die beste Un-

---

[61] Nach seinem Tod veröffentlichte *The Jerusalem Quarterly* (Nr. 35, Frühling 1985) Tals Aufsatz *Foundations of a Political Messianic Trend in Israel*. Hier warnte Tal vor bestimmten an israelischen Universitäten von Vertretern des »political-messianic Zionism« vertretenen Anschauungen, wonach die auf das Heilige Land bezüglichen Verheißungen der Bibel durch den Staat Israel erfüllt und die Gebote der Bibel nun in der Gegenwart hier zu befolgen seien, so daß zum Beispiel das Gebot an Samuel, die Amalekiter zu bannen und zu töten (1.Sam. 15), heute im Blick auf die arabische Bevölkerung zu befolgen sei. Tals Beitrag endet mit den beschwörenden Sätzen: »In conclusion, we are presented with a political messianism in which the individual, the people and the land arrive at an organic union, bestowed with absolute holiness. It is based on a metaphysical comprehension of political reality, which is expressed by a conception of the totality of time and place. The danger of this totalistic outlook lies in its leading to a totalitarian conception of political reality – because it leaves neither time nor place for the human and civil rights of the non-Jew.«
[62] In meinem im *Deutschen Pfarrerblatt* erschienenen Artikel *Die evangelische Kirche bastelt sich ihre Geschichte* (in: Deutsches Pfarrerblatt, Heft 6, 2016, 322).

tersuchung zum Verhältnis von Protestantismus und Judentum vor dem Ersten Weltkrieg. Sie ist bisher die einzige größere Arbeit, welche die Wirklichkeit jüdischer Existenz während des Kaiserreichs mit einbezieht.«[63]

Da eine neuere historische Untersuchung, die sich in Thema und behandeltem Zeitraum mit dem Buch von Tal deckt, erstmals sein Buch zur Kenntnis nimmt, sich aber negativ darüber äußert, nehme ich das zum Anlaß, einige Bemerkungen zu machen, mit denen ich abschließend das Gesamtthema unserer Tagung »Protestantismus – Antijudaismus – Antisemitismus« anspreche. Es handelt sich um Wolfgang E. Heinrichs 2000 erstmals erschienene Monographie *Das Judenbild im Protestantismus des Deutschen Kaiserreichs.*[64] Dieses 850 Seiten starke Buch hat großes Interesse und weite Verbreitung gefunden, so daß, was bei einer so umfangreichen historischen Untersuchung außergewöhnlich ist, in kurzer Zeit eine zweite Auflage erschien. Heinrichs durchbricht die in der evangelischen Forschung zum Antisemitismus übliche Engführung auf die Wirkungsgeschichte Luthers und untersucht das protestantische Judenbild unter mentalitätsgeschichtlicher Perspektive. Das tut er mittels umfassender

---

[63] WIESE (s. Anm. 8), 10. – Das Buch von Tal ist vermutlich deshalb von der Kirchengeschichtswissenschaft wie auch von der allgemeinen deutschen Antisemitismusforschung wenig beachtet worden, weil für die Entstehung des Antisemitismus im späten 19. Jahrhunderts ein anderes Buch ihm wenige Jahre vorausging, sich als Standardwerk in der Forschung durchsetzte und heute in der Antisemitismusforschung als Klassiker bezeichnet wird. Dieses Buch (PETER G. J. PULZER, Die Entstehung des politischen Antisemitismus in Deutschland und Österreich 1867–1914, Gütersloh 1966 [engl. Originalausgabe New York 1964]) ist das Buch eines Alters-und Schicksalsgefährten von Uriel Tal. Pulzer ist wie Tal als Sohn jüdischer Eltern 1929 in Wien geboren, 1939 nach England emigriert und dort nach dem Geschichtsstudium zu akademischen Ämtern gekommen, seit 1984 bis zu seiner Emeritierung 1991 Professor für Geschichte in Oxford. Pulzer teilt mit Tal das historische Interesse an der Entstehung des Antisemitismus, ist dabei aber nicht wie Tal an religiösen Fragen interessiert. Im großen Forschungsbericht, den Pulzer 2004 der Neuausgabe seines Werks vorausschickt (PETER G. J. PULZER, Die Entstehung des politischen Antisemitismus in Deutschland und Österreich 1867–1914. Mit einem Forschungsbericht des Autors, Göttingen 2004) geht er bedauerlicherweise auf das Zwillingswerk von Tal, dessen englischen und originalen hebräischen Titel er nennt (a.a.O. 37), nicht mehr ein. Er nennt nur den Antisemitismus Stoeckers eine Spielart eines besonderen *protestantischen Nationalismus*, der konservativ war und sich mit dem im Strom der geschichtlichen Entwicklung durchsetzenden Antisemitismus nicht im Einklang befand. Daß Pulzer zugibt, in seiner frühen Arbeit die ideologische Komponente des Nationalismus zu wenig beachtet zu haben (a.a.O. 50), darf man wohl als stillschweigende Anerkennung des Buchs von Tal werten. Tals Werk wird in den dem Neudruck von anderer Hand angefügten Hinweisen auf neuere Literatur zum Thema *Antisemitismus und die Kirchen* angeführt (a.a.O. 61).

[64] WOLFGANG E. HEINRICHS, Das Judenbild im Protestantismus des Deutschen Kaiserreichs. Ein Beitrag zur Mentalitätsgeschichte des deutschen Bürgertums in der Krise der Moderne, Köln 2000 (zweite ergänzte Auflage: Gießen 2004).

Durchsicht der protestantischen Presse des Kaiserreichs von den konservativen Blättern über die vermittelnden Richtungen bis zu den liberalen Blättern. So wird die Einseitigkeit überwunden, mit der in einer früheren Studie die aufgefundenen vier Fälle, in denen Kirchenzeitungen vor 1933 sich antisemitisch äußerten, zu dem Urteil führten, die evangelische Kirche sei vollständig vom Antisemitismus durchdrungen gewesen.[65]

Nach Heinrichs ergibt sich ein differenziertes Bild. Von einer einhelligen Sicht der Juden kann nicht gesprochen werden. Der Protestantismus steht in den Jahren nach der Reichsgründung noch überwiegend positiv zur Judenemanzipation und hat in der frühen Phase der von Heinrichs untersuchten Zeitschriften noch kein judenfeindliches Bild. Erst mit der durch Stoecker ausgelösten ersten Welle des Antisemitismus und dann wieder mit der zweiten Antisemitismuswelle 1890–1896/1903 ist, selbst in den liberalen Blättern, eine judenfeindliche Haltung zu finden. In den konservativen Blättern sympathisiert man jetzt sogar mit dem Antisemitismus und hat für ihn Verständnis, wobei man durchweg den »Radauantisemitismus« verurteilt. Vor dem Ersten Weltkrieg tritt die Judenfeindlichkeit wieder deutlich zurück. Insgesamt ist der Analyse der protestantischen Zeitungen für das Judenbild der wilhelminischen Zeit ein zeitweiliges Schwanken im Verhältnis zum Judentum, keine durchgehende Judenfeindlichkeit zu entnehmen.

In dem einleitenden Kapitel über die Prämissen seiner Arbeit setzt sich Heinrichs damit auseinander, daß der behandelte Zeitraum als die Epoche gilt, in der die Bewegung des Antisemitismus entstand. Er stellt die Frage, ob der Antisemitismus der wilhelminischen Zeit von dem früheren christlichen Antijudaismus begrifflich als etwas Neues unterschieden werden soll, und kommt zu der Entscheidung, keine Differenzierung zwischen Antijudaismus und Antisemitismus vorzunehmen, sondern für die wilhelminische Zeit durchweg von Antisemitismus zu sprechen. Die jahrhundertelange Judenfeindschaft, die dem modernen Antisemitismus vorausgeht und an die dieser in vielen Stücken anknüpft, lasse die Kontinuität stärker erscheinen als die Diskontinuität. Kurz, für Heinrichs ist fraglich, ob »für das Kaiserreich die ›klassische‹ Differenzierung zwischen christlichem Antijudaismus und modernen Antisemitismus überhaupt sinnvoll ist«.[66] In diesem Zusammenhang kommt er auf das Buch von Tal zu sprechen: »Fragwürdig erscheint darum die These Uriel Tals, daß im Kaiserreich zwei zu unterscheidende antisemitische Bewegungen entstanden sei-

---

[65] INO ARNDT, Die Judenfrage im Lichte der Evangelischen Sonntagsblätter von 1918–1933, Diss. phil. Universität Tübingen 1960.
[66] HEINRICHS (s. Anm. 64), 16.

en, eine christliche um Stoecker und eine antichristliche bzw. säkulare um Marr und Dühring, die dann in ihrer Verbindung zum rassischen Antisemitismus des ›Dritten Reichs‹ geführt hätten.«[67]
Dazu ist folgendes zu sagen. Heinrichs verfällt einem Mißverständnis, wenn er Tal einfach von zwei *unterschiedenen* Bewegungen reden läßt. Tal spricht deutlich davon, daß beide, der christliche und der säkulare Antisemitismus, äußerlich nicht klar zu unterscheiden sind. Sie überlappen sich an vielen Stellen. Es ist politisch eine antisemitische Bewegung, die durch Stoecker hervorgerufen wird und in der Dühring und Marr eine entscheidende theoretische Rolle spielen. Stoecker besucht ja auch den säkularen Antisemitenkongreß in Dresden und hat keinen christlichen Gegenkongreß gegründet. Doch von Anfang an finden sich innerhalb dieser Bewegung nach Tal zwei verschiedene Formen und Arten von Antisemitismus. Die Unterschiede zwischen Stoecker auf der einen Seite, Marr und Dühring auf der anderen Seite sind in seinen Augen so groß, daß man sachlich und vor allem *begrifflich* zwischen beiden unterscheiden muß. Die eine Form, für die Stoecker der Hauptrepräsentant ist, nennt Tal *christlichen Antisemitismus*. Die andere Form, die von Marr, Dühring und Theodor Fritsch repräsentiert wird, *antichristlichen Antisemitismus*. Der christliche Antisemitismus, der teils sozial-wirtschaftlich wie bei Stoecker, teils national wie bei Treitschke oder auch anders begründet ist, hat die Zurücknahme der Judenemanzipation und nicht die Vertreibung oder Vernichtung der Juden zum Ziel. Die andere Form des Antisemitismus folgt dem »écrasez l'infâme!« Voltaires, räumt den Juden kein Recht ein, unter den Deutschen zu leben, wandelt sich rasch und bleibend zum rassischen Antisemitismus und ist nicht nur gegen das Judentum, sondern auch gegen das Christentum gerichtet und deshalb antichristlich.

Heinrichs deutet Uriel Tal also falsch, wenn er dessen Unterscheidung so auffaßt, als ob damit zwei politische Bewegungen gemeint seien. Zudem hat er, der fünf Schriften Tals in seinem Literaturverzeichnis anführt, dessen Studie über die religiösen und die antireligiösen Wurzeln des moder-

---

[67] Ebd. Bereits vor Heinrichs hat der leider früh verstorbene Leipziger Kirchenhistoriker Kurt Nowak auf Tals Rede vom *antichristlichen Antisemitismus* hingewiesen, sie aber anders als Heinrichs nicht für fragwürdig gehalten, sondern mit Zustimmung zitiert (KURT NOWAK: Evangelische Kirche und Weimarer Republik. Der politische Weg des Protestantismus zwischen 1918 und 1932, Göttingen ²1988, 244). Ich freue mich, bei dem Kirchenhistoriker, von dem ich an anderer Stelle gesagt habe, daß er bei einem Gespräch kurz vor seinem Tod »mit mir die heute in der Kirchengeschichtswissenschaft dominierende Meinung, von Luthers Spätschriften leite sich eine jahrhundertelange Judenfeindschaft der evangelischen Kirche her, als einen verhängnisvollen Irrtum« ansah (Deutsches Pfarrblatt Nr. 8, 2014, 467), einen Beleg für Tals Unterscheidung von *christlichem* und *antichristlichem* Antisemitismus gefunden zu haben.

nen Antisemitismus nicht zur Kenntnis genommen, die Saul Friedländer in dem postumen Band mit Aufsätzen Tals herausgegeben hat.[68] Hier hat Tal die Notwendigkeit, zwischen dem christlichen und dem antichristlichen Rassenantisemitismus zu unterscheiden, näher begründet. Überhaupt nichts weiß Heinrichs von dem Ansehen, daß Tal in der internationalen Forschung genießt. Saul Friedländer hat in seinem Opus magnum *Das Dritte Reich und die Juden* für das zentrale Kapitel *Der Erlösungsantisemitismus* die Forschungen Tals aufgenommen[69] und ihn in einer langen Anmerkung als grundlegend für andere Arbeiten genannt.[70] Tal ist maßgebliche Autorität für die amerikanische Forschung zum Judentum im Kaiserreich.[71] In Israel wird unter Berufung auf Tal bestritten, daß der Holocaust aus dem zweitausendjährigen christlichen Antisemitismus herzuleiten sei.[72] Als Fachmann für das Judenbild in den protestantischen Zeitungen hat Heinrichs eine für die deutsche Kirchengeschichte beachtliche Darstellung gegeben. Seine Kritik an Tal aber geht an der internationalen historischen Holocaustforschung vorbei.

Anders das 2003 erschienene Buch *Die Wurzeln des Bösen. Gründerjahre des Antisemitismus: Von der Bismarckzeit zu Hitler* von Massimo

---

[68] URIEL TAL, Religious and Antireligious Roots of Modern Anti-Semitism (in: DERS., Religion in the Third Reich [s. Anm. 37], 171–190).

[69] Er gedenkt Uriel Tals als des Mannes, mit dem ihm bei seinen Forschungen vieles verband (FRIEDLÄNDER [s. Anm. 40], 363).

[70] A.a.O. 1067, Anm. 128. Friedländer nennt hier u.a. Leni Yahil, die 1961 während des Eichmannprozesses in Jerusalem Hannah Arendt mit Tal bekannt machte.

[71] ISMAR SCHORSCH, Jewish Reactions to German Anti-Semitism, 1870–1914, New York, London (Columbia University Press), Philadelphia (Jewish Publication Society of America) 1972. Mehr als der nur in einer Anmerkung genannte Peter Pulzer, der in der deutschen Forschung als der Begründer der Antisemitismusforschung gilt, hat Uriel Tal seine Forschungen beeinflußt.

[72] Die an der Universität Tel Aviv in vergleichender Religionswissenschaft und Literatur promovierte Emanuela Barasch-Rubinstein, die in Israel mehrere Bücher über den Holocaust in der modernen Literatur geschrieben hat, zieht die Behauptung, daß der Holocaust das Ergebnis von 2000 Jahren christlichen Antisemitismus sei, mit Berufung auf Tal in Zweifel. Aus ihrem Beitrag *The Diversity of Anti-Semitism* vom Dezember 2014 zitiere ich: »In his writings, Tal provides a unique angle on anti-Semitism and Nazism. He distinguishes between *Christian* and *non-Christian anti-Semitism*. Christianity, he argues, never wanted to annihilate Judaism altogether. The Jews have a unique role in Christianity; in the second coming of Christ, they will accept him as the Son of God and will convert to Christianity. This is part of Christian eschatology – the part of theology that concerns the final events of history. Thus, in spite of the endless persecutions [...] wished to keep Judaisme alive. [...] But non-Christian anti-Semitism is an altogether different phenomenon. [...] Racial anti-Semitism stands in contrast to the Christian perception of Jews [....]. In the closing years of the nineteenth century and in the first decade of the twentieth, these two conflicting elements – racial and Christian anti-Semitism – were consolidated into a relatively unified ideology. [...] Only later, when the Nazis turned openly against the Church, was the inner contradiction of this ideology fully exposed« (http://onourselvesandothers.com/diversity-anti-semitism/).

Ferrari Zumbini.⁷³ Man kann dieses elegant geschriebene Werk von Zumbini, Professor an der Universität Viterbo, das an Umfang dem Buch von Heinrichs ungefähr gleichkommt, eine die mittlerweile geleistete Forschung aufnehmende und weiterführende Neubearbeitung des Werks von Uriel Tal nennen. Der Autor nennt Tal mehrmals und zitiert ihn an verschiedenen Stellen mit in seinen Text eingefügten längeren Passagen, als ob es sich um einen lebenden Autor handele.⁷⁴

In Teil III (*Die Entstehung der antisemitischen Bewegungen*⁷⁵) folgt auf drei Abschnitte, in denen Zumbini die von Adolf Stoecker initiierte Bewegung darstellt,⁷⁶ ein neuer Abschnitt *Der rassische oder nicht-konfessionelle Antisemitismus: Marr*. Hier heißt es: »In diesen Jahren bildet sich ein anderer Typus von Antisemitismus heraus, und er ist in jeder Hinsicht eine Alternative. Denn hier wird nicht nur die religiöse Begründung der Judenfrage abgelehnt, sondern jede konservative Lösung der ›Judenfrage‹.«⁷⁷ Von Marr stamme die neue Wortbildung Antisemitismus und von Dühring die ausschließlich rassische Deutung des Antisemitismus, mit der er Marr noch übertreffe. Obwohl dieser rassische Antisemitismus in der Anfangszeit eine marginale politische Rolle gespielt und vor dem Ersten Weltkrieg nur kurzzeitig, in den frühen neunziger Jahren, politische Erfolge gehabt habe, sei er doch für die Weiterentwicklung des Antisemitismus von fundamentaler Bedeutung. Im zweiten Teil des Buches, dessen hundertseitiges, aus bisher unbekannten Quellen gearbeitetes Kapitel über Theodor Fritsch die eigentliche, die bisherige Forschung weiterführende Leistung ist, wird dann dieser nichtreligiöse Antisemitismus von Zumbini als die eigentliche »Wurzel des Bösen« – so der Titel des Buches – herausgestellt, während der religiöse Antisemitismus keine Rolle mehr spielt. Tals Rede vom christlichen und antichristlichen Antisemitismus schließt sich der Autor ausdrücklich an.⁷⁸

Tals Unterscheidung zwischen dem christlichen und dem antichristlichem Antisemitismus wird also durch die gründliche Arbeit von Zumbini bestätigt. Sie könnte uns helfen, aus dem Dilemma herauszukommen, in das wir dadurch geraten, daß zusehends in der Forschung, durchgehend in der Feuilletonkultur und leider auch in der Kirche, heute nicht mehr zwi-

---

⁷³ Massimo Ferrari Zumbini, Die Wurzeln des Bösen. Gründerjahre des Antisemitismus: Von der Bismarckzeit zu Hitler, Frankfurt a. M. 2003.
⁷⁴ A.a.O. 56.139.161.286.337.
⁷⁵ A.a.O. 151–206.
⁷⁶ Deren Motive werden mit einem 12 Zeilen langen Zitat aus Tal aufgeführt (a.a.O. 161).
⁷⁷ A.a.O. 165.
⁷⁸ Nämlich mit seinem zustimmenden Urteil zu einem längeren Zitat a.a.O. 337 bei Anm. 46.

schen Antijudaismus und Antisemitismus unterschieden wird.[79] Im Gefolge des Rheinischen Synodalbeschlusses von 1980, dem viele andere Landeskirchen sich angeschlossen haben und der heute in der evangelischen Kirche wie ein Dogma gilt, bekennt die evangelische Kirche nicht nur ihr Schweigen und Versagen gegenüber der Judenpolitik des Dritten Reiches, sondern sie bekennt auch die nationalsozialistische Ideologie als christliche Schuld. Die Kritik der 13 Bonner Theologieprofessoren an diesem Synodalbeschluß, der sich die Münsteraner Kollegen angeschlossen haben, ist heute in der evangelischen Kirche und Theologie vergessen. Die Bonner erklärten es 1980 für falsch, daß das von der Rheinischen Synode abgegebene Schuldbekenntnis auch die nationalsozialistische Ideologie als christlich ansieht. Sie halten dagegen: »Die nationalsozialistische Ideologie war ebenso offen unchristlich und antichristlich wie antijüdisch.«[80]

Die Richtigkeit dieser Feststellung wird heute auch von jüdischer Seite gesehen. Kürzlich hat Saul Friedländer auf eine Stelle in den Tagebüchern von Joseph Goebbels hingewiesen, die in der evangelischen Kirche offenbar unbekannt ist. Goebbels schreibt am 29. Dezember 1939: »Der Führer ist tief religiös, aber ganz unchristlich. Er sieht im Christentum ein Verfallssymptom. Es ist eine Abzweigung der jüdischen Rasse.« Am Tag vorher hat er Hitlers Ausspruch zitiert: »Am besten erledigt man die Kirchen, wenn man sich selbst als positiver Christ ausgibt.«[81] Diese Worte Hitlers sollte man in der evangelischen Kirche und Theologie zur Kenntnis nehmen. Während man davon in evangelischen Veröffentlichungen nichts liest, wird Hitlers Wort »wenn ich mich des Juden erwehre, vollbringe ich ein Werk des Herrn« immer wieder zitiert, als ob es von einem Christen gesprochen wäre. Im christlich-jüdischen Dialog wurde von einem evangelischen Kirchenführer unlängst ein Propagandaartikel aus einem Kirchenblatt von 1934 als Beleg dafür angeführt, daß Hitler ein guter, eifrig seine Bibel lesender – katholischer – Christ gewesen sei.[82]

Um nicht mißverstanden zu werden: Die Schuld, die die Kirche durch ihren seit altkirchlichen Zeiten vertretenen christlichen Antisemitismus gegenüber dem Judentum hat, darf nicht kleingeredet und nicht mit his-

---

[79] Auch der Göttinger Kirchenhistoriker Thomas Kaufmann tut das nicht, wenn er in seinen zahlreichen Schriften über Luther und die Juden, die zur Vorbereitung des Reformationsjubiläums in jüngster Zeit erschienen sind und die ich bibliographisch nicht erfassen muß, bei Luther von einem vormodernen Antisemitismus spricht, der wirkungs- und rezeptionsgeschichtlich mit dem Antisemitismus der Nationalsozialisten verbunden sei.
[80] Erwägungen zur kirchlichen Handreichung zur Erneuerung des Verhältnisses von Christen und Juden (in: Kirchliches Jahrbuch 107, 1980, 77–79, hier: 79).
[81] GOEBBELS (s. Anm. 57), 1362f.
[82] Deutsches Pfarrerblatt Heft 7, 2015, 412.

torischen Erklärungen gemindert oder bagatellisiert werden kann. Die Kirche hat aber ihre eigene Schuld zu bekennen und nicht die Schuld anderer zu übernehmen. Es ist die Schuld der deutschen evangelischen Kirche, daß sie 1933 geschwiegen und kein Wort für die Juden gefunden, ja vielfach deren Entrechtung bejaht und ideologisch gerechtfertigt hat. Es ist die Schuld aller christlichen Länder der westlichen Welt, daß sie fünf Jahre später nach der Konferenz von Evian 1938 sich deutschen Juden nicht geöffnet und, von Ausnahmen wie England abgesehen, die Einreise jüdischer Flüchtlinge verweigert haben. Jedenfalls für die deutschen und österreichischen Juden, soweit sie noch nicht emigriert waren, hätte der Holocaust, der nach Kriegsbeginn für die Nationalsozialisten die Konsequenz ihrer Judenpolitik war, vermieden wären können. Über Schuld sollte konkret geredet werden, sonst wird das Schuldbekenntnis wohlfeil.

III. Die internationale Szene

Anti-Semitism and Anti-Protestantism in France between the Enlightenment and the first World War

PIERRE BIRNBAUM

The French example can be seen as a game of three collective actors having quite a different kind of power and a crucial fourth one, the strong State. During the Eighteenth century, among the first three ones, we find a large majority of Catholics lead by an extremely strong and centralized Church and two minorities, then the Protestant, defeated during the wars of Religion and the Saint Barthélémy and then the Jews, a small minority of less than 40.000 people. Since this period of time, almost permanently, the two minorities were close one to the other, being threatened by the complete domination of the Church, France being officially a Catholic nation until the French Revolution. Both of them fought against the domination of the Catholic culture in favor of a specific kind of secularization, another kind of »wall of separation« protecting the State and its citizens against the Church, i.e, la laicité, implemented by the strong State. A strong State once close to the Church but latter on, close to the two cultural minorities and foe towards the Church.

It all began with the Revocation of the Edit de Nantes in 1685 and the dispersion of many thousands French Protestants, the Huguenots, those remaining in France still being persecuted until the Edict of Tolerance of 17 November 1787. Meanwhile, the French Protestants were persecuted, having almost no rights, no civil rights, unable to see their weddings recognized officially, to bury their dead in their own cemetery, different rights strangely already recognized to the Jews. Thus, one could notice among Protestants and Jews some common patterns of values as minorities but also some forms of tension between the two minorities. One could draw a parallel between Protestant and Jewish history; 1685 conforms 1492: more than 200.000 Huguenots went in diaspora, those remaining in France looking more or less as Marranes, hiding their religion and practicing at home, the Saint Barthélémy looks like a terrifying pogrom and the period between 1685 and 1787 being called the Desert, conforming the Sinaï.[1] Despite this common pattern, as it has been shown by Myriam Yardeni[2], the negative side of Calvin's vision of the Jews remained quite strong among the Huguenots between the Edict of Nantes and its Revo-

---

[1] PATRICE CABANEL, Juifs et protestants en France, les affinités électives, XVIe-XXI è siècle, Paris 2004, 33–35.
[2] MYRIAM YARDENI, Hugenots et Juifs, Paris 2008.

cation in 1685, despite the philosemitism of Jacques Basnage and Pierre Jurieu.

Among the French philosophes, Voltaire fought in favor of the Protestants persecuted by the Catholics: his battle against Calas condemnation[3] remains famous until nowadays. However, his reservation close to hatred against the Jews is also obvious. In his articles of the *Encyclopédia* and in various pamphlets, he mocked Jewish values, rituals or dietary laws as superstitions and pure fanatism. Even if he condemns any violence against the Jews, »Voltaire implies that any genuine acceptance of Judaism is essentially impossible«.[4] And, for instance, several years after the Calas Affair, he never wrote anything in favor of Raphael Lévy, a Jew from Lorraine burnt in Metz in January 1770, after a ritual murder accusation. From Diderot to d'Holbach, one can find the same ambiguity, the same prejudices toward the Jews. And in the middle of the Enlightenment century, d'Holbach wrote *L'esprit du judaïsme ou examen raisonné de la Loi de Moyse* in 1752. Up to him,

»on eut soin de leur inspirer en tout temps la haine la plus envenimée pour les autres nations, l'intolérance et la férocité leur furent toujours fermement recommandées ... nous voyons dans l'histoire Judaïque un peuple agité par un fanatisme perpétuel ... Moïse est parvenu à faire des Juifs le peuple le plus odieux, le plus fanatique et le plus insensé ... leur esprit ne se nourrit que des rêveries Talmudiques et Rabbiniques, de fables«.

And he requires:

»Ose donc enfin, Ô Europe! Secoue le joug insupportable des préjugés qui t'affligent. Laisse à des Hébreux stupides, à des frénétiques imbéciles, à des Asiatiques lâches et dégradés, ce superstitions avilissantes qui ne sont point faites pour les habitants de ton climat«.[5]

Therefore, most French philosophers were either indifferent or hostile towards the Jews and they often used almost anti-Semitic images while describing their historical but also their actual life. They could not understand why Jews were so »obstinate« to remain Jews and they looked at this obstination as the failure of Enlightenment.[6] For David Nirenberg, in France, the Jews »provided the perfect proving ground for the powers of

---

[3] On the Calas Affair: DAVID BIEN, The Calas Affair, Persecution, Tolerance and Heresy in Eighteenth Century, Toulouse 1979.

[4] ADAM SUTCLIFFE, Judaism and Enlightenment, Cambridge 2003, 244. On Voltaire and the Jews, BERTRAM SCHWARZBACH, Voltaire et les Juifs, bilan et plaidoyer, Studies on Voltaire and the Eighteenth Century, 1998, 358.

[5] D'HOLBACH, L'esprit du judaïsme ou examen raisonné de la loi de Moyse et de son influence sur la religion chrétienne, BNF, Bn n° 2039, V, XV, 54,168, 201.

[6] RONALD SCHECHTER, Obstinate Hebrews. Representations of Jews in France 1715–1815, Berkeley 2003.

Enlightenment. Perfect because Enlightenment won either way. If even the Jews could be ›regenerated‹, then there were no limits to the emancipatory powers of Enlightenment anthropology. But if they could not, it simply means that reason has reached the boundaries of its authority and that Jews lay on the other side [...] the limits were those of humanity and the question ›can the Jews be regenerated?‹ was also the question ›Are the Jews human?‹«[7]

More or less hostile towards the Jews, the philosophers fought nevertheless in favor of the Protestants. On November 28, 1787, King Louis XVI enacted an *edict dealing with all those who do not share the Catholic religion*. Chrétien Lamoignon de Malesherbes, a high civil servant of the strong state, prepared it and wrote it. This edict gave to those non-Catholics some civil rights, like being allowed to get married, to own properties, to bequest them to their children, to have the right to be buried and so on. For the first time, the French Huguenots were more or less officially recognized. The Jews immediately thought that, being part of »those who do not share the Catholic religion«, they could also benefit from this edict. Furthermore, they knew that Malesherbes was openly in favor of Jewish emancipation. Some Jews, full of joy, immediately began to apply the edict on themselves. But, in March 1788, the Parliament of Metz specified that it cannot be applied to the Jews.[8]

Then the two minorities' destiny in this Catholic nation followed a different path. In the context of the French Revolution, all citizens were supposed to become equals in rights and obligations. In August 1789, during the first discussion on the emancipation of non-Catholics, the Protestant chaplain, Rabaut de Saint Etienne, in a famous speech at the National Assembly, said:

»Je demande donc, messieurs, pour les protestants français, pour tout les non catholiques du Royaume, ce que vous demandez pour vous: la liberté, l'égalité de droits. Je le demande pour ce people arraché de l'Asie, toujours errant, toujours proscrit, toujours persecute depuis près de dix-huit siècles, qui prendrait nos moeurs et ns usages si, par nos loisn il était incorporé avec nous«.

On December 24, 1789, at the National Assembly, the more important discussion occurred on the emancipation of the non-Catholics and their entrance within the public space allowing them to be elected. During this important discussion, some argued in favor of the Jews like Duport, Robespierre or the Count of Clermont-Tonnerre, others argued against a nation that will be always a foreign one. Some strongly anti-Semitic lead-

---

[7] DAVID NIRENBERG, Antijudaism. The Western Tradition, New York 2013, 350–351.
[8] DAVID FEUERWERKER, L'émancipation des Juifs en France. Paris 1976, 155sqq.

ers as bishops Maury and La Fare or Hell, a deputy author of a virulent anti-Semitic pamphlet, took the floor loudly against the Jews. Clermont-Tonnerre, Duport and the advocates in favor of the Jews were defeated and only the Protestants won a legitimate citizenship including the right to be elected and to become civil servants. When the revolutionary assembly voted for the new *Constitution civile du Clergé*, the creation of a new Church organized by the State and the end of the Church's private property, it was seen by the Catholics as a Protestant and Jewish revenge. For the *Journal de la Cour*, April 1791,

»Par de fatals décrets, désormais, ô chrétiens!
Il faut judaiser pour être citoyens.
Pour prêtres nous aurons l'usurier de Judée,
Le sophiste impudent, le protestant, l'athée
Synagogue, lycée ou temple, c'est égal
Prêche, sermon, sabbat ou système infernal«.[9]

The same month, in Alsace, some violent anti-Semitic mobs threatened the Jews, some Protestants joining their enemies, the Catholics, against the Jews.[10] Finally, in September 1791, just before closing, the Assembly gave full citizenship to all the Jews who took an oath to the Revolution. They were supposed in order to become pure citizens, to forget their dietary laws, their customs, their values. The Jews celebrated in their prayers the Revolution in Jeremiah spirit, they proclaimed their loyalty, Paris became Jerusalem, and the Seine, the Jourdain.[11] The French Revolution was indeed the first complete emancipation of the Jews the modern times. In the United States, for instance, the various states didn't give them full citizenship before, for some of them, almost the end of the nineteenth century. The complete separation of the State and the Church, the building of a secularized state allowed the Jews in France to be elected and to be appointed as civil servants without converting, a process mostly unknown in Germany or even in England until the end of the nineteenth century. A new path of radical emancipation was open.

So Jews, and Protestants benefitted a lot from the French Revolution's universalistic pattern, the ongoing establishment of already a kind of laicité. On the contrary, the Catholics, hurt severely in their privileges by the Revolution, saw this event as the devil's action, Satan acting in behalf of

---

[9] Quoted by LÉON KAHN, Les Juifs de Paris pendant la Révolution. New York 1968 (1898), 56.

[10] See ZOSA SZAJKOWSKI, Protestants and Jews in fight for emancipation, 1789–1791 (in: ID., Jews and the French Revolutions of 1789, 1830 and 1848, New York 1970, 384–387).

[11] PIERRE BIRNBAUM, Prier pour l'Etat. Les Juifs, l'alliance royale et la démocratie, Calmann Lévy, Paris 2005.

the Jews and the Protestants. Joseph de Maistre, l'Abbé Barruel and the Count de Bonald, the main thinkers of the radical Catholics, the intransigents, targeted the Jews and the free maçons and the Protestants as responsible of the dechristianisation of the French society. For the abbé Barruel, for instance, the Revolution was a »conspiracy« organized by the Genève Protestants, the free-maçons and the Jews, a plot against the Catholic nation, the Protestants remembering the Saint Bartélémy were now, as Jacobins, killing the Catholics. Joseph de Maistre followed Barruel and was the most brutal counter revolutionary: he thought that the Revolution was settled by the providence, that the killing of Catholics would favor a radical reaction leading to the death of millions of people. Only this amount of blood against the Jacobins, the Protestants and the Jews will regenerate the French Catholic nation. There was an obvious logic between the occurrence of this supposed Jewish and Protestant Revolution and the final bloody regeneration. Like de Bonald, he believed that this new Christian passion was necessarily to allow the triumph of God and the final punishment of the Jewish people. As Isaiah Berlin, one could argue that there is an obvious relation between the strength of the Revolution based on universalist ideas bringing the Protestants and the Jews in the public space and the violence of the reaction. In a way, France invented both traditions. One nevertheless cannot follow Isaiah Berlin until the end of his deduction when he thought that Nazism was already there, that from de Maistre to Hitler, there was a kind of common nationalist hatred against the Enlightenment, seen mainly as allowing the domination of the Jews through the rationalist State hated by Hitler, a State, cut from the race and its culture.

It seems only to be true that in this strongly centralized society around its state destroying the legitimacy of the strong Church, it is either the universalist rationalist values which triumph or the Catholic one: then, there was no place for any minority to have collective identity. Thus the beginning of a long term ideological tradition, »La France aux Français!!!«, »France to the French!!!«, i.e., to the real French, the Catholics, seen almost as a peculiar race facing the war of its cruel enemies, the Protestant but moreover, the Jews and the free maçons, united in their determination to destroy, by using the strong State, the France of Clovis and Jeanne d'Arc, a tradition running through all the nineteenth century and still present until the First World War, still active in the twentieth only against the Jews.

Between the French Revolution and the First World War, the crucial stage is the birth of the Third Republic and then, the Dreyfus Affair. Meanwhile, the prejudices, the ambivalence against the Jews, the Rothschild, the socialist pamphlets against the Jewish money (from Proudhon to Pierre Leroux, Fourier and Toussenel), the wandering Jew, the sensual Jewish oriental women, like the actresses Rachel or Sarah Bernhard, les »belles juives«, the ritual murder accusation are still there in this bourgeois society based on the market and facing industrialization, the railways implementation, the extensive power of the banks and a large Catholic reaction explaining all those threats to the French soul by the Jewish and Protestant plot linked to some foreign power.[12]

The Third Republic represented the triumph of 1789, the end of the monarchic tradition, the failure of the bonapartist one, the birth of a Republic of the citizens, the establishment of an habermassian kind of public space open to all the citizens, to a republican and meritocratic State, the implementation of a strong laicité, a French notion that cannot really be translated meaning a quite radical separation between the State and the Church, the disappearance of any crucifix in the schools, town councils, hospitals, military or justice institutions and so on, the creation of a school system free, obligatory and cut from the Catholic Church in which a new category of schoolteachers, the so called *hussards noirs*, like a neutral army wearing black suits and quite authoritarian in their pedagogical conceptions, are shaping the citizens values in conformity with the Enlightenment values. The new lycées, public high schools, were also based on a purely secular learning cut from any aspect of religion. Some Protestants and Jews indeed invented this new education given also for the first time to the girls, a shocking measure, at that time, for most Catholics, Jews and Protestants, being accused of perverting French Catholic girls.

Within this new context, both Jews and Protestants were able to climb to the highest level of the State, those minorities replaced the old Catholic elite withdrawing from power. Many Catholic civil servants left the civil service of the Republican state allowing the Jews and the Protestants to replace them. The strong republican State was the perfect framework offering a kind of state mobility both to the Jews and to the Protestants. The first republican government was led by a Protestant, Waddington, surrounded by many Protestants: 8% of all the ministers between 1870 and 1914 were Protestants and one can also find many prefects or judges and many more Protestant university professors. Those who wrote the law of the separation between the State and the Church were mainly either Protestant or Jews, a law excluding the Catholic Church from the public space, a revolutionary law felt as the defeat of the Catholic majority. And some

---

[12] JULIE KALMAN, Rethinking Antisemitism in Nineteenth-Century France, Cambridge 2010.

members of the Jewish elite had Protestant wifes. We witnessed the creation of several famous dynasties like the Fould, the Halévy and so on.[13]

In the same logic, several Jews became ministers, even, latter on, like Léon Blum, heading the government. Many State Jews became ministers, senators, deputies, prefects, president of the Civil Court, members of the State Council and even generals. None of those State Jews converted and most of them had an endogamy wedding, a fact unbelievable in Germany, in Austria but also in England or in the United States during this time period.[14] So France invented the State Jews instead of the Court Jews. And it is quite true that, emancipated by the State, Jews didn't play a huge role within the economy or the finance, they were quite absent from the main industries. They mainly followed this State mobility and wanted to belong to the high hierarchy of the State, the most legitimate place to be. Then if economic anti-Semitism was strong mainly among the socialist and populist organizations fighting against Rothschild and capitalism, political anti-Semitism was much stronger, at the core of French recent history.

By many aspects, the Dreyfus Affair can be seen as the logical consequence of this visible presence of the Jews within the State. Dreyfus went through the meritocratic system, l'Ecole Polytechnique, was appointed at the General staff, so he was a natural target for those thinking that the Jews were penetrating the State and plotting against the nation. Like de Maistre, Barruel and de Bonald during the French Revolution, Edouard Drumont, quoting explicitly those authors, started a violent antisemitic campaign: his book, La France juive (1886), was sold hundreds of thousands of copies. His hatred was without limit: up to him, »the Jews are dominating the State. [...] France, thanks to the Revolution of 89 manipulated by the Jews, is now in complete decay«. Drumont built a rigorous correlation between the strength of the State and the power of the Jews, thanks to the meritocratic system. He obviously overemphasised the Jewish presence in the State but he clearly invented a new kind of anti-Semitism. I wish to call it, political anti-Semitism, different from racial or ethnic or Christian or even economic anti-Semitism. A political anti-Semitism using captain Dreyfus as the prove of Jewish betrayal within the State. Thus, the unexpected consequence of the strong state institutionalization is the birth of a strong political anti-Semitism which does not appear in weak state societies in which anti-Semitism remains social, economic or

---

[13] PATRICK CABANEL, Juifs et protestants en France, op. cit. chap 4. Also VINCENT WRIGHT, Les protestants dans la haute administration. 1870–1885, Les protestants dans les débuts de la troisième République, Paris 1979.
[14] PIERRE BIRNBAUM, The Jews of the Republic, Stanford 1996.

religious. During the Dreyfus Affair, many thousand people shout »death to the Jews« in the main French cities but also in the little ones, they threatened the Jews, smashed they property and it's only thanks to the protection of the strong state police that no one was killed. Many priests were arrested. On the contrary, almost all the Protestants, still remembering explicitly the Calas affair, became dreyfusards and fought in favor of the Capitaine Dreyfus. Among the closest friends of Dreyfus, one finds, for instance, many Protestants like Auguste Scheurer-Kestner, the head of the Senat but also, Francis de Pressensé, the leader of la Ligue des Droits de l'Homme et du Citoyen, Louis Leblois, the lawyer or Gabriel Monod who became the permanent target of Charles Maurras in many of his pamphlets.[15]

Then, in the counter-revolutionary tradition coming up after 1789, Drumont, the hero of the Catholic radical movement against any form of Enlightenment, involved also the Protestants in his hatred against the Jews. From century to century, the same kind of cultural wars seems to remain but in various contexts: now the framework of the triumphant republican strong state lead to an amazing strong »anti-Semitic movement« which was also systematically anti-Protestant. The French Catholic majority seems to be afraid to loose its identity. For Drumont, »since the beginning of the Republic, French Protestants made an alliance with the Jews«. *La Croix*, the main Catholic newspaper close to Drumont wrote: »the State has become even more Protestant than Jewish, the Catholics lost their place« and, for this radical Catholic newspaper, »thanks to the Protestants inspired by the Jews, the Jews organized themselves in the framework of hidden free maçons societies. Thanks to those societies, they are the masters of the Parliament, of the Government«. Many Catholic writers like Georges Thiebaud or Ernest Renaudel wrote several pamphlets hostile both towards the Jews and the Protestants. For Renauld, »Taine wrote the Jacobine conquest, Drumont wrote the Jewish conquest, I shall try to write the Protestant conquest«. And the master of French literature, the Catholic nationalist Maurice Barrès, like Drumont wrote: »I have got another blood strengthening me against Protestantism (a secularist education that I do not share) and against Judaism (a race against mine)«. Barrès celebrated the Saint Barthélémy, waiting for another Saint Barthélémy, »une Saint Barthélémy des youpins«, another Richelieu ready to destroy the Protestant and Jewish republican state. The counter-revolutionary movement became so strong that the republic, seen as Jewish and Protestant, almost perished.[16]

---

[15] MICHÈLE SACQUIN, Entre Bossuet et Maurras. L'antiprotestantisme en France de 1814 à 1870, Paris 1998.

At the end, despite the Catholic counter-revolutionary mobilization, the republic remained strong enough to keep its legitimacy. Radical anti-Protestantism and anti-Semitism almost vanished during a short period of time. And the beginning of the First World War led to an entirely different cultural configuration. 16.000 Jews out of 180.000 living in France were mobilized joined by 14.000 coming from Algeria, 8.500 stateless and 600 coming from occupied Alsace. Patriotism was extreme, the Dreyfus Affair was forgotten, a national unity prevailed. Even Maurice Barrès, the pope of French anti-Semitism after Drumont, now included the Jews within the great French spiritual families. For him, »Each of us, in our village, in our small world, we will no longer classify ourselves as Catholic, Protestant, Socialist, Jew. Suddenly something essential appears that is common to us all. We are the river of France, ready to rush into a long tunnel of exertions of communal suffering«.[17] Jews fought courageously, died, the rabbis praised the Army, the nation, prayed for the victory, provided kosher food, reciting kaddish over the graves of the soldiers. Alfred Lévy, the chief Rabbi of France composed this prayer:

»Almighty God, protect the armies of France and give her victory! You know that she takes up arms only for the cause of justice and never abuses her triumph. She is not only concerned about the blood of her children, she is also considerate of the blood of her enemies. ... Magnanimous towards the defeated, she respects misplaced bravery. ... Do not allow my arm to be weak nor my courage to fail for even an instant. ... May one single thought dominate me, and one single image be constantly in my soul: *la Patrie*! The homeland!, which has armed me for her defence, for which I must fight, and for which, if necessary, I will know how to die. ... And since this prayer may indeed be a farewell to life, I do not wish to depart from this life as a soldier without also departing it as an Israelite.«[18]

Barrès now saw the Jews as part of the French families. He also included Protestants among them, he praised their patriotism, their courage, »they share the same deep roots within Christianism«.[19] The First World War seems suddenly to put an end to hatred, anti-Protestantism and anti-Semitism. Anti-Protestantism disappeared entirely during the war and never came back: that was really the end of this hatred having its roots in the Religious wars of the 16th century and remaining lively through the 19th

---

[16] PIERRE BIRNBAUM, La France aux Français: Histoire des haines nationalistes, Paris 2006, 60–64.

[17] MAURICE BARRÈS, Mes Cahiers. 1896–1923, Paris 1963, 737.755.

[18] Quoted in PIERRE BIRNBAUM, French Rabis and the »Sacred Unity« during the First World War (in: European Judaism 48. No 1, Spring 2015). See also PHILIPPE LANDAU, Les Juifs de France et la Grande Guerre: un Patriotisme Républicain, Paris 1999.

[19] MAURICE BARRÈS, Les diverses familles spirituelles de la France, 77. See also ANDRÉ ENCREVÉ, Introduction to »Les Protestants français et la première guerre mondiale« (in: Bulletin de la Société de l'Histoire du protestantisme français, Tome 160/1, 2014, 20).

century.[20] During this conflict, even if some minor anti-Semitic incidents occur, the French Jews were now seen as part of the French nation: both the Republic and the Church saw them as loyal citizens. But this specific hatred survived and soon will be back, based this time less on radical Catholicism than on racial fear. Thus, a new chapter of French anti-Semitism will soon start, a new brutal explosion in the framework of the 1930s and the deep depression.

---

[20] JEAN BAUBÉROT, VALENTINE ZUBER, Une Haine oubliée. L'antiprotestantisme avant le «pacte laïque» (1870–1905), Paris 2000.

Der österreichische Antisemitismus des 19. und frühen 20. Jahrhunderts und seine Quellen

ASTRID SCHWEIGHOFER

1. Judentum und Judenfeindschaft in Österreich (Wien) bis zur Toleranz Kaiser Josephs II.

Juden sind auf dem Gebiet des heutigen Österreich quellenmäßig erstmals Anfang des 10. Jahrhunderts fassbar, zur Gründung von Gemeinden kam es allerdings erst in der ersten Hälfte des 13. Jahrhunderts, zunächst vermutlich in Wien und Wiener Neustadt, später auch an anderen Orten.[1] Die rechtliche Lage der jüdischen Bevölkerung war durch Privilegien geregelt, die vom jeweiligen Herrscher erteilt wurden.[2]

Der ersten Blüte und dem Wachstum jüdischer Gemeinden folgte im Laufe des 14. Jahrhunderts eine durch Feindseligkeiten und Verfolgungen gekennzeichnete Verschlechterung der Lebensbedingungen österreichischer Jüdinnen und Juden. Wirtschaftliche, soziale und politische Faktoren spielten dabei ebenso eine Rolle wie der traditionelle kirchliche Antijudaismus. 1420/21 ließ Herzog Albrecht V. in der Atmosphäre der laufenden Diskussionen um eine angebliche Kollaboration der Juden mit den Hussiten und unter dem Vorwand einer angeblichen Hostienschändung in Enns an der Donau die Jüdinnen und Juden des Herzogtums Österreich verhaften. Jene, welche die Taufe verweigerten, wurden gefoltert, beraubt und vertrieben. Die in Wien Verbliebenen wurden auf dem Scheiterhaufen verbrannt. Mit dieser sogenannten Wiener Gesera waren die jüdische Gemeinde Wiens wie auch Gemeinden in anderen Orten des Herzogtums Österreichs vernichtet.[3] Eine nennenswerte Zunahme der jüdischen Bevölkerung ist in Wien erst wieder ab dem späten 16. Jahrhundert bemerkbar. Sie führte 1624 zur Errichtung der ›Judenstadt‹ im ›Unteren Werd‹ (heute zweiter Bezirk Wiens) durch Kaiser Ferdinand II. Im Hintergrund dieser kaiserlichen Politik stand Ferdinands erhöhter, durch die Juden als

---

[1] EVELINE BRUGGER, Von der Ansiedlung bis zur Vertreibung. Juden in Österreich im Mittelalter (in: EVELINE BRUGGER u.a. [Hgg.], Geschichte der Juden in Österreich, Wien 2006, 123–227, hier: 124.126–129.169–203).
[2] Zur Rechtsstellung der jüdischen Bevölkerung auf dem Gebiet des heutigen Österreich: a.a.O. 130–151.
[3] A.a.O. 171f.221–224; ROBERT S. WISTRICH, Die Juden Wiens im Zeitalter Kaiser Franz Josephs, Wien u.a. 1999, 11f.; KLAUS LOHRMANN, Vorgeschichte: Juden in Österreich vor 1867 (in: GERHARD BOTZ, u.a. [Hgg.], Eine zerstörte Kultur. Jüdisches Leben und Antisemitismus in Wien seit dem 19. Jahrhundert, Wien ²2002, 35–44, hier: 35–37).

Geldgeber gedeckter, finanzieller Bedarf in der Zeit des Dreißigjährigen Krieges.[4]

Insgesamt verhielten sich Politik und Kirche im 15. Jahrhundert zunehmend feindselig gegenüber Jüdinnen und Juden.[5] Zwei Ritualmordvorwürfe dieser Zeit – beide im damaligen Tirol – sorgten bis weit ins 20. Jahrhundert hinein für Diskussionen. Die Verehrung des Simon von Trient (s. Abb. 2), jenes zweijährigen Knaben, dessen Tod im Jahr 1475 den Trienter Juden angelastet wurde und der 1584 zum Märtyrer erklärt wurde, fand erst 1965 ihr offizielles Ende.[6] Der Kult um ›Anderl von Rinn‹ wurde Mitte der 1990er Jahre verboten. Die Legende vom kleinen Andreas Oxner oder ›Anderl‹, der im Sommer 1462 von durchziehenden Juden rituell ermordet worden sein soll, kam Anfang des 17. Jahrhunderts als eine Erfindung des Haller Arztes Hippolyt Guarinoni (1571–1654) auf und fand rasch Verbreitung. 1670 wurde in Judenstein bei Rinn in Tirol eine Wallfahrtskirche errichtet.[7] Erst 1988/89 wurde nach langen Debatten im Zuge von Renovierungsarbeiten ein die angebliche rituelle Schächtung des ›Anderl‹ darstellendes Deckenfresko in der Wallfahrtskirche (s. Abb. 3) ersetzt, die Kirche selbst wurde umbenannt und neu eröffnet.[8] Trotzdem hält sich der ›Anderlkult‹ in einigen katholisch-konservativen Kreisen bis heute – Anhängerinnen und Anhänger pilgern nach wie vor jährlich Mitte Juli, rund um das angebliche Martyrium des ›Anderl‹, nach Judenstein bei Rinn.[9]

Legenden von Hostienschändungen und Ritualmorden wurden in erster Linie von der katholischen Kirche propagiert, wie überhaupt die Kirchen – katholisch *und* evangelisch – ein Motor der Verbreitung der Judenfeindschaft im Volk waren, sei es über antijüdische Predigten, Flugschriften oder Passionsspiele. Daneben gab es missionarische Aktivitäten, um

---

[4] BARBARA STAUDINGER, Die Zeit der Landjuden und der Wiener Judenstadt 1496–1670/71 (in: BRUGGER u.a. [Hgg.], Geschichte [s. Anm. 1], 229–337, hier: 234–236.280–284); WISTRICH (s. Anm. 3), 12f.; LOHRMANN (s. Anm. 3), 38.
[5] BRUGGER, Ansiedlung (s. Anm. 1), 221.
[6] A.a.O. 193f.; WILLEHAD PAUL ECKERT, Hoch- und Spätmittelalter – Katholischer Humanismus (in: KARL HEINRICH RENGSTORF, SIEGFRIED VON KORTZFLEISCH [Hgg.], Kirche und Synagoge. Handbuch zur Geschichte von Christen und Juden. Darstellung mit Quellen, Bd. 1, Stuttgart 1968, 210–306, hier: 269f.).
[7] BERNHARD FRESACHER, Anderl von Rinn. Ritualmordkult und Neuorientierung in Judenstein 1945–1995, Innsbruck, Wien 1998, passim, hier v.a. 9–22.128; STAUDINGER (s. Anm. 4), 322; BRUGGER, Ansiedlung (s. Anm. 1), 195.
[8] FRESACHER (s. Anm. 7), 28f.115.
[9] A.a.O. 121–124.131–139. Vgl. dazu auch einen im Juli 2015 in der österreichischen Tageszeitung *Der Standard* erschienenen Zeitungsartikel: KATHARINA MITTELSTAEDT, »Anderl von Rinn«: Ein toter Kult und seine Anhänger (Der Standard, 11./12. Juli 2015, 14).

Sexta etas mūdi

Simon beatus tridentin⁹ puerul⁹. quē ob miraculoꝝ frequētiā btm̄ appellāt. die marſ| .xij. kal. aprilis anno ab incarnatione verbi septuagisimoquinto supra millesimū quater cētū in hebdomoda sctā a iudeis in tridētina ciuitate necat⁹ xpi martir efficit. Judei eñ ea in vrbe degētes pasca suo more celebraturi. cū xpianū nō haberēt immolādū cui⁹ sanguinē in azimis suis vti possent puerū in hūc modū in samuelis cuiusdā iudei domū furtim deportarūt. In sacra hebdomoda añ diē pasce luce tercia vespere facto is añ fores pris puerulí more sedēs. cū nō aderat genitor nec cara parēs pditor thobias astitit blanda voce moratus pueꝝ cui⁹ etas nō dū ter decē mēses viderat. fert illico samuel ad edes. Cūqz nox ruit hic gemini saligmā samuelqz thobias vitalis moyses ysrabel atz mayer añ synagogā leti ei⁹ pectora nudāt. In eius collo primū nevagire posset sudariolū apposuerūt ꝛ extensis brachijs pmo papulū forpicib⁹. mox genā dexterā p cidentes. Inde qsqz forpice carnē ꝯuellit. Sudib⁹ deinde pacutis pupugere. cū ille manus alter plantas cōtinet crudeliter sanguine collecto hymonos eoꝝ more canētes. addūt minis vba. accipias suspēse ihesu. fecere sic olim maiores nri. sic ꝯfundant celo terra mariqz xpicole. sic caput eius inter vlnas cecidit ꝛ vita libera ad superos fecit iter. inde ad cenas pperarūt azimas de sanguine eius in xpi dedec⁹ ederūt. eoqz more suo statim corpus in ppinquū domus eoꝝ flumen piecerūt ꝛ pasca cū gaudio celebrarūt. Querētes deinde anxij parētes gnatū paruulū. postridie eū in fluuio inuenerūt. q illico vrbis ptori scelus denūciarūt. Is ptor iohānes de salis nobilis brixiensiū ciuis legū doctor viso puero exhorruit facin⁹ ꝛ ꝯfestim vrbis iudeos ꝯphendit ꝛ eculeo eos sigillatim imponēs tormētis astricti eo ordine crimē retulerūt. q diligēti examinatione cognito iudeos ꝯdignis supplicijs exterminauit. Presul eo tpe vrbis Jo. hinderbach collegit extinctū corp⁹ ꝛ sepulchro mādat. multis e vestigio cepit florere miracul. Inde ex oī xpiano orbe pploꝝ ꝯcursus ad scti huius paruuli sepulchrū est factus vt etiā vrbs ipa cū miraculis ꝛ opibus multis sit aucta Corpori vo ipsius pueri tridentini ciues basilicam pulchram erexere

Consimile etiā scel⁹ apd motā oppidū qd ē i finib⁹ agri fori iulij p⁹ qnquēniū iudei pegert. Nā etiā alium puerū sibi mō mactauerūt. p q tres eoꝝ captiui venetijs missi fuert ꝛ atroci supplicio ꝯcremati st. Iterum thurchi inferiorem ingressi misiam magna cede sternunt. Dehinc magnā genuensium vrbē caphan quā ad meotidem adhuc possidebant. Genuenses expugnant. ciuitas populosa ꝛ mercatoribus plurimū apta fuit hoc anno ciue genueosi eā prodente in turchoꝝ man. deuenit in littore euxini maris sita.

Abb. 2: Simon von Trient

die Juden von der ›Wahrheit‹ der christlichen Religion bzw. vom jeweils eigenen konfessionellen Standpunkt zu überzeugen.[10] Für Wien sind im 17. Jahrhundert diesbezüglich vor allem die von dem Gegenreformator und Jesuiten Kardinal Khlesl (1552–1630) empfohlenen, allerdings nicht sehr erfolgreichen, Missions- bzw. Zwangspredigten[11] sowie die Volkspredigten des kaiserlichen Hofpredigers Abraham a Sancta Clara (1644–1709) zu erwähnen. Für Letzteren waren die Juden unehrlich, boshaft, voller Sünde, Widersacher der Christen,[12] der »Abflaum aller gottlosen und ungläubigen Leuthe«.[13] In seiner Predigtsammlung *Mercks Wien* erklärte er die Juden neben den Hexen und Totengräbern zu den Schuldigen an der Pestepidemie des Jahres 1679.[14] Er wurde einflussreich: »Die Figur Abraham a Sancta Clara ist für die spätere österreichische Entwicklung besonders maßgebend. Seine derbe, volkstümliche Art, in der das Politische mit dem Religiösen, das Transzendente mit dem Alltäglichen verquickt sind, hat einen volksrednerischen Wiener Stil begründet, der zweihundert Jahre lang lebendig blieb und durch Prediger und Publizisten wie Sebastian Brunner, August Rohling, Josef Deckert und Heinrich Abel noch zu Beginn des 20. Jahrhunderts vorhanden war.«[15]

Abraham a Sancta Clara, dessen Predigtsammlungen auch von Adolf Hitler und anderen Antisemiten gerne herangezogen wurden,[16] predigte übrigens in einer Zeit, in der es in Wien offiziell keine jüdische Bevölkerung gab.[17] Denn Kaiser Leopold I. hatte die Jüdinnen und Juden Wiens in den Jahren 1669–1671 abermals aus der Stadt gewiesen.[18] Nach dieser zweiten Judenvertreibung war es den sogenannten Hofjuden gegen Ende des 17. Jahrhunderts wieder erlaubt, sich mit ihren Familien in Wien niederzulassen, ihre Zahl blieb insgesamt aber sehr gering und ihre rechtliche

---

[10] STAUDINGER (s. Anm. 4), 327.
[11] A.a.O. 328.
[12] ROBERT A. KANN, Kanzel und Katheder. Studien zur österreichischen Geistesgeschichte vom Spätbarock zur Frühromantik, Wien u.a. 1962, 84; ERIKA WEINZIERL, Katholizismus in Österreich (in: KARL HEINRICH RENGSTORF, SIEGFRIED VON KORTZFLEISCH [Hgg.], Kirche und Synagoge. Handbuch zur Geschichte von Christen und Juden. Darstellung mit Quellen, Bd. 2, Stuttgart 1970, 483–531, hier: 484f.).
[13] Zit. nach: KANN (s. Anm. 12), 85. Vgl. dazu auch WEINZIERL (s. Anm. 12), 485.
[14] ABRAHAM A S. CLARA, Mercks Wienn, Wien 1947, passim. Vgl. dazu auch KANN (s. Anm. 12), 84; WEINZIERL (s. Anm. 12), 484.
[15] PETER PULZER, Spezifische Momente und Spielarten des österreichischen und des Wiener Antisemitismus (in: BOTZ u.a., Kultur [s. Anm. 3], 129–144, hier: 131). Vgl. dazu ganz ähnlich WEINZIERL (s. Anm. 12), 485.
[16] BRUCE PAULEY, Eine Geschichte des österreichischen Antisemitismus. Von der Ausgrenzung zur Auslöschung, Wien 1993, 47.
[17] KANN (s. Anm. 12), 85; PAULEY (s. Anm. 16), 47.
[18] Zur Vertreibung der Juden aus Wien und Niederösterreich vgl. STAUDINGER (s. Anm. 4), 330–332.

Abb. 3: Anderl von Rinn

Stellung unsicher.[19] Dies sollte sich erst mit Kaiser Joseph II. ändern. Im Zuge seiner aufgeklärten Toleranzpolitik, die sich auch auf die Evangelischen und Orthodoxen erstreckte, erließ der Kaiser am 2. Jänner 1782 das Toleranzpatent für die Juden Wiens und Niederösterreichs,[20] welches erstmals für regionale Rechtssicherheit sorgte. Das Toleranzpatent sah allerdings nur eine Duldung mit dem Recht auf private Religionsausübung vor. Demgemäß war es den Juden nicht gestattet, eine Gemeinde zu gründen oder ein als Synagoge erkennbares Gotteshaus zu errichten. Ebensowenig war mit dem Patent eine bürgerlich-rechtliche Gleichstellung verbunden – diese konnte erst 1867 mit dem ›Staatsgrundgesetz über die allgemeinen Rechte der Staatsbürger‹ erlangt werden. Joseph II. verfolgte mit seiner Toleranzpolitik in erster Linie das Ziel, die Assimilation voranzutreiben und die Juden dem Staat ›nützlich‹ zu machen.[21] Wenngleich es nach dem Tod Josephs II. wieder zu rechtlichen Rückschlägen für die jüdische Bevölkerung kam, war mit dem Toleranzpatent ein erster Schritt in Richtung Gleichberechtigung getan.[22]

---

[19] Zur Institution der Hofjuden vgl. CHRISTOPH LIND, Juden in den habsburgischen Ländern 1670–1848 (in: BRUGGER u.a., Geschichte [s. Anm. 1], 339–446, hier: 340–350); WISTRICH (s. Anm. 3), 14–18; ALBERT LICHTBLAU (Hg.), Als hätten wir dazugehört. Österreichisch-jüdische Lebensgeschichten aus der Habsburgermonarchie, Wien u.a. 1999, 28 f.

[20] Das Toleranzpatent für die Juden Wiens und Niederösterreichs ist abgedruckt bei A. F. PRIBRAM (Hg.), Urkunden und Akten zur Geschichte der Juden in Wien. Erste Abteilung: Allgemeiner Teil 1526–1847 (1849), Bd. 1, Wien, Leipzig 1918, 494–500.

[21] Vgl. LIND (s. Anm. 19), 394–397; JOSEF KARNIEL, Die Toleranzpolitik Kaiser Josephs II., Gerlingen 1986, 411–415; STEFAN SCHIMA, Die Revolution von 1848 und die Rechtsstellung der Juden (in: Mitteilungen des Instituts für österreichische Geschichtsforschung 118, 2010, 415–449, hier: 417–419). Für einen Vergleich der Toleranzbestimmungen für Juden und Protestanten vgl. ULRICH TRINKS, Protestantismus in Österreich (in: RENGSTORF, KORTZFLEISCH, Kirche, Bd. 2 [s. Anm. 12], 532–558, hier: 532–535); ASTRID SCHWEIGHOFER, Religiöse Sucher in der Moderne. Konversionen vom Judentum zum Protestantismus in Wien um 1900, Berlin u.a. 2015, 3–7.

[22] Für die Zeit zwischen josephinischer Reform und Emanzipation vgl. den Überblick bei SCHWEIGHOFER, Religiöse Sucher (s. Anm. 21), 8–22 (dort auch weiterführende Literaturhinweise).

2. Antijüdische Polemik im 19. Jahrhundert am Beispiel Sebastian Brunners und der Wiener Kirchenzeitung

Die rege Beteiligung von Juden an den revolutionären Ereignissen von 1848 und deren Eintreten für Meinungsfreiheit, Pressefreiheit, Demokratie und Gleichberechtigung – kurz: für die Ideen des Liberalismus – führten zu lebhaften Diskussionen für und wider die ›Judenemanzipation‹ und zu einer blühenden jüdischen wie auch antijüdischen Publizistik, die ihrerseits Resultat der erlangten Pressefreiheit waren.[23]

Für unseren Zusammenhang von besonderem Interesse sind die antijüdischen Invektiven des Priesters Sebastian Brunner (1814–1893) in der von ihm 1848 gegründeten und bis 1866 herausgegebenen *Wiener Kirchenzeitung für Glaube, Wissen, Freiheit und Gesetz*. Anfangs noch durchaus demokratisch gesinnt und von einer gewissen Achtung zumindest gegenüber dem orthodoxen Judentum erfüllt, galt Brunner spätestens ab den 1860er Jahren als dezidierter Judenhasser – und das nicht nur in Österreich: So sahen etwa französische Katholiken in ihm den »Vater des österreichischen Antisemitismus«.[24] Angesichts des schwindenden Einflusses der katholischen Kirche in der Ära des Liberalismus schrieb Brunner unermüdlich gegen die Juden, die er für die in seinen Augen liberalen ›Auswüchse‹ seiner Zeit verantwortlich machte, und deren Emanzipation an. Für Sebastian Brunner und Albert Wiesinger (1830–1896), der ihm als Herausgeber der *Wiener Kirchenzeitung* nachfolgte, symbolisierten die Juden all das, was es im Sinne des von ihnen angestrebten Weiterbestandes der christlichen Gesellschaft abzuwehren und zu bekämpfen galt, nämlich Modernisierung, Kapitalismus, Marxismus, Demokratie, Materialismus, Freidenkertum, Antiklerikalismus, Säkularismus und Atheismus.[25] Brunner scheute sich auch nicht, die umlaufenden Ritualmordlegenden in seinem Blatt aufzugreifen. Als sich der Publizist, Politiker und spätere Präsident der Wiener Israelitischen Kultusgemeinde Ignaz Kuranda (1811–1884) gegen derartige Unwahrheiten über das Judentum wehrte, verklagte Brunner ihn wegen Verleumdung, unterlag aber 1860 in einem Aufsehen

---

[23] ALBERT LICHTBLAU, Integration, Vernichtungsversuch und Neubeginn. Österreichisch-jüdische Geschichte 1848 bis zur Gegenwart (in: BRUGGER u.a., Geschichte [s. Anm. 1], 447–565, hier: 449–451); WEINZIERL (s. Anm. 12), 493–496; WISTRICH (s. Anm. 3), 29–36; WOLFGANG HÄUSLER, Toleranz, Emanzipation und Antisemitismus. Das österreichische Judentum des bürgerlichen Zeitalters (1782–1918) (in: ANNA DRABEK u.a. [Hgg.], Das österreichische Judentum. Voraussetzungen und Geschichte, Wien, München ³1988, 83–140, hier: 97–100).
[24] PAULEY (s. Anm. 16), 74. Vgl. auch WEINZIERL (s. Anm. 12), 497 f.
[25] WISTRICH (s. Anm. 3), 34.185; PAULEY (s. Anm. 16), 73 f.; WEINZIERL (s. Anm. 12), 497 f.

erregenden Prozess.[26] Neben der Polemik in der *Wiener Kirchenzeitung* verschaffte Brunner seiner scharfen Abneigung gegenüber den Juden in eigenständigen Schriften und Pamphleten Ausdruck. Das *Wanzen-Epos* in Brunners Textsammlung *Denk-Pfennige* aus dem Jahr 1886 beispielsweise lässt unschwer erkennen, dass mit den »Wanzen« die Juden gemeint sind und »Wanzenpulver« und »Wanzenfrage« für Antisemitismus und ›Judenfrage‹ stehen.[27] In dem 30-strophigen Gedicht heißt es unter anderem:

»Es ist ein Hausherr irgendwo,
Der weiß sich nicht zu retten,
Er ruft verzweifelt: Mordhalloh!
Voll Wanzen sind alle Betten!

Und keine Ruh' bei Tag und Nacht,
In einemfort wird gebissen,
Man wird um die ganze Ruh' gebracht,
Die Wanzen haben kein Gewissen.

Das Ungeziefer mehret sich
Auf schauderhafte Weise,
Sie saugen Blut ganz fürchterlich
Und bleiben dabei ganz leise.

[...]

Es wird das Wanzenpulver genannt
Die Schmach von unser'm Jahrhundert;
Warum ist es nicht schon längst verbannt:
So schrei'n die Insecten verwundert.

[...]

Es rufen sogleich um Polizei
Die unverschämten Stecher,
Und wer ein Wanzenpulver verkauft,
Den heißen sie – einen Verbrecher.

Nach Ary-Schäffer gibt es jetzt
Zwölfhundert Wanzenarten
Und was aus der Wanzenfrage entsteht,
Das ist eben abzuwarten.«[28]

Sebastian Brunner, eine »Schlüsselfigur des katholischen Antisemitismus in Österreich«,[29] stand mit seinem Antijudaismus / Antisemitismus einer-

---

[26] WEINZIERL (s. Anm. 12), 497f.; PAULEY (s. Anm. 16), 85; WISTRICH (s. Anm. 3), 119; WOLFGANG DUCHKOWITSCH, Medien: Aufklärung – Orientierung – Missbrauch. Vom 17. Jahrhundert bis zu Fernsehen und Video, Wien, Berlin 2014, 6–8.

[27] SEBASTIAN BRUNNER, Denk-Pfennige zur Erinnerung an Personen, Zustände und Erlebnisse vor, in und nach dem Explosionsjahre 1848, Würzburg, Wien 1886, 29–32. Vgl. dazu auch WEINZIERL (s. Anm. 12), 498.

[28] BRUNNER (s. Anm. 27), 29–32.

[29] WEINZIERL (s. Anm. 12), 485.

seits in der Tradition des Wiener Hofpredigers Abraham a Sancta Clara, dessen Schriften und Predigten er bereits als Kind über seinen Großvater kennengelernt hatte, und war andererseits Vorbild und Vorläufer des am Ende des 19. Jahrhunderts massenwirksamen christlichsozialen Antisemitismus.[30] Robert S. Wistrich sieht in ihm »das Bindeglied zwischen dem traditionellen christlichen Antijudaismus und dessen moderner Transformation zu einer antikapitalistischen, antiliberalen und rassistischen Ideologie«.[31]

Der Antisemitismus der Revolutionszeit und der darauffolgenden Jahrzehnte erreichte noch nicht die breite Masse des Volkes. Zu gewaltsamen Ausschreitungen gegen Jüdinnen und Juden kam es vor allem in Ungarn, Böhmen und Mähren, nur vereinzelt in der Hauptstadt Wien.[32] Wie am Beispiel der *Wiener Kirchenzeitung* gezeigt werden konnte, drehte sich die antijüdische Polemik in erster Linie um wirtschaftliche, soziale und konfessionelle Motive. Rassische Argumente erlangten ihre volle Durchschlagskraft in Österreich erst in den beiden letzten Jahrzehnten des 19. Jahrhunderts, wenngleich solche bereits zur Zeit der Revolution auftauchten. Zu erinnern ist in diesem Zusammenhang etwa an die 1848 in Wien anonym erschienene Kurzfassung des *Judenspiegels* von Hartwig von Hundt-Radowsky aus 1819 oder an die Schriften Johann Quirin Endlichs.[33]

3. Der Antisemitismus wird zur Massenbewegung

Während der Periode des politischen Liberalismus in den späten 1860er und 1870er Jahren standen die Antisemiten in Österreich politisch noch im Hintergrund.[34] Dass sich der Antisemitismus ab den 1880er Jahren immer weiter ausbreitete, ist zum einen auf die damalige Wirtschaftskrise, zum anderen auf die Wahlrechtsänderung von 1882 zurückzuführen. Letztere brachte neue Wählerschichten, deren Stimmen die Antisemiten, allen voran der christlichsoziale Politiker und spätere Wiener Bürgermeister Dr.

---

[30] A.a.O. 485.499; WISTRICH (s. Anm. 3), 34.
[31] WISTRICH (s. Anm. 3), 185.
[32] A.a.O. 32f.; LICHTBLAU, Integration (s. Anm. 23), 452f.; HÄUSLER (s. Anm. 23), 100; WEINZIERL (s. Anm. 12), 493.
[33] WISTRICH (s. Anm. 3), 33f.; HÄUSLER (s. Anm. 23), 99f.; WEINZIERL (s. Anm. 12), 495. Speziell zu Hartwig von Hundt-Radowsky und zum Judenspiegel vgl. PETER FASEL, Revolte und Judenmord: Hartwig von Hundt-Radowsky (1780–1835). Biografie eines Demagogen, Berlin 2010, passim, hier v.a. 176.
[34] PETER PULZER, Art. Österreich (in: WOLFGANG BENZ [Hg.], Handbuch des Antisemitismus. Judenfeindschaft in Geschichte und Gegenwart, Bd. 1: Länder und Regionen, München 2008, 247–252, hier: 249).

Karl Lueger (1844–1910), für sich verbuchen konnten.[35] Der christlichsoziale Antisemitismus an der Wende vom 19. zum 20. Jahrhundert war in seiner politischen Wirkmächtigkeit ein einzigartiges Phänomen in Europa.[36] Zunächst war es jedoch der Deutschnationale Georg Ritter von Schönerer (1842–1921), der sich den Antisemitismus auf seine Fahnen heftete und die ›Rasse‹ zum Kriterium gesellschaftlicher Akzeptanz bzw. Inakzeptanz erhob.

3.1. Der rassische Antisemitismus der Deutschnationalen um Georg Ritter von Schönerer (mit einem Exkurs zur Los-von-Rom-Bewegung und zum Antisemitismus in der Evangelischen Kirche Österreichs)

Der deutschnationale Politiker Georg Ritter von Schönerer begann seine politische Laufbahn als Liberaler. Der Antisemitismus war nicht von Anfang an ein dominanter Faktor seiner Politik.[37] Noch 1882 hatte er eine Zusammenarbeit mit deutschnational gesinnten jüdischen Politikern nicht gescheut und gemeinsam mit Heinrich Friedjung (1851–1920) und Victor Adler[38] (1852–1918), dem späteren Begründer der österreichischen Sozialdemokratie, das ›Linzer Programm‹[39] ausgearbeitet. Schon kurze Zeit später brach sich in Schönerers Denken und Handeln ein rassischer Antisemitismus Bahn, der ab 1883 in seiner Zeitschrift *Unverfälschte Deutsche Worte* seinen publizistischen Ausdruck fand und den Bruch mit seinen früheren Mitarbeitern zur Folge hatte.[40] Als Abgeordneter im österreichischen Reichsrat stellte Schönerer eine Reihe antisemitischer Gesetzesanträge.[41] Er sprach sich für die Errichtung von Ghettos für Juden und für deren Zusammenfassung in bestimmten Berufsgruppen aus, wandte sich gegen die Einwanderung ausländischer Juden und betonte, dass der Antisemitismus der Deutschnationalen »sich nicht gegen die Religion, sondern gegen die Rasseneigentümlichkeiten der Juden«[42] richte. In der ersten Nummer der *Unverfälschten Deutschen Worte* schrieb Schönerer:

---

[35] PAULEY (s. Anm. 16), 69f.; WISTRICH (s. Anm. 3), 178.189f.; LICHTBLAU, Als hätten wir (s. Anm. 19), 94; PULZER, Österreich (s. Anm. 34), 249.
[36] PULZER, Österreich (s. Anm. 34), 250; DERS., Spezifische Momente (s. Anm. 15), 132.
[37] PETER G. J. PULZER, Die Entstehung des politischen Antisemitismus in Deutschland und Österreich 1867 bis 1914. Mit einem Forschungsbericht des Autors, Göttingen 2004, 182; PAULEY (s. Anm. 16), 69.
[38] Victor Adler ließ sich und seine Kinder 1885 evangelisch A. B. taufen. Vgl. SCHWEIGHOFER, Religiöse Sucher (s. Anm. 21), 173f.
[39] Zum ›Linzer Programm‹ vgl. EDUARD PICHL, Georg Schönerer und die Entwicklung des Alldeutschtumes in der Ostmark. Ein Lebensbild [von Herwig], Bd. 1: 1873–1889, Wien 1912, 111–125; PULZER, Die Entstehung (s. Anm. 37), 183–186.
[40] WISTRICH (s. Anm. 3), 175; PAULEY (s. Anm. 16), 69.
[41] PAULEY (s. Anm. 16), 71. Vgl. dazu auch PICHL (s. Anm. 39), 341–345.350–356.
[42] PICHL (s. Anm. 39), 344f.352.354, hier zit. 344; WISTRICH (s. Anm. 3), 177f.; PAULEY (s. Anm. 16), 70.

»Wir werden uns daher auch niemals dazu verstehen, einen Juden deshalb, weil er deutsch spricht oder gar sich deutsch-national geberdet, als Deutschen anzuerkennen, oder aber die Vermischung von Deutschen mit Juden anzustreben oder auch nur zu billigen. Auf dem ›brutalen Rassenstandpunkte‹ stehend, müssen wir vielmehr erklären, daß wir weit eher eine Vermischung oder in bestimmten Fällen ein Bündnis mit den Slaven und Romanen für möglich halten, als eine intime Verbindung mit den Juden. Sind doch die Ersteren als Arier mit uns stammverwandt, während die Letzteren uns der Abstammung nach völlig ferne stehen«.[43]

1885 fügte Schönerer dem erwähnten ›Linzer Programm‹ einen zusätzlichen Passus hinzu, welcher »[z]ur Durchführung der angestrebten Reformen [...] die Beseitigung des jüdischen Einflusses auf allen Gebieten des öffentlichen Lebens« als für »unerläßlich« erklärte.[44] Schönerer hatte sich nun endgültig dem Antisemitismus verschrieben. Im selben Jahr protestierte er gegen die angebliche ›Verjudung‹ des 1880 unter seiner Beteiligung gegründeten ›Deutschen Schulvereins‹. 1886 trat er aus und gründete den ›Schulverein für Deutsche‹, der allerdings nur bis 1889 existierte.[45]

Schönerers Antisemitismus war aufs Engste mit seinem politischen Ziel der Auflösung der multinationalen Habsburgermonarchie verbunden, galten doch die Juden als loyale Untertanen des Kaisers, ja als »*das* Staatsvolk der Monarchie, nämlich [als] das einzige Volk (zumindest in den achtziger Jahren), das am Reich festhielt und keinerlei irredentistische Flausen im Kopf hatte«.[46] Seine Anhängerschaft fand Schönerer vor allem in Teilen der deutsch-österreichischen Mittelschicht, im Milieu der Burschenschaften an den Universitäten, in den deutschen Turnvereinen, in den alpinen Regionen sowie in den von konfliktreichen Beziehungen zwischen Deutschen und Slawen geprägten Grenzgebieten Böhmens und Schlesiens.[47]

An den Universitäten, allen voran in Wien, tauchten auch die ersten Formen eines rassisch-völkisch begründeten Antisemitismus auf, noch bevor Schönerer diesem auf politischer Ebene Gehör verschaffte. Die Wirtschaftskrise spielte dabei ebenso eine Rolle wie die steigende Zahl jüdischer Studierender und die damit verbundenen Konkurrenz- und Abstiegsängste vieler Angehöriger des beruflichen Mittelstandes.[48] Bereits 1876 hatte sich der Wiener Chirurg und Universitätsprofessor Theodor

---

[43] An unsere Gesinnungsgenossen (Unverfälschte Deutsche Worte, Nr. 1, 1. Juli 1883, 1f., hier: 1).
[44] Zit. nach: PICHL (s. Anm. 39), 122.
[45] PULZER, Die Entstehung (s. Anm. 37), 191f.
[46] PAULEY (s. Anm. 16), 72. Vgl. auch WISTRICH (s. Anm. 3), 176.
[47] WISTRICH (s. Anm. 3), 178–180; JOHN BUNZL, Zur Geschichte des Antisemitismus in Österreich (in: JOHN BUNZL, BERND MARIN [Hgg.], Antisemitismus in Österreich. Sozialhistorische und soziologische Studien. Mit einem Vorwort von Anton Pelinka, Innsbruck 1983, 9–88, hier: 18f.).
[48] PAULEY (s. Anm. 16), 64f.; WISTRICH (s. Anm. 3), 178–180.

Billroth (1829–1894) angesichts der hohen Immatrikulationszahlen osteuropäischer Juden an der Medizinischen Fakultät in Wien veranlasst gesehen, diese ihm widerstrebende Entwicklung in einer Abhandlung aufzuzeigen und auf die »Kluft zwischen rein deutschem und rein jüdischem Blut« hinzuweisen.[49] Billroths Äußerungen, die er später übrigens revidierte, fielen bei den Studierenden der Universität Wien auf fruchtbaren Boden und markieren den Beginn des akademischen rassischen Antisemitismus.[50] Ab 1877 verweigerten die deutschnational ausgerichteten Burschenschaften Juden die Aufnahme bzw. schlossen jene, die bereits Mitglieder waren, aus. Mit dem ›Waidhofner Prinzip‹ von 1896 sprachen sie Juden wegen ihrer angeblichen Ehrlosigkeit schließlich auch das Satisfaktionsrecht ab – ein für das gesellschaftliche Ansehen der Juden gravierender und folgenschwerer Beschluss.[51]

Insgesamt blieben Georg von Schönerers politische Erfolge bescheiden. Auf Ablehnung stießen nicht nur sein Rassenantisemitismus, seine radikal antihabsburgische Einstellung und sein Antikatholizismus, sondern auch seine rauhe und forsche Persönlichkeit. Nachdem er aufgrund einer Haftstrafe für einige Zeit vom politischen Parkett verschwunden war, machte er in den letzten Jahren des 19. Jahrhunderts als Protagonist der Los-von-Rom-Bewegung wieder von sich reden.[52]

Exkurs: Die Los-von-Rom-Bewegung und der Antisemitismus in der Evangelischen Kirche Österreichs
Die Los-von-Rom-Bewegung ist für den vorliegenden Kontext insofern von Bedeutung, als sie einen Wendepunkt im Hinblick auf den Antisemitismus in der Evangelischen Kirche in Österreich darstellt.[53] Die von

---

[49] THEODOR BILLROTH, Über das Lehren und Lernen der medicinischen Wissenschaften an den Universitäten der Deutschen Nation nebst allgemeinen Bemerkungen über Universitäten, Wien 1876, 148–154, hier zit. 154, Anm. *). Vgl. dazu auch SCHWEIGHOFER, Religiöse Sucher (s. Anm. 21), 36.175; PAULEY (s. Anm. 16), 65f.; WISTRICH (s. Anm. 3), 179f.

[50] JULIUS BRAUNTHAL, Victor und Friedrich Adler. Zwei Generationen Arbeiterbewegung, Wien 1965, 18f.; STEVEN BELLER, Wien und die Juden 1867–1938, Wien u.a. 1993, 210; PAULEY (s. Anm. 16), 65f.

[51] BELLER (s. Anm. 50), 210; PAULEY (s. Anm. 16), 66f.; SIGURD PAUL SCHEICHL, Nuancen in der Sprache der Judenfeinde (in: BOTZ u.a., Kultur [s. Anm. 3], 165–185, hier: 172).

[52] PAULEY (s. Anm. 16), 72; WISTRICH (s. Anm. 3), 182; LICHTBLAU, Als hätten wir (s. Anm. 19), 97.

[53] Vgl. TRINKS (s. Anm. 21), 547–550, sowie neuerdings ASTRID SCHWEIGHOFER, Evangelischer Antisemitismus im Österreich der Zwischenkriegszeit (in: GERTRUDE ENDERLE-BURCEL, ILSE REITER-ZATLOUKAL [Hgg.], Antisemitismus in Österreich 1933–1938, Wien 2017 [im Druck]). Allgemein zur Los-von-Rom-Bewegung vgl. KARL-REINHART TRAUNER, Die Los-von-Rom-Bewegung. Gesellschaftspolitische und kirchliche Strömung in der ausgehenden Habsburgermonarchie, Szentendre ²2006, passim; RUDOLF

deutschnationaler Seite aus Protest gegen die Badeni'schen Sprachenverordnungen⁵⁴ im Jahr 1897 angefachte Austrittspropaganda aus der in ihren Augen slawenfreundlichen und rückschrittlichen römisch-katholischen Kirche zielte letztlich auf die Zerschlagung der Habsburgermonarchie und die Angliederung an das Deutsche Reich. Die »Protestantisierung des katholischen Österreich«⁵⁵ sollte den Anschluss vorantreiben, weshalb parallel zum Austritt aus der römisch-katholischen Kirche der Eintritt in die evangelische Kirche propagiert wurde.⁵⁶ Tatsächlich sah sich Letztere bald nach Einsetzen der von Schönerer initiierten politischen Los-von-Rom-Bewegung mit einer nicht unbeträchtlichen Zahl an Übertritts- bzw. Eintrittswilligen konfrontiert,⁵⁷ die es nun kirchlich aufzufangen und zu integrieren galt. Tatkräftige finanzielle wie auch personelle Unterstützung erfuhr die evangelische Kirche hierbei vom ›Evangelischen Bund zur Wahrung der deutsch-protestantischen Interessen‹ (gegründet 1886). Die von diesem von Deutschland nach Österreich gesandten, deutschnational orientierten Vikare leisteten eine großangelegte kirchliche Aufbauarbeit, im Zuge derer sie der Öffentlichkeit die evangelische Kirche als ›deutsche‹ Kirche und den Protestantismus, in dezidiertem Gegensatz zum ultramontanen Katholizismus, als die der Moderne aufgeschlossene Konfession präsentierten.⁵⁸ Der österreichische Protestantismus trat damit aus einem jahrhundertelangen Schattendasein hervor und wurde wieder, wie zu Zeiten der Reformation, als »kulturprägende Kraft« in der Gesellschaft wahrgenommen.⁵⁹ Alte, vor allem in ländlichen Gebieten vorherrschende kirchliche Traditionen kamen in dieser neuen Sicht auf den Protestantismus kaum in den Blick, was zu innerkirchlichen Konflikten sowie zu nachhaltigen Spannungen mit der katholischen Seite und dem Staat führte.⁶⁰

LEEB, Der österreichische Protestantismus und die Los-von-Rom-Bewegung (in: JOHANNES DANTINE u.a. [Hgg.], Protestantische Mentalitäten, Wien 1999, 195–230, passim), sowie den Überblick bei SCHWEIGHOFER, Religiöse Sucher (s. Anm. 21), 53–57.
⁵⁴ Zu den Badeni'schen Sprachenverordnungen, welche in Böhmen und Mähren das Tschechische dem Deutschen als Amtssprache gleichstellten, vgl. TRAUNER (s. Anm. 53), 113–115.228; LOTHAR HÖBELT, Kornblume und Kaiseradler. Die deutschfreiheitlichen Parteien Altösterreichs 1882–1918, Wien, München 1993, 150–152.
⁵⁵ LEEB, Der österreichische Protestantismus (s. Anm. 53), 200.
⁵⁶ A.a.O. 196–200; RUDOLF LEEB, Die Deutschen Christen in Österreich im Lichte neuer Quellen (Jahrbuch für die Geschichte des Protestantismus in Österreich 124/125, 2008/2009, 39–101, hier: 42f.).
⁵⁷ Zu den Eintrittszahlen und zu den geografischen Zentren der Übertritte vgl. LEEB, Der österreichische Protestantismus (s. Anm. 53), 202–205.
⁵⁸ A.a.O. 197–201.206–208; LEEB, Die Deutschen Christen (s. Anm. 56), 42f.
⁵⁹ LEEB, Der österreichische Protestantismus (s. Anm. 53), 208.
⁶⁰ A.a.O. 205.208–212; HERBERT UNTERKÖFLER, Zwischen zwei Welten. Anmerkungen zur kulturellen Identität der Evangelischen in Österreich (in: ISABELLA ACKERL, RUDOLF NECK [Hgg.], Geistiges Leben im Österreich der Ersten Republik, Wien 1986, 348–369, hier: 349f.359).

Gleichzeitig machte sich mit den Vikaren, aus deren Reihen die späteren Deutschen Christen in Österreich hervorgingen,[61] auch völkisches und antisemitisches Gedankengut in der österreichischen evangelischen Kirche breit, welches gegen Ende des Ersten Weltkrieges und in der Zwischenkriegszeit wirkmächtig wurde.[62]

Doch ist in diesem Zusammenhang noch auf einen anderen Aspekt hinzuweisen: Bereits vor der Los-von-Rom-Bewegung, insbesondere aber mit ihrem Beginn, konnte die Evangelische Kirche in Österreich auch zahlreiche Übertritte aus dem Judentum verzeichnen. Neben vielen anderen Motiven wie etwa der Suche nach einer liberalen und modernitätsoffenen Konfession hatten diese Konversionen ihren Grund zum Teil in der politischen und kulturellen Orientierung vieler Jüdinnen und Juden am Deutschtum, für welches vor allem der Protestantismus stand.[63] Bei den jüdisch-protestantischen Konvertitinnen und Konvertiten der Wiener Jahrhundertwende finden sich mitunter auch Formen eines kulturellen Antisemitismus, der Ausdruck ihrer eigenen Entfremdung bzw. Loslösung vom Judentum ist. Der kulturelle Antisemitismus geht davon aus, dass das, wie auch immer definierte, ›Jüdische‹ nicht ein unveränderliches Merkmal ist, sondern vielmehr eine innere Einstellung, eine Geisteshaltung darstellt, die verändert und abgelegt werden kann. Wer, wie der früher erwähnte Konvertit Victor Adler, an ein solches Konzept glaubte, wurde bitter enttäuscht, als die rassischen Antisemiten neue Maßstäbe anlegten, die es unmöglich machten, die jüdische Herkunft zu negieren.[64]

3.2. Antisemitismus im antiliberalen und katholisch-konservativen Milieu

3.2.1. Antisemitismus im Kontext der katholischen Sozialreform Karl von Vogelsangs

Wenngleich der rassische Antisemitismus Georg von Schönerers und seiner Kommilitonen in seiner langfristigen Wirkung nicht zu unterschätzen ist, war er zunächst nicht schlagkräftig genug, um die Massen zu mobili-

---

[61] LEEB, Die Deutschen Christen (s. Anm. 56), 43 f.

[62] TRINKS (s. Anm. 21), 551; SCHWEIGHOFER, Evangelischer Antisemitismus (s. Anm. 53), im Druck; LEEB, Die Deutschen Christen (s. Anm. 56), 44.91.

[63] Zu den Übertritten vom Judentum zum Protestantismus und den dahinter stehenden Motiven vgl. SCHWEIGHOFER, Religiöse Sucher (s. Anm. 21), passim, hier v.a. 195–203. Vgl. weiters LEEB, Der österreichische Protestantismus (s. Anm. 53), 202 f.; HERBERT UNTERKÖFLER, Die Evangelische Kirche und ihre »Judenchristen« (Jahrbuch für die Geschichte des Protestantismus in Österreich 107/108, 1991/1992, 109–136, hier: 110.114 f.); BELLER (s. Anm. 50), 168.

[64] SCHWEIGHOFER, Religiöse Sucher (s. Anm. 21), 36.95 f. Zum kulturellen Antisemitismus vgl. vor allem auch BELLER (s. Anm. 50), 209.

sieren.⁶⁵ Als weit populärer erwies sich in Österreich der katholisch-konservative politische Antisemitismus, dessen Anfänge bei den Herausgebern der *Wiener Kirchenzeitung* Sebastian Brunner und Albert Wiesinger liegen und der unter dem christlichsozialen Wiener Bürgermeister Dr. Karl Lueger in den Jahren um die Jahrhundertwende seine größten Erfolge erzielte. Lueger selbst stand in der Tradition Karl Freiherr von Vogelsangs (1818–1890), des »führende[n] Theoretiker[s] der katholischen Sozialreform und in weiterer Folge auch der christlichsozialen Bewegung in Österreich«.⁶⁶ Ebenso wie Brunner und Wiesinger vor ihm meinte auch Vogelsang eine unmittelbare Verbindung von Judentum, Liberalismus, Kapitalismus und Individualismus zu erkennen. Sein Antisemitismus, dem er seit 1875 in der von ihm herausgegebenen Zeitschrift *Das Vaterland* Ausdruck verschaffte, war kein rassischer, sondern ein sozial und ökonomisch motivierter kultureller Antisemitismus. Vogelsang argumentierte mit dem ›jüdischen Geist‹, der die Gesellschaft zunehmend beherrsche und unter Christen ebenso zu finden sei wie unter Juden.⁶⁷ Unter der Überschrift *Die Juden* führte er im Jahr 1875 im *Vaterland* aus:

»Bei uns herrscht nicht sowohl deshalb das Judenwesen, weil das Land mit Juden überschwemmt ist, sondern es ist mit Juden überschwemmt – und zwar hauptsächlich doch erst neuerdings – weil der liberale Umschwung, mit dem man uns beglückt, durch und durch vom jüdischen Geiste durchzogen ist. Wenn durch irgend ein Wunder an irgend einem gesegneten Tage alle unsere 1,400.000 Juden uns entzogen würden – es wäre wenig geholfen, denn uns selbst hat der Judengeist inficirt; in unseren Institutionen ist er incarnirt, unsere ganze Lebensanschauung, unser Handel und Wandel ist davon durchzogen. Wir legen keinen Werth darauf, ob von Getauften oder von Beschnittenen jüdisch gehandelt wird. Und wir wünschen nicht, daß wir den Fehler nur in uns fremden Personen suchen; daß wir meinen, es sei geholfen, wenn diese nicht mehr wirkten; daß wir selbstgenügsam die Schuld unseres Verderbens nur außerhalb uns verfolgen, während wir unter der Wirksamkeit des Liberalismus und bei der freudigen Hingabe an ihn den Juden gleich sind in der Negation dessen, was uns nach unserer Religion das Heiligste sein sollte, ja, was ein Theil derselben ist: die Ideen der christlichen Socialordnung.«⁶⁸

---

⁶⁵ PULZER, Österreich (s. Anm. 34), 250; PAULEY (s. Anm. 16), 72; WISTRICH (s. Anm. 3), 182.
⁶⁶ WEINZIERL (s. Anm. 12), 499. Zu Vogelsang und seinem Reformprogramm vgl. auch WIARD VON KLOPP, Die sozialen Lehren des Freiherrn Karl von Vogelsang. Grundzüge einer katholischen Gesellschafts- und Volkswirtschaftslehre nach Vogelsangs Schriften, Wien, Leipzig ²1938, passim.
⁶⁷ WISTRICH (s. Anm. 3), 186f.; PAULEY (s. Anm. 16), 74f.; WEINZIERL (s. Anm. 12), 499f.
⁶⁸ KARL VON VOGELSANG, Die Juden (Das Vaterland. Zeitung für die österreichische Monarchie, Jg. 16, Nr. 281, 10. Oktober 1875, 1). Vgl. dazu auch WEINZIERL (s. Anm. 12), 499f.; WISTRICH (s. Anm. 3), 187.

Am Ende seiner Ausführungen stellt Vogelsang vor allem die Christenheit unter Anklage. Er spricht sich für eine Selbstreform im Sinne einer ernsten und wahrhaftigen Rückkehr zum Christentum und zu einer christlichen Gesellschaftsordnung aus – dann werde sich auch die ›Judenfrage‹ lösen:[69]

»[B]evor wir über den Juden zu Gerichte sitzen wollen, richten wir über uns selbst, über den Abfall vom Geiste des Christenthumes und unseres christlichen Volksthumes, den wir frivol vollzogen haben, und wenn wir uns schuldig erkennen, dann ringen wir mit ernster und unwiderstehlicher Kraft danach, daß – nicht die alten Formen – aber die alten, ewig heiligen Ideen der christlichen Gesellschaftsordnung: die Gegenseitigkeit, Gerechtigkeit und Treue wieder herrschend unter uns werden. Ist dies geschehen, sind unsere Institutionen auf diesem allein berechtigten Grunde erbaut und beherrschen sie unser öffentliches und privates Leben mit ernster Strenge, dann wird die Judenüberfluthung ganz von selbst ein Ende nehmen, wie der Schorf, der von dem geheilten Geschwüre abfällt.«[70]

Vogelsang sah in der ›Judenfrage‹ also ein »Uebel von innen«, eine Folge der Abkehr vom Christentum und der Hinwendung zum ›jüdischen Geist‹, der sich im Liberalismus und Kapitalismus offenbare.[71] »Er [Vogelsang] stimmte mit Marx überein, daß die modernen Christen ›Juden‹ geworden waren; daß der Kapitalismus und der ›jüdische Geist‹ im wesentlichen gleichzusetzen waren.«[72] Zur Linderung der sozialen Not, für Vogelsang Folge der Herrschaft des ›jüdischen Geistes‹, forderte er eine Rechristianisierung der Gesellschaft, die Rückkehr zu einer ständischen Gesellschaftsordnung nach mittelalterlichem Vorbild und eine umfassende, auf christlicher Ethik basierende Sozialreform.[73] »Das wahrhaft christliche Volk« werde auch »die Juden in sich aufnehmen und absorbiren können, ohne zu verjuden«.[74] Gleichzeitig finden sich aber auch bei Vogelsang Attacken gegen das »Haus Rothschild« und die »goldene [jüdische] Internationale«.[75] 1882 klagte er im *Vaterland* über den anschwellenden Zu-

---

[69] VON VOGELSANG, Die Juden (s. Anm. 68), 1. Zum Gedanken der Selbstreform der Christen vgl. auch KARL VON VOGELSANG, Für die Juden (Das Vaterland. Zeitung für die österreichische Monarchie, Jg. 16, Nr. 286, 15. Oktober 1875, 1) sowie die Ausführungen bei WEINZIERL (s. Anm. 12), 500.
[70] VON VOGELSANG, Die Juden (s. Anm. 68), 1. Vgl. dazu auch WEINZIERL (s. Anm. 12), 500.
[71] VON VOGELSANG, Die Juden (s. Anm. 68), 1.
[72] WISTRICH (s. Anm. 3), 186.
[73] Vgl. dazu etwa KARL VON VOGELSANG, Die »Judenfrage« (Das Vaterland. Zeitung für die österreichische Monarchie, Jg. 21, Nr. 23, 23. Jänner 1880, 1); DERS., Le juif roi de l'epoque (Das Vaterland. Zeitung für die österreichische Monarchie, Jg. 22, Nr. 20, 21. Jänner 1881, 1) sowie die Ausführungen bei WEINZIERL (s. Anm. 12), 499–501; WISTRICH (s. Anm. 3), 186 f.; PAULEY (s. Anm. 16), 75; BUNZL (s. Anm. 47), 20.
[74] VON VOGELSANG, Die »Judenfrage« (s. Anm. 73), 1.
[75] KARL VON VOGELSANG, Crémieur (Das Vaterland. Zeitung für die österreichische Monarchie, Jg. 21, Nr. 42, 12. Februar 1880, 1). Vgl. dazu auch WEINZIERL (s. Anm. 12), 500.

strom russischer »Talmudjuden« und nannte diese eine lediglich Wucher und Schacher betreibende »parasitische Bevölkerungsclasse«.[76]

Nicht unerwähnt bleiben sollen im Kontext der Reformbemühungen Karl von Vogelsangs die diversen, Anfang der 1880er Jahre gegründeten, antiliberal, antikapitalistisch und antisemitisch ausgerichteten Vereine zum Schutz der Handwerker und Gewerbetreibenden wie etwa die ›Gesellschaft zum Schutz des Handwerks‹, der ›Österreichische Reformverein‹ oder der ›Christlichsoziale Verein‹, aus dem später die Christlichsoziale Partei hervorging. Die Christlichsozialen schlossen 1888 unter dem Namen ›Vereinigte Christen‹ ein kurzzeitiges Wahlbündnis mit anderen antiliberalen Gruppierungen, darunter die Deutschnationalen um Schönerer, deren Gemeinsamkeit der Antisemitismus war. Die jüdische Zuwanderung sollte limitiert werden und Juden sollten u.a. von staatlichen Ämtern und den freien Berufen ausgeschlossen werden.[77]

In den genannten Vereinen waren neben Schönerer auch andere Verfechter eines äußerst radikalen Antisemitismus vertreten. Der Wiener Mechaniker Ernst Schneider (1845–1913) beispielsweise, ein enger Vertrauter Karl Luegers, betrieb eine massive Judenhetze in den Kreisen der Handwerker und Gewerbetreibenden. Er verbreitete Ritualmordgeschichten, beantragte Prämien für erschossene Juden und soll erklärt haben, »man möge ihm ein großes Schiff geben, auf dem sämtliche Juden zusammengepfercht werden könnten; er wolle es aufs offene Meer hinauslenken, dort versenken und, wenn er nur gewiß sei, daß der letzte Jude ertrinke, selbst mituntergehen, um so der Welt den denkbar größten Dienst zu erweisen«.[78]

Aus der katholisch-klerikalen Ecke ist der Priester Josef Deckert (1843–1901) zu nennen, dessen Auseinandersetzung mit dem Wiener Rabbiner Joseph Samuel Bloch (1850–1923) im Folgenden näher in den Blick genommen wird.

---

[76] KARL VON VOGELSANG, Die flüchtigen Juden (Das Vaterland. Zeitung für die österreichische Monarchie, Jg. 23, Nr. 145, 27. Mai 1882, 1f., hier: 1). Vgl. dazu auch WEINZIERL (s. Anm. 12), 500.
[77] JOHN W. BOYER, Karl Lueger (1844–1910). Christlichsoziale Politik als Beruf, Wien u.a. 2010, 41–47.103–114; PULZER, Die Entstehung (s. Anm. 37), 179f.198.200–204; PAULEY (s. Anm. 16), 77; WISTRICH (s. Anm. 3), 188; WEINZIERL (s. Anm. 12), 502–507; BUNZL (s. Anm. 47), 20f.
[78] Zitiert nach RUDOLF KUPPE, Karl Lueger und seine Zeit, Wien 1933, 216f. Zu Ernst Schneider vgl. auch ISAK ARIE HELLWING, Der konfessionelle Antisemitismus im 19. Jahrhundert in Österreich, Wien u.a. 1972, 185; WISTRICH (s. Anm. 3), 183f.245; WEINZIERL (s. Anm. 12), 503.518.

3.2.2. Josef Deckerts und August Rohlings Konfrontation mit Joseph Samuel Bloch

Die österreichische Historikerin Erika Weinzierl hat Josef Deckerts Pfarre in Wien-Weinhaus als »Zentrum [...] des Antisemitismus und Antiprotestantismus« bezeichnet.[79] Deckert zog nicht nur von der Kanzel herab über die Juden her. Mit dem Pamphlet *Ein Ritualmord. Aktenmäßig nachgewiesen*[80] (1893) wollte er anhand der Trienter Prozessakten den Nachweis für die rituelle Tötung des Simon von Trient erbringen – Deckert erreichte über diese Broschüre, in der er den angeblichen Ritualmord detailreich schildert, und die kostenlos an Wiener Katholikinnen und Katholiken verteilt wurde, eine wohl nicht unbeträchtliche Zahl an Leserinnen und Lesern mit seinen antisemitischen Ansichten.[81] Weitere Ritualmordgeschichten, nämlich jene der angeblichen Märtyrerkinder Simon von Trient, Ursula Pöck von Lienz, Andreas von Rinn in Tirol und Thomas Locherer von Montiggl in Tirol präsentierte Deckert in dem im selben Jahr 1893 in Wien erschienenen Buch *Vier Tiroler Kinder – Opfer des chassidischen Fanatismus*.[82] Auf jüdischer Seite wollte man sich die Anschuldigungen und Verleumdungen des Weinhauser Pfarrers indessen nicht länger gefallen lassen. Bereits im April 1893 verteidigte sich der Rabbiner Joseph Samuel Bloch aus Floridsdorf bei Wien in der *Österreichischen Wochenschrift* gegen die in Deckerts, wie Bloch sie nennt, »Schandschrift« *Ein Ritualmord. Aktenmäßig nachgewiesen* vorgebrachten Unwahrheiten.[83]

»Was nun die Deckert'sche Arbeit betrifft, so ist sie mit absichtlicher oder unabsichtlicher Verleugnung jeder Urtheilsschrift niedergeschrieben. Wer diese Erzählung liest, der wird den Eindruck empfangen, daß im Jahre 1475 die Juden in Trient das Opfer eines schändlichen Attentates gewesen sind. Derartige Attentate waren bis auf die neueste Zeit zahlreich genug. Man erhebt eine falsche Anklage gegen die Juden, um sie berauben zu können oder, was in neuester Zeit der Zweck, um den Pöbel in Aufregung zu versetzen. [...] Herr Pfarrer Dr. Josef Deckert, Sie haben doch Gelegenheit, in Wien hie und da einen Juden kennen zu lernen. Ist es Ihnen da gar nicht möglich, die Sitten, Gebräuche und Anschauungen dieser Juden kennen zu lernen? [...] Ja, Herr Pfarrer Dr. Josef Deckert. In den Mazzes' ist kein Blut; in Ihrer Schrift aber, da ist Blut und Gift.«[84]

---

[79] Weinzierl (s. Anm. 12), 510.
[80] Josef Deckert, Ein Ritualmord. Aktenmäßig nachgewiesen, Dresden 1893.
[81] Hellwing (s. Anm. 78), 195f.; Weinzierl (s. Anm. 12), 510f.
[82] Josef Deckert, Vier Tiroler Kinder – Opfer des chassidischen Fanatismus, Wien 1893. Vgl. dazu Hellwing (s. Anm. 78), 199–201.
[83] Joseph Samuel Bloch, Eine Schandschrift (Oesterreichische Wochenschrift. Centralorgan für die gesammten Interessen des Judenthums, Jg. 10, Nr. 14, 7. April 1893, 255–257, passim). Vgl. dazu auch Hellwing (s. Anm. 78), 196–199; Weinzierl (s. Anm. 12), 511.
[84] Bloch, Eine Schandschrift (s. Anm. 83), passim.

Deckert wiederum konterte Bloch einen Monat später im *Vaterland* in einem Artikel unter dem Titel *Rabbi Bloch und der Ritualmord*,[85] in dem er die Behauptung aufstellte, dass Ritualmorde unter chassidischen Juden noch immer üblich seien. Er stützte sich dabei auf einen angeblichen Augenzeugenbericht des aus Russland stammenden, evangelisch getauften ›Juden‹ Paulus Meyer, welcher Deckert von August Rohling (1839–1931) in ebendieser Sache als ehrenwerter Mann und ausgezeichneter Hebraist ans Herz gelegt worden war.[86] Deckert geht zunächst unter Bezug auf die oben zitierte Anfrage Blochs auf seine ausschließlich negativen Erfahrungen mit Juden in Wien ein, wobei er sich erstaunlicherweise vom Rassenantisemitismus distanziert,[87] und bringt im Folgenden Paulus Meyer ins Spiel:

»Aber einen getauften Juden habe ich kennen gelernt, der mir von achtungswürdiger Seite als einer der ausgezeichnetsten lebenden Hebraisten und Talmudkenner geschildert wird und der mir auf Ihre Angriffe hin schriftlich und unter eidlicher Bekräftigung der Wahrheit die Versicherung gab, daß sich das Blutritual nicht blos aus Talmud und Kabbala wissenschaftlich nachweisen lasse, sondern daß er auch selbst Augenzeuge bei der Schächtung mehrerer christlicher Kinder war. Einen Fall, der sich im Jahre 1875 in einer russischen Stadt vor den jüdischen Ostern zutrug und bei dem er als Zaddikschüler gegenwärtig war, erzählt er mit allen einzelnen Details, gibt Ort, Zeit und anwesende Personen an und sogar den Mann, der das Christenkind, einen sechsjährigen blonden Knaben, ans Messer lieferte. Wenn ich durch das Studium der Proceßacte vom heil. Simon von Trient der festen Ueberzeugung geworden bin, daß es jüdische Ritualmorde gegeben habe und nur die Möglichkeit aussprach, daß es auch heutzutage unter den Chassidim solche Blutfacten geben könne, so bin ich durch diesen Brief vollkommen überzeugt worden, daß es auch heutzutage noch solche Ritualmorde gebe und daß das Bluttribunal auf einer unter den Chassidim als Geheimlehre fortgepflanzten mündlichen Ueberlieferung begründet ist, die auch in der Kabbala sich findet. Sollte Reb Bloch, der sich für einen gelehrten Talmudkenner ausgibt, von dieser Lehre keine Kenntniß haben? Dann müßte man wohl an seiner Talmud- und Kabbalakenntniß ernstlich zweifeln. Das freilich begreife ich vollständig, daß ein Vertheidiger des Judenthums in seiner Verlegenheit mit dem Muthe der Verzweiflung die Aufdeckung dieses scheußlichen jüdischen Fanatismus zu verhindern sucht, gelingt es nicht mit Gründen, so vielleicht durch Schimpfen.«[88]

---

[85] Josef Deckert, Rabbi Bloch und der Ritualmord (Das Vaterland. Zeitung für die österreichische Monarchie, Jg. 34, Nr. 123, 5. Mai 1893, Beilage zum Morgenblatt, I). Vgl. dazu Hellwing (s. Anm. 78), 204–207.
[86] Hellwing (s. Anm. 78), 201–203; Weinzierl (s. Anm. 12), 511; Wistrich (s. Anm. 3), 245.
[87] Deckert, Rabbi Bloch (s. Anm. 85), I.
[88] Ebd.

Am Ende seines Artikels kündigte Deckert an, den brieflich verfassten und an ihn gerichteten Augenzeugenbericht Meyers zu publizieren,[89] was er, nach erneutem Hin und Her zwischen ihm und Bloch,[90] am 11. Mai 1893 im *Vaterland* tat.[91]

Das publizistische Hickhack zwischen Deckert und Bloch[92] mündete in einen von Bloch gegen Deckert, Meyer und einen Redakteur des *Vaterland* angestrengten Prozess wegen »Vergehens gegen die Sicherheit der Ehre«,[93] der mit einem Schuldspruch für die drei Angeklagten endete.[94]

Kein Ende fanden hingegen Deckerts Tiraden gegen das Judentum. 1895 veröffentlichte der Weinhauser Pfarrer eine in der Literatur bisher kaum zitierte und deshalb im Folgenden ausführlicher zu besprechende Broschüre mit dem Titel *Rassenantisemitismus! auch ein Situationsbild* (Abb. 4),[95] in der er den zeitgenössischen Rassenantisemitismus einer Beurteilung unterzieht und hinsichtlich seiner Kompatibilität mit dem Christentum prüft. Angesichts der von ihm beklagten ›Judenherrschaft‹, die sich im Liberalismus und Kapitalismus äußere und eine Bedrohung für die christliche Gesellschaft darstelle,[96] fordert Deckert die Rücknahme der Emanzipation der Juden[97] und betont die Notwendigkeit des Antisemitismus sowie dessen »anerkennenswerthe Verdienste« »für das Christenthum und die Kirche«.[98] In Bezug auf die Rasse schreibt er:

»Der Jude unterscheidet sich der Rasse nach von dem Arier. Wenn man nun von den Fehlern der Rasse oder auch von den guten Eigenschaften derselben spricht, worin sind sie anders zu suchen als im Blute? [...] Die Taufe ändert die Rasse nicht. Damit wird weder die sacramentale Kraft der Taufe geleugnet, noch die natürliche Kindschaft, d.h. die Ebenbildlichkeit Gottes, die je-

---

[89] Ebd.

[90] JOSEPH SAMUEL BLOCH, JOSEF DECKERT, Eine Controverse (Das Vaterland. Zeitung für die österreichische Monarchie, Jg. 34, Nr. 125, 7. Mai 1893, Beilage zum Morgenblatt, 1f.). Vgl. dazu HELLWING (s. Anm. 78), 207–212.

[91] PAULUS MEYER, Der Brief des Convertiten (Das Vaterland. Zeitung für die österreichische Monarchie, Jg. 34, Nr. 129, 11. Mai 1893, Morgenblatt, 3). Vgl. zu diesem Brief auch HELLWING (s. Anm. 78), 212–217.

[92] Zum Verlauf der gesamten Kontroverse vgl. HELLWING (s. Anm. 78), 196–217.

[93] Anklage, zit. nach: Gerichtshalle (Das Vaterland. Zeitung für die österreichische Monarchie, Jg. 34, Nr. 255, 15. September 1893, Abendblatt, 2f., hier: 2). Vgl. dazu auch HELLWING (s. Anm. 78), 218f.

[94] WISTRICH (s. Anm. 3), 245f.; WEINZIERL (s. Anm. 12), 511. Zum Verlauf des Prozesses vgl. die detailreichen Ausführungen bei HELLWING (s. Anm. 78), 217–234.

[95] JOSEF DECKERT, Rassenantisemitismus! auch ein Situationsbild, Wien 1895. Die Broschüre ist Karl Lueger, »dem Führer der christlich-socialen Antisemiten im Kampfe gegen den Judenliberalismus« gewidmet. Vgl. a.a.O. 3. Vgl. zu dieser Broschüre auch WEINZIERL (s. Anm. 12), 512f; HÄUSLER (s. Anm. 23), 118.

[96] DECKERT, Rassenantisemitismus (s. Anm. 95), 27f.33f.

[97] A.a.O. 35–39.

[98] A.a.O. 29.

Abb. 4: Titelblatt einer antisemitischen Schrift von Pfarrer Josef Deckert von 1895

dem Menschen, welcher Rasse er angehört, zueignet. Das unauslöschliche Merkmal der Taufe ist g e i s t i g e r Natur, nicht ein leibliches Merkmal wie die Beschneidung. Auch wird damit keineswegs die sittliche Kraft des Menschen und der Einfluß der Gnade in Abrede gestellt, der dem jüdischen Convertiten die Bekämpfung der schlimmen Rassen-Eigenthümlichkeiten ermöglicht, Rassen-Eigenthümlichkeiten, die übrigens nicht bei jedem Individuum in demselben Grade vorhanden sind.«[99]

Dem Rassenantisemitismus, den auch die katholische Kirche vertrete,[100] steht Deckert grundsätzlich positiv gegenüber.

»Nicht gegen die Religion der Juden zielt der Antisemitismus, sondern gegen die R a s s e , insoferne sie sich allen Nichtjuden, besonders aber den christlichen Ariern feindlich erwiesen hat und noch erweiset. D a r u m h a t d e r R a s s e n a n t i s e m i t i s m u s B e r e c h t i g u n g , nicht als Rassenhaß, wohl aber als R a s s e n a n t i p a t h i e « .[101]

Hinter Deckerts Unterscheidung zwischen *Rassenhass* und *Rassenantipathie* steht sein Bemühen, mit seinen Aussagen nicht gegen das Gebot der christlichen Nächstenliebe zu verstoßen.[102] Zur Untermauerung seiner Ansichten stellt Deckert seiner Broschüre die gedruckte Fassung einer seiner Reden hintan,[103] in der er dem Rassenantisemitismus stolz das Wort redet:

»Ich hasse die Juden nicht als solche, ich habe aber eine s t a r k e A n t i p a t h i e gegen diese Rasse. Und das ist doch ein Unterschied. Nennen Sie dies R a s s e n a n t i s e m i t i s m u s , habe nichts dagegen, aber den R a s s e n h a ß b e t r a c h t e i c h a l s u n v e r n ü n f t i g u n d u n c h r i s t l i c h . [...] Jeder Mensch ist unser Nächster, also auch der Jude; daraus folgt allerdings nicht, daß uns unsere Stammes- und Glaubensgenossen n i c h t n ä h e r s t e h e n a l s f r e m d e . Aber das christliche Gebot der Nächstenliebe verbietet, Jemanden von der allgemeinen Menschenliebe auszuschließen, Jemanden zu hassen, weil er einer anderen Rasse oder Confession angehört. Wir kommen darüber nicht hinaus, wollen wir Christen bleiben und vernünftige Menschen.«[104] – »A b e r e t w a s a n d e r e s i s t L i e b e u n d H a ß und etwas anderes Sympathie und Antipathie«.[105] – »Sie sehen also, wir christlichsozialen Antisemiten können uns, weil wir Christen bleiben wollen, nicht auf den Standpunkt des Rassenhasses stellen. Das hindert uns aber nicht, *eine kräftige Antipathie gegen diese Rasse im Herzen zu nähren* und an dem Kampfe gegen die Judenherrschaft

---

[99] A.a.O. 19.
[100] A.a.O. 20.
[101] A.a.O. 30.
[102] A.a.O. 24.41. Deckert grenzt sich mit dieser Differenzierung gleichzeitig vom *Rassen-* bzw. *Judenhass* der Deutschnationalen ab. Gleichzeitig stellt er die Vermutung auf, dass es sich auch bei dem ›Hass‹ der Deutschnationalen nur um eine anders genannte »Antipathie gegen die Juden« handelt. Eine solche Sichtweise ermöglicht es dem christlichsozialen Deckert, ein gemeinsames Vorgehen aller Antisemiten zu rechtfertigen. Vgl. a.a.O. 40–43, hier zit. 43.
[103] Josef Deckert hielt diese Rede im März 1895 bei einer Versammlung des christlichsozialen Vereins in Wien-Währing. Zu der Rede vgl. a.a.O. 31–43.
[104] A.a.O. 41.
[105] Ebd.

thätigen Antheil zu nehmen. Wir halten uns deshalb für nicht schlechtere Antisemiten als die deutschnationalen; Rassenantisemiten sind wir auch.«[106]

Pfarrer Josef Deckert starb 1901 in Wien. 1899 hatte ihm die Stadt Wien die Große Goldene Salvatormedaille verliehen. Der 1909 nach ihm benannte Platz vor der Weinhauser Kirche in Wien-Währing wurde erst 1990 umbenannt.[107]

Der aus der Auseinandersetzung mit Deckert siegreich hervorgegangene Wiener Rabbiner und Politiker Joseph Samuel Bloch, ein unermüdlicher Kämpfer gegen den Antisemitismus,[108] hatte schon rund ein Jahrzehnt früher auf sich aufmerksam gemacht, nämlich in der Aufsehen erregenden Kontroverse mit dem katholischen Theologen, Priester und Professor für Bibelexegese in Prag August Rohling. Rohling war der Verfasser des ab 1871 in vielfacher Auflage erschienenen antisemitischen Traktates *Der Talmudjude*, das im Grunde auf Johann Andreas Eisenmengers Buch *Entdecktes Judentum* von 1700 basierte. Durch Verdrehung und Fälschung von Talmudzitaten behauptete er darin unter anderem, der Talmud fordere zum Christenhass auf und erlaube es den Juden, ja dränge sie geradezu dazu, Morde und andere Verbrechen an Christen zu begehen.[109] *Der Talmudjude* fand auch unter Wiener Antisemiten regen Zuspruch. Der Journalist Franz Holubek etwa wandte sich unter Bezug auf Rohlings Schrift im April 1882 mit folgenden Worten an die vor ihm versammelten christlichen Gewerbetreibenden:[110]

»Beurteilt, ob ein solches Volk inmitten einer zivilisierten Gesellschaft n o c h e i n e
E x i s t e n z b e r e c h t i g u n g hat? Ich will Euch nicht aufreizen, aber hört und fühlt!
Dieses Buch, der Talmud! Wißt Ihr, was in diesem Buche steht? Die Wahrheit! Und
wißt Ihr, wie Ihr in diesem Buche bezeichnet seid? Als eine Horde von Schweinen,
Hunden und Eseln!«[111]

Holubeks Rede verursachte tumultartige Szenen und Aufruhr unter den Versammelten. Er selbst musste sich Ende Oktober 1882 wegen Unruhestiftung vor Gericht verantworten, wurde schließlich aber freigesprochen – zu seiner Verteidigung bzw. zur Untermauerung seiner Aussagen war im

---

[106] A.a.O. 42f.
[107] PAULEY (s. Anm. 16), 87; FELIX CZEIKE, Historisches Lexikon Wien, Bd. 4, Wien 2004, 536; ARBEITSGEMEINSCHAFT »WÄHRINGER HEIMATKUNDE« (Hg.), Währing. Ein Heimatbuch des 18. Wiener Gemeindebezirkes, Teil 3, Wien 1925, 752f.
[108] Bloch hatte zu ebendiesem Zweck 1886 die ›Österreichisch-Israelitische Union‹ gegründet. Vgl. WISTRICH (s. Anm. 3), 258.
[109] HELLWING (s. Anm. 78), 86–90.118–137; WEINZIERL (s. Anm. 12), 507f.; PAULEY (s. Anm. 16), 85f.
[110] HELLWING (s. Anm. 78), 43.
[111] JOSEPH SAMUEL BLOCH, Erinnerungen aus meinem Leben, Wien, Leipzig 1922, 59f. Vgl. dazu auch HELLWING (s. Anm. 78), 44; WEINZIERL (s. Anm. 12), 508.

Zuge des Prozesses auch aus dem *Talmudjuden* zitiert worden.[112] Der Freispruch bedeutete »den ersten Sieg des neuen Wiener Antisemitismus«.[113] Die Israelitische Kultusgemeinde Wiens reagierte prompt. Die von Holubek im Anschluss an Rohling getätigte Aussage, wonach »Christen [sc. laut Talmud, A.S.] Hunde, Schweine und Esel seien«, finde, so stellten die Rabbiner Güdemann und Jellinek in einer Pressemitteilung klar, keinerlei Anhaltspunkte im Talmud: »[D]ie Unterzeichneten [erklären] auf das entschiedenste, daß die Aeußerung Rohling's, welche übrigens aus Eisenmenger's ›Entdecktes Judenthum‹ abgeschrieben ist, auf Unwahrheit beruht, indem eine solche Stelle im Talmud sich nirgends vorfindet«. Und weiter: »Bei dieser Gelegenheit geben wir die Erklärung ab, daß der Talmud überhaupt nichts Feindseliges gegen Christen enthält.«[114] Der Pressemitteilung der beiden Rabbiner folgte ein scharfer öffentlichkeitswirksamer publizistischer Gegenangriff Rohlings, im Zuge dessen er die Rabbiner der »argen Schelmerei« bezichtigte.[115] Joseph Samuel Bloch sah sich angesichts derartiger Affronts gegenüber dem Judentum zu einer nicht weniger scharfen Stellungnahme veranlasst. In dem Zeitungsartikel *Prof. Rohling und das Wiener Rabbinat oder »Die arge Schelmerei«* vom 22. Dezember 1882 warf Bloch Rohling vor, ein »ruhmredige[r], unwissende[r] Plagiator[]« zu sein,[116] unterstellte ihm, »nicht eine einzige Seite im Talmudtexte je gelesen [zu] haben und zu lesen nicht die wissenschaftliche Qualification besitze[]« und erklärte, ihm 3000 Gulden geben zu wollen, wenn er nur eine einzige Talmudseite fehlerfrei lesen und übersetzen könne.[117] Als Rohling, der vor Gericht wiederholt mit Gutachten gegen Juden und das Judentum hervortrat,[118] im Juni 1883, also nur wenige Monate später, im Zuge des Ritualmordprozesses im ungarischen Tisza-Eszlar behauptete, in Besitz eines Buches zu sein, in dem »[d]as Vergießen nichtjüdischen jungfräulichen Blutes« als eine für Juden »außerordentlich heilige Handlung« bezeichnet werde und sich auch bereit erklärte, diese »Wahrheit« unter Eid zu bekräftigen,[119] warf ihm Bloch in der *Wiener*

---

[112] HELLWING (s. Anm. 78), 44f.; BLOCH, Erinnerungen (s. Anm. 111), 60f.; WEINZIERL (s. Anm. 12), 508.

[113] HELLWING (s. Anm. 78), 91.

[114] JOSEPH SAMUEL BLOCH, Prof. Rohling und das Wiener Rabbinat oder: »Die arge Schelmerei« (Wiener Allgemeine Zeitung, Nr. 1014, 22. Dezember 1882, Beilage, 13–15, hier: 13). Vgl. dazu auch HELLWING (s. Anm. 78), 92; BLOCH, Erinnerungen (s. Anm. 111), 61f.

[115] BLOCH, Erinnerungen (s. Anm. 111), 62–64; HELLWING (s. Anm. 78), 92f.

[116] BLOCH, Prof. Rohling (s. Anm. 114), 13. Vgl. dazu auch HELLWING (s. Anm. 78), 96.

[117] BLOCH, Prof. Rohling (s. Anm. 114), 13. Vgl. dazu auch HELLWING (s. Anm. 78), 98; WISTRICH (s. Anm. 3), 233; PAULEY (s. Anm. 16), 86.

[118] WEINZIERL (s. Anm. 12), 508; PAULEY (s. Anm. 16), 86.

Morgenpost Bereitwilligkeit zum Meineid vor.[120] Rohling reagierte mit einer Ehrenbeleidigungsklage, die er allerdings aufgrund seiner absehbaren Niederlage kurz vor Beginn des Prozesses im Herbst 1885 zurücknahm.[121] In weiterer Folge musste Rohling seine Lehrtätigkeit an der Prager Universität aufgeben.[122] »Gleichwohl sind auch nach seiner Niederlage gegen Bloch der *Talmudjude* und die Ritualmordbeschuldigung unter den österreichischen Katholiken und im besonderen in der Christlichsozialen Partei wirksam geblieben.«[123]

3.2.3. Der katholische politische Antisemitismus Karl Luegers

Die europaweit einzigartigen Erfolge der Antisemiten in Wien sind untrennbar mit Dr. Karl Lueger verknüpft. Der anfangs liberale Politiker verschrieb sich Ende der 1880er Jahre dem politischen Antisemitismus und verschaffte diesem im folgenden Jahrzehnt als Anführer der Christlichsozialen erstmals eine Massenbasis.[124] 1897 wurde der als ungemein charismatisch, elegant, witzig, gemütlich und bisweilen derb beschriebene Lueger Bürgermeister von Wien.[125] Auf dem Weg in dieses Amt hatte er nicht nur gegen den Widerstand der Liberalen, sondern auch des Adels, des hohen Klerus und nicht zuletzt des Kaisers zu kämpfen, der Luegers Wahl erst nach mehrmaligem Veto bestätigte.[126] Schon 1895, nach dem Sieg der Christlichsozialen bei den Gemeinderatswahlen, brachte die Tageszeitung *Neue Freie Presse* ihre Sorge angesichts einer möglichen Wahl Luegers zum Wiener Bürgermeister zum Ausdruck:

»Wien geht einer sorgenvollen Zukunft entgegen, und in unserer Vaterstadt bereiten sich Umwälzungen vor, deren Folgen tief eingreifen werden in das Wohl der Gesammtheit [sic!] und jedes einzelnen Bürgers. Eine Stadt entfernt sich nicht ungestraft von den Grundlagen und Bedingungen ihres Fortschrittes. [...] Herr Dr. Lueger kann nun Vice-Bürgermeister oder Bürgermeister von Wien werden nach

---

[119] Acten und Gutachten in dem Prozesse Rohling contra Bloch, Bd. 1, Wien 1890, 105. Vgl. dazu auch HELLWING (s. Anm. 78), 107f.; WEINZIERL (s. Anm. 12), 509f.
[120] WEINZIERL (s. Anm. 12), 510; HELLWING (s. Anm. 78), 108.161–166; BLOCH, Erinnerungen (s. Anm. 111), 81–84.
[121] WISTRICH (s. Anm. 3), 233; WEINZIERL (s. Anm. 12), 510; HELLWING (s. Anm. 78), 108.166.179f.; BLOCH, Erinnerungen (s. Anm. 111), 84.
[122] HELLWING (s. Anm. 78), 182.
[123] WEINZIERL (s. Anm. 12), 510.
[124] PULZER, Die Entstehung (s. Anm. 37), 195–198. Zu Karl Lueger vgl. auch die umfangreiche Monographie von BOYER (s. Anm. 77), passim.
[125] PULZER, Die Entstehung (s. Anm. 37), 212; LICHTBLAU, Als hätten wir (s. Anm. 19), 97f.; PAULEY (s. Anm. 16), 76. Im Jahr 1907 wurden die Christlichsozialen auch im österreichischen Reichsrat die stärkste Kraft. Vgl. LICHTBLAU, Integration (s. Anm. 23), 466f.
[126] PULZER, Die Entstehung (s. Anm. 37), 206–212; DERS., Österreich (s. Anm. 34), 250; WISTRICH (s. Anm. 3), 192.266.

seinem Gefallen. Es steht ihm nichts mehr im Wege. Alle Hindernisse sind weggeräumt, und nur die Regierung wird sich mit der Frage zu beschäftigen haben, ob sie es mit den Interessen und dem Rufe des Reiches für vereinbar hält, daß Wien die einzige Großstadt in der Welt ist, deren Verwaltung sich in der Gewalt antisemitischer Hetzer befindet.«[127]

Karl Lueger verdankte seinen politischen Aufstieg jenen Wählern, welche im Zuge der bereits erwähnten Wahlrechtserweiterung von 1882 Zugang zu den Urnen erhalten hatten, ein nicht unbeträchtlicher Teil der Stimmen kam auch aus der Lehrer- und Beamtenschaft.[128] Ideell an Baron Karl von Vogelsang anknüpfend, nutzte Lueger die zeitliche Parallelität von Wirtschaftskrise, sozialer Not und ökonomischem und gesellschaftlichem Aufstieg der österreichischen Juden für seine politischen Ziele. Vor dem Hintergrund der wirtschaftlichen Ängste des Wiener Mittelstandes schoss er sich auf die Juden als Vertreter von Kapitalismus und Liberalismus, und damit als Verursacher der gesellschaftlichen Missstände, ein.[129] Robert S. Wistrich stellt Lueger in die Tradition Abraham a Sancta Claras und beurteilt die christlichsoziale Bewegung folgendermaßen: »Luegers Bewegung erinnerte auch in ihrer Sprache an eine österreichische klerikale Tradition der Judäophobie, die auf die volkstümliche Rhetorik von Abraham a Sancta Clara, den Prediger des 17. Jahrhunderts, zurückging. Mittelalterlicher Aberglaube und moderner sozialer Protest vereinigten sich in der neuen Bewegung, die ständig durch den Neid der Spießbürger auf das jüdische Kapital und die Hochfinanz neue Nahrung erhielt. Rassische und religiöse Konflikte, die durch die langsame Industrialisierung der habsburgischen Länder, durch die wirtschaftliche Krise des Wiener Kleinbürgertums und durch die herausragende Rolle verursacht wurden, die Juden im österreichischen Kapitalismus spielten, nährten die konkreten *sozialen* Forderungen, für die sich die Partei Luegers einsetzte. Die tief verwurzelte religiöse Tradition eines volkstümlichen Antisemitismus war jedoch praktisch die Garantie, daß die Juden zur Zielscheibe der Massen des Wiener Kleinbürgertums wurden. Die im deutschen Österreich, in Ungarn, Böhmen und Galizien vor 1914 immer wiederkehrenden Ritualmordanschuldigungen bezeugen die Macht katholischer Traditionen bei der modernen antisemitischen Hetze.«[130]

---

[127] Wien, 13. Mai (Neue Freie Presse, 14. Mai 1895, Morgenblatt, 1f., hier: 1). Vgl. dazu auch PULZER, Die Entstehung (s. Anm. 37), 207.
[128] WISTRICH (s. Anm. 3), 189; PULZER, Die Entstehung (s. Anm. 37), 206; LICHTBLAU, Integration (s. Anm. 23), 466; BELLER (s. Anm. 50), 219f.
[129] WISTRICH (s. Anm. 3), 189–191; BELLER (s. Anm. 50), 211f.; PAULEY (s. Anm. 16), 75f.
[130] WISTRICH (s. Anm. 3), 185.

Obwohl Karl Lueger verbal ungemein gegen die Juden hetzte und sogar rassische Antisemiten wie Josef Deckert oder Ernst Schneider in seinen Reihen duldete, hielt er selbst sich vom Rassenantisemitismus fern. Seine antisemitischen Attacken beruhten auf einer Mischung aus wirtschaftlichen, sozialen, kulturellen und religiösen Argumenten und zogen auf legislativer Ebene auch keine Konsequenzen nach sich. Lueger, der auch privaten Umgang mit Jüdinnen und Juden pflegte, wusste um die wirtschaftliche Bedeutung der Juden für Wien.[131] Sein vielzitierter Ausspruch »Wer ein Jud' ist, bestimme ich«[132] spiegelt seine opportunistische und pragmatische Haltung hinsichtlich der Instrumentalisierung des Antisemitismus als politisches Propagandamittel ebenso wie folgende, von dem Politiker Alexander Spitzmüller überlieferte, Aussage:

»Ja, wissen S', der Antisemitismus is a sehr gutes Agitationsmittel [sic!], um in der Politik hinaufzukommen; wenn man aber amal oben ist, kann man ihn nimmer brauchen; denn dös i [sic!] a Pöbelsport!«[133]

Tatsächlich trat der Antisemitismus bei den Christlichsozialen in den Hintergrund, nachdem sie ihre politischen Ziele erreicht hatten, er wurde, wie Robert S. Wistrich es bezeichnet hat, »verwässert, obwohl er weiterhin eine wichtige Waffe im politischen Kampf gegen die Linke blieb«.[134] Die neuen Gegner waren die Sozialdemokraten. Selbst stets darum bemüht, sich vom Ruf der ›Verjudung‹ frei zu halten, warfen diese Lueger und seinen Kommilitonen nun vor, aus Profitstreben gemeinsame Sache mit jüdischen Bankiers zu machen und gleichzeitig ärmere Juden zu schikanieren – eine nicht ganz unbegründete Kritik.[135]

Luegers politischer Stil und sein Antisemitismus werden in der Literatur als ›typisch Wienerisch‹ beschrieben, als doppeldeutig und inkonsequent, wie überhaupt der christlichsoziale Antisemitismus, im Gegensatz zu jenem der Deutschnationalen, nur schwer auf eine einheitliche Linie zu bringen ist.[136] Schon Zeitgenossen erachteten Luegers Antisemitismus als nicht wirklich ernst zu nehmend.[137] Der dem Sozialismus nahe stehende Schriftsteller und Theatermann Stefan Großmann (1875–1935) beispielsweise, der 1900 aus dem Judentum austrat und sich 1913 evangelisch taufen ließ,[138] stellte in seiner Autobiographie von 1931 fest:

---

[131] A.a.O. 183.191.196; BELLER (s. Anm. 50), 212–216; PAULEY (s. Anm. 16), 75f.; LICHTBLAU, Als hätten wir (s. Anm. 19), 98.
[132] Zit. nach: BELLER (s. Anm. 50), 214.
[133] ALEXANDER SPITZMÜLLER, »...und hat auch Ursach, es zu lieben«, Wien u.a. 1955, 74. Vgl. dazu auch WEINZIERL (s. Anm. 12), 518.
[134] WISTRICH (s. Anm. 3), 193.
[135] A.a.O. 193–196.273–275; PULZER, Spezifische Momente (s. Anm. 15), 137.139.
[136] BELLER (s. Anm. 50), 212–214.217; WISTRICH (s. Anm. 3), 195f.
[137] LICHTBLAU, Als hätten wir (s. Anm. 19), 98; WISTRICH (s. Anm. 3), 195.

»Dieser Mann, der den jüdischen Witz in seiner Nähe gar nicht entbehren konnte, trat öffentlich als ziemlich wüster Antisemit auf, wenn er auch im Haß eine gewisse Gemütlichkeit nie ganz verleugnen konnte und also, wie so viele Wiener, den Haß mehr spielte, als wirklich erlebte. [...] Lueger war das Musterbeispiel eines Antisemiten, der die Juden nicht entbehren konnte. Weder als Freunde noch als Feinde.«[139]

Wenige Seiten später heißt es:

»In seinen letzten Lebensjahren hat Lueger die antisemitische Komödie aufgegeben. Er war so sehr Liebling der Wiener geworden, daß er es nicht mehr nötig hatte, politisches Theater zu spielen. Er beschränkte sich auf seine Kommunalaufgaben, und heute leugnen ja auch seine erbittertsten Gegner von damals nicht, daß er ein ausgezeichneter Bürgermeister gewesen ist.«[140]

Derartigen Äußerungen steht allerdings die Tatsache gegenüber, dass sich der Antisemitismus infolge der antisemitischen Ausfälle Karl Luegers und seiner Mitstreiter in der Gesellschaft nachhaltig festfraß und schließlich, nach einer kurzen Phase des Rückgangs, in der Zwischenkriegszeit voll zum Durchbruch kam.[141]

Schlussfolgerungen:
Spezifika des österreichischen Antisemitismus

Zusammenfassend lassen sich folgende Spezifika des österreichischen bzw. Wiener Antisemitismus nennen:
- Der österreichische Antisemitismus wies zwei Richtungen auf, nämlich eine rassisch-deutschnationale und eine katholisch-christlichsoziale. Wie gezeigt werden konnte, waren auch in der christlichsozialen Richtung rassenantisemitische Positionen zu finden.[142]
- Der moderne, politische Antisemitismus kam in Österreich später auf als etwa in Frankreich oder Deutschland. Eine Rolle spielten diesbezüglich die verzögerte Industrialisierung sowie die, ebenfalls verzögerte, mangelnde politische Partizipation weiter Kreise der Bevölkerung. Vor dem Hintergrund der Wirtschaftskrise fiel die antisemitische Propaganda ab den 1880er Jahren vor allem im vorindustriell und vorkapitalis-

---

[138] ANNA L. STAUDACHER, Jüdisch-protestantische Konvertiten in Wien 1782–1914, Teil 2, Frankfurt a. M. 2004, 241. Zu Stefan Großmanns Religionswechsel und dessen Hintergründen vgl. SCHWEIGHOFER, Religiöse Sucher (s. Anm. 21), 112–117.169–173.

[139] STEFAN GROSSMANN, Ich war begeistert. Eine Lebensgeschichte, Berlin [1-5]1931, 119.

[140] A.a.O. 122.

[141] LICHTBLAU, Als hätten wir (s. Anm. 19), 99; WISTRICH (s. Anm. 3), 196; WEINZIERL (s. Anm. 12), 518 f.

[142] BUNZL (s. Anm. 47), 21.33 f.

tisch geprägten Milieu des von Konkurrenz- und Abstiegsängsten geplagten Wiener Kleinbürgertums auf fruchtbaren Boden.[143]
- Der politische Antisemitismus der Christlichsozialen, der seinen Hauptvertreter in dem Wiener Bürgermeister Karl Lueger fand, erlangte eine im europäischen Vergleich einzigartige Wirkmächtigkeit, indem er wie nirgendwo sonst die Massen zu mobilisieren imstande war.[144] »Defensiv und traditionell gesteuert in ihrer Zielsetzung, ultra-modern in ihren organisatorischen Methoden, konnte sie [die politisch-antisemitische Bewegung] politische Positionen erobern, die analogen Bewegungen in Deutschland und Frankreich verschlossen blieben, und war doch nicht in der Lage, irgendeine[s] ihrer vermeintlichen Vorhaben zu verwirklichen.«[145]
- Der österreichische Antisemitismus hatte schließlich, blickt man über das heutige Staatsgebiet hinaus, ein multinationales Gesicht und ist im Kontext der nationalen Spannungen im Vielvölkerstaat der Habsburger zu betrachten. Da die Juden als Gruppe gleichsam über den Nationen standen und die Tendenz hatten, sich an die jeweils ›herrschenden‹ Nationen (Deutsche, Magygaren, Polen) anzupassen, gerieten sie unweigerlich in den Nationalitätenkonflikt hinein. Vor allem in den östlichen Kronländern kam es zu heftigen, teilweise von Gewalt begleiteten antisemitischen Agitationen – so wurden etwa böhmische Juden von tschechischen Nationalisten als ›deutschfreundlich‹ gebrandmarkt und angefeindet.[146]

---

[143] PULZER, Österreich (s. Anm. 34), 249f.; DERS., Spezifische Momente (s. Anm. 15), 132–134.141f.; BUNZL (s. Anm. 47), 15–17.19–22; WISTRICH (s. Anm. 3), 189f.
[144] PULZER, Österreich (s. Anm. 34), 250; DERS., Spezifische Momente (s. Anm. 15), 132; WISTRICH (s. Anm. 3), 171.
[145] PULZER, Spezifische Momente (s. Anm. 15), 135f. Vgl. dazu auch DERS., Österreich (s. Anm. 34), 250.
[146] WISTRICH (s. Anm. 3), 171–174; LICHTBLAU, Als hätten wir (s. Anm. 19), 95f.99–104; DERS., Integration (s. Anm. 23), 467–469.

Gegen das Gespenst der Moderne: Antijudaismus und Antisemitismus im Zarenreich des 19. und frühen 20. Jahrhunderts

TOBIAS GRILL

Im vorrevolutionären Russländischen Reich gab es eine enge Verbindung zwischen der Regierungspolitik gegenüber der jüdischen Bevölkerung und der Entwicklung der Judenfeindschaft. Als im Februar bzw. März 1917 die Russische Revolution ausbrach, war das Zarenreich neben Rumänien der einzige Staat in Europa, in dem die Juden rechtlich noch immer nicht emanzipiert waren. Dies sollte erst nach dem Sturz der Zarenherrschaft verwirklicht werden. Damit verlief seit dem 19. Jahrhundert die Entwicklung im Russländischen Reich in eine nahezu entgegengesetzte Richtung zum übrigen Europa. Während in den anderen europäischen Staaten Gesetze, die Juden diskriminierten, bereits einige Zeit vor dem Aufkommen einer modernen, als Antisemitismus bezeichneten Judenfeindschaft abgeschafft worden waren, wurde im Zarenreich seit Beginn der 1880er Jahre die antijüdische Gesetzgebung immer weiter verschärft, was einerseits Reaktion auf antijüdische Einstellungen in der Bevölkerung war, andererseits aber auch die gesellschaftliche Judenfeindschaft beförderte. Kein geringer als der ehemalige russische Bildungsminister Graf Ivan Tolstoj machte in seiner 1907 erschienenen Schrift »Antisemitizm v Rossii« – Der Antisemitismus in Russland – diesen Zusammenhang deutlich:

»Es ist also klar, daß sich die russische Staatsgewalt grundsätzlich und entschieden auf die Seite der Judenfeinde gestellt und zweifellos selbst die Grundlage der religiösen Vorurteile und Verfolgungspolitik gegen die Juden geschaffen hat. [...] Während in den zivilisierten Ländern die Regierungen sich roher Ausschreitungen ihrer Bürger schämen und sich bemühen, die extrem nationalistischen Regungen, die Unduldsamkeit den Fremden gegenüber zu unterdrücken, hat sich bei uns der Staat im Gegenteil täglich am Kampfe aller anderen Nationalitäten gegen die Juden beteiligt.«[1]

Ausdrücklich sprach Tolstoj in Bezug auf Russland von einer »antisemitischen Gesetzgebung«[2] und wies darauf hin, wie sehr der staatliche und der gesellschaftliche Antisemitismus im Zarenreich einer Akkulturation und Integration der Juden im Wege stand.[3]

---

[1] IWAN TOLSTOJ, Der Antisemitismus in Russland, Frankfurt a. M. 1909 [zuerst St. Petersburg 1907], 32 und 20. Für die russische Version der Zitate siehe IWAN IWANOWITSCH TOLSTOJ, Antisemitizm v Rossii (in: DERS., Antisemitizm v Rossii i drugija stat'i po evrejskomu voprosu, Petrograd 1917), 16 und 8.
[2] TOLSTOJ, Der Antisemitismus (s. Anm. 1), 36; russisch: TOLSTOJ, Antisemitizm (s. Anm. 1), 19.

Der vorliegende Beitrag stellt sich die Aufgabe, einen Überblick über die Geschichte der Judenfeindschaft in Russland mit Schwerpunkt auf das späte Zarenreich zu präsentieren. Von besonderem Interesse ist dabei die Frage, von wem diese Judenfeindschaft ausging, welche Schichten sich ihrer bedienten und welche politischen, rechtlichen, sozialen, wirtschaftlichen, nationalen oder religiösen Faktoren einer antijüdischen Praxis zugrunde lagen.

1. Zur Definition von Antijudaismus und Antisemitismus

Heute bezeichnet Antisemitismus alle historischen und zeitgenössischen Formen der Judenfeindschaft, wenngleich dieser Begriff erst in den 1870er Jahren von Wilhelm Marr in Abkehr von der traditionellen, religiös motivierten Judenfeindschaft geprägt wurde. Grundlage des sogenannten Antisemitismus war das Aufkommen einer pseudowissenschaftlichen, auf biologistischen Annahmen beruhenden Rassenlehre, die die vermeintlichen Rassen durch Zuweisung bestimmter, unveränderlicher sozialer und kultureller Eigenschaften hierarchisierte. In diesem Sinne stellte für Antisemiten das Judentum nicht mehr vornehmlich eine Religion dar, sondern vielmehr eine Rasse oder ein Volk, dem als Ganzes bestimmte negative Charakterzüge und somit eine grundsätzliche Minderwertigkeit (gegenüber Ariern) anhafteten. Während im traditionellen, religiös konnotierten Antijudaismus die Taufe im Regelfall das Ende von Diskriminierung und Ausgrenzung bedeuteten, galt dies für den modernen, rassistisch motivierten Antisemitismus konsequenterweise nicht mehr. Entsprechend des ideologischen Primats der Rasse blieb auch ein konvertierter Jude Mitglied der jüdischen Gemeinschaft. Dabei ist aber zu beachten, dass die Grenzen zwischen einem traditionellen, religiös grundierten Antijudaismus und einem modernen, rassisch konstruierten Antisemitismus fließend sind. Auch moderne Antisemiten bedienten und bedienen sich stereotyper Vorurteile, die Teil des traditionellen religiösen Antijudaismus waren bzw. sind.

Gavin Langmuir hat in seinem äußerst einflussreichen Buch *Toward a Definition of Antisemitism* jedoch argumentiert, dass die Verwendung des Begriffs Antisemitismus als Erklärung und Bezeichnung für Judenfeindschaft äußerst problematisch ist, da er auf wissenschaftlich falschen Vorannahmen, nämlich rassisch bedingten Eigenschaften, beruht, die zwar nun positiv gewendet sind, aber damit letztlich auch perpetuiert werden:

---

[3] Vgl. TOLSTOJ, Der Antisemitismus (s. Anm. 1), 37 f.; russisch: TOLSTOJ, Antisemitizm (s. Anm. 1), 20.

»In its original meaning, ›antisemitism‹ is as erroneous an explanation of hostility toward Jews as the racism from which it emerged in 1873. And in its present use, ›antisemitism‹, like ›racism‹, has given hostages to the Aryan myth. [...] But the common use of ›antisemitism‹ now to refer to any hostility against Jews collectively at any time has strange implications. Although it transvalues the original meaning of the term and rejects the categorization of Jews as a race, it nonetheless carries over from the Aryan myth the implication that hostility toward Jews is an enduring (if now bad) reaction of non-Jews to some unique and unchanging (if now good) real characteristics of Jews.«[4]

Grundsätzlich schlägt Langmuir vor, drei verschiedene Behauptungen von »ingroups« über »outgroups« zu unterscheiden: »Realistische« Behauptungen, die auf tatsächliche Informationen über die außenstehende Gruppe beruhen. »Xenophobe« Behauptungen, die der gesamten »outgroup« ein bedrohliches Sozialverhalten zuschreiben, obwohl nur bei einer historischen Minderheit dieser Gruppe ein solches Verhalten empirisch nachweisbar ist. Und schließlich »chimärische« Behauptungen, die einer außenstehenden Gruppe mit Gewissheit Eigenschaften zusprechen, die empirisch niemals beobachtet wurden. All diese Arten von Behauptungen können, wie Langmuir betont, dazu genutzt werden, um ein feindliches Verhalten und diskriminierende Maßnahmen gegenüber einer außenstehenden Gruppe zu rechtfertigen.[5]

Nach Ansicht Langmuirs sollte der Begriff des Antisemitismus, wenn überhaupt, nur für eine sozial signifikante chimärische Feindseligkeit gegenüber Juden verwendet werden. Ein markantes Beispiel hierfür wäre der Ritualmordvorwurf. Juden als »Christusmörder« zu bezeichnen wäre hingegen der Kategorie der xenophoben Behauptungen zuzuordnen. Dabei ist zu beachten, dass wir es hier – wie auch bei chimärischen Behauptungen – mit dem abstrakten Kollektiv *die Juden* zu tun haben, wobei das empirisch nachweisbare Verhalten einer historischen Minderheit innerhalb des Judentums eben allen Juden grundsätzlich unterstellt wird. Tatsächlich dienen die auf das »outgroup«-Kollektiv der Juden gerichteten xenophoben Behauptungen in erster Linie dazu, soziale Probleme, Gefahren und Ängste innerhalb der »ingroup« zu externalisieren und damit abzuschwächen. Eine auf solche Behauptungen beruhende Feindseligkeit gegenüber Juden – wie auch gegenüber anderen »outgroups« – dient in diesem Sinne vor allem dazu, den Zusammenhalt der »ingroup« zu verstärken und soziale Spannungen durch Ablenkung auf *die Juden* zu reduzieren.[6]

---

[4] GAVIN I. LANGMUIR, Toward a Definition of Antisemitism, Berkeley, Los Angeles 1990, 314.
[5] A.a.O. 328.
[6] A.a.O. 328–333.

Wie Langmuir deutlich macht, sind eine auf xenophobe Behauptungen beruhende Feindseligkeit gegenüber einer »outgroup« nichts Ungewöhnliches. Dementsprechend ist es in diesem Zusammenhang nicht gerechtfertigt, die xenophobe Judenfeindschaft durch den speziellen Begriff des Antisemitismus von xenophoben Feindseligkeiten gegenüber anderen Gruppen abzugrenzen:

»If we think about European culture and its extensions outside of Europe from 500 to the present, it is obvious that many or most Europeans have made frequent xenophobic assertions about many groups within their society and about most external societies with which they have come in contact. There is, therefore, nothing at all unusual about xenophobic hostility against Jews. [...] Consequently, there seems no good reason to distinguish xenophobic hostility against Jews from that directed against other groups by giving it a special term, ›antisemitism.‹«[7]

Nach Langmuir lässt sich jedoch durchaus eine »ungewöhnliche Qualität der Feindseligkeit gegenüber Juden« identifizieren, nämlich in Form einer sozial signifikanten chimärischen Feindseligkeit:

»Jews have been widely hated because large numbers of relatively normal people accepted beliefs that attributed to Jews characteristics and conduct that have never been observed or empirically verified. If ›antisemitism‹ is meant to refer to an unusual hostility against Jews, then that hostility can be termed ›antisemitism‹.«[8]

Im Sinne einer Einordnung der Judenfeindschaft in den allgemeinen Kontext des Zarenreichs wird sich der vorliegende Beitrag daher die grundsätzliche Aufgabe setzen, zwischen einer auf xenophoben und einer auf chimärischen Behauptungen beruhenden Feindseligkeit gegenüber Juden, also zwischen Antijudaismus und Antisemitismus, zu unterscheiden. Zweifellos wird eine derartige Abgrenzung nicht immer möglich sein, da die Übergänge mitunter fließend sind.

2. Die Haltung gegenüber dem Judentum in Altrussland und dem frühen Zarenreich

In der Kiewer Rus', der ersten ostslawischen Reichsbildung, lebten nur wenige Juden. Die marginale jüdische Existenz wird nicht zuletzt an dem Umstand deutlich, dass Juden vor der zweiten Hälfte des 16. Jahrhunderts keinerlei Erwähnung in der russischen Gesetzgebung fanden.[9] Trotz der geringen Zahl von Juden im Kiewer Reich, das gegen Ende des 10. Jahr-

---

[7] A.a.O. 341.
[8] A.a.O. 351.
[9] BERNARD WEINRYB, The Beginnings of East-European Jewry in Legend and Historiography (in: MEIR BEN-HORIN u.a. [Hgg.], Studies and Essays in Honor of Abraham A. Neuman, Leiden 1962, 496).

hunderts christianisiert worden war, lässt sich eine gewisse antijüdische Haltung der Russisch-Orthodoxen Kirche nicht verleugnen. Diese Vorbehalte gegenüber Juden waren weitgehend von Byzanz übernommen worden. Auch wenn die acht Predigten bzw. Reden *Adversus Iudaeos* des Johannes Chrysostomos in Altrussland ebenfalls bekannt waren,[10] so blieb die religiös motivierte Judenfeindschaft im Ostslawen-Reich zunächst ein eher unbedeutendes und abstraktes kulturelles Motiv.[11] John Klier zufolge hielt zwar Metropolit Ilarion von Kiew Predigten, in denen er den christlichen Glauben dem jüdischen gegenüberstellte. Von einer vehement antijüdischen Rhetorik, wie im Falle Chrysostomos', konnte aber im Kiewer Reich keine Rede sein.[12]

Erst gegen Ende des 15. Jahrhunderts kam es zu einem grundlegenden Wandel im Verhältnis der weltlichen und geistlichen Obrigkeit Altrusslands gegenüber den Juden bzw. dem jüdischen Glauben. Auslöser war der Umstand, dass seit ungefähr den 1470er Jahren im Umfeld des Novgoroder Klerus eine vom dortigen Erzbischof Gennadij (seit 1484) als häretisch eingestufte Bewegung entstand, die gewisse religiöse, anscheinend dem Judentum entlehnte Bräuche praktizierte. Allerdings gibt es laut Constantine Zuckerman so gut wie keinerlei Anhaltspunkte, dass die Novgoroder »Häretiker« tatsächlich die jüdische Lebensweise nachzuahmen versucht oder irgendwelche jüdischen religiösen Riten übernommen hätten. Die einzige Anschuldigung, die auf einen jüdischen Einfluss verwies, bestand seiner Meinung nach in der bevorzugten Verehrung aller »Häretiker« für den Samstag anstelle des Sonntags.[13] Wesentlich dieser nicht zu unterschätzende Umstand dürfte ihnen den Häresie-Vorwurf des »Judaisierens« eingetragen haben. Auch wenn sich die Forschung bis heute nicht einig darin ist, ob eine derartige Zuschreibung konkret oder eher polemisch zu verstehen ist, so bleibt doch festzuhalten, dass die Bewegung der »Judaisierenden« als ernste Bedrohung für die Reinheit des orthodoxen Glaubens wahrgenommen bzw. als solche dargestellt wurde. Die Erfah-

---

[10] ALBERT M. AMMANN, Untersuchungen zur Geschichte der kirchlichen Kultur und des religiösen Lebens bei den Ostslaven, Würzburg 1955, 113f.

[11] JOHN KLIER, Muscovite Faces and Petersburg Masks. The Problem of Religious Judeophobia in Eighteenth Century Russia (in: R. P. BARTLETT, A. G. CROSS, KAREN RASMUSSEN [Hgg.], Russia and the World of the Eighteenth Century. Proceedings of the Third International Conference Organized by the Study Group on Eighteenth-Century Russia and Held at Indiana University at Bloomington, USA, September 1984, Columbus 1988, 126).

[12] JOHN KLIER, »Traditional Russian Religious Antisemitism«. A Useful Concept or a Barrier to Understanding (The Jewish Quarterly, Summer 1999), 29.

[13] CONSTANTINE ZUCKERMAN, The »Psalter« of Feodor and the Heresy of the »Judaizers« in the Last Quarter of the Fifteenth Century (Harvard Ukrainian Studies 11/1–2, 1987, 77–99, hier: 98).

rung mit den sogenannten Judaisierenden gegen Ende des 15. Jahrhunderts hatte eine enorme Bedeutung für den weiteren Umgang der russisch-orthodoxen Kirche mit dem Judentum. Die Angst und Unterstellung, dass der jüdische Glaube den russisch-orthodoxen beeinflussen, korrumpieren, verfälschen könnte, löste eine massive Abwehrhaltung gegen das Judentum aus und dürfte Hauptgrund dafür gewesen sein, dass in den folgenden drei Jahrhunderten das Moskauer Fürstentum bzw. das Russländische Reich für Juden weitgehend verschlossen blieb. Den vermeintlichen Gefahren eines jüdischen Proselytismus meinte man nur durch eine Politik des Verbots jüdischer Existenz im Reich entgehen zu können. Auch John Klier hat immer wieder hervorgehoben, dass es gerade diese Erfahrung mit den »Judaisierenden« war, die den »traditionellen russischen religiösen Antisemitismus« hervorbrachte.[14] Im Sinne Langmuirs sollte man freilich eher von einer auf xenophoben Behauptungen beruhenden Judenfeindschaft sprechen.

Einige Jahrzehnte später wurde deutlich, wie sehr die religiös motivierte Judenfeindschaft zu einem Handlungsmuster geworden war. Der erste russische Zar Ivan IV. war nicht nur der Überzeugung, dass die Juden die Russen vom Christentum abbringen würden, sondern stellte nach seiner Eroberung der polnischen Stadt Polock im Jahre 1563 die dortigen Juden vor die Wahl, sich taufen zu lassen oder in der Düna ertränkt zu werden.[15] Ca. 300 Juden mussten ihre Weigerung zu konvertieren mit dem Leben bezahlen. Als Adam Brand Ende des 17. Jahrhunderts über Moskau bis nach China reiste, wusste er zu berichten, dass Juden der Aufenthalt im Moskauer Großfürstentum verboten war:

»was Juden und dergleichen Geschmeiß betrifft, werden sie in allen Czaarischen Ländern nicht geduldet, weil man in Moscau, an anderer Nationen ihren Schaden gelernet, was Unheils dieses Gotts-lästernde Volck nach sich ziehet, wann es einmahl in einer Stadt und Republic eingelassen und auffgenommen worden.«[16]

Die Absicht der russischen Herrscher, Juden durch Ansiedlungsverbot gänzlich von ihrem Reich fernzuhalten, stieß allerdings in der Praxis auf gewisse Hindernisse. Dies lag insbesondere an der stetigen Expansion, in deren Zuge immer wieder auch Gebiete mit jüdischer Bevölkerung angegliedert wurden. So kamen bei der Inkorporation der linksufrigen Ukraine 1667 wie auch bei der Eroberung Livlands 1710 eine nennenswerte Zahl

---

[14] KLIER, Antisemitism (s. Anm. 12), 30; KLIER, Muscovite Faces (s. Anm. 11), 126.

[15] Vgl. KLIER, Antisemitism (s. Anm. 12), 30; KLIER, Muscovite Faces (s. Anm. 11), 126.

[16] Adam Brands Neu-vermehrte Beschreibung seiner großen chinesischen Reise, welche er anno 1692 von Moscau aus über Groß-Ustiga, Sibirien, Dauren und durch die große Tartarey bis in Chinam und von da wieder zurück, Lübeck 1734, 14.

von Juden unter die Herrschaft der Zaren. Auch wenn es nach dem Anschluss des Fürstentums Smolensk hieß, dass »der heidnische jüdische Glaube restlos ausgerottet«[17] worden sei, so lebten zumindest im Smolensker Gebiet dennoch erneut Juden. Als 1722 offiziell gegen die dortigen Juden Beschwerde erhoben wurde, da sie mit ihrer »Lehre« das »einfache orthodoxe Volk verdorben« – in gewisser Weise erneut der Vorwurf des Proselytentums – hätten, befahl der Synod bzw. der Senat, die jüdische Schule zu zerstören, die jüdischen Bücher zu verbrennen und die Juden aus der Provinz »ins Ausland« zu vertreiben.[18] 1727 wurden durch Erlass Zarin Katherinas I. formal alle Juden aus dem Reich ausgewiesen und ihre Einreise verboten. Tatsächlich ließ sich dies gerade für »Kleinrussland«, also den ukrainischen Gebieten, aus wirtschaftlichen Gründen nur schwer umsetzen.

Die Angst vor jüdischem Proselytentum, die im Wesentlichen auf die Erfahrung mit den »Judaisierenden« Ende des 15. Jahrhunderts zurückging, spielte selbst im 18. Jahrhundert noch eine zentrale Rolle beim Umgang mit Juden und Judentum. Offiziell war Juden der dauerhafte Aufenthalt im Reich nur gestattet, wenn sie sich taufen ließen. 1742 erließ Zarin Elisabeth einen Ukaz, alle Juden auszuweisen, sofern sie nicht zum orthodoxen Christentum konvertierten. Den Bedenken des Senats, wonach dies einen großen wirtschaftlichen Schaden bedeuten würde, entgegnete die Zarin, dass sie von den Feinden Christi weder Nutzen noch Profit wünsche.[19] Diese apodiktische Haltung war nicht nur einem dezidiert religiösen Antijudaismus geschuldet, sondern muss nicht zuletzt im Zusammenhang mit einer grundsätzlichen Intoleranz Elisabeths gegenüber anderen Religionen gesehen werden. So waren vor allem auch Muslime unter der Zarin zeitweise einer äußerst aggressiven Christianisierungspolitik ausgesetzt.

Zwar gab es eine traditionelle religiöse Judenfeindschaft in Altrussland und dem frühen Zarenreich,[20] jedoch bleibt festzuhalten, dass typische

---

[17] Opisanie dokumentov i del' chranjaščichsja v archive svjatešago pravitel'stvujaščego synoda. Bd. 2/2 (1722), St. Petersburg 1878, Sp. 527.
[18] A.a.O. 526–528. Ein weiterer Hinweis, dass die Smolensker Juden einer Form des »Judaisierens« bezichtigt wurden, findet sich in dem Vorwurf, sie hätten nicht am Schabbat, jedoch an Sonn- und Feiertagen gearbeitet und »auch Orthodoxe dazu genötigt und sie damit von der heiligen Kirche abgewendet« (a.a.O. 527). Ob es sich im Übrigen tatsächlich um eine Schule im wörtlichen Sinn gehandelt hat, muss dahingestellt bleiben. Möglicherweise war es eher eine Synagoge, die ja von osteuropäischen Juden als »Schul« bezeichnet wurde.
[19] Vgl. SEMEN M. DUBNOW, History of the Jews in Russia and Poland. From the Earliest Times Until the Present Day, Bd. 1, Philadelphia 1916, 257.
[20] Vgl. auch Nolte, der für »Russland« zwischen 1600 und 1725 klar feststellt: »Die Gründe für den Judenhaß waren religiöser Herkunft.« (HANS-HEINRICH NOLTE, Religiöse Toleranz in Rußland 1600–1725, Göttingen u.a. 1969, 91).

Motive der mittelalterlichen, auf chimärischen Behauptungen beruhenden Judenfeindschaft, wie sie in Gestalt des Vorwurfs des Ritualmordes, der Hostienschändung, der Brunnenvergiftung oder einer Verdammung des Talmuds weiter westlich in vollem Schwange waren, in der Kiewer Rus‹ bzw. im Reich der Moskauer Großfürsten und Zaren fast vollständig fehlten.[21] Dieser Mangel an »chimärischen« Elementen dürfte insbesondere auf eine weitgehend fehlende Interaktion mit Juden zurückzuführen sein.

Demgegenüber sind im angrenzenden Polen-Litauen zwischen 1547 und 1787 mehr als 80 Ritualmordvorwürfe gegen Juden erhoben worden, die in nicht wenigen Fällen zur grausamen Hinrichtung der beschuldigten Juden geführt haben.[22] Dabei ist nach Aussage Guldons und Wijackas zu beachten, dass die meisten dieser Anschuldigungen in einer Zeit erhoben wurden, als der Ritualmordvorwurf im westlichen Europa bereits der Geschichte angehörte.[23] Ebenso wie das chimärische Motiv des jüdischen Ritualmords hatte Polen-Litauen auch den Vorwurf der Hostienschändung und die Wahrnehmung des Talmuds als anti-christliches und daher verderbliches Werk aus dem westlicher gelegenen Europa übernommen.

3. Die »Jüdische Frage« im Zeichen des aufgeklärten Absolutismus (1772–1860er Jahre)

Aufgrund eines weitgehenden Niederlassungsverbots für Juden existierte vor 1772 keine »Jüdische Frage« im Zarenreich. Erst mit den Teilungen Polens zwischen 1772 und 1795, als Gebiete mit einer nennenswerten jüdischen Bevölkerung an das Zarenreich fielen,[24] stellte sich konkret die Frage, wie Regierung und Obrigkeit im Zeichen eines aufgeklärten Absolutismus mit den neuen Untertanen umgehen sollten.

Tatsächlich wurden Juden zunächst nicht schlechter behandelt als die nichtjüdische Bevölkerung in den neu erworbenen Gebieten. Auch die seit 1794 erfolgte Zuweisung von bestimmten Gebieten, in denen Juden das Wohnrecht hatten – später besser bekannt als *jüdischer Ansiedlungsrayon* – war ursprünglich keineswegs ein Akt der Diskriminierung.[25] Im Großen

---

[21] Vgl. KLIER, Muscovite, Faces (s. Anm. 11), 27.
[22] ZENON GULDON, JACEK WIJACZKA, The Accusation of Ritual Murder in Poland. 1500–1800 (in: Polin 10, 1997, 99–140).
[23] A.a.O. 139f.
[24] »The Jews did not come to Russia, rather, Russia came to the Jews after the three partitions of Poland« (CHIMEN ABRAMSKY, Russian-Jewish History. Key Points in a Complex Chapter, in: Soviet Jewish Affairs 21/1, 1991, 23).
[25] RICHARD PIPES, Catherine II. and the Jews. The Origins of the Pale of Settlement (in: Soviet Jewish Affairs 5/2, 1975, 18).

und Ganzen wurde seit Beginn des 19. Jahrhunderts, insbesondere seit den 1840er Jahren, eine Politik der Integration der Juden in die Mehrheitsbevölkerung verfolgt. Im Zeichen der russischen Schlagworte von »sbliženie«, also der Annäherung, und »slijanie«, der Verschmelzung, sollte die jüdische Bevölkerung »regeneriert« werden. Diese sogenannte »Regeneration«, die sich auch die Vertreter der jüdischen Aufklärung, der Haskala, auf die Fahnen geschrieben hatten, zielte in erster Linie darauf ab, das jüdische Leben mit dem der nichtjüdischen Bevölkerung kompatibel zu machen. Da die Juden eine umgekehrte Sozialstruktur zur übrigen Bevölkerung aufwiesen, war dies erklärte Voraussetzung, um sie besser in die staatliche Ständeordnung einfügen zu können. So war, basierend auf dem Utilitarismus-Gedanken, im Sinne der Physiokratiker, nicht zuletzt die »Produktivierung« der jüdischen Massen ein wesentliches staatliches Ziel. Juden sollten wie die große Mehrheit der nichtjüdischen Bevölkerung Bauern oder zumindest Handwerker werden. Von größter Bedeutung aber war der Besuch von modernen Bildungsanstalten, in denen vor allem säkulares Wissen und entsprechende Sprachkenntnisse erworben werden sollten. Grundsätzlich sollte alles, was Juden in auffälliger Weise von der übrigen, nichtjüdischen Bevölkerung trennte (u.a. das Jiddische und die jüdische Tracht), abgelegt werden. Im Wesentlichen ging es also um die Umsetzung eines Modernisierungsprogramms nach dem Vorbild der Reform jüdischen Lebens in Mittel- und Westeuropa. Dies war Voraussetzung für den *schrittweisen* Abbau von gesetzlichen Restriktionen, die die jüdische Bevölkerung betrafen. Insofern galt bis etwa in die 1870er Jahre das evolutionäre Emanzipationsmodell als Grundlage der Regierungspolitik gegenüber der jüdischen Bevölkerung des Zarenreichs.

Dass allerdings diese beabsichtigte Modernisierung auf erhebliche Widerstände seitens der Juden traf, die eben nicht bereit waren, ihre vertraute, traditionelle alljüdische Lebensweise aufzugeben, wurde von einem Teil der zarischen Obrigkeit mit dem vermeintlichen »jüdischen Fanatismus«, der sich in erster Linie auf den verderblichen Einfluss des Talmud gründe, erklärt. Noch 1907 stellte der ehemalige Bildungsminister Tolstoj fest: »So wird von unserer Staatsgewalt das Gesetz Mosis mit all den Ergänzungen des Talmuds nicht nur für bösartig, sondern sogar für höchst verderblich gehalten.«[26]

---

[26] TOLSTOJ, Antisemitismus (s. Anm. 1), 93; russisch: TOLSTOJ, Antisemitizm (s. Anm. 1), 59.

4. Anfänge des modernen Antisemitismus im Zarenreich: Jakov Brafmans *Buch vom Kahal*

1866 veröffentlichte ein gewisser Jakov Brafman (1824–1879), ein zum orthodoxen Christentum konvertierter Jude, im offiziellen Organ des Nordwestlichen Bildungsbezirks eine Artikelserie mit dem Titel *Meinung eines zur Orthodoxie übergetretenen Juden zur jüdischen Frage in Russland*. Darin machte er, wie er selbst erklärte, auf eine neue Erkenntnis aufmerksam. Während bislang der jüdische Widerstand gegen Reformen wie auch der jüdische religiöse Fanatismus allgemein dem Einfluss des Talmud zugeschrieben worden seien, liege die Stärke des Judentums vielmehr in seiner Gemeindeorganisation, ein Umstand, der bisher völlig übersehen worden sei. Diese jüdische Gemeindeorganisation bzw. Gemeindeverwaltung in Gestalt des sogenannten Kahal sei, so Brafman, despotisch und fungiere nicht nur als Instrument, um die jüdischen Massen zu disziplinieren und niederzuhalten, sondern vor allem dazu, um die christliche Bevölkerung auszubeuten und zu unterdrücken. Als angeblichen Beweis für seine Behauptung legte Brafman einen Auszug aus dem Pinkas, also den Protokollbüchern, einer bedeutenden jüdischen Gemeinde vor.[27] Brafmans Anspruch, mit seinen Erkenntnissen Einfluss auf die Behandlung der »Jüdischen Frage« nehmen zu wollen, zeigte sich darin, dass er diese Erkenntnisse auch hohen Staatsbeamten, nicht zuletzt dem Bildungsminister, schriftlich mitteilte. Tatsächlich nahm die russische Obrigkeit Brafmans Ausführungen äußerst positiv auf, so dass er rasch zum Zensor für jüdische Bücher in Wilna aufstieg und enger Vertrauter hoher Staatsbeamter in jüdischen Angelegenheiten wurde.

Drei Jahre später – im Jahre 1869 – veröffentlichte Brafman schließlich mit finanzieller und ideeller Unterstützung der zarischen Obrigkeit[28] sein *Buch vom Kahal* (Kniga Kagala) in der Druckerei der Wilnaer Gouvernementsverwaltung, nachdem er im Vorjahr bereits sein Werk *Jüdische Bruderschaften, lokal und international* publiziert hatte. Dieses *Buch vom Kahal* wurde an Vertreter der zarischen Obrigkeit im jüdischen Ansiedlungsrayon verschickt und avancierte zu einem Leitfaden der imperialen Bürokratie, was Fragen jüdischer Lebensweise und Kultur anging.[29] Von

---

[27] Vgl. JOHN KLIER, Imperial Russia's Jewish Question. 1855–1881, Cambridge 1995, 265.
[28] Hier zitiert nach der deutschen Ausgabe: JACOB BRAFMAN, Das Buch vom Kahal, hg. v. Siegfried Passarge, Leipzig 1928, 7.
[29] Jozef Zejberling (Seiberling), Beamter für jüdische Angelegenheiten im Bildungsministerium in St. Petersburg, der bereits 1870 als erster öffentlich gegen das *Buch vom Kahal* aufgetreten war, publizierte im Jahr 1882 sein Werk *Gegen Brafman's Buch des*

herausragender Bedeutung war dabei, dass Brafman vorgeblich anhand der Übersetzung von (zunächst) 285 Protokollen der Minsker jüdischen Gemeindeverwaltung aus dem Zeitraum 1794 bis 1803 das ausbeuterische Treiben des Kahals, also der jüdischen Gemeindeverwaltung nachweisen konnte.[30] Wie er selbst im Vorwort schrieb, war das Hauptziel seines Werkes Folgendes:

»Indem wir auf diese Weise die inneren Triebfedern der jüdischen Gesellschaft aufdecken, mit denen uns der Talmud in keiner Weise bekannt machen kann, erklären diese Dokumente auf die allerbeste Art und Weise, auf welchem Wege und mit welchen Mitteln die Juden trotz beschränktester Rechte imstande waren, fremde Elemente aus Städten und Plätzen, in denen sie ansässig waren, hinauszudrängen, sich sowohl des Kapitals als auch der unbeweglichen Schätze in diesen Gegenden zu bemächtigen und sich von jeglicher nichtjüdischer Konkurrenz im Handel und Handwerk zu befreien, wie es schon in den westlichen Gouvernements Rußlands, Polens, Galiziens usw. geschehen ist.«[31]

Wie bereits erwähnt, erlangte Brafmans Werk über den Kahal eine enorme Bedeutung in der imperialen Bürokratie und in Kreisen, die sich mit der »Jüdischen Frage« auseinandersetzten. Die Forschung ist sich darin einig, dass das *Buch vom Kahal* das erfolgreichste und einflussreichste Werk des Antijudaismus in der russischen Geschichte war. Dies lag vor allem daran, dass Brafmans Machwerk als Grundlage einer kohärenten antijüdischen Weltanschauung dienen konnte. Obwohl zum Zeitpunkt der Veröffentlichung der Kahal als Institution der jüdischen Selbstverwaltung im Zarenreich bereits seit 25 Jahren abgeschafft war, konnten mit Verweis auf den Kahal dennoch alle vermeintlich negativen Erscheinungen des jüdischen Lebens – religiöser Fanatismus, wirtschaftliche Ausbeutung und soziale Absonderung[32] – erklärt werden. Von zentraler Bedeutung für die Rezeption des *Buches vom Kahal* war mit Sicherheit der Paratext, also die Ein-

---

Kahal. Darin äußerte er als Grund für seine Veröffentlichung unter anderem, »dass mehrere Mitglieder der Commissionen, welche die russische Regierung zur Prüfung der moralischen und ökonomischen Zustände der Juden eingesetzt hatte, bei ihren Beurteilungen und Anschauungen sich des ›Buches des Kahal‹ als Leitfaden bedienen« (JOSEF SEIBERLING, Gegen Brafman's Buch des Kahal, Wien 1882, VI). Zum *Buch des Kahals* als Leitfaden der imperialen Bürokratie vgl. auch KLIER, Jewish Question (s. Anm. 27), 283, sowie YOHANAN PETROVSKY-SHTERN, Art. Brafman, Iakov Aleksandrovich (in: GERSHON HUNDERT [Hg.], The YIVO Encyclopedia of Jews in Eastern Europe, 1, New Haven, London 2008, 222f., hier: 222).

[30] Brafman publizierte über die Jahre insgesamt drei verschiedene Ausgaben seines *Buches vom Kahal*. In den späteren Ausgaben waren noch deutlich mehr Protokolle des Minsker Kahals enthalten.
[31] BRAFMAN, Buch vom Kahal (s. Anm. 28), 6. Vgl. die russische Version in folgender Ausgabe: DERS., Kniga Kagala. Vsemirnyj evrejskij vopros (Das Buch vom Kahal. Die weltweite jüdische Frage), Kiew 2004, 7f.
[32] Vgl. KLIER, Jewish Question (s. Anm. 27), 281.

führung und Erläuterungen Brafmans, und nicht die vom Minsker Kahal stammenden Dokumente, die eigentlich sehr unspektakulär waren.

Mit dem *Buch vom Kahal*, das allein bis 1888 drei unterschiedliche Auflagen erreichte,[33] etablierte sich der Vorwurf einer großangelegten und internationalen jüdischen Verschwörung zur Ausbeutung und Beherrschung des Christentums, der vor allem durch expliziten Verweis auf die international agierenden jüdischen Organisationen, allen voran die *Alliance Israélite Universelle*, untermauert wurde. Über Jahrzehnte blieb der chimärische Mythos von der Verschwörung des Kahal der wohl wichtigste Referenzpunkt für gouvernementalen und gesellschaftlichen Antisemitismus im Zarenreich. So erklärte noch 1913 in einer Duma-Rede Nikolaj E. Markov, der bedeutendste Abgeordnete rechtsradikaler Parteien, dass »der große neue Feind der Kapitalismus sei, der vom weltumfassenden jüdischen Kahal, dem geheimen Drahtzieher, regiert werde«.[34]

Hervorzuheben ist, dass das *Buch vom Kahal* zu einer Zeit erschien, als sich in den Augen nicht weniger die Möglichkeit einer baldigen Emanzipation der Juden im Zarenreich abzuzeichnen schien. Dass nun ein Konvertit, der immerhin bis zu seinem 34. Lebensjahr dem Judentum angehört hatte und damit als ein intimer Kenner des jüdischen Lebens gelten musste, anhand von jüdischen Dokumenten die Existenz »talmudischer Munizipal-Republiken« bzw. eines »Staates im Staate« nachzuweisen im Stande war, konnte nicht ohne Einfluss auf die »Jüdische Frage« bleiben. Von der Person Brafmans und den von ihm veröffentlichten »Protokollen« ging ein enormes Authentizitätsversprechen aus, das von der zarischen Obrigkeit und Teilen der russischen Presse[35] bereitwillig angenommen wurde. Die berechtigte Kritik, dass Brafman nachweislich vieles verdreht, entstellt oder schlichtweg falsch wiedergegeben habe,[36] wurde als der Ver-

---

[33] Schon für die erste Ausgabe seines Werkes von 1869 hatte sich Brafman für die Übersetzungen der Gemeindeprotokolle der Unterstützung eines Lehrers und mehrerer Zöglinge des Wilnaer Rabbinerseminars bedient. Zwei dieser Mitarbeiter machten schon kurz nach Erscheinen dieser ersten Ausgabe in der Öffentlichkeit darauf aufmerksam, dass sie von Brafman getäuscht worden seien und dieser äußerst zweifelhafte Übersetzungsmethoden angewandt habe, die vor allem darauf abzielten, seine antijüdische Argumentation zu stützen. Vgl. KLIER, Jewish Question (s. Anm. 27), 266 und 278. Die zweite Ausgabe von 1875/1882 war deutlich überarbeitet und erweitert. So hatte er nicht nur allzu offensichtliche Übersetzungsfehler korrigiert, sondern auch die Zahl der übersetzten Gemeindeprotokolle stark erweitert. Die dritte Ausgabe von 1888 erschien erst neun Jahre nach dem Tod Brafmans, wobei für diese im Wesentlichen sein Sohn verantwortlich zeichnete.

[34] HEINZ-DIETRICH LÖWE, Antisemitismus und reaktionäre Utopie. Russischer Konservatismus im Kampf gegen den Wandel von Staat und Gesellschaft. 1890–1917, Hamburg 1978, 128 f.

[35] SEIBERLING, Gegen Brafman's (s. Anm. 29), VI; KLIER, Jewish Question (s. Anm. 27), 275–277.

such des Judentums angesehen, sich der Verantwortung für das verschwörerische und ausbeuterische Treiben des Kahal zu entziehen. Trotz der einschlägigen Kritik wurde Brafmans Buch vom Kahal dennoch, wie es John Klier ausgedrückt hat, »Russian Judeophobia's great contribution to the rise of modern Antisemitism«.[37] Darüber hinaus ist sich die Forschung weitgehend darin einig, dass das *Buch vom Kahal* nicht nur zur Grundlage eines russischen »wissenschaftlichen« Antisemitismus (mit xenophoben und chimärischen Behauptungen) wurde, sondern als Vorläufer und Referenzrahmen der *Protokolle der Weisen von Zion* anzusehen ist.[38] Dies wird weiter unten nochmals aufgegriffen werden.

Das *Buch vom Kahal* war im Übrigen nicht nur ein Bestseller im Zarenreich,[39] sondern auch ein wichtiger Beitrag zum europäischen Antijudaismus und Antisemitismus. Bereits 1873 erschien eine französischsprachige Ausgabe,[40] ein Jahr später eine polnischsprachige.[41] Eine deutsche Übersetzung wurde hingegen erst 1928 vom antisemitischen Hamburger Geographie-Professor Siegfried Passarge (1866–1958) im berüchtigten Hammer-Verlag herausgegeben. Allerdings hatte bereits 1881 der Leipziger Geograph und Ethnograph Richard Andree (1835–1912) für sein Werk *Zur Volkskunde der Juden* das *Buch vom Kahal* als verlässliche Quelle herangezogen und als »interessantesten Einblick in die jüdischen Verhältnisse des Ostens« bezeichnet.[42] Als einige Jahre später Theodor Fritsch eine erweiterte Ausgabe seines berüchtigten *Antisemiten-Katechismus*[43] veröffentlichte, rezipierte dieser – Richard Andree zitierend – Brafmans *Buch vom Kahal*, wobei er folgende Schlussfolgerung zog:

»Erwägt man nun, daß ein großer Theil der in Deutschland lebenden Juden aus Rußland stammt und in dort herrschenden Anschauungen aufgewachsen ist, so dürfte man sich nicht wundern, wenn sie im Stillen auch bei uns noch die Auffassungen des Kahal pflegten und nach denselben fort practicirten. Viele Erscheinungen machen dies wahrscheinlich.«[44]

---

[36] SEIBERLING, Gegen Brafman's (s. Anm. 29); I. ŠERŠEVSKIJ, O knige kagala, St. Petersburg 1872.
[37] KLIER, Jewish Question (s. Anm. 27), 281. Vgl. auch PETROVSKY-SHTERN, Art. Brafman (s. Anm. 29), 222, in dem es von Brafmans Buch heißt: »most successful and influential work of Judeophobia in Russian history«.
[38] KLIER, Jewish Question (s. Anm. 27), 263; PETROVSKY-SHTERN, Art. Brafman (s. Anm. 29), 223.
[39] Vgl. YOHANAN PETROVSKY-SHTERN, The »Jewish Policy« of the Late Imperial War Ministry. The Impact of the Russian Right (Kritika. Explorations in Russian and Eurasian History 3, 2002, 220).
[40] JACOB BRAFMAN, Livre du Kahal. Matériaux pour étudier le judaisme en Russie et son influence sur les populations parmi lesquelles il existe, Odessa 1873.
[41] JACOB BRAFMAN, Żydzi i Kahały, Lemberg 1874.
[42] RICHARD ANDREE, Zur Volkskunde der Juden, Leipzig 1881, 135.
[43] THOMAS FREY (= Theodor Fritsch), Antisemiten-Katechismus. Eine Zusammenstellung des wichtigsten Materials zum Verständniß der Judenfrage, Leipzig 1893, 208.

5. Ippolit Ljutostanskij und die pseudowissenschaftliche Etablierung des jüdischen Ritualmordvorwurfes im Zarenreich

Nur sieben Jahre nach erstmaligem Erscheinen des »Buches vom Kahal« veröffentlichte 1876 der ehemalige katholische Priester Ippolit Ljutostanskij (1835–1915?), der nach einer Anklage wegen sexueller Verfehlung und Korruption zur griechisch-orthodoxen Kirche übergetreten war, in Moskau ein russischsprachiges Werk mit folgendem Titel: *Frage des Gebrauchs von christlichem Blut für religiöse Zwecke durch jüdische Sektierer, in Verbindung mit der Frage der Beziehungen des Judentums zum Christentum im Allgemeinen*.[45] Darin behandelte er nach eigenen Worten nicht nur den »Beweis, daß tatsächlich bei den Juden der Brauch vorhanden ist, Christenblut zu verwenden«,[46] wofür er letztlich das gesamte Judentum verantwortlich machte, sondern referierte auch ausgiebig aus Brafmans *Buch vom Kahal* bzw. seinem Werk *Jüdische Bruderschaften, lokal und international*. Aufbau und Komposition von Ljutostanskijs antisemitischem Machwerk, das auf chimärischen Behauptungen beruhte, suggerierten letztlich eine Verbindung zwischen der Verschwörung des Kahals (bzw. lokaler und internationaler jüdischer Bruderschaften) und jüdischen Ritualmorden. Dass er dabei vorgeblich sowohl aus Kahals-Akten als auch aus Akten von Ritualmordprozessen zitieren konnte, sollte seinen Ausführungen Wissenschaftlichkeit und Authentizität verleihen und somit diese von einer chimärischen auf eine realistische Ebene heben. Der offensichtliche Erfolg seines Werks zeigte sich in dem Umstand, dass bereits vier Jahre später eine zweite, erweiterte Ausgabe erschien und 1905 schließlich eine dritte, in der im Titel nicht mehr von »jüdischen Sektierern«, die Ritualmorde verübten, die Rede war, sondern allgemein von Juden.[47] Damit hatte sich Ljutostanskij zweifellos als der erfolgreichste und hartnäckigste Vertreter des jüdischen Ritualmordvorwurfes im späten Zarenreich etabliert.[48]

---

[44] A.a.O. 213.
[45] IPPOLIT LJUTOSTANSKIJ, Vopros ob upotreblenii Evrejami-sektatorami christianskoj krovi dlja rieligioznych celej, v svjazi s voprosom ob otnošenijach evrejstva k christianstvu vooibšče, Moskau 1876.
[46] A.a.O., Kapitel IV (»Dokazatel'stvo dejstvitel'nosti suščestvovanija obyčaja upotreblenija christianskoj krovi evrejami«), 78–104; deutsch: IPPOLIT LJUTOSTANSKI, Die Juden in Rußland, Bd. 1: Leben und Treiben im jüdischen Kahal, Berlin 1934, 132–147.
[47] IPPOLIT LJUTOSTANSKIJ, Ob upotreblenii evrejami christianskoj krovi dlja rieligioznych celej. Vsemirnaja enciklopedija v dvuch tomach, St. Petersburg 1905.
[48] KLIER, Jewish Question (s. Anm. 27), 423.

Daneben publizierte Ljutostanskij seit 1879 auch ein größeres, mehrfach erweitertes Werk mit dem Titel *Der Talmud und die Juden*, in dem er anhand von Talmudstellen erneut den vermeintlichen Hass der Juden auf die Christen wie auch die Existenz einer jüdischen Weltverschwörung nachzuweisen versuchte, ein Vorgehen, das im Wesentlichen typisch für viele antisemitische Publizisten im Zarenreich war – und nicht nur dort.

Im selben Jahr – also 1879 – veröffentlichte der aus Deutschland stammende Rabbiner von Odessa, Dr. Simon Schwabacher, der zu diesem Zeitpunkt seit 18 Jahren im Zarenreich lebte, eine Schrift, in der er sich mit den drei »Gespenstern« der russischen Judenfeindschaft auseinandersetzte. Dies seien, so Schwabacher, »die Wahngebilde, daß die Juden ›Christenblut zu ihren Ostern‹ brauchen, daß eine geheimnisvolle Organisation, ›Kahal‹, sie leite, natürlich zum Schaden der Christenheit, daß sie wie Vampyre die Welt aussaugen, und da das Vampyrtum doch schon zu mythisch klingt, so modernisirt man den fabulosen Ausdruck, und nennt ihn ›Exploitation‹«.[49]

Diese drei »Gespenster« oder »Wahngebilde« russischer Judenfeindschaft bzw. im Sinne Langmuirs chimärischen Behauptungen (»Phantasien«, »Erfindungen der Einbildung« oder »Monster«[50]), an deren Etablierung die Konvertiten Brafman und Ljutostanskij in den 1860er und 1870er Jahren wesentlichen Anteil hatten, blieben bis zum Ende des Zarenreichs zentraler Bestandteil des Antisemitismus und konnten insbesondere in Zeiten von Krisen, Unsicherheiten und Umbrüchen immer wieder aktualisiert und als Erklärungsmodell für unerwünschte Entwicklungen herangezogen werden.

Besonders deutlich zeigte sich dies im Russisch-Osmanischen Krieg von 1877/78. Als die russische Armee mit enormen Versorgungs- und Nachschubschwierigkeiten zu kämpfen hatte, wurde vor allem ein Konsortium von jüdischen Armeelieferanten verantwortlich gemacht, um vom eigenen Versagen der Hauptkommissariatsverwaltung der Armee abzulenken. Der Konflikt zwischen dem Konsortium und der Hauptkommissariatsverwaltung sowie die vom Zaren angeordnete Untersuchungskommission wurden in der Presse aufmerksam verfolgt. Gerade der Vorwurf, wonach jüdische Armeelieferanten die russischen Truppen im Krieg hätten hungern lassen, nicht nur um ihre eigenen Geschäfte machen zu können, sondern um die russische Armee regelrecht zu zerstören, hat dem Antisemitismus im Zarenreich, insbesondere in Bürokratie und Armee enormen Auftrieb gegeben.[51]

---

[49] SIMEON LEON SCHWABACHER, Drei Gespenster. Eine Zeitfrage, Stuttgart 1883 [zuerst Odessa 1879], 9.
[50] LANGMUIR, Definition (s. Anm. 4), 334.

Vsevolod Krestovskij (1840–1895), einer der damals populärsten, vor allem unter Offizieren sehr beliebter Schriftsteller, veröffentlichte einen antisemitischen Roman, in dem das Konsortium der jüdischen Armeelieferanten als ein Werkzeug des »internationalen Kahals« dargestellt wurde, das Russland erniedrigen bzw. demütigen wollte.[52] Die Vorstellung von der »Verschwörung des internationalen Kahals«, wie es Brafman beschrieben hatte und von russischen Judenfeinden propagiert wurde, fand sich zudem in der Auffassung wieder, dass der britische Premierminister Benjamin Disraeli (Lord Beaconsfield) aufgrund seiner jüdischen Wurzeln mit dem internationalen Judentum gemeinsame Sache gegen Russland gemacht und damit das Zarenreich um die Früchte seines Sieges gebracht hätte. Letztlich wurde nach dem Russisch-Osmanischen Krieg von 1877/1878 eine auf Brafmans *Buch vom Kahal* basierende antisemitische Dolchstoßlegende konstruiert, die nicht ohne Wirkung blieb.

Nur wenige Wochen vor Ausbruch des Russisch-Osmanischen Krieges hatte sich im März 1877 der zu diesem Zeitpunkt bereits berühmte russische Schriftsteller Fedor Dostojevskij (1821–1881) in seinem *Tagebuch eines Schriftstellers* explizit mit der »Judenfrage« auseinandergesetzt. Mit Blick auf die Politik Disraelis, der schon im Vorfeld einen Machtzuwachs des Zarenreichs auf dem Balkan mit allen Mitteln zu verhindern versucht hatte, schrieb er:

»Aber wäre die jüdische Idee in der Welt nicht so stark, so wäre die bewußte ›slawische‹ Frage (vom vorigen Jahr) schon längst zu Gunsten der Slawen und nicht der Türken entschieden. Ich bin bereit, zu glauben, daß Lord Beaconsfield seine Abstammung von einstigen spanischen Juden vielleicht selbst vergessen hat (er hat sie bestimmt nicht vergessen); daß er aber die ›englische konservative Politik‹ im letzten Jahre *teilweise* vom Gesichtspunkt des Juden aus geleitet hat, daran gibt es, glaube ich, keinen Zweifel.«[53]

Interessant an Dostojevskijs Meinung ist nicht nur der Umstand, dass er »teilweise« von einer jüdisch-englischen Verschwörung gegen die außenpolitischen Interessen Russlands und allgemein der Slawen ausging, sondern vor allem von einem Antagonismus zwischen slawischer und jüdischer Idee. Für Dostojevskij als Anhänger der Slawophilen stand die »jüdische Idee« letztlich »für alles Nicht-Russische und Nicht-Russisch Or-

---

[51] Vgl. PETROVSKY-SHTERN, The »Jewish Policy« (s. Anm. 39), 227–234. Dudakov geht sogar so weit, die Entstehung des modernen russischen Antisemitismus auf das Ende der 1870er Jahre, also auf die unmittelbare Zeit nach Ende des Russisch-Osmanischen Krieges von 1877/78 zu datieren. Vgl. SAVELIJ DUDAKOV, Istorija odnogo mifa. Očerki russkoj literatury XIX-XX vv, Moskau 1993, 103.
[52] Vgl. PETROVSKY-SHTERN, The »Jewish Policy« (s. Anm. 39), 225.
[53] Zitiert nach FELIX PHILIPP INGOLD, Dostojevskij und das Judentum, Frankfurt a. M. 1981, 174.

thodoxe [...]: so wird der Shid [russ., pejorativ für Jude, T.G.] bei Dostojewskij gleichsam zur Allegorie des Antichrist, er steht nunmehr für den modernen Menschen schlechthin, für den *coming man*, der in und an sich die kaum noch unterscheidbaren Züge des ›jüdischen‹ Ausbeuters und Spekulanten, des ›christlichen‹ – katholischen wie protestantischen – Spießbürgers, des ›sozialistischen‹ Gleichmachers und Kosmopoliten, des ›materialistischen‹, ›rationalistischen‹ und ›atheistischen‹ Intellektuellen vereinigt.«[54]

Wie Felix Ingold im Grunde genommen deutlich macht, repräsentierte in den Augen Dostojewskijs die »jüdische Idee« bzw. das Judentum das Gespenst der Moderne, das das orthodoxe Russentum und letztlich die ganze Welt bedrohte. Insofern bezichtigte er in seiner Schrift die Juden nicht nur des Hasses gegen die (russische) »Stammbevölkerung«, der Ausbeutung der Bauern im Südwesten des Reichs oder im Sinne von Brafmans *Buch vom Kahal*[55] der Bildung eines Staates im Staate, sondern vielmehr des Strebens nach Erlangung der Weltherrschaft:

»Nicht umsonst herrschen dort [in Westeuropa, T.G.] denn auch überall die Juden auf den Börsen, nicht umsonst lenken sie das Kapital, nicht umsonst sind sie die Beherrscher des Kredits, und nicht umsonst sind sie, ich wiederhole es, auch die Beherrscher der ganzen internationalen Politik; und was noch weiter kommt: es naht ihre Herrschaft, ihre unumschränkte Herrschaft! Es steht der volle Triumph der Ideen bevor, denen die Gefühle der Menschenliebe, des Strebens nach der Wahrheit, die christlichen und nationalen Gefühle, selbst die des nationalen Stolzes der europäischen Völker zum Opfer fallen werden.«[56]

Mit seinen Ausführungen zur »Judenfrage« machte Dostojewskij letztlich deutlich, wie sehr es für die Zunahme eines gouvernementalen wie gesellschaftlichen Antijudaismus von zentraler Bedeutung war, dass im Zarenreich seit ungefähr den 1870er Jahren mit dem sich beschleunigenden sozioökonomischen Wandel gewisse Bevölkerungsgruppen ihre traditionellen (slawischen) Lebenswelten immer mehr bedroht sahen.

---

[54] A.a.O. 154.

[55] Laut Ingold sind zumindest an einer Stelle im Tagebuch eines Schriftstellers »gewisse stilistische wie auch inhaltliche Entsprechungen zwischen Dostojewskijs Quasi-Zitat und einigen von Brafman beigebrachten Belegen zur Praxis des jüdischen Besitzrechts sowie des ›kleinen‹ und ›großen‹ Bannfluchs« auffallend (a.a.O. 118). Tatsache ist, dass Dostojevskij in seiner Privatbibliothek »*zwei* Exemplare des ›*Buchs vom Kahal*‹ aufbewahrte, und zwar die Erstausgabe von 1869 sowie ein Exemplar der Neuauflage von 1875. Tatsache ist auch, daß Dostojewskijs großangelegte Abhandlung zur Judenfrage, die 1877 im ›*Tagebuch eines Schriftstellers*‹ erschien, hauptsächlich der Darstellung und Kritik des jüdischen *status in statu*, mithin dem von Brafman exponierten Problembereich gewidmet ist.« (a.a.O. 111) Auch wenn daraus keineswegs zweifelsfrei eine direkte Beeinflussung Dostojewskijs durch Brafman abgeleitet werden kann, so spricht doch vieles dafür.

[56] Zitiert nach a.a.O. 187.

6. Antijudaismus und Antisemitismus als Reaktion auf das Gespenst der Moderne

Unter den Bedingungen einer zum ersten Mal fühlbar wachsenden Volkswirtschaft hatte sich vor allem in den 1870er Jahren »eine kleine Gruppe einflußreicher und wohlhabender jüdischer Industrieller«[57] herausgebildet. Gleichzeitig trat eine enorme Krise des Gutsadels, der zwischen 1877 und 1905 einen Drittel seines Besitzes veräußern musste,[58] immer mehr zu Tage. Dies wurde insbesondere auf die beginnende Modernisierung durch Industrialisierung und Etablierung des Kapitalismus, als deren herausragende Repräsentanten die Juden galten, zurückgeführt. Um eine derartige Entwicklung aufzuhalten, versuchten adlige Grundbesitzer die Regierung, ihre Standesgenossen wie auch die Bauern davon zu überzeugen, dass der im Zuge der Industrialisierung folgende soziale und politische Wandel zur Herrschaft der Juden über Russland führen werde. In diesem Sinne war die Judenfeindschaft eine Mobilisierungsstrategie, um den wirtschaftlichen, sozialen, politischen und kulturellen Wandel, der die eigenen Privilegien bedrohte, aufzuhalten. Oder wie es Heinz-Dietrich Löwe formuliert hat: »Der fortschrittsfeindliche Antisemitismus ist ganz allgemein als ein Versuch zu verstehen, die Angst der adligen Großgrundbesitzer um ihre soziale Stellung ideologisch zu formulieren.«[59]

Im Südwesten des Zarenreichs richtete sich die Wut der Bauern seit den 1870er Jahren im Sinne von Langmuirs xenophober Feindseligkeit gegen die »kulturell Anderen« – dies waren in erster Linie Deutsche und Juden –, die man als wirtschaftlich erfolgreicher bzw. als »Ausbeuter« wahrnahm. Die überwiegende Mehrheit der Beschwerden von Bauern in diesem Teil des Imperiums (heutige Ukraine), die wie keine andere Region vom kapitalistischen Wandel betroffen war, zielten seit den 1870er Jahren auf Juden und Deutsche als ihre hauptsächlichen »Unterdrücker« und »Blutsauger« ab, wie folgendes Zitat von Sergej Zhuk deutlich macht: »[L]ocal peasants blamed only Jews and Germans. For the Russian and Ukrainian peasants, especially for recent migrants, the ›alien others‹ – Germans and Jews – were the obvious ›cultural opponents‹. Therefore, these ›cultural others‹ became the first victims of the ethnic hatred in the southern provinces. Police documents reflected the local peasants' inclination to blame their Jewish and German neighbors for all their problems.«[60]

---

[57] HEINZ-DIETRICH LÖWE, Antisemitismus in der ausgehenden Zarenzeit (in: BERND MARTIN, ERNST SCHULIN [Hgg.], Die Juden als Minderheit in der Geschichte, München ³1985, 188).
[58] A.a.O. 197.
[59] LÖWE, Antisemitismus und reaktionäre Utopie (s. Anm. 34), 125.

Mögen sowohl Juden als auch Deutsche in den südwestlichen Gebieten des Zarenreichs den Unmut der Bauern über ihre eigene missliche Lage zunächst auf sich gezogen haben, so bleibt jedoch zu betonen, dass die exzessiven Gewaltausbrüche in Form von Pogromen vor allem die jüdische Bevölkerung seit 1881 traf. Offenbar hing dies letztlich vor allem mit den zusätzlichen religiösen Vorurteilen zusammen, die teilweise bewusst geschürt wurden. Zwar gehörten auch die deutschen Siedler im Südwesten des Zarenreichs nicht der Religion der Dynastie an, immerhin waren sie aber Christen und überdies zumeist Bauern. Demgegenüber galten die weitgehend nicht dem Bauernstand angehörenden Juden eben nicht nur als »Ausbeuter«, sondern zudem als »Christusmörder«. Ohnehin waren allerdings die Bauern nicht die eigentlichen Anstifter der Pogrome, sondern schlossen sich diesen erst nach Ausbruch an. So macht Michael Aronson die für unseren Zusammenhang äußerst wichtige Feststellung: »The 1881 pogroms were initially, and perhaps essentially, an urban phenomenon, the result of Russia's accelerating modernization and industrialization process. There is no basis whatsoever for accusing the rural peasants of having initiated the pogrom waves. Only after the rioting began were the villagers drawn in.«[61]

Neben dem grundbesitzenden Adel und der Bauernschaft gab es vor allem auch in der russischen Regierung, allen voran im Innenministerium, spätestens seit den 1880er Jahren Strömungen, die den wirtschaftlichen und sozialen Wandel verlangsamen, wenn nicht rückgängig machen wollten. Dies sollte vor allem durch eine Beschränkung des vermeintlichen »jüdischen Einflusses« und des wirtschaftlichen Erfolges der Juden geschehen. Als nach der Ermordung Zar Alexanders II. im März 1881 eine Pogromwelle gegen die jüdische Bevölkerung im Süden des Reichs ausbrach, führte die zaristische Obrigkeit diese Gewaltexzesse auf die »Ausbeutung« der nichtjüdischen Bevölkerung durch die Juden zurück und erließ daher im folgenden Jahr »temporäre« Gesetze. Die sogenannten

---

[60] SERGEI I. ZHUK, Russia's Lost Reformation. Pesants, Millennialism, and Radical Sects in Southern Russia and Ukraine. 1830–1917, Washington u.a. 2004, 52. I. Tolstoj hat in seinem Werk über den Antisemitismus in Russland darauf hingewiesen, dass deutsche Antisemiten wie Eugen Dühring keine Ahnung zu haben scheinen, »daß es z.B. in Rußland Gegenden gibt, wo die Deutschen viel mehr als die Juden gehaßt werden, weil sie, die Deutschen, für Ausbeuter gelten, die sich durch ein außerordentlich ausgeprägtes Zusammengehörigkeitsgefühl auszeichnen. Für diese wegen ihrer Richtung gegen andere Volksstämme antisozial genannten Eigenschaften der Deutschen findet sich auch eine ›historische Erklärung‹.« (TOLSTOJ, Antisemitismus [s. Anm. 1], 115f.; russisch: TOLSTOJ, Antisemitizm [s. Anm. 1], 75).

[61] MICHAEL ARONSON, Geographical and Socioeconomic Factors in the 1881 Anti-Jewish Pogroms in Russia (in: HERBERT A. STRAUSS [Hg.], Hostages of Modernization. Studies in Modern Antisemitism 1870–1933/39, Bd. 3/2, Berlin, New York 1993, 1238).

»Mai-Gesetze« zielten allein auf eine Beschränkung der wirtschaftlichen Möglichkeiten der Juden (auf dem Lande) ab und sollten mehr als 30 Jahre Bestand haben. Auch die im Juli 1887 eingeführte Quotenregelung, die den Zugang von Juden zu Mittel- und Hochschulen massiv einschränkte, ist in diesem Zusammenhang zu sehen. Denn mit dem Besuch höherer Lehranstalten konnten sich Juden kulturelles Kapital erwerben, das sich in ökonomisches umwandeln ließ und damit der jüdischen Bevölkerung einen Vorsprung gegenüber der christlichen Konkurrenz zu ermöglichen schien.

Noch wichtiger für die Einführung eines Numerus clausus für Juden dürfte aber die Ansicht der Obrigkeit gewesen sein, dass Juden im Zuge des Besuchs höherer russischer Lehranstalten zu Revolutionären wurden, die die gesamte herrschende Ordnung in Frage stellten. Tatsächlich sollten Juden einen überproportionalen Anteil an den revolutionären Bewegungen des Zarenreichs haben, was diese Annahme nur zu bestätigen schien.

Wenn bislang die russische Politik gegenüber der jüdischen Bevölkerung auf Integration, Assimilation und Russifizierung abzielte, so war dieser Ansatz spätestens mit Beginn der 1880er Jahre weitgehend obsolet. Der gouvernementale Antijudaismus verfolgte nun eine gegensätzliche Politik, indem man versuchte, Juden von der übrigen Bevölkerung, vor allem der ländlichen, zu trennen, den Zugang zu russischen Bildungsanstalten massiv zu erschweren oder den Erwerb von Grund und Boden durch Juden zu verhindern. Mit der Ermordung Alexander II. und der Thronbesteigung Zar Alexander III. im Jahre 1881 wurde nicht nur die bisherige Politik der Assimilation, der »sbliženie« (Annäherung) bzw. »slijanie« (Verschmelzung), die danach trachtete, augenscheinliche Merkmale jüdischer Differenz einzuebnen, klar aufgegeben, sondern in ihr glattes Gegenteil verkehrt. Dabei ist die antisemitische Stoßrichtung klar zu erkennen, denn dieser staatliche Dissimilations- und Ausgrenzungskurs richtete sich in erster Linie gegen die jüdische Bevölkerung des Imperiums. Während andere Nichtrussen weiterhin einer Russifizierung für nötig, fähig und würdig gehalten wurden, galt dies für die Juden des Zarenreichs seit den 1880er Jahren nicht mehr. Im Übergang von einem Antijudaismus zu einem Antisemitismus war selbst die Taufe kaum noch ein »Entreebillet« in die russische Gesellschaft. Ganz im Gegenteil zielten immer mehr antijüdische Gesetze seit spätestens den 1890er Jahren darauf ab, die Erkennbarkeit und Identifikation von Juden wie auch von konvertierten Juden zu gewährleisten. So wurde beispielsweise 1893 ein Gesetz erlassen, das Juden, die versuchten, christliche Namen anzunehmen, schwere Strafen androhte. Auch wenn in der Forschung die Bedeutung des rassistischen Antisemitismus für die späte Zarenzeit häufig als marginal bewertet wird,[62] so gab es in der Regierung und vor allem bei den rechtsradikalen Parteien nach der Revolution von 1905 Tendenzen, die eindeutig in diese Richtung wiesen. Dabei wäre es aber, wie Ulrich Herbeck betont hat, »falsch, den religiös-apokalyptisch geprägten russischen Antisemitismus des frühen 20. Jahrhunderts in einen Gegensatz zum rassistisch-wissenschaftlichen modernen Antisemitismus zu stellen. Beide Motivlagen sind im russischen Antisemitismus dieser Zeit präsent.«[63]

Grundsätzlich ist auffällig, dass sich der gouvernementale Antijudaismus wie auch der des Adels und anderer Bevölkerungsgruppen im Zarenreich in großem Maße aus einem latenten Unterlegenheitsgefühl gegenüber den Juden speiste, was darauf verweist, dass die seit den 1870er Jahren immer stärker um sich greifenden antijüdischen Einstellungen bei Regierung und gewissen Teilen der Bevölkerung als Abwehrreflex auf die Modernisierungstendenzen mit all ihren negativen Verwerfungen zu verstehen sind. In dem Maße, wie sich gegen Ende des 19. Jahrhunderts zunehmend die Zeichen einer ungeliebten und bedrohlichen Moderne verfestigten, entwickelte sich bei einem erheblichen Teil des grundbesitzenden Adels und seinen Vertretern in der Regierung laut Löwe eine »reaktionäre Utopie«, nämlich die »Illusion, das wahre, echte Rußland lasse sich vor einem Wandel seiner Grundlagen bewahren. Zum Inbegriff der entwurzelten und entwurzelnden Moderne entwickelten sich die Juden.«[64]

Die verhassten Elemente der Moderne, die die traditionellen russischen Lebenswelten, vor allem Autokratie, gutsbesitzenden Adel und Bauerntum, massiv zu bedrohen schienen, waren die Industrialisierung auf Kosten der Landwirtschaft, die Urbanisierung, der Kapitalismus, der Liberalismus, der Sozialismus oder der Konstitutionalismus. Da sich die zarische Obrigkeit allenfalls auf eine defensive und somit bedingte Modernisierung einlassen wollte, traten die politischen, sozialen, ökonomischen und nationalen Widersprüche im Russländischen Reich immer mehr zu Tage. Wer von der Moderne am meisten zu profitieren schien, musste demnach hauptverantwortlich sein für diesen Wandel und all seinen negativen Folgen. Dass die Regierung mit ihrer antijüdischen Gesetzgebung dem gesellschaftlichen Antijudaismus und Antisemitismus weiteren Vorschub geleistet hatte, war von enormem Vorteil, da mit Verweis auf *das Treiben der*

---

[62] Vgl. z.B.: LÖWE, Antisemitismus und reaktionäre Utopie (s. Anm. 34), 132; ELI WEINERMAN, Racism, Racial Prejudice and Jews in Late Imperial Russia (in: Ethnic and Racial Studies 17/3, 1994, 472).
[63] ULRICH HERBECK, Das Feindbild vom »jüdischen Bolschewiken«. Zur Geschichte des russischen Antisemitismus vor und während der Russischen Revolution, Berlin 2009, 82.
[64] LÖWE, Antisemitismus und reaktionäre Utopie (s. Anm. 34), 11.

Juden vom eigenen Versagen bei der Reform des Reiches abgelenkt werden konnte. In diesem Sinne sollte der russische gouvernementale Antijudaismus zunehmend die Funktion einer Systemstabilisierung erfüllen bzw. im Sinne Langmuirs den Zusammenhalt der »ingroup« stärken und Spannungen verringern. Oder mit den Worten Löwes formuliert: »Für viele Vertreter des alten Regimes galt die antijüdische Gesetzgebung als ein Eckpfeiler, ja geradezu als ein Garant des Fortbestandes der politischen und sozialen Strukturen des Zarismus. Dieser gouvernementale Antisemitismus mit seinen Begleiterscheinungen in jenen sozialen Gruppen, die den Zarismus stützten, war beileibe kein Randphänomen der neueren Geschichte. Bis zum Anbruch des Dritten Reiches mußte Rußland als das ›klassische Land des Antisemitismus‹ gelten.«[65]

Wenn man dem ehemaligen russischen Bildungsminister Tolstoj, ausgewiesener Experte für den russischen »Antisemitismus« um die Jahrhundertwende, Glauben schenken darf, dann war der gouvernementale Antijudaismus und Antisemitismus als Strategie der Systemstabilisierung und Reformverhinderung durchaus erfolgreich. 1907 erklärte er in seiner bereits zitierten Schrift, »daß viele Russen, auch solche, die sich der vollkommenen Unzulänglichkeit des bestehenden ökonomischen und sozialen Aufbaues des russischen Reiches bewußt sind, vor allen Reformen zurückschrecken, weil sie fürchten, daß jede Strukturveränderung nur dem Judentum zum Nutzen gereichen würde«.[66]

Allerdings durchzog der gouvernementale Antijudaismus nicht grundsätzlich die gesamte russische Regierung. Im Grunde genommen übertrug sich der Kampf zwischen dem weitgehend modernisierungswilligen Finanzministerium und dem weitgehend modernisierungsfeindlichen Innenministerium auch auf die Haltung gegenüber der jüdischen Bevölkerung. Während das Finanzministerium in der »Jüdischen Frage« zumeist eine sehr pragmatische Haltung einnahm, da man sich von Juden im In- wie Ausland enorme Vorteile bei der Industrialisierung und der Etablierung des Kapitalismus erhoffte,[67] agierte das Innenministerium als Hort der Bewahrung einer traditionellen russischen Lebenswelt mit dem Zaren als uneingeschränkte Autorität und dem grundbesitzenden russischen Adel als dessen soziale Stütze. Als Bedrohung der traditionellen auf Zar, Adel und Bauerntum beruhenden Lebenswelt nahmen russische Innenminister insbesondere das Judentum wahr.

---

[65] LÖWE, Antisemitismus in der ausgehenden Zarenzeit (s. Anm. 57), 184.
[66] TOLSTOJ, Antisemitismus (s. Anm. 1), 11; russisch: TOLSTOJ, Antisemitizm (s. Anm. 1), 2.
[67] Vgl. LÖWE, Antisemitismus in der ausgehenden Zarenzeit (s. Anm. 57), 196f.

7. Pogrome als markantester Ausdruck eines gesellschaftlichen Antijudaismus

Die lebensbedrohlichste Form des gesellschaftlichen Antijudaismus war der Pogrom. Diese antijüdischen Gewaltexzesse waren entgegen einer weitverbreiteten Meinung keineswegs alltäglich im Zarenreich, sondern brachen vielmehr in Wellen aus, wobei für das späte Zarenreich bis zum Beginn des Ersten Weltkriegs zwei Pogromwellen, die zwischen 1881 und 1884 und die zwischen 1903 und 1906, von zentraler Bedeutung waren. Auch wenn lange Zeit von Zeitgenossen wie auch Historikern behauptet wurde,[68] dass die russische Regierung die beiden Pogromwellen gegen die jüdische Bevölkerung geplant, angestiftet, ausgeführt, begrüßt oder zumindest toleriert habe, so muss dies durch die neuere Forschung als widerlegt gelten.[69]

Insgesamt ereigneten sich im Zarenreich zwischen 1903 und 1906 mehr als 650 Pogrome mit tausenden von Opfern.[70] Als sich die Regierung 1906 – nach den revolutionären Ereignissen von 1905 – wieder stabilisiert hatte, ebbten auch die Pogrome ab und sollten erst während des Welt- und daran

---

[68] So schrieb beispielsweise Shmarjahu Levin, einer der bedeutendsten russischen Zionisten, in seinen Erinnerungen über den Pogrom in Odessa im Jahre 1881 Folgendes: »[D]urch das Einschreiten der Polizei und des Militärs war verhütet worden, daß der Pogrom ins Zügellose ausartete, ein deutliches Zeichen, daß ein Wink von oben den Pogromen Einhalt geboten hatte. Zu jener Zeit ahnte noch niemand, daß die Regierung selber die Pogrome anstiftete und in ihnen mitwirkte. Es leuchtete aber jedem ein, daß die Regierung, wenn sie nur gewollt hätte, jeden Pogrom im Beginn hätte unterdrücken können, ja daß es ihr möglich gewesen wäre, durch geeignete Maßnahmen den Beginn zu verhindern. Verhält sich eine Regierung während eines Pogroms passiv, so beweist das, daß sie ihn billigt. So faßten es Juden wie Nichtjuden auf. [...] Erst später, als die Pogrome das dritte Stadium erreicht hatten, kamen die Juden hinter die volle Wahrheit: die Regierung inszenierte die Pogrome und benutzte sie als Sicherheitsventil. Sie hoffte, die aus der reaktionären Politik erzeugte allgemeine Unzufriedenheit der russischen Bevölkerung dadurch abzulenken« (SHMARYA LEVIN, Jugend in Aufruhr, Berlin 1935, 23 und 28).

[69] Vgl. hierzu den exzellenten Überblick von IRIS BOYSEN, Die revisionistische Historiographie zu den russischen Judenpogromen von 1881 bis 1906 (in: Jahrbuch für Antisemitismusforschung 8, 1999, 13–42).

[70] Von großer Bedeutung für die Gewaltausbrüche kurz nach der Jahrhundertwende waren drastische Missernten (so 1902/1903), die zu einer großen Anzahl von Bauernunruhen geführt haben. Allein 1905 gab es mindestens 3228 gewalttätige Ausschreitungen auf dem Land (SHLOMO LAMBROZA, The Tsarist Government and the Pogroms of 1903–06 (in: Modern Judaism 7, 1987, 291). Als Ursache für 43 Pogrome im Jahre 1904 werden in der Forschung hingegen die Zwangsrekrutierungen im Zuge des russisch-japanischen Krieges angenommen. Hier unterblieb ein deutliches Vorgehen der Behörden, da man den Mobilmachungsprozess nicht gefährden wollte. Für die Gewaltexzesse gegen Juden von 1906 werden hingegen »in der Forschung übereinstimmend die Beamten vor Ort sowie die Ordnungskräfte verantwortlich gemacht« (BOYSEN, Die revisionistische Historiographie [s. Anm. 69], 23 und 25).

anschließenden Bürgerkriegs erneut aufflammen.[71] Damit zeigt sich auch schon ein Muster: Sowohl bei der Pogromwelle von 1881, die nach der Ermordung Zar Alexander II. ausbrach, als auch bei den blutigen Ausschreitungen im Umfeld der Revolution von 1905 war die Autorität der Regierung stark geschwächt.[72] Gerade die antijüdischen Exzesse nach dem Oktobermanifest, als der Zar sich gezwungen sah, die Einrichtung eines Parlaments und die bürgerlichen Grundrechte zu gewähren, waren nicht zuletzt Ausdruck der Furcht, dass die traditionelle Herrschafts- und Sozialordnung zusammenbrechen werde bzw. bereits zusammengebrochen sei.[73] Die Unsicherheit, wer die Regierungsgewalt ausübe, wurde nicht selten im Sinne virulenter Verschwörungsszenarios mit »Die Juden werden uns beherrschen« beantwortet.[74] Insbesondere rechtsradikale Gruppierungen bedienten sich solcher Angstszenarien, um die einfache Bevölkerung zur Gewalt gegen Juden anzustacheln.

Grundsätzlich sind die blutigen Ausschreitungen gegen die jüdische Bevölkerung keineswegs als ein isoliertes Phänomen zu betrachten, sondern ebenfalls im Zusammenhang mit den Modernisierungsschwierigkeiten des Zarenreichs zu sehen.[75] Pogrome brachen vor allem in den Gebieten aus, in denen Juden in sozialer und ökonomischer Hinsicht sowie bei der Überwindung von gesetzlichen Hindernissen erfolgreicher zu sein schienen und in der Öffentlichkeit als die kulturell und religiös »Anderen« sichtbarer waren. Insbesondere für die Pogromwelle um 1881 gilt, dass sie fast ausschließlich im agrarisch geprägten Süden des Reichs wütete, einer Region, die von einem dramatischen ökonomischen Wandel und der Integration in den Weltmarkt mit all den damit verbundenen Verwerfungen betroffen war.[76]

Um aber nicht falsch verstanden zu werden: Die russische Regierung hat zwar die Pogromwellen nicht geplant und angeordnet, aber gerade für die antijüdische Gewaltwelle kurz nach der Jahrhundertwende gilt, dass die Regierung wesentlich zur Herausbildung eines antijüdischen, wenn

---

[71] Vgl. LAMBROZA, Tsarist Government (s. Anm. 70), 287.

[72] Vgl. bezogen auf die Pogrome von 1881/82 JOHN KLIER, Christians and Jews and the »Dialogue of Violence« in Late Imperial Russia (in: ANNA SAPIR ABULAFIA [Hg.], Religious Violence between Christians and Jews. Medieval Roots, Modern Perspectives, Basingstoke, Hampshire 2002, 157f.).

[73] Vgl. ABRAHAM ASCHER, Anti-Jewish Pogroms in the First Russian Revolution. 1905–1907 (in: YAACOV RO'I [Hg.], Jews and Jewish Life in Russia and the Soviet Union, Ilford, Essex 1995, 133).

[74] Vgl. HEINZ-DIETRICH LÖWE, Pogroms in Russia. Explanations, Comparisons, Suggestions (in: Jewish Social Studies 11/1, 2004, 20.22).

[75] Vgl. BOYSEN, Die revisionistische Historiographie (s. Anm. 69), 34.

[76] Vgl. LÖWE, Pogroms in Russia (s. Anm. 74), 21f.

nicht sogar antisemitischen Klimas beigetragen hatte, das die Pogrome erst ermöglichte. Insbesondere die rückschrittliche Gesetzgebung gegenüber der jüdischen Bevölkerung, die im Vergleich mit der rechtlichen Stellung anderer Bevölkerungsgruppen eine »ungewöhnliche Qualität der Feindseligkeit gegenüber Juden« (Langmuir) deutlich machte, weckte bei den Beteiligten der Gewaltexzesse das Gefühl, die Ausschreitungen seien von oben autorisiert, legitimiert oder zumindest geduldet.[77] Kurz gesagt: Die Pogromščiki glaubten mit einigem Recht, in Übereinstimmung mit der Regierung zu handeln, was nicht zuletzt durch den Umstand bekräftigt wurde, dass sich an nicht wenigen Pogromen nach der Revolution von 1905 Vertreter der lokalen Obrigkeit beteiligten.

8. Die *Protokolle der Weisen von Zion*

Die zunehmende politische, soziale und wirtschaftliche Instabilität wurde letztlich von Teilen der Regierung, des gutsbesitzenden Adels und bestimmten Bevölkerungsgruppen als Angriff der westlichen Moderne auf das heilige Russland aufgefasst. Vor dem Hintergrund dieser wahrgenommenen Existenzbedrohung wurden im August und September 1903 in der von Pavel (Pavolaki) Kruševan (1860–1909) herausgegebenen rechtsextremen Petersburger Zeitung *Znamja* (Das Banner) eine Serie von Beiträgen mit dem Titel *Programm der Welteroberung durch die Juden* veröffentlicht – später besser bekannt als die *Protokolle der Weisen von Zion*. Diese Protokolle gaben im Sinne einer chimärischen Behauptung vor, »einen jüdisch-freimaurerischen Plan zur Erringung der Weltherrschaft zu enthüllen«[78], eine Fiktion, die im Wesentlichen auf einer Kompilation literarischer und publizistischer Texte aus der zweiten Hälfte des 19. Jahrhunderts beruht und wohl Ende des 19. oder Anfang des 20. Jahrhunderts fabriziert wurde. Bis heute ist nicht bekannt, wer diese Textkollage – man darf es auch getrost als Plagiat bezeichnen – arrangiert hat und wo sie entstanden ist. Jedoch gibt es sehr gute Gründe anzunehmen, dass die *Protokolle* im Zarenreich oder zumindest von Russen im Ausland hergestellt wurden. Ebenso bleibt weiterhin offen, welche Absichten mit der Publikation der *Protokolle* verbunden waren.

Auch wenn die Entstehungsgeschichte der *Protokolle* bislang nicht eindeutig nachzuvollziehen ist: Fakt ist, dass diese 1903 im Zarenreich in die Öffentlichkeit traten und Sergej Nilus (1862–1929), ein apokalyptisch ge-

---

[77] Vgl. LAMBROZA, Tsarist Government (s. Anm. 70), 293 f.
[78] MICHAEL HAGEMEISTER, Die »Weisen von Zion« als Agenten des Antichrist (in: BODO ZELINSKY [Hg.], Das Böse in der russischen Kultur, Köln u.a. 2008, 76).

stimmter religiöser Schriftsteller, 1905 eine Fassung herausgab und kommentierte,[79] die von Russland ausgehend weltweite Verbreitung in zahlreichen Übersetzungen finden sollte. Dabei ist jedoch zu betonen, dass diese »erfolgreiche« weltweite Verbreitung der *Protokolle* erst mit der Russischen Oktoberrevolution von 1917 begann, die in der Wahrnehmung von Antisemiten den vermeintlichen Plan der Weisen von Zion eindringlich zu bestätigen schien. Zwar wurden die *Protokolle* von einschlägigen russischen Antisemiten rezipiert, so nahm beispielsweise der bereits erwähnte Ljutostanskij diese in Auszügen in einem weiteren Band seines »Der Talmud und die Juden« auf, allerdings darf ihre Wirkung für das Zarenreich nicht zu hoch veranschlagt oder gar der Fehler gemacht werden, den Erfolg der *Protokolle* seit Beginn der 1920er Jahre auf das späte Zarenreich rückzuprojizieren. Kein Zweifel besteht jedoch daran, dass die *Protokolle* letztlich der wichtigste russische »Beitrag« zum internationalen Antisemitismus des 20. Jahrhunderts waren.[80]

Auf den Umstand, dass immerhin 40 Prozent des Textes der *Protokolle* auf Maurice Jolys Satire eines Totengesprächs zwischen Machiavelli und Montesquieu aus dem Jahre 1864 zurückgehen,[81] ist schon oft hingewiesen worden. Weniger bekannt ist, dass die 1897 vom jüdischen Konvertiten Savelij Litvin (Efron) (1849–1926) veröffentlichte Kurzgeschichte *Unter Juden* (Sredi Evreev) als zentrale Vorlage für die *Protokolle* gedient haben dürfte. Wie bei den *Protokollen* geht es auch hier um die Entwendung jüdischer Dokumente, die eine Verschwörung der Juden zur Unterwerfung der übrigen Völker der Welt enthüllt. Angeführt wird diese Verschwörung vom sogenannten »internationalen Kahal«[82], was eine direkte Verbindungslinie von Brafman über Krestovskij und Efron-Litvin zu den *Protokollen der Weisen von Zion* deutlich macht.[83]

---

[79] Diese erschienen in der zweiten Auflage seines Werkes: SERGEJ NILUS, Velikoe v malom i antichrist, kak blizkaja političeskaja vozmožnost [Das Große im Kleinen und der Antichrist als nahe politische Möglichkeit], Carskoe Selo 1905.

[80] Vgl. YOHANAN PETROVSKY-SHTERN, Contextualizing the Mystery. Three Approaches to the *Protocols of the Elders of Zion* (in: Kritika. Explorations in Russian and Eurasian History 4/2, 2003, 395).

[81] Vgl. JEFFREY L. SAMMONS (Hg.), Die Protokolle der Weisen von Zion. Die Grundlage des modernen Antisemitismus – eine Fälschung. Text und Kommentar, Göttingen 1998, 12. Eine weitere wichtige Vorlage war der von Hermann Goedsche unter dem Pseudonym Sir John Retcliffe 1868 veröffentlichte Roman *Biarritz*.

[82] Vgl. DUDAKOV, Istorija odnogo mifa (s. Anm. 51), 138.

[83] Im Nachhinein zeigte sich, so Dudakov, dass das Sujet der Erzählung *Unter Juden* die literarische Version der Entwendung der *Protokolle der Weisen von Zion* darstellte (a.a.O. 136.139). Nach Meinung Dudakovs ist es alles andere als unwahrscheinlich, dass Litvin selbst einer der Redakteure der *Protokolle* war (a.a.O. 139).

9. Der Ritualmordvorwurf als Instrument des gouvernementalen Antisemitismus

Nicht zuletzt die Veröffentlichung der *Protokolle* stand für die zunehmend chimärischen Tendenzen der russischen Judenfeindschaft, die demnach als Antisemitismus bezeichnet werden kann. Noch deutlicher wurden diese Tendenzen angesichts der immer größer werdenden Bedeutung des Ritualmordvorwurfes. Die vermeintlich wissenschaftliche Grundlage für die Existenz von jüdischen Ritualmorden hatte, wie weiter oben dargestellt, Ljutostanskij bereits in den 1870er Jahren gelegt. Von erheblicher Bedeutung ist dabei, dass dieser Vorwurf auch ein nicht zu unterschätzendes Mobilisierungspotential besaß und schließlich sogar von der Regierung selbst instrumentalisiert wurde.

Derselbe Pavel Kruševan, der im Sommer 1903 erstmals eine Version der *Protokolle der Weisen von Zion* veröffentlichen sollte, hatte nur wenige Monate zuvor in einer anderen von ihm herausgegebenen Zeitung die chimärische Behauptung verbreitet, dass Juden in der Nähe des bessarabischen Kišinev (heute: Chişinău) im Vorfeld von Pessach ein christliches Kind rituell ermordet hätten. Diese Behauptung löste an Ostern ein Pogrom aus, in dessen Verlauf 49 Juden getötet, nahezu 600 verstümmelt und zahlreiche jüdische Häuser und Geschäfte zerstört wurden. In den Augen John Kliers hatte der Pogrom in Kišinev im Rückblick eine enorme symbolische bzw. paradigmatische Bedeutung für die noch folgenden antijüdischen Gewaltwellen: »It is no exaggeration to say that the one pogrom, in Kishinev, had at least as much impact as the 250 pogroms of 1881–2, which are widely seen as the turning point of modern Jewish history. [...] The Easter pogrom in Kishinev proved to be a symbolic prologue for the anti-Jewish violence of the twentieth century.«[84]

Acht Jahre später sollte sich schließlich zeigen, dass auch die Regierung des Zarenreichs nur allzu bereitwillig mit dem Ritualmordvorwurf operierte, womit die Dominanz eines gouvernementalen *Antisemitismus* mehr als deutlich wurde. Angetrieben von rechtsradikalen Kreisen nahmen das russische Innen- und Justizministerium mit Billigung des Zaren die bestialische Ermordung eines 13-jährigen Kiewer Jungen zum Anlass, eine Anklage wegen Ritualmordes gegen den Kiewer Juden Mendel Bejlis zu konstruieren. Wesentlich für dieses Vorgehen dürfte gewesen sein, dass wenige Tage vor dem Mord in der Duma ein Gesetz über die Abschaffung des jüdischen Ansiedlungsrayons beraten und mit Mehrheit in einen Aus-

---

[84] JOHN KLIER, Solzhenitsyn and the Kishinev Pogrom. A Slander Against Russia? (in: East European Jewish Affairs 33/1, 2003, 58.50).

schuss verwiesen worden war. Die konstruierte Anklage wegen Ritualmordes zielte wohl vor allem darauf ab, das Judentum und die gesamte Opposition – nicht zuletzt angesichts bevorstehender Wahlen zur Duma – zu diskreditieren und einzuschüchtern.[85]

Im Laufe des Prozesses wurde immer deutlicher, dass das gesamte Judentum auf der Anklagebank saß. Zusehends verlagerte sich der Prozess von der Schuldfindung eines einzelnen Juden zur Schuldfindung des jüdischen Volkes. In diesem Sinne wurden ausgewiesene Antisemiten als Gutachter bestellt, um die Existenz von Ritualmorden im Judentum nachzuweisen. Dabei wurde deutlich, dass die offizielle Russisch-Orthodoxe Kirche dieses chimärische Element der Judenfeindschaft weiterhin strikt ablehnte. Weder beim Ritualmordprozess von Saratov 1856 noch beim Verfahren gegen Bejlis gab der Heilige Synod eine Erklärung zugunsten der Existenz von jüdischen Ritualmorden ab. Ganz im Gegenteil hatte Metropolit Filaret immer wieder seine scharfe Ablehnung gegenüber derartigen Anschuldigungen geäußert, die dem katholisch-polnischen Einfluss zugeschrieben wurden.[86] Auch beim Bejlis-Prozess selbst fand sich kein einziger orthodoxer Theologe dazu bereit, im Sinne der Anklage die These vom jüdischen Ritualmord zu bestätigen. Sowohl Ivan Troickij, Professor an der Geistlichen Akademie in St. Petersburg, wie auch andere Professoren, bezeichneten vor Gericht jüdische Ritualmorde nachdrücklich als bloße Legende.[87] Bezeichnenderweise musste die Anklage auf den katholischen Priester Justinas Pranaitis (1861–1917), Verfasser judenfeindlicher Schriften, zurückgreifen, um vom theologischen Standpunkt aus die

---

[85] Vgl. LÖWE, Antisemitismus und reaktionäre Utopie (s. Anm. 34), 135. Nach Meinung Hans Roggers sind diese Erklärungen allerdings unzureichend. Resümierend stellt er in seinem Aufsatz zum Bejlis-Prozess fest: »There had been no grand design; there had not even been a tactical plan. There had been an experiment, conducted by a small band of unsuccessful politicians and honest maniacs to see how far they could go in imposing their cynicism and their madness on the state. They had succeeded beyond all expectation; they found willing allies in two powerful ministers, the approval of the emperor and the silent acquiescence of other members of the government.« (HANS ROGGER, The Beilis Case. Anti-Semitism and Politics in the Reign of Nicholas II, in: DERS., Jewish Policies and Right-Wing Politics in Imperial Russia, Berkeley, Los Angeles 1986, 55).

[86] Vgl. DUDAKOV, Istorija odnogo mifa (s. Anm. 51), 39.

[87] Vgl. MICHAEL HAGEMEISTER, Pavel Florenskij und der Ritualmordvorwurf (in: MICHAEL HAGEMEISTER, TORSTEN METELKA [Hgg.], Materialien zu Pavel Florenskij, Appendix 2, Berlin 2001, 61). Allerdings gibt es auch Anzeichen einer Haltungsänderung innerhalb der Russisch-Orthodoxen Kirche. Nur wenige Monate nach Ende des Prozesses gegen Mendel Bejlis im November 1913 wurde Gavriil von Slutsk kanonisiert. Einziger Grund für diese Kanonisierung war, dass der Knabe Gavriil im Jahre 1690 angeblich Opfer eines jüdischen Ritualmordes geworden sei. Bis heute wird Gavriil von Slutsk in der Russisch-Orthodoxen Kirche als Heiliger verehrt. Vgl. MIKHAIL AGURSKY, The Beilis Case is Not Over Yet (in: Ostkirchliche Studien 37/2–3, 1988, 194 und 197).

Existenz jüdischer Ritualmorde zu bestätigen. Dass dieser angebliche Experte eine ungeheure Ignoranz und Unkenntnis bezüglich des Judentums an den Tag legte, war dabei nicht der einzige Skandal des Prozesses.[88] Der Prozess erregte weltweit Aufsehen und enorme Empörung.[89] Auch protestantische und katholische deutsche Theologen versuchten – wie aus Akten des Politischen Archivs im Auswärtigen Amt hervorgeht – anlässlich des Prozesses über die deutsche Botschaft in St. Petersburg eine Eingabe gegen den Ritualmordvorwurf an die russische Regierung einzureichen. In einem Brief an Reichskanzler Bethmann-Hollweg vom 22. Oktober 1913 warnte die Kaiserliche Deutsche Botschaft in Russland jedoch davor, diese Eingabe offiziell weiterzuleiten. Als Begründung gab sie an: »Je mehr Zeugnisse hier aus dem Ausland gegen den Ritualmord einlaufen, um so mehr wird man hier daran glauben, und derartige Eingaben, wie die der deutschen Theologen, als bestellte Arbeit des internationalen Judentums ansehen, welches seinen Einfluss überall hin geltend zu machen verstehe.«[90]

Aber auch diese Zurückhaltung bzw. dieses Zugeständnis an den russischen Antisemitismus war zwecklos. Zwar wurde Bejlis schließlich aus Mangel an Beweisen freigesprochen, jedoch hatte die Jury grundsätzlich bejaht, dass Andrej Juščinskij Opfer eines jüdischen Ritualmords geworden war.[91] Nicht nur für die radikale russische Rechte, sondern auch für apokalyptisch gestimmte Religionsphilosophen war dies ein Triumph. So schrieb Pavel Florenskij (1882–1937) an Vasilij Rozanov (1856–1919): »Die Frage, ob die Führer des Weltjudentums christliche Knaben zu Opferzwecken ermorden, kann nunmehr als positiv entschieden angesehen werden, und zwar mit der gleichen Vollständigkeit, Exaktheit und Zuverlässigkeit, mit der man geometrische Theoreme beweist.«[92] Im folgenden Jahr

---

[88] So wollte er auf die Frage nach dem talmudischen Traktat *Sche'elot ve-Tschuvot* keine Antwort geben (Delo Bejlisa. Stenografičeskij otčet, Bd. 2: Sudebnoe sledstvie [zasedanija 17–28], Kiew 1913, 435). Tatsächlich steht *Sche'elot ve-Tschuvot* nicht für einen talmudischen Traktat, sondern für die rabbinische Responsenliteratur, konkret für halachische Fragen und deren Lösungen. Dies ist nur ein Beispiel für derartige Fragen der Verteidigung, die die völlige Ignoranz Pranaitis bezüglich des Judentums offenbarten.
[89] Vgl. hierzu MAURICE SAMUEL, World and Domestic Reaction to the Beiliss Case (in: STRAUSS, Hostages 3/2 [s. Anm. 61], 1274–1287, bes. 1277–1284).
[90] Brief der Kaiserlichen Deutschen Botschaft an Reichskanzler Bethmann Hollweg vom 22.10.1913, Politisches Archiv des Auswärtigen Amtes, R10503, K188428.
[91] Vgl. AGURSKY, The Beilis Case (s. Anm. 87), 191.
[92] Brief Florenskijs an Rozanov vom 30.10.1913, zitiert nach HAGEMEISTER, Pavel Florenskij (s. Anm. 87), 67. Im Übrigen vertrat Florenskij einen rassistischen Antisemitismus, wenn er erklärte: »Früher oder später wird der Prozentsatz jüdischen Blutes bei allen Völkern so bedeutsam sein, daß es alles andere Blut überwuchern und verschlingen wird, wie Säure die Farbe zersetzt.‹ Jüdisches Blut besitze nämlich eine unge-

legte Rozanov, der sich während des Prozesses publizistisch im Sinne des Ritualmordes engagiert hatte, eine Sammlung seiner diesbezüglichen Texte im Band *Die Geruchs- und Tastbeziehungen der Juden zum Blut* vor, wobei er sich insbesondere auf den russländischen »Klassiker« des jüdischen Ritualmordvorwurfes, Ljutostanskij, stützte. Dabei ist anzumerken, dass für Rozanov der Ritualmordvorwurf vor allem auch eine willkommene Möglichkeit war, gegen das Judentum vorgehen zu können. So gestand er in einem späteren Artikel offen ein, dass er für eine Verurteilung Mendel Bejlis' aus politischen Gründen eingetreten war, um eine jüdische Vorherrschaft, das sogenannte »jüdische Joch«, zu verhindern.[93]

Die Haltung von Rozanov und Florenskij sind beispielhaft für den Umstand, dass seit der Revolution von 1905 der Antisemitismus gerade auch bei einem Teil der russischen, teilweise religiös gestimmten Intelligencija immer größere Verbreitung fand. Die zunehmende Polarisierung der russländischen Gesellschaft in den letzten Jahren der Zarenherrschaft wurde nicht zuletzt an der Einstellung zur »Jüdischen Frage« deutlich. Während sich der Wunsch nach Bewahrung von Autokratie, Orthodoxie und der traditionellen russischen Lebenswelt in Kreisen der russischen Regierung, des Adels, bei rechtsradikalen Parteien sowie bei Vertretern der Intelligencija und des einfachen Volkes in einem zunehmenden Antisemitismus ausdrückte, lehnte die große Mehrheit der liberalen und linken Opposition nationale, religiöse oder soziale Diskriminierung und somit auch den Antisemitismus ab. In dem Maße, wie der Antisemitismus immer mehr als Herrschaftsinstrument des zarischen Systems und seiner Anhängerschaft erschien, wurde der politisch bewusste und aktive Teil des russländischen Judentums nach Links bzw. in das revolutionäre Lager gedrängt.[94] Dies verstärkte wiederum bei Vertretern und Anhängern der Zarenmacht die Ansicht, dass die revolutionäre(n) Bewegung(en) jüdischen Charakters war(en). Mit den Worten Budnitskiis: »A large portion of the Russian population was convinced that if another revolution were to occur, then Jews would be active participants. The far right claimed that Jews served as the ›backbone‹ of the revolutionary movement, and that without their support no revolution would be possible.«[95]

---

wöhnliche Virulenz oder Durchschlagskraft. ›Selbst der geringste Tropfen jüdischen Blutes‹ genüge, um noch Generationen später ›typisch jüdische‹ Merkmale an Leib und Seele hervorzurufen« (a.a.O. 68).

[93] Vgl. OLEG BUDNITSKII, Russian Jews between the Reds and the Whites. 1917–1920, Philadelphia 2012, 40.

[94] Vgl. Budnitskii, der Folgendes schreibt: »Discrimination and oppression provided a natural environment that would inevitably lead to an increase in the number of revolutionaries from among the Jewish population« (a.a.O. 47).

[95] Ebd.

Tatsächlich erkannten Politiker wie der 1911 ermordete Premierminister Petr Stolypin (1862–1911) die Gefahr, dass die antijüdische Politik und Gesetzgebung die Juden zunehmend in die Arme revolutionärer Parteien trieb. Durch gesetzliche Erleichterungen wollte er dies verhindern, scheiterte jedoch am Einspruch des Zaren, der von einer »inneren Stimme« getrieben eine solch weitreichende Entscheidung nicht auf sich nehmen wollte.

10. Der russische Antijudaismus und Antisemitismus im Ersten Weltkrieg

Als wenige Jahre später der große Krieg ausbrach, wurde deutlich, wie sehr eine der grundlegenden Institutionen des Zarenreichs, die Armee, von antisemitischen Anschauungen durchdrungen war, wobei, wie bereits in anderem Zusammenhang erwähnt, auch hier Brafmans *Buch vom Kahal*, enormen Einfluss ausgeübt hatte.

Nachdem 1874 die allgemeine Wehrpflicht im Zarenreich eingeführt worden war, reagierte Brafman hierauf in seiner Neuausgabe des Buches vom Kahal. Ein zusätzliches Kapitel zielte darauf ab, den angeblichen Umstand, die Juden würden sich massiv dem Wehrdienst entziehen, auf den Einfluss des Kahals zurückzuführen. Dieser Vorwurf blieb ebenfalls nicht ohne Wirkung auf hohe Staatsbeamte. In einer Aktennotiz an den Hauptstab der russischen Armee teilte Chomentovskij, Offizier und Gebietsmarschall des Adels sowie äußerst aktives Mitglied der Kommission zur Bekämpfung des Wehrdienstentzugs von Juden, 1882 dem Kriegsministerium mit, dass für den massenweisen Wehrdienstentzug der Juden der »mythologische, mysteriöse und furchterregende Kahal, eine mächtige jüdische Selbstverwaltungskörperschaft, verantwortlich«[96] sei.

Die obersten Ränge der russischen Armee waren spätestens von diesem Zeitpunkt an (sofern nicht bereits seit dem Russisch-Osmanischen Krieg von 1877/1878) zu einem nicht unerheblichen Teil von antisemitischen Ansichten beeinflusst. In den Jahren vor dem Ersten Weltkrieg gewannen auch die rechtsradikalen Parteien einen gewissen Einfluss auf die Armeeführung. Die Forderung der Ultra-Rechten, die Juden komplett aus der Armee auszuschließen und dies als Auftakt für ihre völlige Entrechtung zu nutzen, schienen nicht wenige der Spitzenoffiziere zu teilen. In einer Umfrage des Kriegsministeriums von 1912 sprachen sich immerhin mehr als 60 Prozent der Spitzenoffiziere für die gänzliche Entfernung der Juden aus

---

[96] Zitiert nach PETROVSKY-SHTERN, The »Jewish Policy« (s. Anm. 39), 222.

der Armee aus. Im Januar 1913 empfahl der Kriegsminister auf Grundlage dieser Umfrage den Ausschluss aller Juden aus der Armee. Schließlich nahm er aber seine Empfehlung wieder zurück, wohl aus Pragmatismus, da er eine Diskussion darüber im Ministerium und in der Duma vermeiden wollte.[97]

Als im folgenden Jahr der Erste Weltkrieg ausbrach, zeigte sich, wie sehr das Kriegsministerium bzw. der Hauptstab der zarischen Armee massiv von rechtsradikalem und antisemitischem Gedankengut beeinflusst waren. So schreibt Petrovsky-Shtern: »If there was a merger of Russian right-wing ideology with that of the Main Staff it occurred in 1914. As soon as war began, the Jews – as a national and ethnic group – were seen as spies and traitors to the Russian cause. These accusations were made in virtually every War Ministry document, and their spirit permeated most War Ministry regulations on Jews approved after August 1914.«[98]

Da im Sinne von Langmuirs xenophober Feindseligkeit Juden wie auch Deutsche als potentielle Spione und Verräter angesehen wurden, die angeblich mit dem Kriegsgegner in Verbindung standen, kam es unmittelbar nach Ausbruch der Kampfhandlungen zu ersten, noch unkoordinierten Deportationen von Juden und Deutschen aus frontnahen Gebieten ins Reichsinnere. Spätestens mit Beginn des neuen Jahres kam es schließlich zu systematischen Deportationen und Vertreibungen von jüdischen wie auch deutschen Untertanen des Zarenreichs. Ende Januar 1915 ordnete das Hauptquartier der russischen Armee und der General-Gouverneur von Warschau die Massenvertreibung von ca. 100.000 Juden aus 40 Städten in der Umgebung von Warschau an. Seit April wurden mehr als 26.000 Juden aus Kurland und Anfang Mai schließlich innerhalb von zwei Wochen ca. 150.000 Juden aus der Provinz Kovno deportiert. Mitte Mai 1915 teilte der Vorsitzende des Ministerrats seinen Kollegen mit, dass die jüngsten Deportationsbefehle 300.000 Juden betreffen würden. Diese letzte Maßnahme scheiterte jedoch weitgehend an mangelnden Transportmöglichkeiten, dem Fortbestehen von Ansiedlungsbeschränkungen für Juden sowie dem Widerstand der Regierung und der militärischen Verbündeten des Zarenreichs.[99] Dennoch waren bis dahin mindestens eine halbe Million russländische Juden – manche Forscher gehen bis Ende 1915 von ca. einer Million aus –, den systematischen Deportationen der russischen Armee zum Opfer

---

[97] A.a.O. 248f.
[98] A.a.O. 252.
[99] Vgl. ERIC LOHR, The Russian Army and the Jews. Mass Deportation, Hostages, and Violence during World War I (in: Russian Review 60/3, 2001, 409–411). Zu den Zahlen vgl. auch die Schätzungen von 1916 in AMERICAN JEWISH COMMITTEE (Hg.), The Jews in the Eastern War Zone, New York 1916, 64.

gefallen. Somit war dies, wie Eric Lohr betont, einer der massivsten Fälle von Zwangsmigration bis zum Beginn des Zweiten Weltkriegs.[100] Nach dem Scheitern der weitreichenden Massendeportationsmaßnahmen im Mai 1915 änderte die Armeeführung ihr Vorgehen gegen die jüdische Bevölkerung. Nunmehr wurde eine Politik der Geiselnahme von jüdischen Gemeindeführern praktiziert und die Gemeinden darüber informiert, dass der geringste feindliche Akt gegen das Reich die Hinrichtung der Geiseln zur Folge habe. Zu Beginn des 20. Jahrhunderts wurde diese Maßnahme, die nicht selten auch als Mittel zur Erpressung von bestimmten Geldsummen diente,[101] von vielen als zutiefst anachronistisch wahrgenommen.[102]

Wie bereits erwähnt, waren neben russländischen Juden vor allem auch deutsche Untertanen des Zarenreichs von massiven Deportationen der Armee betroffen: Allein 1915 waren es ca. 200.000. Während bei den deportierten deutschen Untertanen die Furcht vor einer potentiellen Kollaboration mit dem deutschen Kriegsgegner sowie der zunehmende russische Nationalismus eine zentrale Rolle bei der militärstrategischen Entscheidung für eine ethnische Säuberung der grenznahen Gebiete gespielt haben dürfte, gab im jüdischen Fall vor allem auch eine antisemitische Einstellung eines beträchtlichen Teils der russischen Armeeführung den Ausschlag für die zahlreichen Vertreibungen. Freilich unterstellte man ebenso der jüdischen Bevölkerung ausgeprägte Sympathien für die Mittelmächte bzw. die Deutschen, was einerseits mit der Nähe des Jiddischen zum Deutschen begründet wurde, andererseits implizit aber auch das Bewusstsein der russischen Armeeführung für die allgemein diskriminierende Politik gegenüber den russländischen Juden reflektierte.

Darüber hinaus hatten die militärischen Zwangsmaßnahmen gegen Juden und Deutsche, die beide als herausragende Vertreter einer kapitalistischen, ausbeuterischen Moderne angesehen wurden,[103] zunehmend einen sozioökonomischen Hintergrund. Mehr und mehr wurden die Massen-

---

[100] LOHR, The Russian Army (s. Anm. 99), 404.
[101] Vgl. hierzu beispielsweise die zeitgenössische Darstellung von An-Ski in englischer Übersetzung: S. ANSKY, The Enemy at his Pleasure. A Journey through the Jewish Pale of Settlement during World War I, New York 2002, 123.
[102] Vgl. LOHR, The Russian Army (s. Anm. 99), 412.
[103] So schrieb beispielsweise Rozanov am 18. Juli 1915 über die Feinde Russlands Folgendes: »Von außen saugt der Deutsche und der Jude. / Von innen der Sozialismus. / Wie soll die ›liebe russische Kuh‹ da nicht hager sein? / Der Schwede, Jude und Franzose ›schöpft den Rahm ab‹ in Baku. / Der Jude überall (jegliche Konserven). / Der Deutsche in den Städten, in der Hauptstadt. / Dem kleinen Bauern blieb nur ›Gott erbarme dich‹« (zitiert nach: RAINER GRÜBEL, Judenfreund – Judenfeind. Vasilij Rozanovs Judenbild. Eine problematische ästhetische Imagologie mit aporetischem Sprung aus der Theorie in die Praxis, in: HAGEMEISTER, METELKA, Materialien [s. Anm. 87], 47).

deportationen von enormen Plünderungen und Eigentumsverschiebungen begleitet. Während die lokalen Behörden im Falle der deportierten deutschen Untertanen die gesetzeswidrige Aneignung des zurückgelassenen Hab und Guts zumindest in gewisser Weise unter Kontrolle bringen konnten, waren sie bezüglich jüdischen Eigentums nicht willens oder fähig, entsprechende Maßnahmen durchzusetzen.[104]

Ganz im Gegenteil waren mit den Massenvertreibungen von Juden im April und Mai 1915 nicht selten regelrechte Pogrome verbunden, die vor allem auch der massiven Plünderung dienten. Wie Eric Lohrs Analyse von mehr als der Hälfte der ca. 100 Pogrome zwischen April und Oktober 1915 zeigt, war nahezu ausschließlich die Armee – zumeist Kosakeneinheiten – für diese antijüdischen Exzesse verantwortlich.[105] Damit hatten die Pogrome im Zarenreich eine neue Qualität bekommen. Gingen sie bislang im Regelfall nicht von der (zentralen) Obrigkeit aus, so trug nun mit der Armee eine staatliche Institution die Hauptverantwortung für antijüdische Ausschreitungen.

Allerdings darf nicht unerwähnt bleiben, dass der Ministerrat wie auch viele andere Repräsentanten der zivilen Obrigkeit in Petrograd (wie die russische Hauptstadt St. Petersburg seit August 1914 hieß) Massendeportationen und Pogrome ablehnten, dies jedoch nicht verhindern konnten. Denn nahezu der gesamte jüdische Ansiedlungsrayon stand unter Kriegsrecht, ein Umstand, der der russischen Armeeführung weitreichende und beinahe unbegrenzte Handlungsmöglichkeiten einräumte. Letztlich konnte sich mit Beginn des Ersten Weltkriegs im Zarenreich eine Art Militärdiktatur etablieren, die gerade Juden und Deutsche der Herrschaft der Willkür schutzlos auslieferte. Dass sowohl jüdische wie auch deutsche Untertanen des Zaren zu Hunderttausenden in der russischen Armee dienten, schien offenbar kein Argument für ihre Loyalität gegenüber dem Imperium zu sein. Ganz im Gegenteil waren die Juden vom Konzept der »kämpfenden Nation« bewusst ausgenommen.[106] Dies hatte nicht zuletzt die antisemitisch motivierte Intention der Mehrheit der russischen Spitzenoffiziere, die Juden gänzlich aus der Armee auszuschließen, kurz vor Ausbruch des Ersten Weltkriegs deutlich gemacht.

---

[104] Vgl. LOHR, The Russian Army (s. Anm. 99), 415.
[105] ERIC LOHR, 1915 and the War Pogrom Paradigm in the Russian Empire (in: JONATHAN DEKEL-CHEN u.a. [Hgg.], Anti-Jewish Violence. Rethinking the Pogrom in East European History, Bloomington 2011, 42).
[106] Vgl. LOHR, The Russian Army (s. Anm. 99), 405.

Schlussbetrachtung und Ausblick

Der russische Antijudaismus des späten Zarenreichs rekurrierte oft auf alte religiöse Vorurteile. Ebenso war auch die ökonomische Konkurrenz sicherlich ein wichtiger Faktor für diesen. Allerdings dürfte die wesentliche Bedeutung des russischen Antijudaismus und schließlich Antisemitismus funktionalistischer Art gewesen sein. Die von Regierung, gutsbesitzendem Adel und nach 1905 von rechtsradikalen Parteien praktizierte Judenfeindschaft sollte vor allem dazu dienen, den wirtschaftlichen, sozialen und politischen Wandel zu verlangsamen, einzudämmen oder sogar rückgängig zu machen. Die Modernisierung wurde letztlich als Angriff auf die Grundfesten des autokratischen Regimes und seiner sozialen Stütze in Gestalt des gutsbesitzenden Adels aufgefasst. Nicht wenige glaubten tatsächlich, dass entsprechend der chimärischen Behauptungen von Brafmans *Buch vom Kahal* hinter all den undurchsichtigen Prozessen der ungeliebten Modernisierung der internationale jüdische Kahal stecke, der sich auf diese Weise das autokratische und heilige Russland unterwerfen wolle. Zwar war der gouvernementale Antisemitismus und der adlige Antisemitismus nicht grundsätzlich identisch, allerdings waren beide ideell wie auch personell stark miteinander verbunden. Der sich bei Bauern, Kleinhändlern, Handwerkern, Tagelöhnern oder städtischem Lumpenproletariat äußernde Antijudaismus war neben religiösen Vorurteilen häufig durch die Vorstellung wirtschaftlicher Konkurrenz bzw. Ausbeutung bestimmt und konnte sich in seiner höchsten Steigerung in Pogromen entladen. Auch wenn ein auf rassischen Annahmen beruhender Antisemitismus wohl nicht wesentlicher Bestandteil des allgemeinen Antisemitismus im Zarenreich war, so gibt es doch einige Anzeichen dafür, dass vor allem bei der radikalen Rechten und einigen orthodoxen Religionsphilosophen nach der Revolution von 1905 ein solcher sich zu entwickeln begann, eine Entwicklung, die 1917 mit der Revolution – oder spätestens mit dem Ende des Bürgerkriegs – zwar im Zarenreich bzw. der Sowjetrepublik selbst abgebrochen, jedoch in der russischen Emigration fortgesetzt wurde.

Im Zusammenhang mit der Frage nach den Quellen des russischen Antisemitismus sollten noch zwei Umstände besonders angesprochen werden. Zum einen griffen völkische Antisemiten bzw. Nationalsozialisten offenbar sehr bereitwillig russische antisemitische Werke wie Brafmans *Buch vom Kahal* oder Ljutostanskijs Publikation zum jüdischen Ritualmord auf, indem sie diese kurz vor oder kurz nach 1933 in Übersetzung und mit eingehenden Erläuterungen veröffentlichten. Die Anschlussfähigkeit zwischen dem Antisemitismus des ausgehenden Zarenreichs und dem deutschen völkischen Antisemitismus der 1920er und 1930er Jahre schien also zweifellos vorhanden zu sein, wie beispielsweise ein Ausschnitt aus dem »Geleitwort des Verlages« zur Übersetzung von Ljutostanskijs Werk über den Ritualmord deutlich macht:

»Hätte die kaiserlich russische Regierung dieses Buch in einer Millionen-Auflage unter das russische Volk gebracht, hätte sie gezeigt, so sieht der Jude aus, der euch als Agitator den Himmel verspricht, hätte sie nicht nur die Revolutionäre, sondern auch ihre jüdischen Geldgeber verfolgt, die Weltgeschichte der letzten Jahrzehnte wäre vielleicht ganz anders verlaufen. Das russische Volk wäre wohl schwerlich auf den von Juden propagierten Panslavismus und den revolutionären Nihilismus und Bolschewismus hereingefallen, es hätte keinen Weltkrieg und keinen Bolschewismus gegeben. Die Juden wären nicht so reich geworden und die Führer der jüdischen Nation hätten nicht die Weltherrschaft bekommen. Unser Führer Adolf Hitler hat am 30. Januar 1933 noch in letzter Stunde Deutschland vor dem Abgrund des Bolschewismus zurückgerissen und damit die Kultur der ganzen Welt gerettet.«[107]

Darüber hinaus dienen aber dieselben Quellen des russischen Antisemitismus des ausgehenden Zarenreichs – sei es Brafmans *Buch vom Kahal*, sei es Ljutostanskijs *Der Talmud und die Juden* oder die *Protokolle der Weisen von Zion* – als zentraler Referenzpunkt für den heutigen russischen Antisemitismus, was nicht zuletzt daran zu erkennen ist, dass all diese »antisemitischen Klassiker« des späten Zarenreichs in den letzten Jahren wieder aufgelegt wurden. Dabei ist zu betonen, dass der heutige russische Antisemitismus gerade in höchsten orthodoxen Kirchenkreisen und bei religiös geprägten Persönlichkeiten – an dieser Stelle seien stellvertretend der Metropolit von St. Petersburg und Ladoga Ioann[108] (1927–1995) sowie Oleg Platonov und Ilja Glazunov genannt – stark verbreitet ist. Mitte der 1990er Jahre gründete Platonov in Moskau das *Wissenschaftliche Forschungs- und Verlagszentrum ›Enzyklopädie der russischen Zivilisation‹*, seit 2003 *Institut der russischen Zivilisation*. »Ziel dieser von Kreisen der Orthodoxen Kirche, des Geheimdienstes, der Politik sowie reichen russischen Emigranten geförderten Organisation ist die Erforschung und Darstellung der ›nationalen Weltanschauung‹ des russischen Volkes und seines

---

[107] LJUTOSTANSKI, Die Juden in Rußland I (s. Anm. 96), 9.

[108] Laut Hagemeister findet sich das »ganze Arsenal antijüdischer und antifreimaurerischer Verschwörungsmythen des 19. und 20. Jahrhunderts – einschließlich der *Protokolle* – [...] auch in zahlreichen Schriften, die seit Anfang der 90er Jahre unter dem Namen des Metropoliten von St. Petersburg und Ladoga Ioann, eines der ranghöchsten Hierarchen der Russisch-Orthodoxen Kirche, massenhaft verbreitet« wurden: MICHAEL HAGEMEISTER, Neuere Forschungen und Veröffentlichungen zu den »Protokollen der Weisen von Zion« (in: NORMAN COHN, »Protokolle der Weisen von Zion«. Der Mythos der jüdischen Weltverschwörung, Baden-Baden und Zürich 1998, 288). Mit Metropolit Ioann ist im Übrigen folgende Äußerungen verbunden: »Das Judentum ist eine Religion des Hasses« (http://www.portal-credo.ru/site/?act=news&id=31797, zuletzt aufgerufen am 22.2.2016).

tausendjährigen Kampfes gegen die ›Mächte des weltweiten Bösen‹ [...], verkörpert im ›talmudistischen Judentum‹. [...] Den geheimen Plan zur Erringung der Weltherrschaft des jüdischen Antichrist sieht Platonow, wie schon Ioann, in den ›Protokollen der Weisen von Zion‹ niedergelegt, die durch die Gnade Gottes dem russischen Volk offenbart worden seien.«[109]

Eine besondere Verehrung erfährt im Übrigen Sergej Nilus, dessen Publikation der *Protokolle der Weisen von Zion* aus dem Jahr 1905 Grundlage für deren spätere weltweite Verbreitung war.[110] Darüber hinaus scheint noch heute in der Russisch-Orthodoxen Kirche die Annahme eines Ritualmordes bei der Kanonisierung eine Rolle zu spielen: Zwischen April 1992 und Oktober 1996 beschäftigte sich die Synodalkommission für die Kanonisierung von Heiligen innerhalb der Russisch-Orthodoxen Kirche mit der Frage, ob die russische Zarenfamilie, die im Juli 1918 in Ekaterinburg von Bol'ševiki hingerichtet worden war, heiliggesprochen werden solle. Bei der Beratung über das Für und Wider verlangte die Kommission schließlich auch ein Gutachten von der Moskauer Theologischen Akademie mit dem Titel *Die orthodoxe Ansicht über die Existenz eines Ritualmordes in Verbindung mit dem tragischen Ende der kaiserlichen Familie.* Dabei kam man zu folgendem Schluss:

»1. in dem weithin aufsehenerregenden und höchst genau untersuchten Fall der Ritualmordbeschuldigung, dem Bejlis-Fall, konnte das Gericht die Existenz solcher Ritualtötungen unter den Juden nicht beweisen; [was nicht stimmte, T.G.]
2. der typische Ritualmord, wie er von Autoren, die die Existenz solcher Morde annehmen, beschrieben ist, hatte wenig gemeinsam mit den Morden im Ipatiev-Haus.
3. Nichts ist bekannt über die Religiosität derjenigen Leute, die an der Ermordung der Zarenfamilie teilnahmen und eine jüdische Herkunft hatten.«[111]

Aus dieser schwammigen, alles andere als klaren Argumentation wurde geschlussfolgert, dass die Umstände der Ermordung der Zarenfamilie keinen rituellen Charakter hatten. Letztlich lässt aber die Orthodoxe Kirche – wenn man genau zwischen den Zeilen liest – die Frage offen, ob Juden Ritualmorde begehen. Allein schon der Umstand, dass ein Ritualmord als

---

[109] MICHAEL HAGEMEISTER, Art. Platonov, Oleg (in: WOLFGANG BENZ [Hg.], Handbuch des Antisemitismus. Judenfeindschaft in Geschichte und Gegenwart, Bd. 8, Berlin, Boston 2015, 103–105, 104).

[110] Vgl. MICHAEL HAGEMEISTER, Art. Nilus, Sergej (in: WOLFGANG BENZ [Hg.], Handbuch des Antisemitismus. Judenfeindschaft in Geschichte und Gegenwart, 2/2, Berlin 2009, 591 f., 592).

[111] Vgl. KOMISSIJA SVJAŠČENNOGO SINODA RUSSKOJ PRAVOSLAVNOJ CERKVI PO KANONIZACII SVJATYCH, Kanonizacija Svjatych v XX. veke, Moskau 1999, 194. Gemeint ist vor allem Jakov Jurovskij, der Tschekist, der die Exekution leitete und später behauptete, den Zaren erschossen zu haben. Vgl. YURI SLEZKINE, Das jüdische Jahrhundert, Göttingen ²2007, 181.

Möglichkeit überhaupt in Erwägung gezogen wurde, spricht für sich. Für Repräsentanten der russischen Rechten ist die Antwort klar. Bei der Ermordung der Zarenfamilie handelte es sich um einen jüdischen Ritualmord. Vor diesem Hintergrund verwundert es nicht, dass in den letzten Jahren bei bestialischen Morden in Russland mehrfach der Ritualmordvorwurf gegen Juden erhoben wurde. 2005 veröffentlichten immerhin 20 Duma-Abgeordnete die Behauptung, dass Juden Ritualmorde begehen würden. Sie beantragten schließlich sogar beim Generalstaatsanwalt, dass alle jüdischen Organisationen auf Grund ihres Extremismus – sie verfolgen antichristliche Praktiken, bis hin zum Ritualmord – verboten werden sollen. Mit dem Verweis auf einen »maximalen Genozid am russischen Volk«[112] wurde letztlich wieder der vorrevolutionäre Topos, wonach die Juden Russland unterwerfen bzw. vernichten wollen, aktualisiert.

---

[112] http://www.portal-credo.ru/ site/ ?act=news&id=31869; http:// www.portal-credo.ru/site/?act=news&id=30280; http://www.portal-credo.ru/site/?act=news&id=31797; http://xeno.sova-center.ru/45A29F2/5295297?pub_copy=on; zuletzt aufgerufen am 22.2.2016.

Das dänische Luthertum und die Juden[1]

MARTIN SCHWARZ LAUSTEN

1. Das 16. Jahrhundert

Die lutherische Reformation wurde in Dänemark in den Jahren 1536 und 1537 offiziell eingeführt. Der Reformationskönig Christian III. war persönlich ein überzeugter lutherischer Christ, mit Martin Luther, Philipp Melanchthon und besonders Johannes Bugenhagen befreundet, mit denen er sein ganzes Leben in Briefwechsel stand. Zahlreiche Dänen studierten in Wittenberg, viele Bücher der deutschen Reformatoren wurden ins Dänische übersetzt und herausgegeben, so wie auch die dänischen Reformatoren zahlreiche Bücher herausgaben.[2]

Die Haltung der ersten dänischen Theologen der lutherischen Reformation zum Judentum und Juden muss man vor dem Hintergrund des katholischen Mittelalters und der Auffassung Martin Luthers sehen. Obwohl einige Juden erst am Ende des 17. Jahrhunderts die Erlaubnis bekamen, sich im Lande niederzulassen – das geschah 1684 –, meinten die Geistlichen in Dänemark schon im Mittelalter, Judentum und Juden zu kennen. Um 1220 schrieb Erzbischof Anders Sunesøn (gest. 1228) ein riesiges Werk, *Hexaëmeron*, in dem er in 8040 Hexameter in lateinischer Sprache die ganze christliche Dogmatik beschrieb. Hier behandelt er oft gewisse Beispiele des Judentums und betrachtet sie polemisch aus einer christlichen Perspektive, zum Beispiel das Sabbatgebot, die Reinheitsbestimmungen, die Messiasfrage oder die Kreuzigung Jesu. Anders hatte in Paris und Bologna studiert, und es ist deutlich, dass er Kentnisse von den Auseinandersetzungen um das Judentum, die damals in Paris stattfanden, besaß. Allerdings findet sich die heftige antijüdische Agitation, die man damals bei einem Mann wie Richard von Saint Victor und bei anderen in

---

[1] Das Folgende basiert auf meinem sechsbändigen Werk über das Verhältnis zwischen Juden und Christen in Dänemark vom Mittelalter bis zur Neuzeit, das zwischen 1992 und 2007 in dänischer Sprache erschien und mit deutschen Zusammenfassungen versehen ist. Ein Sammelband erschien im Jahre 2012: Jøder og kristne i Danmark fra middelalderen til nyere tid [Juden und Christen in Dänemark vom Mittelalter bis zur Neuzeit], Kopenhagen. Eine amerikanische Ausgabe erschien im Oktober 2015: Jews and Christians in Denmark. From the Middle Ages to Recent Times, ca. 1100–1948, Leiden, Boston 2015. Im vorliegenden Text verweise ich so oft wie möglich auf Veröffentlichungen in deutscher oder englischer Sprache.

[2] MARTIN SCHWARZ LAUSTEN, Die Reformation in Dänemark, Schriften des Vereins für Reformationsgeschichte 208, Gütersloh 2008. Über die dänische Kirchengeschichte im allgemein vgl. DERS., Art. Dänemark I. Kirchengeschichtlich (in: TRE 8, 300–317). Vgl. auch DERS., A Church History of Denmark, Aldershot, Burlington 2002.

Paris hören konnte, die Anders als Vorlage dienten, bei ihm nicht.[3] Eine besondere Schrift aus dem katholischen Mittelalter kurz vor der Reformation ist eine 1517 erschienene dänische Übersetzung von Johannes Pfefferkorns *Libellus de Judaica Confessione*. Dies ist die erste antijüdische Schrift in Dänemark, und obwohl es, wie gesagt, noch überhaupt keine Juden in Dänemark gab, verfolgt der dänische Herausgeber – der Kopenhagener Canonicus Poul Ræff – die Absicht, die Obrigkeit und die Laien dazu aufzufordern, »die häßlichen Juden zu fliehen und zu scheuen«.[4] Endlich ist auch zu bemerken, dass man in der mittelalterlichen katholischen dänischen Bildkunst oft Juden auf Wandmalereien in den Kirchen polemisch darstellte. Diese Bilder sind auch noch heute zu sehen. Ab und zu sind Juden, natürlich mit dem typischen Judenhut versehen, als Zuschauer von Jesu Reden und Taten, aber vor allem als aktive Teilnehmer an seinem Leiden und Sterben, dargestellt. Auch das wohlbekannte »Ecclesia-Synagoga«- Motiv wurde in Fresken, auf dem zeremoniellen Kreuz einer Königstochter, auf den sogenannten Goldenen Altären und in einer Buchillustration wiedergegeben.[5]

Was die dänischen Theologen der *Reformationszeit* betrifft, so gibt es reiches Quellenmaterial zur Beleuchtung dieses Themas: Überliefert sind theologische Werke, praktisch-kirchliche Schriften, Handbücher für die neuen lutherischen Pfarrer und für die Laien sowie exegetische Arbeiten zu den biblischen Büchern. Der erste lutherische Bischof im Stift Seeland, mit Residenz in Kopenhagen, war Petrus Palladius aus Ripen in Südjütland (1503–1560). Einen sechsjährigen Studienaufenthalt in Wittenberg schloss er mit dem Doktorgrad ab. Luther hatte selbst die Thesen, die wir noch besitzen, geschrieben. Von Palladius stammt u.a. das 600 Seiten lange Werk *Librorum Moisi, qvi sunt Fons Doctrinæ Ecclesiæ*. Sämtliche Kapitel in den fünf Bücher Mosis wurden hier pädagogisch und in nummerierten Themen dagestellt und kurz erklärt. Eine Fülle von Auskünften wird hier im Großen und Ganzen unpolemisch geboten, aber dennoch ist es so, dass das ganze Buch als solches eine einzige schroffe Ablehnung des Judentums darstellt. Denn der übergeordnete Zweck des Buches ist die Behauptung, dass die fünf Bücher Mosis christologisch gedeutet werden müssen. Immer wieder habe Moses gezeigt, so behauptet Palladius, dass er an Jesus als Christus denke, wenn er z.B. über Melchisedek, Josef oder Moses schreibe. Ein anderes Buch der dänischen Reformationszeit, das sehr großen Einfluß gehabt hat, ist die *Postille* von Hans Tausen (1494–1561), die im

---

[3] SCHWARZ LAUSTEN (s. Anm. 1), 9–11.
[4] A.a.O. 13.
[5] A.a.O. 13–18.

Jahre 1539 erschien. Tausen, zuvor Johannitermönch, war in Wittenberg evangelisch geworden, wurde an der Kopenhagener Universität angestellt und später lutherischer Bischof in Ripen (Jütland). Die Postille mit Predigten für jeden Gottesdienst des Jahres war ein notwendiges Hilfsmittel, denn sämtliche katholischen Priester behielten 1536 ihre Ämter und durften von nun an lutherisch predigen. In den ersten zehn Jahre sollten sie diese autorisierten Predigten verlesen, in denen Tausen an zahlreichen Stellen das Verhältnis zwischen Judentum und Christentum behandelte. Darüber hinaus war Hans Tausen damals der einzige in Dänemark, der die hebräische Sprache beherrschte. Er übersetzte ganz allein die fünf Bücher Mose aus dem Hebräischen ins Dänische.[6]

Johannes Bugenhagen (1485–1558), Luthers naher Freund und der Dritte im Wittenberger Triumvirat, hielt sich zwei Jahre in Dänemark auf, um beim Aufbau der evangelischen Kirche zu helfen. Von ihm stammt die *Leidensgeschichte Jesu*, eine aus allen Evangelien zusammengestellte Passionsharmonie. Diese Schrift wurde zweimal ins Dänische übersetzt: von Petrus Palladius und von Hans Tausen. Bemerkenswert ist, dass die Übersetzer Bugenhagens Abschnitte *Ursachen von Christi Tod* und *Über die Blindheit der Juden* ausließen. Die *Leidensgeschichte* Bugenhagens findet sich heute noch im dänischen Gesangbuch von 2002. Auch Bugenhagens Schrift *Die Zerstörung Jerusalems* wurde ins Dänische übersetzt und erlebte mit zwölf Ausgaben, deren letzte 1888 erschien, große Verbreitung.[7] Der Übersetzer, der lutherischer Pfarrer Peter Tidemand (gest. 1564/1577) aus Seeland, wich ab und zu von Bugenhagen ab. Das gilt gerade auch für die Tendenz seines Buches, denn der dänische Theologe wollte in erster Linie nicht die Juden angreifen, sondern die dänischen Leser zur Buße auffordern: Wenn sie nicht wie wahre, fromme Christen lebten, dann wolle Gott sie strafen, wie er es mit den Juden in Jerusalem im Jahre 70 getan habe. Peter Tidemand hat auch geschrieben, dass die Juden bei der Kreuzigung »unsere Henker« waren, denn es seien unsere Sünden, die Jesus gekreuzigt hätten.[8] Ein einzelner Pfarrer, Peder Poulsen, weist in einigen nachgelassenen, bisher ungedruckten Predigtmanuskripten aus der Zeit um 1548 direkt auf Luthers *Wider die Sabbather* hin.[9]

---

[6] A.a.O. 25–28.
[7] MARTIN SCHWARZ LAUSTEN, Johann Bugenhagen. Luthersk reformator I Tyskland og Danmark [Johannes Bugenhagen. Lutherischer Reformator in Deutschland und Dänemark], Kopenhagen 2011 (mit einer Zusammenfassung in deutscher Sprache 282–285), 158–161.
[8] Vgl. SCHWARZ LAUSTEN (s. Anm. 1), 28–30.
[9] Annotationes Petri Paulini super Euangelia Dominicalia, 1548, siehe dazu auch MARTIN SCHWARZ LAUSTEN, Kirke og synagoge. Holdninger i den danske kirke til jødedom og jøder i middelalderen, reformationstiden og den lutherske ortodoksi (ca. 1100–ca. 1700), Kopenhagen 1992, 252–258.

Die leitenden dänischen Theologen der Reformationszeit verstanden sich als christliche Theologen. Sie waren davon überzeugt, dass das Judentum eine falsche, veraltete Religion sei. Den Juden – von denen es damals keine in Dänemark gab – warfen sie vor, ungläubig, blind und geldgierig zu sein. Bemerkenswert ist aber, dass keiner von ihnen Luthers berüchtigte antijüdische Schriften zitierte. Luthers vulgäre und gehässige antijüdische Ausdrücke erwähnen sie nicht, allerdings auch nicht seine Schrift aus dem Jahr 1523 *Daß Jesus Christus ein geborener Jude sei*.

2. Das 17. und 18. Jahrhundert

Das änderte sich aber im Zeitalter der *Orthodoxie*. In seinem 9000 Seiten dicken lateinischen Lehrbuch *Universæ Theologiæ Systema* (1633) weist der Theologieprofessor Jesper Brochmand (1585–1652) die Messiaserwartungen der Juden zurück und betont die Pflicht der weltlichen Obrigkeit, für das wahre lutherische Christentum im Reich Sorge zu tragen und alle anderen zu bekämpfen. Den Juden solle man nur unter sehr scharfen Bedingungen Niederlassungsgenehmigungen erteilen. Brochmand diskutiert auch, ob man Kinder von Türken, Juden und anderen Ungläubigen taufen dürfe, und antwortet, das sei zulässig, wenn die Eltern es nicht verhinderten. Allerdings zieht er eine universale Bekehrung wegen des Fluchs, den die Juden selbst auf ihre Köpfe herabbeschworen haben, in Zweifel.[10] Gleichwohl erhielten Ende des 17. Jahrhunderts einige Juden die Erlaubnis zur Ansiedlung in Dänemark und zudem die Erlaubnis, jüdische Gottesdienste in Kopenhagen zu halten, jedoch nur »hinter verschlossenen Türen und Fenstern und ohne Predigten, so dass man keinen Anstoss errege«, wie es im königlichen Erlass steht. Die Verordnung ist auf den 16. Dezember 1684 datiert. Dieses Datum wird heute noch von den dänischen Juden als ihr dänischer Geburtstag gefeiert.[11] Die Regierung handelte hier aus handelspolitischen Erwägungen, und zwar gegen den Protest des Kopenhagener Bischofs Hans Wandal (1624–1675). Er forderte den König nachdrücklich dazu auf, »die satanische und teuflische Tat« zu unterlassen, freilich vergebens. Sein Nachfolger Hans Bagger (1646–1693) protestierte auch und schrieb 1685, dass man jetzt von allerlei Ketzern, Schwärmern und Ungläubigen umgeben sei, und dass man wisse, wie das alles, wenn es fortgesetzt werde, enden werde.[12] In diesem Zusammenhang wurden von einigen Theologen auch die antijüdischen Schriften Luthers aufgegriffen.

---

[10] Vgl. SCHWARZ LAUSTEN (s. Anm. 1), 35–36.
[11] A.a.O. 40–42.
[12] A.a.O. 39–43.

Einer von ihnen, der spätere Hofprädikant und Bischof Peder Winstrup (1605–1679), schrieb ein Gedicht über das – bis heute existierende – Steinrelief mit der *Judensau* an der Stadtkirche von Wittenberg, und der Kopenhagener Polizeimeister Claus Rasch schlug vor, in Kopenhagen ein Judenghetto einzurichten, wenn auch vergebens. Die Regierung lehnte den Vorschlag 1692 ab.[13]

Als der *Pietismus* in den ersten Jahrzehnten des 18. Jahrhundert in Dänemark durchdrang, wurden das Königshaus und führende Männer der Verwaltung davon tief ergriffen. Sie und die leitenden pietistischen Theologen folgten dem Programm des Halleschen Pietismus: Die Juden sollten Christen werden. Aber wie viele Juden gab es überhaupt in Dänemark? Die Juden machten dort nur eine kleine Minderheit aus. Im Jahre 1726 lebten nur 65 jüdische Familien in Kopenhagen. Ihre Zahl blieb während des ganzen Jahrhunderts niedrig. 1801 lebten gut 1700 Juden in Kopenhagen, bei einer Gesamtbevölkerung von gut 100.000. Die Juden durften vorläufig nur in Kopenhagen wohnen. Nebenbei bemerkt: Die jüdische Gemeinde in Kopenhagen umfasst heute etwa 1800 Mitglieder. Mit ihrer Synagoge aus dem Jahr 1833 ist sie die einzige jüdische Gemeinde in Dänemark.

Die Regierung versuchte jetzt (1728), Zwangspredigten für Juden einzuführen. Man wollte, schrieb der Hofprediger Johann Wilhelm Schröder (1669–1741), die Juden keineswegs zwingen, aber ihnen nur aus erbarmender Liebe den rechten Weg zum ewigen Leben zeigen. Allen jüdischen Männer wurde befohlen, sich einzufinden. Die Ältesten der jüdischen Gemeinde protestierten: Der Befehl verletze ihre Privilegien. Sie erklärten: »Wir halten uns beständig zu Mose, dem allerersten Prädikanten, und wir weichen nicht von seinen Predigten am Sinai! [...] Jeder Jude, der hier in Kopenhagen wohnt, bleibt Jude bis zu seinem Tod!« Dennoch wurden diese Zwangspredigten sechs Wochen lang abgehalten. Das Bekehrungsprojekt wurde aber aufgegeben, als ein Großbrand im Oktober 1728 ungefähr die Hälfte Kopenhagens einäscherte. Übrigens wurden einige Juden als Brandstifter angeklagt. Sie wurden aber wieder freigelassen, als man den wahren Schuldigen – einen Nicht-Juden – ergriffen hatte.[14]

Ein anderer Bekehrungsversuch ging von Halle aus. An Johann Heinrich Callenbergs *Institutum Judaicum et Muhammedicum* wurden Missionare für die Mission unter Juden und Muslimen ausgebildet. In Halle finden sich heute die Tagebücher und Berichte von Halleschen Judenmissionaren, die zwischen 1734 bis 1748 dreimal nach Dänemark reisten. Es

---

[13] A.a.O. 37–38.45–46.
[14] A.a.O. 77–79.

handelte sich um J. A. Manitius und J. G. Widmann (1734), Manitius und Stephan Schultz (1742) sowie St. Schulz und G. Bennewitz (1748). Dieses Material ist ungeheuer wichtig, enthält es doch viele Informationen über die Juden in Kopenhagen und zeigt es natürlich auch das Selbstverständnis dieser Missionare, ihre Methoden und ihre Erlebnisse. Diese Missionare waren auch typische Männer des 18. Jahrhunderts mit einem unstillbaren Drang, die Sitten und Gebräuche fremder Völker zu erleben und zu beschreiben. Schultz bewegte sich in Kopenhagen auch als Tourist: Er besuchte alle Sehenswürdigkeiten und beschrieb sie in Einzelheiten – die Königliche Bibliothek, den Zoologischen Garten, die Kunst- und Naturalienkammer mit ihren Münzen, ausgestopften Tieren, allerlei Schmuck aus Elfenbein und Achat, das Schloss oder den Runden Turm. Er besuchte auch das neue große Kriegsschiff *Christian der Sechste*, das größte Schiff, das er je gesehen hatte, und er beschreibt es in allen Einzelheiten. Aber zuletzt ist es, als ob er sich daran erinnert, dass er ja eigenlich als christlicher Missionar in Kopenhagen ist, weshalb er schroff mit der Bemerkung schließt: »Doch muss die Arche Noahs wol grösser gewesen sein!« Der Bekehrungsversuch erwies sich jedoch als Fiasko, wie Widmann schreibt: »Das Judentum (in Dänemark) ist wie eine dürre Eiche von hartem Holz, es steht fest – und verlässt sich übrigens auf den Mammon!«[15]

In dieser Zeit begannen Theologen, sich in Predigten und Andachtsbüchern vermehrt mit den Juden zu beschäftigen. In einem deutschsprachigen Buch, dem er effektvoll den Titel *Schlechte Hoffnung besserer Zeiten* (1696) gab, wies der orthodoxe Pfarrer in Helsingør und Schlossprediger auf Kronborg Ernst Christian Boldig (1651–1706) die pietistischen Gedanken über die totale endzeitliche Bekehrung der Juden zurück. Die Juden seien Kinder des Teufels und zurecht von Gott gestraft worden. Boldig ist der erste dänische Theologe, der auf Luthers *Schem Hamphoras* und *Von den Juden und ihren Lügen* hinweist. Auch der Theologieprofessor Hans Wandal der Jüngere (1656–1710) weist die große Judenbekehrung zurück, denn nur einzelne Juden, die Gott auserwählt habe, würden sich bekehren. Er weist auf Luthers *Schem Hamphoras* und *Wider die Sabbather* hin. Ihm folgt Pfarrer Christen Lassen Tychonius (1680–1740), der in seinem *Enfoldig og skriftmæssig Betænkning om Jødernes Omvendelse inden Dommedag*, [Einfältiges und schriftgemäßes Bedenken von der Bekehrung der Juden vor dem Jüngsten Gericht] aus dem Jahre 1715 (als Buch erst 1770 erschienen) erklärte, dass die Juden sich nie bekehren würden, denn Gottes ewiges Strafgericht ruhe auf ihnen, sie seien verflucht und ihre Zeremonien seien lächerlich und abscheulich.

---

[15] A.a.O. 79–83.

Dagegen aber findet man bei Theologen wie Hans Hansen Guldberg (gest. um 1706) und Johannes Steenloos (ca. 1711–1755), der bei Joachim Lange in Halle studiert hatte, ausdrückliche Zustimmung zu den Vorstellungen von der großen Judenbekehrung. Diese Gedanken sind jedoch mit Verurteilungen der zeitgenössischen Juden und der Forderung der Judenmission verbunden.

Einen Schritt weiter gingen Männer wie Holger (Oliger) Paulli (1644–1714) und Jens Pedersen Gedeløkke (ca. 1670–1729), die mehr oder weniger als dänische Anhänger des *Philosemitismus* bezeichnet werden können. Ihre eigentümliche Theologie und ihr einzigartiges Verhalten, die unter Juden auf keine positive Resonanz stießen, hatten für ihr persönliches Leben unglückliche Folgen. Die weitaus meisten bekannten Theologen – beispielsweis F. J. Lütkens, Enevold Ewald, Erik Pontoppidan, Peder Hersleb, Henrik Gerner – nahmen sich dieses Themas nicht sonderlich an. Sie huldigten dem traditionellen christlichen Gedankengut von der Erwählung und Verdammnis der Juden, vom mosaischen Gesetz, von der jüdischen Auslegung der Bibel, von der jüdischen Ablehnung Jesu als Messias, ohne dabei allerdings Luthers Judenschriften zu erwähnen.[16]

Aber je mehr die dänische Gesellschaft durch die auf die Ideen der *Aufklärung* zurückgehenden modernen Reformen in Gesellschaft und kulturellem Leben bestimmt wurde, desto dringlicher wurde die Debatte darüber, welchen Platz die jüdische Gemeinschaft innerhalb der dänischen Gesellschaft einzunehmen habe. Viele Theologen waren noch judenfeindlich. Allgemein ist festzustellen, dass im 17. und im 18. Jahrhundert und bis weit in das 19. hinein immer wieder von Männern der lutherischen Kirche, der Theologischen Fakultät und des Kopenhagener Magistrats Vorurteile, Antipathie oder direkter Hass gegen die Juden zum Ausdruck gebracht wurden. Als der König, offenbar unter dem Einfluss der Schriften Speners und vermutlich auch des Kopenhagener Polizeipräsidenten Ratheken, kurzfristig die Anstellung christlicher Dienstleute bei Juden verbot (1724), verurteilte zwar der Präsident in Altona C. D. Reventlow den Schritt der Regierung mit von Toleranz geprägten und christlichen Argumenten, wobei er auf Luthers Judenschrift von 1523 verwies. Er wurde aber von dem Kopenhagener Bischof abgewiesen, der auf Luthers späte Judenschrift *Von den Juden und ihren Lügen* hinwies.[17] Als die Juden die Bitte vorbrachten, eine Synagoge in Kopenhagen bauen zu dürfen, widersetzte sich auch Bischof Christen Worm diesem als dreist und vermessen wahrgenommenen Begehren. Er ermahnte die Regierung, ein solches Projekt

---

[16] A.a.O. 58–66.
[17] A.a.O. 66–67.

zu stoppen, weil es »vielen Kindern Gottes, die Christum kennen, zu grossem Ärgernis warden könnte«.[18] Es wurde dem Kopenhagener Magistrat auch ein anonymer Vorschlag gemacht, dass alle Juden mit einem roten Band am rechten Ärmel versehen werden sollten, was allerdings 1745 vom Magistrat abgelehnt wurde. Ferner wünschte die Theologische Fakultät 1767, dass die strengen deklassierenden Bestimmungen für den Juden-Eid aus dem Jahre 1747 aufrechterhalten blieben. Erst im Jahre 1843 wurde dieser Eid abgeschafft. Die Theologen an der Universität versuchten auch zu verhindern, dass ein jüdischer Arzt den für die Eröffnung einer Praxis notwendigen Doktorgrad erwerben konnte (1783). Auch Gesuche von Juden um die Erlaubnis zur Einrichtung einer hebräischen Druckerei stießen bei der Universität auf Vorbehalte, die zudem noch in einem judenfeindlichen Ton formuliert wurden (1786, 1791). Als zum erstenmal ein jüdischer Vater beantragte, seinen Sohn in die Lateinschule aufzunehmen, widersetzte sich der örtliche Bischof den Antrag (1798). In diesem Fall erfüllte die Regierung den Wunsch der jüdischen Familie.[19]

3. Das 19. Jahrhundert

Aber es gab in Dänemark auch Theologen, die von der Aufklärung beeinflusst waren. Die Aufklärung wurde auch wichtig für das dänische Judentum: Innerhalb der jüdischen Gemeinde brachen heftige Auseinandersetzungen los zwischen Konservativen bzw. Orthodoxen einerseits und Anhängern der jüdischen Aufklärung (*Haskalah*), die von Moses Mendelssohn in Berlin beeinflusst waren. Moses Mendelsohn hatte auch in Kopenhagen Verwandte. Moses Fürst war mit der Schwester von Mendelssohns Frau Fromet Guggenheim verheiratet, und Mendelssohns Schwager Joseph Guggenheim wohnte in Kopenhagen. Die führende Zeitschrift *Ha-Meassef* wurde in Kopenhagen verbreitet. Männer mit aufklärerischen Ideen, etwa Jeremias Henriques, Wulf Lazarus Wallich oder Gottlieb Euchel, arbeiteten mit der Regierung zusammen, und Nicolaj Edinger Balle (1744–1816), Bischof in Kopenhagen, war ein Aufklärungstheologe. Nach vielen öffentlichen Diskussionen kam es zur königlichen Anordnung vom 29. März 1814, mit der alle dänischen jüdischen Bürger anderen Bürgern gleichgestellt wurden. Diese Anordnung wird noch heute von den Juden der *Große Freiheitsbrief* genannt.[20]

---

[18] A.a.O. 71.
[19] A.a.O. 72–73.109–111.
[20] A.a.O. 89.124.

Aber in diesen Jahren brach auch eine *literarische Judenfehde* aus. Der ehemalige Direktor des königlichen Theaters in Kopenhagen, Thomas Thaarup, übersetzte Friedrich Buchholz' antijüdische Schrift *Moses und Jesus* (1813) und Friedrich Rühs' *Über die Ansprüche der Juden an das deutsche Bürgerrecht* (1816) ins Dänische und schrieb auch selbst antijüdische Schriften. Jakob Friedrich Fries' antijüdisches Buch *Über die Gefährdung des Wohlstandes und des Characters der Deutschen durch die Juden* wurde von H. C. Wosemose ins Dänische übersetzt und kommentiert (1816). Männer wie der Vizedekan Otto Horrebow, der Professor der Theologie D. G. Moldenhawer, Justizrat C. F. von Schmidt-Phiseldeck und der königliche Konfessionarius Christian Bastholm schrieben ebenfalls antijüdische Schriften. Von jüdischer Seite erhielten sie 1813 Antwort von Gottleb Euchel in seiner Schrift *Til evig Fred!* [Für ewigen Frieden] und von dem anonymen Verfasser der Zeitschrift *Nordlyset* [Das Nordlicht] sowie von einigen christlichen Verfassern wie Steen Steensen Blicher, Jens Baggesen und N. F. S. Grundtvig, die die Juden in Schutz nahmen.[21] Im selben Jahre brach dann auch die erste und bisher letzte pöbelhafte Judenverfolgung in Kopenhagen los. Sie dauerte nur ein paar Tage, und die Schuldigen wurden von der Obrigkeit hart bestraft.[22]

Zwar waren die Bemühungen der deutschen Missionare unter den dänischen Juden ein großes Fiasko, aber in den Tagen des Pietismus und der Aufklärung meldeten sich dennoch Juden mit dem Wunsch, Christen zu werden. Die Regierung legte 1744/45 ein Verfahren fest, wonach sich der Proselytenbewerber beim Bischof melden musste, der nach einem vertiefenden Gespräch mit dem Bewerber der Dänischen Kanzlei mitteilte, dass der Bewerber aufzunehmen bzw. abzulehnen sei. Der König war bei diesem Treffen zugegen. Wenn der Betreffende angenommen wurde – das war fast immer der Fall – sollte der Bischof nach einer Turnusordnung einen Kopenhagener Pfarrer als Lehrer ernennen, und die betreffende Kirche sollte in der Unterrichtszeit Wochengeld für den Proselytenbewerber aufbringen. Das Quellenmaterial enhält viele Auskünfte über die Hintergründe und Motive der Proselytenbewerber und über den Unterricht, in dem man unter anderem Luthers Katechismus, Speners Katechismus und

---

[21] MARTIN SCHWARZ LAUSTEN, Oplysning i kirke og synagoge. Forholdet mellem kristne og jøder i den danske Oplysningstid, 1760–1814 [Aufklärung in der Kirche und in der Synagoge. Über das Verhältnis zwischen Christen und Juden in der dänischen Aufklärung], Kopenhagen 2002, 341–374; DERS., Frie Jøder? Forholdet mellem kristne og jøder i Danmark fra Frihedsbrevet 1814 til Grundloven 1849 [Freie Juden? Über das Verhältniss zwischen Christen und Juden in Dänemark vom Freiheitsbrief 1814 bis zum Grundgesetz von 1849], Kopenhagen 2005, 16–35.

[22] SCHWARZ LAUSTEN (s. Anm. 1), 130.

Schriften von Johann Rambach verwendete. Der Höhepunkt war die Taufe, bei welcher der Proselyt einen neuen »christlichen« Namen oft nach einem Mitglied des Königshauses erhielt. Die Taufe war in den meisten Fällen als ein demonstratives Ereignis angelegt, das auf andere Juden missionarisch wirken sollte. Die Paten waren gern Leute aus den höheren Klassen, und sie schenkten dem Betreffenden Bargeld als Taufgabe. Von ca. 1700 bis ca. 1800 handelte es sich um ca. 220 Juden, und ungefähr die Hälfte von ihnen wurde tatsächlich getauft. Die Zahlen sind aber unsicher.[23]

Als sich andeutete, dass sich das Verhältnis zwischen der jüdischen Minderheit und der übrigen Gesellschaft nach dem jüdischen Freiheitsbrief vom 29. März 1814 und nach dem Dänischen Grundgesetz, das 1849 umfassende Religionsfreiheit garantierte, harmonischer gestalten würde, da brach in den 1870er Jahren eine antisemitische Bewegung los. Der wortgewaltige Bischof von Seeland, Hans Lassen Martensen (1808–1884), richtete in seinem ausführlichen Buch *Die christliche Ethik* (1878) direkte Verhöhnungen und Angriffe gegen die Juden in Dänemark. Obwohl viele Familien mehr als 200 Jahren in Dänemark gewohnt hatten, seien sie nur, so meinte er, Gäste, und »ein Gast soll doch nicht ein Mitregierender in unserem Haus werden«. Die Juden stellten nämlich alle auflösenden Kräfte in Kirche und Gesellschaft dar. Sie stünden hinter der unsittlichen Literatur, beherrschten die Presse, dächten nur an Geld und wünschten, die ganze Gesellschaft zu beherrschen usw.

Einige Pastoren in Kopenhagen folgten ihrem Bischof. In seinem fast 900 Seiten dicken Handbuch für den Unterricht der Konfirmanden zeigt Nicolaj Gottlieb Blædel (1816–1879) dieselbe Haltung. Zwar zitiert er aus Luthers *Dass Jesus Christus ein geborener Jude sei* (1523), aber auch aus Luthers antijüdischen Schriften von 1543, und er erklärt, dass die Juden selbst an ihrem Schicksal schuldig seien. Pfarrer Johannes Kok (1821–1887) äußerte sich ähnlich, als er eine dänische Übersetzung von Friedrich und Otto Strauss' *Die Länder und Stätten der Heiligen Schrift* (2. Aufl. 1877) herausgab. In selbständigen Abschnitten richtete er Angriffe auf die Juden und erklärt unter anderem, dass der Antichrist ein Jude sein werde.[24] Auch

---

[23] A.a.O. 83–88.113–118. DERS., Haltungen zum Judentum und zu den Juden in der Dänischen Kirche während des Pietismus mit besonderer Bezugnahme auf die Judenbekehrungen (in: WALTER BELTZ [Hg.], Biographie und Religion. III. Internationales Callenberg-Kolloquium in Halle vom 15.–17.10.1997, Hallesche Beiträge zur Orientwissenschaft 24, Halle 1997, 91–108).

[24] N. G. BLÆDEL, Udvidet Confirmationsundervisning, Kopenhagen 1876. JOHANNES KOK, Det hellige Land og dets Nabolande i Fortid og Nutid, Kopenhagen 1878. Dazu: MARTIN SCHWARZ LAUSTEN, Folkekirken og jøderne. Forholdet mellem kristne og jøder i Danmark fra 1849 til begyndelsen af det 20. århundrede [Die Volkskirche und die

der Professor der Kirchengeschichte und spätere Bischof von Nordjütland Fredrik Nielsen (1846–1907) folgte Bischof Martensen. Er übersetzte 1877 große Teile von August Rohlings *Der Talmudjude* (1871) ins Dänische und war beeinflusst von Adolf Stoeckers *Das moderne Judenthum in Deutschland* (1880), dessen Auffassungen, dass die Juden eine Gefahr für die Christen seien, dass sie die internationale Presse beherrschten, dass sie selbst Schuld an ihren Verfolgungen trügen, dass sie Fremde seien und dass sie aus öffentlichen Ämtern zu entfernen seien, er teilte.[25]

Diese Angriffe wurden aber von dem theologisch gut ausgebildeten, in Gießen promovierten Oberrabbiner in Kopenhagen Abraham Alexander Wolf (1801–1891) in einem 600 Seiten starken dänischen Werk, *Talmudfjender* [Talmudfeinden] (1876), zurückgewiesen. Wolf zeigt unter anderem, dass die erwähnten Theologen die rabbinische Theologie nicht kennen und nur Wissen aus zweiter Hand besitzen. Bemerkenswert ist es, dass Wolf nicht nur auf Luthers *Dass Jesus Christus ein geborener Jude sei* hinweist, und zeigt, wie unzulänglich Blædel Luther wiedergibt. Der Oberrabbiner kennt und zitiert auch andere Schriften Luthers, beispielsweise seine *Operationes in Psalmos* (1519–21). Eine Antwort von Martensen und seinen Gesinnungsgenossen darauf erschien nie.[26]

Eine eigenartige Stellung nahm die Leitung der dänischen *Israelmission* ein. Man distanzierte sich zwar generell vom Antisemitismus, dennoch äußerte man sich schroff antijudaistisch und in manchen Fällen auch klar antisemitisch. So findet sich die Behauptung, dass der Antisemitismus ein Teil der Pläne Gottes sei, um die Emanzipation und Assimilation von Juden zu verhindern. Ähnliche Haltungen wurden in der *Inneren Mission* (Gemeinschaftsbewegung) und von einzelnen in der *Grundtvigschen Bewegung* zum Ausdruck gebracht.[27]

Bevor wir uns dem 20. Jahrhundert zuwenden, soll darauf aufmerksam gemacht werden – wie schon Johannes Wallman gezeigt hat –, dass die Haltung der lutherischen Theologen bis zum Anfang des 18. Jahrhunderts von Luthers antijüdischen Schriften aus dem Jahr 1543 bestimmt war, während der lutherische Pietismus sich auf Luthers *Dass Jesus Christus ein geborener Jude sei* (1523) bezog.[28] Das gilt in einem gewissen Umfang auch

---

Juden. Über das Verhältnis zwischen Christen und Juden in Dänemark von 1849 bis zur Anfang des 20. Jahrhunderts], Kopenhagen 2007, 53–74.
[25] SCHWARZ LAUSTEN (s. Anm. 1), 178–183.
[26] SCHWARZ LAUSTEN (s. Anm. 24), 83–108.
[27] SCHWARZ LAUSTEN (s. Anm. 1), 183–190.200–212.
[28] JOHANNES WALLMANN, The Reception of Luther's Writings on the Jews from the Reformation to the End of the 19th Century (in: Lutheran Quarterly 1, 1987, 72–97, bes. 83f.).

in Dänemark. Oben ist angezeigt, wie die Theologen im 17. Jahrhundert und Anfang des 18. Jahrhunderts die antijüdischen Schriften aus dem Jahr 1543 benutzten. Aber 1725 konnte Ditlev Rewentlow Luthers Judenschrift von 1523 positiv aufnehmen. Vom Ende des 19. Jahrhunderts kann man Pfarrer Christian Kalkar nennen, der der Gemeinschaftsbewegung nahestand. In seinem Buch *Israel og Kirken* [Israel und die Kirche] von 1881 zitiert er zustimmend aus Luthers Judenschrift von 1523 und bedauert, dass Luther seine Haltung hier geändert habe. Offen erklärt Kalkar, dass man »Luthers Hass den Juden gegenüber nicht rechtfertigen« könne, und das zeige, fügt er hinzu, dass man einem Meister nie unbedingt folgen solle. Man solle dagegen immer seine Äußerungen mit dem Inhalt der Bibel vergleichen.[29]

Übrigens wurden weder Luthers Schrift von 1523 noch die antijüdischen Schriften aus dem Jahr 1543 ins Dänische übersetzt oder in Dänemark auf Deutsch herausgegeben. Das geschah erst im 20. Jahrhundert.

4. Das 20. Jahrhundert

Anfang des 20. Jahrhunderts beschäftigten sich mehrere Kreise der Volkskirche mit den zwei großen Bewegungen des *Zionismus* und des *Antisemitismus*. Was den Zionismus und die Einwanderung nach Palästina angeht, fand sich in den Kreisen der Dänischen Missionsgesellschaft, in der *Dänischen Israelsmission*, die Auffassung, dass die Bemühungen in dieser Richtung ohne Erfolg sein würden, weil das religiöse Element fehle und sich die Zionisten nicht zum Christentum bekehrten. Der die Missionsgesellschaft unterstützende Bischof Alfred Svejstrup Poulsen (1854–1921) bemerkte 1912, dass der Zionismus jüdischen Hochmut und jüdische Selbstsicherheit fördere und zu mehr Antisemitismus führen werde. Es gebe, so meinte er, nur einen Weg nach Zion, nämlich die Bekehrung der Juden zu Christus. So befand auch der Neutestamentler Prof. Frederik Torm (1870–1953), von 1921 bis 1949 Vorsitzender der Gesellschaft, der allerdings auch auf das Recht der Araber auf Palästina aufmerksam machte. Diese ablehnende Haltung dem Zionismus gegenüber beherrschte auch die *Innere Mission*, wo man den arabischen Widerstand und die Leiden der Juden zu Äußerungsformen der Strafe Gottes erklärte. Dieselbe Einstellung konnte man in der *Grundtvigschen Bewegung* finden. Bemerkenswert ist aber, dass sich dort auch die proarabische Haltung Alfred Nielsens (1884–1963), eines in Syrien wirkenden Missionars, fand, der Einspruch

---

[29] Vgl. CHRISTIAN HERMAN KALKAR, Israel og Kirken, København 1881, 138–141.

gegen die Auffassung erhob, die alttestamentlichen Prophetien über das Land Israel und Jerusalem seien buchstäblich aufzufassen.[30]
1917 organisierte sich der Antisemitismus in der *Dänischen Vereinigung zur Einschränkung fremder Elemente*. Deren antisemitischen Propaganda verwies auch auf Luthers *Von den Juden und ihren Lügen* und auf die oben erwähnten Bischöfe Martensen und Nielsen. Als Anfang der 1930er Jahre der aus Deutschland kommende Nationalsozialismus in Dänemark Fuß fasste, trat der stark antisemitisch eingestellte Gemeindepfarrer Anders Malling (1896–1981) aus Südjütland in die Partei ein, wo er bald einer der führenden Leute wurde. Er hielt Gottesdienste bei den Jahresfesten der Partei, wo er das Motto »Das Hakenkreuz bahnt für das Kreuz Christi den Weg« verbreitete. Er hielt Vorträge für große Versammlungen, gab Predigten und anderes Material heraus und übersetzte die Parteihymne der deutschen Nationalsozialisten, das Horst-Wessel-Lied, ins Dänische. Als er schon 1936 die Partei verliess – unklar ist es, ob er ausgeschlossen wurde oder ob er aus eigenem Antrieb ging – gründete er seine eigene Partei, *Dansk Folkefællesskab* [Dänischen Volksgemeinschaft], wo er sich in dem Blatt der Partei und in Büchern stark antisemitisch äußerte. Er berief sich dabei auf die Bibel, Luther und Bischof Martensen, sprach von der Reinheit des Blutes und der Zerstörung der dänischen Gesellschaft durch die Juden, forderte, dass sie in einem Land versammelt würden, »damit alle Völker von ihnen befreit würden«. Malling wurde von der von ihm mitgegründeten Partei ausgeschlossen, widmete sich dann der Hymnologie und gab in den Jahren 1962 bis 1978 ein achtbändiges Werk über die dänische Choralgeschichte heraus. Es gelang ihm, nach der Befreiung 1945 öffentlicher Missbilligung zu entgehen. 1961 wurde ihm vom dänischen König das Ritterkreuz verliehen. Sein recht umfassendes – derzeit noch geschlossenes – Archiv befindet sich im Reichsarchiv Kopenhagen und ist nur für die Forschung zugänglich. Ich bekam die Erlaubnis, damit zu arbeiten.[31]

Nach der deutschen Besatzung Dänemarks wurde 1942 eine nationalsozialistische Pastorengruppe gegründet, die allerdings nicht mehr als etwa 10 bis 14 Mitglieder zählte. Über ihre Tätigkeit schweigen aber die Quellen fast ganz.[32] Im Jahre 1942 gründeten Sympathisanten des Nationalsozialismus die *Dansk antijødisk Liga* [Dänische antijüdische Liga] mit dem einem Ziel, die Juden in Dänemark zu bekämpfen. Das Blatt der Liga,

---

[30] Schwarz Lausten (s. Anm. 1), 226–229.
[31] A.a.O. 229–240. Ders., Die Auseinandersetzung mit dem Nationalsozialismus und Antisemitismus in der dänischen Kirche in den Jahren 1933 bis 1947 (in: Mitteilungen der Evangelischen Arbeitsgemeinschaft für Kirchliche Zeitgeschichte 30, 2012, 71–111).
[32] Vgl. Schwarz Lausten (s. Anm. 1), 243–245.

Kamptegnet [Das Kampfzeichen], eine Parallele zu dem deutschen *Der Stürmer*, ist in seinem vulgären und verlogenen antisemitischen Inhalt kaum je in Dänemark übertroffen worden. Glücklicherweise gelang es in den Tagen der Befreiung im Mai 1945, das recht umfassende Archiv der Liga zu beschlagnahmen. Ich konnte im Reichsarchiv Kopenhagen damit arbeiten, obwohl es noch unzugänglich ist. Bemerkenswert ist darin die recht umfassende Aktivität, die der Pastor emeritus Laust Jeppesen Laursen auf Wunsch der Schriftleitung entfaltete, um in einer gehässigen, stereotypen Sprache ›theologisch‹ für den Antisemitismus zu argumentieren. Interessant ist es, dass auch andere Leute in der Liga sich in dem Blatt mit den *religiösen* Aspekten des Antisemitismus beschäftigten. Luthers wohlbekannte Aufforderungen in seinem *Von den Juden und ihren Lügen* zu Maßnahmen gegen die Juden wurden auf Dänisch von den dänischen Nazis 1938 herausgegeben und erschienen ein weiteres Mal 1972.[33]

Aber dennoch kann kein Zweifel bestehen, dass die theologisch und weltlich begründete Judenfeindschaft, die jahrhundertelang in dänischen kirchlichen Kreisen geherrscht hat, nur die eine Seite der Sache ist. Die große Mehrheit der fast 2000 Pastoren der Evangelisch-Lutherischen Kirche hat sich im Laufe der Zeit kaum antijüdisch hervorgetan, sondern distanzierte sich vielfach von der Judenfeindschaft, so auch im 20. Jahrhundert, wie zahllose Beiträge in den kirchlichen Zeitschriften und das Verhalten gegenüber Juden zeigen. Einige Belege sollen hier erwähnt werden: Nach der Neuauflage der antisemitischen Propagandaschrift *Die Protokolle der Weisen Zions* (1936) und nach der *Kristallnacht* schienen sich Pastoren, Universitätstheologen und Gemeinden über die Folgen des Antisemitismus im Klaren zu sein, mochte er religiös oder weltlich begründet sein. Es tauchten Protestadressen und verurteilende Erklärungen in Schriften und Vorträgen auf. In der Kirche wurden Geldsammlungen durchgeführt, und die – noch existierende – Tageszeitung *Kristeligt Dagblad* [Christliche Tagesblatt] organisierte eine wochenlange Geldsammlung unter den Lesern zugunsten notleidender Juden in Deutschland, die eine recht ansehnliche Summe einbrachte. Führende Theologen bemühten sich auch, deutschen und österreichischen Juden Hilfe zu leisten. Ein Pfarrer, Jens Holdt, der zahlreiche Artikel über deutsche Verhältnisse in *Præsteforeningens Blad* [Zeitschrift des Pfarrervereins] schrieb, wurde 1937 abgesetzt, weil er Verständnis für die *Deutschen Christen* ausgedrückt hatte, sich von den Barthianern und der Bekennenden Kirche in Deutschland distanziert hatte und nicht über die Judenverfolgungen schrieb.[34]

---

[33] MARTIN LUTHER, Om jøderne og deres Løgne, oversat fra tysk af Olga Eggers, København 1938 (ND Aarhus 1972).
[34] SCHWARZ LAUSTEN (s. Anm. 1), 240–242.

Nach der deutschen Besatzung 1940 waren direkt judenfreundliche Äußerungen gefährlich. Ich konnte aber eine geheime Initiative aus dem Jahre 1942 von einer Pastorengruppe in Nordjütland entdecken, da ich Archivalien von Angehörigen des betreffenden leitenden Pfarrers, Otto Paludan, bekam. Die Pastoren schrieben an eine Reihe von Politikern sowie an den Oberrabbiner Max Friediger (1884–1947), und sie verlangten, dass die dänischen Politiker einer eventuellen zukünftigen antijüdischen Gesetzgebung der deutschen Besatzungsmacht im Parlament *nicht* zustimmen sollten. Die Pastorengruppe kündigte auch an, öffentlich dagegen zu protestieren. Zu einer solche Gesetzgebung kam es jedoch nicht. Später, als der Oberrabbiner verhaftet wurde, schrieb diese Gruppe tröstende Briefe an ihn. Erwähnt soll hier auch sein, dass die Torarollen der Kopenhagener Synagoge heimlich in eine der Kirchen Kopenhagens verbracht und dort während der Besatzung aufbewahrt wurden.[35]

Als der Bischof von Kopenhagen, Hans Fuglsang Damgaard, 1943 erfuhr, dass eine Judenaktion durchgeführt werden sollte, um alle dänischen Juden in Konzentrationslager nach Deutschland zu überführen, schrieb er im Namen aller Bischöfe einen *Hirtenbrief*, in welchem er mutig gegen die Judenverfolgungen protestierte. Der Text wurde von zwei Kopenhagener Pfarrern, Torkild Glahn und Niels Jørgen Rald, für den Bischof konzipiert. Der Brief sollte von allen Kanzeln am 3. Oktober 1943 verlesen werden. Das geschah auch, und, wie bekannt, gelang es fast sämtlichen Juden – es waren um 7000 –, in das neutrale Schweden zu fliehen. Viele Pfarrer und Bischöfe halfen bei dieser Flucht mit. Zum Beispiel wurde der zweiter Rabbiner, Marcus Melchior, der später Oberrabbiner wurde, mit seiner ganzen Familie und etwa 50 weiteren Personen bei dem Bischof von Lolland-Falster, Niels Munk Plum, einlogiert, bevor sie nach Schweden in Sicherheit segeln konnten. Der Bischof Fuglsang Damgaard war auch einer der Aktivsten bei der Versendung von Rot-Kreuz-Paketen an die 450 dänischen Juden, die trotz allem in das Konzentrationslager Theresienstadt kamen. Unter diesen war auch der Oberrabbiner Max Friediger. Es gibt in den betreffenden Archiven einen kleinen schönen – noch ungedruckten – Briefwechsel zwischen ihm und dem Oberrabbiner im Konzentrationslager. Auf starken Druck von Seiten vieler Pastorenkreise, nicht zuletzt als eine Reaktion auf den Gestapo-Mord an dem Pfarrer und Dramatiker Kaj Munk am 4. Januar 1944, veröffentlichten die Bischöfe am 27. Februar 1944 abermals einen gemeinsamen – vorsichtigen – Hirtenbrief, der von den Kanzeln des Landes verlesen werden sollte.[36] Als nach der Befreiung

---

[35] A.a.O. 248–249.
[36] A.a.O. 251–259.

1945 die Synagoge wieder eingeweiht wurde, sprach der Oberrabbiner einen herzlichen Dank aus: »Wir danken auch Bischof Fuglsang-Damgaard, und wir wollen nie vergessen, was der Bischof und die dänischen Pfarrer der Volkskirche für uns waren in den finsteren, harten Tagen.«[37]

Hinzugefügt werden soll, dass es nach dem Krieg eine heftige öffentliche Diskussion gab, weil eine Pastorengruppe ihren Bischof in Aarhus, Skat Hoffmeyer (1891–1979), anklagte, dass er während der deutschen Besatzung auf einem Pfarrerkonvent 1942 »prodeutsche und antijüdische« Bemerkungen ausgesprochen habe. Ein Gerichtsverfahren von 1945 bis 1947 brachten auf Seiten des Bischofs und des Propsts Christian Baun (1898–1972), später Bischof in Viborg, der auch damals zugegen gewesen war, bei diesen beiden Männern und bei anderen Spuren des traditionellen Antijudaismus zum Vorschein. Der Bischof erklärte unter anderem im Gerichtssaal, dass er Juden nie gern gehabt habe, und der Propst sagte, dass ein Fluch auf den Juden liege und man diesen Fluch nicht aufheben könne. Keiner von beiden wurde verurteilt.[38]

Antisemitismus gibt es heute kaum unter den dänischen lutherischen Pastoren, aber bei einzelnen gewiss Antijudaismus, bewusst oder unbewusst, auch in Hymnen, Gebeten und Predigten. In Predigten kann man hören, dass die Juden im allgemeinen nach Werkgerechtigkeit strebten und in Gesetzessklaverei lebten. Aussagen der Bibel werden direkt in unsere Gegenwart verlängert. Im Kollektengebet für den 10. Sontag nach Trinitatis hieß es ursprünglich: »Lasse uns dein Wort nicht in den Wind schlagen und es ohne Frucht hören, wie dein Volk, die ungläubigen Juden, es taten!« Das wurde 1895 geändert in: »wie dein Volk Israel in seinem Unglauben tat!«, was eher eine Verschlimmbesserung zu sein scheint. Erst 1992 wurde dieser Passus ganz entfernt. Am 25. Sontag nach Trinitatis hieß es: »Bewahre uns vor Irrtum und Ketzerei, dass wir nicht undankbar werden und dein Wort verachten wie die Juden!« Das wurde erst 1988 geändert. Heute heißt es: »Bewahr uns vor Irrtum und Ketzerei!«

Hinzugefügt soll auch werden, dass die orthodox-lutherische Bewegung *Tidehverv* [Zeitwende] 1999 Luthers *Von den Juden und ihren Lügen* in einer vollständigen dänischen Übersetzung herausgab. Auf dem Buchumschlag heißt es, dass weder Juden noch Muslime an Gott glaubten, weil sie Jesus als Messias nicht anerkennen. Einer der Herausgeber, Pfarrer

---

[37] A.a.O. 259.
[38] A.a.O. 264–267. Ausführlicher in MARTIN SCHWARZ LAUSTEN, Jødesympati og jødehad i Folkekirken. Forholdet mellem kristne og jøder i Danmark fra begyndelsen af det 20. århundrede til 1948 [Judensympathie und Judenhaß in der Volkskirche. Über das Verhältnis zwischen Christen und Juden in Dänemark vom Anfang des 20. Jahrhunderts bis 1948], Kopenhagen 2007, 397–430.

Jesper Langballe, bemerkt, dass das Judentum Gotteslästerung sei. Der andere Herausgeber, Pfarrer Søren Krarup, widerholt die alte Floskel, dass die Juden den Antisemitismus selbst hervorbrächten, wenn sie sich äußerten. Von 2001 bis 2011 waren die beiden als Vertreter der rechtsorientierten *Dansk Folkeparti* [Dänische Volkspartei] Mitglieder des dänischen Parlaments (Folketinget).

1966 erschien das Buch *To veje? En bog om jødedom og kristendom* [Zwei Wege? Ein Buch über Judentum und Christentum] des Pfarrer Poul Borchsenius (1897–1983), der auch andere Bücher über die Juden in Dänemark geschrieben hatte. Er gibt eine Darstellung der beiden Religionen, fordert zum Dialog auf und warnt vor verpflichtungsloser Toleranz. Denn erst, wenn der Jude ein wahrer Jude und der Christ ein wahrer Christ seien, könnten die beiden sich in gegenseitigem Respekt begegnen. Aber dann fragt Borchsenius, ob Gott vielleicht zwei Wege für das Heil der Seelen gebahnt habe, einen Weg über Sinai für fromme Juden, und einen Weg über Golgatha für frommen Christen, und ob diese beide Wegen nicht einst in der Zukunft verschmelzen werden, wenn Juden und Christen demselben Herrn begegneten.[39] Zu einer Debatte über diesen Gedanken kam es in kirchlichen Kreisen Dänemarks erst 2010.

---

[39] SCHWARZ LAUSTEN (s. Anm. 1), 271–272.

Norwegian Lutheranism and the Jews

VIDAR L. HAANES

1. The 16th Century

Norway was under Danish control between 1524 and 1814, formally in a personal union, but under Danish hegemony.[1] As far as we know, no Jews visited Norway in the 16th century. After the Reformation, a great portion of the ministers came from Denmark. Some of the clergy were well educated, having studied either in Copenhagen or Rostock. A translation of Pfefferkorn's pamphlet *Judeorum Secreta*, translated into Danish as early as 1516, has been found in Norway. A notebook from 1587, containing a Norwegian translation of *Urbanus Rhegius'* dialogue between a Christian and a Jew, can be found in the remote Setesdalen.[2]

In his books on Church and Synagogue in Denmark, Professor Martin Schwarz Lausten investigates the common opinion on Judaism and Jews, using among other material also sermons and pamphlets, prayer books and visual art.[3] I will use the Norwegian humanist and Bishop Jens Nilssøn as an example on how representatives of the Lutheran Church looked upon Judaism and the Jews in the 16th Century.

Jens Nilssøn was born in Oslo in 1538 and was appointed Bishop of Oslo in 1580. He was the leading figure in the small but influential group of men who introduced humanism to Norway. The »Oslo Humanists« were especially connected to Rostock, where Jens Nilssøn also had all his books published. He wrote extensively in Latin and Norwegian (Danish): Theology, sermons, visitation protocols, poesy, natural sciences, especially astronomy as well as history. In his first book, *Epideigma*, Jens Nilssøn develops a Mosaic philosophy, going through Genesis.[4] He also writes about many other relevant philosophers, who sometimes confirm and

---

[1] For the situation in Norway, there is not much to add to what Professor Martin Schwarz Lausten has written in his contribution to this volume about the history of the Jews in Denmark in the 16th and 17th Century.

[2] URBANUS RHEGIUS (1489–1591) wrote a *Dialogue sermon* between his learned (Hebrew-speaking?) Frau Anna and himself. SCOTT H. HENDRIX, Toleration of the Jews in the German Reformation: Urbanus Rhegius and Braunschweig (1535–1540) (in: ARG 81, 1990, 189–215, here: 193sqq.). Cf. THOMAS KAUFMANN, Das Judentum in der frühreformatorischen Flugschriftenpublizistik (in: ZThK 95, 1998, 429–461, here: 458).

[3] MARTIN SCHWARZ LAUSTEN, Kirke og Synagoge, København 1992; Jews and Christians in Denmark: From the Middle Ages to Recent Times, ca. 1100–1948, Leiden 2015.

[4] Ἐπίδειγμα seu specimen commentationis meditationisque sacrarum literarum (1572?).

sometimes oppose the philosophy of Moses. But in the latter cases, he tries to show that they are wrong and Moses was right, due to the fact that Moses had his knowledge and wisdom directly from God.[5]

In a sermon from 1578 on Matthew 24, Jens Nilssøn explains that the destiny of the Jews is a warning for the Christian Church today.[6] If God did not spare the natural branches, why should He spare us? This is a conventional interpretation of Matthew 24, and I find no specific anti-Jewish tendency in this sermon. Jens Nilssøn is most of all concerned about signs and prophecies. He mentions that from the year the Israelites started out from Egypt crossing the Red Sea, until The Fall of Jerusalem, it took 1580 years. Then from the birth of Christ and until this day, we count 1578 years, he said, and continued: »Some believe that when we reach the year 1580, something new, something remarkable, wonderful and terrible will happen, but whatever that remains to be seen.« We could perhaps add, that at least for Nilssøn personally something remarkable happened in 1580, as he became the bishop of Oslo that year.

Three years later, on *Dominica Decimus post Trinitatis* in 1583, he gave a sermon on Luke 19, the destruction of Jerusalem.[7] In that sermon we find a rather explicit anti-Judaism, probably not exceptional among Lutheran clergy in Norway in the 16th century, although Jens Nilssøn was extraordinarily well educated compared to common pastors. I quote (and translate):

»Jesus is crying for his enemies and antagonists. He is crying for Jerusalem and feels pity for the Jews, who are his greatest enemies and antagonists, because of their wretchedness, misery and corruption, as he could foresee what they in the future would come to suffer and undergo because of their ungodliness and ingratitude. So, this is a great comfort for us, that we have a Lord and God like that, such a patron and spokesman, who loves us like a brother and friend with compassion and empathy with our misery«.

Nilssøn then turns into Latin, citing from the letter to the Hebrews:

»habemus Pontificem qui non affici possit sensu infirmitatum nostrarum, sed tentatum per omnia iuxta similitudinem absque peccato«.

He continues:

---

[5] Jens Nilssøn is not as elegant as Johann Reuchlin in his *De verbo mirifico* (1494), where he treats the three paths towards divine knowledge through his three disputants, the epicurean Sidonius, the Hebrew Baruchias and the Christian Capnion (Reuchlin's Greek name) – even if Jens Nilssøn ideas resembles Reuchlin's understanding of Hebraica veritas (JENS NILSSØN, To og Tredive Prædikener: holdt i Aarene 1578–1586, Kristiania 1917, 146).
[6] NILSSØN (s. note 5), 431.
[7] Ibid. 335.

»God has punished the Jewish people because of their ungodliness and ungratefulness. God's revenge and punishment has come over them and their children, starting after they cried to Pilate: *Sanguis eius super nos et super filios nostros*. The punishment of the Jews continues until this day, and will for certain continue till the last day. The Jews have no city, no temple, no priesthood nor kings, but they walk in darkness, without God, without God's word, without eternal life and light, without comfort and safety, without any place of their own, no house nor home, they are doomed to wander and move around from place to place, now being the scum of the earth, scorned, always despised. And as the Jews once scornfully sold their Lord and Master Jesus Christ for 30 silver pennies, so they are today themselves sold even more scornfully, 30 Jews for a penny. The Lord has set them as an example of his wrath, so that all tyrants, all violators, all who despises God's word, all the enemies of Christ and Christendom, will see themselves in their mirror«.

But why did God punish the Jewish people so hard, Jens Nilssøn asks? The reason is that

»the Jews despised God and his Son Jesus Christ, killed him and killed the holy prophets and apostles; some they stoned to death, some they crucified, some they beheaded, some they banned and excluded from their assemblies, some they whipped and innocently killed, exercising all kinds of sins and depravities, never willing to repent«.[8]

What written sources does Bishop Nilssøn use? From the Bible he cites Paul, king David, the prophets Hosea, Daniel and Haggai. He cites Josephus extensively, but also Polycarp and the 4th century neo-platonic writer Sallustius, but not Luther nor any other Lutheran theologians. In the following sermon, on the *Festo Sancti Michaelis*, he quotes Augustine and Beda, as well as the Scripture. But neither in that sermon nor in the other sermons of this Lutheran bishop of Oslo maintained in print do we find any quotations of Martin Luther.

2. The 17th Century

The first known mentioning of Jews in Norwegian public documents concerns the Sephardic Jews, or »Portuguese« Jews, as they were called in Denmark and Norway. In 1583 Jews were allowed to settle in Altona, then under the Duke of Schauenburg. In 1640, King Christian IV of Denmark and Norway (1577–1648) took control in Schleswig and Holstein. The king had given the opportunity to a few Jews in Hamburg and Glückstadt to obtain *Geleitsbrief* (Letter of Safe Conduct) to his kingdom:

---

[8] Then follows a long passage on the signs in the heavens, on comets and on a new, strange star that has arrived in the year 1572, as a »sign of wonders«, the so called Cassiopoeia, never to have been seen since the creation of the earth«. The bishop is talking about the aftermath of the supernova called Tycho's Star. It was observed in 1572 by Jens Nilssøns friend, Tycho Brahe. Nilssøn published *De portentoso cometa, qvi anno MDLXXVII. apparuit* (Rostock 1577).

»Wir geben auch dehnen die also in Vnser Glückstadt sich niederlaszen eien solchen *salvum conductum*, das sie in Vnsern Reichen vndt Fürstenthümben mit ihren dieners frey sicher mögen handlen, wandlen und negocijren, ausz vndt einreiszen weg ziehen und wieder kommen ihres gefallens.«[9] In 1641 the king also declared protection for the so-called Schutzjuden, German Jews who had been allowed to settle in Altona. But we don't know whether any Jews actually arrived in Norway. But there was a campaign to attract Jews to settle in Kristiansand, on the southern coast of Norway, established by King Christian IV in the same year, 1641. The King offered certain privileges to people willing to move to this new established town, trying to attract »wealthy, clever or gescheftigen« people. In order to attract such people from other nations, the King offered freedom of religion, explicitly to Calvinists, Catholics and Jews – who according to the King should be allowed to move to Kristiansand. They were also allowed to build their own churches (sic) if or when they had reached a certain number. But not a single Jew arrived, in this rather desperate campaign to build up Kristiansand as a flourishing city.[10] Not until the 1680s did Jews actually come to Norway, and then in connection with finance, trade and mining.

3. The 18th Century

In 1728 the government in Copenhagen decided to make some effort to convert the Jews, but only a few were baptized. In 1754 it was decided to collect money in the local Lutheran congregations in Denmark and Norway, to financially support Jews who converted to Christianity. It was named The Jewish Proselyte Fund, but it was no success and never used. The famous Norwegian-born enlightenment-philosopher and author Ludvig Holberg (1684–1754) put a Jew in almost every play he wrote. In one of his epistles (no. 485) he writes: »Among all nations on earth of which we have any history written, there are no greater liars than the Jews – and strange enough – they lie simply to lie, as their lies have no other purpose then to show examples of their shameful habit, to create the most ridiculous stories.« What irritated Holberg was that learned rabbis were reading some of the passages in Talmud allegorically. This allegorical reading was »the lies and ridiculous stories«, which for the enlightened Holberg was intolerable. But it can hardly be judged as anti-Semitic, hardly anti-

---

[9] OSKAR MENDELSOHN, Jødenes historie i Norge gjennom 300 år, vol. 1, Oslo 1969, 12.
[10] SVERRE STEEN, Kristiansands historie 1641–1814, Oslo 1941, 160.

Judaic. Holberg was especially interested in the Jews and in the history of the Jewish people. He wrote the complete history of the Jews, published in 1742 in two volumes.[11] Christian Hebraists dominated the field of scholarly enquiry in Germany. But Holberg was also French and British orientated, and may well have read the work of the Huguenot Jacques Basnage de Beauval (1653–1723) who wrote the History of the Jews from Jesus Christ to the present, with certain messianic undertones and sympathies with the fate of the Jews.[12] Like Semler, who concluded that God watched over Israel and ensured that Jews were spared and protected for a divine purpose, this providential view of Jewish history was expressed in Ludvig Holberg's History of the Jews. Holberg understood history in a secular way as the history of mankind, in contrast to the Jews, who understood theirs as a result of God's providence.[13] Holberg writes about the Jewish nation, the strange and remarkable history of the Jews from creation until present day: At times you see them as God's favourite nation, the pet of God, and their history is a chain of miracles, at other times as the despised and miserable nation, the scum of the earth. No one can deny, Holberg writes, that the Jewish nation is created as a mirror of God's remarkable providence. The rest of the peoples on earth have, century after century, conspired to destroy the Jews, and yet the Jewish nation is the longest lasting of all, conserving not only its name, but also its language, Law, moral, yes even every tiny ceremony.

4. The Jew Paragraph in the Norwegian Constitution

Norway became a sovereign nation in 1814, by adapting its own constitution after 434 years in union (absolute monarchy) with Denmark. The constitution was crafted around three principles: separation of powers, the safeguarding of civil rights and sovereignty of the people. In May 1814 the Norwegian constituent assembly at Eidsvoll prohibited Jews to enter the country with 94 in favor and only 7 against. Paragraph 2 in the Norwegian constitution stated:

---

[11] The work was translated into German in 1747: *Jüdische Geschichte von der Erschaffung der Welt bis auf Gegenwärtige Zeiten*, published in Altona and Flensburg, among the cities in the Danish-Norwegian kingdom where the Jews were permitted to settle.

[12] JACQUES BASNAGE DE BEAUVAL, Histoire des Juifs, depuis Jesus-Christ jusqu'à présent, La Haye 1716 (cf. L'histoire et la religion des juifs, depuis Jésus-Christ jusqu'à présent, pour servir de supplément et de continuation à l'histoire de Josep, I-IV, Rotterdam 1706/07.) Cf. Pierre Birnbaum's contribution in this volume.

[13] NILS H. ROEMER, Jewish Scholarship and Culture in Nineteenth-Century Germany. Between History and Faith, Madison 2005, 17.33.

»The Evangelical-Lutheran religion remains the public religion of the State. Those inhabitants, who confess thereto, are bound to raise their children to the same. Jesuits and monastic orders are not permitted. Jews are still prohibited from entry to the Realm.«[14]

We notice that Norway, unlike Denmark, made no provision for obtaining a *Geleitsbrief* which would enable Jews to legally enter the country for specific purposes. The police followed up, and arrested Jews trying to get into the kingdom. There was a fine of 1000 Riksthaler[15] for Jews illegally entering the country, and a reward on 5 Riksthaler for reporting illegal Jews in Norway. The prohibition of Jews to enter the country was mainly driven by merchants and politicians, but the arguments used were often religious or theological.

Christian Magnus Falsen (1782–1830) was the main author of the Norwegian constitution of 1814, and the architect behind the Jew Paragraph. In 1817 he had become the governor of Bergen. He came into a public debate in the periodical *Den norske tilskuer* with the converted Jewish merchant, Heinrich Glogau (1786–1821).[16] Glogau had come to Bergen in 1812 as trade attendant for the more famous converted Jew, Edward Isak Hambro.[17] Glogau wanted to know the reason for and meaning of the Jew Paragraph:

»What have we done against you, Norwegians, for you to detest us as if we were infected with pestilence? Look into your diaries. When and where did we ever offend you?«

C.M. Falsen answered, focusing on Jewish religion, claiming that a religion expressing so much hatred and contempt towards all those not confessing this faith, forces the Jew always to oppose the non-Jewish fellow citizens, seeing it a duty to destroy the nation in which he lives.[18]

How did the clergy in Bergen react to this debate? The newly appointed bishop of Bergen (1817), Claus Pavels (1769–1822), wholeheartedly supported the governor. But the former bishop, Johan Nordahl Brun

---

[14] The present Article 2 in the Norwegian Constitution goes: »Our values will remain our Christian and humanist heritage. This Constitution shall ensure democracy, a state based on the rule of law and human rights«.

[15] Today's value is approximately € 30 000.

[16] Frode Ulvund, Fridomens grenser 1814–1851. Handhevinga av den norske »jødeparagrafen«, Oslo 2014, 177–184.

[17] Edward Isak Hambro (1782–1865) was born in Copenhagen, the great grandson of Rabbi Isaach Levy in Rendsburg. Edward Hambro moved to Bergen in 1810 and started the »Norwegian branch« of the Hambro family. He is the brother of Joseph Hambro (Hambro's Bank in London), who moved from Copenhagen to London in 1840. Edward Hambro's grandson, Carl Joachim Hambro (1885–1964) became President of the Norwegian parliament.

[18] Christian Magnus Falsen, Den norske tilskuer 1, 1817, 324.

(1745–1816), would have taken another stand. He was a friend of Heinrich Glogau, acting as godfather when Glogau was baptized on the Reformation day in 1813. Glogau even took Nordahl as his middle name. Johan Nordahl Brun was an extraordinary bishop: hymn-writer, poet, dramatist and politician who contributed significantly to the growing national consciousness. His last great poetic work before he was appointed bishop had the title *Jonathan* (1796), a long epos dedicated to »Israel and the Jewish people in every nation«. In 1816, shortly before he died, bishop Brun harshly criticized the Jew paragraph, claiming that the spirit of the Christian, evangelical religion is tolerance. The two subsequent bishops certainly took different stands in the Jewish question.

In the 1830's Henrik Wergeland (1808–1845) started the struggle for removing the Jew Paragraph from the Norwegian Constitution. Henrik Wergeland was a theologian and one of Norway's central poets and writers. He was a pioneer in the development of a distinctly Norwegian literary heritage. Wergeland scornfully criticized his fellow citizens for being so proud of the liberal constitution, pointing out that only Spain and Norway had enacted legislation to ban Jews from the respective kingdoms – and, he said, Norway has in fact become a Protestant Spain in intolerance. In 1839 Wergeland sent the first official proposal to change the Constitution, and the arguments were mostly of a moral character. Wergeland's poem – *the Jew* – made a difference in public opinion, creating sympathy for the Jews. We meet among others old Jacob who is left out in the snow to die in a blizzard, while a dog is let in. The last line goes: »But no Jew in a Christian home«.[19]

The critique against the paragraph and the strict carrying out by the police came mainly from the clergy. In addition to Henrik Wergeland, one of the bravest spokesmen for the Jews was Jens Lauritz Arup (1793–1874), later to become the bishop of Oslo. He explained precisely that the persecution of Jews in Europe always was linked with bad years, crop failure and economic crises – as was the case in 1814. He found it offensive, both emotionally and intellectually, to put a judgment on this people in our constitution, a people so honest, but mistreated and ill fated. Turks and heathens could walk freely in the country, but the Jews, Gods chosen people, were seen as desecrated and infectious. It is a terrible disharmony in this, a national dishonor, a stain on the shield of freedom – he said, with the Jew paragraph in a liberal constitution focusing on human rights.[20]

---

[19] Every year the Jewish community of Oslo pays their respects at his grave on Constitution Day, May 17th.

[20] Morgenbladet 11 sept 1842, nr 254. Cited in HÅKON HARKET, Paragrafen – Eidsvoll 1814, Oslo, 2014, 50.

The father of Henrik Wergeland, Nicolai Wergeland (1780–1848), a Lutheran minister and a member of the constitutional assembly in 1814, had originally supported the Jew paragraph. But in 1842 he had changed his mind, claiming that the paragraph had been fulfilled to the absurd, and in addition one had overlooked Christ's explanation of what it takes to love your neighbor. The Jews, who for different reasons had arrived in Norway, had seemingly been met by robbers and not by a Good Samaritan.[21]

The Parliamentary Committee, working with the paragraph in 1842, asked the Faculty of Theology in the Royal Fredrik University (Oslo University, established 1811) whether they could see specific problems either in Lutheran doctrine or in Jewish beliefs that would militate against the entrance of Jews to the kingdom, and in a second round, admit them citizenship.[22] The Faculty of Theology stated clearly that the right to move freely was a given right to every person as a human being. Neither could the prohibition of Jews find support in the official religion of the nation, they wrote. In addition, one could not deny the inhabitants of a country their civic rights. But concerning the Jews one has to be careful, the Faculty wrote, that no civic requirements demanded of »the nations own children« should be renounced.[23]

It took 12 years to remove the prohibition of Jews from the Constitution. The same year, in 1851, the Jews were also given freedom of religion, like members of non-Lutheran Christian denominations. One argument against the removal of the Jew Paragraph was that it would lead to massive immigration of Jews. Rumors said that ships filled with Jewish immigrants were waiting in Sweden; ready to set sail towards Norway as soon the paragraph was removed. But this didn't happen. No Jews came the first year, the second year one arrived; after 15 years, in 1866, only 25 Jews were living in Norway.

5. Examples of Anti-Judaism in conservative apologetics

In the late 1870's a conflict arose between the Danish excellent literary critic, the reform-Jew Georg Brandes (1842–1927) and Johan Chr. Heuch (1838–1904), the rector of the Pastoral Seminary at the University of Oslo, later to become Bishop in Kristiansand. Heuch was the editor of two subsequent Lutheran periodicals for the clergy in Norway, and he wrote extensively with a tough and polemical tone. We can deduce from Heuch's

---

[21] HARKET (s. note 20), 57.
[22] Storthings Forhandlinger 1842, 269 in: HARKET (s. note 20), 37.
[23] HARKET (s. note 20), 37–41.

editorials, his books and pamphlets that anti-Judaism regained influence among some conservatives in the 1870s after the Wergeland period in the 1840s and 50s. It was Heuch's opinion that the Church in our time truly has many enemies, but no enemy so »one sided full of hatred and so relentless as the anti-Christian Judaism«. »The modern Jew you will find on every arena: politics, art, science, the press, but always with the same objective: to make the society pagan«, he wrote. He also published his editorials against Georg Brandes in German.[24]

When Adolf Stoecker died in 1909,[25] »B.H.« in the Norwegian *Luthersk Kirketidende* regretted that this event was only given two lines in *Allgemeine Evangelisch-Lutherische Kirchenzeitung* and hardly any notes in other German newspapers, in spite of Stoecker's important role in establishing the Inner Mission in Berlin.[26] He was said to be anti-Semitic, the editor writes, but one seems to forget that »a Christian supporting his nation and homeland would have to react against the terrible blasphemous character of the Jewish Press.«[27] There are few examples of more vulgar anti-Semitism, but in the more liberal counterpart among the theological periodicals, *For Kirke og Kultur*, the Lutheran pastor Olaf Holm in 1904 cites a German article in detail, criticizing those who visit Jewish shops – especially during Christmas: »Isn't it a desecration of the Feast of Christ, when we – to celebrate His birth, carry our hard earned money into the shops and houses of the descendants of those who crucified him?«[28]

Still, it is difficult to find a general anti-Semitic or anti-Judaic attitude among Norwegian Lutheran theologians or in the Church such as in the late 19th and the early 20th Century.

6. Between the wars

We move to the 1930s. Still we cannot find a general negative attitude towards the Jews in the Church of Norway. Anti-Judaism was more like a perspective adopted from Germany among those who had most personal

---

[24] J.C. Heuch, Reformjüdische Polemik gegen das Christentum im Gewande moderner Aesthetik, Flensburg 1879.

[25] Cf. Martin Ohst's contribution in this volume.

[26] B.H. = Birger Hall (1858–1927), a Lutheran minister and chaplain in the Seaman's Mission. He established *Arbeiderforeningen av 1894*, a conservative alternative to the Labor Organization in the socialist movement, and was propably influenced by Stoecker.

[27] Birger Hall, Adolf Stoecker (in: Luthersk Kirketidende VI:16, 1909, 193–195, here: 194).

[28] Olaf Holm, Jøderne i det moderne Tyskland (in: For Kirke og Kultur 11, 1904, 89–101, here: 89).

and scholarly contact with Germany. But this was the case with some of the most excellent theological scholars in Norway, with strong links to Germany, supporting what was going on. Dr. Thorleif Bomann (1894–1978), mainly known for his important study on the Hebrew Thought compared with Greek (1952)[29], wrote in the Christian newspaper *Dagen* in 1933 several articles on the situation in Germany. He is citing professor Sigmund Mowinckel (1884–1965), the famous Norwegian Old Testament scholar, who in an article in 1924 had claimed that Communism was all through a genuine fruit of Jewish religion.[30] Bomann continues:

»I used to shake my head about National Socialism. When I lived in Germany [he was a chaplain in the Seamen's mission in Hamburg], I counted them as madmen [Verrückte]«. »But now, that I have read what they have done in the short time they have been in power, I have changed my mind«.[31]

He then continues with supporting the »Berufsverbot« for Jews, claiming that the Jews will have to take the responsibility themselves, failing to fulfill their historical mission as a religious and moral power in the world, as they rather had used their abilities to get earthly power and wealth. He was delighted that the Germans preferred Hitler to Stalin, to save the Western Christendom from spiritual disaster, »Geistliche Untergang«.

Another example from leading Churchmen in the thirties, speaking with admiration of the German miracle, without commenting the increasing anti-Semitism, was professor in Systematic Theology in the University of Oslo, Christian Ihlen (1868–1958), chairman in the Norwegian Mission in Israel from 1907 to 1948, stating that Judaism was the strongest and most dangerous anti-Christian power in Christian Europe, dangerous because the Jews would have been infiltrating our own culture and spiritual life. The disbelieving Israel is the main hindrance for the Kingdom of God to grow, he wrote in 1934.[32]

The last and worst example from the 1930s is a professor in Dogmatic at MF Norwegian School of Theology, Leiv Aalen (1906–1983). He was a great admirer of Lutheran Confessionalism, and spent a year as visiting scholar in Erlangen in 1935–36, developing a contact and admiration of Werner Elert and Paul Althaus. In 1938–39 Aalen returned to Germany, this time to Tübingen. In October 1938 he wrote several articles on »German Domestic and Foreign Policy« in the before mentioned newspaper

---

[29] THORLEIF BOMANN, Das hebräische Denken im Vergleich mit dem Griechischen, Göttingen (1952) [7]1983.
[30] SIGMUND MOWINCKEL in the newspaper Tidens Tegn 24.4.1924.
[31] THORLEIF BOMANN, Den nye Aand (local newspaper in Bergen Dagen, 27.4.1933).
[32] CHRISTIAN IHLEN, Jødefolket i fremtidsprofetiens lys (Det evige folk, Oslo: Israelsmisjonen 14–15).

Dagen.³³ It was necessary to write, he wrote, because he felt that this newspaper was much too critical towards German policy, even injust and one-sided. In his view, Adolf Hitler was without any doubt the greatest statesman Germany had seen since von Bismarck. He praised der Führer, claiming that »there is something remarkable lovely, also in person« (verwunderlich liebenswürdig auch persönlich) about Hitler. Leiv Aalen continues, that this year, when he had been studying in Tübingen, compared to Erlangen in 1936, he had noticed how the German people had become »a happy, singing people« (ein glückliches Volk). In addition, he wrote, Hitler himself was often talking about the goodness of the almighty, so we should all understand the high, moral »Gehalt« in Hitler's exemplary, heroic struggle for Germany, for his people.³⁴ Aalen himself mentions his article in a Norwegian journal, written in 1932 after a visit to Germany, where he without any remonstrance told his readers that Christian youth supported Hitler with enthusiasm and zeal.³⁵

To be fair, Aalen also mentioned that there were certain weak spots in national socialistic politics, thinking about the Jews and the anti-Semitism. But he told his readers to be careful, because »the Jewish question is much more complex and challenging than it looks from the floating view of an abstract humanism«. The Jewish People is a social and cultural peculiar rootless people, seeming spiritually and materially to foster the dissolution of other peoples' social and cultural development, Aalen continues. It is a fact, he wrote, that the Jews had managed to get an extremely great political and economic power in Germany after the World War I, and a fact that they had used their power to keep Germany in the mud, to desecrate the people spiritually and materially, as everything – bolshevism, Marxism, capitalism – everything is driven by Jews. Naturally »this« had to be removed, if the National Socialism should have a chance to succeed. Even if the race theory had gone too far, hitting some innocent people, while the real scroungers had been wealthy enough to get away, this did naturally not revoke what was justified in the Jewish politics of der National Socialism.³⁶

---

³³ The citations from Dagen I quote from TORLEIV AUSTAD, Sviktet kirken jødene under krigen? (TORLEIV AUSTAD, OTTAR BERGE, JAN OVE ULSTEIN [eds.], Dømmekraft i krise, Trondheim 2012, 17–109) 31–33. Torleiv Austad (1937*) followed Leiv Aalen in the Chair of Systematic Theology at MF, Oslo.
³⁴ LEIV AALEN, Tysk uten- og innenrikspolitikk I (in: Dagen 15.10.1938).
³⁵ Ibid. Kristendommen og verdenskrisen. Inntrykk fra en Tysklandsferd« (in: Norsk Kirkeblad 29, 1932, 409–414).
³⁶ Ibid. Tysk uten- og innenrikspolitikk IV (in: Dagen 28.10.1938).

The editor of the newspaper *Dagen*, the leading mouthpiece for the Lutheran lay movement, Johannes Lavik (1883–1952), strongly reprobated Aalen's views, and mentioned that he found it almost incredible that Leiv Aalen, being a colleague of Martin Niemöller, could totally ignore the concentration camps, the repression, not to speak of the totally anti-Christian ideology in Nazism, with its race theories, race hubris, worship of humans and worship of the state.[37]

After the Crystal night on the 8th of November 1938, the distance between Leiv Aalen and his opponents grew, but even then, in a final article on the 30th of November, Leiv Aalen repeated that he disliked that innocent people had been hurt while the real parasites escaped – but still this didn't revoke the justified in Hitler's Jewish politics.

The editor of the Christian pietistic newspaper concluded that the debate and the views of Leiv Aalen were outrageous, and that the disagreement was unsolvable.[38]

Other Churchmen and ministers in Norway, as well as all the leading newspapers, reacted strongly after the Crystal night. Bishop Eivind Berggrav, in an ordination service in Oslo Cathedral – the following Sunday in November 1938, took the opportunity in his sermon to newly ordained ministers to condemn the attack on the synagogues in Germany. He also initiated a call from all the Bishops to the clergy, for the following Sunday to pray for the Jewish people in all the churches in Norway.[39]

Even if I now have mentioned voices from the Church of Norway expressing anti-Judaic attitudes, this was for most part not the case. Quite a lot of the pastors and, as mentioned, also the Christian Newspaper *Dagen* was observant, and came with early and strong warnings against the National Socialism and the treatment of the Jews in Germany in the 1930s.

6. The German Occupation 1940–1945

In May 1940 the few stores owned by Jews in Norway were given a sign with Jüdisches Unternehmen, but within a few days, local people removed the signs. In September 1940 bishop Dr. Eivind Berggrav (1884–1949) initiated »Kristent Samråd«, Christian Council – consisting of the Church leaders as well as leaders of the free mission organisations within the Church. In his speech that day, bishop Berggrav said that the ideology (die

---

[37] JOHANNES LAVIK, Editorial (in: Dagen 30.11.1938).
[38] During the German occupation in Norway, Leiv Aalen participated in the Church resistance movement. He was ordained by bishop Berggrav in 1941.
[39] OSKAR MENDELSOHN, Jødenes historie i Norge gjennom 300 år, Oslo 1969, 620f.

Lebensanschauung) we meet in National Socialism is a work of Satan, and when we realize that this is satanic, Berggrav continued, it has consequences with huge commitments.

In February 1942 the Norwegian Bishops published a Pastoral Message (Hirtenbrief).[40] It was printed in 50.000 copies, and when Gestapo found out, they tried to confiscate it, but 36.000 copies were already out, and it was read from all pulpits the following Sunday. The letter focused first of all on Human Rights, it was indeed remarkable that the Bishops first of all became spokesmen for the Rule of Law (das Recht).[41] The pastoral message focused on violation of Law, violation of consciences, about freedom of speech and general Human Rights. Focusing on this, more then on theology and a call for prayer, the Church managed to get support from the people and public opinion. It also made it possible for the Church thus to criticize the national socialist party's practice of Law, and to oppose the traditional Lutheran obligation to obey the authorities.

There is no direct citation of Luther in this Pastoral Letter, but in addition to the letter, bishop Berggrav wrote a lecture built on the Luther passage: »When the coachman is drunk, then he must be pushed from the coach-box«.[42] The following weeks he travelled over large parts of Norway, reading this lecture for groups of pastors and lay people. In this lecture there are 26 references, all of them from Luther's works: Several of Luther's sermons, *Lectures on the Psalms*, of *Tischreden, Ob Kriegsleute auch in seligem Stande sein können, Von weltlicher Obrigkeit, Ermahnung zum Frieden* etc.[43]

That summer of 1941 the German regime in Norway tried to change the marriage regulations, now following the 1935 Act from Germany, to prohibit marriage between Norwegians and Jews as well as between Norwegians and Sami people. Bishop Berggrav wrote to the ministry, strongly rejecting the thought of prohibiting marriage between – and notice his words: »Norwegian citizens of Norwegian ancestry and Norwegian citizens of Jewish or Sami ancestry«. Berggrav continues: »Race biological or eugenically theories or practices, denying certain people their human dignity (Menschenwürde) is undeniably in conflict with the principles and

---

[40] EIVIND BERGGRAV, Da kampen kom. Noen blad fra startåret, Oslo 1945, 209f.

[41] Cf. TORLEIV AUSTAD, Der Widerstand der Kirche gegen den nationalsozialistischen Staat in Norwegen 1940–1945 (in: Kirchliche Zeitgeschichte 1, 1988, 79–94).

[42] »Hier war keine Spur von traditioneller lutherischer Unterwürfigkeit gegenüber staatlichen Autoritäten zu merken« (GUNNAR HEIENE, Eivind Berggrav, Göttingen 1997, 147).

[43] The lecture in German translation: Wenn der Kutscher trunken ist. Luther über die Pflicht zum Ungehorsam gegenüber der Obrigkeit (in: EIVIND BERGGRAV, Der Staat und der Mensch, Hamburg 1950, 301–307; HEIENE [s. note 42], 147–153).

values of the Christian Church«. The Church is speaking on behalf of the Norwegian people, he said, when we protest against a law prohibiting marriage with Jews. Berggrav actually managed to stop the law by then, and it was not taken up again until December 1942, after Quisling had become Minister President and he chose to prohibit marriage with Jews.

In addition to Bishop Berggrav, the Dean of Trondheim Cathedral, Arne Fjellbu (1890–1962), was a leading figure in the opposition against the Nazi regime.[44] In April 1941 Gestapo started to harass the Jews in Trondheim, taking over the synagogue – and visiting the houses and apartments of Jews, saying that they soon would throw them all out.[45] The Jews then contacted the dean, who immediately went to the Nazi county governor to protest on the treatment of the Jews. The governor warned him, and said that he had noticed the fierce attitude of the local clergy, and reminded dean Fjellbu that this might have dangerous consequences, whereupon Fjellbu replied that it was much more dangerous for the Church not to react on the harassment of the Jews, because if the Church did not protest against injustice, the existence of the Church itself was threatened. The German pastor in Trondheim, Pfetsch, then paid Fjellbu a visit. Fjellbu took the opportunity to ask him about the situation of the Jews, but the German pastor for most of the part agreed in the German regulations, even if he didn't like the harassment of the Jews by »Deutscher Pöbel«. Dean Fjellbu remarked that if the harassment of Jews continued in Norway, the Church would have to protest: »The Church is now the only one in the position to identify that what now happens is a sin«, Fjellbu said. Pastor Pfetsch remarked that this was just like the policy of *Deutsche Christen* in Germany. The same evening Dean Fjellbu gathered the clergy in Trondheim for a convent, to inform them about the Jewish issue. They all agreed to stand by his side.[46]

On Sunday the first of February 1942, Vidkun Quisling (1887–1945) was inaugurated as Ministerpräsident in Norway. The regime was afraid of what could happen in Nidarosdomen, the Trondheim Cathedral, so the service that day was taken from dean Fjellbu and displaced with an official Nazi Celebration Service. Dean Fjellbu stood outside the cathedral, announcing his own service at 2 pm, but half an hour before the police blocked the doors of the cathedral. The dean and the bishop protested against the Nazi ministry, with the result that dean Fjellbu was discharged and then put in jail. All the seven bishops in the Church of Norway

---

[44] AUSTAD, Sviktet kirken (s. note 33), 63 f.
[45] ARNE FJELLBU, Minner fra krigsårene, Oslo 1945, 104–108.
[46] Ibid. 107 f.

reacted immediately, and on the 24th of February they laid down their offices as a protest against the politics of the Quisling regime. The direct cause was the harassment of the Jews in Trondheim. The model was the protest by Generalsuperintendent Otto Dibelius and his open letter to Staatskommisar August Jäger in 1933.[47]

At the same time the Quisling regime restored the Jew Paragraph in the Constitution, the one that had been removed in 1851. Four Jews were executed in Trondheim – and the clergy in Bergen, Stavanger and Oslo cooperated – writing a text protesting against the treatment of the Jews, mentioning the restoration of the paragraph denying Jews admission to Norway – stating that it was a triumph for Christian thought in the Norwegian People when this paragraph was removed from the Constitution in 1851, because in Christ there is neither Jew nor Gentile – and as Christ has not rejected his people, neither should any man do so.

On Easter day 1942, the clergy in Norway read the confession *Kirkens Grunn* (The Foundation of the Church) from the pulpit, also stating that they put down their state offices, but continuing as pastors for the congregations. More than 95 % of the pastors laid down their office. The document, or confession, has much in common with the *Barmer Theologischen Erklärung*. After this, bishop Berggrav was put in jail.

On the 25th of October 1942, the male Jews in Norway were arrested, and one month later they took the female and children. The next week, with help of the Norwegian police, 772 Jews were deported to Germany, out of which 34 survived. During this autumn, approximately 1100 Jews managed to escape, most of them were helped to cross the border to Sweden, some managed to cross the sea to England and then to the United States.

The Norwegian High Court, the bishops, the Lutheran pastors, the schoolteachers, they all collectively protested against the regime and refused to follow orders. But that was not the case with the Norwegian police, even if individual police officers – at a few places in Norway – warned the Jews about what was going to happen, and that was the reason for some of them managing to escape the days before the arrest.

Immediately after the arrest of the male Jews on the 25th of October 1942 and the confiscation of their property two days later, professor Ole Hallesby (1879–1961) of the MF Norwegian School of theology, bravely entered Victoria Terrasse in Oslo, the headquarter of the Gestapo (Ger-

---

[47] Bishop Berggrav had several meetings with Otto Dibelius, the last one in Berlin as late as in January 1940. Cf. TORLEIV AUSTAD, Kirkens Grunn. Analyse av en kirkelig bekjennelse fra okkupasjonenstiden 1940–45, Oslo 1974, 87.

man Security Police) in Norway, to protest against the arrests. More surprising was the brave conclusion in a sermon broadcast on November 1st, by Lars Frøyland, the Quisling-appointed »bishop« in Oslo after the arrest of bishop Berggrav. »The actions against a people of another race and faith were sad and dishonoured the Norwegian people«, he said. »We are Norwegians, after all! We are Christians, after all!«[48]

Professor Ole Hallesby was then asked by the Interim Church Leadership, being in function after the arrest of the bishops, to write a protest letter and deliver it to Ministerpresident Quisling. All the bishops signed the letter, as well as all the professors of the two theological faculties, the rectors of the pastoral seminars, the 19 general secretaries of the Christian organizations – and even the leaders of other denominations – like the Methodists, Baptists and Salvation Army. Only the Roman Catholic Bishop of Oslo chose not to sign, because he would send a letter himself, urging the police to free the Jews who were members of the Catholic Church. This letter, nicknamed *Hebreerbrevet* (Hebrew Letter), was sent on the 10th of November:

»To the Ministerpresident Quisling, Oslo.
The Ministerpresident's Act of 27th October this year, on the confiscation of Jewish property, has aroused a tremendous distress in the Norwegian people.

We do not defend Jews who have broken Norwegian laws, laws which they are to follow like any other Norwegian citizens – but those Jews who have not broken any laws, have the same right to legal protection as any Norwegian.

For 91 years the Jews have legally been living in our country – but now you are confiscating Jewish property, and arresting Jewish men. This is against not only the Christian command on loving your neighbour, but it is even against the most elementary rule of law.

These Jews are not accused of breaking any laws, and there has been no prosecution in Court. Your neglecting of the Human dignity of the Jews is in conflict with the Word of God, proclaiming from the first to the last page that every people on earth are of the same blood – few things are spoken more clearly of in the Word of God than this: For God does not show favouritism. And when God became man in the incarnation, he chose to be born in a Jewish home of a Jewish mother.

God's word says that all men have the same dignity, and our government will have to respect this principle by law. If we don't speak up now, we will ourselves be responsible and accessory in this injustice. When we will be faithful to the Word of God, we will have to speak. One of the fundamental principles of the Christian faith is offended – and therefore we have the right and the authority on God's behalf to speak... So you can't reject us by claiming that we interfere in politics. With the power of our divine calling, we urge you in the name of Jesus Christ: Stop the persecution of the Jews; stop the racial hatred spreading through the press all over the country.

---

[48] Cf. ARNE HASSING, The Churches of Norway and the Jews, 1933–1943 (in: Journal of Ecumenical Studies 26:3, 496–522), 512.

Herr Ministerpräsident – several times you have claimed that you will protect the principles of the Christian Religion. Now a Christian principle is threatened. If it is to be protected, it needs protection right now.«[49]

The public opinion was aroused by the persecutions of the Jews in Norway, but the protests came first and foremost from the Church, from pastors and from the Lutheran bishops. As the Jewish historian Oskar Mendelsohn wrote, this letter evoked an international sensation.[50] But it was too late. The 26th of November the ship M/S Donau departed from Oslo with 532 Jews, among them 188 women and 42 children. Later they took more, and about half of the Jewish population in Norway of ca. 1600 were murdered. Only 34 of the deported survived.

[49] My translation of an extract of the original letter. For the full text in Norwegian, see: »Hebreerbrevet«. Brev til ministerpresident Quisling fra Den midlertidige kirkeledelse, 10. November 1942 in: AUSTAD, BERGE, ULSTEIN (s. note 33), 101–104.
[50] OSKAR MENDELSOHN, Actions Against the Jews in Norway During the War (in: Nordisk Judaistik 3, No 2, 1981, 27–35).

Das schwedisch-finnische Luthertum und die Juden

Risto Saarinen

Der gesetzliche Status der Juden im Schwedischen Reich wurde erstmals in einem Kirchengesetz von 1686 geregelt. Dieses schrieb vor, dass die in Schweden wohnhaften Juden im christlichen Glauben zu unterrichten und anschließend zu taufen seien. Etwa ein Jahrhundert später, im Jahre 1775, hat König Gustav III. einen Befehl gegeben, dem zufolge einige Juden in Stockholm wohnen und beruflich tätig sein dürften, ohne getauft werden zu müssen. Gegen Ende des 18. Jahrhunderts ist dann in Stockholm die erste jüdische Gemeinde entstanden.[1]

Im Jahre 1782 wurde das sogenannte Judenreglement veröffentlicht. Nach diesem Edikt hatten die Juden das Recht, in Stockholm, Göteborg oder Norrköping zu wohnen, ihre Religion auszuüben und in gewissen Berufen tätig zu sein. Die Juden durften aber weder in staatlichem Dienst stehen noch Mischehen schließen. Offiziellen Zahlen zufolge lebten im Jahre 1782 in Schweden nur etwa 150 Juden. Das Judenreglement blieb in Kraft bis zum Jahr 1838, als die schwedischen Juden begrenzte Bürgerrechte erhielten. Erst ab 1873 konnten die Juden überall in Schweden ihren Wohnsitz nehmen und diesen auch frei wechseln.[2]

1. Die allgemeine Beurteilung des Judentums (1809–1922)

Als die frühere ostschwedische Provinz Finnland im Jahre 1809 zu einem autonomen Großfürstentum unter russischer Herrschaft wurde, blieben die schwedischen Gesetze und die lutherische Staatsreligion in Kraft. Deswegen konnte das schwedische Judenreglement auch noch unter russischer Herrschaft in Finnland weiter angewandt werden. So hat etwa der jüdische Handelsmann Abraham Cohn im Jahre 1813 das Wohn- und Berufsrecht in Helsinki vergebens beantragt; nach dem Judenreglement konnte er nur in Stockholm, Göteborg oder Norrköping solche Rechte genießen. In der ersten Hälfte des 19. Jahrhunderts mussten die Juden in Finnland zum Christentum konvertieren oder als ausländische Reisende auftreten.[3]

---

[1] Teuvo Laitila, Uskonto, isänmaa ja antisemitismi, Tampere 2014, 14f. Die Studie von Laitila bietet die neuesten bibliographischen Informationen zu den relevanten Themen.
[2] Laitila (s. Anm. 1), 15f. Taimi Torvinen, Kadimah: Suomen juutalaisten historia, Helsinki 1989, 13–17.
[3] Laitila (s. Anm. 1), 39.

Die ersten jüdischen Gemeinschaften in Finnland sind um 1860 entstanden. Zar Alexander II. hat 1858 ein Edikt erlassen, demgemäß die russischen Soldaten nach der Dienstzeit ihren Wohnort im Russischen Reich frei wählen können. In den darauffolgenden Jahren sind etwa 500 jüdische Soldaten mit ihren Familienmitgliedern in die finnischen Städte Helsinki, Turku und Wyborg gezogen. Die Jüdische Gemeinde von Helsinki wurde 1867 von ehemaligen Soldaten gegründet.[4] Bis zum heutigen Tag bestehen die jüdischen Gemeinden in Helsinki und Turku zum erheblichen Teil aus den Nachkommen dieser Familien.

Im Folgenden konzentriere ich mich auf die Situation in Finnland. Die Geschichte der finnischen Juden und des Antisemitismus ist gründlich erforscht worden; allerdings sind die besten Spezialstudien nur auf Finnisch erhältlich.[5] Die folgende Darstellung stellt keine neue Forschung dar, sondern will die hauptsächlichen Ergebnisse neuerer finnischsprachiger Studien auf Deutsch wiedergeben.

Die schwedische Geschichte weist viele Parallelen zu Finnland auf, vor allem was die Rechtslage und die Dominanz der lutherischen Kirche betrifft. Auch die kulturelle Nähe zu Deutschland hat vor allem im 20. Jahrhundert in Finnland und Schweden ähnliche Auswirkungen gehabt. In Schweden hat das Jüdische Museum in Stockholm (www.judiska-museet.se) sowie die staatliche Geschichtskommission *Forum för levande historia* (www.levandehistoria.se) wertvolle Dokumente gesammelt und veröffentlicht. Durch diese Institutionen kann der interessierte Leser ein vielseitiges Bild von der Stellung der Juden in der schwedischen Geschichte erhalten. Darüber hinaus sind ältere und neuere Gesamtdarstellungen auf Schwedisch erhältlich.[6]

Für Finnland ist die politische Lage zwischen Ost und West, zwischen Russland und Schweden, für die Beurteilung des Judentums ausschlaggebend. Was den westlichen Einfluss anbelangt, geht es zumeist um den kirchlichen Unterricht, der das literarische Bild vom Judentum vermittelt hat. Für dieses Bild ist das sogenannte alte Gesangbuch besonders wichtig. Vor dem 20. Jahrhundert haben finnische Familien oft nur ein Buch zu Hause gehabt, und zwar das kirchliche Gesangbuch, das sie am Sonntag

---

[4] LAITILA (s. Anm. 1), 40–42. TORVINEN (s. Anm. 2), 27–31.

[5] TORVINEN (s. Anm. 2); KARL-JOHAN ILLMAN, TAPANI HARVIANEN, Juutalaisten historia, Helsinki 1989; JARI HANSKI, Juutalaisvastaisuus suomalaisissa aikakauslehdisssä ja kirjallisuudessa, Helsinki 2006; SIMO MUIR, HANA WORTHEN, Finland's Holocaust: Silences of History, New York 2013; LAITILA (s. Anm. 1).

[6] HUGO VALENTIN, Judarna i Sverige, Stockholm 1964 (Neuauflage 2005); LARS ANDERSSON, CARL CARLSSON (Hgg.), Från sidensjalar till flyktingmottagning. Judarna i Sverige – en minoritets historia, Uppsala 2013.

mit in die Kirche nahmen. Die Kirche hat im Weiteren die Bevölkerung lesekundig gemacht durch den Unterricht, für den die Texte des Gesangbuches benutzt wurden.

Das alte finnische Gesangbuch der Kirche enthielt auch religiöse Texte des Kirchenjahres. So war in diesem Buch das ganze 19. Jahrhundert hindurch eine Josephus-Paraphrase mit dem Titel »Bericht über die Zerstörung Jerusalems« abgedruckt, in der diese Zerstörung als Strafe für die Juden wegen der Tötung Christi dargestellt wurde. Auch einige Kirchenlieder sprachen diesen Gedanken aus. Im Evangelienbuch der finnischen Kirche ist dieser Bericht bis 1958 geblieben. Einige Erweckungsbewegungen verwenden das alte Gesangbuch auch heute noch, so dass auch in den heutigen Ausgaben des alten Gesangbuches der Bericht über die Zerstörung Jerusalems noch zu lesen ist.[7]

Auf diese Weise haben die gewöhnlichen Finnen aus den Kirchenbüchern ein relativ negatives Bild von den Juden gelernt. Die Lehrbücher des Religionsunterrichtes in der Schule haben dieses Bild oft wiederholt. Allerdings muss das Urteil hier differenziert werden. So wird das Judentum des Alten Testaments oft als positive, wahre Religion dargestellt, während das spätere Judentum als Degeneration dieser Religion angesehen wird.[8] Nach der Entstehung der jüdischen Gemeinden hat der finnische Ständetag, ein parlamentarisches Verwaltungsorgan, im Jahre 1872 eine politische Diskussion über die Bürgerrechte der Juden eingeleitet. Weil die Pfarrerschaft am Ständetag als eigene Gruppe auftrat, lässt sich ihre religiöse und theologische Einstellung auf der Basis der Diskussionsprotokolle des Ständetages dokumentieren. Die große Mehrheit der Pfarrer war gegen die Erweiterung der Bürgerrechte. Das häufigste Argument für diese Einstellung war die angebliche Unehrlichkeit der Juden; es wurde aber auch die Begründung vorgebracht, dass die Juden im Allgemeinen Feinde des Christentums seien.[9]

Die Diskussion um die Bürgerrechte hat bis zum Jahr 1918 angedauert. Die öffentliche Debatte der Zeit enthält viele deutlich antisemitische Beiträge. Die Verzögerung der neuen Gesetzgebung war aber auch durch das unklare rechtliche Verhältnis zwischen Finnland und Russland verursacht. Erst im selbständigen Finnland haben die Juden 1918 die Bürgerrechte erhalten. Die Religionsfreiheit wurde 1922 gesetzlich geregelt.[10]

---

[7] Risto Saarinen, Juutalaisvastaisia tekstejä Suomen luterilaisuudessa (in: Vartija 1989, 68–71). Laitila (s. Anm. 1), 45 f.
[8] Laitila (s. Anm. 1), 44–48.
[9] A.a.O. 48–52.
[10] A.a.O. 119–122.

2. Zionismus und Toleranz (1908–1934)

Über die Schulbücher hinaus haben die finnischen Missionsgesellschaften im späten 19. und frühen 20. Jahrhundert reichlich religiöse Literatur veröffentlicht, in der die Nähe zu deutschen Judenmissionen sowie zum internationalen Zionismus sichtbar wird. In den missionarischen Schriften diente das positive Bild von individuellen Juden oft dem Zweck ihrer Konversion zum Christentum.[11]

Der deutsche judenchristliche Pastor Naphtali Rudnitzky hat in Finnland in den ersten Jahren des 20. Jahrhunderts einen beträchtlichen Einfluss gehabt. Durch die Initiative von Rudnitzky wurde in Finnland im Jahre 1908 der *Verein der Freunde Israels* gegründet, der dem finnischen Pietismus internationale evangelikale und zionistische Einflüsse vermittelte.[12] Bis heute ist der Einfluss dieser und ähnlicher evangelikaler Bewegungen in Finnland spürbar. Die finnische jüdische Gemeinschaft hat zumeist eine sehr kritische Einstellung zu ihnen bezogen.

Der finnische christliche Zionismus hat bisweilen sogar internationale Auswirkungen gezeitigt. So löste etwa der Amateurarchäologe Valter Juvelius mit seiner Theorie, dergemäß die Bundeslade bis heute unter dem Felsendom begraben liege, einen politischen Konflikt in Jerusalem aus. Als seine englischen Anhänger im Jahre 1911 bei unerlaubten Ausgrabungen unter dem Tempelberg von einheimischen Juden und Muslimen entdeckt wurden, kam es zu einem schweren gewalttätigen Konflikt.[13]

In den zwanziger und dreißiger Jahren waren mehrere bedeutende finnische Schriftstellerinnen aktive christliche Zionisten. Im Jahre 1933 veröffentlichte die Frau des ersten finnischen Staatspräsidenten, Ester Ståhlberg, ein bedeutendes literarisches Werk, das sich deutlich für die jüdischen Bürgerrechte aussprach. In diesem Buch konvertiert eine finnische Frau in einer Mischehe zum Judentum. Das Vorbild für dieses Werk hat die Familie Jakobsson abgegeben, in der die lutherische Frau nach neun Ehejahren tatsächlich zum Judentum konvertierte.[14]

Die Geschichte der Familie Jakobson ist allerdings später zu einem Musterbeispiel für die finnische Toleranz geworden, vor allem, weil der Sohn aus dieser Ehe, Max Jakobson, zum erfolgreichsten finnischen Diplomaten im Kalten Krieg avancierte. Dieser Vertrauensmann von Präsident Urho Kekkonen hat für die Position des UN-Generalsekretärs kan-

---
[11] A.a.O. 79–87.
[12] A.a.O. 97–99.
[13] Diese Geschichte ist ausführlich erzählt in: SIMON SEBAG MONTEFIORE, Jerusalem: The Biography, London 2011.
[14] LAITILA (s. Anm. 1), 169–175.

didiert und hat nur ganz am Ende durch ein Veto der Sowjetunion gegen Kurt Waldheim (!) verloren. Später hat Max Jakobson ausführlich über seine jüdische Lebensgeschichte sowie den Weg Finnlands im 20. Jahrhundert geschrieben. Im Zweiten Weltkrieg hat er als finnischer Offizier in einer Waffenbruderschaft mit Nazi-Deutschland gekämpft. Im Kalten Krieg waren seine engsten Mitarbeiter englische und amerikanische Presseleute und Politiker, und er hat im Laufe seiner langen Karriere auch für sie gearbeitet. Max Jakobson hat die bis heute meistgelesenen englischsprachigen Darstellungen der finnischen politischen Geschichte verfasst.[15] In einer großen Abstimmung über den bedeutendsten finnischen Intellektuellen hat er vor einigen Jahren Platz zwei erreicht.

3. Antijüdische Veröffentlichungen (1918–1944)

Nach dem Ersten Weltkrieg war das akute Feindbild in Finnland und in Westeuropa der Bolschewismus, wie ihn die entstehende Sowjetunion repräsentierte. In der Öffentlichkeit wurde das Judentum typischerweise mit dem Bolschewismus und dem Kommunismus in Verbindung gebracht. Diese Verbindung war ein rein literarisches Phänomen; in Finnland war kein einziger Jude durch persönliche sozialistische oder kommunistische Sympathien bekannt geworden.[16] Die literarische Identifikation von Bolschewismus und Judentum kam in der Nachkriegszeit durch das Buch *Die Protokolle der Weisen von Zion* auf. Dieses in Russland am Anfang des 20. Jahrhunderts fabrizierte Werk wurde nach 1918 ein Bestseller in vielen europäischen Ländern, einschließlich Deutschland und Finnland. Typisch für die vielen unterschiedlichen Ausgaben des Werkes war ein Erklärungsmuster, demgemäß die Juden nach der bolschewistischen Revolution die gesamte Welt erobern wollen.

In Finnland erschien 1919 eine schwedische Ausgabe der *Protokolle der Weisen*. Sie war ein Bestseller, der auch in Schweden weite Verbreitung fand. Zwei finnische Ausgaben kamen 1920 heraus. Ihre öffentliche Rezeption in der finnischen Presse war zum großen Teil skeptisch.[17] Zugleich wurden die *Protokolle der Weisen* allerdings zu einem Modell, das in Finnland zwischen 1920 und 1945 literarische Nachahmer gefunden hat. Als erster von ihnen kann der lutherische Pfarrer Johan Wartiainen erwähnt werden. Im Jahre 1922 veröffentlichte er ein krudes antisemitisches Buch mit dem Titel *Juutalaisten maailmanhistoriallinen merkitys entisaikaan Ju-*

---

[15] Auf Deutsch z.B. MAX JAKOBSON, Finnland im neuen Europa, Berlin 1999.
[16] So LAITILA (s. Anm. 1), 123 f.
[17] A.a.O. 141–149.

malan kansana ja nykyään Saatanan joukkona (Die weltgeschichtliche Bedeutung des Judentums, früher das Volk Gottes, heutzutage die Herde des Satans). Der Inhalt des Buches folgt internationalen Mustern: Die Juden hätten Christus getötet und seien dadurch eine Herde des Satans geworden; sie hätten biologische Rassenmerkmale wie betrügerisches Verhalten und Habsucht; durch den Kommunismus wollten die Juden die Weltherrschaft an sich reißen. Die christlichen Kreise in Finnland haben allerdings das Buch einstimmig verworfen.[18]

In den zwanziger Jahren wurden einige antijudaistische Bücher ins Finnische übersetzt, z.b. Henry Fords bekanntes Werk *Der internationale Jude*. Um 1930 publizierte der kleine finnische Verein *Patriotische Bürger* zwei antisemitische Pamphlete, in denen die Freimaurer und die Juden als Feinde des Christentums dargestellt wurden. Ihr Inhalt ist zu einem großen Teil den *Protokollen der Weisen von Zion* entnommen. Im Jahre 1933 erschien eine weitere Paraphrase der *Protokolle*, dieses Mal mit dem Titel *Kansojen ruoska* (Geißel der Nationen). In dieser Paraphrase werden nicht nur das internationale Judentum, sondern auch finnische Juden namentlich angegriffen. Die *Protokolle* wurden noch einmal auf Finnisch publiziert im Jahre 1943, als Finnland schon im Weltkrieg mit Deutschland alliiert war. In dieser Ausgabe wird sogar die deutsche Kriegsniederlage in Stalingrad als Werk des Weltjudentums bezeichnet. Diese letzte Ausgabe benutzt antisemitische Texte aus Nazi-Deutschland.[19]

Es ist also unbestreitbar, dass in Finnland zwischen 1918 und 1944 viele antijüdische und antisemitische Texte veröffentlicht worden sind. Zum Teil sind solche Texte auch in kirchlichen Kreisen entstanden. Genauso unbestreitbar ist allerdings, dass diese Texte zumeist kritisch und negativ rezipiert wurden und kaum eine größere Verbreitung fanden. Zur selben Zeit sind auch projüdische und zionistische Bücher erschienen, die oft relativ positiv rezipiert wurden, wie das oben erwähnte Buch von Ester Ståhlberg.

Im Zweiten Weltkrieg dienten etwa 350 finnische Juden sowohl im Winterkrieg als auch im sogenannten Fortsetzungskrieg als Soldaten. Im letzteren Krieg haben sie teilweise auch mit deutschen Truppen im Norden Finnlands gekämpft. Einigen finnischen Juden wurden sogar deutsche Kriegsauszeichnungen gewährt – sie haben sich allerdings geweigert, diese anzunehmen. Während des Fortsetzungskrieges war die Stellung der mitteleuropäischen jüdischen Flüchtlinge in Finnland über eine längere Zeit hinweg zwischen Finnland und Deutschland eine politisch umstrittene

---

[18] A.a.O. 145–146; HANSKI (s. Anm. 5), 67–69.
[19] LAITILA (s. Anm. 1), 150–160. Für die gleichzeitige Diskussion in der Tagespresse s. HANSKI (s. Anm. 5).

Frage. Insgesamt acht jüdische Flüchtlinge wurden nach Deutschland deportiert; nur einer von ihnen hat überlebt. Alle anderen nach Finnland gekommenen jüdischen Flüchtlinge konnten schließlich ihre Reise nach Schweden fortsetzen. Insgesamt handelte es sich um etwa 200 Personen.[20] Hier möchte ich eine persönliche Anekdote erwähnen. Mein Vater, 1931 geboren, hat als Kind in einem abgelegenen kleinen Dorf in Lammi, etwa 150 Kilometer nördlich von Helsinki, gelebt. Dieses Dorf hat jüdischen Flüchtlingen aus Mitteleuropa während des Kriegs Schutz geboten. Gerade diese Juden waren die ersten Ausländer, die mein Vater und seine Familie je getroffen haben. Sie wurden von den lutherischen Dorfbewohnern zumeist gut behandelt und haben später in Schweden Zuflucht bekommen. Bis heute ist die Erinnerung an diese Juden im Dorf lebendig geblieben. Ein naher Verwandter von mir hat als Laienhistoriker Quellen über diese Geschehnisse gesammelt und dokumentarische Aufsätze veröffentlicht.[21]

4. Finnland, der Nationalsozialismus und die Juden – neue Forschungen

In der heutigen finnischen Geschichtsforschung wird die Einstellung der Finnen zu den Juden sowie zu den Nationalsozialisten aktiv diskutiert. Ich führe hier drei Studien an, die diese Frage vielseitig und kompetent behandeln.

In ihrer Gesamtdarstellung über die Kulturbeziehungen zwischen Deutschland und Finnland von 1933 bis 1944 gehen Markku Jokisipilä und Janne Könönen sorgfältig verschiedene Bereiche des Lebens wie Wissenschaft, Religion, Literatur, Musik, Kino, Militärausbildung und Sport durch.[22] Das Gesamtergebnis ist einleuchtend, vermeidet aber einfache Generalisierungen. Insbesondere in den Bereichen der Literatur, Musik und Medizin sowie der Naturwissenschaften kann man nicht behaupten, dass die Finnen in dieser Zeit nur alte Kulturbeziehungen weiter gepflegt hätten. Einige finnische Komponisten und Schriftsteller waren vom Nazismus begeistert, ebenso einige Mediziner und Anthropologen, die sich mit Rassenhygiene beschäftigten. Antijüdische und antisemitische Äußerungen waren in solchen Kreisen relativ üblich.

---

[20] TORVINEN (s. Anm. 2), 117–167.
[21] Z.B. PAULI RIIHILAHTI, Juutalaispakolaiset (in: Porraskoski – Järventausta: menneisyyttä sanoin ja kuvin, Padasjoki 2004, 263–272).
[22] MARKKU JOKISPILA, JANNE KÖNÖNEN, Kolmannen valtakunnan vieraat, Helsinki 2013.

Unter den Wissenschaftlern waren die Theologen nicht besonders antisemitisch geprägt, obwohl sich einige von ihnen – zum Beispiel der Neutestamentler und späterer Bischof von Tampere, Elis Gulin – im Jahre 1933 zur Judenpolitik der Nazis positiv geäußert haben.[23] Die finnischen Kirchenleiter wollten gute Beziehungen zu Deutschland pflegen, aber sie äußerten sich zugleich besorgt über die Behandlung der Juden. In ihrer Schlussbetrachtung betonten die Autoren, dass die Judenfrage in den Kulturbeziehungen bewusst vermieden werde, weil sie in Finnland sekundär sei. Die aus heutiger Sicht sehr problematische Rassenhygiene wurde allerdings in Finnland – wie übrigens auch in Schweden – für wichtig gehalten.[24]

In seiner Doktorarbeit *Juutalaisvastaisuus suomalaisissa aikakauslehdissä ja kirjallisuudessa* (Antijudaismus in finnischer Wochenpresse und Literatur 1918–1944, 2006) widmet sich Jari Hanski dem populären Bild der großen Öffentlichkeit. Er hat die von uns oben erwähnten Diskussionen untersucht, sie aber mit der allgemeinen Öffentlichkeit sowie mit der Situation in Schweden verglichen. Seine Schlussfolgerung ist die, dass explizit antijüdische Schriften in Finnland eine Randerscheinung blieben: Zumeist handelte es sich um kleine rechtsextremistische Veröffentlichungen, die sich vor allem deutsche Schriften zum Vorbild nahmen. Eine gewisse Konzentration kann unmittelbar nach dem Ersten Weltkrieg sowie in den dreißiger Jahren festgestellt werden, wohingegen die Judenfrage in den zwanziger Jahren in Finnland kaum diskutiert wurde.[25]

Hier ist nach Hanski ein Unterschied zu Schweden zu konstatieren; dort waren aktive Antisemiten auch in den zwanziger Jahren am Werk. Der finnische Antijudaismus hat eine gewisse religiöse Motivation, aber wichtigere Hintergrundfaktoren waren durch den Antibolschewismus und die angebliche wirtschaftliche Macht der Juden gegeben. Die *Protokolle der Weisen von Zion* hatten zu diesen Faktoren effektiv beigetragen, aber die Nähe zur kommunistischen Sowjetunion war für die finnischen Ängste der maßgebende Faktor.[26]

In seinem neuen Buch *Uskonto, isänmaa, antisemitismi* (Religion, Vaterland, Antisemitismus, 2014) untersucht der Kirchenhistoriker Teuvo Laitila die finnischen öffentlichen Debatten über die Juden bis 1940 – und teilweise bis heute. Der vorliegende Aufsatz gründet sich zum großen Teil auf die Dokumentation dieses Buches. Auch Laitila will differenziert vor-

---

[23] JOKISPILA, KÖNÖNEN (s. Anm. 22), 124.
[24] A.a.O. 540.
[25] HANSKI (s. Anm. 5), 290.
[26] A.a.O. 288–292.

gehen. Er zeigt, dass in den Debatten sowohl projüdische als auch antijüdische Äußerungen fast immer zu hören sind. Er schließt sich gewissermaßen dem Urteil von Hanski an, dass rüde Antisemiten zumeist eine Randerscheinung waren. Zugleich will er aber den finnischen Antisemitismus ernst nehmen und nicht verharmlosen. Er zeigt überzeugend, wie auch zionistisch motivierte Christen in gewisser Hinsicht antijüdisch und kolonialistisch handelten.

Hinsichtlich der evangelisch-lutherischen Kirche ist Laitila kritischer als die finnischen Kirchenhistoriker im allgemeinen. Er benutzt die Faktenbasis, die vor allem Professor Eino Murtorinne in seinen vielen Studien gesammelt hat,[27] will aber aufzeigen, dass die reservierte und opportunistische Haltung der finnischen Kirchenleiter von mangelnder Sympathie gegenüber den Juden zeuge. Als orthodoxer Kirchenhistoriker ist Laitila auch gegenüber seiner eigenen ostkirchlichen Tradition kritisch eingestellt. Zum Beispiel zeigt er, dass die orthodoxen Lehrbücher der Religion mit dem Luthertum die Haltung teilten, dass das alttestamentliche Judentum zwar gut gewesen war, das spätere Judentum aber degeneriert sei. Auch die orthodoxen liturgischen Bücher enthalten Texte, in denen die Juden als Mörder Christi hingestellt werden.[28]

Ich halte Laitilas Argumentation in den meisten Fällen für überzeugend. Aus heutiger Sicht kann zwar gesagt werden, dass die evangelischlutherische Kirche Finnlands im 20. Jahrhundert keine deutlich judenfeindliche Position vertreten hat. Die Kirchenleiter hätten sich in vielen kontroversen kulturellen und politischen Situationen allerdings positiver zum Judentum äußern können. Es wäre in gewissen Fällen sogar eine moralische Pflicht gewesen, vor allem in der Diskussion um die Bürgerrechte und die Religionsfreiheit am Anfang des 20. Jahrhunderts. Auch in den Jahren 1933 bis 1944 hätte die finnische Kirche ihre Sympathie zu antinazistischen Bewegungen deutlicher äußern können.

Zu berücksichtigen ist allerdings, dass die Kirche damals kaum so etwas wie eine durchdachte Öffentlichkeitsarbeit hatte. In den ersten Dekaden der Selbständigkeit war die lutherische Kirche zudem darauf bedacht, die staatliche Außenpolitik unterstützen. In dieser Hinsicht ist auch zu betonen, dass die führenden finnischen Politiker während des Zweiten Weltkriegs, Risto Ryti und Carl Gustav Mannerheim, eher Anglophile und Skandinavier als Deutschlandfreunde waren. Auch die finnische lutheri-

---

[27] EINO MURTORINNE, Risti hakaristin varjossa: Saksan ja Pohjoismaiden kirkkojen suhteet Kolmannen valtakunnan aikana 1933–1940, Helsinki 1972; DERS., Die finnischdeutschen Kirchenbeziehungen 1940–1944, Göttingen 1997.
[28] LAITILA (s. Anm. 1), 195–198.

sche Kirche hatte schon seit den dreißiger Jahren gute Beziehungen zu England und Schweden gepflegt. Aber die finnische Kirche hatte kaum so etwas wie eine eigenständige öffentliche Haltung zu den Juden im Allgemeinen; die tatsächlichen Einstellungen der Kirche waren zumeist von der allgemeinen finnischen Politik abhängig.

5. Lutherrezeption (1939–2014)

Martin Luthers Judenschriften haben in Finnland nur eine relativ schmale, aber doch zum Teil bemerkenswerte Rezeptionsgeschichte erfahren. Diese soll noch eigens erwähnt werden. Zuerst ist zu betonen, dass Luthers Schriften überhaupt erst gegen Ende des 19. Jahrhunderts ins Finnische übersetzt wurden. Obwohl Schweden und Finnland sehr lutherische Länder waren, hatten die Schriften Luthers für die ältere nordische Kirchengeschichte keine solche Auswirkung wie in Deutschland. Erst die nationale Erweckung gegen Ende des 19. Jahrhunderts ist auf die Idee gekommen, dass ein massives Übersetzen von historischen Texten bedeutsam sein könnte. Erst das Erscheinen der Weimarer Ausgabe sowie die deutsche Lutherrenaissance Anfang des 20. Jahrhunderts haben die akademische Lutherforschung in Nordeuropa ermöglicht.[29] Deswegen ist die nordische Rezeptionsgeschichte der einzelnen Schriften Luthers eine kurze Geschichte.

Luthers Schrift *Von den Juden und ihren Lügen* wurde im Jahre 1939 von einem kleinen rechtsextremen und nazistischen finnischen Verlag auf Finnisch (Juutalaisista ja heidän valheistaan) veröffentlicht. Die kirchliche Presse sowie die Kirchenleitung haben auf diese Veröffentlichung nicht reagiert. Ein finnischer Pfarrer und Missionar, Sakari Collan, hat in der leitenden Kirchenzeitung die Sache so kommentiert, dass diese Veröffentlichung sowohl für Luther als auch für den Verlag eher peinlich sei. Ein finnischer Antisemit, Gunnar Lindqvist, hat 1943 der finnischen Kirche den Vorwurf gemacht, sie habe durch ihr Schweigen Luthers antijüdische Schriften für veraltet erklärt.[30]

Bekanntlich kann man das Faktum der Nicht-Rezeption unterschiedlich beurteilen. Man hätte der finnischen Kirche auch den gegensätzlichen Vorwurf machen können: Warum hatte sie sich nicht gegen diese Lutherübersetzung ausgesprochen? Als historische Antwort kann man wohl nur konstatieren, dass die finnische Staatskirche zu jener Zeit überhaupt

---

[29] Zur Geschichte der Lutherdrucke in Finnland: TUIJA LAINE (Hg.), Luther, the Reformation, and the Book, Helsinki 2012.
[30] LAITILA (s. Anm. 1), 212–215.

noch keine solche Kultur der Öffentlichkeitsarbeit entwickelt hatte. Nach dem Krieg hat die evangelisch-lutherische Kirche Finnlands als Gründungsmitglied des Weltkirchenrates (1948) sowie des Lutherischen Weltbundes (1947) mit anderen großen lutherischen Kirchen durch diese Gremien einen deutlichen Abstand zum Rassismus und Antisemitismus sowie zur Diskriminierung genommen. Seit 1977 ist in der finnischen Kirche die offizielle Arbeitsgruppe *Kirche und Judentum* tätig, die gute Beziehungen zur örtlichen jüdischen Gemeinde pflegt und die theologische Diskussion fördert.[31]

Innerhalb der internationalen Rezeptionsgeschichte nach 1945 ist es deutlich, dass auch die finnischen Lutheraner einen Unterschied zwischen den Lutherschriften *Dass Jesus Christus ein geborener Jude sei* (1523) und *Von den Juden und ihren Lügen* (1543) feststellen können. Früher hatte dieser Unterschied in den hier behandelten finnischen Diskussionen keine Rolle gespielt.

Im vergangenen Jahr (2014) hat ein Verlag estnischer Neonazis (La colonia) Luthers Schrift von 1543 in estnischer, russischer und finnischer Übersetzung in Estland neu gedruckt. Auch jetzt ist die Rezeption spärlich geblieben; keine nennenswerte öffentliche Diskussion ist aufgekommen. Übrigens hat die Universitätsbibliothek von Helsinki dieselbe finnische Ausgabe von 1939 schon im Jahre 2011 als jedem zugänglichen Volltext im Internet veröffentlicht.

Einmal hat allerdings Luthers Antisemitismus in Finnland eine relativ ausführliche Debatte ausgelöst. Der Anlass hierfür war Tauno Yliruusis Schauspiel *Uusi Luther* (Der neue Luther), das 1975 im finnischen Fernsehen ausgestrahlt wurde und später (1980) auch als Buch herauskam.[32] Der ›neue Luther‹ des Schauspiels ist ein seelenkranker Mensch, der sich als Luther fühlt und durch die Lektüre der Lutherschrift *Von den Juden und ihren Lügen* eine antisemitische Überzeugung entwickelt. Im Schauspiel versuchen finnische Theologen, von denen Lennart Pinomaa namentlich erwähnt wird, den Kranken davon zu überzeugen, dass er Luther und das Luthertum am besten unterstützen könne, wenn er den Antisemitismus ignoriere.

Allerdings bekommt der Kranke im Schauspiel Unterstützung von anderen Figuren, die darlegen, wie auch Hitlers Judenhass durch Lutherlektüre entstanden sei. Diese Figuren benutzen Pinomaas Studien zur soge-

---

[31] Zur Arbeit dieser Gruppe: MARIKA PULKKINEN, Kirkko ja juutalaisuus -työryhmän historia vuosilta 1977–2013, Helsinki 2013.
[32] Der folgende Bericht folgt LAITILA (s. Anm. 1), 215–220, der auch alle finnischen Originalquellen gibt.

nannten Wundermännerlehre Luthers, um zu zeigen, dass Hitler der im Luthertum erwartete Wundermann sei. Die Theologen behaupten dagegen, dass man die theologische Beurteilung des Judentums vom Rassenhass und Antisemitismus deutlich unterscheiden müsse. Die anderen Figuren sehen hier aber einen Unterschied und entgegnen, dass Luther letzten Endes vom Selbsthass geprägt war.

Das Schauspiel war eher eine Provokation als ein literarischer Erfolg, aber es hat eine relativ breite Diskussion in der Tagespresse ausgelöst. Im Mittelpunkt der Diskussion stand Luthers Antisemitismus sowie seine angebliche Verbindung mit Hitlers Ideologie. Pinomaa war 1975 noch ein aktiver Forscher und nahm in der Presse selber Abstand von Luthers antisemitischen Schriften. Zugleich betonte er, dass solche Schriften in Luthers gesamtem Lebenswerk nur eine ganz sekundäre Rolle spielten.

Der Autor Tauno Yliruusi schrieb gegen Pinomaa, dass Luther sich durch sein gesamtes Schaffen hindurch wiederholt gegen die Juden geäußert habe. Yliruusi wies auf die Religionspsychologie hin: Durch seine tiefe Kenntnis des Alten Testaments habe Luther erkannt, wie das Christentum eigentlich nur eine Fortsetzung des Judentums sei. Diese verwirrende Erkenntnis habe in Luther einen psychologischen Selbsthass ausgelöst, der als Antisemitismus zum Vorschein gekommen sei.

In der weiteren Diskussion betonten die finnischen Kirchenhistoriker Eino Murtorinne und Kauko Pirinen die Notwendigkeit der Unterscheidung zwischen dem rassistischen Antisemitismus Hitlers und der religiös motivierten antijüdischen Einstellung Luthers. Dazu antwortete Yliruusi, dass eine tiefere Verbindung zwischen den beiden trotzdem als historisches und psychologisches Faktum feststellbar sei. Murtorinne erwähnte die Tatsache, dass der Antisemitismus im lutherischen Finnland nie eine bedeutende Rolle gespielt habe. Pirinen konstatierte, dass Luther eine religiöse Persönlichkeit gewesen sei, die man nicht als nationalistischen Politiker lesen sollte.

In seiner Würdigung dieser Diskussion beklagt Teuvo Laitila, dass die eigentliche These des Schauspiels, nämlich der Einfluss des lutherischen Antisemitismus auf die finnische Gegenwart, nicht behandelt wurde. Laitila meint im Weiteren, dass die erwähnten lutherischen Theologen nicht bereit gewesen waren, Luthers judenfeindliche Schriften als wirkliches Problem anzuerkennen. Hier kann ich Laitilas Urteil zustimmen. Ich möchte darüber hinaus konstatieren, dass die Frage nach der Behandlung der Juden in der lutherischen Einheitskultur Finnlands eine so ungewöhnliche Frage war, dass weder die offizielle Kirche noch einzelne Theologen ihre symbolische Bedeutung und ihren Öffentlichkeitswert sachgemäß erkannt haben. Deswegen klingen die damaligen Antworten der Theologen defensiv und historisierend. Die Einheitskultur der siebziger Jahre hatte wenig Sensibilität für die öffentliche Erörterung von interkulturellen Problemen.

North American Lutheranism and the Jews

FRANKLIN SHERMAN

Young as the nations of North America are compared to their European antecedents, the story of Lutherans and Jews in North America has considerable longevity, going back in both cases to the mid–17th century. For Lutherans in the United States, the starting date in terms of organized congregations was 1649, when the first pastor arrived to serve the residents of New Sweden, a series of settlements near Philadelphia. For Jews, the date was 1650, when 33 Jewish refugees from Brazil arrived in New Amsterdam (the later New York), having fled the Dutch colony of Recife when it was threatened by Portugal, a nation with a very different record of religious tolerance than that of The Netherlands.

As we follow the story of these two communities in the succeeding centuries, we shall find a number of intriguing parallels between them. Despite their early arrival, both groups were destined to play the role of »outsiders« to the mainstream of American religion, which was dominated by the Puritan tradition of New England and other groups of British origin, such as Methodists and Baptists. Both struggled to adapt themselves to the language and culture of their new environment. Both were poised by the end of the Second World War to emerge from their cocoons and play a more public role than they had hitherto.[1]

The story of Lutherans and Jews in Canada is similar, though on a very different scale. Lutheran history in Canada in one sense began as early as 1619, when the young Danish pastor Rasmus Jensen accompanied a Danish expedition hoping to find the fabled ›Northwest Passage‹ to India via northern Canada. Unfortunately he died from disease and starvation early the following year, as did most of the ship's company. Ongoing Lutheran congregational life in Canada dates from 1774, when a group of German Lutherans emigrated from the Mohawk Valley in New York to found a congregation in Williamsburg, Ontario. Canadian Lutheranism would be strengthened by many further instances of immigration from the south.[2]

As to the Jewish presence in Canada, it dates from the British victory over France in the Seven Years War (1763), which overturned the French

---

[1] The image of the cocoon is taken from MARTIN E. MARTY, Modern American Religion, Chicago and London 1986–96, 1, The Irony of it All (1893–1919), chap. 8: »Peoplehood as a Cocoon«.
[2] On Rasmus Jensen, see MARK GRANQUIST, Lutherans in America: A New History, Minneapolis 2015, 33–34. On the Mohawk Valley emigration, see HENRY EYSTER JACOBS, JOHN A.W. HAAS (eds.), The Lutheran Cyclopedia, New York 1899, 489.

exclusion of all but Roman Catholics from the territory. Jewish settlers and traders arrived soon thereafter. The first Canadian synagogue, Montreal's Shearith Israel, was built in 1768 to serve the city's some 200 Spanish and Portuguese Jews.[3]

So in both countries, the United States and Canada, the Lutheran and Jewish communities were roughly coeval. Both communities, in both countries, grew dramatically in the following generations, fueled partly by natural increase but mostly by the waves of immigration from the homelands of both communities that washed over North America in the 19th century. An 1899 reference work listed the Lutheran population of the United States in 1868 as about 350,000 communicant members, increasing to about 1,500,000 in 1898.[4] A recent source, using the broader category of baptized members, presents an estimate of about 2,175,000 in 1900, increasing to 5,250,000 by 1925 and 6,248,000 by 1950.[5] As to the Jewish population, the *American Jewish Yearbook* in 1899 (the first year of its publication) estimated the number of Jews in the U.S. as about 50,000 in 1848, increasing to 938,000 by 1897. Later editions gave the number as about 3,600,000 in 1920 and 5,000,000 by 1950.[6]

In Canada the trajectory was similar, although on a much smaller scale. Communicant Lutheran members were listed as about 10,000 in 1898. Statistics for the intervening years are not readily available, but Canadian Lutheranism was listed as numbering 195,000 baptized members in 1954 by the Lutheran historian A.R. Wentz.[7] Showing a similar upward growth curve, the American Jewish Yearbook estimated the number of Canadian Jews as some 6,500 in 1897; 126,000 in 1920; and 185,000 by 1950.[8]

As noted, the first Lutheran congregations in the United States were those of New Sweden, a colony that stretched along the Delaware River north and south of Philadelphia. Served by pastors sent from Sweden or, if necessary, by lay leaders, they underwent a gradual transition to the use of

---

[3] For a history of Canadian Jews and Judaism, see IRVING ABELLA, A Coat of Many Colours: Two Centuries of Jewish Life in Canada, Toronto 1990.

[4] JACOBS, HAAS, Lutheran Cyclopedia (s. note 2), 455.

[5] GRANQUIST, Lutherans in America (s. note 2), 203.

[6] See www.ajcarchives.org/main.php?GroupingId=40.

[7] ABDEL ROSS WENTZ, A Brief History of Lutheranism in America, Philadelphia 1955, 319. The 1898 figure is from JACOBS, HAAS, Lutheran Cyclopedia (s. note 2).

[8] Please note that in view of the discrepancy in scale between the U.S. and Canadian Lutheran and Jewish communities, the present essay from this point on will deal with their history only in the United States, often using the terms »America« and »American« in this sense, as do most of the sources. See above, note 3, for a basic reference on Canadian Jewry. For a thorough treatment of Canadian Lutheranism, see NORMAN J. THREINEN, A Religious-Cultural Mosaic: A History of Lutherans in Canada, Vulcan, Alberta 2006.

English in preaching and liturgy, especially after the colony's conquest by the English in 1664. In the process, they lost their Lutheran identity, and were eventually absorbed into the Episcopal Church.[9]

Turning to New Amsterdam, the story of the first Jewish settlers there is linked in a singular way to that of the first Lutherans. The Dutch East India Company, which was in control of the colony, desired it to provide the same degree of religious freedom and toleration as was enjoyed in the homeland. Thus the settlement of the refugee Brazilian Jews (cf. above) would be no problem. The colony's resident governor, Peter Stuyvestant, however, did not want its Dutch Reformed hegemony to be diluted. »Giving them [the Jews] liberty,« he wrote his superiors in Amsterdam, »we cannot refuse the Lutherans and Papists.«[10] Stuyvestant was overruled, and both Jews and Lutherans did settle and prosper there – but not »Papists«, until after the colony had been conquered by the English after the post-Puritan Restoration (1664).

Another early Jewish community of special interest is that of Newport, Rhode Island, site of the Touro Synagogue, America's oldest such building (1763). It was in a letter to this congregation that President George Washington set forth his famous statement of commitment to religious liberty and concern for the welfare of the Jewish people, writing as follows:

»The citizens of the United States of America have a right to applaud themselves for having given to mankind examples of an enlarged and liberal policy, a policy worthy of imitation. All possess alike liberty of conscience and immunities of citizenship. It is now no more that toleration is spoken of, as if it was by the indulgence of one class of people that another enjoyed the exercise of their inherent natural rights. For happily the government of the United States, which gives to bigotry no sanction, to persecution no assistance, requires only that they who live under its protection should demean themselves as good citizens, in giving it on all occasions their effectual support ... May the children of the stock of Abraham who dwell in this land continue to merit and enjoy the good will of the other inhabitants, while every one shall sit in safety under his own vine and fig-tree, and there shall be none to make him afraid.«[11]

---

[9] A narrative of the history of these churches is provided in EDMUND JACOB WOLF's The Lutherans in America: A Story of Struggle, Progress, Influence and Marvelous Growth, New York 1890, 134–168. For a recent treatment, see GRANQUIST, Lutherans in America (s. note 2), 44–48.65–67.93–95.

[10] JONATHAN D. SARNA, American Judaism: A History, New Haven and London 2004, xv. For the source of this citation, see SAMUEL OPPENHEIM, The Early History of the Jews in New York, 1654–1664 (Publications of the American Jewish Historical Society 18, 1909), 20.

[11] Letter of August 17, 1790. Text as in PAUL MENDES-FLOHR, JEHUDA REINHARZ (eds.), The Jew in the Modern World: A Documentary History, New York, Oxford ²1995, 458–59.

The Jews in Rhode Island were the beneficiaries of that colony's special tradition of religious freedom. Founded by Roger Williams in his dissent from the Puritan establishment of the Massachusetts Bay Colony, the new settlement of »Rhode Island and Providence Plantations«, as it titled itself, was the first to take as a founding principle the separation of church and state. Anabaptists, Quakers, and Jews all found refuge and thrived there.

It was in Pennsylvania, one of the few other colonies favorable to religious pluralism, that Lutherans began to settle in sizable numbers. William Penn, himself a Quaker, had seen to it that the royal charter for this new British colony (1681) provided for religious freedom. In this and other ways, it should be a »Holy Experiment«. Jews would be welcome and would have freedom of worship and all other rights and privileges – except the right to vote and hold office; that was restricted to Christians.[12] Immigrating Lutherans were subject to no such disabilities.

The Lutherans, coming chiefly from the Palatinate (Pfalz), settled primarily in Philadelphia and the surrounding areas, making up those who would later mistakenly be called the »Pennsylvania Dutch« (a misunderstanding of *deutsch*). The first Lutheran synod, i.e., regional organization, would be named »The Ministerium of Pennsylvania and Adjacent States«. By the time of the American Revolution and the Constitutional Convention (1787), Lutherans were still small in number, about 25,000,[13] but one of them, Frederick Augustus Muhlenberg, was prominent enough to be chosen as the first speaker of the United States House of Representatives.[14]

As the turn of the 19th century arrived, neither Lutherans nor Jews could have any inkling of how dramatically each community would grow in the coming decades, nor of the struggles each would face of how to adapt to an ever changing environment. The size of the increase has already been indicated above: for Lutherans, from the estimated 25,000 in 1790 to more than two million by 1900; for Jews, from some 50,000 in mid-century to

---

[12] This was also true in most other colonies. On the struggle to secure political rights for Jews in the colonies and then in the new states, see HASIA R. DINER, The Jews of the United States, 1654 to 2000, Berkeley 2004, 48–53. On the federal level, such rights were never in question.

[13] GRANQUIST, Lutherans in America (s. note 2), 115.

[14] Frederick Augustus was a son of Pastor Henry Melchior Muhlenberg, the Halle emissary to colonial America who organized the Ministerium of Pennsylvania and came to be known as the Patriarch of American Lutheranism. Henry Melchior's two other sons were also prominent, John Peter Gabriel as a general in the Continental Army and Gotthilf Heinrich as a botanist. See PAUL A.W. WALLACE, The Muhlenbergs of Pennsylvania, Philadelphia 1950 (in: PAUL A. W. WALLACE, THEODORE TAPPERT, JOHN W. DOBERSTEIN [eds.], The Journals of Henry Melchior Muhlenberg, vol. 3, Philadelphia 1942).

almost a million by its end. Lutherans arrived primarily from Germany in the early and middle decades of the century, including the Saxon emigration of 1838–39 that eventuated in the formation of the Missouri Synod. In the latter part of the century, it was Scandinavians who predominated among the immigrants. The Lutheran historian Mark Granquist reckons that between 1860 and 1914, 20% of the total population of Sweden and 25% of that of Norway emigrated to America.[15] Jews arrived in great numbers especially from Russia, following the widespread pogroms of 1881 and after, but also from Austria, Romania, Hungary, and other European countries.[16]

A striking difference, however was the preferred destination of the respective groups. Most Lutherans headed to the rolling farmlands and small towns of America, first in the Northeast and then the Midwest, or the open prairies of the Upper Midwest. Jewish immigrants, many of them already urbanized in Europe, headed for America's cities – New York, Philadelphia, and Baltimore, then Cincinnati and Chicago – where, moreover, they tended to live in predominantly if not entirely Jewish neighborhoods. It is no wonder, then, that Lutherans and Jews as organized communities had little interaction with one another during this period.[17]

The one clear exception to this »ships passing in the night« phenomenon is the development, in the late 19th century, of Lutheran outreach directed at the conversion of Jews. The main undertaking of this nature, the Zion Society for Israel, was founded in 1878 in Rochester, Minnesota by a group chiefly of Norwegian-American Lutheran pastors and laity. At first it directed its efforts at raising funds for the support of such work already underway in Russia and Palestine, but in 1882 added a domestic program with the appointment of Pastor Paul Werber, himself a »Hebrew Christian«, to work among the Jews in Baltimore. In the period until his untimely death in 1886, the Society reported, »He was by the grace of God enabled to lead seven souls into the fold of the Lord through baptism.«[18] The Zion Society continued its work until 1947, when its work was taken over by the Department for the Christian Approach to the Jewish People of the National Lutheran Council (NLC). Despite having as

---

[15] GRANQUIST, Lutherans in America (s. note 2), 183.
[16] See ROGER DANIELS, Coming to America: A History of Immigration and Ethnicity in American Life, New York ²2002, 224.
[17] DANIELS, Coming to America (s. note 16), gives sustained attention to the geographical pattern of Jewish immigration, as does GRANQUIST, Lutherans in America (s. note 2), for the Lutheran immigrants.
[18] The Zion Society for Israel: A Brief Survey, Minneapolis: Zion Society of Israel, n.d. [ca. 1927], 5. Available in the Archives of the Evangelical Lutheran Church in America, Elk Grove Village, Illinois.

many as eleven staff members at its height, the results of the Zion Society's efforts, numerically speaking, were slight. A 1949 study by the Rev. Harold Floreen, a leading figure in this work, was able to identify only 610 »Jewish and part-Jewish« baptized members among the nearly 10,000 congregations and 3,500,000 members of the NLC constituent bodies.[19]

A much greater problem for the American Jewish community than losses to Christian missionaries was the rise in broad sectors of American society, during the latter part of the 19th century and the first part of the 20th, of what might be called a »reactive antisemitism«. This was in response not only to the huge increase in Jewish immigration in the period of 1880–1920, but to the fact that the new immigrants were now predominantly Eastern European Jews, and indeed from the lower classes there. It was these, it appears, that the poet Emma Lazarus had in mind in the inscription on the Statue of Liberty in New York harbor:

»›Keep, ancient lands, your storied pomp!‹ cries she
With silent lips. ›Give me your tired, your poor,
Your huddled masses yearning to breathe free,
The wretched refuse of your teeming shore.
Send these, the homeless, tempest-tost, to me
I lift my lamp beside the golden door‹.«[20]

America's policies proved less tolerant than its poetry. In 1924, Congress passed the historic Immigration Act, which while not mentioning the Jews as such, choked off their entry by drastically restricting immigration from their home countries, e.g. Poland. In the following decade, 1925–1934, an average of only 8,270 Jews were admitted annually into the country, compared with the 100,000 or more annually in previous decades.[21]

Meanwhile, antisemitism[22] showed itself also in the establishment of quota systems limiting Jewish enrollment in leading American universities (a testimony to the plenitude of talented Jewish youths applying to their admissions offices), as well as discrimination against Jews in business and the professions, country clubs and similar social organizations, and in certain neighborhoods (»restrictive covenants«). Jews were alarmed also by the revival of the Ku Klux Klan, a hate group initially directed against ex-

---

[19] HAROLD FLOREEN, The Lutheran Parish and the Jews: A Survey, Chicago 1949, 14. The author explains that by »part-Jewish« he means persons with only one Jewish parent. For a Jewish view of such outreach efforts, see DAVID MAX EICHHORN, Evangelizing the Jews, Middle Village, NY 1978.
[20] The full text of the poem, »The New Colossus«, may be found at www.poets.org/poetsorg/poem/new-colossus.
[21] SARNA, American Judaism (s. note 10), 216.
[22] This spelling is used throughout the present essay except in direct quotations, which may read »anti-Semitism«.

slaves after the Civil War, then against Roman Catholics, and now also against Jews. It is no wonder that Jonathan Sarna in his survey of this period of American Jewish history speaks of »an anxious subculture«. Even Jews who were the descendants of those who had arrived generations before were anxious as they observed, and felt indirectly, the hostility to the newly arrived immigrants.[23] At the same time, the 1920s saw the founding of organizations endeavoring to overcome such prejudices, such as the National Conference of Christians and Jews (1927). Efforts to eliminate discriminatory attitudes and practices from American public life would continue for many years.[24]

The question arises of whether Lutherans, among other denominations, were particularly susceptible to the virus of antisemitism. The most thorough study of this matter, Glock and Stark's *Christian Beliefs and Anti-Semitism*,[25] postdates the period under study, but may be revealing insofar as the attitudes of those interviewed would have been formed earlier. Their research indicates that Lutherans in America typically are not clustered at either end of the scale, but rather occupy a middling or moderate position. For example, in response to the statement »International banking tends to be dominated by Jews«, 44% to 46% of Lutherans answered »Yes« or »Somewhat«, while the average of all Protestants was 48%. To the statement »Jews believe that they are better than other people«, the Lutheran Yes / Somewhat response was 39% to 40%, essentially identical to the Protestant average of 40%.[26]

What are we to conclude from this? It seems to be a »glass half full or half empty« question. On the one hand, Lutherans were no worse than others in their antisemitism. On the other hand, the fact that 40–50% of Protestants as a whole harbored such antisemitic stereotypes (the results for Roman Catholics were only marginally better) is not a favorable report on the state of American religious pluralism. Deep-seated prejudices and obsessions about the Jews would prove difficult to root out.

The year 1933 brought a stunning new challenge to the world Jewish community, and anyone concerned about its welfare, with the National

---

[23] SARNA, American Judaism, (s. note 10), chap. 5, especially 214–223.

[24] For a brief overview of antisemitism during this period as well as efforts to combat it, see DINER, Jews of the United States (s. note 12), 207–215. For an extended treatment, see LEONARD DINNERSTEIN, Anti-Semitism in America, New York, Oxford 1994.

[25] CHARLES Y. GLOCK, RODNEY STARK, Christian Beliefs and Anti-Semitism, New York 1966.

[26] GLOCK, STARK, Christian Beliefs (s. note 25), ables 42 and 43. The double figure for Lutherans reflects the authors' distinction between a combination of American Lutheran Church (ALC) and Lutheran Church in America (LCA) members on the one hand, and Missouri Synod (LC-MS) members, on the other.

Socialist takeover in Germany and its immediate imposition of an array of harsh anti-Jewish measures. One might assume that Americans, isolated by an ocean from these developments, would have had little knowledge of them. In fact, American Jews at least were very well informed, as the *Review of the Year* already in the 1933 *American Jewish Yearbook* reveals. The review, written by the Jewish scholar Harry Schneiderman, saw the Nazis as engaged in »the premeditated elaboration of a network of laws deliberately intended to achieve the political, civil and social degradation of the Jews of Germany and their economic ruin.« It detailed some of the measures involved:

»the summary expulsion of judges from the bench, of lawyers from the courts, of physicians from hospitals and clinics, of professors from universities, of brokers from bourses, of merchants from commodity exchanges, and of officials from administrative posts ... the picketing of shops by Nazis who terrorized would-be customers from entering, the enforced discharge of Jewish employees, and similar acts.«

The author concluded, presciently, that »the Jewish catastrophe in Germany can best be met only by the emigration of the Jews«.[27] He could not foresee the horrific further devastation to be caused by the German conquest of the lands to the east.

Were American Lutherans aware of these developments, and if so, what was their attitude toward them? A study by Robert P. Ericksen, Professor of History at Pacific Lutheran University, throws considerable light on this question. Ericksen reviewed coverage of the developments in Germany during the year 1933 in five Lutheran journals, all published weekly, and representing the full range of American Lutheranism, together with a leading nondenominational weekly, the *Christian Century*.[28] The Lutherans, he concluded, as judged by articles and editorials in these periodicals, »tended to be quite supportive of the political changes in Germany«.

They liked what they saw in Hitler. They cautioned against the criticisms of him and of Germany to be found in the secular press, often calling it propaganda and reminding readers of the unfair and inaccurate propaganda directed against Germany during the First World War.[29]

The Lutheran periodicals, Ericksen reports, did not support the radical program of the *Deutsche* Christen, e.g. the removal of the Old Testament

---

[27] American Jewish Yearbook (as per note 6 above), Vol. 35, pp. 6, 32, 39. The fullness of this account, of which the above are only excerpts, is all the more impressive in that it only covers half of the year 1933, to June 30.

[28] ROBERT P. ERICKSEN, The Luther Anniversary and the Year 1933 in the Mirror of U.S. Church Press Reports (in: Kirchliche Zeitgeschichte 26, 2013, 319–334).

[29] Ibid. 320.

from the Bible or the dismissal of pastors of Jewish descent. But they saw the Nazi movement as »a strong wind of purification« of the German nation. A column in *The Lutheran Companion* (Swedish-American) in May, 1933, offered the following comment:

»Great changes are taking place in Germany under the Hitler leadership. So far on the whole they have been in the direction of progress and peace ... The waves of strife are foaming, and the current of the stream does not yet run clean and pure. But so far, generally speaking, the new government has taken its stand with the forces of righteousness, as over against the forces of evil.«[30]

And in a letter addressed to Reich Bishop Ludwig Müller as well as Bishops Marahrens and Meiser, the United Lutheran Church in America expressed itself in almost ecstatic terms:

»With keen interest and trembling joy, we have heard of the wonderful rise and awakening of the German people, of their intentional return to the faith and pious customs of their fathers, of the kindly attitude of the new government to the Christian religion, and of its decided stand against moral filth, public immorality, and the systematic undermining of all respect for everything holy, noble, and pure.«

There are some statements of support for Germany's Jews. »As Christians«, an editorial in *The Lutheran Herald* (Norwegian-American) in May, 1933, declared, »we very much deplore the persecution of the Jews«. But it did not present any of the chilling details that were already available or call for organized protest on their behalf. It rejected any thought of Christian complicity in antisemitism by virtue of its age-old vilification of the Jews, and condemned »modernists« for trying to remedy this supposed defect by »fellowshipping in service with the Jews and confirm[ing] them in the belief, that their own religion is almost as good as the Christian«.[31]

It would be valuable to have a study like Ericksen's of Lutheran periodicals in the succeeding years, as more and more news reached America's shores of the increasingly drastic anti-Jewish measures of the Nazis, culminating in the death camps. American Jews were well informed, as were readers of major newspapers like the *New York Times*, but only fragmentary reports are likely to have reached the eyes and ears of Lutherans in their still largely rural and small town setting. In any case, as the Second World War drew closer, overt expressions of support for Germany and its regime grew infrequent, and then non-existent. Once the United States entered the war in December, 1941, all Americans were united in the ›war effort‹.

---

[30] Ibid. 322.
[31] Ibid. 327.

Millions of young men were drafted into the armed services, and there served side by side with persons of all faiths, laying the basis for a more inclusive sense of community once they returned to civilian life. The postwar period was also to see the dissolution of many of the urban enclaves of particular ethnic groups, whether Swedish Lutherans or Russian Jews, as all joined in the exodus to the more affluent outer edges of the cities or to the suburbs. Both Lutherans and Jews continued to lose more of their cultural idiosyncrasies, as the long process of Americanization continued. The stage was set for the final emergence of both communities from their respective cocoons, leading to a greater presence of both Jews and Lutherans in American public life and a more direct engagement with one another.[32]

---

[32] For an overview of Lutheran-Jewish relations in America in the subsequent period, see FRANKLIN SHERMAN, Lutheran-Jewish Relations in the United States: A Historical and Personal Retrospect (www.jcrelations.net, January, 2014; search under Lutheran-Jewish Relations). See also FRANKLIN SHERMAN, Luther and the Jews: An American Perspective (in: FOLKER SIEGERT, JÜRGEN U. KALMS [eds.], Internationales Josephus-Kolloquium, Münster 1997, Vorträge aus dem Institutum Judaicum Delitzschianum, Münster 1998, 210–217).

Abbildungen

Abb. 1 (S. 397) Erinnerungsmedaille *Ein Nazi fährt nach Palästina* (Quelle: Carina Brumme, Berlin).

Abb. 2 (S. 421) Holzschnitt aus der Schedelschen Weltchronik von 1493, der den angeblichen Ritualmord an dem Knaben Simon von Trient durch Mitglieder der Trienter jüdischen Gemeinde in der dortigen Synagoge am Ostersonntag 1475 zeigt (Quelle: HARTMANN SCHEDEL: Weltchronik. Nachdruck [der] kolorierten Gesamtausgabe von 1493, mit Einleitung und Kommentar von Stephan Füssel, Augsburg 2004, fol. CCLIIII^r).

Abb. 3 (S. 423) Wallfahrtskirche in Judenstein, Deckengemälde *Schächtung des Anderl durch Juden*, um 1740 von J. Mildorfer, seit 1989 wegen Übermalung nicht mehr sichtbar (Quelle: www.erinnern.at/bundeslaender/tirol/unterrichtsmaterial/sabine-wallinger-totgesagte-leben-laenger).

Abb. 4 (S. 439) Titelblatt einer antisemitischen Schrift von Pfarrer Josef Deckert, 1895 (Quelle: Astrid Schweighofer).

Personen

Aalen, Leiv 514–516
Abel, Heinrich 422
Abraham a Sancta Clara 422, 427, 444
Abraham ibn Esra 110
Adler, Victor 428, 432
Adorno, Theodor W. 203
Agricola, Johann 103
Albrecht von Mainz 63, 66
Albrecht V. (Herzog von Österreich) 419
Aleander, Hieronymus 67–70, 76
Alexander II. (Zar) 468, 472, 524
Alexander III. (Zar) 468
Alonso de Espina (Alfonsus de Spina) 15, 20
Althaus, Paul 307, 362, 514, 369, 370–374, 374f.
Andreas (Anderl) von Rinn 420, 436
Andree, Richard 461
Arndt, Ernst Moritz 211, 212, 221, 390
Arndt, Johann 320
Arnhold, Eduard 348
Arnim, Achim von 208, 209, 221
Arnold von Tongern 65
Arthur (Tudor) 124
Arup, Jens Lauritz 511
Ascher, Saul 175, 206, 211, 212, 213, 216, 221
Asmussen, Hans 388
Auer, Karl 380
Auguste Viktoria 298
Augustinus 8, 36, 39, 110, 111, 131, 135, 301, 315, 353, 507

Bachai (Bachia ben Asher) 110
Badeni, Kasimir Felix 431
Baeck, Leo 348, 351, 352, 392f.
Bagger, Hans 490
Baggesen, Jens 495
Bamberger, Ludwig 263, 264, 268
Bancroft, Richard 139f.

Barrès, Maurice 416, 417
Barruel, Augustin 413, 415
Barth, Karl 357, 384
Basedow, Johann Bernhard 186
Basnage de Beauval, Jacques 410, 509
Bassano (Familie) 119
Baumgarten, Otto 384
Balle, Nicolaj Edinger 494
Baun, Christian 502
Beer, Cerf 193
Bejlis, Mendel 475–478, 485
Bennewitz, G. 492
Bentzel-Sternau, Karl Christian Ernst von (Horatius Cocles) 219, 222
Berger, Arnold 157, 159, 164
Berggrav, Eivind 516–520
Bergmann, Ernst 317
Berlit, Johannes 166
Bernhard, Rachel 414
Bernhard, Sarah 414
Bethmann-Hollweg, Theobald von 300, 477
Beza, Theodor von 97, 112f.
Biesenharter, Michael 29
Biester, Johann Erich 200, 203
Billroth, Theodor 429f.
Bismarck, Otto von 298, 515
Blædel, Nicolaj Gottlieb 496
Blarer, Ambrosius 101
Bleichröder, Gerson von 298
Blicher, Steen Steensen 495
Bloch, Joseph Samuel 228, 312, 435, 436–438, 441–443
Blum, Léon 415
Bodelschwingh, Friedrich von d. J. 373
Böhmer, Heinrich 160
Böhmer, Julius 164, 175
Bois, Simon Du 110
Boldig, Ernst Christian 492
Boleyn, Anne 126, 127, 136

Bomann, Thorleif 514
Bonald, Louis-Gabriel-Ambroise de 413, 415
Bonhoeffer, Dietrich 177, 178, 293
Bonnet, Charles 187
Borchsenius, Poul 503
Borrhaus (Cellarius), Martin 100, 103
Brake, Georg 253, 254
Brafman, Jakob 458–461, 462, 463, 464, 465, 474, 479, 483
Brandes, Georg 512, 513
Brentano, Clemens 208, 221
Breßlau, Harry 263, 264, 269
Bretschneider, Karl Gottlieb 169
Brochmand, Jesper 490
Brunner, Sebastian 422, 425–427
Buber, Martin 379, 382, 383, 391
Bucer (Butzer), Martin 58, 69, 79–96, 98, 99, 101, 105, 110, 123
Buchholz, Friedrich 495
Buchwald, Georg 151, 155, 156, 157, 158, 159, 160, 164, 170, 171, 172, 173, 272
Bürger, Curt 171
Bürger, Gottfried August 189
Büsching, Anton Friedrich 194
Bugenhagen, Johannes 126, 487, 489
Bullinger, Heinrich 90, 99, 100, 102, 112
Busche, Hermann von dem 62

Callenberg, Johann Heinrich 491
Calvin, Johannes 79, 80, 81, 90, 97–117, 135, 409
Campe, Joachim Heinrich 186
Capito, Wolfgang 68, 100, 103, 105, 108, 110
Carben, Victor von 25f.
Cassel, Paulus 260
Castellio, Sebastian 100
Chamberlain, Houston Stewart 165, 300, 314–316, 317, 318, 321, 300, 353, 368, 381
Chlodwig I. (fränkischer König) 413
Christian IV. (König von Dänemark) 507, 508
Christoph von Madruzz 43
Clemen, Otto 164, 178
Clermont-Tonnerre 411, 412

Cohen, Hermann 262f., 350, 382
Cohn, Abraham 523
Collan, Sakari 532
Cranmer, Thomas 124, 125, 126, 128–136, 139, 141, 143
Cromwell, Oliver 119, 143
Cromwell, Thomas 127
Crotus Rubeanus 62
Cruciger, Caspar 126

Dalberg, Karl Theodor von 219
Deckert, Josef 422, 435, 436–443, 445
Delbrück, Hans 337, 338
Delitzsch, Franz 223–238, 312
Delitzsch, Friedrich 355f.
Denifle, Heinrich 158
Dibelius, Otto 519
Diderot, Denis 410
Dinter, Artur 317
Dohm, Christian Wilhelm 192–200, 202, 205, 207, 210
Dolet, Étienne 110
Dostojevskij, Fedor 464, 465
Dreyfus, Alfred 415f.
Drumont, Edouard 415, 416, 417
Dühring, Eugen 402, 404, 467
Duport, Adrien 411, 412

Eberhard (Herzog von Württemberg) 19
Eberhard, Johann August 207
Ebert, Johann Arnold 187
Ebert, Friedrich 354
Eck, Johannes 25–53
Eduard I. (König von England) 119
Eduard VI. (König von England) 95, 128
Elert, Werner 514
Eisler, M. 271
Elisabeth (Zarin) 455
Elisabeth Tudor (Königin von England) 136, 139, 140
Eisenmenger, Johann Andreas 172, 194, 206, 210, 220, 221, 228, 271, 387, 441, 442
Elieser ben Hyrcanus 110
Elmayer-Vestenbrugg, Rudolf von (Elmar Vinibert von Rudolf) 172f.
Emser, Hieronymus 56
Endlich, Johann Quirin 427

Erasmus von Rotterdam 67, 68, 69, 71–76, 77, 84, 85, 86, 121, 122, 301
Erzberger, Matthias 354
Euchel, Gottleb 494, 495
Evers, Georg Gotthilf 158
Ewald, Enevold 493
Ewald, Johann Ludwig 216–218, 222
Falb, Alfred 173
Falsen, Christian Magnus 510
Feix, Georg 148, 152
Ferdinand II. (Kaiser) 419
Fichte, Johann Gottlieb 172, 205 f., 208, 211, 212, 221, 310, 321, 322, 325, 326, 381
Fiebig, Paul 384, 386–388
Fischer, Ludwig 166, 169 f.
Fischer, Karl 250
Fisher, John 121, 122, 124, 125
Fjellbu, Arne 518
Floreen, Harold 542
Florenskij, Pavel 476, 477, 478
Folz, Hans 14
Förster, Bernhard 234
Ford, Henry 528
Fourier, Charles 414
Foxe, Edward 126, 127
Foxe, John 138
Fränkel, David 185
Francke, August Hermann 320
Franz Joseph (Kaiser) 226
Freytag, Gustav 287
Friediger, Max 501
Friedjung, Heinrich 428
Friedländer, David 185 f., 207
Friedländer, Moriz 351 f.
Friedrich II. (König von Preußen) 172, 183, 196
Friedrich III. von Habsburg (Kaiser) 44, 59
Friedrich Wilhelm I. (König von Preußen) 182
Friedrich Wilhelm II. (König von Preußen) 183
Fries, Jakob Friedrich 213–216, 217, 219, 220, 222, 495
Fritsch, Theodor 170, 171, 316, 317, 321, 387, 402, 404, 461
Frøyland, Lars 520

Fürst, Moses 494
Fuglsang Damgaard, Hans 501 f.
Gaunse, Joachim 119
Gedeløkke, Jens Pedersen 493
Geiger, Abraham 230
Gennadij von Novgorod 453
Gerhardt, Paul 390
Gerlach, Otto von 164
Gerner, Henrik 493
Giovanni Pico della Mirandola 62
Glahn, Torkild 501
Glazunov, Ilja 484
Glogau, Heinrich 510, 511
Gobineau, Joseph Arthur de 310, 312
Goebbels, Joseph 398, 405
Görres, Joseph 208
Goethe, Johann Wolfgang von 154, 188, 353
Goldfinger, Arnon 398
Goldscheider, Ludwig 165, 166
Graetz, Heinrich 176, 240, 246, 261 f., 263, 271
Gratius, Ortwinus 62, 63, 64, 65
Grattenauer, Carl Wilhelm Friedrich 208, 221
Grégoire, Henri Jean-Baptiste 199
Gregor IX. 9, 22
Gregor XIII. 45, 52
Grimm, Jakob 325
Grisar, Hartmann 158
Großmann, Stephan 445 f.
Grundtvig, Nikolai Frederik Severin 495
Guarinoni, Hippolyt 420
Günther, Hans 381, 389, 394, 395
Guggenheim, Fromet 494
Guldberg, Hans Hansen 493
Gulin, Elis 530
Gustav III. (König von Schweden) 523
Hallesby, Ole 519, 520
Hambro, Carl Joachim 510
Hambro, Edward Isak 510
Hardenberg, Carl August von 209
Hauer, Jakob Wilhelm 154, 179
Hausrath, Adolf 157, 159
Heiler, Friedrich 173
Heine, Heinrich 166, 169
Heinrich III. (König von England) 119

Heinrich VII. (König von England) 120
Heinrich VIII. (König von England) 122, 124–128, 132
Hell, François Joseph Antoine 412
Henrici, Ernst 234
Henriques, Jeremias 494
Herder, Johann Gottfried 172, 310, 321, 322, 325, 326, 380
Hermann von Scheda 294
Hersleb, Peder 493
Herz, Henriette 183
Heuch, Johan Christian 512f.
Heuß, Theodor 334, 340
Heydrich, Reinhard 396
Hillel 230
Hilton, Walter 120
Hirsch, Emanuel
Hitler, Adolf 173, 318, 343, 384, 386, 388, 389, 390, 393, 394, 405, 413, 422, 514, 515, 516, 533, 534
Hölderlin, Friedrich 154
Hofer, Hans 380f.
Hoffmann-Kutschke, Arthur 154
Hoffmeyer, Skat 502
Hogarth, William 189
Holbach, Paul Henri Thiry d' 410
Holberg, Ludvig 508f.
Holdt, Jens 500
Holl, Karl 177
Holm, Olaf 513
Holubek, Franz 441f.
Homann, Rudolf 388
Hoogstraeten, Jakob van 27, 28, 56, 62, 65, 72f.
Hooker, Richard 139–143
Horkheimer, Max 203
Horrebow, Otto 495
Hossenfelder, Joachim 385
Hubmaier, Balthasar 7
Huch, Ricarda 165, 166
Humboldt, Wilhelm von 209
Hundt-Radowsky, Hartwig von 427
Hunnius, Aegidius 102, 103
Hutten, Ulrich von 62, 66, 69, 70, 76

Ihlen, Christian 514
Ilarion von Kiew 453
Innozenz III. 44
Innozenz IV. 44

Ioann (Metropolit von St. Petersburg und Ladoga) 484f.
[Islebiensis] 170, 171, 172
Ivan IV. (Zar) 454

Jacobus de Valencia (Jaime Pérez de Valencia) 7
Jäger, August 519
Jakobson, Max 526f.
Jensen, Rasmus 537
Jesus 11, 13, 17, 20, 39, 47, 51, 75, 100, 103, 114, 120, 121, 122, 126, 131, 134, 135, 137, 138, 141, 163, 230, 231, 247, 256, 257, 275, 276, 314, 315, 321, 323, 327, 336, 341, 347, 348, 349, 350, 351, 355, 362, 363, 364, 368, 369, 372, 373, 381, 386, 387, 487, 488, 489, 493, 502, 506, 507, 509, 520
Joachim I. (Kurfürst von Brandenburg) 19
Joachim II. (Kurfürst von Brandenburg) 45
Joël, Manuel 263
Johann IV. Hinderbach 42
Johann Friedrich (Kurfürst von Sachsen) 45
Johanna von Orléans 413
Johannes Chrysostomus 453
Joly, Maurice 474
Jonas, Justus 100, 126
Josel von Rosheim 45, 113
Joseph II. (Kaiser) 183, 198, 424
Joseph ben Tobias 209
Julius II. 124
Jung, Edgar 309, 316, 322
Jurieu, Pierre 410
Juščinskij, Andrej 477
Justinian (Kaiser) 10

Kahl, Wilhelm 384
Kalkar, Christian 498
Kant, Immanuel 186, 200, 206, 207, 221, 262
Karbach, Oskar 393
Karlstadt (Andreas Bodenstein) 62, 70, 103
Karwehl, Richard 384f.
Katharina I. (Zarin) 455
Katharina von Aragon 124, 127
Kawerau, Gustav 157, 158, 164

Kekkonen, Urho 526
Kerrl, Hanns 149, 151
Khlesl, Melchior 422
Köstlin, Julius 157, 158f., 164
Kok, Johannes 496
Kolde, Theodor 157, 159, 179
Krarup, Søren 503
Krestovskij, Vsevolod 464, 474
Kruševan, Pavel 473, 475
Künneth, Walter 388, 389
Kuranda, Ignaz 425

La Fare, Anne-Louis-Henri de 412
Lagarde, Paul de 309–331, 381
Lamoignon de Malesherbes, Chrétien Guillaume de 411
Lamparter, Eduard 179, 383f.
Langbehn, Julius 316, 317, 322, 330
Laursen, Laust Jeppesen 500
Lavater, Johann Caspar 187, 188, 189, 199
Lavik, Johannes 516
Lazarus, Emma 542
Lazarus, Moritz 263, 264f., 271
Leblois, Louis 416
Leffler, Siegfried 317
Lessing, Gotthold Ephraim 185, 186, 187, 188, 189, 240, 243, 271, 324, 351
Leo X. 22, 121
Leopold I. (Kaiser) 422
Leroux, Pierre 414
Levin, Rahel 183
Levin, Shmarjahu 471
Lévy, Alfred 417
Lévy, Raphael 410
Lewin, Reinhold 149, 152
Lichtenberg, Georg Christoph 188–191
Lietzmann, Hans 177
Linden, Walther 149, 167, 168, 173, 179
Lindqvist, Gunnar 532
Litvin, Savelij (Efron) 474
Ljutostanskij, Ippolit 462, 463, 474, 475, 478, 483, 484
Locherer, Thomas 436
Lomler, Friedrich Wilhelm 164, 165, 169
Lopez, Roderigo 119, 140, 141
Luden, Heinrich 216
Ludendorff, Mathilde 317

Ludwig XVI. (König von Frankreich) 411
Lueger, Karl 427f., 433, 435, 438, 443–446, 447
Lütkens, Franz Julius 493
Luther, Martin 8, 16, 28, 55, 56, 57, 58, 62, 65, 67, 69, 71, 77, 79, 80, 81, 84, 85, 87, 88, 94, 99, 100, 101, 102, 103, 106, 110, 117, 123, 125, 126, 147–179, 217, 218, 232, 234, 235, 239, 240, 261, 262, 267, 271–273, 274, 289, 293, 305, 315, 318, 320, 334, 335, 352, 353, 355, 361, 364, 377, 378, 384, 400, 402, 405, 487, 488, 489, 490, 492, 493, 495, 496, 497, 498, 499, 500, 502, 507, 517, 532–535

Machiavelli, Niccolò 474
Maimon, Salomon 210
Maistre, Joseph de 413, 415
Malling, Anders 499
Manitius, J. A. 492
Mannerheim, Carl Gustav 531
Marahrens, August 384, 545
Marcion von Sinope 336, 354–358
Margaret Beaufort 120, 121
Margaritha, Antonius 26, 92,
Maria Theresia (Kaiserin) 183
Maria Tudor (Königin von England) 136
Markov, Nikolaj E. 460
Marquard de Susannis 48–52, 53
Marr, Wilhelm 229, 259, 271, 287, 290, 310–314, 450
Martensen, Hans Lassen 496, 497, 499
Mathesius, Johann 155–157, 158, 159, 162
Maurras, Charles 416
Maury, Jean-Sifrein 412
Maybaum, Ignaz 396
Meiser, Hans 545
Melanchthon, Philipp 26f., 45, 46, 79, 80, 82, 126, 128, 129, 130, 131, 132, 135, 487
Melchior, Marcus 501
Mendelssohn, Moses 183, 184f., 187, 190, 192, 193, 198, 199, 200–204, 237, 494
Mengele, Josef 389

Mercier, Jean 113
Merz, Georg 165, 166, 167, 384, 388, 391
Metternich, Clemens Fürst 209
Meyer, Eduard 300
Meyer, Wilhelm 172
Meyer, Paulus 437, 438
Meylinger, Hans 28
Michaelis, Johann David 186, 199
Mildenstein, Leopold von 396, 398
Mirabeau (Honoré Gabriel Victor de Riqueti) 199
Moeller van den Bruck, Arthur 316, 322, 330
Moldenhawer, D. G. 495
Mommsen, Theodor 242, 243, 244, 245, 250–253, 267, 269, 303
Monod, Gabriel 416
Montesquieu (Charles Louis de Secondat) 474
Morison, Richard 127, 128
Moritz von Hutten 29
Moshe von Coucy 110
Mowinckel, Sigmund 514
Mühlenberg, Friedrich August 540
Mühlenberg, Heinrich Melchior 540
Müller, Adolph 207
Müller, Johann 162
Müller, Ludwig 166, 545
Münster, Sebastian 59, 105, 113, 123
Mulert, Hermann 343, 346
Murtorinne, Eino 531, 534

Napoleon I. 172, 207, 208, 212, 221
Naumann, Friedrich 279, 281, 333, 334, 336, 339–341, 342, 343, 347, 354, 358, 359
Neubauer, Richard 164
Nicolai, Friedrich 185, 186, 192
Niebergall, Friedrich 385 f., 387
Nielsen, Alfred 498
Nielsen, Fredrik 497, 499
Niemöller, Martin 385, 416
Niethammer, Friedrich Immanuel 164
Nikolaus von Kues 10, 11, 154
Nikolaus von Lyra 7, 11, 20
Nilssøn, Jens 505–507
Nilus, Sergej 473, 485
Nordahl Brun, Johan 510 f.
Nowak, Kurt 402

Oken, Lorenz 216
Olivetanus (Pierre Robert) 107 f., 110
Osiander, Andreas 30–32, 34, 35, 37, 44, 53, 100, 103, 126, 127
Oxner, Andreas 420

Palladius, Peter 488, 489
Papen, Franz von 316
Parisius, Hans Ludolph 172
Passarge, Siegfried 461
Paucker, Arnold 379, 391
Paul IV. 22, 47
Paulli, Holger 493
Paludan, Otto 501
Pauls, Theodor 149, 152, 173
Paulus von Tarsus 75, 85, 88, 109, 115, 131, 133, 134, 276, 315, 507
Paulus von Burgos 7, 11, 57
Pavels, Claus 510
Petrus Alfonsi 10
Peutinger, Konrad 12
Pechmann, Wilhelm von 344
Pellikan, Konrad 103
Penn, William 540
Petersmann, Werner 152
Pfefferkorn, Johannes 9, 12, 16, 18, 57, 59, 60, 61, 64, 65, 66, 67, 70, 73, 76, 271, 488, 505
Pfizer, Gustav 164, 166
Philipp von Hessen 82, 83, 92
Philippson, Ludwig 252, 253
Philippson, Martin 176
Pinomaa, Lennart 533, 534
Pirckheimer, Willibald 56, 70, 73, 75
Pirinen, Kauko 534
Plath, Karl 259 f.
Platonov, Oleg 484 f.
Plitt, Gustav 157, 159
Plum, Niels Munk 501
Pöck, Ursula 436
Polykarp 507
Pontoppidan, Erik 493
Poulsen, Afred Svejstrup 498
Poulsen, Peder 489
Pranaitis, Justinas 476, 477
Proudhon 414
Ptolemaios Euergetes 209
Pulzer, Peter G. J. 400, 403

Quisling, Vidkun 518–521
Raabe, Wilhelm 287
Rad, Gerhard von 381
Rade, Martin 157, 164, 333–359, 381, 384
Ragaz, Leonhard 381, 384
Raimundus Martini 20
Rald, Niels Jørgen 501
Rambach, Johann Jakob 496
Ranke, Leopold 269
Rasch, Claus 491
Raschi (Salomo ben Isaak) 11
Rathenau, Walther 354
Rebbert, Joseph 227
Renaudel, Ernest 416
Reuchlin, Johannes 9, 17f., 20f., 23, 27, 38f., 41, 56–61, 62, 64, 66, 72, 73, 74, 75, 76, 77, 120f., 122, 506
Reuter, Fritz 287
Reventlow, C. D. 493
Rhenanus, Beatus 84
Ricci, Paolo 76
Ritschl, Albrecht 334, 336
Ritter, Gerhard 160
Robespierre, Maximilien de 411
Rohling, August 223–238, 312, 422, 436, 437, 441, 442, 443, 497
Rolle, Richard 120
Rozanov, Vasilij 477
Rosenberg, Alfred 173, 177, 179, 318, 330, 388, 390
Rothschild (Familie) 415, 434
Rudnitzky, Naphtali 526
Rühs, Friedrich 205, 209–211, 212, 213, 214, 216, 217, 218, 219, 220, 221, 222, 495
Ruppin, Arthur 394f.
Ryti, Risto 531

Sallustius 507
Sasse, Martin 173
Savigny, Friedrich Carl von 212, 222
Schedel, Hartmann 18, 42
Scheurer-Kestner, Auguste 416
Schmidt-Phiseldeck, C. F. von 495
Schröder, Johann Wilhelm 491
Schwabacher, Simon 463
Schwarz, Peter (Petrus Nigri) 16
Scheel, Otto 160, 161

Scheler, Max 358
Schleiermacher, Friedrich 206f., 220, 221, 319, 322, 325, 333
Schneider, Ernst 435, 445
Schönerer, Georg Ritter von 428–430, 431, 432, 435
Schoeps, Hans-Joachim 346, 391
Schreiner, Helmuth 388, 389, 390
Schultz, Stephan 492
Seeberg, Reinhold 80, 275–277, 292–308
Semler, Johann Salomo 225, 509
Servet, Michel 103
Shemtob ben Isaak ibn Shaprut 113
Siegmund-Schultze, Friedrich
Simon von Trient 343, 384
Sixtus IV. 43
Sixtus V. 45, 52
Soden, Hermann von 336
Sokrates 187
Spalding, Johann Joachim 187, 188, 192, 201, 203, 204
Spener, Philipp Jakob 320, 493, 495
Spengler, Oswald 314, 316
Spitzmüller, Alexander 445
Staerk, Willy 381–383
Stapel, Wilhelm 321, 367, 390, 393
Ståhlberg, Ester 526, 528
Steenloos, Johannes 493
Steinlein, Hermann 162f.
Stephan, Horst 388
Stetten, Georg von 102
Stoecker, Adolf 223, 229, 233, 243, 244, 254, 255, 256, 275–292, 293, 294, 297, 298, 299, 300, 302, 304, 307, 312, 313, 316, 333, 336, 337, 338, 339, 340, 341, 344, 400, 401, 402, 404, 497, 513
Stoll, Christian 388
Stolypin, Petr 479
Strack, Hermann Leberecht 227, 381
Strasser, Gregor 343, 393
Stuyvestant, Peter 539
Sunesøn, Anders 487

Tal, Uriel 377–380, 390f., 399
Taubes, Jacob 379
Taubes, Sarah 379
Tausen, Hans 379
Teller, Wilhelm Abraham 192
Thaarup, Thomas 495

Theobaldus de Sexannia 12
Thiebaud, Georges 416
Thiel, Rudolf 161
Thomas von Aquin 17, 87
Tidemand, Peter 489
Tillich, Paul 384
Tolstoj, Ivan 449, 457, 470
Torm, Frederik 498
Toussenel 414
Travers, Walter 139, 140
Treitschke, Heinrich 229, 239–253, 256, 260, 262, 263, 265, 267, 269, 270, 271, 273, 274, 311, 312, 402
Tremellius, Immanuel 105, 107, 135, 136, 138
Troeltsch, Ernst 318
Troickij, Ivan 476
Tuchler, Kurt 396, 398
Tychonius, Christen Lasse 492

Varnhagen, Rahel 219
Veit, Dorothea 183
Vermigli, Petrus Martyr 87
Verschuer, Otmar von 389
Virchow, Rudolf 291
Vogel, Heinrich 388
Vogelsang, Erich 149, 158
Vogelsang, Karl von 432–435, 444
Voltaire (François-Marie Arouet) 154, 402, 410

Waddington, William Henry 414
Wakefield, Robert 121, 122, 123, 124, 135, 143

Wakefield, Thomas 135
Waldheim, Kurt 527
Wallich, Wulf Lazarus 494
Wandal, Hans (d. Ä.) 490
Wandal, Hans (d. J.) 492
Warburg, Max 395
Wartiainen, Johan 527
Washington, George 539
Weizman, Chaim 395
Wendland, Heinz Dietrich 388
Werber, Paul 541
Wergeland, Henrik 511, 512, 513
Wergeland, Nicolai 512, 513
Wette, Martin Wilhelm Leberecht de
Wichern, Johann Hinrich 282, 283
Widmann, J. G. 492
Wiesinger, Albert 425, 433
Wilhelm I. (Kaiser) 281
Wilhelm II. (Kaiser) 298, 336
Williams, Roger 540
Wilmann, Carl 313
Winstrup, Peder 491
Wolf, Abraham Alexander 497
Wolf, Erik 389
Worm, Christen 493
Wosemose, H. C. 495

Yliruusis, Tauno 533f.

Zasius, Ulrich 41, 72
Zöllner, Friedrich 200, 203
Zwingli, Huldrych 86, 87, 90, 91, 98, 101, 112